**TOM MASTERS**
**STEVE FALLON**
**VESNA MARIC**

# LONDRES

## GUÍAS DE CIUDAD

geoPlaneta

El *Tower Bridge* (p. 116) y la escultura Timepiece, *un reloj de sol obra de Wendy Taylor.*

Desde el corazón romano hasta los nuevos barrios olímpicos y desde las antiguas abadías hasta los emblemáticos rascacielos, Londres es una gran cápsula del tiempo y la cultura de la humanidad.

Después de muchos esfuerzos por romper no pocos de sus supuestos estereotipos negativos, Londres asume la condición de capital cultural de Europa y se erige como una de las ciudades más importantes del mundo tras su elección como sede de los Juegos Olímpicos del 2012. Hoy se puede afirmar que la capital británica goza de una confianza que no tenía desde los días del Imperio de finales del s. XIX, a pesar de que la reciente crisis económica ha hecho tambalear su condición de centro financiero.

A menudo se dice que en Londres se puede dar la vuelta al mundo sin salir de la ciudad, y no es mera retórica. Su logro más fascinante es que mientras los inmigrantes siguen llegando y aportando energía y cultura a la de por sí increíble mezcolanza londinense, la urbe se siente tan británica como el primer día. Basta con echar un vistazo a los taxis negros, los autobuses rojos de dos pisos o los símbolos más reconocibles del país, como el Palacio de Westminster, el Tower Bridge sobre las fangosas aguas del Támesis o el London Eye.

Además de sus atracciones más conocidas, también es imprescindible disfrutar de las pequeñas cosas que hacen grande a esta urbe: tomar una pinta y un plato de *fish 'n' chips* (pescado frito con patatas) junto al río, pasar el día en un parque o salir de noche por el Soho o Shoreditch. Solo hay que respirar hondo y prepararse para sentir el flechazo de esta maravillosa ciudad.

# VIDA URBANA

Famosa por su enormidad, aglomeraciones y un caro transporte público que data en parte de la época victoriana, quizás Londres no resulte tan atractiva a primera vista. Como afirmó recientemente un amigo de este autor: "Lidiar con Londres es el precio que hay que pagar para vivir en ella". Sin embargo, pasados unos días desde la llegada, empieza a entenderse por qué vivir en una ciudad tan apasionante, sorprendente y en constante evolución casi llega a compensar el elevadísimo coste de la vida, los trayectos en la línea Circle del metro y los impresionantes atascos en horas punta.

Asimismo, en la última década esta gran urbe se ha puesto manos a la obra para abordar sus problemas más acuciantes. Tras carecer de un gobierno propio durante 14 años por decisión de los conservadores, Londres consiguió por fin regidor y ayuntamiento en el año 2000. El alcalde Ken Livingstone [2000-2008] introdujo la tasa de congestión para los automóviles que accedían al centro, aumentó drásticamente los carriles bici y la flota de autobuses, y alcanzó importantes avances en la modernización del metro. Tras su sustitución desde el 2008 por el candidato conservador Boris Jonson –una decisión un tanto sorprendente, pero acorde con el carácter inconformista de los londinenses–, muchos temieron que la gestión de este *tory* propenso a la mala suerte sería un desastre, pero Boris (como es conocido en todo el país) consiguió salir bien parado de su primer año en la alcaldía. Lejos de desdeñar los logros de su antecesor, decidió aprovecharlos para seguir avanzando.

En los últimos años, la oferta gastronómica capitalina ha dejado de provocar vergüenza ajena para convertirse en una de las más completas del planeta. Si a ello se le añade la nueva legislación que liberaliza el consumo de alcohol y prohíbe fumar en lugares públicos y una fantástica escena musical, queda claro que Londres es una de las mejores ciudades del mundo para pasar una noche de desenfreno.

*El Big Ben (p. 95) y un letrero del metro por la noche.*

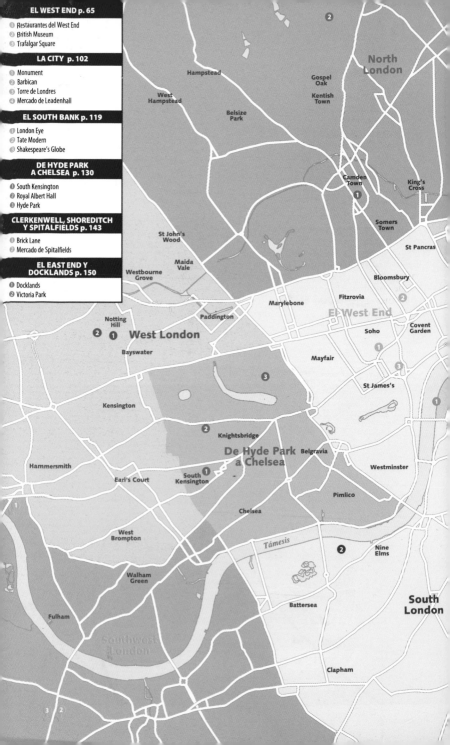

North London

Hampstead

Gospel Oak

West Hampstead

Kentish Town

Belsize Park

Camden Town ①

King's Cross

Somers Town

St Pancras

St John's Wood

Maida Vale

Bloomsbury

Westbourne Grove

Paddington

Marylebone

Fitzrovia

② El West End

Notting Hill ② ①

West London

Soho

Covent Garden

Bayswater

Mayfair

① 

③ St James's

Kensington

St James's

① 

② Knightsbridge

De Hyde Park a Chelsea

Belgravia

Westminster

Hammersmith

Earl's Court

① South Kensington

Chelsea

Pimlico

① 

West Brompton

Támesis

② Nine Elms

Walham Green

Battersea

South London

Fulham

Southwest London

③ ②

Clapham

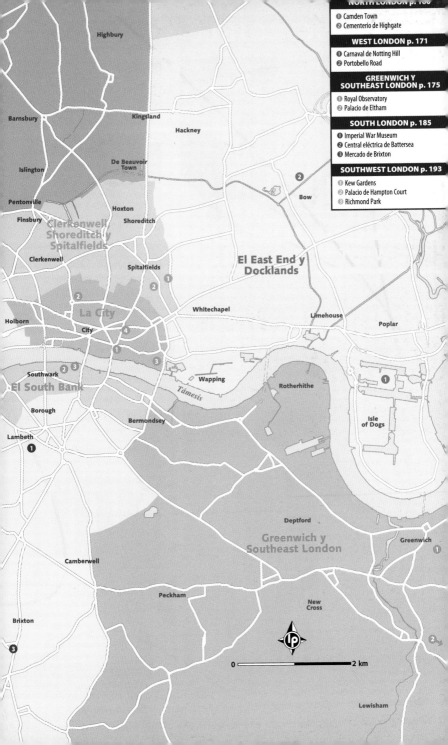

Highbury

Barnsbury

Kingsland

Hackney

Islington

De Beauvoir Town

Pentonville

Hoxton

Finsbury

Clerkenwell, Shoreditch y Spitalfields

Shoreditch

Clerkenwell

Spitalfields

El East End y Docklands

Holborn

La City

Whitechapel

Limehouse

City

Poplar

Southwark

Wapping

El South Bank

Támesis

Rotherhithe

Borough

Isle of Dogs

Bermondsey

Lambeth

Deptford

Camberwell

Greenwich y Southeast London

Greenwich

Peckham

New Cross

Brixton

0                    2 km

Lewisham

# IMPRESCINDIBLE

**❶ Restaurantes del West End**
Todas las cocinas imaginables tienen cabida en el fabuloso West End (p. 228).

**❷ British Museum** La historia del mundo entero sin salir de un museo (p. 81).

**❸ Trafalgar Square** Majestuosa plaza, dirección de una las mejores galerías de arte de la ciudad (p. 74).

# EL WEST END

*Apasionante, ostentoso, bullicioso y caótico, el West End es el corazón de Londres, donde se concentran algunas de las mejores tiendas, pubs, bares y restaurantes de la capital.*

**1 Monument** Con fantásticas vistas de los rascacielos y el río (p. 110).

**2 Barbican** Artistas internacionales de renombre se dan cita en este vasto centro cultural (p. 307).

**3 Torre de Londres** Sentirse rey o reina por un día es fácil en el castillo más famoso de Londres (p. 112).

**4 Mercado de Leadenhall** Compartir una pinta con los trabajadores a la hora del almuerzo en los *pubs* (p. 251).

# LA CITY

*Antiguo corazón de la ciudad y actual sede del barrio financiero, la City está repleta de puntos de interés histórico y es todo un placer explorarla, especialmente los fines de semana, cuando aparece casi desierta.*

# EL SOUTH BANK

La reurbanización y las inversiones han convertido esta zona otrora sórdida en un importante centro cultural. Aquí pueden encontrarse desde galerías internacionales y actuaciones callejeras hasta conciertos de música clásica y teatro de vanguardia.

**❶ London Eye** Este alto icono londinense (p. 119) brinda las vistas más increíbles de la capital británica.

**❷ Tate Modern** Multipremiado edificio, hogar de las exposiciones más apasionantes (y a menudo interactivas) de Londres (p. 123).

**❸ Shakespeare's Globe** Las obras del genio inglés encandilan en esta reproducción de su teatro al aire libre (p. 308).

# DE HYDE PARK A CHELSEA

*El Royal Borough, hogar de Su Majestad, es digno de una reina, pues alberga algunos de los edificios más bellos de la urbe, además de museos de renombre y fantásticos espacios abiertos.*

**❶ South Kensington** Acapara tres de los museos más interesantes de Londres, incluido el Victoria & Albert Museum (p. 133).

**❷ Royal Albert Hall** Importante sala de conciertos, también sede del multitudinario The Proms (p. 302).

**❸ Hyde Park** El parque más grande de Londres (p. 140), perfecto para un *picnic*.

# CLERKENWELL, SHOREDITCH Y SPITALFIELDS

*La sabia nueva de Londres son estos antiguos barrios, actual cobijo de sus artistas más creativos y de las mejores discotecas, bares y tiendas. Aunque al viajero ni siquiera les suenen, es muy probable que sus amigos londinenses los visiten a menudo.*

**❶ Brick Lane** Para compras, nada como Brick Lane y alrededores, con fantásticos mercados y *boutiques* (p. 147).

**❷ Mercado de Spitalfields** Deambular los domingos por la mañana por los preciosos tramos que se han conservado de este histórico mercado (p. 219).

# EL EAST END Y DOCKLANDS

*Alma del antiguo Londres, el East End está viviendo una profunda transformación de cara a los Juegos Olímpicos del 2012. Docklands es el futuro de la capital, un distrito financiero que compite con la City y con interesantes edificios ribereños.*

❶ **Docklands** La London Open House (véase capítulo "Arquitectura", p. XII) ofrece circuitos arquitectónicos por este bosque de rascacielos.

❷ **Victoria Park** Uno de los parques más bellos de la ciudad (p. 155).

# NORTH LONDON

*Gloriosa aglomeración de colinas coronadas por pequeños pueblos, frondosos parques y encantadoras avenidas, cada cual con su identidad. Es un lugar para saborear a ritmo pausado.*

❶ **Camden Town** Crisol nocturno del *rock* independiente (p. 278).

❷ **Cementerio de Highgate** El lugar más fantástico de Londres para el descanso eterno es este camposanto gótico (p. 165).

# WEST LONDON

Las antiguas tradiciones se mezclan con las celebraciones multiculturales en la extensa jungla de asfalto del oeste de Londres. Su corazón es el bullicioso barrio de Notting Hill, donde se concentran excelentes tiendas, restaurantes y bares.

❶ **Carnaval de Notting Hill** El carnaval callejero más grande y multitudinario de Europa (p. 17).

❷ **Portobello Road** A rebosar de sorprendentes tenderetes de ropa y muchas curiosidades (p. 218).

# GREENWICH Y SOUTHEAST LONDON

Con su fascinante herencia naval, geográfica y arquitectónica, Greenwich es una visita obligada. También se recomienda reservar tiempo para no perderse algunos de los puntos de interés más desconocidos del sureste de la ciudad.

❶ **Royal Observatory** Situarse a ambos lados del meridiano 0, la línea donde el tiempo se detiene (p. 176).

❷ **Palacio de Eltham** La mansión *art déco* más extravagante del Reino Unido alberga un majestuoso salón medieval (p. 182).

# SOUTH LONDON

*Residencial, multicultural y siempre sorprendente, el extenso sur de Londres reúne barrios como el imprevisible Brixton, el suburbano Clapham y el a menudo ignorado por los turistas Battersea.*

**❶ Imperial War Museum** En el antiguo Bethlem Royal Hospital (o Bedlam) (p. 185).

**❷ Central eléctrica de Battersea** Una de las joyas arquitectónicas más curiosas de la ciudad (p. 189).

**❸ Mercado de Brixton** Para zambullirse en su apasionante ambiente multicultural y gran oferta (p. 251).

# SOUTHWEST LONDON

*Gravita en torno a Richmond, exclusivo pueblo londinense rico en historia y con una estrecha relación con la realeza, y suma algunos de los puntos de interés más importamtes de la ciudad, conocidas tiendas de antigüedades y famosos residentes.*

**❶ Kew Gardens** Extenso y fascinante, es el jardín botánico más grande del mundo (p. 197).

**❷ Palacio de Hampton Court** Increíble complejo palaciego de estilo Tudor (p. 200). Cuidado con el laberinto.

**❸ Richmond Park** Ciervos en libertad y bosque sin salir de la ciudad (p. 196).

# SUMARIO

# LOS AUTORES

## Tom Masters

Tom ha vivido, estudiado y trabajado en Londres durante más de una década. Después de residir en distintos barrios, los últimos cinco años los pasó en Stoke Newington y Clerkenwell. Aunque actualmente reside en Berlín, Londres será siempre su hogar y volver a la capital inglesa como viajero fue una experiencia muy gratificante para la actualización de esta guía en el año 2009. Visítese www.mastersmafia.com para descubrir más a fondo su trabajo.

Tom es el coordinador de la guía, autor de los capítulos *Introducción, Puesta a punto, Trasfondo, El Londres de ambiente* y *Datos prácticos,* y coautor de *Imprescindible, Barrios, De compras, Dónde comer, Dónde beber, Dónde dormir* y *Excursiones.*

## Steve Fallon

Tras casi una década residiendo en el este de Londres, Steve ya habla en pareados mientras duerme, come anguila en gelatina para desayunar y bebe cantidades ingentes de cerveza. Como siempre, para la presente edición de esta guía Steve decidió vivir la ciudad al máximo, recorriendo todos sus barrios y puntos de interés, pidiendo consejos a sus amigos, colegas y a algún que otro taxista, y empapándose de todo lo que encontraba en el camino.

Steve es autor de los capítulos *Arquitectura, Río Támesis, Arte* y *Transporte,* y coautor de *Imprescindible, Barrios, De compras, Dónde comer, Dónde beber, Dónde dormir* y *Excursiones.*

## Vesna Maric

En esta fotografía Vesna está junto al lago Serpentine, en Hyde Park, uno de sus lugares favoritos en invierno. Toda una apasionada de Londres, tras 12 años en esta increíble ciudad, su amor por ella no ha dejado de aumentar, pues cada día aprecia más y mejor su encanto. Aunque considera los parques entre sus principales atractivos, los museos, galerías, restaurantes y vida nocturna le resultan igualmente irresistibles.

Vesna es autora de los capítulos *Vida nocturna* y *Deportes y actividades,* y coautora de *Imprescindible, Barrios, De compras, Dónde comer, Dónde beber, Dónde dormir* y *Excursiones.*

Londres es un destino turístico de primer orden que no requiere una planificación esmerada, excepto en lo que al alojamiento se refiere, pues es recomendable reservarlo con antelación y asumir que a él se dedicará buena parte del presupuesto del viaje. La ciudad recibe visitantes durante todo el año y goza de una infinita oferta lúdica y cultural.

## CUÁNDO IR

Se podría pensar que en un país con un clima tan templado el tiempo no es tema de conversación, pero al igual que sus vecinos del centro de Inglaterra, los londinenses son muy aficionados a la meteorología. De hecho, cualquier aumento o descenso de la temperatura puede ser causa de sonrisas o malas caras, respectivamente. Pero Londres no es una ciudad donde la diversión vaya ligada al tiempo. Basta con imitar a los lugareños y estar preparado para cielos cubiertos y lluvia (verano incl.), y regocijarse cuando salga el sol.

El verano es una época excelente para visitar la ciudad (aunque en los últimos años haya sufrido olas de calor continental), pero la primavera y el otoño también están bien, pues los puntos de interés no están tan masificados. El invierno es frío, lluvioso y oscuro, aunque si al viajero le gustan los espacios abiertos, en esta época los podrá disfrutar en solitario.

Para consultar un completo listado de eventos, se recomienda hacerse con la publicación quincenal *Events in London* y el *Annual Events,* ambos de Visit London. También se puede visitar el sitio web www.visitlondon.com (en español, www.visit london.com/es/).

## FIESTAS Y CELEBRACIONES

Londres bulle todo el año y ofrece un sinfín de actividades, tanto tradicionales como modernas. A continuación se incluyen algunas de las favoritas de estos autores, buena prueba de que la oferta lúdica londinense es sumamente rica.

### ENERO

#### AÑO NUEVO

Cada 31 de diciembre, una multitud recibe al Año Nuevo en Trafalgar Sq; es una cita muy famosa, pero conviene evitarla si se es alérgico a las aglomeraciones.

#### LONDON ART FAIR

www.londonartfair.co.uk; Business Design Centre, Islington

Más de cien galerías participan en esta feria de arte contemporáneo, una de las mayores de Europa, con exposiciones temáticas, eventos especiales y los mejores artistas noveles.

#### AÑO NUEVO CHINO

**Chinatown, Soho**
A finales de enero o principios de febrero, Chinatown hierve gracias a este colorido festival callejero, que incluye el desfile de un dragón dorado, además de comida y fiesta en abundancia.

### FEBRERO

#### 'PANCAKE RACES'

**Mercado de Spitalfields, Covent Garden y Lincoln's Inn Fields**
El Shrove Tuesday (Martes de Carnaval), a finales de febrero o principios de marzo, en varios puntos de la ciudad se celebran las hilarantes *pancake races* ("carreras del panqueque").

### MARZO

#### HEAD OF THE RIVER RACE

www.horr.co.uk; Támesis, entre Mortlake y Putney
Unos cuatrocientos equipos participan en esta colorida regata anual de 7 km.

### ABRIL

#### LONDON LESBIAN & GAY FILM FESTIVAL

www.bfi.org.uk/llgff
Este bullicioso festival cinematográfico es uno de los más importantes en su género, con cientos de películas independientes de temática homosexual procedentes de todo el mundo. Durante dos semanas, el público disfruta de las fiestas y las proyecciones en el National Film Theatre.

#### MARATÓN DE LONDRES

www.virginlondonmarathon.com; de Greenwich Park a The Mall

Unos treinta y cinco mil masoquistas cruzan Londres en la maratón más multitudinaria del mundo.

## REGATA DE OXFORD Y CAMBRIDGE
www.theboatrace.org; de Putney a Mortlake
Un gentío se congrega a orillas del Támesis para asistir a esta competición anual que enfrenta a las dos universidades más famosas del país. La fecha varía en función de las vacaciones de Semana Santa de ambas instituciones docentes.

# MAYO

## CHELSEA FLOWER SHOW
www.rhs.org.uk; Royal Hospital Chelsea
La feria de horticultura más famosa del mundo atrae a la flor y nata de West London y nunca está exenta de polémica: en el 2009, el veto a los enanos de jardín fue incumplido por la expositora Jekka McVicar, una noticia que fue portada en todos los medios del país.

# JUNIO

## ROYAL ACADEMY SUMMER EXHIBITION
www.royalacademy.org.uk; Royal Academy of Arts
Esta exposición, que se celebra desde principios de junio hasta agosto, acoge unas mil obras de artistas de todo el país.

## TROOPING THE COLOUR
www.trooping-the-colour.co.uk; Horse Guards Parade, Whitehall
El cumpleaños oficial de la reina (nació en abril, pero el tiempo es mejor en junio) se conmemora con gran pompa y un sinfín de banderitas al viento.

## TORNEO DE WIMBLEDON
www.wimbledon.com
Durante dos semanas, el tranquilo pueblo de Wimbledon, al sur de Londres, se convierte en el centro del mejor tenis internacional. Además de su trascendencia deportiva también es un evento social con importantes dosis de *glamour*. Las finales masculina y femenina tienen lugar el último fin de semana del torneo.

# JULIO

## PRIDE LONDON
www.pridelondon.org
La variopinta comunidad homosexual tiñe la ciudad de rosa en este extrovertido festival,

que acoge un desfile matutino y un multitudinario festejo vespertino en Trafalgar Sq (aunque la ubicación cambia frecuentemente).

## BBC PROMENADE CONCERTS (THE PROMS)
www.bbc.co.uk/proms
Dos meses de excelentes conciertos de música clásica repartidos por varios escenarios de prestigio, entre ellos el Royal Albert Hall (p. 139).

# AGOSTO

## CARNAVAL DE NOTTING HILL
www.thecarnival.tv
El carnaval al aire libre más multitudinario de Europa (y el más colorista de Londres) es un homenaje al espíritu caribeño de la ciudad, con música, baile y disfraces. Acapara un largo fin de semana a finales de agosto; hay que tener cuidado con los atracadores.

# SEPTIEMBRE

## THAMES FESTIVAL
www.thamesfestival.org
Este cosmopolita festival es un homenaje al principal recurso natural de la ciudad, el río Támesis. Ofrece diversión para toda la familia, con ferias, teatro callejero, música, puestos de comida, fuegos artificiales, regatas y una fantástica procesión nocturna, su punto culminante.

## LONDON OPEN HOUSE
www.londonopenhouse.org
Durante un fin de semana, a finales de septiembre, tiene lugar uno de los mejores eventos de Londres. Más de setecientos edificios catalogados abren sus puertas al público de forma gratuita. Es una oportunidad única en la que lugareños y foráneos visitan sus construcciones favoritas; véase capítulo "Arquitectura", p. XII.

# OCTUBRE

## DANCE UMBRELLA
www.danceumbrella.co.uk
Este festival anual de danza contemporánea ofrece cinco semanas de actuaciones de compañías británicas y extranjeras en distintos escenarios de la ciudad.

## LONDON FILM FESTIVAL
www.lff.org.uk; National Film Theatre y otros locales

...val de cine más importante de Londres ...e a estrellas internacionales del celuloide y permite ver más de cien películas británicas y de todo el mundo antes de su estreno comercial. También se ofrecen clases magistrales impartidas por conocidos directores y coloquios con los mejores profesionales de Hollywood y de la escena independiente.

## NOVIEMBRE

### GUY FAWKES NIGHT (BONFIRE NIGHT)

Una de las tradiciones más entrañables del país es la Noche de las Hogueras, que conmemora el intento fallido de Guy Fawkes de volar el Parlamento en 1605. La noche del 5 de noviembre se encienden hogueras, se lanzan fuegos artificiales y se queman efigies de Fawkes, mientras los más pequeños corretean pidiendo "un penique para Guy". Primrose Hill, Highbury Fields, el palacio de Alexandra, Clapham Common y Crystal Palace Park acogen los mejores espectáculos pirotécnicos.

### LORD MAYOR'S SHOW
**www.lordmayorsshow.org**
Según la Carta Magna de 1215, el alcalde electo de la ciudad de Londres debe desplazarse en carruaje desde la Mansion House hasta los Juzgados para recibir su visto bueno. Más tarde se añadieron las carrozas, las bandas de música y los fuegos artificiales.

## DICIEMBRE

### ENCENDIDO DEL ÁRBOL E ILUMINACIÓN DE NAVIDAD

Una celebridad elegida por la revista *Heat* suele ser la protagonista para inaugurar la iluminación navideña de las calles de Oxford, Regent y Bond. En Trafalgar Sq se coloca un enorme abeto noruego.

# PRECIOS Y DINERO

Un viaje a Londres puede resultar sumamente caro, pero tampoco tiene por qué serlo necesariamente. Lo más costoso es, sin duda, el alojamiento (véase p. 330). Para aliviar esta sobrecarga lo mejor sería contactar con algún lugareño que disponga de una habitación libre; de lo contrario, hay que contar con un mínimo de 25 £ por noche para dormir en un dormitorio colectivo de un albergue, o un mínimo de 60 £ en el caso de una habitación en cualquier hotel. Para un mínimo de calidad, el gasto ronda

las 100 £ por noche. Siempre es recomendable reservar habitación y tener en cuenta que casi todos los hoteles ofrecen descuentos a partir de cierto número de días y cuelgan ofertas en sus páginas web, lo que reduce mucho sus tarifas habituales.

Los costes también son elevados en otros aspectos, pues el nivel de vida es bastante más alto en la capital que en el resto del país. A menos que uno sea noruego o japonés, es probable que dicho estándar sea más elevado que en el país de origen. Aunque los precios se han moderado ligeramente debido a la crisis económica y a la devaluación de la libra, Londres nunca será una ciudad barata.

En todos los barrios hay restaurantes económicos (véase p. 226) donde se puede comer bien. Sin embargo, ni los locales más baratos son una ganga: un sándwich decente cuesta unas 3,50 £, y por sentarse en una mesa para comer algo nunca se pagará menos de 10 £. Si bien es cierto que la oferta gastronómica de calidad es uno de los principales atractivos de Londres, también lo es que sale cara. Una buena comida para dos personas con una botella de vino cuesta entre 60 y 80 £, y aumenta fácilmente hasta 100 £ en algunos de los locales de moda.

El transporte también puede resultar otro dispendio. Sale a cuenta adquirir una tarjeta Oyster, válida para toda la red de transporte público; véase p. 378.

El ocio tampoco es barato. Entrar en un cine del West End cuesta más de 10 £, una tendencia que han seguido muchas salas de barrios menos céntricos, aunque las salas de cine independiente siguen ofreciendo tarifas mucho más ajustadas. Lo mismo es aplicable a conciertos

## ¿CUÁNTO CUESTA?

Entrada a una discoteca de moda los viernes **15 £**

Entrada para un partido de fútbol (adultos) **20-40 £**

Billete de autobús **2 £**

Entrada de cine **10 £**

DVD **10 £**

Periódico *The Guardian* **90 p**

Pinta de cerveza *lager* **3,50 £**

Comida de tres platos con vino/cerveza **a partir de 30 £**

Billete de metro (zona 1) **4 £**

Billete de metro (zona 1) con tarjeta Oyster **1,60 £**

Entrada a un teatro del West End **50 £**

## PLANIFICAR CON ANTELACIÓN

En Londres, el truco es reservar con mucha antelación o esperar al último momento y rezar para que haya suerte.

**De tres a seis meses** Para comer en alguno de los restaurantes más renombrados, como el de Gordon Ramsay (p. 240), en Chelsea, hay que reservar mesa con medio año. Las entradas para los principales espectáculos del West End se agotan entre tres y seis meses antes del estreno.

**De dos a tres meses** En sitios web como www.ticketmaster.co.uk y www.seetickets.com se venden entradas para los principales conciertos de *rock*. También se recomienda chequear www.guardian.co.uk/reviews, www.whatsonstage.com o www.timeout.com antes de reservar entradas para un sábado por la noche en los principales escenarios de la ciudad (p. ej., para el Old Vic de Kevin Spacey).

**Dos semanas** Se recomienda registrarse en algún portal electrónico, como en el Urban Junkies (www.urbanjunkies.com), y visitar varios sitios de reseñas. Suele ser tiempo suficiente para conseguir mesa en un restaurante de moda como el Hakkasan (p. 233).

**Unos días** Para visitar las grandes exposiciones temporales de la Royal Academy of Arts (p. 70), la Tate Modern y la Tate Britain (pp. 123 y 96), o el Victoria & Albert Museum (p. 133); en ocasiones, incluso se puede intentar ir sin reserva.

---

de artistas de renombre, cuyas entradas cuestan a partir de 20 £, y hasta 150 £ si se trata de una gran estrella en el Wembley o en el Earl's Court. En lo que se refiere a las discotecas, hay un poco de todo: el sábado por la noche, la entrada a la Fabric (p. 291) vale 20 £, mientras que algunos de los mejores clubes de la ciudad son gratis o muy asequibles; solo hay que buscar bien. En las tiendas de música y ropa del West End se pueden encontrar *flyers* con descuentos para muchas discotecas.

En el otro lado de la moneda están los museos estatales, todos gratuitos. Eso significa que se puedan visitar algunas de las mejores galerías y salas de exposiciones del mundo sin abonar ni un céntimo, aunque se recomienda dar un donativo para garantizar que sigan funcionando así (normalmente se sugiere dejar 3 £). Otra consecuencia importante de dicha gratuidad es que la visita a centros tan gigantescos como el V&A (p. 133) o el British Museum (p. 81), por ejemplo, se puede repartir entre varios días. Otros puntos de interés tienen un amplio abanico de tarifas, desde las 16 £ que cuesta entrar a la Torre de Londres (p. 112), aunque permite pasar en ella todo el día, hasta las abusivas 25 £ que piden por entrar al Madame Tussauds (p. 98).

# INFORMACIÓN EN LA RED

Como es lógico, Internet ofrece todo tipo de información sobre la capital británica. Actualmente la conexión Wi-Fi cubre gran parte de la ciudad, aunque por desgracia tampoco es gratis, salvo contadas excepciones como Upper St, en Islington, y Leicester Sq. En todo Londres

funciona The Cloud, un servicio de Internet de pago que ofrece un mes de conexión gratis. He aquí algunos sitios web con información útil sobre la capital inglesa:

**British Tourist Authority** (www.visitbritain.es) Web de la oficina de turismo británico con información sobre Londres.

**Flavorpill London** (www.flavorpill.com/london) Revista electrónica semanal donde se detallan los principales acontecimientos culturales y de ocio.

**Le Cool Magazine** (www.lecool.com/london) Excelente boletín electrónico gratis que incluye información sobre los mejores clubes, bares, conciertos y otros eventos de la capital.

**Infolondres.es** (www.infolondres.es) Sitio web con información en español sobre alojamientos, vuelos e información turística.

**London Unlike** (www.london.unlike.net) Esta "guía urbana para la generación móvil" ofrece información amplia y muy útil, desde los restaurantes más nuevos hasta discotecas y citas culturales.

**Londonist** (www.londonist.com) El *blog* sobre Londres favorito de estos autores ofrece una visión irónica de los aspectos más extravagantes de la ciudad, con un gran número de colaboradores con intereses bien diversos.

**Streetmap.co.uk** (www.streetmap.co.uk) Muy socorrido por los propios londinenses, este portal ofrece un plano de Londres con buscador callejero mediante código postal. Imprescindible.

**Transport for London** (www.tfl.gov.uk) Sitio web de London Transport sumamente práctico, con una excelente herramienta para planificar itinerarios y facilitar la orientación por la ciudad.

**Visit London** (www.visitlondon.com/es/) Portal oficial de turismo de la capital, una excelente fuente de información con servicio de reserva de hoteles económicos y muchos enlaces.

## HISTORIA

La historia de Londres abarca dos largos y turbulentos milenios en los cuales numerosos pueblos, muchos de ellos con una larga tradición, fueron creciendo hasta unirse y formar una inmensa ciudad en torno al núcleo romano que todavía marca su corazón.

## LONDINIUM

Los verdaderos padres de Londres son los romanos, a pesar de que durante varios miles de años antes de su llegada ya existió algún tipo de asentamiento a orillas del Támesis. Por sorprendente que parezca, la muralla que los romanos construyeron alrededor de Londinium sigue separando más o menos la City de los demás *boroughs* ("barrios") de la capital.

Los romanos hicieron sus primeras incursiones de reconocimiento en el s. I a.C., durante las que comerciaron con los celtas. En el año 43 d.C. regresaron con un ejército invasor capitaneado por el emperador Claudio y fundaron el puerto de Londinium. Construyeron un puente de madera sobre el Támesis, cerca del actual puente de Londres (London Bridge), y se valieron del enclave para tomar otros centros tribales, que en aquel momento proporcionaban mayores compensaciones. El puente se convirtió en el núcleo de la red viaria de la región y durante algunos años Londinium prosperó gracias al comercio.

Hacia el año 60, este crecimiento se interrumpió bruscamente cuando un ejército conducido por Boadicea, reina de la tribu celta de los icenos procedentes de Anglia oriental, se rebeló ferozmente contra los romanos, que habían atacado su reino, arrebatándole sus tierras. Los icenos tomaron Camulodunum (Colchester), capital de la Britania romana, y luego se encaminaron hacia Londinium, lo arrasaron y masacraron a sus habitantes. Boadicea, que según la leyenda está enterrada bajo el andén nº 10 de la estación de King's Cross, fue finalmente derrotada y los romanos reconstruyeron Londinium en Cornhill.

Un siglo más tarde, los romanos rodearon la ciudad con una muralla, de la que todavía se conservan algunos fragmentos. Las primeras puertas de entrada –Aldgate, Ludgate, Newgate y Bishopsgate– solo sobreviven en algunos topónimos del Londres contemporáneo. Excavaciones efectuadas en la City sugieren que Londinium, centro económico y comercial que aún no poseía la categoría de colonia, era una metrópoli imponente con enormes edificios, entre los que se contaban una basílica, un anfiteatro, un foro y el palacio del gobernador.

A mediados del s. III, Londinium albergaba unas 30 000 personas de diversos grupos étnicos y templos dedicados a numerosos cultos. Cuando el emperador Constantino se convirtió al cristianismo en el año 312, esta religión pasó a ser el culto oficial de todo el Imperio. Los restos del templo de Mitra (p. 109) se conservan en la City como un testimonio del pasado pagano de Londres.

Las crecientes invasiones bárbaras debilitaron al Imperio Romano, que comenzó su decadencia. En el año 410, cuando el asediado emperador Honorio retiró los últimos soldados, los restantes romanos abandonaron Londinium, que quedó reducido a un páramo apenas poblado.

## CRONOLOGÍA

| 43 A.C. | 47-50 | 122 |
|---|---|---|
| Los romanos, dirigidos por el propio emperador Claudio, invaden Gran Bretaña. Antes de su llegada, los britanos pagaban tributo a Roma tras una primera incursión de Julio César en el 55 y el 54 a.C. | Se construye el fuerte defensivo en Londinium, cuyo nombre es probablemente anterior a los celtas. No existen indicios de su significado, pero una sugerencia sería "asentamiento en el ancho río". | El emperador Adriano visita Londinium y se construyen un gran número de edificios municipales admirables. El Londres romano se encuentra en su punto álgido y cuenta con templos, baños públicos, una fortaleza y un puerto. |

# LUNDENWIC

Existe un gran debate histórico sobre qué le sucedió a Londres después de la retirada de los romanos. Mientras que los hallazgos arqueológicos y los últimos avances tecnológicos han esclarecido muchas dudas acerca de la Alta Edad Media, todavía quedan algunas incógnitas como, por ejemplo, si la villa amurallada fue abandonada completamente. Casi todos los historiadores creen que los romanos británicos pervivieron en la zona incluso después de la llegada de los sajones, aquellas tribus germánicas que colonizaron el sureste de Inglaterra a partir del s. v.

En el exterior y al oeste de las murallas de Londinium, hacia lo que ahora es Aldwych y Charing Cross, se fundó un asentamiento comercial sajón llamado Lundenwic (o mercado de Londres). A principios del s. VII, los paganos sajones se convirtieron al cristianismo, Roma convirtió Lundenwic en diócesis y se construyó la primera catedral de St Paul en lo alto de la colina de Ludgate.

La villa fue víctima de su propio éxito al llamar la atención de los vikingos daneses, que la asaltaron en 842, y la incendiaron y arrasaron diez años más tarde. Dirigidos por el rey Alfredo el Grande de Wessex, los sajones contraatacaron y expulsaron a los daneses en 886 y se volvió a fundar la antigua ciudad bajo el nombre de Lundunburg, que fue un importante centro comercial.

El Londres sajón se convirtió en una ciudad próspera y bien organizada, dividida en 20 distritos, cada uno con su propio gobernador, y varias colonias permanentes de comerciantes germanos y vinateros franceses. Pero las incursiones vikingas continuaron hasta que se desmoronó el debilitado dominio sajón y el pueblo se vio obligado a aceptar al líder danés Canuto como rey de Inglaterra en 1016. Con la muerte de su hijo Hardecanuto en 1042, el trono pasó al sajón Eduardo el Confesor, que fundó en Westminster una abadía y un palacio en lo que entonces era una isla en la desembocadura del río Tyburn, ahora subterráneo. Cuando Eduardo trasladó su corte a Westminster se creó una división que, al menos geográficamente, se ha mantenido hasta el presente: el puerto sería el centro comercial y mercantil (la actual City), mientras que Westminster sería la sede política y administrativa.

# NORMANDOS

La fecha más célebre de la historia de Inglaterra es el año 1066, que marca el verdadero origen del país como un estado-nación unificado. Después de la muerte de Eduardo el Confesor en 1066, los enfrentamientos para nombrar al heredero de la corona inglesa resultaron desastrosos para los reyes sajones. En su lecho de muerte, Eduardo proclamó sucesor a Harold Godwinson, conde de Wessex, pero Guillermo, duque de Normandía, enfurecido al creer que el rey le había prometido el trono, emprendió una invasión masiva de Inglaterra desde Francia y el 14 de octubre derrotó a las tropas de Harold en la Batalla de Hastings, desde donde se dirigió a Londres para reclamar su premio. Guillermo el Conquistador fue coronado rey de Inglaterra en la abadía de Westminster el día de Navidad de ese año, asegurándose así de que la conquista normanda fuera completa.

El monarca se encontró dirigiendo la ciudad más grande y rica del reino. Como desconfiaba del "fiero populacho" londinense, construyó varias fortalezas entre las que se incluía la White Tower, corazón de la Torre de Londres, aunque se ganó la simpatía de los prósperos comerciantes al confirmar la independencia de la City a cambio de impuestos. Londres pasó a ser la principal ciudad de Inglaterra, por delante de Winchester, antigua capital de Wessex.

| 190-225 | 410 | 852 |
|---|---|---|
| La muralla de Londres se construyó en torno a Londinium para defender el asentamiento de los enemigos, que habían abierto una brecha en el Muro de Adriano. La nueva muralla cerca un área de solo 132 Ha y mide 5 m de alto. | El emperador Honorio decreta que la colonia de Britania cuidará de sus propias defensas; de este modo termina la presencia romana en Londinium, pero aunque muchos romanos se fueron, otros se quedaron. | Los vikingos se asientan en Londres, después de atacar la ciudad una década antes. Es un período de grandes luchas entre Wessex y Dinamarca por el control del Támesis. |

# EL LONDRES MEDIEVAL

Los sucesivos reyes medievales permitieron que la City se mantuviera como ciudad independiente mientras los comerciantes siguieran costeando sus guerras o proyectos arquitectónicos. Cuando Ricardo I, conocido como Ricardo Corazón de León, necesitó fondos para su cruzada en Tierra Santa, reconoció a la City como comuna autónoma y los agradecidos comerciantes le financiaron. Hacia 1190 se eligió al primer alcalde de la City, Henry Fitz Aylwin. En 1215, el rey Juan I (Juan Sin Tierra), sucesor de Ricardo I, tuvo que ceder autoridad ante los poderosos barones y limitar los abusivos impuestos de la City. Entre quienes le obligaron a sellar la Carta Magna ese año se encontraba el influyente alcalde, prueba de que la City siempre defendería con furia su independencia. Actualmente pueden verse dos copias de dicho documento en la British Library (p. 163).

El comercio disfrutó de gran prosperidad y los aristócratas, notables y obispos se edificaron lujosas casas en el prestigioso enclave residencial de The Strand, que unía la City con el palacio de Westminster, nueva sede del poder real. El primer puente de Londres se construyó en piedra en 1176, pero como siempre estaba muy concurrido, la mayoría de la gente recurría a los barqueros (que surcaron el Támesis hasta el s. XVIII).

Aunque los incendios amenazaban constantemente las apretujadas y estrechas viviendas y callejones del Londres del s. XIV, el mayor peligro que planeaba sobre la floreciente ciudad eran las insalubres condiciones de vida y el agua contaminada que se bebía del Támesis. En 1348, ratas procedentes de Europa introdujeron la Peste Negra, una peste bubónica que en las siguientes décadas diezmó en casi dos tercios la población (100 000 personas).

Con una economía cada vez más débil, el malestar fue creciendo entre los trabajadores, que adoptaron la violencia como forma de vida. En 1381, el rey Ricardo II, haciendo caso omiso del estado de ánimo de la nación, decretó un nuevo impuesto para todos los súbditos del reino. Miles de campesinos, conducidos por el soldado Wat Tyler y el sacerdote Jack Straw, marcharon en protesta hasta Londres. Sacaron a rastras de la Torre de Londres al arzobispo de Canterbury y lo decapitaron, varios ministros fueron asesinados y muchos edificios quedaron arrasados. Tyler murió apuñalado por el alcalde, mientras que Straw y otros cabecillas fueron ejecutados en Smithfield. Sin embargo, no se volvió a hacer mención de ese impuesto (hasta que el Gobierno de Margaret Thatcher, despreciando las lecciones de la historia, intentó implantar algo parecido en la década de 1980; véase p. 30).

Durante el s. XV, Londres ganó en riqueza e importancia con las casas de Lancaster y York. También gobernó el caritativo alcalde Dick Whittington, inmortalizado en un cuento que narra su camino desde la pobreza hasta el poder; y en 1476, William Caxton instaló la primera imprenta en Westminster.

El mayor episodio de intrigas políticas del siglo aconteció en 1483 cuando el rey Eduardo V, de la Casa de York, reinó solo durante dos meses, a la edad de 12 años, antes de desaparecer para siempre con su hermano menor en la Torre de Londres. Mucho se ha especulado sobre si Ricardo III, tío de los niños y sucesor en el trono, ordenó o no su asesinato; en 1674, unos trabajadores encontraron en las proximidades de la White Tower un arcón con los esqueletos de dos niños. Al suponer que se trataba de los restos de los príncipes, fueron enterrados en el rincón de los Inocentes de la abadía de Westminster. Sin embargo, el reinado de Ricardo III duró poco, al ser destronado un par de años más tarde por Enrique Tudor, primer monarca inglés de esa dinastía.

| 886 | 1016 | 1066 |
|-----|------|------|
| Alfredo el Grande, primer rey de Inglaterra, reclama Londres para los sajones y funda un nuevo asentamiento entre los muros de la antigua ciudad romana. | Después de más de un siglo de dominio inglés, los daneses regresan a Londres y Canuto es coronado rey de Inglaterra. Célebre en el folclore inglés, gobernó durante dos décadas de paz. | Después de su gran victoria sobre el rey Harold en la Batalla de Hastings, Guillermo I, duque de Normandía y conocido para siempre como Guillermo el Conquistador, fue coronado en la abadía de Westminster. |

# EL LONDRES TUDOR

Durante el reinado de la dinastía Tudor, y coincidiendo con el descubrimiento de América y el floreciente comercio internacional, Londres se convirtió en una de las ciudades más grandes e importantes de Europa.

El hijo y sucesor del rey, Enrique VIII, fue el más ostentoso del clan. Muy aficionado a los palacios, se hizo construir uno en Whitehall y otro en St James, y acosó a su lord canciller, el cardenal Thomas Wolsey, hasta conseguir que le regalara el suyo en Hampton Court.

Sin embargo, la contribución más notable de su reinado fue la ruptura con la Iglesia católica en 1534 después de que el papa se negara a anular su matrimonio con Catalina de Aragón (hija de los Reyes Católicos), que no le había dado un heredero varón. Burlándose de Roma, se proclamó jefe supremo de la Iglesia de Inglaterra (o Iglesia anglicana) y se casó con Ana Bolena, la segunda de sus seis esposas. Ordenó la "disolución" de los monasterios londinenses y se apoderó de las riquezas y propiedades de la Iglesia. La ciudad medieval se transformó: gran parte de las tierras que se requisaron para cotos de caza se convirtieron más tarde en los parques de Hyde Park, Regent's Park y Richmond Park; muchos centros monásticos desaparecieron, dejando su nombre como único recuerdo a las zonas donde estaban situados, como Whitefriars y Blackfriars (por el color blanco o negro de los hábitos de los monjes).

A pesar de su inclinación por resolver diferencias con el hacha (2 de sus 6 esposas y Tomás Moro, sustituto de Wolsey como lord canciller, murieron decapitados) y de perseguir tanto a católicos como a sus correligionarios protestantes que no se sometían a su autoridad eclesiástica, Enrique VIII fue un monarca popular hasta su muerte en 1547.

Durante el reinado de María I Tudor, hija de Enrique VIII y Catalina de Aragón, se restableció el catolicismo. La reina tomó como esposo al católico Felipe II de España y sancionó la muerte en la hoguera de cientos de protestantes en Smithfield, lo que le valió el sobrenombre de "Bloody Mary" ("María la Sanguinaria").

Cuando Isabel I, hija de Enrique VIII y Ana Bolena, subió al trono, el catolicismo había perdido fuerza y había comenzado la persecución de sus partidarios, que eran enviados a las horcas de Tyburn (véase p. 141).

# EL LONDRES ISABELINO

El reinado de 45 años (1558-1603) de Isabel I se considera como uno de los períodos más extraordinarios de la historia de Inglaterra. Durante esas cuatro décadas, la literatura inglesa vivió un renacimiento y, poco a poco, se fue imponiendo cierta tolerancia religiosa, si bien la persecución de católicos y de algún grupo de protestantes no cesó. Inglaterra llegó a ser una gran potencia marítima tras la derrota de la Armada Invencible española en 1588.

También fueron unos años significativos para Londres, que creció físicamente (en la segunda mitad del s. XVI, la población se duplicó hasta 200 000 habitantes) y se impuso como el primer mercado mundial con la apertura de la Bolsa (Royal Exchange) en 1566. El primer plano conocido de la ciudad data de 1558 y John Stow presentó en 1598 *A Survey of London*, su primera historia de la urbe.

También se vivió la edad de oro del teatro inglés, con las obras de William Shakespeare, Christopher Marlowe y Ben Jonson representadas en nuevos teatros como el Rose (1587) y el Globe (1599). Ambos estaban en Southwark, que en aquella época tenía fama de lugar inmoral por su profusión de burdeles, tabernas inmundas y actividades ilícitas como las peleas de osos.

| 1176 | 1215 | 1348 |
|---|---|---|
| Se construye el primer puente de Londres de piedra, pero al estar siempre demasiado concurrido casi todo el mundo optaba por cruzar el río con un barquero (una profesión que perduró hasta el s. XVIII). | En un prado de Runnymede, en las afueras de Londres, el rey Juan Sin Tierra firmó la Carta Magna (literalmente "los grandes estatutos"), un acuerdo entre los barones ingleses que constituyó la base de la ley constitucional inglesa. | Las ratas de los barcos procedentes de la Europa continental introducen la peste negra, un tipo de peste bubónica que en varias décadas acabó con la vida de casi dos tercios de los 100 000 habitantes de Londres. |

Lo principal era que se encontraba fuera de la jurisdicción de la City, que desaprobaba e incluso prohibió el teatro por considerarlo una pérdida de tiempo.

A Isabel I, que murió en 1603 sin dejar herederos, le sucedió su primo segundo, que reinó con el nombre de Jacobo I de Inglaterra. Si bien era hijo de la católica María I Estuardo, reina de Escocia, provocó la cólera de los católicos ingleses al no mejorar su situación y se salvó de la muerte por muy poco al destaparse la conspiración fraguada por Guy Fawkes de hacer saltar por los aires el Parlamento el 5 de noviembre de 1605. Este acontecimiento se conmemora cada años en Inglaterra con hogueras, fuegos artificiales y la quema de efigies de Guy Fawkes.

## GUERRAS CIVILES INGLESAS

En 1625 accedió al trono Carlos I. Su intransigencia y total convicción en el derecho divino de los reyes provocaron un enfrentamiento entre la Corona, apoyada por un Parlamento cada vez más confiado, y una City de Londres cansada de impuestos abusivos. La crisis comenzó cuando el rey intentó arrestar a cinco parlamentarios disidentes que huyeron a la City; en 1642 el país se rebeló y se declaró la Guerra Civil.

Los puritanos, los protestantes extremistas y los comerciantes de la City respaldaron al general Oliver Cromwell, líder de los defensores del Parlamento (*roundheads*), y lucharon contra las tropas monárquicas (*cavaliers*). Londres respaldó a los parlamentaristas y Carlos I fue derrotado en 1646, aunque todavía hubo una Segunda Guerra Civil (1648-1649) y una Tercera Guerra Civil (1649-1651) que causaron estragos en una que había sido una nación estable y próspera.

Vistiendo dos camisas para no temblar de frío y parecer cobarde, Carlos I fue decapitado el 30 de enero de 1649 acusado de alta traición frente a la Banqueting House (p. 97), en Whitehall.

Pero los resultados conseguidos con la guerra fueron efímeros. Durante los once años siguientes, Cromwell instauró la república conocida como Commonwealth y gobernó como lord protector. En ese tiempo, prohibió el teatro, los bailes, la Navidad y todo lo que resultara entretenido. Mientras, el hijo de Carlos I, Carlos II, continuó luchando por restaurar la monarquía.

## RESTAURACIÓN: PESTE Y FUEGO

Tras la muerte de Cromwell, el Parlamento restauró la monarquía en la figura del exiliado Carlos II en 1660. Se juzgó que la muerte había sido demasiado bondadosa con Cromwell, por lo que su cuerpo fue exhumado, destripado, descuartizado y colgado en Tyburn. Durante dos décadas se exhibió su cabeza putrefacta en una estaca a la entrada de Westminster.

A pesar de la inmensa riqueza que experimentó Londres durante el reinado de los Tudor, la capital continuó abarrotada y sucia, con la mayoría de la población viviendo en la miseria. La falta de higiene básica (los orinales se vaciaban en la calle), el agua impura y el hacinamiento contribuyeron a la aparición de constantes brotes de fiebres y enfermedades mortales. Desde el s. XIV, la ciudad había sufrido varios brotes de peste bubónica, pero ninguno comparable a la Gran Peste de 1665.

A medida que la epidemia avanzaba, la aterrorizada población se encerró en sus casas, y solo las abandonaban para adquirir provisiones y deshacerse de sus muertos. Las calles, antes atestadas, estaban desiertas, las iglesias y los mercados permanecían cerrados y un inquietante silencio cayó sobre la ciudad. Para empeorar la situación, el alcalde supuso que perros y gatos propagaban la peste y ordenó matarlos a todos, con lo que se acabó con los depredadores naturales de las ratas, verdaderas portadoras de la enfermedad. Cuando el invierno frenó la

| 1397 | 1483 | 1534 |
|---|---|---|
| Richard Whittington es elegido alcalde de Londres e inmediatamente negocia con Ricardo II la adquisición de las libertades de la ciudad por 10 000 £. Fue reelegido tres veces más y se convirtió en un personaje muy querido de la tradición londinense. | Con 12 años, Eduardo V, de la Casa de York, gobierna durante dos meses antes de desaparecer para siempre con su hermano menor en la Torre de Londres. A lo largo de los siglos se ha especulado mucho sobre la implicación en su muerte de su tío Ricardo III, que fue coronado rey. | Después de que el Papa rechazara su divorcio con Catalina de Aragón, Enrique VIII se separa de la Iglesia católica, disuelve los monasterios e inicia la Reforma anglicana. |

epidemia, 100 000 personas habían muerto; los cuerpos eran recogidos y lanzados a enormes fosas, muchas de las cuales siguen vacías de edificaciones.

La peste empezó a remitir a finales de 1665, dejando tras de sí una población diezmada y la creencia generalizada de que las muertes eran un castigo de Dios por la inmoralidad de la capital. Sin embargo, cuando los londinenses empezaban a relajarse, acaeció otro desastre. Durante siglos, la ciudad había mostrado cierta propensión a los incendios, dado que casi todos sus edificios eran de madera, y así, el 2 de septiembre de 1666 se originó uno enorme en una panadería de Pudding Lane, en la City.

En un principio, no pareció muy importante y el propio alcalde, antes de volver a la cama, lo menospreció afirmando que "una mujer orinando lo podía apagar". Pero un calor inusual y un fuerte viento propagaron las llamas, que avanzaron furiosas y sin control durante días hasta arrasar en torno al 80% de la ciudad. Solo murieron ocho personas (según datos oficiales), pero casi toda la arquitectura medieval, Tudor y jacobea dasapareció. Finalmente, el fuego se apagó en Fetter Lane, a las afueras de la ciudad, dejando un rastro de destrucción de enormes proporciones: 89 iglesias y más de 13 000 casas devastadas que dejaron a miles de personas en la calle. Muchos londinenses huyeron al campo o se embarcaron hacia el Nuevo Mundo.

# EL LONDRES DE WREN

Un aspecto positivo del Gran Incendio fue la oportunidad que proporcionó al arquitecto Christopher Wren de construir magníficas iglesias. Por desgracia, su plan urbanístico para reconstruir toda la ciudad se consideró demasiado caro y pronto reapareció la misma estructura de calles que se había desarrollado desde el tiempo de los romanos. Sin embargo, para evitar que se repitieran los hechos de 1666, se aprobó por ley que los edificios fueran de ladrillo y piedra en lugar de madera; también se ensancharon muchas vías. En esta época, Carlos II se trasladó al palacio de St James y, para estar cerca de la corte, la pequeña nobleza invadió los alrededores, donde se construyeron las casas e imponentes plazas de lo que hoy es Mayfair y St James.

Para recordar el incendio, en 1677 se levantó el Monumento (véase p. 110) cerca del lugar donde se originó el fuego. Diseñado por Wren, simboliza la restauración y el renacer que sucedió a la tragedia. Era, con diferencia, la construcción más alta de la ciudad, visible desde toda ella.

En 1685 llegaron a Londres unos mil quinientos refugiados hugonotes que huían de su persecución en la católica Francia. Muchos empezaron a fabricar artículos de lujo, como sedas y objetos de plata, en Spitalfields y alrededores y en Clerkenwell, donde ya se congregaban inmigrantes y artesanos irlandeses, judíos e italianos. Londres se estaba convirtiendo en uno de los lugares más cosmopolitas del mundo.

La incruenta Revolución Gloriosa de 1688 llevó al trono inglés al rey holandés Guillermo de Orange. Éste abandonó el palacio de Whitehall y se trasladó a uno nuevo, situado en los jardines de Kensington, por lo que, en consecuencia, la zona en derredor mejoró su aspecto. A raíz de la transformación de la City en un centro financiero en vez de industrial y por su necesidad de recaudar fondos para financiar la guerra contra Francia, Guillermo III fundó el Banco de Inglaterra en 1694.

Londres no dejó de crecer y, hacia 1700, con unos 600 000 habitantes, era la mayor ciudad de Europa. La afluencia de trabajadores foráneos provocó una expansión hacia el este y el sur, mientras que los más pudientes se mudaron a los más saludables norte y oeste. Estas divisiones se mantienen prácticamente igual en la actualidad.

| 1558 | 1599 | 1605 |
|------|------|------|
| Un grupo de comerciantes germanos trazan el primer plano detallado de Londres. Ese mismo año, comienza la época isabelina con la llegada al trono de la reina Isabel I. | Se instala el Globe Theatre en Southwark junto con otros escenarios, como el Rose, el Swan y el Hope. Será el escenario de gran parte de las obras de Shakespeare escritas después de 1599 (*Macbeth*, *El rey Lear* y *Hamlet*). | Se frustra una conspiración católica para hacer saltar por los aires a Jacobo I con pólvora escondida en los sótanos de la Cámara de los Comunes. Guy Fawkes, uno de los artífices, es ejecutado en 1606. |

El punto álgido de la llamada "Gran Reconstrucción" llegó en 1710, con la conclusión de la catedral de St Paul (p. 102), diseñada por Wren, una de las más grandes de Europa y todavía uno de los monumentos más destacados de la ciudad.

# EL LONDRES GEORGIANO

Dado que la Ley de Establecimiento de 1701 prohibía la ascensión al trono de un católico, cuando la reina Ana murió sin dejar herederos en 1714, comenzó la búsqueda de algún pariente protestante. Al final, Jorge de Hanover, bisnieto de Jacobo I, llegó de Alemania para ser coronado rey de Inglaterra, aunque nunca llegó a aprender el inglés. Mientras tanto, nacían los primeros periódicos, agrupados en torno a Fleet Street.

Durante el reinado de Jorge I, el Partido Whig de Robert Walpole controló el Parlamento y Walpole fue el primero en asumir el cargo de primer ministro de Gran Bretaña y en vivir en el nº 10 de Downing St, la residencia oficial del cargo desde entonces.

En esa época, Londres estaba creciendo a un ritmo espectacular, por lo que se tomaron medidas para hacer más accesible la ciudad. Hasta la inauguración del Westminster Bridge en 1750, solo se podía cruzar el Támesis por el puente de Londres, originalmente construido por los romanos. Muchos edificios del viejo puente fueron derribados junto con la muralla romana de la City.

El Londres georgiano experimentó una gran creatividad en la música, el arte y la arquitectura. Durante su estancia en la ciudad, Georg Friedrich Haendel, compositor de la corte, compuso *Música acuática* (1717) y *El Mesías* (1742); el Dr. Johnson publicó el primer diccionario de la lengua inglesa en 1755; William Hogarth (véase recuadro en p. 44), Thomas Gainsborough y Joshua Reynolds realizaron algunos de sus mejores grabados y pinturas; muchos de los edificios, calles y plazas más elegantes fueron levantados o proyectados por arquitectos como John Soane y el incomparable John Nash (véase capítulo "Arquitectura", p. XII).

Sin embargo, la segregación y la anarquía aumentaban día a día e, incluso, Jorge II fue despojado de "su bolsa, su reloj y sus hebillas" mientras paseaba por los jardines del palacio de Kensington. Este era el Londres de Hogarth, donde la gente adinerada levantaba magníficas mansiones en atractivas plazas y se reunía en modernos y flamantes cafés mientras los pobres se hacinaban en espantosas barriadas y ahogaban sus penas en ginebra de garrafa.

Para poner freno a la creciente criminalidad, un par de magistrados crearon en 1749 los Bow Street Runners, un grupo de voluntarios –precursores de la policía metropolitana londinense fundada en 1829– que desafiaron a los oficiales de policía, sospechosos (a menudo correctamente) de actuar en connivencia con los propios criminales.

En 1780, el Parlamento propuso suprimir la ley que prohibía a los católicos comprar o heredar propiedades, pero un parlamentario, el demente lord George Gordon, encabezó una manifestación antipapista que desembocó en los motines de Gordon: una multitud enloquecida de unas treinta mil personas atacó a los trabajadores irlandeses, quemó las prisiones, las "guaridas papistas" (capillas) y varios juzgados. Como mínimo, fallecieron trescientas personas, incluidas las que perecieron por coma etílico tras el asalto a una destilería de Holborn. El ejército logró restablecer el orden después de cinco días de disturbios.

Cuando el s. XVIII se acercaba a su fin, la población de Londres se había multiplicado hasta casi alcanzar el millón de personas.

| 1665 | 1666 | 1707 |
|---|---|---|
| La Gran Peste asola Londres y acaba con la vida de una quinta parte de su población. Aunque tuvo consecuencias mucho menos graves que la peste negra del s. XIV, se recuerda como uno de los últimos brotes de Europa. | El Gran Incendio de Londres arde durante cinco días, destruyendo la ciudad que Shakespeare había conocido y amado. La metrópoli cambió para siempre, pues cuatro quintas partes quedaron en ruinas. | Se celebra en Londres la primera sesión del Parlamento del reino de Gran Bretaña, donde se aprueba la Ley de Unión, que coloca a Inglaterra y Escocia bajo un mismo gobierno. |

# EL LONDRES VICTORIANO

Aunque el desarrollo y los logros del siglo anterior fueron impresionantes, palidecieron al lado de los conseguidos en la era victoriana, que se inició con la coronación de la reina Victoria en 1838, a los 19 años de edad. Con la Revolución Industrial, las pequeñas industrias artesanales se vieron sorprendidas por la aparición de las grandes fábricas, lo que supuso el nacimiento de la primera sociedad industrializada en el mundo. Así, Londres se convirtió en el centro del imperio más grande y rico de la historia, que cubría una cuarta parte de la superficie terrestre y gobernaba sobre más de quinientos millones de personas.

Se construyeron nuevos muelles al este de Londres para facilitar el próspero comercio con las colonias y se tendieron las primeras vías férreas entre la capital y otras ciudades inglesas. En 1863 se inauguró el primer tren subterráneo del mundo entre Paddington y Farringdon Road con tanto éxito que pronto le siguieron otras líneas. Muchos de los edificios y monumentos más famosos se levantaron durante esta época: la torre del reloj, conocida como el Big Ben (1859; p. 95), el Royal Albert Hall (1871; p. 139) y el magnífico Tower Bridge (1894; p. 116).

La ciudad, no obstante, exhaló bajo la carga de su inmenso tamaño y, en 1858, fue asolada por un terrible hedor, cuando sus instalaciones sanitarias quedaron superadas por las aguas residuales, que se filtraron bajo las casas de los acaudalados comerciantes. El destacado ingeniero Joseph Bazalgette abordó el problema y desarrolló un sistema de alcantarillado subterráneo que luego copiarían en todo el mundo. Londres se había convertido en la metrópoli por excelencia.

Si bien se considera la era victoriana una época de gran poder imperial, basado en la industria y el comercio, los éxitos intelectuales en las artes y las ciencias también fueron enormes. Charles Dickens, el mayor cronista de su tiempo, exploró en *Oliver Twist* (1837) y otras novelas los temas de la pobreza, la desesperación y la miseria de la clase obrera londinense. En 1859, Charles Darwin publicó *El origen de las especies,* una obra sumamente polémica que sentó las bases de su revolucionaria teoría de la evolución.

También gobernaron algunos de los primeros ministros más competentes y progresistas de Gran Bretaña, entre los que destacan William Gladstone (cuatro mandatos entre 1868 y 1894) y Benjamin Disraeli (en 1868 y de 1874 a 1880).

Durante el s. XIX, Londres recibió oleadas de inmigrantes procedentes de China, el este de Europa y muchos otros países, que provocaron un rápido incremento de la población: de uno a seis millones de habitantes. Esta vertiginosa expansión no fue beneficiosa para todos, y mientras que la gente acomodada se instalaba en viviendas nuevas y confortables en barrios residenciales, los pobres se hacinaban en tugurios de las zonas deprimidas en pésimas condiciones.

La reina Victoria vivió para celebrar en 1897 sus bodas de diamante; falleció cuatro años después, a los 81 años, y sus restos reposan en Windsor. Su reinado se considera el punto culminante de la supremacía británica en el mundo, con Londres como su capital de facto.

# DEL IMPERIO A LA PRIMERA GUERRA MUNDIAL

El inmoderado hijo de Victoria, Eduardo, príncipe de Gales, tenía ya 60 años cuando fue coronado como Eduardo VII en 1901. La Belle Époque londinense estuvo caracterizada por la entrada en servicio de los primeros autobuses, que sustituyeron al ómnibus tirado por caballos, inaugurado en 1829. Lujosos hoteles como el Ritz (1906) y grandes almacenes como Selfridges (1909) aportaron un toque de *glamour* a la ciudad. Los Juegos Olímpicos se celebraron en el White City Stadium en 1908, un espectáculo bastante distinto del que se proyecta para el 2012.

| 1749 | 1807 | 1838 |
|---|---|---|
| El novelista y magistrado Henry Fielding creó los Bow Street Runners, un grupo de voluntarios que sustituye a los anteriores "cazadores de ladrones", que arrestaban a criminales por una pequeña suma de dinero. | El comercio de esclavos, sobre el que se había cimentado en gran medida la riqueza georgiana, finalmente es abolido por el Parlamento después de una larga y dura campaña dirigida por el político y filántropo William Wilberforce. | La coronación de la reina Victoria en la abadía de Westminster marca el comienzo del período más grande en la historia de Londres, durante el cual la capital británica se convierte en el centro económico y político del mundo. |

El estadio fue derruido en 1985 para la construcción de la nueva sede de la British Broadcasting Corporation (BBC).

La Primera Guerra Mundial, conocida como la Gran Guerra, comenzó en agosto de 1914. Un año más tarde, los alemanes lanzaron las primeras bombas desde zepelines cerca de Guildhall, causando 39 muertos. Poco después, los aviones bombardearon la capital, matando a unos 650 londinenses (la mitad de todas las víctimas civiles inglesas durante el conflicto).

Mientras que los jóvenes adinerados se divertían después de las relativas penurias de la guerra, la mayoría de los londinenses pasaron incluso más dificultades durante los locos años veinte, con una depresión económica que provocó un aumento del coste de la vida.

La población siguió creciendo hasta los 7,5 millones en 1921. El London County Council (LCC, Consejo del Condado de Londres) derribó los barrios pobres y construyó nuevos edificios de viviendas, mientras los suburbios avanzaban a costa del campo.

Durante la recesión mundial, el desempleo siguió creciendo y, en mayo de 1926, un conflicto salarial en la industria del carbón terminó en una huelga general de nueve días, tan secundada que Londres quedó casi paralizado. El Ejército tuvo que intervenir para mantener el orden y el buen funcionamiento de la ciudad, pero esta protesta dispuso el escenario para más de medio siglo de conflictos laborales.

A pesar de las dificultades económicas, este período reportó una gran riqueza intelectual a la capital inglesa. Los años veinte fueron los del apogeo del llamado Grupo de Bloomsbury, en el que figuraban la escritora Virginia Woolf y el economista John Maynard Keynes. En la década siguiente, el centro de atención se trasladó hacia el oeste, a Fitzrovia, donde George Orwell y Dylan Thomas brindaban con sus coetáneos en la Fitzroy Tavern de Charlotte Street.

En esta época nacieron el cine, la televisión y la radio. La BBC realizó su primera emisión radiofónica desde la azotea de la Marconi House, en The Strand, en 1922; el primer programa de televisión se emitiría desde el palacio de Alexandra 14 años más tarde.

La familia real recibió muchas críticas cuando Eduardo VIII abdicó en 1936 para casarse con una mujer doblemente divorciada y, para colmo, estadounidense. Ese mismo año, Oswald Mosley organizó una marcha antisemita de la Unión de Fascistas Británicos a través del East End, pero una multitud de alrededor de medio millón de personas lo detuvo en la famosa batalla de Cable Street.

## SEGUNDA GUERRA MUNDIAL Y EL BLITZ

La política de apaciguamiento que impulsó el primer ministro Neville Chamberlain durante la década de 1930 en respuesta a la actitud expansionista de Hitler resultó un fracaso. Cuando Alemania invadió Polonia el 1 de septiembre de 1939, Gran Bretaña declaró la guerra al agresor, después de haber firmado unos días antes un tratado de defensa mutua con los polacos. Había comenzado la Segunda Guerra Mundial (1939-1945), la época más oscura de Europa.

Durante el primer año de la guerra, Londres sufrió una tensa espera y, pese a que más de seiscientas mil mujeres y niños fueron evacuados al campo, no cayó ninguna bomba. Pero el 7 de septiembre de 1940, esta "insólita guerra" terminó brutalmente cuando la Luftwaffe lanzó cientos de bombas sobre el East End, causando 430 víctimas.

El Blitz (del alemán *blitzkrieg*, "guerra relámpago") duró 57 noches y se prolongó a intervalos hasta mayo de 1941. El metro se transformó en un gigantesco refugio antiaéreo, aunque en una ocasión una bomba bajó rodando por las escaleras mecánicas de la estación de Bank y estalló en

| 1884 | 1901 | 1908 |
|---|---|---|
| Se establece la GMT (Greenwich Mean Time, hora media de Greenwich), lo que convierte al observatorio de Greenwich en el centro horario mundial. Todos los relojes del mundo están ajustados con el GMT. | Muere Victoria después de un reinado de más de 63 años, el más largo de la historia británica. Como era reacia al luto de los funerales, se engalanó la capital de púrpura y blanco. | Londres inaugura los primeros Juegos Olímpicos modernos en el ya demolido White City Stadium. Participaron 22 equipos y el presupuesto total ascendió a 15 000 £. |

## PROFANADORES DE TUMBAS

Durante los ss. XVIII y XIX, conforme avanzaban los conocimientos sobre anatomía y cirugía, hubo una gran escasez de cuerpos para que doctores y estudiantes pudieran experimentar. Legalmente, solo se podía utilizar el bisturí en los cuerpos de criminales condenados a muerte, pero la demanda sobrepasaba de largo la oferta, lo que provocó un aumento de los profanadores de tumbas, o resurreccionistas. Grupos de hombres sacaban a escondidas de sus sepulturas a los recién enterrados y volvían a colocarlo todo bien, por lo que, muchas veces, los familiares no llegaban a advertir nada. La zona del hospital de St Bart fue famosa por esta actividad, a la que se dedicaban bandas que saqueaban los cementerios locales. Aunque esta terrible práctica no era ilegal, la fuerte creencia de que el cuerpo humano debía seguir intacto para entrar en el cielo significó que, cuando los profanadores eran descubiertos, se solían convertir en el blanco de la muchedumbre, que los destrozaban en plena calle. Esta práctica macabra no acabó hasta que se promulgó la Ley de Anatomía de 1832, que relajó las condiciones para el uso médico de los cuerpos.

el andén, matando a más de cien personas. Los londinenses respondieron con una resistencia y un estoicismo legendarios. La familia real, que todavía despertaba gran admiración y respeto, se negó a abandonar la ciudad durante el bombardeo. Aunque se le suplicó que permitiera marchar a sus hijos, la reina Isabel (madre de la actual reina, Isabel II) por lo visto replicó: "Los niños no se pueden ir sin mí, yo no me puedo marchar sin el rey y el rey no se puede marchar". El hermano pequeño del rey, el duque de Kent, murió en acto de servicio en 1942 mientras el palacio de Buckingham era bombardeado, hecho que indujo a la reina a comentar: "Ahora podemos mirar a la cara al East End". Winston Churchill, primer ministro desde 1940, orquestó gran parte de la estrategia bélica inglesa desde las Cabinet War Rooms (p. 97), en los sótanos de Whitehall, desde donde pronunció sus conmovedores discursos.

En enero de 1944 se volvió a poner a prueba el coraje de Londres, cuando los alemanes lanzaron sobre la ciudad los V-1 sin piloto, conocidos como "bombas volantes". Cuando la Alemania nazi capituló en mayo de 1945, hasta un tercio del East End y la City quedaron arrasados, 32 000 londinenses habían muerto y otros 50 000 estaban gravemente heridos. Hoy día se puede sentir la magnitud de la destrucción dando un paseo por la City, donde se levantaron los edificios de posguerra, muchos de ellos gigantescos y poco atractivos.

## EL LONDRES DE POSGUERRA

Una vez concluidas las celebraciones por el Día de la Victoria en Europa, la nación se enfrentó a los tremendos destrozos de la guerra. Comenzaron los años de austeridad, con el racionamiento de los productos básicos y la construcción de edificios altos en los puntos bombardeados de Pimlico y el East End para resolver el problema crónico de la vivienda. En 1948, Londres fue la sede de los Juegos Olímpicos y en 1951 organizó el Festival of Britain para conmemorar el centenario de la Gran Exposición, acontecimientos que levantaron la moral ciudadana. El Soutbank Centre (véase p. 122), un nuevo complejo dedicado al arte, se construyó en el emplazamiento del festival.

La penumbra volvió, literalmente, el 6 de diciembre de 1952 a causa de la Gran Niebla (Great Smog), el último desastre que asoló la ciudad. Una combinación letal de niebla, humo y contaminación envolvió la urbe y provocó la muerte de unas cuatro mil personas. En 1956 se aprobó la Ley del Aire Limpio, que prohibía la utilización de combustibles que produjeran humo en el centro de Londres.

| 1936 | 1940-1941 | 1953 |
|---|---|---|
| Jorge VI se convierte en rey tras la abdicación de su hermano, Eduardo VIII, que abdicó para casarse con Wallis Simpson, una divorciada estadounidense que nunca fue aceptada por la clase alta británica. | Londres es asolada por el Blitz, aunque, milagrosamente, la catedral de St Paul y la Torre de Londres logran salir indemnes de los bombardeos. | La coronación de la reina Isabel II en la abadía de Westminster es el primer acontecimiento importante retransmitido en directo por televisión en todo el mundo, razón por la cual muchos ingleses compraron su primer televisor. |

TRASFONDO HISTORIA

29

El racionamiento de casi todos los productos no finalizó hasta 1953, fecha de la subida al trono de la actual reina, Isabel II, un año después de la muerte de su padre, el rey Jorge VI.

El aspecto de la ciudad cambió para siempre con la llegada de inmigrantes de todo el mundo, especialmente de las antiguas colonias británicas. Sin embargo, a pesar de que las autoridades les animaban a acudir para suplir la escasez de mano de obra causada por el receso de la población, los disturbios raciales acaecidos en 1958 en Notting Hill demostraron que los recién llegados no siempre eran bienvenidos.

# lo mejor

## LIBROS

- Londres: una biografía **Peter Ackroyd**
- Londres victoriano **Juan Benet**
- Escenas de Londres **Virginia Woolf**
- Londres, historia de una ciudad **A. N. Wilson**
- Londres 1851-1901 **Monica Charlot y Roland Marx**
- Cinco días en Londres, mayo de 1940: Churchill solo frente a Hitler **John Lukacs**

A finales de la década de 1950, el país recuperó una cierta prosperidad económica, y el primer ministro Harold Macmillan sentenció que "nunca habían ido tan bien las cosas". Durante la década de 1960, la capacidad creativa, reprimida durante la posguerra, surgió de forma espectacular y Londres se convirtió en centro de la moda y la música, llenando sus calles de color y vitalidad. La llegada de la píldora anticonceptiva, la legalización de la homosexualidad y la popularización de drogas, como la marihuana y el LSD, crearon, a través del movimiento *hippy*, un clima permisivo y liberal sin precedentes. Dos acontecimientos influyentes fueron la grabación de los Beatles en Abbey Road y la actuación gratis de los Rolling Stones en Hyde Park ante medio millón de personas. Carnaby St era la calle de moda por antonomasia del planeta, y personajes de la cultura pop, desde Twiggy y David Bailey hasta Marianne Faithfull y Christine Keeler, se convirtieron en los iconos de la nueva era.

## EL LONDRES 'PUNK'

Sin embargo, la diversión duró poco y Londres volvió a la calma con el duro clima económico de los años setenta, una década marcada por el desempleo y las bombas del Ejército Republicano Irlandés (IRA). Aun así, la metrópoli, que seguía prosperando a pesar de la adversidad, se situó en el centro de atención cuando, a mediados de la década, apareció la nueva estética *punk*.

A pesar de la liberación sexual de los alegres años sesenta, Londres continuaba siendo bastante conservadora, de manera que, cuando la generación que en la infancia había sido testigo de la filosofía de la paz y el amor *(flower power)* dio un paso al frente con alfileres pinchados en lugares estratégicos, pelos teñidos, *mohawks* y un lenguaje verdaderamente grosero, llenando de pavor a los lectores del *Daily Mail*. El movimiento *punk* había nacido: Vivienne Westwood escandalizó e intimidó a la ciudad con su tienda de ropa, Sex, en King's Rd, mientras que el himno nacional alternativo, *God Save the Queen* (Dios salve a la reina), que los Sex Pistols divulgaron durante la celebración de los veinticinco años de reinado de Isabel II en 1977, fue más escandaloso que cualquier otro planteamiento de los sesenta.

Frente a un panorama estético y musical tan desbocado, el sopor se había apoderado de la política, tal como se manifestó durante el breve y mediocre gobierno del laborista James Callaghan (1976-1979). El primer ministro era considerado un ser débil sometido a los todopoderosos sindicatos, que paralizaron el país con huelgas, especialmente durante el "Invierno del Descontento" de 1978-1979.

| 1956 | 1959 | 1966 |
|---|---|---|
| Aparecen en Londres los primeros autobuses rojos de dos pisos e inmediatamente se convierten en el icono de la ciudad. | Claudia Jones inicia el Carnaval de Notting Hill para promover unas buenas relaciones interraciales en West London tras los violentos disturbios raciales de 1958 entre los blancos locales y la comunidad caribeña de origen africano. | Inglaterra derrota a Alemania y gana la Copa del Mundo en Wembley, posiblemente el día más grande en la historia deportiva británica, que se grabó en la mente de todos los escolares. |

## EL MUNDO EN UNA CIUDAD

Desde siempre, Londres ha estado formada por inmigrantes. Siempre ha sido así, ya fueran romanos, vikingos, anglo-sajones, normandos, hugonotes o jamaicanos, por ejemplo. Aunque está documentado que los africanos sirvieron en el ejército romano, la primera vez que llegaron en gran número fue durante la Inglaterra isabelina como esclavos. La primera gran afluencia de extranjeros sucedió a finales del s. XVII, cuando los hugonotes, refugiados protestantes franceses, huyendo de la persecución religiosa en su país, se establecieron en Spitalfields y el Soho. Las oleadas se iban sucediendo. Los judíos llegaron durante los cuatro últimos siglos; tradicionalmente, se han instalado en el East End (sobre todo Spitalfields y Stamford Hill) y el noroeste. El último gran grupo de judíos llegó de la India en la década de 1960. A causa de la hambruna irlandesa de la patata de mediados del s. XIX, hubo una gran migración desde ese país; hoy día, los londinenses de origen irlandés siguen concentrados en Kilburn. La Segunda Guerra Mundial provocó la llegada de polacos, actualmente muy arraigados en Hammersmith y Shepherd's Bush, ucranianos y otros ciudadanos de la Europa del Este. La remesa de inmigrantes más importante llegó en la década de 1950, cuando, debido a la escasez de mano de obra, el Gobierno concedió la ciudadanía británica a cualquiera nacido en una colonia británica. Ello atrajo a muchos ciudadanos negros del Caribe, que se asentaron en el oeste y el sur de Londres, y a numerosos asiáticos de la India, Bangladesh y Pakistán, que se concentraron en el East End. Otras oleadas menos perceptibles son las de italianos a Clerkenwell a principios del s. XX, de refugiados vietnamitas a Hackney en la década de 1980 y de iraquíes, que han crecido en el noroeste de la ciudad desde la década de 1990.

# LOS AÑOS DE THATCHER Y MAJOR

En 1979, Margaret Thatcher, líder del Partido Conservador, se convirtió en la primera y única mujer que ha ocupado el cargo de primer ministro de Gran Bretaña, y bajo su puño de hierro comenzó la recuperación del país, al menos para la comunidad financiera. Thatcher, que gobernó durante toda la década de 1980 y emprendió un programa de privatizaciones sin precedentes, está considerada uno de los líderes más importantes de Gran Bretaña en el período de posguerra. Actualmente la ex primera ministra sigue despertando opiniones muy encontradas entre los británicos. Sus detractores critican su escaso interés por la justicia social y el aumento de las desigualdades entre ricos y pobres durante su mandato, mientras que sus seguidores remarcan la importante modernización de las anticuadas infraestructuras del país, dominadas por los sindicatos, y la riqueza que generaron sus políticas.

El Greater London Council (GLC, Consejo del Gran Londres), bajo la dirección del "rojo" Ken Livingstone, inició una enérgica campaña para reducir las tarifas del transporte público. En 1986 Thatcher respondió eliminándolo, lo que dejó a Londres como única capital europea sin un gobierno local unificado, una situación insólita que se alargaría 14 años hasta el regreso de Ken Livingstone, que en el año 2000 volvió a entrar en escena para disgusto de Tony Blair.

Mientras que los londinenses pobres sufrieron más que nadie el recorte del estado del bienestar impulsado por Thatcher, los ricos nunca habían vivido mejor. Gracias a una inyección de confianza impulsada por una desregulación de la Bolsa en 1986, Londres experimentó un gran crecimiento económico. Los promotores inmobiliarios demostraron tener la misma sensibilidad que la Luftwaffe, aunque entre los numerosos edificios de dudosa calidad sobresalieron algunas estructuras modernas, como la del Lloyd's of London (p. 110).

Como los anteriores *booms* económicos, el de finales de los años ochenta resultó insostenible. El paro empezó a aumentar y el valor de la vivienda descendió considerablemente; Thatcher

| 1979 | 1981 | 1987 |
|---|---|---|
| Margaret Thatcher es elegida como primer ministro. Sus políticas de contención transforman por completo Gran Bretaña, mezclando una necesaria modernización con radicales políticas sociales de derechas. | En Brixton se viven los peores disturbios raciales de toda la historia de la ciudad. El informe que lord Scarman hace de los sucesos culpa directamente a la "situación de desventaja racial, que es una realidad en la vida británica". | Un incendio, que posiblemente comenzó con una cerilla, en la estación de metro King's Cross provoca la muerte a 31 personas. Aunque en 1985 se prohibió fumar en los vagones y andenes del metro, los fumadores todavía encienden sus cigarrillos en las escaleras mecánicas. |

introdujo un impuesto per cápita de interés fijo. Las protestas se desataron por todo el país y culminaron en 1990 con una marcha por la plaza de Trafalgar que acabó en un verdadero disturbio. Thatcher se vio obligada a dimitir, poniendo fin a una época de división nunca vista en la historia moderna de su país. Su sucesor, el ex ministro de Economía John Major, optó por un método mucho más inclusivo.

En 1992, y para asombro de la mayoría de los londinenses, los conservadores ganaron las elecciones generales por cuarta vez consecutiva, y sin Thatcher. Poco después, la economía cayó en picado y Reino Unido tuvo que retirarse del Mecanismo Europeo de Cambio (MEC), humillación de la que el Gobierno no se recuperó. Para empeorar su situación, el IRA perpetró dos terribles atentados, uno en la City en 1992 y el otro en Docklands cuatro años después, que causaron varios muertos y millonarios daños materiales. En 1995 las cosas empezaron a torcerse para los conservadores, pues el Partido Laborista, desaparecido durante una década, volvió a entrar en escena con una cara nueva.

## LA GRAN BRETAÑA DE BLAIR

Alentado por sus ansias de recuperar el poder, el Partido Laborista eligió como líder al carismático Tony Blair, que decidió dejar de lado algunos de los postulados más izquierdistas y, en una maniobra genial, bautizó su credo como Nuevo Laborismo. En mayo de 1997 los conservadores sufrieron una severa derrota en todo el país, que entró de lleno en la era Blair.

El Partido Laborista reconoció la legítima reivindicación de Londres para disponer de un gobierno local, y creó la London Assembly (Asamblea de Londres) y el cargo de alcalde. A pesar de este loable intento para devolver a los londinenses la representatividad que tanto necesitaban, Blair se desacreditó pronto al intentar amañar el proceso de elección de alcalde en su partido en perjuicio de Ken Livingstone, en aquel entonces la bestia negra del Nuevo Laborismo y antiguo dirigente del GLC. Los londinenses se indignaron ante los esfuerzos de Blair para que su aliado Frank Dobson se hiciera con el puesto y, tras presentarse Livingstone como candidato independiente, su éxito fue clamoroso. Sin embargo, al darse cuenta de que se trataba de una figura demasiado importante, Blair recurrió a su inteligente y pragmática maquinaria laborista para convertir a Livingstone en una pieza clave del partido. Ello supuso un gran cambio para Londres. Livingstone introdujo una exitosa tasa de congestión para regular el tráfico y emprendió la monumental tarea de modernizar la anticuada red de transporte público de la ciudad.

El resurgimiento de Londres como ciudad de primer orden era una realidad. El punto culminante tuvo lugar el 6 de julio del 2005, cuando el Comité Olímpico Internacional anunció como ganadora su candidatura de los Juegos Olímpicos de 2012, con lo que Londres se convertirá pronto en la primera ciudad en acoger unos juegos en tres ocasiones. Sin embargo, el optimismo de los londinenses se vio truncado a la mañana siguiente, cuando un grupo de terroristas detonaron una serie de bombas en la red de transporte público de la ciudad, asesinando a 52 personas inocentes. Del triunfo se pasó al terror, rápidamente a la ira y, por último, al desafío. Dos semanas después el intento de detonación de otra serie de bombas de fabricación casera en el transporte público dejó la ciudad sumida en una profunda inquietud, que culminó de forma trágica cuando la Policía Metropolitana abatió en el metro a Jean Charles de Menezes, un electricista brasileño al que confundieron con Hussain Osman, uno de los terroristas que intentaron hacer estallar las bombas el día anterior. Sin duda, el verano del 2005 fue uno de los peores en la historia reciente de la capital británica.

| 1990 | 1997 | 2000 |
|---|---|---|
| Gran Bretaña estalla en protestas civiles, que cu!minan en los disturbios por el impuesto per cápita en Trafalgar Square. Tan impopular impuesto fue la perdición de Thatcher, que tuvo que dimitir en noviembre. | Los laboristas ganan las elecciones después de casi dos décadas de poder *tory*. El radical relanzamiento de Tony Blair del antiguo Partido Laborista de izquierdas al Nuevo Laborismo de centro hace que consiga una aplastante victoria de 179 escaños. | Ken Livingstone es votado como alcalde de Londres, a pesar de los intentos del Gobierno de torpedear las opciones de su compañero de partido. Elegido como independiente, Livingstone es aceptado de nuevo en el Partido Laborista poco después. |

## EL FENÓMENO BORIS

Cuando Boris Johnson, un diputado conservador más conocido por sus infidelidades y sus apariciones en el popular concurso *Have I Got News For You* ("Tengo noticias para ti"), fue elegido alcalde de Londres en el 2008, el país se quedó atónito. Johnson se convirtió en uno de los *tories* más poderosos del país, lo que hizo pensar en una futura lucha por el poder con su antiguo compañero en Eton, David Cameron, líder del Partido Conservador. Asimismo, la gente no podía creer que una de las ciudades más grandes de Europa estuviera en manos de un personaje pintoresco con el pelo blanco, un acento de clase alta más que exagerado y un largo historial de pifias que sonrojarían al mismísimo príncipe Felipe.

Johnson nació en Nueva York en 1964 en el seno de una familia cosmopolita y relacionada con las altas esferas. Estudió en Bruselas y luego en Inglaterra, donde se matriculó en Eton y en el Balliol College (Oxford), junto con otros futuros altos cargos del Partido Conservador. Johnson se licenció en Periodismo y trabajó en el *Times* y el *Telegraph*, del que llegó a ser director. Más tarde dirigió la influyente revista conservadora *Spectator*, al mismo tiempo que emprendía su carrera política ocupando en el 2001 el escaño de Michael Heseltine, un grande de los *tories*. En esa época ocupó cargos de escasa importancia en el partido y en el Shadow Cabinet (gabinete de la oposición), aunque fue expulsado de ambos tras haber mentido supuestamente al líder del partido, Michael Howard, acerca de un idilio que mantenía con Petronella Wyatt, colega suya en el *Spectator*.

Johnson se hizo famoso entre la opinión pública por sus pintorescas pero divertidas apariciones en *Have I Got News For You*, un concurso semanal de la BBC1 del que terminó siendo presentador invitado. A pesar de hacer el ridículo en casi todas sus apariciones, Johnson se ganó el cariño del público con su carácter imprevisible y su facilidad para reírse de sí mismo.

En el 2008, todo apuntaba a una nueva gran victoria de Ken Livingstone en las elecciones municipales, y los *tories* buscaban desesperadamente un candidato que pudiera plantarle cara. Según dicen, llegaron a tantear al ex primer ministro John Major, aunque este rechazó sabiamente la oferta. Entonces empezaron a circular rumores sobre una posible candidatura de Johnson, pero casi todo el mundo se los tomó a broma hasta que Johnson dio un paso al frente en julio del 2007 y fue elegido en las primarias de los conservadores con el 75% de los votos.

Ken Livingstone cometió el error de infravalorar a su rival. Si bien era un candidato poco convencional (sobre todo para los estirados *tories*), durante la campaña convirtió el populismo en todo un arte, se rodeó de un equipo de astutos asesores y pronto acalló a sus detractores. Cabe decir que la campaña de desprestigio contra Livingstone promovida por el *Evening Standard* también puso su grano de arena, al igual que el caso de corrupción en las altas esferas del consistorio o una serie de comentarios polémicos del alcalde con tintes antisemitas y racistas. Finalmente, Johnson derrotó a Livingstone y fue elegido alcalde de Londres hasta el 2012; los capitalinos se mostraron sorprendidos y bromearon sobre el tema hasta que todo volvió a la normalidad.

# LA IRRUPCIÓN DE BORIS

La campaña de Ken Livingstone para asegurarse un tercer mandato en el 2008 sufrió un duro revés cuando el Partido Conservador presentó como candidato a Boris Johnson, parlamentario inconformista y popular personaje televisivo. Con un carácter aún más populista que el de Livingstone, Johnson, retratado por los medios como un niño rico propenso a las meteduras de pata, demostró ser un hábil orador. Mediante su "estrategia de la zona 5" (que llevó su campaña a los barrios periféricos de Londres e ignoró el centro, donde Livingstone era el gran favorito), Johnson recaudó 1,5 millones de libras para su campaña, y, tras explorar los rumores sobre el amiguismo de Livingstone, sorprendió a propios y extraños convirtiéndose en el primer alcalde conservador de la capital.

| 2003 | 2005 | 2008 |
|---|---|---|
| Livingstone introduce la tasa de congestión, generando un clamor popular que pronto desaparece tras comprobarse que el tráfico de Londres recupera su antigua fluidez. | El 7 de julio, un día después de la elección de Londres como sede de los Juegos Olímpicos del 2012, 52 personas son asesinadas por terroristas islamistas en varios atentados suicidas en la red de transporte público de la capital. | Boris Johnson, diputado conservador y periodista famoso por sus pifias y su aspecto excéntrico, vence a Ken Livingstone y se convierte en el nuevo alcalde de Londres. |

Aunque muchos londinenses de izquierdas se mostraron preocupados por la elección de Johnson, sus catastróficas predicciones no se han cumplido. Si bien discrepa con Livingstone en muchos aspectos, Johnson ha apoyado varias políticas de su predecesor, incluida la tasa de congestión y la expansión de la red de carriles bici, aunque esta última ha sufrido un recorte de presupuesto. Johnson, ciclista empedernido, se ha comprometido a sustituir los queridos autobuses articulados, aunque esta promesa electoral parece muy difícil de cumplir por problemas de presupuesto.

Su elección como sede olímpica ha impulsado un magno proyecto de construcción en el este de la ciudad. Para los londinenses, los Juegos Olímpicos se traducirán en la creación de nuevas rutas de transporte público, como la red de Crossrail, que incluye dos nuevas líneas subterráneas que unirán las zonas este y oeste de la ciudad, y, tras los juegos, la capital dispondrá también de una mayor oferta de viviendas a precios asequibles.

Sin embargo, la crisis económica global también ha afectado a Londres. Durante la redacción de esta guía, muchos de los proyectos urbanísticos más ambiciosos se habían pospuesto o cancelado, por lo que todo apunta a que en la capital británica despuntarán muchos menos rascacielos de lo esperado. A pesar de ello, Londres sigue su camino con paso firme y confiado, sin perder ni un ápice de su enorme encanto. Asimismo, con tantas cosas en juego para las próximas elecciones de 2012, el duelo entre Ken y Boris promete ser apasionante.

# ARTE

Pocos imaginaban el éxito arrollador que iba a tener la Tate Modern cuando, a finales del s. XX, una central eléctrica abandonada situada en una zona en decadencia de Londres fue reconvertida en galería de arte. Una década después, el lugar se ha transformado en la atracción más visitada de una ciudad ya de por sí repleta de méritos artísticos. La Tate Modern es solo otra etapa en el renacimiento artístico y cultural que comenzó en Londres durante la década de 1990 con el Britpop y los Young British Artists (YBA, Jóvenes Artistas Británicos), que llenaron el vacío cultural de la era post-Thatcher y florecieron en la Gran Bretaña de Blair. Tanto en el arte como en la literatura, la música, la moda, el teatro o el cine, Londres siempre ha sido el centro artístico del Reino Unido y, en muchos sentidos, de Europa, especialmente durante el s. XX, cuando se posicionó a la vanguardia en la música y la moda.

El arte supone una importante contribución al éxito económico de Londres, pero es la calidad de vida a la que contribuye lo que lo hace tan significativo: muchos visitantes acuden atraídos por la sorprendente y rica oferta cultural de la capital, razón por la que tantos otros deciden quedarse en esta ciudad con fama de cara y de ofrecer pocas oportunidades.

Aunque las estrellas de Hollywood hacen cola para pisar sus escenarios, Londres continúa siendo el centro de las letras inglesas, y alberga gran parte de las editoriales innovadoras y algunas de las mejores plumas del país. Mientras que todavía amaina la tormenta del Britart, ha empezado a emerger una generación de artistas menos escandalosos, sin mencionar la gran cantidad de galerías y museos que se han inaugurado en la última década.

Los actores londinenses son conocidos en el mundo entero, y la industria cinematográfica británica sigue produciendo títulos notables, desde el retrato de una antigua guardia de un campo de concentración en *El lector,* que le valió el Oscar a Kate Winslet, hasta el taquillero realismo mágico de *¿Quién quiere ser millonario?* y otros éxitos como las series de Harry Potter y James Bond. La industria musical también vive un momento dulce, el mejor de la última década, y Londres sigue siendo uno de los mejores lugares del mundo para escuchar música en directo. Londres también es la capital de la comedia, y sus compañías de baile son asimismo centro de atención internacional.

## LITERATURA

### El pasado literario de Londres

Durante más de seis siglos, la literatura anglosajona, desde Chaucer a Monica Ali, ha retratado Londres de innumerables maneras, haciendo de la historia literaria londinense una historia de la propia capital, a su vez constante fuente de inspiración de imperecederos maestros de la pluma como Shakespeare, Defoe, Dickens, Thackeray, Wells, Orwell, Conrad, Greene y Woolf,

## GRUB STREET

Grub era el nombre original de una calle de Londres (hoy Milton St, situada detrás del Barbican) donde vivían escritores pobres y literatos de poca monta. En el s. XVIII, cualquier libro u obra literaria de calidad inferior era conocido como *"grubstreet"*, pero hoy en día –y esto va sin segundas intenciones– parece que el término se aplica a toda la industria editorial londinense. Este mundo se da mucha importancia y, por eso, publicaciones como *Private Eye* (véase recuadro en p. 55) resultan tan reconfortantes, pues siempre va a la caza de los individuos u organizaciones que se den muchos humos.

por mencionar unos pocos. Resulta complicado conciliar el sensual retrato de la ciudad en *Los cuentos de Canterbury* con el lóbrego infierno que ofrece Dickens en *Oliver Twist,* por no comparar la metrópolis arrasada por la peste del *Diario del año de la peste* de Defoe y el retozo multiétnico de Zadie Smith en *Dientes blancos*. En continuo cambio, aunque sorprendentemente constante –tal como ilustra con brillantez Peter Ackroyd en *Londres: una biografía*–, la capital ha dejado su impronta en algunas de las obras más influyentes de la lengua inglesa. A continuación se cita una breve selección. En la mayoría de los casos, estas obras se pueden encontrar fácilmente en cualquier librería de la capital.

La primera referencia literaria de Londres aparece en los *Cuentos de Canterbury* de Chaucer, escrita entre 1387 y 1400. Narra la historia de unos peregrinos que se reúnen en la Tabard Inn, en Southwark, para dirigirse a Canterbury. Por desgracia, la posada quedó reducida a cenizas en 1676, aunque una placa azul recuerda su emplazamiento.

William Shakespeare pasó gran parte de su vida como actor y dramaturgo en el Londres de finales del s. XVII, cuando el mundo editorial empezaba a prosperar. Actuó en varios teatros de Southwark y escribió sus principales tragedias –*Hamlet, Otelo, Macbeth* y *El rey Lear*– para el teatro Globe original, en el South Bank. Sin embargo, Shakespeare era un escritor fantasioso y ambientó casi todas sus obras en el extranjero o en reinos imaginarios; y de sus piezas históricas, solo *Enrique IV* incluye un escenario londinense: una taberna en Eastcheap llamada Boar's Head.

Daniel Defoe fue quizás el primer escritor londinense de verdad, por vivir en y escribir sobre la ciudad a principios del s. XVIII. Es más conocido por *Robinson Crusoe* (1720) y *Moll Flanders* (1722), que compuso mientras residía en Church St, en Stoke Newington. El *Diario del año de la peste* es su relato más interesante sobre la vida capitalina, y en él documenta los horrores de la Peste Negra que azotó Londres en el verano y el otoño de 1665, cuando el autor era todavía un niño.

Dos poetas de comienzos del s. XIX encontraron en Londres su fuente de inspiración. En 1819, John Keats escribió su *Oda a un ruiseñor* cuando vivía cerca de Hampstead Heath, y su *Oda a una urna griega* tras contemplar la Vasija de Portland en el British Museum. En 1802, William Wordsworth visitó la ciudad, que le inspiró el poema *Compuesto bajo el puente de Westminster*.

Pero el autor londinense de mayor autoridad fue Charles Dickens (1812-1870). Cuando su padre y el resto de su familia fueron encarcelados por no pagar sus deudas, Charles, de 12 años de edad, se vio obligado a valerse por sí mismo en las calles del Londres de la Regencia. Aunque su familia fue liberada tres meses después, aquellos penosos días se grabaron en su memoria y le proporcionaron muchas experiencias que utilizaría más adelante. Sus novelas más relacionadas con la ciudad son *Oliver Twist,* sobre una pandilla de ladronzuelos organizada por Fagin en Clerkenwell, y *La pequeña Dorrit,* cuya heroína había nacido en Marshalsea, la misma prisión de Southwark donde su familia estuvo recluida. Por último, *Nuestro común amigo* es una feroz crítica de los valores –económicos y sociales– del Londres de la época y un enérgico ataque a la corrupción, suficiencia y superficialidad de la sociedad respetable capitalina. La tienda Old Curiosity Shop, famosa gracias al libro *La tienda de antigüedades,* todavía se levanta junto a Lincoln's Inn.

Sir Arthur Conan Doyle (1858-1930) describió un Londres muy diferente, y su detective Sherlock Holmes, fumador de pipa y cocainómano, ejemplificó una sociedad inglesa fría e imperturbable. Todavía llegan cartas dirigidas al mítico protagonista al 221b de Baker Street, que alberga un museo sobre el detective.

Londres aparece en numerosas obras de finales de s. XIX. *La guerra de los mundos,* de H. G. Wells, capta de manera asombrosa las sensaciones y el clima de la época. La primera novela de W. Somerset Maugham, *Liza de Lambeth,* se basa en su experiencia cuando trabajó como interno en los barrios bajos del sur de la capital, mientras que *Servidumbre humana* proporciona un atractivo y realista retrato del Londres victoriano tardío.

## Literatura del siglo XX

De entre los estadounidenses que escribieron sobre Londres a finales del s. XIX y principios del s. XX, destaca Henry James, que se estableció y murió en la capital inglesa, con sus obras *Daisy Miller* y *Los europeos*. La novela *Gente del abismo*, del escritor socialista estadounidense Jack London, retrata con sensibilidad la pobreza y desesperanza de la vida en el East End. También es inolvidable *Inocentes en el extranjero*, de Mark Twain, donde este inimitable humorista presenta el Viejo y el Nuevo Mundo. T. S. Eliot, nacido en Saint Louis, se instaló en Londres en 1915, donde al poco tiempo publicó su poema *Canción de amor de J. Alfred Prufrock* y, más tarde, su innovadora epopeya *Tierra baldía*.

En el período de entreguerras, P. G. Wodehouse (1881-1975), el escritor inglés por excelencia de principios del s. XX, dibujó la vida mundana de Londres con su divertidísima sátira de las clases altas inglesas a través de las historias de su característico personaje Jeeves. Quentin Crisp, el autoproclamado "augusto gay de Inglaterra", ofreció la otra cara de la moneda en su atrevida y graciosa autobiografía *El funcionario desnudo*, contando lo que significaba ser homosexual en el Londres sexualmente reprimido de los años veinte. Las vivencias de George Orwell durante los años que mendigó en el East End influyeron en *Sin blanca en París y Londres* (1933), mientras que el severo edificio modernista del Senado en Malet St, en Bloomsbury, le sirvió de inspiración para el Ministerio de la Verdad de *1984*, su clásica ficción distópica de 1949.

*El fin de la aventura*, novela de Graham Greene que describe un romance apasionado y condenado, ocurre en la zona de Clapham Common justo después de la Segunda Guerra Mundial, mientras que *El calor del día*, de Elizabeth Bowen, relata de forma sensible, si no melodramática, la vida cotidiana durante el Blitz.

Colin MacInnes describió el ambiente bohemio y multicultural del Notting Hill de los años cincuenta en *Ciudad de ébano* y *Principiantes*, mientras que Doris Lessing captó el clima político del Londres de la década de 1960 en *La ciudad de las cuatro puertas*, el último de su serie de cinco libros *Hijos de la violencia;* también hizo uno de los retratos más divertidos y perversos del Londres de los años noventa en *Historias de Londres: cuentos y apuntes*. Nick Hornby se ha alzado como la voz de una generación de jóvenes nostálgicos de sus días como aficionados al fútbol en *Fiebre en las gradas* y obsesionados por los discos de vinilo en *Alta fidelidad*.

Antes de ponerse de moda, Hanif Kureishi exploró Londres desde la perspectiva de las minorías étnicas, en su caso concreto, la de los jóvenes paquistaníes, en sus novelas *El álbum negro* y *El buda de los suburbios*. También escribió el guión para la innovadora película *Mi hermosa lavandería*. El escritor y dramaturgo Caryl Phillips cosechó aplausos por su descripción de las vivencias de los inmigrantes caribeños en *El sonido del Atlántico*, mientras que *Agridulce*, de Timothy Mo, es un relato conmovedor y divertido sobre una familia china de los años sesenta que intenta adaptarse a la vida inglesa.

A finales de los años setenta y durante todos los ochenta, la literatura británica vivió un momento de esplendor con la irrupción de una nueva generación de escritores, que en su mayoría conservan su condición de estrellas en la actualidad. Autores como Martin Amis *(Dinero, Campos de Londres)*, Julian Barnes *(Metrolandia, Hablando del asunto)*, Ian McEwan *(Expiación, El intruso)*, Salman Rushdie *(Hijos de la medianoche, Versos satánicos)*, A. S. Byatt *(Posesión, Ángeles e insectos)*, Alan Hollinghurst *(La biblioteca de la piscina, La línea de la belleza)* y Hanif Kureishi no necesitan presentación, pues sus novelas han vendido millones de ejemplares y han recibido los principales premios literarios; todos siguen en activo en la actualidad.

El inmenso éxito de *El diario de Bridget Jones*, de Helen Fielding, propició el nacimiento de un género conocido como *chick lit* ("literatura para chicas"). La obra de Fielding, sobre las tribulaciones de una joven soltera londinense, se ha convertido en todo un fenómeno planetario. Will Self, el *enfant terrible* y corrosivo comentarista social, es el niño mimado de Londres desde hace más de una década. Su *Grey Area* (Zona gris) es una magnífica recopilación de cuentos que se centran en los aspectos sesgados y surrealistas de la ciudad, mientras que su más reciente *The Book of Dave* (El libro de Dave) cuenta la divertidísima y disparatada historia de un taxista amargado del Londres actual (reconocible por cualquiera que haya pasado 30 min con algún taxista que no para de vociferar) que entierra un diario con sus comentarios para que sea

# LECTURAS RECOMENDADAS

- *Historias de Londres* (1999; Enric González) El misterio de Jack el Destripador, la rocambolesca construcción del metro de Londres, la guerra entre la afición del Tottenham y la del Arsenal... Enric González, antiguo corresponsal en la ciudad y la pluma más brillante del periodismo español, retrata la capital británica a través de historias llenas de inteligencia y humor. Imprescindible.

- *Londonstani* (2006; Gautam Malkani) Esta aclamada novela del debutante Malkani ofrece una apasionante mirada a la raza y la identidad en el Londres contemporáneo, además de una completa visión de su cultura juvenil.

- *Trece mares, siete ríos* (2003; Monica Ali) Primera novela de su autora, cuenta la historia de Nazneen, una musulmana de Bangladesh que llega a Londres después de un matrimonio concertado. Ingenio y discreta ironía.

- *El buda de los suburbios* (1990; Hanif Kureishi) Ganadora del premio Whitbread en 1990, esta obra, su primera novela, es un atrevido, divertido y perspicaz rastreo de las esperanzas y temores de un grupo de asiáticos de los arrabales de Londres de la década de 1970. Está narrada por la voz angloasiática más destacada de su generación.

- *El fin de la aventura* (1951; Graham Greene) Ambientado en el devastado Londres de finales de la Segunda Guerra Mundial, este clásico conmovedor relata el triple enfrentamiento entre el amor por uno mismo, por otro y por Dios (empañado por la tensión que provocaba en el autor la lucha entre su fe católica y la fuerza de la pasión sexual).

- *Diario del año de la peste* (1722; Daniel Defoe) Esta memorable reconstrucción de la Gran Peste de 1665 explora las calles del Londres enfermo y registra su extremo sufrimiento. Espeluznante y compasiva a la vez.

- *La línea de la belleza* (2003; Alan Hollinghurst) Sorprendente ganador del premio Booker en el 2004, este relato sobre la alta sociedad a través de los ojos de un joven homosexual en el Londres de Thatcher pinta el retrato de un período de división en la historia moderna del país; en especial, es una dura crítica de la sociedad de West London.

- *Campos de Londres* (1989; Martin Amis) Valiéndose de una voz narrativa que cambia sin cesar, Amis hace trabajar duro al lector en esta épica sobre el temor de la clase media al populacho. Oscura y posmoderna, es un apasionante estudio de la vida de los bajos fondos londinenses.

- *Historias de Londres: cuentos y apuntes* (1992; Doris Lessing) Recopilación de 18 bocetos sobre la capital de esta autora iraní (que creció en Rodesia), perspicaz y compasiva observadora de Londres y sus habitantes.

- *Delitos a largo plazo* (2000; Jake Arnott) Primer título —y el mejor— de una trilogía ubicada en el sórdido Soho de los años sesenta. Lectura brutal pero con pasajes hilarantes, que la BBC convirtió en una serie televisiva.

- *Madre Londres* (2000; Michael Moorcock) Esta interesante y enmarañada novela sigue a tres personajes perturbados que oyen voces procedentes del corazón de Londres, la excusa para repasar la historia de la capital desde el Blitz hasta el fin del segundo milenio. La ciudad es un personaje más entre los marginados, que son tratados con gran compasión.

- *La señora Dalloway* (1925; Virginia Woolf) Integrante del Grupo de Bloomsbury, Woolf borda su estilo de monólogo interior en esta historia que sigue un día la vida de varias personas que intentan salir adelante en el Londres de 1923. Muy bien construida y tan breve como estimulante.

- *El funcionario desnudo* (1968; Quentin Crisp) Historia de un hombre abiertamente gay en el Londres de la década de 1920, un mundo de brutalidad y comedia, narrada con un estilo sarcástico, autocrítico, malicioso y muy divertido.

- *Oliver Twist* (1837; Charles Dickens) Aunque no sea necesariamente la mejor novela de Dickens, esta conmovedora historia de un huérfano que huye a Londres y se une a una banda de ladrones está contada exquisitamente, con personajes inolvidables y un vívido retrato de la ciudad victoriana.

- *Dientes blancos* (2000; Zadie Smith) Muy aclamada, es una divertida, impactante, generosa y afectuosa novela sobre la amistad y las diferencias culturales desde la perspectiva de tres familias que viven, sin integrarse, en North London.

descubierto en el futuro y considerado como las Sagradas Escrituras de los habitantes de la isla de Ham (Gran Bretaña es entonces un archipiélago debido a la subida del nivel del mar).

A Peter Ackroyd, que declara que la ciudad es el amor de su vida, se le considera el escritor londinense por excelencia. *Londres: una biografía* es su inagotable canto a la capital, mientras que su libro más reciente, *La conjura de Dominus*, devuelve a la vida el Londres del s. XIV de Chaucer.

Por último, Iain Sinclair es el poeta de Hackney, que, al igual que Ackroyd, ha pasado toda su vida obsesionado y fascinado por la capital inglesa. Su aclamada y ambiciosa obra *London Orbital*, que relata un viaje a pie por la M25, la gigantesca carretera de circunvalación de Londres, es de lectura obligada. Por otra parte, su última obra, *Hackney, That Rose Red Empire* (Hackney, ese imperio de la rosa roja) explora el barrio más conflictivo de Londres, que está viviendo una profunda transformación gracias a los Juegos Olímpicos de 2012.

El Man Booker Prize es el premio de literatura de ficción más importante de Gran Bretaña. Desde su instauración en 1969, el premio ha recaído en algunas de las mejores novelas de su tiempo. En el 2008, Salman Rushdie ganó el "Booker of Bookers", el premio más importante de la historia de este galardón. Mientras que unos creen firmemente que el Booker Prize no pasa de ser una herramienta de autopromoción, otros leen servilmente no solo la novela ganadora, sino todos los candidatos presentados a concurso. Sea como sea, el premio no deja a nadie indiferente, y la novela vencedora siempre suele ser un indicador fiable de las tendencias literarias del país. *El tigre blanco*, de Aravind Adiga, fue la novela triunfadora en el 2008, y *El encuentro*, de Anne Enright, la del 2007.

## Panorama actual

Londres continúa siendo apasionante tanto para escritores como para lectores, y alberga a casi todas las editoriales y librerías importantes del país. Sin embargo, el frustrante predominio de varias poderosas corporaciones dentro del mundo editorial resulta un factor restrictivo, y apenas existe voluntad, dentro de la escena literaria, de librarse de la hegemonía de unas compañías mucho más interesadas en hacer dinero que en promover buena literatura.

La deplorable desesperación con que los agentes y las editoriales buscan "la nueva revelación" es un indicio del presente del sector. El abrumador éxito de ventas *Dientes blancos* (2000), el deslumbrante debut de Zadie Smith sobre la asimilación multirracial en North London, es un buen ejemplo de la talla de la industria. Esta novela impulsó a la autora, casi de la noche a la mañana, desde el anonimato a ser la preferida de los jóvenes y enterados literatos londinenses. *Dientes blancos* fue una obra fresca y original que generó grandes beneficios a la editorial, que se arriesgó sobremanera al pagar un abultado anticipo a una escritora desconocida por un manuscrito inacabado. En busca de su exitazo, las editoriales pagan cada vez mayores anticipos por las novedades de escritores desconocidos con la esperanza de descubrir a "la próxima Zadie Smith". Además de que no suele ser así, las grandes cantidades que arriesgan dificultan que otros autores menos comerciales puedan ver publicadas sus obras. Este fenómeno también ha afectado en menor medida a obras como *Brick Lane* (2003), de Monica Ali, o *Londonstani*, de Gautam Malkani. Cabe decir, sin embargo, que esta última es un claro ejemplo de novela sobrevalorada, pues las ventas no estuvieron a la altura de lo esperado.

No obstante, esta lamentable situación ha provocado la aparición de un entusiasta sector literario paralelo que, si bien es minúsculo, se muestra muy activo y apasionado por la buena literatura. En Londres todavía existen muchas editoriales pequeñas donde se valora la calidad y la innovación, y que organizan eventos literarios habituales en las librerías y las trastiendas de los *pubs*, que se llenan a rebosar.

Volviendo a la corriente principal, los grandes escritores de la década de 1980, como Martin Amis, Ian McEwan, Salman Rushdie y Julian Barnes, se mantienen en lo alto, aunque ninguno de ellos haya publicado nada especial desde finales de los años noventa; ni siquiera la novela *Sábado*, de McEwan, ganadora del premio Booker, resultó muy satisfactoria. Rushdie recibió el título de sir en el 2007 por su contribución a las letras inglesas, lo que provocó la indignación de muchos musulmanes que consideran su novela *Los versos satánicos* una blasfemia. El premio fue recibido con gran satisfacción en Gran Bretaña, pues simbolizaba el apoyo a la libertad de expresión. Sin embargo, mucha gente opina que Rushdie se ha distanciado del Reino Unido en los últimos años, a pesar de ser ciudadano británico y de haber recibido durante muchos años una costosa protección policial costeada por el país.

Eso no significa que no hayan irrumpido con fuerza nuevos talentos en la última década. De hecho, han aparecido escritores excelentes, desde Monica Ali, con su fiel retrato del East End en *Brick Lane*, hasta Gautam Malkani, aclamado por su *Londonstani*, o Jake Arnott, cuya *Delitos a largo plazo* es una inteligente historia sobre un gánster del Soho.

La escena actual despunta gracias a una magnífica literatura infantil. J. K. Rowling y Philip Pullman han revolucionado entre los dos el concepto de lo que pueden ser los libros infantiles y su alcance. Cuando se publicó el último libro de la saga de Harry Potter en el verano del 2007, las colas para comprarla fueron incesantes durante los dos primeros días de venta.

Para más información sobre veladas y debates literarios en la ciudad, véase recuadro en p. 308.

## TEATRO

Casi ningún otro lugar del mundo cuenta con una tradición teatral equiparable a Londres, cuya historia se sigue escribiendo a diario sobre los escenarios del West End, el South Bank y la periferia.

No hay visita completa a la ciudad sin haber asistido a una representación; y resulta electrizante dar un simple paseo por el paraíso del West End cualquier noche de la semana, perdido entre las miles de personas que se dirigen a uno de sus muchos y muy venerables escenarios.

## Historia

Poco se sabe sobre el arte dramático londinense anterior al período isabelino, cuando una serie de teatros, entre ellos el Globe, se construyeron en la orilla sur del Támesis y en Shoreditch. Aunque los dramaturgos de la época –Shakespeare, su gran rival Ben Johnson *(Volpone, El alquimista)* y Christopher Marlowe *(La trágica historia del doctor Fausto, Eduardo II)*– son considerados hoy día como unos genios, por aquel entonces el teatro se entendía más como un estridente entretenimiento popular, donde la multitud bebía e interrumpía a los actores. Después de la Guerra Civil de 1642, los puritanos no tardaron en cerrar los teatros por juzgarlos unos antros de perversión.

Tres años después de la restauración de la monarquía en 1660 se construyó el primer teatro, el Drury Lane, y dio comienzo el período del "teatro de la Restauración", bajo los auspicios del libertino Carlos II. Influenciado por los ejemplos italiano y francés, el teatro de la Restauración incorporó el drama, como en *Todo por amor* (1677), de John Dryden, y la comedia, que con un humor burlesco y una explícita carga sexual es la que más seguía llamando la atención de los espectadores. Durante este período se permitió la salida a escena de las primeras mujeres (en la época isabelina, los hombres interpretaban los papeles femeninos) y se cuenta que Carlos II tuvo una aventura amorosa con, al menos, una de ellas, Nell Gwyn.

A pesar del éxito que obtuvieron en el Drury Lane *La ópera del mendigo* (1728), de John Gay, la farsa *Se inclina para conquistar* (1773), de Oliver Goldsmith, así como *Los rivales* y *La escuela del escándalo,* ambas escritas por Richard Sheridan en la década de 1770, el teatro de variedades sustituyó al serio durante la era victoriana. La opereta cómica, como la definieron Gilbert y Sullivan *(H.M.S. Pinafore, Los piratas de Penzance, The Mikado,* etc.), despertó gran entusiasmo. Hasta finales del s. XIX no se experimentaría un cambio radical con la aparición de absorbentes dramaturgos como Oscar Wilde *(Un marido ideal, La importancia de llamarse Ernesto)* y George Bernard Shaw *(Pigmalión).*

Les siguieron autores de comedias ingeniosas como Noel Coward *(Vidas privadas, Breve encuentro)* y autores serios como Terence Rattigan *(El chico de los Winslow, La versión de Browning)* y J. B. Priestley *(Llama un inspector).* Sin embargo, no fue hasta las décadas de 1950 y 1960 cuando el drama volvió a experimentar un período tan fértil como el de la época isabelina.

Condensando perfectamente la agitación social de la época, la obra *Mirando hacia atrás con ira,* de John Osborne, representada en el Royal Court en 1956, ha pasado a la historia como el paradigma de una generación. Durante la siguiente década surgieron nuevas obras, entre ellas *Retorno al hogar,* de Harold Pinter, *El botín,* de Joe Orton, *Rosencrantz y Guildenstern han muerto,* de Tom Stoppard, y *Amor a medias,* de Alan Ayckbourn. En esa misma época se constituyeron las grandes compañías teatrales actuales, incluido el National Theatre, creado en 1963 bajo la dirección de Laurence Olivier.

Aunque algo eclipsado por el National Theatre en el ambiente cíclico de la escena londinense, el actual Royal Court goza de una magnífica tradición de estrenos. Durante los años noventa ha alimentado a dramaturgos con tanto talento como Jez Butterworth *(Mojo, The Night Heron),* Ayub Khan-Din *(Oriente es oriente),* Conor McPherson *(The Weir, Shining City)* y Joe Penhall *(Dumb Show).*

## Panorama actual

Londres es emocionante para los amantes del teatro. Ningún otro lugar, a excepción quizás de Nueva York, ofrece una variedad tan amplia de dramaturgia, musicales y teatro experimental de alta calidad. Ya sea por las estrellas de Hollywood que honran con su presencia los diminutos escenarios, cobrando cachés igualmente exiguos, o por la prodigalidad de grandes musicales en el West End, la ciudad sigue siendo líder mundial indiscutible e innovando en el género.

Después de varios años fatales desde finales del 2001, la corriente dominante en el West End ha reestablecido su trayectoria presentando una serie de éxitos extraordinarios, mientras que el teatro alternativo más agudo sigue impresionando con producciones arriesgadas y controvertidas que aseguran la permanencia del género. Las obras más taquilleras se representan en el National Theatre, que, bajo la dirección de Nicholas Hytner, ha cosechado un éxito tras otro con espectáculos aplaudidos por la crítica, como *History Boys, Jerry Springer: The Opera, Elmina's Kitchen* y *Coram Boy*.

Otras salas innovadoras se encuentran fuera del West End, como el Arcola (el primer teatro del mundo con emisiones neutras de carbono, que ofrece una temporada de ópera alternativa llamada Grimebourne), el Almeida, el Royal Court, el Soho Theatre y el Donmar Warehouse. En el Donmar, el director artístico Michael Grandage puso en escena una nueva versión de *Hamlet* con Jude Law como protagonista. Esto tan solo es un ejemplo de las grandes estrellas que lucen cada noche en los escenarios de Londres, ya sea Ethan Hawke en el Old Vic, interpretando a Treplev en la nueva traducción de *La gaviota* de Chejov dirigida por Tom Stoppard; o una Judi Dench en plena forma en *Madame de Sade* de Mishima, en el Wyndham's Theatre.

Es posible que la tendencia más significativa de los últimos años, en que la debilitada administración de Blair hizo mutis por el foro en el 2007, haya sido el redescubrimiento de la sátira política y del contenido político serio de muchas producciones, tanto en el West End como en el teatro experimental. La obra *Cosas que pasan*, de David Hare, sobre el período previo a la guerra de Irak, se representó en el National, al igual que la nueva producción *Henry V*, ambientada en el Irak ocupado. En otra parte, el Tricycle Theatre presentó *Rendición de cuentas*, sobre las disputas internas en Westminster a medida que se aproximaba la guerra, y *Who's the Daddy* (Quién es el padre), parodiaba a toda la clase política y los medios de comunicación británicos, mientras los escándalos sexuales aparecían en la revista *Spectator*, el corazón de la clase dirigente del Reino Unido. Otras producciones como *A Weapons Inspector Calls* y *Guantanamo* demuestran que la sátira ha regresado con firmeza a los escenarios capitalinos.

Aparte de la sátira, en Londres existen espectáculos para todos los gustos, e incluso el reavivado West End compagina temas serios y frívolos. Entre las últimas producciones más aplaudidas por la crítica se incluyen *A Streetcar Named Desire* (Un tranvía llamado deseo), en el Donmar Warehouse; *Arcadia*, en el Duke of York's Theatre; y *Como gustéis*, en el Globe. Durante la redacción de esta guía, los musicales más exitosos eran *Oliver!*, con Rowan Atkinson interpretando con maestría a Fagin durante los seis primeros meses (ahora otro actor) y *La Cage Aux Folles* (La jaula de las locas), en el Playhouse Theatre. Una serie de excelentes musicales, desde *Sister Act* (Cambio de hábito) hasta *Spamalot*, han revitalizado el West End últimamente, manteniendo la zona como uno de los mejores lugares del mundo para ver teatro.

Parte del legado de Shakespeare se exhibe en los escenarios de la ciudad, principalmente a cargo de la Royal Shakespeare Company (RSC) y en el Globe Theatre. Cada año, la RSC pone en escena una o dos obras en Londres, aunque actualmente no tiene sede en la ciudad (sus producciones se gestionan en Stratford-upon-Avon y suelen recalar en la capital a lo largo de la temporada). El Globe, en el South Bank, intenta recrear la experiencia de asistir a un teatro isabelino. Este edificio al descubierto, fiel reconstrucción del Globe original, coloca al público inusitadamente cerca de los actores y puede interrumpirles con total impunidad. Desde que abrió sus puertas en 1997, ha disfrutado de un éxito considerable, y no solo como curiosidad. Desde principios del 2006, lo dirige Dominic Dromgoole, quien, sin olvidarse de Shakespeare, ofrece una mayor variedad de obras europeas y británicas clásicas y apuesta también por material nuevo.

Los más tradicionalistas pueden acudir al St Martin's Theatre, donde se representa *The Mousetrap* (La ratonera) desde 1952.

Para consultar un listado de teatros, véase p. 307.

# MÚSICA

La música moderna, desde los Kinks hasta Lily Allen, es quizás la única gran contribución de Londres al mundo de las artes. Después de situarse durante más de cuatro décadas en lo más alto, Londres sigue cultivando la creatividad y atrayendo a grupos y aspirantes de todo el mundo, lo cual ayuda a mantener bien fresca la escena musical.

## Los movidos años sesenta

La prolífica producción musical capitalina arrancó con los Kinks y su compositor Ray Davies, del norte de Londres, cuyas letras se pueden interpretar como una guía de la ciudad. *You Really Got Me, All Day and All of the Night* y *Dedicated Follower of Fashion* captan con brillantez el clima inconformista de los años sesenta, mientras que *Waterloo Sunset* es un canto al máximo bienestar.

Otro grupo londinense, los Rolling Stones, dieron su primer concierto en el viejo Bull & Bush de Richmond en 1963. Al principio tocaban *rhythm and blues,* pero evolucionaron hasta identificarse con el *rock and roll,* y enseguida les llegó el éxito y, con él, un gran número de seguidores adolescentes. Su segundo sencillo *I Wanna Be Your Man* les llegó a través de un encuentro fortuito en la calle con John Lennon y Paul McCartney, dos jóvenes de Liverpool que se encontraban grabando en Abbey Road y en plena formación de su grupo, los Beatles. En 1964, los Rolling lanzaron *Not Fade Away,* y todavía se mantienen fieles a sus ideales después de cuarenta años de pavoneos, borracheras y exabruptos. Los Beatles, aunque de Liverpool, grabaron casi toda su producción en Londres, donde también actuaron por última vez, en el tejado del edificio Apple, en Mayfair.

El inspirador grupo *mod,* los Small Faces, formado en 1965 y largamente recordado, luchó para hacerse su hueco. Los Who, del oeste de Londres, llamaron la atención por destrozar las guitarras en el escenario y lanzar televisiones por las ventanas de los hoteles. El grupo pasó a la historia por sus óperas *rock* y por recurrir demasiado a su catálogo. Jimi Hendrix llegó a Londres y rasgueó su guitarra de un modo nunca visto antes. Murió trágicamente en un hotel del oeste de Londres en circunstancias extrañas en 1970. De alguna manera, los vertiginosos años sesenta terminaron en julio de 1969, cuando los Rolling ofrecieron un concierto gratis en Hyde Park frente a más de un cuarto de millón de aficionados liberados.

# lo mejor

## GIRA MUSICAL POR LONDRES

- Paso de cebra en Abbey Rd, St John's Wood La carátula más famosa de los Beatles.
- Heddon Street, Soho Donde se tomó la fotografía de la carátula de Ziggy Stardust.
- 23 Brook Street, Mayfair Antiguo hogar de los músicos Haendel y Hendrix.
- St Martins College, Mayfair Primer concierto de los Sex Pistols.
- Árbol en Queen's Ride, Barnes Donde murió Marc Bolan en su Mini en 1977.
- 3 Savile Row, Mayfair Los Beatles ofrecieron su última actuación en el tejado del edificio Apple en 1969.

## Los años setenta

La banda local Tyrannosaurus Rex había disfrutado de un éxito moderado hasta que, en 1970, cambiaron el nombre a T Rex y su líder Marc Bolan se vistió con ropa brillante, dando por inaugurado el primer grupo *glam* en el mundo. Este movimiento alentó a los jóvenes de una convencional Gran Bretaña a salir del armario y mostrarse tal como eran. David Bowie, el chico de Brixton autoproclamado "el camaleón del pop", comenzó a acaparar la atención del público y aseguró su fama internacional con *The Rise and Fall of Ziggy Stardust and the Spiders from Mars* en 1972, uno de los mejores álbumes de la década. Roxy Music incorporó el *art rock* y el *techno* pop y cantó *Love Is The Drug* en 1975.

Mientras tanto, Led Zeppelin, banda formada en Londres en 1968, sentaba las bases del *heavy metal.* En la década de 1960, Farok Bulsara llegó a Londres desde la India (pasando por Zanzíbar) con 17 años y, en 1970, cambió su nombre por el de Freddie Mercury; el consumado *showman* creó el grupo Queen con unos amigos londinenses y se convirtió en una de las estrellas más grandes del *rock and roll* de todos los tiempos. Fleetwood Mac triunfó por igual en EE UU y en Gran Bretaña, y *Rumours* llegó a ser el quinto álbum más vendido de la historia (por detrás de *Dark Side of the Moon,* del grupo de Cambridge Pink Floyd). Bob Marley grabó su álbum *Live* en el Lyceum Theatre en 1975.

Mientras el *glam* y el *rock* abrieron sus puertas a la juventud británica, el *punk* llegó, echó abajo cuanto se había conseguido y se mofó de todo el sistema británico. Los Sex Pistols fueron los más extravagantes de una serie de grupos, como The Clash y The Damned, que comenzaron a tocar en Londres en 1976. El primer sencillo de los Pistols se tituló *Anarchy in the UK.* Le siguieron los brillantes *God Save the Queen* y *Pretty Vacant.* El álbum *Never Mind the Bollocks Here's the Sex Pistols* salió a la venta un año después, con el beneplácito de la crítica.

Por suerte, los londinenses The Clash aprovecharon la rabia del momento para concebir una marca de protesta política que les ayudó a sobrevivir a sus coetáneos. Traspasaron la delgada línea que separaba a unos *punks* irritados de unos grandes compositores de canciones y protestaron furiosamente contra el racismo, la injusticia social, la represión policial y la privación del derecho al voto. La desilusionada generación tenía por fin un plan y un líder y un gran disco, *London Calling,* todo un enérgico llamamiento a las armas.

Provocador y excesivo, John Lydon (antes Johnny Rotten), cantante de los Sex Pistols, se convirtió en una vergüenza para una generación criada con el *punk,* aunque la consternación que provocó la muerte del líder de The Clash, Joe Strummer, a finales del 2002 demostró que todavía existían muchos motivos por los que estar orgullosos.

En 1977, The Jam, pioneros del punk y apóstoles de los *mod,* abrieron la gira de The Clash. Su vocalista Paul Weller, espectacular en directo, prosigue con gran éxito su carrera en solitario.

# lo mejor

## ÁLBUMES LONDINENSES

- *Abbey Road* The Beatles
- *Exile on Main Street* The Rolling Stones
- *The Good The Bad and The Queen* Damon Albarn et al
- *London Calling* The Clash
- *Modern Life Is Rubbish* Blur
- *Alright, Still* Lily Allen
- *The Rise and Fall of Ziggy Stardust and the Spiders from Mars* David Bowie
- *Silent Alarm* Bloc Party
- *Something Else* The Kinks
- *Sound Affects* The Jam

## Los años ochenta

De entre las cenizas del *punk* surgió, no se sabe muy bien cómo, la *new wave* ("nueva ola") y los *new romantics* ("nuevos románticos"). Estos músicos cambiaron las guitarras por los teclados, sintetizadores y cajas de ritmos, y la moda y la imagen se situaron a la par que la música. Definitivamente, la seriedad con la que los *new romantics* se tomaban a sí mismos provocó que los años ochenta tuvieran tan mala reputación. Sobrevalorado, hipersexual y exagerado, el Londres de la época aportó grupos inolvidables como Spandau Ballet, Culture Club, Bananarama, Wham! y el corte de pelo de Howard Jones. Georgios Panayiotou de Wham! se afeitó la espalda, adoptó el nombre de George Michael y consiguió un gran éxito en solitario.

Depeche Mode rompió moldes con su *neo-synth pop,* mientras que la estadounidense afincada en Londres Chrissie Hynde formó The Pretenders y se convirtió en la primera estrella femenina del *rock.* Los Pet Shop Boys, nacidos en el norte pero afincados en Londres, consiguieron resistir la decadencia del *pop ochentero,* renovándose con el uso de nuevos sintetizadores y componiendo éxito tras éxito durante tres décadas. Neneh Cherry empezó a tocar *rap,* y Madness impuso una nueva forma de *ska* y de pop, con Londres como escenario de muchos de sus temas y vídeos.

Las bandas de jovencitos, como los rubios Bros, y las anodinas estrellas pasajeras de la Hit Factory de los productores Stock, Aitken y Waterman hicieron su aparición con el transcurso de la década, pero afortunadamente desde el norte del país deslumbraban grupos tan importantes como The Smiths y, ya con la década avanzada, The Stone Roses y los Happy Mondays, con un nuevo sonido nacido en las *raves* de *acid-house,* con guitarras contundentes, toques psicodélicos y un ritmo irresistible. La música *dance* irrumpió, con pupilas dilatadas y Chupa Chups, en el verano de la pasión de 1988 y atrapó a toda una generación que tuvo que aprender un nuevo léxico: *techno,* electrónica, *hip hop, garage, house, trance,* etcétera. Aunque la generación E que creó la cultura *rave/dance* ha madurado y se ha centrado en otras cosas, Londres sigue contando con una de las mejores culturas de club del mundo (véase p. 288).

## 'Britpop'

A principios de los años noventa apareció el *britpop,* un género musical definido como el regreso a los fundamentos (los Beatles), los tres acordes tradicionales y todo lo demás, con mucho argot y referencias que lo significaban abiertamente "británico". Se inició una batalla pública entre dos de sus principales bandas, Blur (de Londres) y Oasis (de Manchester), y el público disfrutó con el tira y afloja entre los engreídos capitalinos y los fanfarrones y combativos provincianos. Cuando hubo que tomar partido por uno y ambos grupos sacaron el mismo día un sencillo a la venta, Blur venció y se colocó en el número uno; Alex James, el bajista de Blur, llevaba una camiseta de Oasis en *Top of the Pops*, en un momento de total genialidad que será recordado por toda una generación.

Del lado londinense también brillaron los erráticos Suede (que finalmente se disolvieron en el 2003) y Elastica (disueltos en el 2001), liderado por la punk-pop Justine Frischmann, por no mencionar a Pulp, de Jarvis Cocker, que desertó de Sheffield para irse a la capital.

Entre los grupos que iban por libre destaca Radiohead (de Oxford, al lado de Londres), una de las bandas más emblemáticas e innovadoras de la década.

Las bandas de *britpop* y sus fans se volvieron más sofisticados y el género murió hacia 1997. Grupos como Coldplay disfrutaron de un enorme éxito comercial y de crítica, pero el *zeitgeist* (espíritu del tiempo) ya se había extinguido a principios del nuevo milenio, dejando la escena musical londinense apagada y monótona.

## El siglo XXI

A comienzos del nuevo milenio, el Londres multicultural volvió a dar un paso adelante, por decirlo con palabras de Mike Skinner (también conocido como The Streets), cuyo primer trabajo, *Original Pirate Material*, asaltó la capital en el 2002; el segundo, *A Grand Don't Come for Free*, obtuvo el mismo éxito que el anterior, con historias cotidianas de la vida de un chico moderno. Todo un clásico del género de este joven *rapero* blanco, originario de Birmingham y con domicilio en Brixton, un tesoro intercultural que ilumina la escena musical londinense.

La comunidad asiática de la ciudad también causó una gran sensación en los albores del s. XXI, con Talvin Singh y Nitin Sawhney fusionando el *dance* con la música hindú tradicional hasta lograr resultados extraordinarios y Asian Dub Foundation aportando su excepcional estilo de *jungle-techno* y comentarios políticos a una audiencia cada vez más numerosa, a pesar de ser rechazado por los principales sellos discográficos del país.

Sin la ayuda de nadie, Pete Doherty y Carl Barat renovaron su interés por las guitarras a raíz de su malestar con el post-*britpop*. Los Libertines, grupo formado en un piso de Stoke Newington, impresionaron con su primer sencillo *What a Waster* (2002), que se situó entre los 40 discos más vendidos a pesar de no haberse radiado apenas, y su primer álbum fue disco de platino. Sin embargo, a pesar del éxito, el dúo se separó después de que Doherty entrara en casa de Barat, en Marylebone, a robarle dinero para comprar heroína. Expulsado del grupo, Doherty formó los Babyshambles, que también conocieron cierto éxito, sin duda ayudados por la agitada vida privada y los problemas con las drogas de su líder.

Otros nuevos talentos de la época fueron Bloc Party, el grupo anglo-sueco Razorlight, la extravagante cantante-compositora del oeste de Londres Lily Allen y la problemática pero excepcional Amy Winehouse, cantante de Southgate.

## Panorama actual

Londres ha superado el ser un destino demasiado anunciado a finales de los años noventa para aquellos que buscaban estar de moda y vuelve a situarse como centro internacional de creación musical. Ya se trate de nuevos talentos nacidos en la capital o de refugiados de provincias en busca de fama y fortuna, el panorama musical londinense está generando grupos interesantes e innovadores, sobre todo en géneros como el *synth pop* y el *electropop*. La Roux, Florence and the Machine, Little Boots, Hot Chip, MIA y los Klaxons reivindican su ciudad como uno de los centros de innovación musical más destacados del mundo.

El *grime* y su sucesor en género, el *dubstep*, dos géneros musicales autóctonos londinenses que nacieron en el East End a partir de la fusión de *hip hop* e influencias asiáticas, siguen a la vanguardia musical en la ciudad. Dizzee Rascal, Lady Sovereign, Lethal Bizzle, Roll Deep, GoldieLocks y Kano quizás sean los cantantes y grupos más conocidos de este género. Si se quiere vivir una auténtica noche de fiesta en el East End, solo hay que averiguar dónde actúan.

Para un listado de salas de conciertos, véase p. 296.

## ARTES PLÁSTICAS

Aunque la contribución británica a las artes plásticas nunca ha estado a la altura de la de sus vecinos europeos, la capital inglesa siempre ha atraído a muchos de los grandes artistas del mundo, entre ellos Monet y Van Gogh. Pese a todo, Londres hoy en día la capital del arte en Europa, con un fascinante panorama museístico y algunas de las mejores colecciones de arte del planeta.

## De Holbein a Turner

Hasta la llegada de los Tudor, el arte no brilló en Londres. El alemán Hans Holbein el Joven (1497-1543) fue pintor de corte de Enrique VIII, y una de sus mejores obras, *Los embajadores* (1533), se exhibe en la National Gallery (p. 75). Del grupo de grandes retratistas que trabajó en la corte inglesa durante el s. XVII destaca Anton Van Dyck (1599-1641), un belga que pasó los últimos nueve años de su vida en Londres, donde pintó magistralmente a Carlos I, como en *Carlos I a caballo* (1638), también en la National Gallery. Este monarca fue un coleccionista entusiasta y durante su reinado llegaron a Londres los cartones para tapices de Rafael (hoy en el Victoria & Albert Museum; p. 133).

En el s. XVIII empezaron a emerger artistas locales. Thomas Gainsborough (1727-1788) abarcó el género del retrato, sobre todo de la alta burguesía, y está considerado el primer gran paisajista británico, aunque en su mayor parte solo eran el marco en que se situaban los personajes. William Hogarth (1697-1764), en cambio, es más conocido por sus series de grabados satíricos sobre los bajos fondos londinenses del s. XVIII (véase recuadro abajo).

Inglaterra posee una notable tradición de acuarelistas, comenzando por el poeta y grabador William Blake (1757-1827); algunas de sus románticas pinturas e ilustraciones (como las de *El paraíso perdido* de Milton) se exponen en la Tate Britain (p. 96). John Constable (1776-1837), que superó a Blake en habilidades plásticas, estudió el cielo y las nubes sobre Hampstead Heath, captando cientos de escenarios que más tarde plasmaría en sus paisajes.

J. M. W. Turner (1775-1851) representa el apogeo del arte británico decimonónico. Dominaba por igual el óleo y la acuarela, y su uso innovador del color y la gradación de la luz creaban una nueva atmósfera que parecía captar lo maravilloso, lo sublime y lo terrible de la naturaleza. Sus obras más tardías, como *Tormenta de nieve: buque de vapor saliendo del puerto* (1842), *Paz: entierro en el mar* (1842) y *Lluvia, vapor, velocidad* (1844), expuestas en la Tate Britain y la National Gallery, habían evolucionado hacia la abstracción, y aunque fueron vilipendiadas en su época, fueron fuentes de inspiraron para artistas como Claude Monet.

## De los prerrafaelistas a Hockney

La Hermandad Prerrafaelista (1848-1854), fundada en Londres, irrumpió durante un breve período en la escena artística. Inspirándose en las obras de los poetas románticos, renunció a la rusticidad de los colores pastel de su época en favor de las grandes, luminosas y minuciosas representaciones de leyendas medievales y de la belleza femenina.

En el s. XX emergieron dos destacados pintores británicos. En 1945, el atormentado irlandés Francis Bacon (1909-1992) causó un gran revuelo cuando expuso *Tres estudios de figuras junto a una crucifixión* –actualmente en la Tate Britain– y continuó impactando al mundo con sus distorsionadas, repulsivas y fascinantes formas. El caos de su estudio fue casi tan legendario como sus pinturas, confrontadas a las de Picasso, Velázquez, Van Gogh y Scarfe. Trabajó extraordinariamente entre montones de papeles, andrajos embadurnados, recortes de periódico y otros trastos. Homosexual sin tapujos, el mundo artístico volvió a sorprenderse cuando el cuadro de una de sus amantes salió a subasta en el 2004. El hallazgo de un tríptico suyo olvidado en una galería iraní lo devolvió a la palestra mediática.

El crítico de arte australiano Robert Hughes describió al pintor Lucian Freud (nacido en 1922), contemporáneo de Bacon, como "el mejor pintor realista vivo". No es de extrañar, entonces, que la obra *Benefits Supervisor Sleeping* (1995) se vendiera en la sala Christie's de Nueva York por 33,6 millones de US$ en el

### DE LIBERTINOS Y CORTESANAS: EL MUNDO DE HOGARTH

William Hogarth (1697-1764), pintor y grabador satírico, podría pasar hoy por un moralista que advertía sobre las consecuencias del pecado. Sus planchas fueron tan populares que se falsificaban, lo que llevó al Parlamento a aprobar la Ley de Hogarth en 1735 para proteger los derechos de autor. Valiosísimo retrato de la vida del Londres georgiano, sobre todo de los barrios humildes, su obra se puede admirar en el museo de Sir John Soane (p. 79), en Holborn, la casa de Hogarth (p. 195), en Chiswick, la Tate Britain (p. 96) y la National Gallery (p. 75).

2008, un récord mundial para un pintor en activo. Desde la década de 1950, el bohemio Freud se ha concentrado en retratos de colores pálidos y apagados, a menudo de desnudos, frecuentemente de amigos y familiares, aunque también ha pintado a la reina. Casado dos veces, corre el rumor de que tiene hasta cuarenta hijos ilegítimos. Su reciente autorretrato *El pintor sorprendido por una admiradora desnuda* alimentó el frenesí de la prensa, que trató de averiguar la identidad de la mujer desnuda que se ceñía a su pierna.

Después del impacto inicial que provocaron Bacon y Freud durante las décadas de 1940 y 1950, el *pop art* condensó perfectamente la imagen de Londres en los alegres años sesenta. El brillante David Hockney (nacido en 1937) se acreditó como uno de los grandes artistas pop por ser pionero en el uso de imágenes como las de las revistas (etiqueta que él rechazó). Después de trasladarse a California, su trabajo se volvió cada vez más naturalista, inspirándose en el mar, el sol, los bañistas y las piscinas. Dos de sus obras más famosas, *Sr. y Sra. Clark y Percy* (1971) y *A Bigger Splash* (1974), se exponen en la Tate Britain.

# Orígenes del 'britart'

Gilbert y George fueron los artistas conceptuales más influyentes de los años sesenta. Entre otras muchas cosas, sentaron las bases para el ascenso a la fama del *britart;* de hecho, sus personas formaban parte de su arte. Esta extraña pareja de Spitalfields siguen siendo una pieza clave de la escena artística británica, como demuestra su participación en la Bienal de Venecia del 2005 y la exitosa retrospectiva que les dedicó la Tate Modern en el 2007.

A pesar de la enorme riqueza de sus colecciones, Gran Bretaña nunca había encabezado, dominado ni participado siquiera en una época o estilo concretos. Todo eso cambió en el ocaso del s. XX, cuando el *britart* irrumpió con sus vacas cortadas despedazadas, excrementos de elefante y pilas de ladrillos. Es discutible si el movimiento dejará una huella perdurable, pero no hay duda de que durante la década de 1990 Londres fue el centro del arte.

El *britart* nació de una exposición titulada *Freeze* ("helarse"), organizada en un almacén de Docklands en 1988 por el *showman* Damien Hirst, y donde también figuraban compañeros suyos del Goldsmiths College. Influenciado por la cultura pop y el punk, este movimiento saltó a la fama gracias al gurú de la publicidad Charles Saatchi, su gran valedor. Tanto es así, que podría decirse que que Saatchi creó el género con su inversión económica y el encargo de obras. A partir de 1992, el avezado periodista dirigió una serie de siete exposiciones tituladas *Young British Artists* (YBA, Jóvenes Artistas Británicos), que saltaron a la escena nacional en 1997 con *Sensation,* fundacional exposición en la Royal Academy.

Las obras eran toscas, decadentes, irónicas, fáciles de captar y muy comerciales. Parecían destinadas a escandalizar. Hirst contribuyó con su primer trabajo, *A Thousand Years,* integrado por una vaca cortada en pedazos y conservada en formol, y moscas zumbando alrededor de otra cabeza de vaca. Chris Ofili provocó con *Holy Virgin Mary,* una Virgen negra hecha en parte con excrementos de elefante; los hermanos Chapman crearon maniquíes infantiles con genitales en la cabeza; y Marcus Harvey realizó un retrato de la infame asesina de niños Myra Hindley, hecho totalmente con huellas de manos infantiles, cuyo valor subió como la espuma tras ser dañado por el público con tinta y huevos.

Las zonas de Shoreditch, Hoxton y Whitechapel –donde vivieron, trabajaron y alternaron muchos artistas– se convirtieron en el foco del movimiento. Numerosas galerías se trasladaron allí; entre ellas White Cube (p. 146), propiedad de Jay Jopling, mecenas del primer *britart.*

Las exposiciones conmocionaron al mundo entero. Los liberales defendieron las obras, los medios de comunicación promocionaron a algunos de los artistas como si fueran estrellas del pop y se convirtieron en tema de conversación social. Damien Hirst y Tracey Emin se convirtieron en celebridades, ya que los medios supieron que podían venderlos a la gente corriente.

Un crítico afirmó que el tan promocionado movimiento era el producto de un vacío cultural, pero que, al igual que en el cuento infantil de Andersen *El traje nuevo del emperador,* nadie se atrevía a criticarlo por miedo a parecer estúpido. "Chorradas conceptuales, frías y mecánicas" fue como lo definió en una ocasión el ministro de Cultura en las nominaciones al premio Turner. El propio Hirst admitió en el 2005 que algunas de sus propias obras le irritaban hasta a él mismo.

Tracey Emin (nacida en 1963) llegó a convertirse en la más famosa transgresora. Fue preseleccionada para el premio Turner por un montaje titulado *My Bed:* su propia cama sin hacer, con ropa interior manchada de sangre y preservativos usados. Para otra instalación, *Everyone I Have Ever Slept with 1963-1995*, bordó los nombres de todos sus amantes en una tienda de campaña. Era perfecta para el *britart* por facilitarle al público sus caprichos más oscuros del *voyeurismo* y por su ansia de celebridad. Cuando se perdió su gato, la gente arrancó los letreros que había colgado y los guardó como si fueran obras de arte.

## Después del 'britart'

Mientras el mundo se concentraba en las estrellas, otros grandes artistas trabajaban con ahínco en la sombra. Una de las obras más destacadas e icono de la época es el montaje de Richard Wilson *20:50* (1987): una habitación llena de aceite reciclado hasta la altura de la cintura; cuando se entra en la sala, uno se siente como si lo hubieran lanzado al espacio. En su obra más famosa, *24 Hour Psycho*, el videoartista escocés Douglas Gordon ralentizó la obra maestra de Alfred Hitchcock, *Psicosis*, hasta despojarla de su narrativa y asemejarla a una escultura en movimiento. Al margen de las modas, Gary Hume se dedicó con discreción a su trabajo: la pintura. Hume destacó con su serie *Doors*, puertas de hospital pintadas a tamaño natural, descripciones poderosas alegóricas de la desesperación (o solo perfectas reproducciones de puertas).

Rachel Whiteread obtuvo el premio Turner en 1993 por *House*, un vaciado en hormigón de una casa del East End, que el Ayuntamiento derribó poco después no sin polémica. Esa misma semana ganó 40 000 £ con el lucrativo premio al Peor Artista Británico del año, un galardón creado por antiguos miembros del grupo musical KLF, que superaron los escándalos provocados por los artistas del *britart* al quemar un millón de libras delante de un grupo de periodistas.

La fecha del arte más importante del calendario actual es el Turner Prize, que ofrece la Tate Britain, otorgado en el 2007 a Mark Wallinger por su recreación de la manifestación pacifista de Brian Haw en Parliament Sq. En el 2008 el honor recayó en Mark Lecky por su exposición Industrial Light & Magic (Luz y magia).

Actualmente los nombres más célebres del arte londinense son Banksy, un artista callejero anónimo que se ha convertido en un fenómeno mundial y que aún trabaja en las calles de Londres (aunque cada vez menos); el escultor Antony Gormley, que en el 2009 empezó a colocar a gente "corriente" en el quinto pedestal de Trafalgar Sq (con críticas muy dispares), pero más conocido por la escultura *Angel of the North*, de 22 m de altura, situada junto a la autopista A1 cerca de Gateshead, al norte de Inglaterra; y finalmente Anish Kapoor, un escultor hindú que trabaja en Londres desde los años setenta. Sus fascinantes instalaciones y esculturas son sumamente populares y pueden admirarse en la Tate Modern (p. 123).

Incluso Emin ha pasado de "niña terrible" a pilar básico del panorama artístico actual. Tanto es así que en el 2007 fue nombrada miembro de la Real Academia de las Artes. Ese mismo año participó con seis piezas en la anual Summer Exhibition y representó al Reino Unido en la Bienal de Venecia, lo que la convertía en la segunda mujer que lo hacía en solitario.

# CINE Y TELEVISIÓN

La televisión nació en Londres y desde entonces no ha cesado de mejorar. Aunque sus habitantes se quejan de que la British Broadcasting Corporation (BBC) no cesa de bajar el nivel cultural y ético de sus producciones por perseguir un público más amplio, la mayor parte de los países la admiran, tanto por sus extraordinarios documentales de historia natural como por sus comedias vanguardistas y dramas. Por contra, aunque el Reino Unido tenga una fuerte presencia en la escena cinematográfica internacional, Londres está lejos de ser el centro de esta industria.

## Londres en el cine

Aunque orgullosos de su ciudad, pocos londinenses creen que su ciudad se encuentre al frente de la industria cinematográfica. Así pues, pese a algunos éxitos de taquilla, como la recién ganadora de un Oscar *The Queen* y el violento y *metrosexual* nuevo James Bond luciendo ajustados bañadores en *Casino Royale,* por no mencionar *Cuatro bodas y un funeral* o *Shakespeare in Love,* éxitos de la década de 1990, existe una frustración subyacente por no lograr fortalecer esta industria, sobre todo dada la desproporcionada influencia de los británicos en Hollywood.

Pese a todo, Londres resulta un buen reclamo cinematográfico internacional, como demuestra el gran director neoyorquino Woody Allen, que rodó en ella *Match Point, Scoop* y *Cassandra's*

*Dream,* y que volverá a rodar en ella en el 2010 su película número cuarenta, en la que participarán el galán español Antonio Banderas y la mismísima primera dama francesa, Carla Bruni.

El barrio epónimo de West London aparece en *Notting Hill* (1999); las dickensianas callejuelas de Borough en dos filmes tan opuestos como *El diario de Bridget Jones,* película para chicas, y *Lock & Stock* (de Guy Ritchie), farsa sobre gánsters; mientras que Smithfield ha ofrecido un *glamour* algo sombrío en *Closer.*

La combinación de arquitectura histórica y ultramoderna que ofrece la capital es una gran ventaja. *Sentido y sensibilidad,* de Ang Lee, por ejemplo, explotó los maravillosos parques y edificios neoclásicos del histórico Greenwich; en particular, la Queen's House de Inigo Jones deslumbra en las escenas de interiores. El drama de época *Regreso a Howard's End,* de Merchant Ivory, y la biografía *Chaplin* tienen como marco el edificio neogótico de St Pancras Chambers, mientras que *El hombre elefante* (1980) se aprovechó de la melancólica atmósfera de un Shad Thames todavía sin urbanizar (sede del actual Butler's Wharf).

Hay algunas películas que reconfortan a los londinenses simplemente por incluir exteriores que muestran el día a día de su ciudad. La película *28 días después* (2002), de Danny Boyle, arranca con varias escenas impresionantes donde aparece el centro de Londres y Docklands totalmente abandonados después de que un virus transportado por un mono haya eliminado a toda la población. En el éxito de taquilla *Misión: Imposible* aparece la estación de Liverpool St, mientras que la entretenida *Un hombre lobo americano en Londres,* de John Landis, termina con una alocada persecución en Piccadilly Circus.

Los cinéfilos suelen recordar con nostalgia los años dorados –y fugaces– de las comedias Ealing, cuando los londinenses Ealing Studios cosecharon éxitos sin parar. Entre 1947 y 1955, fecha en que la BBC compró los estudios, produjeron clásicos imperecederos como *Pasaporte para Pimlico, Ocho sentencias de muerte, Whisky Galore, El hombre del traje blanco, Oro en barras* y *El quinteto de la muerte.* También fue la época de los legendarios cineastas Michael Powell y Emeric Pressburger, directores de *Coronel Blimp* y *Las zapatillas rojas.*

Aquellos tiempos dorados parecen muy remotos y la industria está estancada en las comedias románticas (como la empalagosa *Love Actually,* de Richard Curtis), dramas de época (las típicas adaptaciones de los clásicos con Keira Knightley en corsé como protagonista) y películas de gánsters, cada vez peores. Productores, directores y actores se quejan de la falta de espíritu innovador de los inversores, mientras que estos aseguran que hay pocos guiones que merezca la pena producir.

Además de las inversiones privadas, existe un sistema de financiación pública gestionado por el UK Film Council, y, aunque en el 2002 solo representó una pequeña parte de los 570 millones de £ invertidos en el cine nacional, algunos críticos se oponen a él. El desaparecido Alexander Walter, antiguo crítico cinematográfico del *Evening Standard,* fue uno de los que sugirió que este sistema de subvenciones favorecía el rodaje de malos proyectos, simplemente porque el dinero estaba allí.

Mientras tanto, actores y actrices británicos tan conocidos como Ewan McGregor, Ian McKellen, Ralph Fiennes, Jude Law, Liam Neeson, Hugh Grant, Rhys Ifans, Kristin Scott Thomas y Emily Watson trabajan en el extranjero, al igual que muchos directores, como Tony Scott *(Top Gun, Amor a quemarropa),* Ridley Scott *(Blade Runner, Alien, Thelma y Louise, Gladiator),* Michael Winterbottom *(El perdón)* y Sam Mendes *(American Beauty, Revolutionary Road).*

# Televisión

Londres es la sede de la televisión, que nació y se desarrolló con John Logie Baird ofreciendo una primera demostración en el Soho a un grupo selecto de científicos en 1926 y, unos años más tarde, al público. Quizás resulte significativo que la primera compañía de radiodifusión del mundo, la BBC, sea londinense y haya creado algunas de las personalidades y formatos televisivos más reconocidos en todo el planeta.

El papel de Londres en la producción de televisión es más importante que en el cine: un gran porcentaje del contenido televisivo a escala mundial es de origen británico, desde *Planeta Tierra* a *¿Quién quiere ser millonario?* Hay cinco canales en abierto: BBC1, BBC2 (creado en 1964), ITV1 (1955), Channel 4 (1982) y Channel 5 (1997). Aunque actualmente hay televisión por cable y en 1998 se introdujeron los servicios digitales (que en el 2012 reemplazarán totalmente las emisiones analógicas), la BBC está financiada por un sistema de licencias de televisión costeadas por los espectadores. Desde que empezó a emitir en 1932 (de forma regular desde 1936), una ética de servicio público ha guiado a la televisión británica. John Reith, primer director general de la BBC, adoptó una visión paternalista de la audiencia: entendía que la televisión tenía el papel de informar y educar, además de entretener, e insistió en la calidad.

Sin pretender trazar una historia completa de la televisión inglesa, cabe señalar que la cifra de series convertidas en clásicos es apabullante: desde comedias como *Hotel Fawlty* y *Rising Damp*, policíacas como *24 horas al día* y *Los profesionales* o series de culto como *El prisionero*, *Los vengadores* o *Minder*, desde comedias de los años setenta *(The Good Life)* a joyas sobre el patrimonio en los ochenta *(Retorno a Brideshead)*; desde intrigas *(Edge of Darkness)* a dramas *(The Singing Detective)*; y así muchas más. Pero, sin duda, las dos series más famosas vinculadas a la ciudad de Londres son el culebrón *Eastenders*, que lleva muchos años en pantalla, y el drama policíaco *The Bill*.

En los últimos años, Gran Bretaña también ha sucumbido a los *reality shows*. Aunque *Gran Hermano* y otros programas parecidos han perdido audiencia una década después de su irrupción, cambiando para siempre el panorama televisivo, los programas de búsqueda de nuevos talentos han seguido cautivando al público. El mejor ejemplo es el de *Britain's Got Talent*, el programa de la cadena ITV1 que convirtió a Susan Boyle en una estrella de la noche a la mañana tras su interpretación de "I Dreamed a Dream" de *Les Misérables* en el 2008, y que cuando salga la edición en español de esta guía ya podrá comprarse su primer disco, que incluirá dicho éxito.

El humor británico también es una apuesta segura, con series como *The Office* y *Little Britain*, de las que se han realizado versiones en EE UU. Dos fantásticas series de humor relacionadas directamente con Londres son la prácticamente olvidada *Nathan Barley* (2005), una creación de Chris Morris donde se retrataba en tono cómico el ambiente de Shoreditch, y la fantástica sátira política *The Thick of It*, donde se muestran las interioridades ficticias del Parlamento; en el 2009 se estrenó una película basada en la serie, llamada *In the Loop*.

# DANZA

No importa si el espectador prefiere la danza contemporánea, clásica o *crossover* (ritmos no ingleses, generalmente latinos), Londres ofrece un amplio repertorio para todos. Tras la renovada pasión del público gracias al gran éxito del musical *Billy Elliot*, Londres se ha puesto al nivel de Nueva York y París como una de las grandes capitales mundiales de la danza y se ha erigido en el crisol de una de las evoluciones más importantes en la historia de la coreografía moderna. Aunque han pasado quince años desde que Matthew Bourne combinó el *ballet* clásico con el musical tradicional y la danza contemporánea en su montaje de *El lago de los cisnes* solo con hombres, esta pieza fue decisiva para catapultar la danza a la portada de los periódicos.

Todavía hoy, su *Lago de los cisnes* gira por todo el mundo, aunque Bourne ha producido otras piezas más recientes, como *Highland Fling*, de influencia escocesa, o *The Car Man* (una adaptación de la ópera *Carmen*, de Bizet, al estilo *West Side Story)*. Después de presentar su particular *Cascanueces*, de Chaikovski, Bourne se pasó al teatro en el 2004 con su excepcional *Play Without Words*, un drama en dos partes donde los actores se comunicaban únicamente con movimientos grácites. Posteriormente fue galardonado por su coreografía en *Eduardo Manostijeras* y, recientemente, ha asombrado al público del West End con su coreografía de *Oliver!* en el Theatre Royal Drury Lane. Otros destacados talentos londinenses han ayudado a expandir el lenguaje de la danza por todo el mundo: Rafael Bonachela ha coreografiado la gira *Showgirl* de Kylie Minogue, y Wayne McGregor ha trabajado en *Harry Potter y el cáliz de fuego*.

Más recientemente, el Laban (p. 304), un nuevo edificio que acoge representaciones vanguardistas, se ha unido al The Place (p. 304), en Euston, donde nació la danza contemporánea londinense en la década de 1960. Mientras tanto, el remodelado Sadler's Wells (p. 304) –cuna del *ballet* clásico inglés en el s. XIX– sigue escenificando un fascinante programa con los diferentes estilos de las primeras compañías de *ballet* nacionales e internacionales, entre ellas las de Carlos Acosta, Twyla Tharp, el Dance Theatre de Harlem y la de Alvin Ailey.

Darcy Bussell, primera bailarina de la Royal Opera House de Covent Garden (p. 307), se despidió de su adorado público en el 2007 al retirarse con solo 38 años de edad. Ese mismo año, su aparición en *Apollo* de George Balanchine había sido considerada por muchos como el mejor logro de su carrera.

A pesar de un leve coqueteo con piezas hechas por encargo, entre ellas una con música de Jimi Hendrix, el cuerpo de baile clásico más célebre de la capital, el Royal Ballet, se ha ceñido casi siempre a la danza clásica. Varios aniversarios consecutivos han dado pie a la programación de retrospectivas dedicadas a los coreógrafos Balanchine y Frederick Ashton, además de a los bailarines Sergei Diaghilev y Ninette de Valois, fundadora de la compañía. Con todo, el Royal Ballet se ha vuelto más accesible durante este período al bajar los precios de algunas entradas hasta 10 £ (al igual que el National Theatre).

Entre las compañías de danza contemporánea más importantes del Reino Unido cabe destacar la innovadora Rambert Dance Company, con sede en Chiswick, creada por Michael Nunn y William Levitt, antiguos bailarines del Royal Ballet, después de que un documental televisivo de Channel 4 les hiciera famosos como los *Ballet Boyz*. Recientemente se han asociado con la gran estrella francesa Sylvie Guillem, afincada en Londres, para bailar en obras del aclamado coreógrafo Russell Maliphant. Guillem, que todavía actúa como primera artista invitada en el Royal Ballet, también coqueteó en Londres con la danza tradicional del sur de Asia cuando se unió a Akram Khan, coreógrafo de danza contemporánea y especialista en la danza Kathak.

El principal festival de danza de Londres es el Dance Umbrella ( ☎ 8741 4040; www.danceumbrella.co.uk). Dura seis semanas, desde principios de octubre, y es uno de los más destacados del mundo en su género. Su programa puede consultarse en www.londondance.com. Para más información sobre compañías y escenarios, véase p. 303.

# MEDIO AMBIENTE

## LA CIUDAD

El llamado Gran Londres consta de 1572 km$^2$ cercados por la carretera de circunvalación M25. Por razones comerciales, la ciudad se levantó a orillas del río Támesis, que la divide en sus mitades norte y sur, partición con más connotaciones que las meramente geográficas. Los romanos designaron la orilla sur como la zona sórdida, dedicada al juego y al libertinaje, y así siguió durante casi dos mil años, hacinando a los marginados, mientras la gente respetable y culta se instalaba en la parte norte. El potencial del South Bank solo se ha vislumbrado en la última década.

Aunque Londres creció a partir de la zona conocida como la City, no tiene un único foco de expansión. Su desarrollo nunca fue planificado; es más, la ciudad creció hacia las poblaciones de la periferia. De este modo –como todo lector de Dickens apreciará– el Londres de hoy es más un mosaico de aldeas que una ciudad única. Aunque la ciudad pueda parecer una jungla de asfalto interminable, en realidad cuenta con enormes zonas verdes en las afueras (p. ej., Richmond Park y Hampstead Heath) y con pulmones como Regent's Park y Hyde Park en el centro.

## EL LONDRES VERDE

La polución y el permanentemente congestionado tráfico rodado, los problemas medioambientales más graves que sufre el centro de la ciudad, han mejorado ligeramente desde el 2003, cuando empezó a aplicarse la tasa de congestión (para acceder al centro, cualquier vehículo debe abonar 8 £) creada por el ex alcalde Ken Livingstone. Otros logros medioambientales de Livingstone han sido la introducción de los autobuses propulsados por células de hidrógeno (actualmente en fase de pruebas) y la creación de la *Low Emissions Zone* ("zonas de emisiones bajas") en febrero del 2008, que contempla la imposición de impuestos adicionales a los vehículos altamente contaminantes que entren en el área metropolitana de Londres. Algunas de las medidas adoptadas hasta la fecha por su sucesor, el conservador Boris Johnson, como la de aparcar la tercera fase de la *Low Emissions Zone* o la de cancelar la ampliación hacia el oeste de la tasa de congestión, han decepcionado a las organizaciones ecologistas. Sin embargo, durante la redacción de esta guía aún era demasiado temprano para establecer juicios definitivos.

Los ayuntamientos locales también han intensificado sus esfuerzos medioambientales: el de Richmond ha sido el primero en subir las tarifas de los aparcamientos para los coches especialmente contaminantes, y el de Hackney, el primero en implantar el reciclaje obligatorio en el 2007. Aunque hace muchos años que se puede reciclar en Londres, sobre todo en contenedores comunitarios más que en las propias casas, los avances en esta materia son muy pobres.

Al contemplar las aguas turbias del Támesis, se podría suponer que se está ante otro punto negro de contaminación, pero bajo la superficie la salud del río ha mejorado de manera espectacular en los últimos años y sus aguas tienen un papel cada vez más importante como lugar de recreo. En 1962, el impacto que causó la combinación de aguas residuales sin tratar y la polución industrial aniquiló prácticamente todo ser vivo del río, pero gracias a una profunda limpieza, hoy en día es el hogar de unas ciento quince especies de peces, incluidos el sábalo, la lamprea e incluso el salmón (para los que se han construido unas escaleras especiales sobre las presas). Con ellos han llegado 10 000 garzas, cormoranes y otras aves acuáticas que se alimentan de peces; incluso se han llegado a ver nutrias en su cuenca alta.

Londres presume de poseer más parques y espacios abiertos que cualquier otra ciudad de su tamaño en el mundo, desde los arreglados con esmero (Holland Park, St James Park) hasta los semisalvajes (Richmond Park, Bushy Park). Todos proporcionan un hábitat adecuado a un amplio número de animales y aves.

El mamífero que se ve con más frecuencia en Londres es la ardilla gris, importación nortea-mericana que ha colonizado los grandes parques y diezmado la población autóctona de ardillas rojas. También acogen erizos, aunque su número va a la baja, quizás por los cebos contra las babosas. Fuera del centro urbano, es probable encontrarse con zorros, más por la noche, si bien su creciente población suscita pasiones encontradas de amor y odio entre la mayoría de la gente. Richmond Park (p. 196) también da cobijo a tejones y rebaños de ciervos y gamos. En el 2006 se divisó el mamífero más curioso jamás visto en la capital, cuando una ballena de nariz de botella remontó el Támesis hasta el centro de Londres. Por desgracia, murió después de los infructuosos intentos para devolverla al mar del Norte; su esqueleto se puede visitar en el National History Museum (p. 135).

Los observadores de aves, sobre todo los aficionados a las acuáticas, disfrutarán en Londres. Hay patos, pelícanos y cisnes de la reina en St Jame's Park (p. 89), y aún más patos y hermosos somormujos lavancos de cabeza castaña en el Serpentine de Hyde Park (p. 140). Los canales también son muy indicados para avistar estas especies.

En todos los parques se posan aves de jardín, como el mito, el carbonero común, el gorrión, el petirrojo y el mirlo, aunque algunos atraen a especies migratorias más interesantes. En pri-mavera, es posible avistar bandadas de diminutos reyezuelos en Holland Park. Alrededor de la Torre de Londres (p. 112) también anidan los cernícalos, así como los ya conocidos cuervos cautivos. Las abiertas extensiones de campos comunales de Barnes y Wimbledon también dan refugio a una gran variedad de aves y mamíferos.

Resulta insólito poder observar loros de vivos colores y periquitos volar en libertad por Richmond, Kew y muchas otras zonas de Southwest London, junto al Támesis. Hay un debate abierto sobre su procedencia, pero se han estado multiplicando en los últimos años y parece que debido al calentamiento global pueden sobrevivir en estas latitudes.

El London Wildlife Trust (LWT; ☎ 7261 0447; www.wildlondon.org.uk) gestiona más de cincuenta reservas naturales en la ciudad, donde pueden observarse numerosas aves y, en ocasiones, algún pequeño mamífero. La Battersea Park Nature Reserve ofrece varios senderos naturales, mientras que el Trent Country Park presume de poseer una ruta en braille por los bosques. Hay algunas zonas de Hampstead Heath que han sido declaradas Site of Special Scientific Interest (SSSI, Lugares de Especial Interés Científico) por su riqueza natural.

Los amantes de la botánica no querrán perderse las plantas exóticas de los encantadores Kew Gardens (p. 197), mientras los parques de Londres cuentan con una variedad de árboles de jardín, arbustos y flores. Muchos lugareños se sienten orgullosos de sus jardines particulares, que van desde los patios traseros del tamaño de un pañuelo hasta las mini-haciendas, algunas de las cuales abren sus puertas al público varios días en verano a través del National Gardens Scheme (NGS; ☎ 01483-211535; www.ngs.org.uk; Hatchlands Park, East Clandon, Guildford GU4 7RT); la entrada suele costar 3 £ y se destina a obras benéficas.

## PLANIFICACIÓN Y DESARROLLO URBANÍSTICO

El centro de Londres ha experimentado un notable lavado de cara en los últimos años, y el ex alcalde Ken Livingstone diseñó un gran número de iniciativas valientes e imaginativas para hacer de la ciudad un lugar más agradable para los residentes y los visitantes. Todos los esfuer-zos urbanísticos se están concentrando en el este de la ciudad, donde se celebrarán los Juegos Olímpicos del 2012, y las comunidades que vivían en el valle del río Lea han sucumbido a lo inevitable y se han trasladado (la zona incluía varios campamentos gitanos que han estado allí durante décadas).

El mayor reto que afronta Londres es cómo albergar su creciente población sin invadir el cinturón verde que lo rodea. Las zonas céntricas, antes decadentes, como Hoxton y Clerkenwell, se acicalaron en la década de 1990 cuando los jóvenes se instalaron en ella y transformaron sus almacenes. La repoblación de Docklands continúa, pero Londres se quedará muy pronto sin espacio. El sector de la construcción, que vivía un momento de bonanza hasta la crisis económica del 2008, ha sufrido una ralentización inevitable. Sin embargo, durante la redacción de esta guía las obras seguían a buen ritmo en gran parte de Hackney y Tower Hamlets.

En lo que quizás sea una señal de lo que vendrá, el Gobierno se enfrenta a un inevitable conflicto con los ecologistas sobre la revitalización propuesta de la Thames Gateway: 60 km a cada lado del Támesis desde East London al mar del Norte. El plan implica la construcción de 200 000 viviendas y la creación de 30 000 puestos de trabajo, pero en zonas que albergan parte de la flora y la fauna más valiosa de Gran Bretaña, en una extensión de 25 km de costa declarada por la UE como zona prioritaria de protección especial. La respuesta del Gobierno ha sido convertir la zona en la primera "ecorregión" del Reino Unido, lo que en teoría significa que las nuevas construcciones en esta zona deberán ser sostenibles, con unos niveles bajos de producción de carbono y ecológicamente viables. Sea como sea, los grupos ecologistas siguen haciendo campaña contra este proyecto.

# GOBIERNO Y POLÍTICA

## GOBIERNO LOCAL

Cuando en el s. xii el rey Ricardo Corazón de León dio a Londres el derecho de autogobierno a cambio de apoyo financiero, los que respaldaron esta iniciativa aclamaron: "los londinenses no tendrán rey, sino alcalde propio", y sigue siendo cierto para la City de Londres, pero para el Gran Londres, donde vive y trabaja la mayoría de la población, no siempre ha sido así.

Los predecesores del Greater London Council (GLC, Consejo del Gran Londres) llevaban varios siglos cumpliendo con su tarea sin ningún sobresalto, protegiendo los intereses locales y siguiendo sin rechistar la línea del Gobierno de la nación. Pero todo cambió cuando el laborista Ken Livingstone fue elegido alcalde a principios de los años ochenta, con Margaret Thatcher como primer ministro. Debido a sus diferentes caracteres, el enfrentamiento fue inevitable. Entre otras cosas, Livingstone hizo campaña a favor de un transporte público más barato en la capital. Finalmente, Thatcher abolió el GLC en 1986 y Londres se convirtió en la primera capital europea sin regidor local. Catorce años más tarde, el Gobierno laborista restableció una nueva versión, la Greater London Authority (GLA, Autoridad del Gran Londres) y convocó elecciones para elegir al primer alcalde por votación popular en el año 2000.

Los 25 miembros de la GLA tienen competencias limitadas en materia de transporte, desarrollo económico, planificación estratégica, medio ambiente, policía, bomberos, defensa civil y cultura. Son elegidos a partir de las circunscripciones de la GLA y por toda la ciudad. No ejercen una oposición convencional, pero pueden rechazar los presupuestos presentados por el alcalde, formar comités especiales de investigación y obligar al alcalde a rendir cuentas ante la opinión pública. Actualmente está formada por 11 conservadores, 8 laboristas, 3 liberales-demócratas, 2 del Partido Verde y 1 del Partido Nacional Británico, de extrema derecha, lo cual ha suscitado una gran polémica. Este partido alcanzó en el 2008 el umbral del 5% de votos, lo que le permitió conseguir su primer escaño en la GLA. Sus oficinas se hallan en el futurista ayuntamiento junto al Tower Bridge, en Southwark.

La City cuenta con un órgano de gobierno propio, la Corporation of London (Corporación de Londres), liderada por el Lord Mayor (solo el alcalde de la City puede ser Lord; el alcalde de Londres, aunque mucho más relevante políticamente, no deja de ser un plebeyo). En la Corporación de Londres trabajan muchos funcionarios de nombres extraños y curiosos atuendos. Su lugar de reunión es el Guildhall. Estos hombres (normalmente son solo varones) son elegidos por los *freemen y liveryman* (miembros honoríficos y de pleno derecho de la City, respectivamente). Aun cuando su gobierno pueda parecer anticuado en el s. xxi, la Corporación de Londres todavía posee aproximadamente un tercio de la riquísima *square mile* (milla cuadrada) y desarrolla una gran labor de mecenazgo artístico.

Londres está dividida en 33 *boroughs* (barrios), 13 de los cuales se encuentran en el centro. Cada uno está dirigido con considerable autonomía por unos consejos elegidos democráticamente, que se ocupan de la educación y otras cuestiones, como la limpieza de las calles y la recogida de basuras. En términos de renta per cápita, el barrio más rico es Richmond, en el oeste, y el más pobre, Barking, en el este.

# GOBIERNO NACIONAL

Londres alberga la sede del Gobierno nacional del Reino Unido de la Gran Bretaña e Irlanda del Norte. El Reino Unido es una monarquía constitucional que carece de una constitución escrita y se rige por una combinación de estatutos parlamentarios, derecho consuetudinario (una serie de principios legales basados en precedentes, a menudo con siglos de antigüedad) y convenciones.

El Parlamento está integrado por el monarca, la Cámara de los Comunes (cámara baja) y la Cámara de los Lores (cámara alta). El monarca es una figura simbólica que no tiene poder real, mientras que la Cámara de los Comunes es la que detenta el auténtico poder. Consta de una Asamblea Nacional con 646 escaños (o circunscripciones) elegidos cada cuatro o cinco años. Londres está constituida por 72 circunscripciones y, por lo tanto, cuenta con 72 representantes en la Cámara de los Comunes.

El líder del partido mayoritario en la Cámara de los Comunes es el primer ministro, que designa a un gabinete de unos veinte ministros para dirigir los departamentos gubernamentales. Durante la redacción de esta guía, el Partido Laborista del primer ministro Gordon Brown contaba con una cómoda mayoría de 63 diputados respecto al resto de grupos parlamentarios. Brown heredó esta mayoría de Tony Blair, que en el 2005 ganó las elecciones generales pero decidió dejar el cargo en junio del 2007. Las próximas elecciones generales tendrán lugar a mediados del 2010.

El Partido Conservador se ha revitalizado en los últimos años, después de una década de desorganización, y particularmente tras la dureza de la crisis global del 2008, todavía acuciante. La defenestración de Margaret Thatcher en 1990 fracturó y dividió a su partido, que no recuperó un sentido de unidad hasta que se eligió a David Cameron como líder en el 2005. Cameron ha liberalizado a los *tories,* una fuerza política que los británicos suelen considerar, como dijo uno de sus peces gordos, "el partido desagradable". Los *tories,* que actualmente abogan por la protección del medio ambiente, el apoyo a las madres solteras y la total libertad de la comunidad homosexual, poco tienen en común con sus homólogos de la década de 1980, liderados por Thatcher. Sin embargo, sus detractores afirman que, a pesar de las políticas liberales y de corte ecologista, el partido sigue siendo la voz de los poderosos, pues Cameron y gran parte de su gabinete se educaron en colegios elitistas como Eton y Oxbridge.

Aparte de los dos grandes, el único partido político de envergadura nacional es el Liberal Demócrata, que actualmente cuenta solo con 63 diputados. Liderados por el joven Nick Clegg, los *Lib Dems* (liberal-demócratas) son los eternos perdedores de un sistema electoral donde únicamente se tiene en cuenta al vencedor. Aunque muchos lo consideran una alternativa real al bipartidismo imperante (que se han alternado en el poder desde 1922), la realidad del sistema electoral británico muestra que es sumamente complicado que un tercer partido tenga un papel importante a escala nacional. No obstante, los *Lib Dems* están muy presentes en los gobiernos locales.

La Cámara de los Lores tiene cierto poder, pero actualmente está limitado a la demora de la aprobación de leyes; aun así, la ley se acaba aprobando tarde o temprano después de la aprobación de la reina, que no es más que un mero trámite pues Su Majestad no se ha negado nunca a firmar una ley y no existe un precedente constitucional que le impulse a hacerlo. Durante siglos, la Cámara de los Lores ha estado compuesta por unos 900 pares hereditarios (cuyos títulos pasaban de generación en generación), 25 obispos de la Iglesia anglicana y 12 *law lores* (lores de apelación que también actúan como Tribunal Supremo del país). Sin embargo, Tony Blair "modernizó" la institución en 1999 y decidió echar a gran parte de los pares hereditarios. Por el momento, se ha permitido la permanencia de 92 de ellos. Se presentó un nuevo sistema de títulos vitalicios que, según las críticas, permitían al primer ministro repartir los mejores puestos a leales miembros del Parlamento y evitar así la incertidumbre de futuras elecciones. En la segunda fase de la reforma de la Cámara de los Lores (que aún no tiene fecha y no parece estar entre las prioridades del Gobierno), miembros electos accederán a la cámara alta por primera vez y los pares hereditarios desaparecerán por completo.

# MEDIOS DE COMUNICACIÓN

Londres está en el punto de mira de los medios de comunicación británicos, una industria que comprende lo mejor y lo peor del mundo de la televisión, la radio y los medios impresos.

## PERIÓDICOS

El diario londinense más importante es el *Evening Standard,* un tabloide de centro derecha que sale a primera y última horas del día. Tras librar una larga batalla con el ex alcalde Ken Livingstone y convertirse en el hazmerréir de los londinenses por su afición a los titulares dramáticos, el periódico fue adquirido en el 2009 por el magnate ruso Alexander Lebedev, que prometió cambiarle el nombre y puso en marcha una gran campaña de publicidad para disculparse ante los lectores de los errores del pasado. Se recomienda que los sibaritas echen un vistazo a las reseñas de restaurantes del crítico más influyente en Londres, Fay Maschler. Los aficionados a las tendencias no deberían perderse el "ES magazine" del viernes, una guía indispensable para conocer lo más puntero de la ciudad. El jueves sale "Metro Life", un útil suplemento con toda la cartelera.

En las estaciones de metro y en cualquier calle donde haya transeúntes se reparten periódicos gratis; el *London Lite* y el *Metro* (ambos propiedad del grupo Associated Newspapers, que también gestiona el *Daily Mail*) son rotativos ligeros y de lectura fácil centrados en el mundo de los famosos. Se pueden encontrar en el suelo de autobuses y vagones de metro por toda la ciudad.

Por lo general, los periódicos nacionales son económicamente independientes de cualquier partido político, aunque resulta sencillo advertir sus inclinaciones. Rupert Murdoch es el hombre más influyente en los medios de comunicación británicos: su News Corp posee el *Sun,* el *News of the World,* el *Times* y el *Sunday Times.* La industria se autorregula y hasta fundó la Press Complaints Commission (PCC, Comisión de Reclamaciones de la Prensa) en 1991 para atender las demandas de los lectores; no obstante, muchos se quejan de que la PCC es incapaz de mantener un cierto grado de disciplina entre los díscolos tabloides, por lo que resulta ser un "perro guardián sin dientes".

Hay muchos diarios nacionales, y la competencia para captar lectores es muy dura. Aunque algunos se imprimen fuera de la capital, todos se centran prácticamente en Londres. Existen dos amplias categorías de periódicos, que vulgarmente se distinguen como periódicos de gran formato (o de "calidad") y tabloides, si bien la distinción tiene más que ver con el contenido que con el tamaño físico, ya que la mayor parte de los primeros se publican hoy día en un tamaño más pequeño, como el de un tabloide, más fácil de manipular.

Los lectores de los periódicos de gran formato son sumamente leales a sus rotativos. El *Daily Telegraph,* de tendencias conservadoras, a veces ha sido tachado de anticuado, pero su redacción y cobertura internacional son muy buenos. El *Times* es tradicionalmente el periódico de la clase dirigente, con una sección de deportes particularmente buena. En la banda izquierda del espectro político, el *Guardian* presenta una escritura amena y una agenda muy progresista, con gran cobertura de las artes y unos suplementos excelentes, en especial el "Media Guardian" del lunes, una biblia para cualquier persona interesada en esta industria. También es el mejor diario para buscar trabajo de oficina. El *Independent,* otro recomendable rotativo izquierdista, centra su atención en noticias que otros periódicos pasan por alto. Sus artículos pueden ser excelentes y es el periódico que eligen centristas, apolíticos y librepensadores.

Los dominicales son tan importantes como la mañana del domingo en Londres. Casi todos los diarios los ofrecen y, como era de esperar, los tabloides lanzan ediciones extra de cotilleos, *famoseo,* suplementos de moda y diatribas miserables de quienes se hayan puesto en el punto de mira ese fin de semana. La prensa seria tiene tantas secciones y suplementos que se necesitan las dos manos para sacarlo del quiosco. El *Observer,* fundado en 1791, es el dominical más antiguo, similar al *Guardian;* el primer ejemplar del mes se acompaña de un magnífico suplemento de deportes. Incluso quienes solo compran periódicos de gran formato, a veces se colocan bajo el brazo una copia del líder en ventas *News of the World* (del mismo grupo que el *Sun*) para darse un respiro dominical.

Para una lista de los principales diarios y periódicos dominicales, véase p. 388.

## REVISTAS

Una asombrosa variedad de revistas se publica y consume en Londres, desde cotilleos de famosos a pesos pesados de la política. A Londres le encantan las celebridades (especialmente cuando su peso se halla por encima o debajo de lo normal o se hallan fuera de control), con las revistas *Heat*, *Closer* y *Grazia* a la cabeza del género. La estadounidense *Glamour* es la reina de las revistas en papel satinado para mujeres, y ya ha derrocado a la tradicionalmente favorita *Cosmopolitan*, que empieza a parecer algo vieja en comparación con su rival más joven y original. *Marie Claire*, *Elle* y *Vogue* disfrutan de una buena reputación como revistas femeninas inteligentes. Entre las revistas masculinas más serias destacan *GQ* y *Esquire*; también hay publicaciones menos edificantes conocidas como *lads mags* (revistas para chicos), entre las que se cuentan *FHM*, *Loaded*, *Maxim*, *Nuts* y *Zoo*. Se publican muchas revistas de tendencias (*i-D*, *Dazed & Confused* y *Vice*), y todas tienen un público fiel.

Las publicaciones políticas tienen mucha fuerza en Londres. La satírica *Private Eye* (véase recuadro en p. 55) es totalmente neutral y se mofa de todo el mundo sin distinciones, aunque con una especial predilección por los poderosos. Se puede mantener el contacto con la actualidad internacional con *Week*, un práctico resumen de la prensa nacional y extranjera. No hay publicación que supere a la excelente *Economist* en análisis financiero y de política internacional.

*Time Out* es la guía del ocio por excelencia de la ciudad, única para conocer las actividades de la ciudad, mientras que *Big Issue*, que los "sin techo" venden por las calles, no es que sea un proyecto honrado, pero supone una buena lectura. Londres es un centro de editoriales de revistas y produce cientos de publicaciones conocidas internacionalmente, especializadas en música, artes plásticas, literatura, deporte, arquitectura y mucho más. Para un listado de las principales revistas, vése p. 389.

## NUEVOS MEDIOS DE COMUNICACIÓN

Existe un floreciente panorama de medios alternativos que trata de satisfacer a todos aquellos que se sienten marginados por los medios de la corriente dominante. Hay algunos sitios web que merece la pena consultar, como el excelente y original Urban 75 (www.urban75.com), la red global de noticias alternativas de Indymedia (www.uk.indymedia.org), el boletín semanal de los activistas de SchNews (www.schnews.org.uk), el *blog* dedicado a Londres Londonist (www.londonist.com) y los vídeos comprometidos de Undercurrents (www.undercurrents.org).

Los portales de cotilleos *online* también han ganado notoriedad estos últimos años por derrocar al sistema imperante y por hacer públicos algunos grandes escándalos de las celebridades. Para reír con ganas, hay que visitar Popbitch (www.popbitch.com).

## TELEVISIÓN Y RADIO

La BBC, propietaria de Lonely Planet, es uno de los grupos audiovisuales más famosos del mundo, así como una referencia internacional del periodismo radiofónico y televisivo (véase p. 173). A menudo, su independencia irrita a la clase dirigente y, en el 2003, provocó la ira del Gobierno por su valiente investigación sobre los acontecimientos que llevaron a la invasión de Irak. Cuando el periodista de la BBC Andrew Gilligan afirmó que Alistair Campbell, antiguo secretario de prensa del gabinete de Tony Blair, manipuló un dossier de pruebas contra el régimen iraquí para granjearse el apoyo de la opinión pública e ir a la guerra, se sucedieron unas tremendas protestas y comenzaron las recriminaciones mutuas entre Westminster y White City. El Dr. David Kelly, experto en armamento del país, se suicidó después de que el Gobierno lo señalase como la fuente del reportaje de la BBC, y tras las fuertes críticas hacia la cadena vertidas por el juez Hutton, encargado de investigar su muerte, casi todos en los medios de comunicación rechazaron esta investigación por considerar que encubría al Gobierno. El director general de la BBC dimitió y la administración de la cadena, escarmentada, decidió seguir una línea más prudente en los reportajes referentes al Gobierno. Sin embargo, tan solo cuatro años después la corporación volvió a meterse en problemas al emitir imágenes manipuladas en un documental sobre la reina. La BBC recibió críticas muy duras de la opinión pública y del resto de medios y, a pesar de la abyecta disculpa del director general Mark Thompson, el 2007 supuso un descenso sin precedentes de su credibilidad. A esta polémica se le sumó el escándalo de las líneas telefónicas que afectó a numerosas cadenas de televisión del Reino Unido, tras revelarse que muchos votos telefónicos no eran contabilizados en varios programas de máxima audiencia. Desde entonces, la BBC y otras cadenas han endurecido las directrices de producción.

## SÁTIRA CONTRA LOS PODEROSOS

"Vergüenza en el Parlamento", reza el titular de una revista tras el escándalo de los gastos de los diputados del año 2009. Debajo, un dibujo del Parlamento del que emerge un globo en el que se lee "¡Lástima que nos pillaran!". Esta es la típica portada de la revista satírica más famosa de Londres, *Private Eye*, que ejerce de barómetro de la actualidad política y cultural del país.

Fundada en 1961 por un grupo de sabelotodos, entre los que figuraba el cómico de moda y escritor Peter Cook, la revista todavía mantiene el encanto manufacturado del "recorta y pega" del original. Se ha especializado en la difusión de cotilleos sobre las fechorías de las personalidades públicas y en la sátira desenfadada de aquellos que se toman demasiado en serio. Incluye numerosas bromas recurrentes (p. ej., la reina siempre recibe el nombre de Brenda, y Rupert Murdoch el de Dirty Digger), viñetas corrosivas y secciones habituales como el editorial de Lord Gnome, una mezcla de todos los magnates de la comunicación. También tiene su parte de investigación seria, y algunos de sus reportajes han contribuido a la caída de varios mandamases, como Jeffrey Archer y Robert Maxwell. Por ello, la revista tiene muchos enemigos en las altas esferas, aunque también muchos partidarios.

Resulta sorprendente que *Private Eye* todavía exista. Ha sido demandada regularmente por los aludidos y solo se mantiene a flote gracias a los donativos de sus lectores. Hoy, su futuro parece prometedor, ya que distribuye más de seiscientos mil ejemplares, su mejor momento de los últimos diez años. Es, sin lugar a dudas, la más popular de las revistas políticas del país y es de lectura obligada.

Gran Bretaña todavía produce algunos de los mejores programas de televisión del mundo. Se emiten aceptables producciones propias junto con importaciones americanas, culebrones australianos, comedias de situación tontas y programas de bajo presupuesto de tertulias y concursos autóctonos. Hay cinco canales de televisión: BBC1 y BBC2 reciben fondos públicos a través de un sistema de licencias de televisión y, al igual que las emisoras de radio de la BBC, no emiten anuncios; ITV-1, Channel 4 y 5 son comerciales. Actualmente, estas emisoras compiten con varios canales por cable y con los vía satélite de BSkyB de Rupert Murdoch, que ofrece una variedad de programas poco inspiradores.

Muchos telespectadores sienten que la inversión en las nuevas tecnologías está perjudicando a las cadenas clásicas y que la BBC está tratando de abarcar demasiado al perseguir los índices de audiencia y rellenar sus canales comerciales en lugar de concentrarse en sus responsabilidades como servicio público. Poco a poco, todo el país está cambiando a la televisión digital, y la analógica dejará de emitir alrededor del 2012.

La BBC tiene varias emisoras de radio: BBC 1, 2, 3, 4, 5, 6 y 7, que se dirigen respectivamente a una audiencia joven, adulta, clásica, intelectual, participativa, variada y de humor/drama. Hoy día, XFM resulta la mejor opción para escuchar música. En el 2007, el Gobierno anunció que a Channel 4 le iba a ser concedida una licencia para diez emisoras más de radio digital con difusión nacional, una gran reorganización para una industria necesitada de recuperar una audiencia fiel.

# MODA

Londres ha resistido a unos años difíciles que le hicieron perder su posición como centro internacional de la moda. Ahora ha regresado al corazón de este universo con un nuevo firmamento de jóvenes estrellas.

Giles Deacon es la indiscutible figura de este nuevo Londres y, con sus graciosos diseños y referencias eclécticas, este graduado de la St Martins School ha cautivado a la capital con su propia marca, Giles. Junto a Deacon se encuentran otras estrellas británicas con mucho trajín a su alrededor, como Henry Holland, Jonathan Saunders, Christopher Kane y el importado greco-australiano Marios Schwab, que presenta su colección en Londres y que también asistió a la sagrada St Martins. Otra figura que destacar es Gareth Pugh, otro ex alumno de la St Martins (véase recuadro en p. 56), que se ha hecho con las riendas de los clubes de moda *underground* de Shoreditch y les ha dado un toque más comercial, ganándose así un lugar en la escena de la moda global.

La influencia de los diseñadores londinenses continúa extendiéndose más allá de la capital. El "British Fashion Pack" todavía trabaja, o dirige, para las principales casas de moda europeas como

## ST MARTINS

La mayoría de las estrellas de la industria británica de la moda han cruzado las puertas, en bastante mal estado, de St Martins, en Charing Cross Rd, la escuela de moda más famosa del mundo. Fundada en 1854, la Central St Martins School of Art & Design empezó siendo un lugar al que asistía la juventud culta para aprender a dibujar y pintar. En la década de 1940 se creó un curso de moda y, décadas más tarde, los aspirantes a diseñadores de todo el mundo se peleaban por ser admitidos. Actualmente, las solicitudes de inscripción son cien veces superiores a la oferta, y la escuela ha sido criticada por anteponer el nombre al talento (p. ej., la hija de un famoso Beatle). Los desfiles de los graduados —en los que Stella contó con la presencia de sus amigas Naomi Campbell y Kate Moss— son una de las citas más interesantes en el calendario de la moda, y siempre sorprenden e impresionan, sean buenos, malos o ridículos.

La no tan llamativa Royal College of Art solo admite a posgraduados y su curso de moda es tan viejo y está casi tan concurrido como el de la St Martins. Se dice que sus antiguos alumnos son la esencia de algunas de las casas de moda más prestigiosas del mundo.

Chanel, Givency y Chloe. Mientras tanto, presenten o no sus colecciones en Londres, diseñadores como Alexander McQueen conservan sus estudios en la capital, y antiguos desertores hacia pasarelas extranjeras como Luella Bartley y Matthew Williamson han regresado a su ciudad.

Londres siempre ha supuesto la excentricidad en comparación con el estilo clásico de las importantes casas de París y Milán, o con los diseñadores urbanos de Nueva York. Nadie sintetizó ese espíritu tan bien como Isabella Blow, la legendaria estilista que descubrió, entre muchos otros, a Alexander McQueen, Stella Tennant y Sophie Dahl durante su carrera en *Vogue* y *Tatler*. Por desgracia, Blow se suicidó en el 2007 y, aunque nunca fue muy conocida fuera del ámbito de la moda, su trágica pérdida fue sumamente sentida en su industria. Nunca era vista en público sin algún extraordinario sombrero de Philip Treacy. La fuerza de su personalidad generaba gran entusiasmo y excitación sobre el destino cambiante de la moda londinense, y la escena será mucho menos interesante sin ella.

Una tendencia que ha surgido de Londres en los dos últimos años es la venta de líneas firmadas por celebridades en las cadenas de ropa económica. Karl Lagerfeld y Stella McCartney han diseñado para H&M, Kate Moss y Beth Ditto para Top Shop y Lily Allen para New Look, por ejemplo, lo que ha provocado una enorme excitación y, en el caso de Kate Moss, una estampida virtual a los estantes.

La industria británica de la moda siempre ha estado más en la línea con los jóvenes, y, en verdad, nunca se ha dirigido a un público sofisticado, los "impecables Gucci", que en Londres equivaldría a los que se visten con trajes a medida de las sastrerías de Savile Row. La capital británica no cuenta con una historia de alta costura como París o Milán, donde los gustos por los estilos y las telas son mucho más clásicos y refinados. El mercado británico también idea moda para el gran público, que es más probable que gaste 100 £ en diferentes prendas.

Así, la moda londinense siempre se ha interesado por la ropa urbana, con unos cuantos veteranos que mantienen la estructura, mezclados con los nuevos diseñadores más punteros, que suelen estar poco curtidos por falta de experiencia, pero que irrumpen en la industria con su talento y creatividad. Por consiguiente, Londres resulta apasionante a escala mundial y nadie interesado en la moda urbana quedará decepcionado.

# IDIOMA

El inglés es la mayor contribución del país al mundo moderno. Es un idioma sorprendentemente rico que contiene alrededor de 600 000 palabras no flexivas (en comparación, por ejemplo, con las 60 000 del indonesio o el malayo). En verdad, es una lengua compiladora, y de igual modo que Inglaterra saqueó tesoros para llenar sus museos, la lengua inglesa se sumergió en el vocabulario mundial y tiene varias palabras para un mismo significado. El Dr. Johnson, recopilador del primer diccionario en inglés, trató de proteger el idioma de los extranjerismos (es posible que para disminuir su volumen de trabajo), pero no lo consiguió. Cuanto más lejos va el inglés, más términos suma.

Tal como se descubre al consultar cualquier diccionario, existen tantos términos descriptivos, como nombres y adjetivos, que los anglófonos no saben cuál elegir. Hace unos cincuenta años, los lingüistas presentaron un inglés básico, una versión del idioma en 850 palabras, las únicas que se necesitaban para expresarse. Pero ¿dónde queda la diversión? El mismo Shakespeare contribuyó con más de dos mil vocablos y cientos de frases hechas como "arma de doble filo" *(poisoned chalice)*, "de un solo golpe" *(one fell swoop)*, "poco me cuesta" *(cold comfort)* y "quien bien te quiere te hará llorar" *(cruel to be kind)*.

Quienes tengan el inglés como lengua materna deberían estar agradecidos, pues cuesta aprenderlo; además, quizás es el idioma más ilógico y excéntrico en escritura y pronuncia-

ción. Los intentos para racionalizar su ortografía se han topado con la oposición de quienes se autoproclaman los guardianes de su pureza, que también cargan contra la decisión de los americanos de eliminar la "u" de palabras como *colour* y *glamour*.

En cuanto a los acentos, el inglés estándar o de Received Pronunciation (RP) se centra en Londres; tradicionalmente, es el que hablaban las clases altas y quienes habían sido educados en colegios privados. No quiere decir por eso que sea fácil de entender, es más, a veces resulta casi imposible (*"oh, eye nare"* al parecer significa *"yes, I know"*). Los que hablan de forma elegante se desesperan ante la percepción de que el idioma lo han destrozado los londinenses de a pie. Estos últimos hablan el "inglés del estuario", llamado así porque es una especie de *cockney* que se expandió por el estuario en el Londres de la posguerra. Así, hay una división lingüística en la ciudad.

La BBC se erige como árbitro en esta materia. Si se compara el tono artificial –y divertidísimo– de los viejos noticiarios de la Segunda Guerra Mundial con el de los boletines actuales, resulta evidente que el inglés estándar ha pasado de elegante a un registro medio más neutral. Incluso la reina, según unos investigadores australianos, ha incluido elementos de la pronunciación del estuario, manchando su cortado RP.

Algunos dicen que el inglés del estuario –que actualmente se oye a más de 100 km a la redonda de la capital– se está convirtiendo en el estándar. Según Stephen Burgen, autor del *British Phrasebook* de Lonely Planet, las características principales son: una inflexión creciente; el uso constante de *"innit"*; la "t" gutural, que hace que la doble "t" de *butter* sea casi silenciosa y que *alright* suene como *"orwhy"*; y, en general, se mastican poco las palabras, se articula poco la lengua, las consonantes desaparecen y se alargan las vocales. La falta de ritmo en el discurso, debido a la languidez de las consonantes, se complementa con la abundante inserción de palabras como *fuck* o *fucking*, cuyas consonantes se alargan más de la cuenta. Hay tanta gente en Londres que utiliza la palabra *fuck* ("joder"), que no sabe decir nada sin ella.

Pero como pasa con todo en Londres, el idioma evoluciona constantemente y absorbe nuevas influencias, crea un nuevo argot y altera el significado de las palabras. Las comunidades étnicas de la ciudad están empezando a influir en el idioma. Hoy, muchos jóvenes londinenses imitan las expresiones caribeñas y el argot que se habla en el mundo del *hip hop* afroamericano.

Dado que Inglaterra ha integrado oleadas de inmigrantes, el insaciable inglés sigue adoptando nuevas expresiones. Mientras tanto, como la diferencia de clases sigue existiendo, se prolongará la batalla lingüística en Londres.

TRASFONDO IDIOMA

# lo mejor

La extensión de Londres, perfectamente apreciable sobre un plano, sobrecoge. Es normal: la aglomeración de pueblos y ciudades que conforma el tapiz que hoy es la capital inglesa aún confunde a sus residentes más avezados, quienes de vez en cuando se encuentran zonas nuevas de las que jamás habían oído hablar.

También resulta difícil dividirla por barrios, con sus distintas municipalidades, ancestrales parroquias y caóticos códigos postales.

'Se tarda años en conocer Londres, y ni los londinenses se ponen de acuerdo en cómo llamar a ciertas zonas'

El centro reúne el comercial West End, con sus medulares Soho y Covent Garden, rodeados a su vez por el académico Bloomsbury, el bohemio Fitzrovia, el elegante Marylebone, el opulento Mayfair, el regio St James's y el baluarte político de Westminster. Es donde están las mejores tiendas, restaurantes y locales de ocio de Londres y, también, donde transita la mayoría de visitantes.

El South Bank, enfrente del West End y la City, al otro lado del Támesis, ofrece teatro, arte, películas y música, además de albergar dos de las estampas más emblemáticas de la ciudad: la Tate Modern y el London Eye, además del South Bank Centre. Los barrios adinerados que se extienden desde Hyde Park a Chelsea incluyen el exclusivo Belgravia, la meca de las compras de Knightsbridge, el elegante Kensington y el alargado Chelsea, recorrido por la famosa King's Rd. Toda visita a Londres debería incluir los museos de South Ken (sur de Kensington), los grandes almacenes Harrods y Harvey Nichols (en Knightsbridge) y un paseo por Hyde Park.

Al este del West End se expanden la City (sede financiera londinense) y los barrios de Clerkenwell, Shoreditch y Spitalfields, antaño deprimidos pero hoy entre los más palpitantes de Londres. Aquí se hallan Hoxton Sq, paradigma de la modernez ociosa, el mercado de Spitalfields y Brick Lane, antiguo núcleo del *curry* de Banglatown y hoy uno de los ejes de la moda.

Más al este quedan el East End y Docklands. El primero es el Londres "auténtico", una zona multiétnica pero curiosamente tradicional, hogar del famoso *cockney*. En la actualidad se halla inmerso en una importante transformación debido a los Juegos Olímpicos del 2012, que se concentrarán alrededor del valle del río Lea, en las inmediaciones de Stratford, en el extremo del barrio. Docklands es otro ejemplo de renovación urbana, aunque enfocada al sector financiero y gubernamental, en severa competencia con la City por convertirse en sede de los grandes negocios y los rascacielos más altos. Si el futuro pertenece al este, no solo se debe a las Olimpiadas, sino también a la Thames Gateway, una mastodóntica urbanización en el estuario del Támesis.

North London acoge un surtido de aldeas en colinas entrañables, que de por sí ya son todo un mundo, como las aristocráticas Hampstead y Highgate; Primrose Hill, donde habitan las celebridades del espectáculo; la moderna Islington; la *hippy* Stoke Newington; y la lujosa Crouch End. Entremedias se suceden Finchley Rd, Camden Town, Holloway y Finsbury Park.

West London, señorial y opulento, posee los puntos de interés más tradicionales de Londres, entre ellos los palacios de Buckingham y Kensington y el Parlamento. Su área más moderna es Notting Hill y Portobello Rd, con su fantástico mercadillo callejero, sus maravillosas tiendas y muchos de los mejores bares y *pubs* de la metrópoli.

Al sur del río, Greenwich encandila con su enorme abolengo marítimo y, por supuesto, con su historia del tiempo. En Southeast London, los barrios vecinos de Deptford, New Cross y Woolwich demuestran que Shoreditch ya tiene competencia.

Vasto y residencial, South London es muy diverso, desde los arbolados Blackheath, Clapham, Putney y Richmond a los distritos más atrevidos y turbios de Brixton, Kennington y el enclave gay de Vauxhall. Southwest London incluye los pueblos de Putney, Barnes, Richmond, Wimbledon y Kew, con su precioso jardín botánico, famoso torneo de tenis y el palacio de Enrique VIII de Hampton Court.

Se tardan años en conocer Londres, y ni los londinenses se ponen de acuerdo en cómo llamar a ciertas zonas, por lo que conviene tomarse las cosas con calma y un buen plano. Gran parte del encanto de la urbe reside en salirse de los circuitos más trillados y explorarla por cuenta propia.

# ORGANIZADOR DE ITINERARIOS

Se recomienda aproximarse a Londres por partes pequeñas y fácilmente digeribles, pues su enorme tamaño y gran variedad de puntos de interés y actividades (por no mencionar la gastronomía, el ocio y las compras) podría desembocar, como mínimo, en un agotamiento severo. En este organizador de itinerarios, West London incluye desde Hyde Park a Chelsea y los barrios del oeste de la ciudad; y South London abarca Greenwich y Southwest London, además de los barrios del sur y suroeste de Londres.

| ACTIVIDADES | Lugares de interés | Dónde comer | Dónde beber |
|---|---|---|---|
| **El West End** | National Gallery (p. 75) National Portrait Gallery (p. 76) Sir John Soane's Museum (p. 79) | Gay Hussar (p. 228) Busaba Eathai (p. 233) Portrait (p. 231) | Gordon's Wine Bar (p. 270) French House (p. 269) Seven Stars (p. 270) |
| **La City** | Torre de Londres (p. 112) Catedral de St Paul (p. 102) Temple Church (p. 106) | Paternoster Chop House (p. 237) Place Below (p. 238) Sweeting's (p. 237) | Ye Olde Watling (p. 272) Counting House (p. 272) Black Friar (p. 272) |
| **Clerkenwell, Shoreditch y Spitalfields** | Geffrye Museum (p. 146) Dennis Severs' House (p. 147) Mercado de Spitalfields (p. 148) | St John (p. 244) Moro (p. 244) Modern Pantry (p. 245) | Foundry (p. 276) George & Dragon (p. 276) Jerusalem Tavern (p. 275) |
| **El South Bank** | Tate Modern (p. 123) London Eye (p. 119) Catedral de Southwark (p. 126) | Skylon (p. 238) Anchor & Hope (p. 238) Applebee's Fish Café (p. 239) | George Inn (p. 273) King's Arms (p. 273) Baltic (p. 273) |
| **West London** | Victoria & Albert Museum (p. 133) Kensington Place (p. 257) Leighton House (p. 171) | Awana (p. 241) Daquise (p. 242) Olivo (p. 243) | Windsor Castle (p. 282) Earl of Lonsdale (p. 282) Churchill Arms (p. 281) |
| **North London** | Zoo de Londres (p. 161) Hampstead Heath (p. 164) Cementerio de Highgate (p. 165) | Manna (p. 252) Afghan Kitchen (p. 255) Wells Tavern (p. 253) | Holly Bush (p. 280) Elk in the Woods (p. 280) Edinboro Castle (p. 279) |
| **East London** | V&A Museum of Childhood (p. 151) Museum of London Docklands (p. 156) Ragged School Museum (p. 155) | Café Spice Namaste (p. 248) El Faro (p. 250) Tayyabs (p. 248) | Bistrotheque (p. 277) Prospect of Whitby (p. 278) Grapes (p. 278) |
| **South London** | Royal Observatory (p. 176) Palacio de Hampton Court (p. 200) Imperial War Museum (p. 185) | Inside (p. 259) Rosie's Deli Cafe (p. 260) Lobster Pot (p. 261) | Trafalgar Tavern (p. 283) Barmy Arms (p. 286) So.uk (p. 284) |

# CÓMO UTILIZAR LA TABLA

Esta tabla está pensada para planificar y sacar el máximo provecho a cada día de estancia en la ciudad. Basta con elegir una zona y seleccionar entre los puntos de interés recomendados. La primera entrada de cada celda representa un lugar destacado de la zona, mientras que el resto de propuestas corresponden a joyas menos conocidas.

| De compras | Ocio | Vida nocturna |
|---|---|---|
| Selfridges (p. 210)<br>Liberty (p. 210)<br>Habitat (p. 214) | Royal Opera House (p. 307)<br>Curzon Soho (p. 305)<br>Donmar Warehouse (p. 310) | Black Gardenia (p. 290)<br>Madame Jo Jo's (p. 292)<br>Bar Rumba (p. 289) |
| Mercado de Leadenhall (p. 110) | Barbican (p. 302)<br>Rhythm Factory (p. 298) | |
| Hoxton Boutique (p. 220)<br>Tatty Devine (p. 221)<br>Labour & Wait (p. 221) | Sadler's Wells (p. 304)<br>93 Feet East (p. 288)<br>Macbeth (p. 276) | Fabric (p. 291)<br>333 (p. 289)<br>Herbal (p. 291) |
| Konditor & Cook (p. 216)<br>Black + Blum (p. 216) | BFI Southbank (p. 305)<br>National Theatre (p. 307)<br>Royal Festival Hall (p. 304) | Ministry of Sound (p. 292) |
| Harvey Nichols (p. 217)<br>Mercadillo de Portobello (p. 218)<br>Fortnum & Mason (p. 209) | Royal Albert Hall (p. 302)<br>Electric Cinema (p. 306)<br>Coronet (p. 305) | Notting Hill Arts Club (p. 292) |
| Mercadillo de Camden (p. 218)<br>Housmans (p. 222)<br>Camden Passage (p. 219) | Estanques de Hampstead Heath (p. 315)<br>Everyman Hampstead (p. 306)<br>Almeida Theatre (p. 309) | Scala (p. 293)<br>Egg (p. 290)<br>Koko (p. 291) |
| Mercado de Broadway (p. 221)<br>Fabrications (p. 221)<br>Burberry Factory Shop (p. 221) | Arcola Theatre (p. 309)<br>Whitechapel Art Gallery (p. 150)<br>Café Oto (p. 297) | Bethnal Green Working Men's Club (p. 289)<br>Passing Clouds (p. 292)<br>Dalston Superstore (p. 280) |
| Mercado de Brixton (p. 218)<br>Joy (p. 223) | Ritzy Picturehouse (p. 306)<br>Battersea Arts Centre (p. 310) | Matter (p. 292)<br>02 Academy Brixton (p. 298)<br>Dogstar (p. 290) |

# ÁREA METROPOLITANA

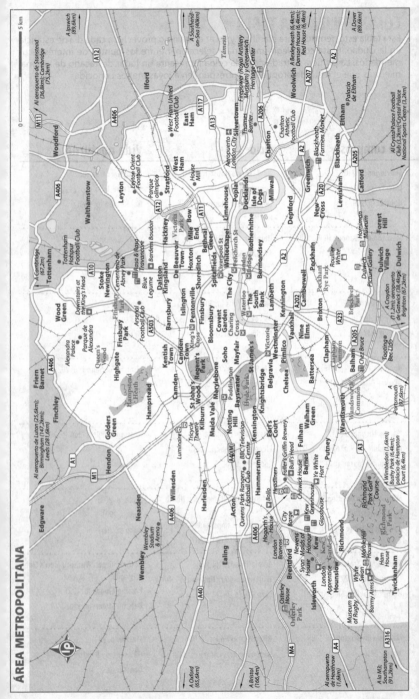

0 — 5 km

*Dónde comer* (p. 228); *Dónde beber* (p. 268); *De compras* (p. 206); *Dónde dormir* (p. 332)

A la gente siempre le ha chiflado Londres. A Samuel Johnson le entusiasmaba su "maravillosa inmensidad", y Henry James defendía que la ciudad ofrecía "cualquier forma de vida posible". Gran parte de la complejidad, el caos y la vitalidad que encontraban tan cautivadores se concentra en el West End, el corazón físico, cultural y social de la capital británica, y donde el viajero se embobará, acelerará o paseará gran parte del tiempo, independientemente de si se es primerizo, asiduo o ya residente. El West End es un término impreciso (cada londinense tiene su propia opinión sobre qué barrios incluye y cuáles no) y sus zonas son muy dispares. Tal vez los lugareños se quejen del gentío, pero la mayoría de londinenses lo encuentra irresistible. Monumental y majestuoso, este distrito está atestado de lugares de interés e imbuido de un palpitante sentido urbano.

El centro lo ocupa el Soho (abajo), célebre por su historia y apreciado por su desenfrenada vida nocturna y sus excelentes restaurantes y bares. La cercana y frondosa zona de Bloomsbury esconde el British Museum (p. 81) y responde a la coquetería del Soho con su reputación intelectual y campus universitarios, no en vano es donde Virginia Woolf y su pandilla vivieron y amaron. Consumistas y turistas acuden en tropel a Covent Garden (p. 71) por sus artistas callejeros, *boutiques* y concurridos teatros. El aromático Chinatown (p. 67) rezuma autenticidad, aunque hay que seleccionar sus restaurantes con cuidado;

## lo mejor

### EL WEST END

- British Museum (p. 81)
- National Gallery y National Portrait Gallery (p. 75 y p. 76)
- Somerset House (p. 78)
- Soho (izquierda)
- Wallace Collection (p. 99)

por su parte, el meollo de cines y viajeros de Leicester Sq (p. 77) se halla repleto de visitantes, juerguistas ebrios y vendedores de entradas con descuentos. En Holborn y The Strand (p. 78) es donde se tratan todos los asuntos legales de Londres y donde la ciudad entra en contacto con el río Támesis.

Piccadilly Circus (p. 69) deslumbra con sus anuncios luminosos y, aunque esté colapsada por el tráfico, los compradores y los turistas, la mayoría de los londinenses no pueden evitar quererla. La magnífica Trafalgar Sq (p. 74) es el marco para las celebraciones, manifestaciones y las mejores galerías de arte de la ciudad, mientras en Westminster (p. 93), el corazón político del país, se toman muchas decisiones importantes antes del desayuno, quizás influenciadas por el sosiego que emana de la abadía de Westminster. El apacible St James's Park (p. 89) conduce al palacio de Buckingham (p. 88), que no necesita presentaciones. Si apetece ver una zona del West End en la que ni los automóviles ni la gente se atropellen, puede darse un paseo por los aristocráticos barrios de Mayfair (p. 91) y St James's (p. 88), o acercarse a Marylebone (p. 98), una auténtica "aldea" de Londres con una curiosa High Street atiborrada de tiendas independientes y restaurantes pequeños (pero elegantes).

El West End y, por extensión, todo Londres, se descubren mejor a pie. No obstante, si a veces resultara demasiado, lo mejor es tomar algún que otro autobús. Aunque el metro lleva a casi todas partes, a veces es más rápido andar entre dos áreas cercanas (p. ej., entre Covent Garden y Leicester Sq o Piccadilly). Para usar el transporte público se recomienda comprar la tarjeta Oyster (véase p. 378).

## EL SOHO Y CHINATOWN

Aunque el Soho no tenga ni un solo monumento propiamente dicho, sigue siendo uno de los lugares más populares de Londres gracias a su contagiosa energía. La palabra *soho* proviene de un grito de caza de la época Tudor, pues el barrio era un aristocrático coto de caza durante el reinado de Enrique VIII. Dicho estatus se deterioró considerablemente cuando las víctimas del Gran Incendio que se quedaron sin casa se instalaron allí, y a ellas les siguieron consecutivas oleadas de inmigrantes que acabaron dando al barrio esa imagen de niño malo y anárquico que todavía conserva (aunque menos). Es el corazón tradicional del colectivo gay capitalino, alberga un vecindario de 5000 personas, numerosos medios de comunicación, un barrio chino, tiendas, restaurantes, teatros, garitos, locales nocturnos y, por supuesto, turistas, a quienes no les cuesta nada sumarse al jolgorio general.

El Soho está cercado por cuatro plazas: Oxford, Piccadilly, Cambridge y St Giles's; Wardour St lo parte limpiamente en dos mi-tades; al este queda el Soho alto y, al otro lado, el bajo o West Soho. La calle principal es Old Compton St, el corazón gay de la ciudad. El único mercado de vegetales del West End está en la evocadora Berwick St. El epicentro de la moda de la década de 1960, Carnaby St y Newburgh St, se ha recuperado de una década de tiendas para turistas y ya vuelve a acoger algunos de los comercios más modernos del barrio.

**PERSPECTIVA DEL WEST END**

0 — 1 km

# SEXO, DROGAS Y 'ROCK'N'ROLL': HISTORIA DEL SOHO

La personalidad del Soho se ha forjando a golpe de sucesivas oleadas de inmigrantes. En el s. XVII, después de fatídico Gran Incendio, se empezaron a construir viviendas. La llegada de refugiados griegos y hugonotes y, en el s. XVIII, de italianos, chinos y otros artesanos al barrio obligó a sus residentes burgueses a mudarse a Mayfair. Durante el siglo siguiente, el Soho no era más que un barrio pobre afectado con frecuentes brotes de cólera. Pero aun así, su ambiente cosmopolita atrajo a escritores y artistas, convirtiéndose en un superpoblado centro de ocio donde proliferaron restaurantes, tabernas y cafés.

En el s. XX aún se animaron más las cosas, cuando un nuevo y refrescante desembarco de europeos convirtió el distrito en un enclave bohemio durante las dos décadas que siguieron a la Segunda Guerra Mundial. Con el famoso local de Ronnie Scott, inicialmente en Gerrard St, llegó el *jazz* al Soho a partir en los años cincuenta y, poco después, nombres como Jimi Hendrix, los Rolling Stones y Pink Floyd daban sus primeros conciertos en el legendario Marquee, entonces en Wardour St. El Soho siempre ha sido conocido por su sordidez, pero cuando los centenares de prostitutas de la Square Mile fueron obligadas a desalojar las calles para ejercer en escaparates, el barrio se convirtió en el "barrio rojo" de la ciudad y en un centro de pornografía, garitos de *striptease* y locales nocturnos conflictivos. En la década de 1980, el Soho pasó a ser el centro del ambiente gay londinense, y hasta hoy. Sorprendentemente, el vecindario nunca ha perdido su esencia comunal, más perceptible las mañanas de los fines de semana, cuando hasta parece un pueblo.

## SOHO SQUARE Y ALREDEDORES
Plano p. 68

En el extremo septentrional del Soho, la arbolada Soho Sq es el jardín trasero de la zona. Allí es donde la gente se relaja al sol en primavera y verano, y también donde los oficinistas almuerzan. Cuando se trazó, en 1681, se la llamó King's Sq, de ahí que la estatua de Carlos II siga en su mitad norte. En el centro hay una diminuta casa (la caseta del jardinero), de imitación Tudor, cuyo ascensor era un pasillo que conducía a los refugios antiaéreos durante la Segunda Guerra Mundial. Además, Soho Sq (junto al resto del barrio) es la sede de los medios de comunicación de la ciudad: la 20th Century Fox y la British Board of Film Classification tienen allí sus oficinas.

Al sur de Soho Sq, si se baja por Dean Street, en el nº 28 se halla el piso que habitó Karl Marx y su familia entre 1851 y 1856. Marx, su esposa Jenny y sus cuatro hijos (tres murieron) vivieron en la extrema pobreza, sin aseo ni agua corriente. Aunque el padre del comunismo se pasara gran parte del tiempo en el British Museum investigando para su *Das Kapital,* sus mayores ingresos provenían de los artículos que escribía para los periódicos y de la ayuda financiera que le facilitaba su amigo y colega Friedrich Engels. Al final salieron de la miseria gracias a la sustanciosa herencia de la familia de la señora Marx, lo que les permitió hacer los bártulos y trasladarse a los alrededores más saludables de Primrose Hill. Actualmente Dean Street es una calle animada, abarrotada de tiendas, bares y otras trampas consumistas que indudablemente provocarían una indigestión a Marx.

El seductor y rompecorazones Casanova y el escritor adicto al opio Thomas de Quincey vivieron en Greek Street, mientras la paralela Frith Street (nº 20) acogió a Mozart durante un año entre 1764 y 1765.

## CHINATOWN Plano p. 68

Al norte de Leicester Sq, pero a años luz en cuanto a ambiente, están Lisle St y Gerrard St, el epicentro de la comunidad china de la ciudad. Si bien no es tan grande como otros barrios chinos del mundo –en realidad son solo dos calles– si que es muy animado; cuenta con dos puertas de estilo oriental falsas, los nombres de las calles en mandarín, farolillos rojos, muchísimos restaurantes y buenos supermercados asiáticos. El primer Chinatown de Londres estaba más al este, cerca del Limehouse, pero se trasladó aquí después de los devastadores bombardeos de la Segunda Guerra Mundial. Para verlo en pleno apogeo, la mejor época es durante el Año Nuevo chino (fin ene-principios feb; véase p. 16). Conviene aclarar que la calidad de la comida china del barrio varía enormemente, e incluye desde muchos establecimientos mediocres orientados al turismo hasta varios restaurantes nuevos excelentes; para más información, véase *Dónde comer* (p. 228).

## PHOTOGRAPHERS' GALLERY Plano p. 68

☎ 0845 262 1618; www.photonet.org.uk; 16-18 Ramillies St W1; gratis; ⏰ 11.00-18.00 ma, mi y sa, 11.00-20.00 ju y vi, 12.00-18.00 do; ⊖ Oxford Circus; ♿

Ubicada en Leicester Sq hasta diciembre del 2008, esta fantástica institución ha ganado mucho con su traslado. Diseñada por

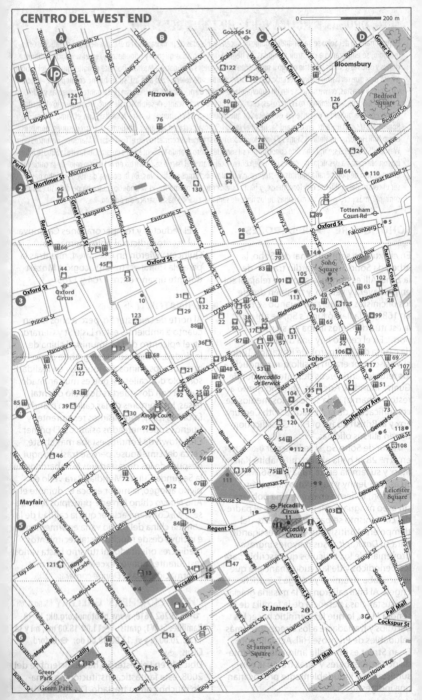

# CENTRO DEL WEST END

O'Donnell + Tuomey Architects, la galería cuenta ahora con dos plantas para exposiciones (siempre excelentes e instructivas), un precioso café y una librería bien surtida, además de una tienda en la planta superior donde venden grabados originales. La prestigiosa Deutsche Börse Photography Competition (9 feb-8 abr) es de importancia capital para los fotógrafos contemporáneos, y entre sus ganadores figuran Richard Billingham, Luc Delahaye, Andreas Gursky, Boris Mikhailov y Juergen Teller.

## PICCADILLY CIRCUS Plano p. 68

⊖ Piccadilly Circus

Junto al Big Ben y a Trafalgar Sq, constituye la típica postal londinense. Pese a la agobiante marea humana y al vertiginoso

# CENTRO DEL WEST END

tráfico al mediodía, la palpitante plaza de Piccadilly Circus siempre convierte la visita a Londres en algo emocionante. El lugar mejora por la noche, cuando los paneles luminosos publicitarios resaltan en la oscuridad del cielo.

Diseñado por John Nash en la década de 1820, este eje urbano tomó el nombre de la calle Piccadilly, que a su vez proviene de los *picadils* ("cuellos duros") que los sastres pusieron tan de moda en el s. XVII. En el centro de la plaza destaca la famosa estatua de plomo del *Ángel de la caridad cristiana*, dedicada a lord Shaftesbury, filántropo y abolicionista del trabajo infantil. Cuando se inauguró en 1893, las burlas fueron tales que el escultor anticipó su jubilación. Al principio, la escultura se forjó en oro, pero más tarde se sustituyó por plomo. Con el paso de los años, el ángel ha ido confundiéndose con Eros, el dios del amor, y el sobrenombre ha acabado por imponerse (ya en el metro hay señales que indican la dirección de "Eros"). Es un práctico punto de encuentro para los turistas, pero quienes odien las aglomeraciones pueden optar por la estatua de los encabritados caballos de Helios, en la esquina de Piccadilly con Haymarket St.

Originariamente, John Nash diseñó Regent St y Piccadilly St para ser dos de las calles más elegantes de la ciudad (véase derecha), pero los responsables de urbanismo se opusieron y Nash nunca pudo ver realizado su sueño. Ha llovido mucho desde entonces y ahora Piccadilly Circus está tomada por los turistas, con calles como Coventry St llenas de tiendas de fruslerías a precios desorbitados. Dicha calle desemboca en Leicester Sq, mientras Shaftesbury Ave conduce hasta el epicentro teatral del West End. La propia Piccadilly St acaba en los prados arbolados de Green Park. En Haymarket, conviene fijarse en la New Zealand House (construida en 1959 en el lugar que ocupaba el Carlton Hotel, bombardeado durante la guerra), donde el líder revolucionario vietnamita Ho Chi Minh (1890-1969) trabajó como camarero en 1913. Si se baja hasta el final de Regent St se podrá vislumbrar la gloriosa Westminster.

Al este de la plaza se halla el London Trocadero (plano p. 68; ☎ 0906 888 1100; www.troc.co.uk; 1 Piccadilly Circus W1; gratis; ☺ 10.00-13.00), un enorme y desangelado salón recreativo de seis plantas, atiborradas de modernos y caros entretenimientos para jóvenes, además de cines, restaurantes a la americana y boleras.

## REGENT STREET Plano p. 68

Es la frontera que separa el populacho del Soho de la alta sociedad de Mayfair. John Nash la diseñó para que fuera la vía ceremonial que uniera la residencia urbana del príncipe regente, demolida tiempo atrás, con el espacio natural de Regent's Park, y la concibió como una calle señorial y eje de una nueva cuadrícula ideada para esta parte de la ciudad. Desgraciadamente nunca llegó a serlo, pues con tantos intereses en juego Nash tuvo que simplificar el proyecto. Hay algunas fachadas elegantes que datan de la década de 1920 (cuando se remodeló la calle), pero, como pasa en todo Londres, las franquicias están ganando mucho terreno. Dos establecimientos distinguidos son Hamleys (p. 215), la primera tienda de juegos y juguetes de Londres, y los selectos almacenes Liberty (p. 210).

## ROYAL ACADEMY OF ARTS Plano p. 68

☎ 7300 8000; www.royalacademy.org.uk; Burlington House, Piccadilly W1; entrada variable; ☺ 10.00-18.00, hasta 22.00 vi; ⊖ Green Park; ♿
La primera escuela de arte de Gran Bretaña se fundó en 1768, pero al siglo siguiente se trasladó hasta la ubicación actual. Se trata de un lugar fenomenal para ver arte gratis, gracias a las Fine Rooms de John Madej-ski, donde se exponen dibujos de Constable, Reynolds, Gainsborough, Turner y Hockney. En los últimos tiempos, las galerías de la Academy vuelven a cosechar grades éxitos organizando excelentes exposiciones (p. ej., Bizancio o Kuniyoshi). La famosa Summer Exhibition (principios jun-mediados ago), con casi doscientos cincuenta años de historia, es su cita más importante.

El Annenberg Courtyard es un elegante patio de piedra con la estatua de su fundador, Joshua Reynolds, flanqueada por luces y fuentes sincronizadas. A veces se colocan diversas (y dudosas) obras de arte que reemplazan a la escultura, y otras, que simplemente la acompañan.

## BURLINGTON ARCADE Plano p. 68

51 Piccadilly W1; ⊖ Green Park
En el flanco oeste de la Burlington House, sede de la Royal Academy of Arts, se halla la curiosa Burlington Arcade, construida en 1819 y evocadora de una época ya extinta. Actualmente es una galería comercial para gente adinerada y es más famosa por los Burlington Berties, guardias uniformados

que patrullan el corredor vigilando que nadie cometa actos incívicos tales como correr, mascar chicle o cualquier otro que pudiera mancillar el lugar. Aunque no se menciona, en una época funcionó como burdel.

## ST JAMES'S PICCADILLY Plano p. 68
☎ 7734 4511; 197 Piccadilly W1; ⏱ 8.00-19.00; ⊖ Green Park o Piccadilly Circus

Es la única iglesia que Christopher Wren construyó desde cero en un solar vacío (casi todas las restantes sustituyeron a otras devoradas por el Gran Incendio). En este sencillo pero precioso edificio, el arquitecto reemplazó las, según algunos, florituras pomposas de sus iglesias más famosas por una cálida y elegante funcionalidad. En 1968 se añadió el chapitel, diseñado también por Wren. Es una iglesia con preocupaciones sociales, pues ofrece servicio de asesoramiento psicológico, programa conciertos al mediodía y por la tarde acoge un mercadillo de antigüedades (10.00-18.00 ma) y una feria de arte y artesanía (10.00-18.00 mi-do); también cuenta con el anexo Caffé Nero.

## WHITE CUBE GALLERY Plano p. 68
☎ 7930 5373; www.whitecube.com; 25-26 Mason's Yard SW1; gratis; ⏱ 10.00-18.00 ma-sa; ⊖ Piccadilly Circus

En el 2009, esta céntrica sucursal del original Cubo Blanco de Hoxton (p. 146) acogió la primera exposición de Tracey Emin en cinco años, *Those who suffer Love* (Los que sufren el amor), que, junto con la exposición anunciada a bombo y platillo de Damien Hirst *For the Love of God* (Por el amor de Dios) dos años antes, devolvió algo de publicidad a los Young British Artists (ya no tan jóvenes). Ubicada en el Mason's Yard, la White Cube combina perfectamente dos estilos muy contrastados: un patio tradicional con casas de ladrillo y un *pub* antiguo con una construcción, tipo bloque de hielo, de líneas y ángulos rectos. En el patio se celebran las populares inauguraciones de la galería.

# COVENT GARDEN Y LEICESTER SQUARE

El palpitante corazón del Londres más turístico, Covent Garden, es tan bonito y agradable como pueda serlo cualquier emplazamiento enfocado a los turistas. Situado al este del Soho, en la zona destacan: la plaza, que engulle a miles de visitantes hasta su porticada y elegante panza, atraídos por las tiendas, los tenderetes, cafés y *pubs* con terraza; y los artistas callejeros, que acostumbran a actuar delante de la iglesia de St Paul. Aunque la mayoría de los londinenses la eviten, debería verse, como mínimo, una vez. Si se puede, se recomienda ir pasadas las 23.00, cuando aparece casi totalmente vacía, a excepción de uno o dos artistas rezagados, y así se apreciarán mejor su belleza clásica y el diseño de Inigo Jones. Por si faltara algo, los lunes se monta un excelente y recomendable mercado de antigüedades.

Al norte de la plaza está la Royal Opera House, reconstruida drástica pero impecablemente a finales de la década de 1990 para convertirla en uno de los escenarios de la lírica más espléndidos del mundo. La zona más amplia de Covent Garden es un hervidero de compradores que se regodean en los establecimientos de la calle principal en Long Acre y en las *boutiques* alternativas que se dispersan por las callejuelas laterales. Neal St ya ha dejado de ser la calle con las tiendas más en boga, pero sus bocacalles conservan su estilo legendario. El Neal's Yard es un curioso pero entrañable patio interior con restaurantes vegetarianos muy caros. En Floral St tienen tienda los diseñadores de postín como Paul Smith.

La historia de Covent Garden no tiene nada que ver con su presente: en el s. XIII en este lugar había un convento (de ahí "Covent") con jardín, administrado por la abadía de Westminster, pero en 1552 pasó a manos de John Russell, primer conde de Bedford. Sus descendientes la urbanizaron con la ayuda de Inigo Jones, quien convirtió esta huerta en una plaza en el s. XVII. Construyó la elegante *piazza* al estilo italiano, flanqueada al oeste por la iglesia de St Paul, y sus altas casas adosadas pronto empezaron a atraer a miembros acaudalados que codiciaban residencias más céntricas. El bullicioso mercado de fruta y verdura –inmortalizado en la película *My Fair Lady* en forma de mercado de flores– domina la plaza. La sociedad londinense, incluidos escritores como Pepys, Fielding y Boswell, se reunían por la noche en busca de un poco de emoción en sus cafés, teatros, tugurios de juego y burdeles. Los desórdenes empezaron a estar a la orden del día y hubo de crearse un cuerpo policial de voluntarios conocido como los Bow Street Runners (véase "Londres georgiano", p. 26). En 1897, Oscar Wilde fue acusado de indecencia severa en los ya cerrados juzgados de primera instancia de Bow St. Más tarde se añadió un mercado de flores proyectado por Charles Fowler en la esquina que ahora ocupa el London's Transport Museum.

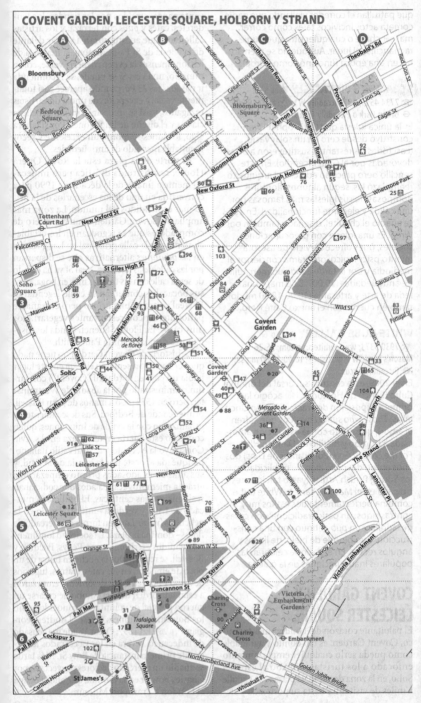

# COVENT GARDEN, LEICESTER SQUARE, HOLBORN Y STRAND

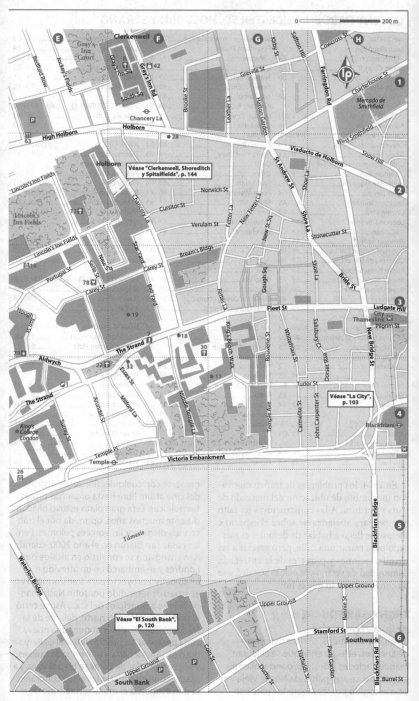

Clerkenwell

Gray's Inn Court

Jockey's Fields

Bedford Row

42

Gray's Inn Sq

South Sq

Chancery La

Concross St

Charterhouse St

Greville St

Saffron Hill

Kirby St

Farringdon Rd

Mercado de Smithfield

West Smithfield

Snow Hill

High Holborn

Holborn

28

Holborn

Véase "Clerkenwell, Shoreditch y Spitalfields", p. 144

Viaducto de Holborn

St Andrew St

Shoe La

Lincoln's Inn Fields

Chancery La

73

Norwich St

Cursitor St

Verulam St

Fetter La

New Fetter La

New St Sq

Shoe La

Stonecutter St

Lincoln's Inn Fields

Lincoln's Inn Fields

10

Portugal St

78

Star Yard

New Sq

Bream's Bldgs

Carey St

Carey St

Bell Yard

Fetter La

Gough Sq

Shoe La

Bride St

19

18

Ludgate Hill

City Thameslink

Pilgrim St

Fleet St

Hough

79

The Strand

3

30

Aldwych

22

32

The Strand

Essex St

Arundel St

Milford La

Middle Temple La

11

King's Bench Walk

Bouverie St

Whitefriars St

Salisbury Ct

Dorset Rise

New Bridge St

Blackfriars

Tudor St

Carmelite St

John Carpenter St

Véase "La City", p. 103

King's College London

Surrey St

Temple Pl

Temple

26

Victoria Embankment

Temple Ave

Blackfriars

Támesis

Blackfriars Bridge

Véase "El South Bank", p. 120

Upper Ground

Upper Ground

Rennie St

Waterloo Bridge

Upper Ground

Stamford St

Southwark

South Bank

Upper Ground

Colin St

Duchy St

Hatfield St

Paris Garden

Blackfriars Rd

Burrel St

0 —— 200 m

73

# COVENT GARDEN, LEICESTER SQ, HOLBORN Y STRAND

En 1974, los problemas de tráfico motivaron un cambio de ubicación del mercado de fruta y verdura. A las constructoras les faltó tiempo para abalanzarse sobre el espacio e incluso se llegó a hablar de demoler el mercado para trazar una calle, pero gracias a las manifestaciones y piquetes de la entregada comunidad de vecinos, la *piazza* se salvó y se ha convertido en lo que es hoy.

## TRAFALGAR SQUARE Plano pp. 72-73
**Charing Cross**

En muchos sentidos, se trata del centro de Londres, el lugar en el que se celebran manifestaciones y desfiles, donde miles de juerguistas se agolpan cada Noche Vieja y el sitio escogido por los lugareños para congregarse con cualquier fin, desde disfrutar del cine al aire libre hasta organizar protestas políticas. Esta gran plaza estuvo olvidada durante muchos años, oprimida por el tráfico y asediada por las voraces palomas. Pero las cosas cambiaron en el año 2000, cuando Ken Livingston se convirtió en alcalde de Londres y se embarcó en un atrevido e imaginativo proyecto para transformarla en el espacio pretendido por John Nash cuando la ideó a principios del s. XIX. Así, se cerró el tráfico por el flanco norte, delante de la National Gallery, y se inauguró una nueva zona peatonal. La propia National Gallery se dotó de una fachada y una entrada nuevas, y se prohibió dar de comer a las palomas. La plaza acoge innumerables actos culturales, lo que evidencia el multiculturalismo de la ciudad, incluidas las celebraciones de los judíos rusos y la del Año Nuevo chino, además de conciertos de música africana, películas al aire libre, etc. Más recientemente, Trafalgar Sq también se ha convertido en un importante enclave de protesta ciudadana, con manifestaciones contra los conflictos en Gaza, Sri Lanka, etc. La página web www.london.gov.uk/trafalgarsquare informa sobre los acontecimientos de la plaza.

El nuevo carácter peatonal de la plaza ha permitido apreciar mejor no solo su espacio, sino también los espléndidos edificios que la flanquean: la National Gallery, la National Portrait Gallery y la recién renovada iglesia de St Martin-in-the-Fields. El solemne Pall Mall discurre hacia el suroeste desde su parte superior. Al suroeste se alza el Admiralty Arch (p. 77), atravesado por The Mall, que conduce al palacio de Buckingham. Al oeste se halla la Canada House (1827), diseñada por Robert Smirke. En el medio se alza desde 1843 la columna de Nelson, de 52 m de altura, que conmemora la victoria de Nelson sobre Napoleón en el español cabo de Trafalgar en 1805.

## NATIONAL GALLERY Plano pp. 72-73

☎ 7747 2885; www.nationalgallery.org.uk; Trafalgar Sq WC2; entrada gratis, exposiciones temporales variable; ⏱ 10.00-18.00 ju-ma, hasta 21.00 mi; ⊖ Charing Cross; ♿

Con más de dos mil pinturas europeas occidentales expuestas, se trata de una de las mayores pinacotecas del mundo. Pero es la calidad y no la cantidad lo que la distingue. Cada año recibe a casi cinco millones de visitantes, ansiosos de ver algunos de los cuadros más relevantes de la historia del arte, entre ellos obras de Giotto, Leonardo da Vinci, Miguel Ángel, Tiziano, Velázquez, Van Gogh y Renoir, por citar solo a algunos. Pese a la gran concurrencia, sus espaciosas salas casa nunca están tan llenas como para no poder disfrutar de las piezas, y a veces resultan incluso tranquilas. Dicho esto, hay menos gente por la mañana entre semana y los miércoles por la tarde (a partir de las 18.00). Si se dispone de varios días, se aconseja dosificar las visitas por secciones.

Las dimensiones y la distribución pueden confundir un poco; conviene, pues, hacerse con un plano (gratis) en la entrada. Si se desea seguir un orden cronológico, se puede empezar por el Sainsbury Wing (ala Sainsbury) en el lado este de la galería, que atesora pinturas de entre los años 1260 y 1510. En estas 16 salas es posible repasar el Renacimiento a través de pintores como Giotto, Leonardo da Vinci, Botticelli, Rafael y Tiziano, entre otros. Aquí también es donde se encuentra la galería Micro, una docena de ordenadores en los que se puede consultar la base de datos de la pinacoteca, ubicar los cuadros favoritos o trazar un circuito a medida.

El Cinquecento (s. xv) ocupa el West Wing (ala oeste), cuyas estrellas son Miguel Ángel, Tiziano, Correggio, El Greco y Bronzino, mientras que Rubens, Rembrandt y Caravaggio se hallan en el North Wing (ala norte;1600-1700). Tal vez la sección más concurrida es el East Wing (ala este, 1700-1900) y especialmente las numerosas obras de los impresionistas y postimpresionistas, entre ellos Van Gogh, Gauguin, Cézanne, Monet, Degas y Renoir. Aunque sea difícil

## EL CUARTO PEDESTAL

Tres de los cuatro plintos ubicados en las esquinas de Trafalgar Sq están ocupados por personajes insignes: el rey Jorge IV montado a caballo, el general sir Charles Napier y el general mayor sir Henry Havelock. Pero el cuarto, inicialmente previsto para Guillermo IV, ha permanecido vacante los últimos ciento cincuenta años. En 1999, la Royal Society of Arts concibió el Fourth Plinth Project (www.london.gov.uk/fourthplinth) para que el cuarto pedestal sirviera para mostrar obras de artistas contemporáneos. Así, el primero en ocuparlo fue el sorprendente *Ecce Homo* de Mark Wallinger (1999), una estatua de tamaño natural de Jesucristo, aunque minimizada por las dimensiones del pedestal, que hacía alusión a las ansias humanas de grandeza; le siguió *Regardless of History* (2000), de Bill Woodrow, y *Monument* (2001), de Rachel Whiteread, una reproducción en resina del pedestal boca abajo.

La oficina del alcalde se hizo cargo del Fourth Plinth Project desde entonces, y entre los proyectos presentados se cuentan *Alison Lapper Pregnant* (2005), de Marc Quinn, una estatua de Lapper, artista afectada por la talidomida, que fue sustituido por *Model for a Hotel 2007* (2007), de Tomas Schütte. Pero, probablemente, el más interesante hasta el momento ha sido *One & Other* (Uno y Otro; 2009), de Anthony Gormley, que no proponía objetos inanimados sino, sencillamente, un espacio para que lo ocuparan los transeúntes: cada persona tenía una hora en el plinto para hacer lo que le diera la gana, siempre que no fuera ilegal, y con derecho a cargar con cualquier cosa que hubiera podido transportar por su cuenta. La instalación permaneció en funcionamiento 100 días y sus respectivas noches.

- ...ntecostés, de Giotto
- *Virgen con el Niño, Santa Ana y San Juan Bautista,* de Leonardo da Vinci
- *El matrimonio Arnolfini,* de Van Eyck
- *Venus y Marte,* de Botticelli
- *Virgen con Niño y santos (retablo Ansidei),* de Rafael
- *La madona de los claveles,* de Rafael
- *El sombrero de paja,* de Rubens
- *Carlos I a caballo,* de Van Dyck
- *Baco y Ariadna,* de Tiziano
- *Descenso en el sepulcro,* de Miguel Ángel
- *La Venus del espejo,* de Velázquez
- *La cena de Emaús,* de Caravaggio
- *Grandes bañistas,* de Cézanne
- *Los girasoles,* de Van Gogh
- *El estanque de los nenúfares,* de Monet
- *Miss La La en el Circo Fernando,* de Degas
- *El carro de heno,* de Constable
- *La Temeraire camino del desguace,* de Turner

superar tan excelsa compañía, también merece una visita la impresionante muestra de los paisajistas británicos del s. xviii como Gainsborough, Constable y Turner.

La colección termina en 1900. Así, si se desea continuar con el arte del s. xx habrá que ir a la Tate Modern (p. 123) o, para más arte británico, a la Tate Britain (p. 96).

Las exposiciones temporales, por las que normalmente hay que pagar y, a menudo, reservar con antelación, se montan en el sótano del ala Sainsbury y suelen ser memorables.

El listado de maravillas en el recuadro (arriba) recoge muchas de las obras más relevantes, pero quienes quieran profundizar en este océano de riquezas, pueden hacerse con una audioguía temática (donativo recomendado 3,50 £) en el vestíbulo central. Las visitas guiadas introductorias de una hora parten del mostrador de información del ala Sainsbury a diario a las 11.30 y 14.30, y los miércoles además a las 18.30. También se ofrecen recorridos especiales y programas de actividades para niños.

El nuevo National Dining Rooms ( ☎ 7747 2525; www.thenationaldiningrooms.co.uk; ☙ 10.00-17.00 do-ma, hasta 20.30 mi), en el ala Sainsbury, es un restaurante recientemente añadido a la galería. Dirigido por Oliver Peyton (el hombre que está a cargo del Inn the Park

en St James's Park; véase p. 234), es un espacio excelente y bien iluminado, que sirve comida inglesa de calidad en el restaurante y horneados y pasteles en la panadería.

## NATIONAL PORTRAIT GALLERY
Plano pp. 72-73

☎ 7306 0055; www.npg.org.uk; St Martin's Pl WC2; entrada gratis, exposiciones temporales variable; ☙ 10.00-18.00, hasta 21.00 ju y vi; ⊖ Charing Cross o Leicester Sq; ♿

Excelente galería que pone cara a los protagonistas de los últimos cinco siglos de la historia británica, dotada con unos fondos de unas diez mil obras, que suelen rotar con regularidad y entre las cuales se encuentra la primera adquisición del museo, el famoso retrato *Chandos* de Shakespeare. Pese al reciente descubrimiento de que el retrato *Flower* del bardo de la Royal Shakespeare Company era una falsificación del s. xix, la National Portrait Gallery mantiene que fue pintado en vida del dramaturgo.

Para seguir un orden cronológico hay que subir hasta el último piso por la escalera mecánica y después ir bajando. El 1er piso está dedicado a la familia real, e incluye uno de los dos retratos de la reina que hizo Andy Warhol. Resulta más interesante la planta baja, donde se muestran los retratos de personajes contemporáneos realizados en todo tipo de disciplinas artísticas, escultura y fotografía entre ellas. Allí están el *David* de Sam Taylor-Wood y un videorretrato de David Beckham durmiendo después del entrenamiento. Cada año la galería organiza la exposición *Photographic Portrait Prize,* que presenta el trabajo de algunos de los mejores fotógrafos contemporáneos.

Las audioguías (donativo recomendado 3,50 £) comentan unas doscientas obras y permiten oír las voces de algunos de los protagonistas. El Portrait Café y la librería están en el sótano, y el restaurante Portrait (p. 231), en el último piso, con unas soberbias vistas de Westminster.

## ST MARTIN-IN-THE-FIELDS
Plano pp. 72-73

☎ información general/taquilla 7766 1100, grabados por frotación 7766 1122; www.stmartin-in-the-fields.org; Trafalgar Sq WC2; entrada gratis, actividad de grabado 4,50 £; ☙ 8.00-18.30, centro de grabado 10.00-19.00 lu-mi, 10.00-21.00 ju-sa, 11.30-18.00 do, conciertos de tarde 19.30; ⊖ Charing Cross

En 1726, James Gibbs (1682-1754) concluyó esta "parroquia real" que combina armoniosamente los estilos clásico y barroco. Terminado a finales del 2007, un proyecto dotó al lugar de un pabellón de entrada y vestíbulo nuevos, además de varias zonas en la parte trasera de la iglesia, incluidos espacios que ofrecen servicios sociales a la comunidad china de Londres y a las numerosas personas sin techo que dependen de la caridad. El cuerpo principal acoge misa y conciertos (en inglés, mandarín y cantonés) y el famoso café de la cripta es sede de más de ciento cincuenta conciertos de *jazz* y música clásica al año a la luz de las velas.

Excavaciones recientes han desenterrado un sarcófago romano de piedra caliza de 1,5 toneladas, que contenía un esqueleto humano, del patio de la iglesia. En el patio también están las tumbas de los artistas del s. XVIII Reynolds y Hogarth.

## COVENT GARDEN PIAZZA Plano pp. 72-73
⊖ Covent Garden

La primera plaza planificada de Londres se ha convertido en un coto exclusivo de turistas, una marea humana acude para comprar bajo sus viejos y curiosos soportales, entretenerse con los artistas callejeros y tomarse un carísimo refresco en las terrazas de sus bares.

En el flanco oeste se encuentra la iglesia de St Paul ( ☎ 7836 5221; www.actorschurch.org; Bedford St WC2; gratis; ⊗ 8.30-17.30 lu-vi, 9.00-13.00 do). El conde de Bedford, al encargar a Inigo Jones el diseño de la plaza, le pidió que hiciera una iglesia lo más sencilla posible, poco más que un granero. El arquitecto atendió la propuesta ideando "el granero más bonito de Inglaterra". Desde hace mucho tiempo se la considera la iglesia de los actores, debido a su relación con el teatro, y alberga recordatorios a figuras como Charlie Chaplin y Vivien Leigh. La primera función de títeres tuvo lugar frente a ella en 1662. Por su parte, bonito patio trasero es ideal para un *picnic*.

## LONDON TRANSPORT MUSEUM
Plano pp. 72-73

☎ 7379 6344; www.ltmuseum.co.uk; Covent Garden Piazza WC2; adultos/jubilados/estudiantes/reducida/menores 16 años 10/8/6/5 £/gratis; ⊗ 10.00-18.00 sa-ju, 11.00-18.00 vi; ⊖ Covent Garden; ♿

Tras una costosa reforma, el museo reabrió a finales del 2007. En la actualidad puede verse su rejuvenecida colección (que abarca desde autobuses de caballos hasta modelos más actuales, además de taxis, trenes y cualquier otro tipo de transporte) y nuevas exposiciones con los sistemas de transportes urbanos de otras ciudades importantes, además de numerosos y excelentes pósteres originales y un teatro para educativas conferencias con 120 asientos. También hay una interesante y original colección de pósteres a la venta (desde 10 £).

## ADMIRALTY ARCH Plano pp. 72-73
⊖ Charing Cross

Desde Trafalgar Sq, The Mall pasa por debajo de este señorial monumento eduardiano, un arco de piedra de tres ojos diseñado por Aston Webb en honor a la reina Victoria en 1910. La gran puerta central solo se abre para desfiles reales y visitas de Estado.

## ROYAL OPERA HOUSE Plano pp. 72-73
☎ 7304 4000; www.roh.org.uk; Bow St WC2; adultos/ reducida/estudiantes 9/8/7 £; ⊗ visitas 10.30, 12.30 y 14.30 lu-vi, 10.30, 11.30, 12.30 y 13.30 sa; ⊖ Covent Garden; ♿

En el lado noreste de Covent Garden Piazza se halla la resplandeciente, ampliada y prácticamente nueva Royal Opera House. Las exclusivas visitas guiadas entre bastidores descubren el escenario y permiten asistir a los entresijos, nervios e histerias previos a la función en una gran ópera. Como se trata de un teatro en activo, se recomienda llamar antes, pues a veces se suspenden los circuitos, si bien la mejor forma de disfrutar del lugar es asistir a una función (véase p. 302).

## LEICESTER SQUARE Plano pp. 72-73
⊖ Leicester Sq

Los inmensos cines y locales nocturnos destacan en esta estéticamente dudosa plaza, necesitada de una urgente remodelación. Los fines de semana es un hervidero de gente y, por la noche, se convierte en el patio de recreo de los borrachos. Hace algunos años, los carteristas llegaron a representar un serio problema, y aunque la mayor presencia policial los haya disuadido conviene ir ojo avizor, sobre todo cuando está llena. Los estrenos más glamurosos de Gran Bretaña y casi todas las proyecciones del London Film Festival se llevan a cabo en este lugar. El destacado cine Odeon presume de tener la pantalla más grande del país, pero también las entradas más caras (¡18 £!).

La plaza ha degenerado bastante desde el s. XIX, cuando estaba tan de moda que artistas como Joshua Reynolds y William Hogarth fijaron su residencia en ella. En la zona ajardinada hay una pequeña estatua de Charlie Chaplin, cuya presencia se debe únicamente a la importancia cinematográfica del lugar.

## ST GILES-IN-THE-FIELDS
Plano pp. 72-73

☎ 7240 2532; 60 St Giles High St; ☿ 9.00-16.00 lu-vi; ✆ Tottenham Court Rd

Construida en unos campos que mediaban entre la City y Westminster, la iglesia de St Giles no ofrece gran cosa, pero tiene una historia interesante. Es más, la zona que rodea St Giles High St quizás era el barrio con peor reputación de todo Londres. El edificio actual es el tercero desde que se construyera en el s. XII la primera capilla para atender la leprosería. Hasta 1547, cuando cerró el hospital, los reos que se dirigían al patíbulo de Tyburn (p. 141) se detenían en la verja y engullían su última gran jarra de cerveza, la llamada St Giles's Bowl. Desde 1650, los prisioneros se enterraban en los jardines del templo. También fue en este recinto donde empezó la Gran Peste en 1665. En la época victoriana era el barrio más inmundo de Londres, a menudo mencionado por Dickens. Actualmente las turbias calles y los drogadictos que pululan por la zona constatan que las cosas no han cambiado tanto.

En la iglesia hay una interesante reliquia que John Wesley, fundador del metodismo, utilizó durante cuarenta años.

# HOLBORN Y THE STRAND

Estas dos zonas –tratadas conjuntamente para mayor comodidad– forman un cuadrado irregular delimitado por la City al este, Covent Garden al oeste, High Holborn al norte y el Támesis al sur. Sus señas de identidad denotan un esplendor y una preeminencia ya caducos: The Strand, que conecta Westminster con la City, fue una de las calles más importantes de Londres y en ella se alineaban fabulosas mansiones construidas para intelectuales y aristócratas. Gran parte de este bulevar es hoy una calzada desangelada y comercial, y apenas queda nada de su rica historia, exceptuando algunas joyas arquitectónicas, unas cuantas galerías buenas y el verde, apacible y entrañable rincón de los Inns of Court, la cuna del derecho británico. Detrás de The Strand se extienden los Victoria Embankment Gardens, un bonito enclave para disfrutar de un *picnic* o un paseo, con espléndidas vistas del recargado South Bank, al otro lado del Támesis.

Fleet St fue la antigua morada del periodismo británico. Bautizada con el nombre del río Fleet, que en los ss. XVII y XVIII era prácticamente una cloaca del mercado de Smithfield (p. 108), río arriba. El nombre de Holborn proviene de uno de sus afluentes. Ambos se cubrieron a finales del s. XVIII y ahora el Fleet fluye subterráneo. En la época victoriana la zona era un barrio bajo muy conocido, y aunque a principios del s. XX se invirtieran muchos esfuerzos para adecentarlo, tal vez no se perdiera gran cosa cuando los alemanes lo arrasaron casi completamente durante la Segunda Guerra Mundial. Tras la contienda se instalaron los comercios actuales.

## SOMERSET HOUSE Plano pp. 72-73

☎ 7845 4600; www.somerset-house.org.uk; The Strand WC2; gratis; ☿ casa 10.00-18.00, Great Court 7.30-23.00; ✆ Temple o Covent Garden

Al pasar por debajo del arco que conduce a esta espléndida obra maestra de estilo *palladiano*, cuesta creer que el magnífico patio que se abre, con sus 55 fuentes juguetonas, fuera, hasta su espectacular remodelación en el año 2000, un aparcamiento de los recaudadores de impuestos. William Chambers diseñó esta mansión en 1775 para las reales sociedades científicas y actualmente acoge tres fabulosos museos. El patio se convierte en una popular pista de patinaje sobre hielo cada invierno, mientras que en verano acoge conciertos, además de una fuente temporal para que puedan chapotear los más pequeños. Detrás de la casa hay una terraza soleada y un café con vistas al muelle.

Justo al entrar a los jardines de la Somerset House desde The Strand, a mano derecha, está el Courtauld Institute of Art ( ☎ 7848 2526; www.courtauld.ac.uk; adultos/reducida/estudiantes del Reino Unido 5/4 £/gratis, 10.00-14.00 lu gratis; ⏰ 10.00-18.00), una soberbia galería vinculada al Courtauld Institute of Arts, la academia británica más destacada de historia del arte. En el interior de este maravilloso edificio se puede pasear prácticamente a solas por sus salas para ver obras de Rubens, Botticelli, Cranach, Cézanne, Degas, Renoir, Manet, Monet, Matisse, Gauguin, Van Gogh y Toulouse-Lautrec, entre otros. Se ofrecen charlas al mediodía sobre obras específicas o temáticas de la colección a las 13.15 cada lunes y viernes. Para reponer fuerzas, hay un pequeño café y el lujoso restaurante Admiral 2.

## ROYAL COURTS OF JUSTICE
Plano pp. 72-73

☎ 7936 6000; 460 The Strand; gratis; ⏰ 9.00-16.30 lu-vi; ⊖ Temple

Allí donde The Strand converge con Fleet St se verá la entrada a esta gigantesca mezcolanza de chapiteles góticos, pináculos y piedra pulida de Portland, diseñada por el aspirante a constructor de catedrales G. E. Street en 1874 (le dedicó tanto esfuerzo que murió de una apoplejía antes de verla concluida). En el gran vestíbulo puede verse una exposición de togas, así como un listado de los sumarios del día. Los interesados en las "mentes criminales" que quieran asistir a un juicio, deben dejar la cámara fotográfica en la consigna y pasar unos controles de seguridad dignos de un aeropuerto.

## THE STRAND  Plano pp. 72-73
⊖ Charing Cross

Cuando se trazó, a finales del s. XII, The Strand ("playa" en inglés y alemán) discurría junto al Támesis. Sus ostentosas casas de piedra, construidas por la nobleza, se consideraban entre las más prestigiosas para

residir, pues ciertamente se hallaban en una vía que comunicaba la City con Westminster, los dos centros del poder de la ciudad, y su atractivo perduró siete siglos, hasta tal punto que el primer ministro del s. XIX, Benjamin Disraeli, la declaró la calle más elegante de Europa. Entre sus edificios se incluyen el ya desaparecido Cecil Hotel, el hotel Savoy, Simpson's, el King's College y la Somerset House.

Pero los tiempos modernos no han tratado muy bien a esta calle, hoy repleta de oficinas, restaurantes baratos y tiendas de recuerdos extraños, a pesar de que sobreviven el Savoy (en renovación en el momento de preparar la presente guía), el antiguo edificio de Simpson's y la maravillosa Somerset House. También perduran algunos establecimientos entrañables, como Twinings (nº 216), una tienda de té inaugurada por Thomas Twining en 1706 que, al parecer, es el comercio más antiguo de la capital que se mantiene en la misma sede y en manos de la misma familia, y el centro filatélico de Londres, Stanley Gibbons (nº 339), la meca de los coleccionistas de sellos y monedas.

## SIR JOHN SOANE'S MUSEUM
Plano pp. 72-73

☎ 7405 2107; www.soane.org; 13 Lincoln's Inn Fields WC2; gratis, donativo recomendado 3 £; ⏰ 10.00-17.00 ma-sa, y 18.00-21.00 1er ma de mes; ⊖ Holborn

Este pequeño museo es una de los puntos de interés más evocadores y fascinantes de Londres. Fue la preciosa e hipnótica casa del arquitecto sir John Soane (1753-1837), quien la dejó atestada de efectos personales y curiosidades sorprendentes que dan constancia de su exquisito y excéntrico gusto.

Hijo de un albañil de pueblo, Soane se hizo famoso por proyectar el Banco de Inglaterra. Su vida y obra se nutrieron de las ideas recogidas durante el gran viaje que realizó por Italia en el s. XVIII. Se casó con una mujer rica e invirtió su fortuna en construir esta mansión y la colindante, que fue reabierta a finales del 2007 como centro educativo y de exposiciones.

Catalogada, la casa está prácticamente tal cual la dejó su propietario antes de pasar a mejor vida, por lo que de por sí ya es todo un atractivo. Tiene una cúpula de cristal por donde entra la luz hasta el sótano, un lucernario lleno de estatuas, habitaciones dentro de habitaciones y una galería de pintura con cuadros colocados unos detrás de otros en paneles de madera replegables. Hay pinturas de Canaletto y Turner, dibujos de Christopher Wren y Robert Adam y la serie original de caricaturas *Rake's Progress* que William Hogarth hizo de los bajos fondos londinenses a finales del s. XVIII (véase recuadro en p. 44). Para ver todos los cuadros, se debe pedir al vigilante que descubra todos los paneles. Entre las adquisiciones más curiosas se hallan un sarcófago con jeroglíficos egipcios, una réplica de un refectorio monacal y grilletes de esclavos.

Hay que tener en cuenta que los grupos de siete o más tienen que reservar con antelación y no pueden acceder los sábados, el día más concurrido del museo. Cada primer martes de mes la casa se ilumina con velas por la noche.

## HUNTERIAN MUSEUM Plano pp. 72-73

☎ 7869 6560; www.rcseng.ac.uk/museums; Royal College of Surgeons, 35-43 Lincoln's Inn Fields WC2; gratis; ☼ 10.00-17.00 ma-sa; ⊖ Holborn
La colección de especímenes anatómicos del pionero cirujano John Hunter (1728-1793)

sirvió de inspiración para crear este fascinante y poco conocido museo, si bien algo morboso. Entre los objetos más extraños que muestra se hallan el esqueleto de un gigante de 2,3 m de altura, la mitad del cerebro del matemático Charles Babbage y, aunque parezca disparatado, la dentadura postiza de Winston Churchill. Gracias a una exhaustiva remodelación relativamente reciente, el ambiente permite contemplar en las debidas condiciones órganos como los aparatos digestivos de animales, clasificados y conservados en formol, y maravillas como el sistema auditivo de una balleza azul. Entre otras cosas, en el piso superior hay una exposición sobre técnicas de cirugía plástica, que impresiona y repugna por igual. Todos los miércoles a las 13.00 se ofrece una visita guiada gratis.

## ST CLEMENT DANES Plano pp. 72-73

☎ 7242 8282; The Strand WC2; ☼ 8.30-16.30 lu-vi, 9.00-15.30 sa, 9.00-12.30 do; ⊖ Temple
La estrofa de una canción infantil inglesa del s. XVIII que incorpora los nombres de algunas

## INNS OF COURT

A los aficionados al urbanismo del West End les gustará conocer algunos rincones inesperados de calma zen. Agrupados alrededor de Holborn y Fleet St se hallan los Inns of Court, un oasis urbano de tranquilas callejuelas, espacios abiertos y ambiente apacible. Todos los abogados de Londres trabajan en alguno de estos cuatro *inns*, al igual que ya lo hicieran Oliver Cromwell, Charles Dickens, Mahatma Gandhi o Margaret Thatcher. Se tendría que trabajar toda la vida en ellos para desentrañar sus entresijos protocolarios –son similares a los de la francmasonería, ya que ambas sociedades se crearon en el s. XIII–, así es que lo mejor es relajarse y dejarse llevar por su ambiente irreal.

Gray's Inn (plano pp. 72-73; ☎ 7458 7800; Gray's Inn Rd WC1; ☼ jardines 10.00-16.00 lu-vi, capilla 10.00-18.00 lu-vi; ⊖ Holborn o Chancery Lane) Este *inn*, destruido durante la Segunda Guerra Mundial y luego reconstruido y ampliado, es menos interesante que el Lincoln's, pero sus jardines todavía conservan cierto encanto. El vestíbulo original acogió la primera representación de la *Comedia de los errores*, de Shakespeare.

Inner Temple (plano pp. 72-73; ☎ 7353 8559; King's Bench Walk EC4; ⊖ Temple o Blackfriars) Al pasar por debajo del arco contiguo a la Prince Henry's Room se sale al Inner Temple, un extenso recinto con algunos de los edificios más bonitos que hay junto al río. La iglesia original (véase p. 106) fue construida entre 1161 y 1185. Durante el fin de semana se suele entrar por Victoria Embankment.

Lincoln's Inn (plano pp. 72-73; ☎ 7405 1393; Lincoln's Inn Fields WC2; ☼ jardines 9.00-18.00 lu-vi, capilla 12.30-14.30 lu-vi; ⊖ Holborn) Es el más atractivo de los cuatro y cuenta con una capilla, una plaza agradable y unos curiosos jardines que invitan al paseo, sobre todo a primera o última horas del día, cuando ya no revolotean los letrados con sus togas. Prácticamente intacto, el patio, cerrado al público, se puede ver a través de las verjas, con los edificios originales del s. XV, como la Lincoln's Inn Gatehouse de Chancery Lane, de estilo Tudor. Inigo Jones colaboró en el diseño de la capilla, de 1623 y muy bien conservada.

Staple Inn (plano pp. 72-73; Holborn; ⊖ Chancery Lane) La fachada del s. XVI es lo más interesante del Staple Inn (1589), el último de los ocho Inns of Chancery cuyas funciones fueron suplidas por los Inns of Court en el s. XVIII. Los edificios, casi todos reconstrucciones de posguerra, ahora los ocupa el Institute of Actuaries, y aunque no abren al público, a nadie parece importarle si se curiosea discreta y respetuosamente. En el mismo lado de Holborn, pero más cerca de Fetter Lane, se encontraba el Barnard's Inn, reurbanizado en 1991. Aquí es donde residía Pip con Herbert Pocket en *Grandes esperanzas*, de Dickens.

iglesias de Londres dice lo siguiente: "Naranjas y limones, repican las campanas de St Clements"; y acaba con los versos tranquilizadores "Aquí viene una tajadera para cortarte la cabeza, ¡taja, taja, taja al último muerto!". ¡Que bonito! Bueno, aunque estas campanas toquen dicha tonadilla cada día a las 9.00, 12.00 y 15.00, no es a esta St Clements a la que se refiere la primera estrofa de la cantinela, sino a la St Clements Eastcheap de la City.

Sir Christopher Wren diseñó el templo original en 1682, pero únicamente los muros y el chapitel que añadió James Gibbs en 1719 se salvaron de los bombardeos de la Luftwaffe. Tras la contienda, se reconstruyó como homenaje a los pilotos aliados. Actualmente es la capilla de la Royal Air Force (RAF) y en el suelo de la nave central pueden verse unas ochocientas placas de pizarra de diferentes escuadrones. La estatua que descansa, serena y desafiante, delante de la iglesia se erigió en memoria de sir Arthur "Bombardero" Harris, de la RAF, que orquestó el bombardeo que arrasó Dresde, matando a unos diez mil civiles.

# BLOOMSBURY

Justo al norte de Covent Garden –aunque a años luz en lo que a aspecto y ambiente se refiere–, este barrio arbolado es el corazón académico e intelectual de Londres. En él se halla la Universidad de Londres, con sus muchas facultades y campus repartidos por sus calles. Además, bajo los árboles y rodeado de mansiones georgianas y victorianas se encuentra el que seguramente sea uno de los mejores museos del mundo: el British Museum. Las bonitas plazas, antaño estuvieron colonizadas por el Grupo de Bloomsbury, un colectivo en cuyas filas se contaban artistas y escritores como Virginia Woolf y E. M. Forster, cuyas complicadísimas tropelías amorosas son tan fascinantes como sus libros. Charles Dickens, Charles Darwin, William Butler Yeats y George Bernard Shaw también vivieron en la zona o sus inmediaciones, como atestiguan las numerosas placas azules que aparecen por doquier. Actualmente Bloomsbury sigue estando llena de estudiantes, librerías y cafés, pero, extrañamente, no hay muchas tiendas. El centro está ocupado por la plaza ajardinada más grande de Londres, Russell Sq, que luce como nunca gracias a una reciente y acertada remodelación. La plaza sigue siendo un lugar fantástico para comer y ver gente.

**BRITISH MUSEUM** Plano pp. 82-83

☎ 7323 8000, visitas guiadas 7323 8181; www.thebritishmuseum.ac.uk; Great Russell St WC1; gratis, donativo recomendado 3 £; ⏰ galerías 10.00-17.30 sa-mi, hasta 20.30 ju y vi, Gran Hall 9.00-18.00 do-mi, hasta 23.00 ju-sa; ⊖ Tottenham Court Rd o Russell Sq; ♿

Es una de las atracciones más visitadas de Londres (véase recuadro en p. 85), como lo demuestra la media de cinco millones de personas que cada año atraviesan su maravillosa y porticada entrada principal en Great Russell St (la de Montague Pl es más tranquila). El British Museum también es uno de los mejores y más antiguos museos del mundo, pues arrancó su andadura en 1749 como "gabinete de curiosidades" del médico del rey, Hans Sloane –que más tarde legaría a la nación– y después siguió ampliando su colección (que ahora alcanza los 7 millones de piezas) gracias a un sabio criterio y al polémico saqueo del Imperio británico. Semejante currículo resulta un exhaustivo y estimulante recorrido a través de las culturas más importantes del planeta, con galerías enteras dedicadas a Egipto, Asia occidental, Grecia, el Lejano Oriente, África, Italia, los etruscos, los romanos, la Gran Bretaña prehistórica y romana y antigüedades medievales.

Es enorme, por lo que se recomienda escoger las exposiciones y considerar la opción de un circuito guiado. Se ofrecen nueve circuitos eyeOpener gratis de 50 minutos por galerías concretas a lo largo del día, además de charlas informativas eyeOpener ("ojo avizor") de 20 minutos a las 13.15 que se centran en las diferentes temáticas de la colección. Los circuitos por las piezas destacadas (adultos/reducida 8/5 £), de 90 minutos, son a las 10.30, 13.00 y 15.00. Para ir por libre, en el mostrador de información facilitan circuitos con audiogía (3,50 £), incluido uno orientado a las familias narrado por el cómico, escritor y presentador de televisión Stephen Fry. Además, se ofrece una visita dedicada a las esculturas del Partenón (también conocida como los mármoles del Partenón o de Elgin). Otra opción sería consultar primero el Compass, una red de 50 ordenadores que brindan una visita virtual general que permite planificar un circuito a medida y obtener información sobre algunas piezas.

Existen planes para realizar una importante ampliación en su parte noroeste, que debería estar lista en el 2012. El nuevo edificio tendrá, entre otros, una galería dedicada a exposiciones especiales y un centro de ciencia y conservación.

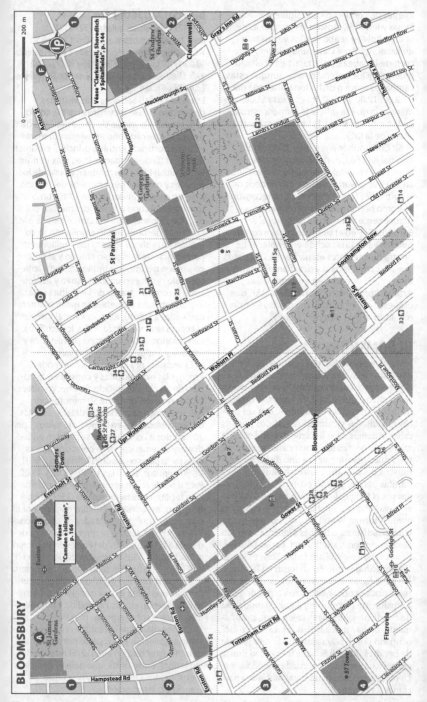

# BLOOMSBURY

Véase "Clerkenwell, Shoreditch y Spitalfields", p. 144

Véase "Camden e Islington", p. 166

200 m

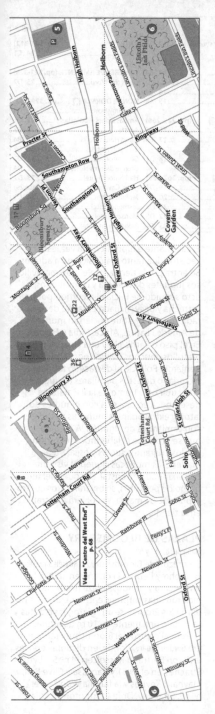

## BRUNSWICK CENTRE Plano pp. 82-83
**www.brunswick.co.uk; The Brunswick WC1,**
**⊖ Russell Sq**

Este complejo de la década de 1960, ahora maravilloso, comprende apartamentos, restaurantes, tiendas y un cine. Un proyecto de 24 millones de £ transformó lo que era un lugar sombrío y adusto en una especie de plaza preciosa de color crema en el 2006, desde entonces repleta de gente los siete días de la semana. Su arquitecto, Patrick Hodginson, que también trabajó en la remodelación, afirmó que ya luce como fue concebido, pues desafortunadamente su diseño original fue alterado por el gobierno local de la época. Para más información, visítese su página web.

## DICKENS HOUSE MUSEUM
Plano pp. 82-83
☎ 7405 2127; www.dickensmuseum.com; 48 Doughty St WC1; adultos/menores 16 años/reducida 5/3/4 £; ⏱ 10.00-17.00 lu-sa, 11.00-17.00 do; ⊖ Russell Sq

El genial novelista victoriano se mudó tan a menudo de casa que dejó tras de sí un reguero de placas azules por todo Londres. Esta casa de cuatro pisos es la única residencia que queda en pie de las que habitó antes de trasladarse a Kent. No es que viviera en ella durante mucho tiempo –solo dos años y medio (1837-1839)– pero fue donde el gran novelista se mostró más fructífero, pues escribió *Los papeles del Club Pickwick, Nicholas Nickleby* y *Oliver Twist,* todo lo cual pese a contratiempos como deudas, fallecimientos y constantes aumentos de familia. La casa, que se salvó de la demolición y se inauguró como museo en 1925, conserva el salón de estar (que ha recuperado su aspecto original) y diez habitaciones más abarrotadas de recuerdos. En el vestidor pueden verse los escritos que Dickens se preparaba para las giras de lecturas, con acotaciones como "golpear el escritorio". También muestra el famoso escritorio con la parte superior de terciopelo, hecho expresamente para sus lecturas con público.

## NEW LONDON ARCHITECTURE
Plano pp. 82-83
☎ 7636 4044; www.newlondonarchitecture.org; Building Centre, 26 Store St WC1; gratis; ⏱ 9.00-18.00 lu-vi, 10.00-17.00 sa, cerrado do; ⊖ Goodge St

Esta exposición cambia a menudo y es una forma excelente de seguir el rastro de los avances arquitectónicos que se producen

# BLOOMSBURY

en la ciudad. Hay una maqueta enorme de Londres en la que se subrayan las nuevas zonas en construcción, el grueso de las obras para los Juegos Olímpicos de 2012 y los diferentes proyectos de regeneración de los barrios. Las fotografías y la información detallada ayudan a localizar cada nuevo edificio, lo que facilita el trabajo a los que quieran ir a verlos in situ. En la planta baja hay una buena librería de arquitectura.

## PETRIE MUSEUM OF EGYPTIAN ARCHAEOLOGY Plano pp. 82-83

UCL; ☎ 7679 2884; www.petrie.ucl.ac.uk; University College London (UCL), Malet Pl WC1; gratis; ☯ 13.00-17.00 ma-vi, 10.00-13.00 sa; ⊖ Goodge St

Este tranquilo y a menudo olvidado museo, con unas ochenta mil piezas, supone una de las colecciones más impresionantes de arqueología egipcia y sudanesa del mundo. Las piezas están expuestas en vitrinas, en un ambiente académico, y abarcan desde fragmentos de cerámica hasta el vestido más antiguo del mundo (2800 a.C). El museo recibe el nombre del profesor William Flinders Petrie (1853-1942), quien descubrió muchos de los objetos expuestos durante sus excavaciones y que donó la colección a la universidad en 1933. Se entra por la biblioteca de la Universidad de Ciencias.

## POLLOCK'S TOY MUSEUM
Plano pp. 82-83

☎ 7639 3452; www.pollockstoymuseum.com; 1 Scala St W1; adultos/niños 3/1,50 £; ☯ 10.00-17.00 lu-sa; ⊖ Goodge St

Escalofriante e hipnótico a la vez, este museo se dirige tanto a niños como a adultos. Se entra por la tienda, repleta de maravillosos juguetes de madera y otros juegos; acto seguido, se inicia el recorrido por una estrecha y desvencijada escalera decorada con vitrinas que encierran muñecas de América Latina, África, India y Europa. En el piso de arriba hay una colección de teatrillos, muchos hechos por el mismísimo Benjamin Pollock, el destacado fabricante victoriano de estos populares artilugios. Tras subir otro tramo de la escalera, se desemboca en una sala con juguetes de latón y extravagantes muñecas vestidas con camisones de algodón. A medida que se prosigue el laberíntico recorrido por los crujientes suelos y escalera de madera, las muñecas siguen al visitante con su mirada de cristal. Después del tercer tramo de peldaños, se bajarán otros cuatro y, por arte de magia, se volverá a entrar en la tienda.

## PLAZAS DE BLOOMSBURY
Plano pp. 82-83 y 68

El corazón de Bloomsbury es Russell Square. Humphrey Repton la diseñó en 1800 y fue una oscura y frondosa plaza hasta que se hicieron unas sorprendentes mejoras: se podaron los árboles, se arreglaron las plantas y se instaló una fuente de 10 m de altura.

Pero el centro del Bloomsbury literario era Gordon Square, donde, en distintas épocas, vivieron Bertrand Russell en el nº 57, Lytton Strachey en el nº 51 y Vanessa y Clive Bell, Maynard Keynes y la familia Woolf en el nº 46. Strachey, Dora Carrington y Lydia

# IMPRESCINDIBLE EN EL BRITISH MUSEUM (Y CONTROVERSIAS)

Lo primero que se ve al entrar al museo es el inmenso Great Court (gran patio), cubierto con un impresionante armazón de cristal y acero, diseñado por Norman Foster en el 2000; es la mayor plaza cubierta de Europa. En el centro se halla la mundialmente famosa Reading Room (sala de lectura), antiguamente la British Library, la misma que fue frecuentada por George Bernard Shaw, Mahatma Gandhi, Oscar Wilde, William Butler Yeats, Karl Marx, Vladimir Lenin, Charles Dickens y Thomas Hardy.

En el extremo norte del piso inferior del patio se hallan las flamantes Sainsbury African Galleries, todo un coqueteo con el arte y las culturas de las sociedades africanas históricas y contemporáneas.

Se puede echar un vistazo a la King's Library (biblioteca del Rey) de 1820, el espacio neoclásico más sorprendente de Londres, que alberga la exposición permanente *La Ilustración: descubrir el mundo en el s. xvιιι*.

La piedra Rosetta (sala 4), descubierta en 1799, es una de las joyas del museo. Presenta dos formas de escritura antigua, egipcia y griega, por lo que fue clave para descifrar los jeroglíficos egipcios.

La otra estrella del museo son los frisos del Partenón (sala 18), que se cree representan la gran procesión al templo que tenía lugar durante el Festival Panatenaico, que celebraba el cumpleaños de Atenea. Conocidos con el nombre de los mármoles de Elgin, que fue el embajador británico que los llevó a Inglaterra en 1806, el Gobierno griego los reclama desde hace años. Tras numerosas objeciones basadas en que Grecia no contaba con un lugar adecuado para exhibirlos, se construyó ex profeso el Museo de la Acrópolis en Atenas en el 2009. Pero, de momento, el British Museum solo se ha ofrecido a prestarles los frisos por un período de tres o cuatro meses, lo normal en este tipo de cesiones, propuesta rechazada oficialmente por el país heleno. La mayoría de los votantes de una encuesta *online* que realizó el periódico *Guardian* en junio del 2009 dijeron que las obras deberían regresar a su país de origen. De momento, se desconoce cómo terminará el asunto.

A los pies de la escalera oriental, el visitante debe prepararse para una dosis de *gore* en la Mexican Gallery (sala 27), que incluye la máscara azteca de Tezcatlipoca (la calavera del Espejo Humeante), del s. xv, un cráneo humano cubierto por un mosaico de turquesas.

Menos estremecedoras son las salas 33 y 34, que acogen las maravillosas colecciones asiáticas de esculturas de Amaravati (sala 33a), diosas hindúes, Shivas danzantes y serenos budas sentados sobre cobre y piedra.

Cuentan que unos bandidos intentaron robar las piezas de oro persa de los ss. vιι a ιv a.C. conocidas como el Tesoro de Oxus (sala 52), originario de Persépolis, pero los británicos rescataron esta impresionante colección y la trajeron al museo.

El hombre de Lindow (sala 50) es un desdichado individuo del s. ι que, al parecer, fue golpeado en la cabeza con un hacha y, acto seguido, ejecutado en el garrote. Sus restos se conservaron incorruptos en una turbera hasta 1984, cuando una máquina lo escindió por la mitad.

La antigua Percival David Foundation of Chinese Art (sala 95) se halla ahora en el museo. Con unas mil setecientas piezas, es la colección de cerámica china de los ss. x–xvιιι más importante del mundo fuera de China. Sir Percival David la donó a la Universidad de Londres en 1950 con la condición de que se expusiera íntegra; la colección se trasladó al British Museum desde su propia galería situada en las inmediaciones en el 2009. Lo más destacado son sus David Vases (1351), las vasijas de porcelana azul y blanca de fecha e inscripción más antiguas que se conocen, bautizadas así en memoria del propio Percival.

Lopokova (la futura esposa de Maynard Keynes) se fueron turnando en el nº 41. Casi todos los edificios pertenecen ahora a la universidad, pero no todos están señalizados con placas azules.

La entrañable Bedford Square, la única plaza totalmente georgiana que aún se conserva en el barrio, fue sede de muchas editoriales londinenses hasta la década de 1990, cuando fueron absorbidas por las multinacionales y cambiaron de ubicación. Entre ellas estaban Jonathan Cape, Chatto and the Bodley Head (fundada por Virginia Woolf y su esposo Leonard), y casi todas se encargaron de perpetuar la leyenda del Grupo de Bloomsbury publicando, al parecer, intermi-

nables colecciones de cartas, memorias y biografías relacionadas con el grupo.

## ST GEORGE'S BLOOMSBURY
Plano pp. 82-83

☎ 7405 3044; Bloomsbury Way WC1;
🕑 9.30-17.30 lu-vi, 10.30-12.30 do; ⊖ Holborn o Tottenham Court Rd

Impecablemente restaurada en el 2005, esta iglesia (1731) de Nicholas Hawksmoor se distingue por su pórtico clásico de capiteles corintios y un chapitel inspirado en el mausoleo de Halicarnaso. Está coronada por una estatua de Jorge I vestido con una toga romana.

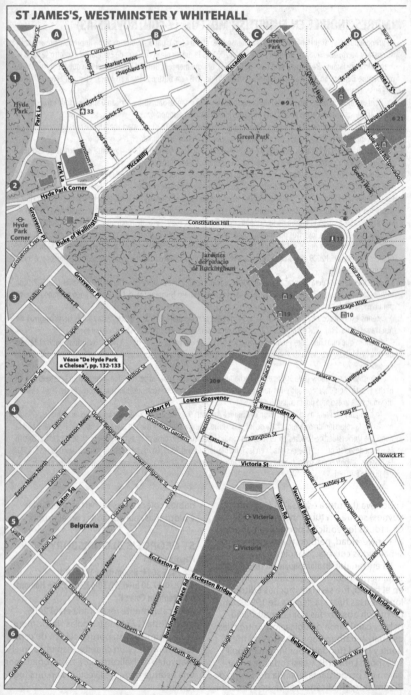

Véase "De Hyde Park a Chelsea", pp. 132-133

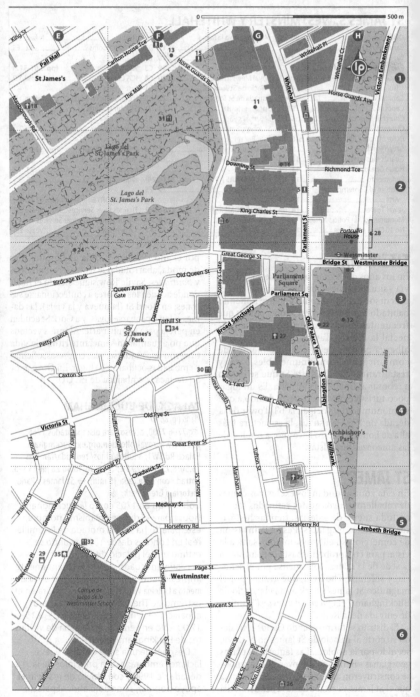

0 ——————————————— 500 m

King St
Pall Mall
St James's
Carlton House Tce
The Mall
Harborough Rd
18

E
F
8
13
15
Horse Guards Rd
31
11

G
Whitehall Pl
Whitehall
Whitehall Ct

H
Victoria Embankment
Horse Guards Ave

1

Downing St
16
Richmond Tce

2

Lago del
St. James's Park
Lago del
St. James's Park
24

King Charles St
6
5
Parliament St

Portcullis
House
Westminster
28

2

Birdcage Walk
Queen Anne's
Gate
Old Queen St
Great George St
Storey's Gate

Great George St
Parliament
Square
Parliament Sq

Bridge St    Westminster Bridge
2
12

3

Petty France
Dartmouth St
Tothill St
34

St James's
Park
Broadway

Broad Sanctuary
27

Old Palace Yard
22
14

Támesis

Caxton St

30
Dean's Yard

Abingdon St

Archbishop's
Park

4

Victoria St
Artillery Row
Francis St
Old Pye St
Greycoat Pl
Chadwick St
Medway St
Elverton St
Shutteground

Great Smith St
Great Peter St
Monck St
Marsham St

Great College St
Tufton St

Millbank

5

Greencoat Pl
Rochester Row
Greycoat St
Horseferry Rd
Maunsel St
Page St
Westminster
Vincent St

Horseferry Rd
Marsham St

Lambeth Bridge

5

Greencoat Pl
Francis St
29
35
32
Vincent Sq
Campo de
juego de la
Westminster School
Vincent Sq
Chadwood St
Oscar St
Douglas St
Chapter St
Regency St

Rutherford St
Vincent St
Hide Pl
Erasmus St
Ponsonby Pl
Bull St
John Islip St

Millbank
26

6

87

## ST JAMES'S, WESTMINSTER Y WHITEHALL

# FITZROVIA

En los años que siguieron a la guerra, Fitzrovia –situado al oeste de Bloomsbury– fue el precursor del Soho como enclave bohemio habitado por artistas y escritores pobres que frecuentaban sus numerosos *pubs*, en especial la Fitzroy Tavern. En la actualidad alberga cientos de oficinas de medios de comunicación, con innumerables bares y restaurantes en Charlotte St que se llenan a rebosar al finalizar la jornada. Es un lugar poco turístico, en buena parte debido a que su monumento principal, la BT Tower de la década de 1960 (en su día, la estructura más alta de Londres), cerró hace años a resultas de las amenazas terroristas.

# ST JAMES'S

En esta zona abundan los exclusivos clubes de caballeros, cuyos gustos refinados sacian en toda suerte de galerías, tiendas históricas y edificios elegantes. Pese a la invasión de comercios, su elitismo, intacto, salta a la vista; para comprobarlo, basta con entrar en la sede de la realeza londinense por el señorial y solemne The Mall, que avanza por el magnífico St James's Park hasta el palacio de Buckingham y el *Queen's driveway* ("camino de entrada de la Reina").

El distrito se formó cuando Carlos II trasladó su corte al palacio de St James en el s. XVII, seguido por la nobleza. Las fantásticas plazas georgianas –Berkeley, Hanover y Grosvenor– se construyeron al siglo siguiente, época en la que el St James ya estaba hasta la bandera. Allá

por el año 1900 era la zona de Londres más de moda, abarrotada de teatros, restaurantes y *boutiques*. Savile Row sigue siendo el lugar donde acuden los señores a confeccionarse sus trajes; en Bond St (la nueva y la vieja), las damas salen a probarse joyas, y a Cork St acuden en pareja para adquirir arte. Algunos vecinos que no aguantaron semejante ritmo de vida tuvieron que mudarse, y las empresas, oficinas y embajadas ocuparon su lugar. En Grosvenor Sq destaca la embajada de EE UU.

## PALACIO DE BUCKINGHAM

Plano pp. 86-87

☎ 7766 7300, acceso para discapacitados 7766 7324; www.royalcollection.org.uk; Buckingham Palace Rd SW1; adultos/niños/ reducida/familias 15,50/8,75/14/39,75 £; ☼ 9.30-16.30 28 jul-25 sep, entrada con hora cada 15 min; ⊖ St James's Park, Victoria o Green Park; ♿

Construido en 1705 como la Buckingham House para el duque del mismo nombre, este palacio ha sido la morada de la familia real en Londres desde 1837, cuando se estimó que el palacio de St James era demasiado anticuado y no lo suficientemente impresionante. Está dominado por el monumento a la Reina Victoria de 25 m de altura en el extremo de The Mall. Las entradas para el palacio se venden en la taquilla (☼ 9.15-17.00, solo en verano), en la zona de visitantes de Buckingham Palace Rd.

Después de una serie de crisis y revelaciones embarazosas a principios de la década de 1990 y con objeto de reavivar el apoyo popular, se decidió abrir el palacio al público por primera vez; al menos 19 de sus 661 habitaciones, y solo durante los meses de agosto y septiembre, cuando Su Majestad está de vacaciones en Escocia. La entrada es cara, aunque hay que reconocer que ver las *polaroids* de los Windsor cubriendo la puerta del frigorífico no tiene precio.

Cada verano, las estancias visitables se desmontan ante la llegada de la plebe y las alfombras habituales se sustituyen por otras más de trote, por lo que se resiente la pompa de la decoración original. La visita empieza en la Guard Room, demasiado pequeña para los guardias reales, que ocupan unos cuarteles cercanos; conviene echar un vistazo al State Dining Room (el comedor lleno adamascados en rojo y muebles de estilo Regencia); acto seguido se pasa al Blue Drawing Room, con un fabuloso techo obra de John Nash; al White Drawing Room, donde se recibe a los embajadores extranjeros; y al Ballroom, el salón donde se celebran las recepciones oficiales y los banquetes de Estado. El salón del Trono es muy divertido, con sus cursis sillones color rosa con las iniciales "ER" (Elisabeth Reina) y "P" (Philipe), colocados con petulancia bajo lo que parece un proscenio.

La parte más interesante de la visita (para casi todos los monárquicos) es la Picture Gallery, de 76,5 m de longitud, donde se exhiben lienzos de artistas como Van Dyck, Rembrandt, Canaletto, Poussin, Canova y Vermeer. También se puede pasear por los jardines, dignos, cómo no, de un rey.

Las personas discapacitadas deben haber reservado la entrada.

## CAMBIO DE GUARDIA Plano pp. 86-87

☎ 7766 7300; palacio de Buckingham, Buckingham Palace Rd SW1; ✆ 11.30 a diario abr-jul, días alternos ago-mar si el tiempo lo permite; ✈ St James's Park o Victoria

Es una cita obligada, si la marea humana lo permite. La vieja guardia (Foot Guards of the Household Regiment) termina el servicio y es reemplazada por la nueva en el patio delantero del palacio de Buckingham. Los turistas se quedan embobados –a veces desde la fila 10– ante los resplandecientes uniformes rojos y los sombreros de piel de oso de los oficiales, que vociferan y marchan durante poco más de ½ hora. El nombre oficial de la ceremonia es Guard Mounting ("Montar la guardia") que, con el debido respeto, suena más interesante.

## QUEEN'S GALLERY Plano pp. 86-87

☎ 7766 7300; www.the-royal-collection.com; ala sur, palacio de Buckingham, Buckingham Palace Rd SW1; adultos/niños/reducida 8,50/4,25/7,50 £; ✆ 10.00-17.30; ✈ St James's Park o Victoria; ♿

Lienzos, esculturas, cerámicas, muebles y joyas se cuentan entre los objetos expuestos en esta colección de arte reunida por la realeza durante más de quinientos años. Jonh Nash diseñó esta espléndida galería para que fuera un invernadero, pero en 1843 se transformó en una capilla para la reina Victoria. En 1940 quedó destruida por un bombardeo y en 1962 reabrió como galería. Una inversión de 20 millones de £ permitió remozarla para festejar en el 2002 el 50º aniversario de la ascensión de la reina Isabel II al trono: se amplió la entrada, se añadieron un pórtico dórico griego y un centro multimedia, además de triplicarse el espacio expositivo. Se accede por la Buckingham Gate.

## ROYAL MEWS Plano pp. 86-87

☎ 7766 7302; www.the-royal-collection.com; Buckingham Palace Rd SW1; adultos/niños/reducida 7,50/4,80/6,75; ✆ 11.00-16.00 mar-jul, 10.00-17.00 ago y sep; ✈ Victoria; ♿

Al sur del palacio de Buckingham, los Royal Mews, una reserva de cetrería en sus inicios, se han convertido en unos establos donde se almohazan con cariño los regios caballos y se cuidan los opulentos vehículos de la familia real. Destaca la impresionante carroza de oro de 1762, utilizada en todas las coronaciones desde la de Jorge III, y el carruaje de cristal de 1910, empleado en las bodas reales. En junio, los Mews cierran los cuatro días que duran las carreras de Royal Ascot.

## ST JAMES'S PARK Plano pp. 86-87

☎ 7930 1793; The Mall SW1; ✆ 5.00-atardecer; ✈ St James's Park

Es uno de los parques más pequeños pero más bonitos de Londres. Ofrece unas vistas fantásticas del London Eye, Westminster, el palacio de St James, la Carlton Terrace y el Horse Guards Parade, y la panorámica del palacio de Buckingham desde el puente que cruza el lago es memorable. El lago central esta lleno de patos, ocas, cisnes y toda suerte de aves, y en las piedras de la ribera sur descansan los pelícanos (cada día se les da de comer a las 15.00). Algunos de los arriates multicolores se inspiraron en los motivos florales originales de John Nash, que mezclaban arbustos, árboles y flores. Un grupo de ancianos acude cada día puntual a su cita para dar de comer frutos secos y pan a las ardillas bajo los árboles. En primavera y verano, tanto los londinenses como los visitantes se broncean, almuerzan un picolabis y en general disfrutan del sol, aunque a veces sobra gente.

Cerca, en el popular café y restaurante Inn the Park (p. 234) se erige el monumento a la Policía Nacional, que consta de dos columnas, una de mármol y otra de cristal. Ideado por el cineasta Michael Winner (El justiciero de la ciudad) y diseñado por el arquitecto Norman Foster y el artista Per Arnoldi, el monumento rinde homenaje a los 1600 bobbies caídos en acto de servicio.

El parque acoge también un precioso huerto, situado cerca de la entrada del Pall Mall y del café y restaurante Inn the Park, que solo abre de mayo a octubre. Se diseñó originalmente como recuerdo a los huertos vecinales que surgieron por todo Londres y en el resto del país durante la Segunda Guerra Mundial. Se cultivan distintas frutas y verduras, e incluye un jardín de hierbas aromáticas, lo que lo convierte en un lugar muy agradable de recorrer, especialmente con niños.

## PALACIO DE ST JAMES Plano pp. 86-87
Cleveland Row SW1; cerrado al público; ✪ Green Park

A la impresionante casa de estilo Tudor de la entrada del palacio se llega antes desde St James's St, al norte del parque. La casa es lo único que queda del edificio iniciado en 1530 por Enrique VIII, obsesionado por los palacios. Durante tres siglos fue la residencia oficial de reyes y reinas. Aunque los embajadores extranjeros sigan acreditándose oficialmente en la Corte de St James, el té y las galletas de la recepción se toman en el palacio de Buckingham. La princesa Diana, que lo detestaba, vivió en él hasta su divorció en 1996, cuando se trasladó al palacio de Kensington. El príncipe Carlos y sus hijos residieron en St James hasta que en el 2004 se mudaron a la vecina Clarence House, dejando St James a miembros menos importantes de la familia real, como la princesa Ana. Conviene no acercarse demasiado a la puerta por las posibles reprimendas de los guardias.

## CLARENCE HOUSE Plano pp. 86-87
☎ 7766 7303, para acceso a discapacitados 7766 7324; Cleveland Row SW1; visitas guiadas adultos/reducida 7,50/4 £; ⏱ 9.30-17.00 ago-oct; ✪ Green Park; ♿

Tras la muerte de su querida abuela, la reina madre, en el 2002, el príncipe Carlos puso a los operarios a trabajar en su antigua residencia de Clarence House. Las residencias reales se mantienen en fideicomiso para las generaciones futuras, pero en la actualidad hay que pagar si se quieren ver cinco estancias oficiales cuando el príncipe, sus hijos y Camila se van de vacaciones en verano. El mayor reclamo es la pequeña colección de arte de la reina madre, que incluye un lienzo del dramaturgo Noël Coward y otros de W. S. Sickert y sir James Gunn. Solo se puede entrar con una visita guiada y previa reserva (con bastante antelación); también se debe avisar si se tiene algún tipo de discapacidad. John Nash diseñó la casa a principios del s. xix, pero como el príncipe Carlos no ha sido el único en hacer reformas, ha cambiado mucho desde entonces.

## SPENCER HOUSE Plano pp. 86-87
☎ 7499 8620; www.spencerhouse.co.uk; 27 St James's Pl SW1; entrada y visita guiada adultos/ reducida 9/7 £; ⏱ 10.30-17.45 do, última admisión 16.45, cerrado ene y ago; ✪ Green Park; ♿

Justo a las afueras del parque, la Spencer House fue construida en estilo palladiano entre 1756 y 1766 por el primer conde de Spencer, antepasado de la desafortunada princesa Diana. La familia cambió de residencia en 1927, tras lo cual pasó a funcionar como oficinas hasta que lord Rothschild tomó cartas en el asunto y le devolvió su antiguo esplendor en 1987. Solo se pueden visitar ocho estancias profusamente amuebladas mediante un circuito organizado.

Los jardines, que han recuperado su diseño dieciochesco, solo abren dos domingos de verano entre 14.00 y 17.00. En el 2009 permanecieron cerrados, por lo que conviene visitar la web para informarse de los precios para el 2010.

## QUEEN'S CHAPEL Plano pp. 86-87
Marlborough Rd SW1; ⏱ solo misa, 8.30 y 11.15 do abr-jul; ✪ St James's Park

Normalmente, los enclaves palaciegos no quitan el hipo, pero esta capilla de la Reina sí puede conmover, dado que en ella se han velado, antes de sus funerales, los cuerpos de todos los miembros de la realeza contemporánea, desde la princesa Diana a la reina madre. Inigo Jones proyectó la iglesia en estilo *palladiano* y fue la primera de culto católico que se levantó en Inglaterra desde la Reforma. Antaño estaba integrada en el palacio de St James, pero se separó después de un incendio. El interior es sencillo aunque luce exquisitos ornamentos del s. xvii y está iluminado por la evocadora luz que entra a raudales a través de los grandes ventanales de encima del altar.

## GREEN PARK Plano pp. 86-87

**Piccadilly W1;** 🕐 **5.00-anochecer;** ⊖ **Green Park**
Menos ajardinado que el vecino St James's Park, este parque muestra unos maravillosos robles centenarios y unos prados agrestes, y nunca se llena tanto como el de St James. Antaño fue un campo de duelos, y durante la Segunda Guerra Mundial se utilizó como huerto.

## GUARDS MUSEUM Plano pp. 86-87

☎ **7976 0850; www.theguardsmuseum.com; Wellington Barracks, Birdcage Walk SW1; adultos/ niños/reducida 3/gratis/2 £;** 🕐 **10.00-16.00 feb-dic, última admisión 15.30;** ⊖ **St James's Park;** ♿
Si alguien acaba hastiándose del gentío del cambio de guardia, puede acudir a este lugar a las 10.50, cualquier día entre abril y agosto, para ver a la guardia formar delante del edificio, antes de marchar hacia el palacio de Buckingham. Pero además, en este pequeño museo, fundado en el s. xvii durante el reinado de Carlos II, se puede descubrir la historia de los cinco regimientos de guardias de infantería y su papel en las campañas militares desde Waterloo. Se exponen uniformes, óleos, medallas, curiosidades y recuerdos que pertenecieron a los soldados. Quizás su mayor reclamo sea la enorme colección de soldaditos de juguete de la tienda.

## INSTITUTE OF CONTEMPORARY ARTS Plano pp. 86-87

**ICA;** ☎ **7930 3647; www.ica.org.uk; The Mall SW1; entrada gratis, exposiciones temporales variable;** 🕐 **12.00-22.30 lu, a 2.00 ma-sa, a 23.00 do;** ⊖ **Charing Cross o Piccadilly Circus;** ♿
Ubicado en una casa tradicional junto a The Mall, el ICA (como es más conocido) no tiene nada de convencional. Aquí expusieron su obra por primera vez en el Reino

Unido Picasso y Henry Moore, y desde entonces se ha granjeado fama de ser la institución más vanguardista y polémica del mundo del arte británico, con una excelente oferta de películas experimentales/progresistas/radicales/inéditas, música y tertulias, fotografía, arte, teatro, conferencias, obras multimedia y lecturas. Es probable que se entre a ver una exposición y se salga con la sensación de no haber entendido nada. El instituto también es conocido por haber otorgado un prestigioso premio de escultura, dotado con 26 000 £, a una pieza que era poco más que una chabola, aunque su programación suele ser fantástica. Además, alberga el **ICA Bar & Restaurant**, con licencia para servir alcohol ( 🕐 12.00-1.00 ma-sa, 12.00-23.00 lu, 12.00-22.30 do). El complejo también incluye una librería, una galería, un cine y un teatro, todos excelentes.

La **columna del Duque de York**, al final de la escalera que arranca junto al ICA y sube hasta Waterloo Pl, rinde homenaje a un hijo de Jorge III. Se erigió en 1834, pero nunca ha alcanzado la popularidad de la columna de Nelson de Trafalgar Sq, y eso que es solo 6 m más baja.

# MAYFAIR

En Londres hay muchos barrios opulentos, pero ninguno llega a los extremos de este. Basta con pasear por Old Bond St para darse cuenta que se transita junto a personajes de sangre azul y familias adineradas con zapatos de marca. Es fascinante contemplar el interminable flujo de riqueza y poder que mana entre Mayfair (el peldaño más alto en la escala inmobiliaria londinense) y Chelsea.

Mayfair queda al oeste de Regent St y es donde se da cita la alta sociedad, con su cubertería de plata y pomposidad a la vieja usanza. En su esquina suroeste, arrimado a Hyde Park, el mercado de Shepherd está cerca del lugar donde antaño hubo una feria escandalosa y depravada que sirvió para bautizar al barrio. La feria *(fair)* se prohibió en 1730 y, actualmente, el centro de la antigua aldea de Mayfair es un diminuto enclave de *pubs* y tabernas.

## HANDEL HOUSE MUSEUM Plano p. 92

☎ **7495 1685; www.handelhouse.org; 25 Brook St W1; adultos/niños/reducida 5/2/4,50 £;** 🕐 **10.00-18.00 ma-sa, hasta 20.00 ju, 12.00-18.00 do;** ⊖ **Bond St;** ♿
George Frederich Handel vivió en esta casa dieciochesca de Mayfair durante 36 años,

# MAYFAIR Y MARYLEBONE

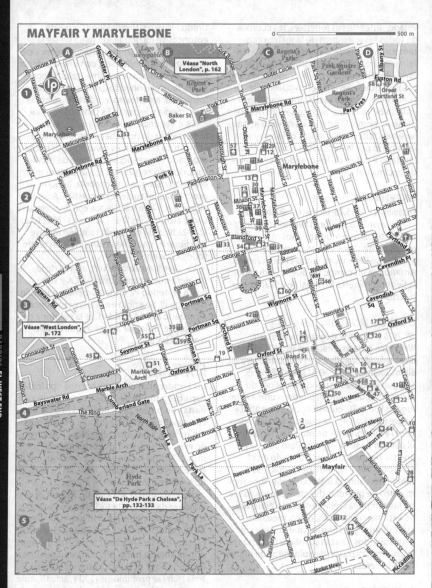

hasta su muerte en 1759. El edificio se restauró para recuperar el aspecto que tenía cuando lo habitaba el genial compositor alemán, sirviéndose de obras prestadas de otros museos, y se inauguró a finales del 2001. Las exposiciones incluyen ediciones tempranas de las óperas y los oratorios de Handel, aunque solo estar en el sagrado lugar donde compuso y ensayó por primera vez piezas como *Música del agua*, *El Mesias*,

*Zadok el sacerdote* y *Música para los reales fuegos artificiales* ya es suficiente atractivo para cualquier melómano. El museo celebró el 250 aniversario de la muerte del gran compositor con numerosos actos. Se entra por Lancashire Court.

Resulta divertido que en el nº 23 (ahora parte del museo) viviera el guitarrista estadounidense Jimi Hendrix (1942-1969) desde 1968 hasta su muerte.

# MAYFAIR Y MARYLEBONE

**INFORMACIÓN**
Embajada de EE UU .......................1 C4

**QUÉ VER** (pp. 87, 98-100)
Iglesia de All Souls ..........................3 D2
Broadcasting House .........................4 D2
Edificio Flatiron ...............................5 C3
Handel House Museum ....................6 D4
Madame Tussauds ...........................7 B1
Sherlock Holmes
  Museum ......................................8 B1
Wallace Collection ...........................9 C3

**DE COMPRAS** ▣ (pp. 205-224)
Burberry .........................................10 D4
Butler & Wilson ..............................11 D4
Cath Kidston ..................................12 C2
Daunt Books ...................................13 C2
French Connection UK ....................14 C3
Ginger Pig .......................................15 C2
Jigsaw ..............................................16 D4
John Lewis .......................................17 D3
Kurt Geiger .....................................18 D4
Marks & Spencer .............................19 C3
Miss Selfridge .................................20 D3
Monocle Shop .................................21 C2
Mulberry .........................................22 D4

Poste ...............................................24 D4
Pringle .............................................25 D4
Selfridges ........................................26 C3
Stella McCartney ............................27 D4
Wright & Teague ............................28 D5

**DÓNDE COMER** ▥ (pp. 225-266)
Eat & Two Veg .................................29 C2
Fishworks .........................................30 C2
Golden Hind ....................................31 C2
Gordon Ramsay at
  Claridge's ......................... (véase 50)
Greenhouse .....................................32 D5
Il Baretto .........................................33 C2
Le Pain Quotidien ...........................34 C2
Locanda Locatelli ...........................35 B3
Mercado de granjeros de
  Marylebone ...............................36 C2
Natural Kitchen ..............................37 C2
Ping Pong ........................................38 C2
Providores & Tapa Room ................39 C2
Reubens ...........................................40 B2
Villandry ..........................................41 D2
Wagamama .....................................42 C3
Wallace ................................... (véase 9)
Wild Honey .....................................43 D4

**DÓNDE BEBER** ▣ (pp. 267-286)
Guinea .............................................44 D4
Salt Whisky Bar ...............................45 A3

**ARTE** ▣ (pp. 301-312)
Wigmore Hall ..................................46 D3

**DEPORTES Y ACTIV.** (pp. 313-320))
Elemis Day Spa ...............................47 D4
Seymour Leisure
  Centre .........................................48 A2

**DÓNDE DORMIR** ⌂ (pp. 329-352)
Chesterfield .....................................49 D5
Claridge's ........................................50 D4
Cumberland Hotel ...........................51 B4
Dorchester .......................................52 C5
Dorset Square Hotel .......................53 B1
Durrants Hotel ................................54 C2
Edward Lear Hotel ..........................55 B3
Glynne Court Hotel .........................56 B3
Hotel La Place .................................57 C2
International Students'
  House ..........................................58 D1
Leonard Hotel .................................59 B3
Mandeville .......................................60 C3
Sumner Hotel ..................................61 A3

# WESTMINSTER

## ABADÍA DE WESTMINSTER
Plano pp. 86-87

☎ 7222 5152; www.westminster-abbey.org;
Dean's Yard SW1; adultos/menores 11 años/
11-17 años/reducida 15/gratis/6/12 £; ⏱ 9.30-
15.45 lu-vi, a 18.00 mi, a 13.45 sa, última admisión
1 h antes del cierre; ⊖ Westminster; &

La Westminster Abbey es un lugar tan
importante para las conmemoraciones
monárquicas y de las grandes personalidades políticas y artísticas de la nación que es
difícil no enfatizar más de la cuenta su valor
simbólico o imaginar su equivalente en cualquier otro rincón del mundo. Con la excepción de Eduardo V y Eduardo VIII, todos los
soberanos ingleses han sido coronados aquí
desde Guillermo el Conquistador (1066),
y la mayoría de ellos, desde Enrique III
(fallecido en 1272) a Jorge II (1760), también
fueron enterrados en ella.

Hay muchas cosas para ver, pero para
evitar las aglomeraciones conviene llegar o
muy pronto o muy tarde.

La abadía es una maravilla y, aunque
mezcla diferentes estilos arquitectónicos,
está considerada como el mejor ejemplo
del gótico inglés temprano (1180-1280). El
rey (más tarde santo) Eduardo el Confesor,
que está enterrado en la capilla de detrás
del altar mayor, mandó construir la primera

iglesia en el s. XI. Enrique III [1216-1272]
empezó a trabajar en el nuevo edificio
pero no pudo verlo terminado; la nave, de
estilo gótico francés, se acabó en 1388. La
magnífica y enorme capilla de Enrique VII se
añadió en 1519. A diferencia de la catedral
de St Paul, la abadía de Westminster nunca
ha sido una catedral, es lo que se llama un
"privilegio real", y está administrada por la
propia Corona.

Tal vez impresione más por fuera que
por dentro, atiborrada de pequeñas capillas,
ornamentadas tumbas de la monarquía
y monumentos dedicados a personajes
ilustres de todos los tiempos. Además, como
cabe esperar de una de las iglesias más
visitadas de la cristiandad, se llena hasta
extremos intolerables.

Después de rebasar la barrera que conduce a la puerta norte se halla Statesmen's Aisle
(pasillo de los Estadistas), donde se honra a
figuras políticas y personalidades públicas
notables con estatuas de mármol considerablemente grandes. Los monumentos de los
primeros ministros *whig* y *tory* que gobernaron la última etapa de la era victoriana,
Gladstone (que también está enterrado
aquí) y Disraeli (que no lo está), se hallan
incómodamente próximos el uno del otro.
Cerca está el monumento a Robert Peel,
quien, siendo ministro del Interior en 1829,
creó el cuerpo de la Policía Metropolitana.

Estos agentes pasaron a ser conocidos como "los chicos de Bobby" y más tarde, sencillamente como *bobbies*.

En el extremo este del presbiterio, frente a la entrada de la capilla de Enrique VII, se halla la discreta Coronation Chair (silla de la coronación), en la que, al parecer, han sido coronados casi todos los monarcas desde el s. XIII. Tras subir los escalones que hay enfrente, a mano izquierda se halla la estrecha capilla de la Queen Elizabeth (Reina Isabel) donde Isabel I y su hermanastra María Tudor comparten una ornamentada tumba.

La capilla de Enrique VII (Henry VII), en la parte más oriental de la abadía, tiene una espectacular bóveda de abanico. Detrás del altar descansa el elaborado sarcófago del rey y la reina, Isabel de York.

Más allá del altar de esta última capilla está la capilla de la RAF, con unos vitrales que conmemoran el mejor momento de las Fuerzas Aéreas británicas, la Batalla de Inglaterra. Al lado, una placa señala el lugar donde descansó el cuerpo de Oliver Cromwell durante dos años hasta la Restauración, cuando fue exhumado, colgado y decapitado. Ahora alberga los cuerpos de dos jóvenes príncipes (presumiblemente) asesinados en la Torre de Londres en 1483. En el pasillo sur de la capilla se halla la tumba de la reina María I Estuardo (Mary Queen of Scots), decapitada por orden de su prima Isabel I con el beneplácito de su hijo, el futuro Jacobo I.

La capilla de San Eduardo el Confesor (St Edward the Confessor), el lugar más sagrado del templo, se halla al este del presbiterio y detrás del altar mayor; quizás el acceso esté restringido para proteger el pavimento del s. XIII. San Eduardo fue el fundador de la abadía, aunque el edificio original no se consagró hasta unas semanas antes de su muerte. Su tumba sufrió algunos cambios tras ser destruida durante la Reforma.

El crucero sur acoge el Poets' Corner (rincón de los Poetas), donde están enterradas o son recordadas muchas de las mejores plumas de Inglaterra; un monumento conmemorativo en este lugar es el mayor honor que la reina puede conceder. Al norte puede verse la Lantern (linterna), el corazón de la abadía, donde se celebran las coronaciones. Si se mira al este desde el centro, el santuario queda delante. George Gilbert Scott diseñó el ornamentado altar mayor en 1897. Detrás está el coro y presbiterio de Edward Blore, que data de mediados del s. XIX y es una asombrosa estructura gótico-victoriana en oro, azul y

rojo. Allí donde los monjes celebraban antaño el culto, actualmente cantan los niños de la Choir School (Escuela Coral) y los vicarios laicos durante los servicios diarios.

La entrada al claustro data del s. XIII, pero el lugar en sí es del s. XIV. Hacia el este sale un pasillo que conduce a tres museos administrados por el English Heritage. La octogonal Chapter House (sala capitular; 🕑 9.30-17.00 abr-sep, 10.00-17.00 oct, 10.00-16.00 nov-mar) posee uno de los pavimentos medievales de baldosas mejor conservados de Europa, además de restos de frescos religiosos. En ella se reunía la Cámara de los Comunes en la segunda mitad del s. XIV. A la derecha de la entrada se halla la que está considerada la puerta más vieja del Reino Unido, que lleva allí 950 años. La adjunta Pyx Chamber (Cámara de Pyx; 🕑 10.00-16.30) es una de las pocas reliquias que quedan de la primera abadía y alberga tesoros y objetos litúrgicos. El Abbey Museum (Museo Abacial, 🕑 10.30-16.00) exhibe máscaras mortuorias de varias generaciones de reyes, efigies de cera que representan a Carlos II y a Guillermo III (subido en un taburete para ser tan alto como su esposa María), armaduras y vitrales.

Para llegar al College Garden (🕑 10.00-18.00 ma-ju abr-sep, hasta 16.00 ma-ju oct-mar), de 900 años, hay que entrar por el Dean's Yard y los claustros menores junto a Great College St.

En el lado oeste del claustro se halla el Scientists' Corner (rincón de los científicos), donde se halla la tumba de sir Isaac Newton; una sección cercana al lado norte de la nave se conoce como el Musicians' Aisle (pasillo de los Músicos).

Se sale por la puerta oeste, sobre la cual se erigen las dos torres que diseñó Nicholas Hawksmoor y que se terminaron en 1745. Justo encima de la puerta, encaramadas en hornacinas del s. XV, se hallan las últimas adquisiciones de la abadía: diez estatuas de piedra de mártires internacionales del s. XX. Fueron dadas a conocer en 1998 e incluyen las figuras de Martin Luther King y de san Maximilian Kolbe, sacerdote polaco que fue asesinado por los nazis en Auschwitz.

En la salida, a mano derecha, hay un monumento conmemorativo a las víctimas inocentes de la opresión, la violencia y la guerra en todo el mundo. El texto reza con tristeza: "A todos los que pasáis de largo, ¿ni siquiera os importa?".

Las visitas guiadas (☎ 7222 7110; visitas 3 £) salen varias veces durante el día (lu-sa) y duran 90 minutos. Una de las mejores maneras de visitar la abadía es asistir a una misa, sobre todo a las vespertinas (17.00 entre semana, 15.00 fines de semana). Los domingos, la eucaristía es a las 11.00.

## PARLAMENTO Plano pp. 86-87

☎ 7219 4272; www.parliament.uk; entrada de St Stephen, St Margaret St SW1; gratis; ☼ durante sesiones parlamentarias 14.30-22.30 lu, 11.30-19.00 ma y mi, 11.30-18.30 ju, 9.30-15.00 vi; ⊖ Westminster; ♿

Tanto la Cámara de los Comunes como la Cámara de los Lores se hallan en el suntuoso palacio de Westminster. Charles Barry, ayudado por el interiorista Augustus Pugin, construyó el palacio entre 1840 y 1860, en pleno furor del extravagante estilo neogótico. El trazo más famoso del exterior es la torre del reloj, conocida en todo el mundo como Big Ben. Ben, como se llama la gran campana que cuelga en su interior, debe su nombre a Benjamin Hall, el encargado de las obras cuando la torre se terminó en 1858. Si alguien está muy interesado (y es residente del Reino Unido) puede solicitar por escrito una visita gratis a la torre (véase la página web). Las trece toneladas de Ben han dado las campanadas del Año Nuevo desde 1924 y, cada cinco años, expertos alpinistas limpian las manecillas y la esfera del reloj. Las mejores vistas del conjunto se obtienen desde la cara este del Lambeth Bridge. En un extremo del edificio se halla la Victoria Tower, finalizada en 1860.

La Cámara de los Comunes es el lugar en el que se reúnen los miembros del Parlamento (MPs) para proponer y discutir leyes y criticar al primer ministro y al Ejecutivo. El mejor momento para ver un debate es durante la sesión de interpelación al primer ministro, para la que hay que reservar entrada a través de la embajada británica del país del interesado.

El trazado de la Cámara de los Comunes está inspirado en el de la capilla de St Stephen's del palacio de Westminster original. La sala actual, diseñada por Giles Gilbert Scott, sustituyó a la anterior, que fue destruida por una bomba en 1941. Aunque haya 646 parlamentarios, en ella solo hay 437 escaños. Los miembros del Gobierno se sientan a la derecha del presidente de la Cámara y los de la oposición, a su izquierda. El presidente preside todas las sesiones desde una silla donada por Australia, mientras que los ministros hablan desde una tribuna regalada por Nueva Zelanda.

Cuando hay sesión parlamentaria, los visitantes pueden entrar en la House of Commons Visitors' Gallery (Cámara de los Comunes) a través de la entrada de St Stephen. Aquellos que no hayan reservado entrada, deberán hacer una cola de una o dos horas. Los descansos del Parlamento se prolongan durante tres meses en verano y un par de semanas en Semana Santa y Navidad, por lo que conviene llamar antes. Para enterarse del debate del día, hay que consultar el tablón que hay junto a la entrada o echar una ojeada al *Daily Telegraph* o a la sección "Today in Parliament" del periódico gratis *Metro*, aunque cabe decir que los debates no son ni muy multitudinarios ni muy emocionantes. Antes de entrar en la galería se deben dejar las bolsas y las cámaras en el guardarropa y no se permite llevar grandes maletas o mochilas.

Después de que el grupo de la campaña *Fathers 4 Justice* lanzara un preservativo lleno de polvo rojo a Tony Blair en mayo del 2004 y de que los defensores de la caza irrumpieran en septiembre del mismo año, las medidas de seguridad se endurecieron, y ahora una pantalla antibalas se interpone entre el público y la sala de plenos.

Mientras se espera a que las bolsas pasen los rayos X, se puede aprovechar para mirar, a la izquierda, el impresionante techo del Westminster Hall, originariamente construido en el 1099, que es la parte más antigua conservada del palacio de Westminster, sede de la monarquía inglesa desde el s. XI hasta principios del s. XVI. El techo fue añadido entre 1394 y 1401, y se trata del primer ejemplo conocido de artesonado de tipo *hammer-beam*, descrito a su vez como la mejor muestra que se conserva de la carpintería medieval inglesa. En el Westminster Hall se celebraban los banquetes de la coronación en la época medieval y también ejerció de tribunal de justicia hasta el s. XIX. Los procesos a William Wallace (1305), Thomas More (1535), Guy Fawkes (1606) y Carlos I (1649) se desarrollaron allí. En el s. XX, ha servido de capilla ardiente para los monarcas y Winston Churchill.

La House of Lords Visitors' Gallery (Cámara de los Lores; ☎ 7219 3107; gratis; ☼ 14.30-22.00 lu-mi, 11.00-13.30 y 15.00-19.30 ju, 11.00-15.00 vi) también abre al público. Con los suaves ronquidos de fondo de sus señorías, se puede apreciar el elaborado interior gótico que le costó la vida al pobre Pugin (1812-1852), por extenuación y estrés.

Se ofrecen visitas guiadas en verano ( ☎ 0870 906 3773; entrada por St Stephen y St Margaret St;

adultos/niños/reducida 12/5/8 £), cuando los parlamentarios están de vacaciones, de 75 minutos por ambas cámaras y por otros edificios históricos. Como los horarios varían, conviene llamar antes o consultar la página web oficial del Parlamento: www.parliament.uk.

## TATE BRITAIN Plano pp. 86-87
☎ 7887 8000, 7887 8888; www.tate.org.uk; Millbank SW1; entrada gratis, exposiciones temporales variable; ☽ 10.00-17.50; ⊖ Pimlico; ♿

Podría pensarse que esta galería vive horas bajas desde que su apuesta hermana, la Tate Modern (p. 123), se llevara la mitad de la colección y todo el protagonismo río arriba cuando se inauguró en el 2000. Pero no es así, y las cosas les van de fábula a ambas. La honorable Tate Britain, construida en 1897, se adaptó perfectamente a su espacio ampliado, llenándolo con su colección definitiva de arte británico desde el s. XVI hasta finales del s. XX, mientras la Tate Modern dedica el suyo al arte moderno.

La colección permanente sigue, en términos generales, un orden cronológico, y cuenta con algunas de las mejores obras de artistas como Constable y Gainsborough, con salas propias, además de Hogarth, Reynolds, Stubbs, Blake y Henry Moore, entre otros. Colindante al edificio principal está la Clore Gallery, que atesora el soberbio trabajo de J. M. W. Turner, incluidos los recuperados *Sombra y oscuridad: la noche del diluvio* y *Luz y color: la mañana después del diluvio*, que fueron robados en 1994 y encontrados nueve años más tarde.

Que nadie piense que todos los artistas modernos y contemporáneos están en la Modern, pues aquí también cuelgan cuadros de Lucian Freud, Francis Bacon, David Hockney y Howard Hodgkin, así como de Anthony Gormley y de la controvertida Tracey Emin. Todos los años, de octubre a principios de diciembre, la galería acoge el prestigioso y, a menudo, polémico Turner Prize de arte contemporáneo.

Cada día se ofrecen gratis visitas temáticas guiadas de 60 minutos, que suelen salir a la hora en punto (última 15.00), además de charlas, también gratis, de 15 minutos sobre lienzos, pintores y estilos a las 13.15 de martes a jueves en la Rotonda. La colección puede visitarse con la ayuda de audioguías (adultos/reducida 3,50/3 £). Un buen momento para visitarla es durante las sesiones Late at Tate, que se celebran el primer viernes de cada mes, cuando la galería permanece abierta hasta las 22.00. La mejor manera de desplazarse entre ambas Tates es en el barco que las conecta; véase p. 123.

## HORSE GUARDS PARADE Plano pp. 86-87
☎ 0906 866 3344; ☽ cambio de guardia 11.00 lu-sa, 10.00 do; ⊖ Westminster

Mucho más accesible que el cambio de guardia del palacio de Buckingham es el que la Caballería Real lleva a cabo en la entrada oficial de los palacios reales (delante de la Banqueting House). A las 16.00, los guardias desmontan y hacen el relevo sin tanta pompa. Además, el día del cumpleaños oficial de la reina (en junio), también se celebra el Trooping of the Colour.

Como la plaza de armas y sus edificios se construyeron en 1745 para albergar a los llamados "socorristas" de la reina, parece muy adecuado que sea aquí donde se monte el campo de *voley*-playa para los Juegos Olímpicos de Londres de 2012 (véase www.london2012.org).

## IGLESIA DE ST JOHN, SMITH SQUARE
Plano pp. 86-87
☎ 7222 1061; www.sjss.org.uk; Smith Sq, Westminster SW1; ⊖ Westminster o St James's Park

En 1728, Thomas Archer construyó esta llamativa iglesia en pleno Westminster, acatando la Ley de las Cincuenta Nuevas Iglesias (1711) con la que se pretendía levantar 50 nuevos templos en la zona de expansión metropolitana. Nunca se llegó a completar dicho número, que se quedó en aproximadamente una docena. Desgraciadamente, la estructura de la iglesia de St John, con sus cuatro torres esquineras y sus monumentales fachadas, fue muy criticada durante su primer siglo de existencia porque se decía que la reina Ana la había comparado a un escabel, a pesar de que hoy se comenta que eso era precisamente lo que quería. Anécdotas aparte, actualmente todo el mundo coincide en que la iglesia es una obra maestra del barroco inglés, aunque ya no funcione como centro de culto. Tras ser alcanzada por una bomba en la Segunda Guerra Mundial, se reconstruyó en la década de 1960 como sala de conciertos de música clásica (p. 304), con fama de tener una acústica impecable.

El restaurante abovedado de ladrillo de la cripta se llama, obviamente, Footstool ("escabel") y abre al mediodía de lunes a viernes, y, para cenas, antes y después de los conciertos.

# WHITEHALL

Whitehall y su apéndice, Parliament St, es la amplia avenida que comunica Trafalgar Sq con Parliament Sq, flanqueada por muchos edificios gubernamentales, estatuas, monumentos y otros mamotretos históricos.

## CHURCHILL MUSEUM & CABINET WAR ROOMS Plano pp. 86-87

☎ 7930 6961; www.iwm.org.uk; Clive Steps, King Charles St SW1; adultos/menores 16 años/jubilados y estudiantes 13/gratis/10,40 £; ⊕ 9.30-18.00, última admisión 17.00; ⊖ Charing Cross o Westminster; ♿

El búnker donde se reunían el primer ministro Winston Churchill, su gabinete y sus generales durante la Segunda Guerra Mundial se ha transformado en una enorme exposición dedicada al "más fenomenal de los británicos". El maravilloso y mediático Churchill Museum se suma a las conmovedoras Cabinet War Rooms (Salas del Gabinete de Guerra) donde los jefes del Estado Mayor, bajo un bloque de hormigón de 3 m de grosor, dormían, comían y planeaban la caída de Hitler, creyéndose a salvo de los bombardeos de la Luftwaffe, aunque la verdad es que se hubiera doblado como el papel si hubiese sido alcanzado por una bomba. Las dos secciones juntas consiguen que el visitante se olvide del Churchill inconformista y pésimo político en tiempos de paz y comprenda hasta qué punto fue el hombre adecuado en el momento preciso.

El museo muestra pósteres de todo tipo, banalidades y efectos personales, desde puros a un jarrón con su popular imagen de "*bulldog* británico", y desde su uniforme de consejero de Estado hasta un conjunto de terciopelo rojo de un mal gusto impresionante. Aunque el museo no rehúye las flaquezas de su héroe, sí empieza por sus puntos fuertes: sus conmovedores discursos, reproducidos una y otra vez para que al visitante se le ponga la piel de gallina. "No tengo otra cosa que ofrecer que sangre, trabajo duro, sudor y lágrimas"; "Los combatiremos en las playas"; "Nunca en el decurso de la historia de la humanidad había habido tantos que debieran tanto a tan pocos". En otro punto del recorrido, el elocuente Winnie incluso se cuelga la medalla de haber inspirado a Orson Welles para crear esa famosa e interminable arenga sobre Suiza y los relojes de cuco en la película *El tercer*

*hombre,* con un discurso que pronunció en el Parlamento años antes de que se filmara.

Hay un metraje fantásticamente montado de los funerales de Estado de Churchill en abril de 1965, que, a su lado, los de abril del 2005 del papa Juan Pablo II parecen de carácter familiar. También se puede revisar lo que hizo el primer ministro casi cada día de su vida a través de un enorme tablero interactivo. Al tocar cualquier año de la pantalla, este se despliega en meses y días para que el visitante escoja a su antojo.

En el lado totalmente opuesto, las viejas Cabinet War Rooms se han dejado tal cual estaban cuando se apagaron las luces aquel Día VJ de la victoria sobre Japón, en agosto de 1945, y todo el mundo salió a tomarse una merecida copa. La sala donde el gabinete de guerra se reunió más de cien veces, la sala del telégrafo con su línea directa con Roosevelt, el estrecho departamento de secretarías, el trastero reconvertido en despacho de Churchill y el dormitorio con decenas de camas, todo conserva su aspecto original.

El visitante pasará por la cabina radiofónica desde donde Churchill pronunció cuatro de sus enardecedores discursos, incluido uno en el que afirmaba que Alemania atizaba "el fuego de los corazones británicos" mientras las bombas nazis caían sobre la capital en el famoso Blitz. En la sala de conferencias del jefe del Estado Mayor, las paredes están cubiertas con enormes mapas auténticos que no fueron descubiertos hasta el 2002. Si se mira bien la pared de la derecha, a unos dos tercios del muro, alguien (¿quizás Churchill?) dibujó un pequeño garabato que muestra a un Hitler bizco y patizambo golpeado en el trasero.

La audioguía gratis es muy informativa y entretenida, y revela muchas anécdotas, tales como las de un grupo de personas que trabajaron aquí en el momento álgido de la campaña bélica inglesa (y a los que su irritable jefe no les permitía ni silbar para aliviar la tensión).

## BANQUETING HOUSE Plano pp. 86-87

☎ 0870 751 5178; www.hrp.org.uk; Whitehall SW1; adultos/menores16 años/reducida 4,80/gratis/4 £; ⊕ 10.00-17.00 lu-sa; ⊖ Westminster o Charing Cross; ♿

Es la única parte que se conserva del palacio de estilo Tudor de Whitehall, que ocupaba prácticamente toda Whitehall antes de quemarse en 1698. Al regresar de Italia, Inigo Jones lo diseñó para que fuera el primer edificio renacentista puro de Inglaterra. Según parece, como no había otro igual en todo el país, los ingleses lo detestaron durante más de un siglo.

Delante hay un busto de Carlos I que conmemora el 30 de enero de 1649, día en el que Cromwell lo acusó de traición después de la Guerra Civil y ordenó su ahorcamiento en un cadalso construido junto a la ventana del 1er piso del palacio. Cuando se reinstauró la monarquía con Carlos II, inevitablemente se convirtió en una especie de santuario monárquico. Un enorme salón, casi sin amueblar, del 1er piso exhibe nueve paneles pintados en el techo por Rubens en 1635. Se los encargó Carlos II para que mostraran el derecho divino de los reyes.

Aún se utiliza puntualmente para celebrar banquetes de Estado y conciertos, pero afortunadamente no hay que estar en la lista real de invitados para visitarlo. Cuando el recinto se alquila para eventos, se cierra al público, por lo que hay que llamar antes para asegurarse.

Las personas con discapacidades deben reservar con antelación.

## CENOTAFIO Plano pp. 86-87
**Whitehall SW1; ⊖ Westminster o Charing Cross**
En 1920, Edwin Lutyens construyó este *cenotaph* que hoy honra a los caídos británicos y de la Commonwealth de las dos guerras mundiales. La reina y otras figuras públicas colocan amapolas en su base cada segundo domingo de noviembre (Remembrance Sunday).

## Nº 10 DE DOWNING STREET
Plano pp. 86-87
**www.number10.gov.uk; 10 Downing St SW1; ⊖ Westminster o Charing Cross**
Esta casa ha sido la sede oficial de los líderes británicos desde 1732, cuando Jorge II se la regaló a Robert Walpole, y desde su remodelación en 1902 también ha sido la residencia oficial londinense del primer ministro. Como dijo Margaret Thatcher, hija de un tendero, aquí se "vive encima de la tienda".

Para tratarse de una dirección tan famosa, el nº 10 es un edificio pequeño en una calle discreta, y muy humilde si se compara con la Casa Blanca, por ejemplo. Pero conviene no acercarse demasiado al impertérrito *bobby* que hace guardia ante la puerta; durante la época de Margaret Thatcher la calle estaba acordonada con unas vallas de hierro bastante grandes.

Tony Blair rompió la tradición e intercambió su residencia con la del entonces soltero *lord chancellor*, que también por tradición ocupa el piso, más grande, del nº 11 de la misma calle. Su sucesor, Gordon Brown, retornó al nº 10.

# MARYLEBONE

## MADAME TUSSAUDS Plano p. 92
☎ 0870 400 3000; www.madame-tussauds.com; Marylebone Rd NW1; adultos/menores 16 años 25/21 £; ⏰ 9.30-17.30 lu-vi, 9.00-18.00 sa y do; ⊖ Baker St; ♿

¿Qué se puede decir del Madame Tussauds? Es increíblemente *kitsch* y terriblemente caro, pero aun así vende más de tres millones de entradas cada año y casi encabeza la lista de prioridades de cualquier visitante a la ciudad. Sobre gustos no hay nada escrito, por lo que si lo que se quiere ver es a famosos, estrellas del celuloide y la familia Windsor reproducidos en fantásticas figuras de cera de tamaño natural, se lo pasará en grande.

El museo se remonta a dos siglos atrás, cuando la modelista suiza que le da nombre empezó a hacer máscaras mortuorias en cera de personas asesinadas durante la Revolución Francesa. Llegó a Londres en 1803 y expuso una treintena de sus máscaras en un edificio de Baker St cercano al actual, que funciona desde 1885.

Tuvo un gran éxito en la época victoriana, cuando estos modelos ofrecían a los visitantes la única mirada posible sobre los famosos e infames antes de que se extendiera la fotografía.

El Madame Tussauds acostumbra a hacer encuestas al público para conocer sus prioridades y, de momento, la palma se la llevan la oportunidad de hacerse una fotografía con la figura de Kate Moss (que no se parece mucho), una estatua ecológica del príncipe Carlos, y la Blush Room, donde los famosos se muestran indiferentes y donde la figura de Jennifer López se ruboriza cuando se le susurra al oído. Los fans de Bollywood disfrutarán de un sonriente Shahrukh Khan, y los amantes de *Big Bruvva* (Gran Hermano) pueden entrar en la Diary Room y llevarse el vídeo a casa. El último en unirse a la colección es el alcalde de Londres, Boris Johnson, que sonríe con descaro a los visitantes mientras, en un vídeo de YouTube, el personaje real cuenta a un grupo de periodistas que el Madame Tussauds es "uno de esos lugares de Londres que sacará a esta ciudad de la recesión". Todo sea por una buena causa.

Para inmortalizarse junto a algunos líderes políticos, se puede ir al World Stage, y para posar con famosos, a la Premiere Room. La célebre Cámara de los Horrores recrea las atrocidades de Jack el Destripador y triunfa entre los niños. Para acabar, se puede dar una vuelta en el taxi del tiempo Spirit of London, donde el visitante puede sentarse en un prototipo del típico taxi negro londinense para escuchar un resumen histórico de Londres de cinco minutos (y menos mal, porque los guiones son pésimos y los comentarios, más que manidos). El antiguo planetario ahora es el Stardome, que proyecta una entretenida y didáctica película de animación de Nick Park, creador de Wallace y Gromit (en la que intervienen alienígenas y famosos).

¿Qué pasa con las figuras de aquellas personas cuyos 15 minutos de gloria ya han caducado?, contrariamente a la creencia popular, nunca se funden, sino que se guardan en un almacén.

Si se quieren evitar las colas (sobre todo en verano) conviene sacar la entrada por Internet y reservar hora, que además sale más económico.

## WALLACE COLLECTION Plano p. 92

☎ 7563 9500; www.wallacecollection.org; Hertford House, Manchester Sq W1; gratis;s ⏰ 10.00-17.00; ⊖ Bond St; ♿

Podría decirse que, de las galerías pequeñas, es la más bonita de Londres (aunque muchos londinenses ni la conocen). La Wallace Collection permite asomarse a la vida aristocrática del s. XVIII. Esta mansión italianizada y suntuosamente restaurada alberga un tesoro de pinturas, porcelanas, objetos y muebles de los ss. XVII y XVIII, coleccionados durante generaciones por la misma familia y legados al país por la viuda de sir Richard Wallace (1818-1890) con la condición de que siempre fueran exhibidos en el centro de Londres.

Entre las muchas maravillas del lugar –aparte de la calidez y simpatía del personal– se muestran lienzos de Rembrandt, Hals, Delacroix, Tiziano, Rubens, Poussin, Van Dyck, Velázquez, Reynolds y Gainsborough en la maravillosa Great Gallery (Gran Galería), una espectacular muestra de armaduras medievales y renacentistas (algunas hasta es posible probárselas), un salón de fumadores con azulejos Minton, unas deslumbrantes lámparas de araña y una espectacular escalera que está considerada como uno de los mejores ejemplos que quedan de

interiorismo francés (Francia incl.). También se programan exposiciones temporales (pagando) y eventos temáticos muy populares que versan sobre María Antonieta y otros aristócratas franceses, indumentaria y bailes de salón (consúltese la página web).

Si se almuerza en el excelente restaurante Café Bagatelle, en el patio central acristalado, que recuerda a un patio andaluz, se habrá pasado uno de los mejores días en Londres.

## SHERLOCK HOLMES MUSEUM
Plano p. 92

☎ 7935 8866; www.sherlock-holmes.co.uk; 221b Baker St; adultos/niños 6/4 £; ⏰ 9.30-18.00; ⊖ Baker St

Aunque el museo esté en el nº 221b de Baker St, la morada de ficción de Sherlock Holmes está en el edificio del Abbey National, un poco más al sur. Los aficionados a las hazañas del famoso detective disfrutarán escudriñando los tres pisos de este edificio de reconstrucción victoriana, con las gorras del investigador, velas encendidas, chimeneas parpadeantes y las intimidantes figuras de cera del profesor Moriarty y del "hombre del labio torcido". Lo más decepcionante es que no haya ni material ni información sobre Arthur Conan Doyle, su creador.

## BROADCASTING HOUSE Plano p. 92

☎ 0870 603 0304; www.bbc.co.uk; Portland Pl; ⏰ tienda 9.30-18.00 lu-sa, 10.00-17.30 do; ⊖ Oxford Circus

Este emblemático edificio es el lugar en el que la BBC comenzó sus emisiones radiofónicas en 1932, y desde donde todavía siguen radiándose muchos de sus programas. Alberga una tienda con todo tipo de productos relacionados con programas de la BBC, aunque la mayoría de su producción actual se fragua en el nuevo y reluciente complejo de la empresa, situado en Shepherd's Bush (quienes deseen conseguir entradas para una grabación pueden informarse en su página web); la vasta estructura en construcción cuando se escribía esta guía constituirá el nuevo emplazamiento del World Service.

## IGLESIA DE ALL SOULS Plano p. 92

☎ 7580 3522; www.allsouls.org; Langham Pl W1; ⏰ 9.00-18.00, cerrado sa; ⊖ Oxford Circus

Encantadora, la iglesia de Todas las Almas, dotada de un pórtico circular de columnas y un emblemático chapitel puntiagudo, recuerda un templo griego y fue una de las soluciones de Nash para resolver la curvatura norte de Regent St. Contruida con piedra de Bath, el templo fue muy impopular cuando se terminó en 1824, como demuestra el caricaturista George Cruikshank, que dibujó una viñeta con Nash dolorosamente empalado en la aguja junto a una leyenda que rezaba "¡¡¡Gusto Nashional!!!". Bombardeada durante el Blitz, se restauró en 1951 para convertirse en una de las iglesias más características del centro de Londres.

# PASEO POR EL WEST END
## Circuito a pie
**1 Covent Garden Piazza** Aunque muy turística, vale la pena ver esta maravillosa plaza

de Inigo Jones (p. 77) y algunos de los artistas callejeros que provocan las risas de los transeúntes delante de la iglesia de St Paul.

**2 Chinatown** Se recomienda evitar Leicester Sq y recorrer Lisle St pasando por debajo de las puertas falsas de Chinatown (p. 65), respirar las aromáticas especias y elegir un buen res-

## CIRCUITO A PIE

Inicio Estación de metro Covent Garden
Final Trafalgar Sq (estación de metro Charing Cross)
Distancia 4 km
Duración 1¼ horas
Refrigerio Jen Café (p. 232), Baozi Inn (p. 231), Inn the Park (p. 234), National Dining Rooms (p. 76)

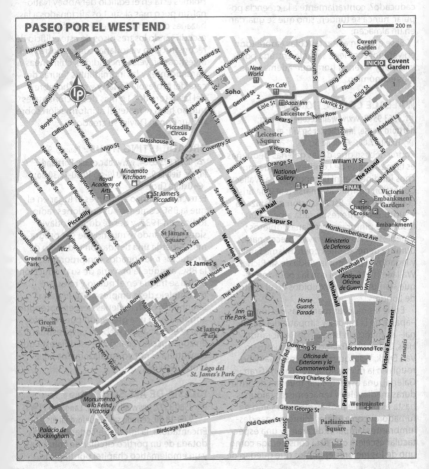

PASEO POR EL WEST END

taurante, por ejemplo el Jen Café (p. 232) o el Baozi Inn (p. 231).

**3 Shaftesbury Ave** Alberga algunos de los teatros más prestigiosos del West End. Estrellas de Hollywood como Juliette Lewis, Jessica Lange y Christian Slater han actuado aquí, sin olvidar al londinense Daniel Radcliffe.

**4 Piccadilly Circus** Caótica y permanentemente embotellada, la bonita Piccadilly Circus (p. 69) es el corazón de Londres, llena de anuncios luminosos e infestada de tiendas y turistas.

**5 Piccadilly** Esta elegante calle, que arranca en Piccadilly Circus, ya huele a la aristocracia que habita los cercanos St James's y Mayfair. St James's Piccadilly (p. 71) es la única iglesia que sir Christopher Wren construyó desde la nada; se puede entrar, echar una miradita a los puestos del mercado, que venden artesanías y antigüedades, y sentarse en el café mientras las palomas se pelean por las migas de pan. También se puede visitar Minamoto Kitchoan (p. 212), la tienda de dulces japoneses donde es posible tomar un té verde y repostería.

En la excelente Royal Academy of Arts (p. 70), donde algunas de las obras de su patio pueden resultar bastante extrañas, organizan muchas exposiciones, gratis y de pago.

**6 Green Park** Al rebasar a pie el hotel Ritz, a mano izquierda queda Green Park (p. 91), una apacible zona verde con impresionantes robles y farolas a la antigua.

**7 Palacio de Buckingham** Se puede admirar la morada de la reina (p. 88), pero para ver algunas de sus estancias habrá que ir en verano y preferiblemente sacar la entrada por adelantado. Se puede bajar a pie por el solemne The Mall, por el que suelen discurrir los desfiles y la limusina de Su Majestad, escoltada por su guardia.

**8 St James's Park** Aunque es uno de los parques (p. 89) más pequeños de Londres, también es de los más bonitos, tanto en verano como en invierno. Se puede dar de comer a los patos, a las ardillas o a los cisnes y observar a los pelícanos. Se recomienda hacer una pausa en el moderno restaurante Inn the Park (p. 234), a base de madera y gastronomía inglesa contemporánea, sin duda uno de los lugares más evocadores de la ciudad para cenar.

**9 Institute of Contemporary Arts** Se puede entrar en el vanguardista ICA (p. 91) y echar un vistazo a la exposición de turno: nunca dejan indiferente.

**10 Trafalgar Square** Aunque muy turística, Trafalgar Square (p. 74) es una plaza con todas las de la ley. Desde el lado sur se divisan unas vistas estupendas del Big Ben.

**11 National Gallery** Conviene invertir unas horas en la fantástica National Gallery (p. 75). Para disfrutar de un merecidísimo almuerzo o cena, basta con tomar asiento en el nuevo y elegante National Dining Rooms y deleitarse con su fastuosa cocina británica.

*Dónde comer* (p. 237); *Dónde beber* (p. 272); *Dónde dormir* (p. 338)

Las ancestrales y sagradas calles de la City son de las más fascinantes de Londres. La Square Mile (Milla Cuadrada) ocupa casi el mismo territorio que el que los romanos fundaron y cercaron con una muralla defensiva hace 2000 años, por lo que probablemente alberga más historia que el resto de los barrios londinenses juntos.

Sede de la Bolsa de Londres, del Banco de Inglaterra y de innumerables instituciones financieras más, las diminutas calles secundarias y las antiguas iglesias se las apañan como pueden para hacerse un hueco entre los rascacielos y edificios de oficinas. En la actualidad muy poca gente vive en la City (bombardeada sin piedad durante la Segunda Guerra Mundial), por lo que, aunque está muy animada de lunes a viernes, los fines de semana y entre semana después de las 21.00 (cuando se vacían los despachos), se puede oír hasta el vuelo de una mosca.

## lo mejor
### LA CITY

- Catedral de St Paul (abajo)
- Torre de Londres (p. 112)
- Museum of London (p. 106)
- 30 St Mary Axe (p. 109)
- Temple Church (p. 106)

El centro de gravedad de la City es la obra maestra de Wren, la catedral de St Paul (p. 102), de visita obligada. Más al norte se halla Smithfield, hogar durante siglos de la famosa Feria de St Bartholomew y enclave de la quema de brujas y otras macabras ejecuciones públicas en el pasado. Al este de Smithfield está la zona conocida hoy como el Barbican (p. 110), un vasto complejo de arte cuya arquitectura encanta u horroriza.

Más al este se halla Bank, un barrio de nombre prosaico que acoge a gran parte de las principales instituciones financieras del país, incluida la sede del Banco de Inglaterra. Esta parte de la City sí resulta un tanto estéril, pues muchos de sus *pubs* solo abren entre semana y las opciones para comer consisten bien en sándwiches del Marks & Spencer o bien alta y cara cocina, sin nada de por medio; no obstante, bellezas como el Lloyd's of London, el Gherkin (30 St Mary Axe, p. 109) o el maravilloso mercado de Leadenhall (p. 110) compensan con creces la falta de vida callejera.

Aún más al este está Tower Hill, hogar de la mundialmente famosa Torre de Londres y su puente, el característico Tower Bridge (p. 116). En esta zona sobresalen los anodinos edificios de oficinas, aunque desde las vecinas y multiculturales Algate y Whitechapel y de la adinerada Wapping se filtra algo de color. Sin embargo, la escasez de locales divertidos y de una comunidad vecinal en la City queda compensada con su riqueza histórica y fascinantes museos.

## SMITHFIELD Y ST PAUL'S
### CATEDRAL DE ST PAUL
Plano pp. 103 y 104

☎ 7236 4128; www.stpauls.co.uk; St Paul's Churchyard EC4; adultos/7-16 años/jubilados/estudiantes 11/3,50/10/8,50 £; ⏱ 8.30-16.00 (última admisión) lu-sa; ⊖ St Paul's; ♿

Esta obra maestra de sir Christopher Wren, uno de los edificios más reconocibles de Londres, ocupa una situación privilegiada en lo alto de Ludgate Hill. El arquitecto la terminó en 1710, después de que el templo precedente cayera pasto de las llamas durante el Gran Incendio de 1666. Soporta orgullosa la cúpula más grande de todos los edificios religiosos de la capital y ha presenciado no pocos acontecimientos en sus más de trescientos años de historia, sin olvidar que la Ludgate Hill ha sido un lugar de culto durante casi mil cuatrocientos años. La actual catedral es la quinta que se construye en el mismo emplazamiento. Los primeros bocetos que hizo Wren de St Paul fueron rechazados en el acto. Pero aun así, desde que se ofició la primera misa en 1697, ha acogido los funerales de lord Nelson, del duque de Wellington y de Winston Churchill, y ha sido anfitriona de Martin Luther King y de las malogradas nupcias de Carlos y Diana. Para los londinenses, su inmensa cúpula, que todavía se las apaña para destacar entre los rascacielos de la Square Mile, es un símbolo de resistencia y orgullo, pues salió milagrosamente ilesa del Blitz. Tras el descomunal proyecto de restauración, que concluirá a tiempo para celebrar su 300 aniversario en el 2010, la catedral ya lucía mejor

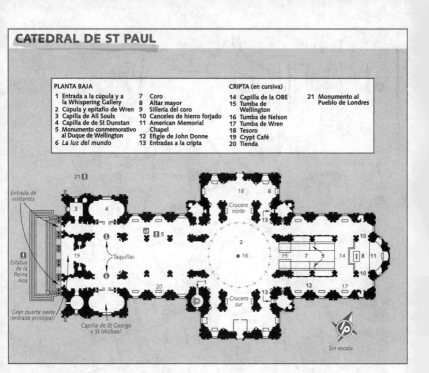

**PLANTA BAJA**

1 Entrada a la cúpula y a la Whispering Gallery
2 Cúpula y epitafio de Wren
3 Capilla de All Souls
4 Capilla de de St Dunstan
5 Monumento conmemorativo al Duque de Wellington
6 *La luz del mundo*
7 Coro
8 Altar mayor
9 Sillería del coro
10 Canceles de hierro forjado
11 American Memorial Chapel
12 Efigie de John Donne
13 Entradas a la cripta

**CRIPTA (en cursiva)**

14 Capilla de la OBE
15 Tumba de Wellington
16 Tumba de Nelson
17 Tumba de Wren
18 Tesoro
19 Crypt Café
20 Tienda
21 Monumento al Pueblo de Londres

que nunca cuando se escribió la presente guía, aunque todavía quedaban tramos de fachada cubiertos por andamios.

A pesar de su fascinante historia e impresionante interior, lo que más fascina a los visitantes es subir a la cúpula para disfrutar de una de las mejores panorámicas de Londres. En realidad, son tres cúpulas, una dentro de la otra, un verdadero *tour de force* para Wren, solo superada en tamaño por unas pocas en el mundo, casi todas en Italia. Hay exactamente 530 escalones hasta la cima, divididos en tres etapas. La planta de la catedral tiene forma de cruz latina, con la cúpula sobre el crucero. Primero hay que encontrar la zona circular pavimentada entre ocho recias columnas que aguantan la cúpula, y después encaminarse a la puerta del lado oeste del crucero sur. A unos 30 m de altura (259 escalones) está la balconada interior que rodea la base de la cúpula, llamada Whispering Gallery (galería de los Susurros) porque si alguien cuchichea algo en la pared, las palabras se oyen perfectamente en el lado opuesto, a 32 m de distancia.

Si se suben 119 escalones más, se llega a la Stone Gallery (galería de Piedra), un mirador exterior con vistas de 360° de Londres, bas-

tante obstaculizadas por columnas y otras medidas antisuicidios.

Los últimos 152 peldaños, de hierro, más empinados y estrechos, llevan hasta la Golden Gallery (Galería Dorada), y vale la pena hacer el esfuerzo, a menos que se sufra de claustrofobia. Desde arriba, a 111m de altura, la ciudad se extiende a los pies del visitante, sin verjas molestas; es difícil conseguir unas vistas mejores.

Por supuesto, la planta baja recompensa con infinidad de riquezas a aquellos que no quieran despegar sus pies del suelo embaldosado en blanco y negro. Su interior ha sido exquisitamente restaurado hace poco. Justo debajo de la cúpula hay una brújula y un epitafio escrito por el hijo de Wren y dedicado a su padre: *Lector, si monumentum requiris, circumspice* ("Lector, si buscas su monumento, mira a tu alrededor").

En la nave norte se hallan las capillas de All Souls y de St Dunstan, esta última dedicada al arzobispo de Canterbury del s. x, y el majestuoso monumento conmemorativo al Duque de Wellington (1875). La capilla del crucero norte alberga la célebre pintura de Holman Hunt, *La luz del mundo,* que muestra a Jesucristo llamando a una puerta desproporcionada

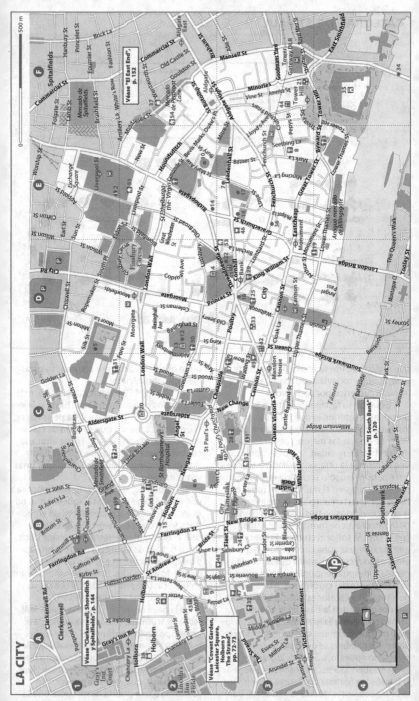

Véase "Clerkenwell, Shoreditch y Spitalfields", p. 144

Véase "Covent Garden, Leicester Square, Holborn y The Strand", pp. 72-73

Véase "El East End", p. 152

Véase "El South Bank", p. 120

500 m

# LA CITY

que, alegóricamente, solo puede abrirse desde dentro. Más allá, en el corazón de la catedral, se halla el espectacular coro (o presbiterio), con sus deslumbrantes techos y arcos de mosaicos verdes, azules, rojos y dorados, y el altar mayor. A ambos lados del coro se prolonga la sillería, exquisitamente tallada por Grinling Gibbons. Igual de delicados son los ornamentados canceles de hierro forjado que separan las naves del altar, obra de Jean Tijou (ambos hombres también trabajaron en el palacio de Hampton Court). Al dar la vuelta al altar, con su dosel dorado de roble macizo, se llega a la American Memorial Chapel, en recuerdo de los 28 000 estadounidenses destinados en Gran Bretaña que murieron en la Segunda Guerra Mundial.

En la parte sur del deambulatorio se halla la efigie de John Donne (1573-1631), el antiguo deán de la catedral, que además fue poeta metafísico, más famoso por sus versos inmortales "Ningún hombre es una isla" y "No preguntes por quién doblan las campanas, doblan por ti" (¡ambos en el mismo poema!).

En el lado este de los cruceros norte y sur hay escaleras que bajan a la cripta, el tesoro y la capilla de la OBE (Orden del Imperio Británico), donde se celebran bodas, funerales y servicios para sus miembros. La cripta presenta monumentos conmemorativos de unos trescientos héroes militares, como

Florence Nightingale y lord Kitchener; de hecho, el duque de Wellington está enterrado aquí; los restos del almirante Nelson han sido trasladados a un sarcófago negro justo debajo del centro de la cúpula. En las paredes circundantes hay placas en memoria de los súbditos de la Commonwealth que murieron en diferentes contiendas en el s. xx.

La tumba de Wren está en la cripta, donde también son recordados el arquitecto Edwin Lutyens, el pintor Joshua Reynolds y el poeta William Blake. Además, en una hornacina se exponen los polémicos planos de la catedral que realizó Wren y la maqueta de la basílica actual. St Paul fue uno de los cincuenta encargos que recibió el genial arquitecto después de que el Gran Incendio de Londres arrasara gran parte de la City.

El Tesoro alberga exposiciones temporales, por lo que no siempre está abierto. En la cripta se encuentra el Crypt Café (☉ 9.00-17.00 lu-sa, 10.30-17.00 do) y el restaurante Refectory (☉ 9.00-17.30 lu-sa, 10.30-17.30 do), además de una tienda (☉ 9.00-17.00 lu-sa, 10.30-17.00 do).

En el exterior del crucero norte hay un sencillo monumento al Pueblo de Londres, que recuerda a los 32 000 civiles muertos (y otros 50 000 gravemente heridos) en la City durante la Segunda Guerra Mundial. También a la izquierda, delante de la escalinata de la entrada, se halla el Temple Bar, una de las puertas originales de la ciudad de Londres. Este arco de piedra medieval en su día se alzó sobre Fleet St en un punto marcado por un grifo (plano pp. 72-73), pero fue trasladado a Middlesex en 1878. El Temple Bar fue restaurado y protagonizó un regreso triunfal a Londres (aunque en un emplazamiento totalmente distinto) en el 2003, año en que también se acometieron obras en Paternoster Sq.

Los circuitos con audioguía (adultos/jubilados y estudiantes 4/3,50 £) en diferentes idiomas duran 45 minutos; las visitas guiadas (adultos/6-12 años/ jubilados y estudiantes/niños 6-16 años 3/1/2,50 £), que tardan de 1½ a 2 horas, salen desde el mostrador a las 10.45, 11.15, 13.30 y 14.00. La mayoría de los domingos St Paul's programa recitales de órgano gratis a las 17.00 (visítese la web). La misa de vísperas se celebra a las 17.00 de lunes a sábado y a las 15.15 los domingos.

La movilidad para personas discapacitadas es limitada, por lo que conviene llamar para informarse.

## MUSEUM OF LONDON Plano p. 104
☎ 7001 9844; www.museumoflondon.org.uk; London Wall EC2; gratis; ☼ 10.00-18.00; ✪ Barbican o St Paul's; ♿
Aunque es uno de los mejores de la capital, este museo queda apartado de los recorridos turísticos, encajonado entre hormigón y coronando una rotonda en el Barbican. El centro brinda un apasionante recorrido por las diferentes etapas de la ciudad, desde sus orígenes hasta nuestros días. Mientras se preparaba esta guía, la planta baja, que cubre el período desde 1666 hasta la actualidad, estaba cerrada por reformas, si bien debería reabrir en la primavera del 2010.

La primera galería, llamada *London Before London* (Londres antes de Londres), resume los 450 millones de años de evolución del valle del Támesis. A través de la tecnología digital, que anima las exposiciones, y gracias a sus impresionantes fósiles y hojas de hacha de piedra con fundas nuevas, la galería logra dar vida a los asentamientos que precedieron a la capital. A continuación se halla la época romana, una experiencia mucho más interactiva, repleta de interesantes exposiciones y maquetas del aspecto que podría haber tenido la ciudad por aquel entonces. El resto de la planta lleva al visitante a través de los períodos sajón, medieval, Tudor y Estuardo, culminando en el Gran Incendio de 1666.

Para hacer una pausa, se puede optar por salir al agradable jardín del patio central del edificio o entrar en el adyacente Museum Café, que sirve comidas ligeras entre 10.00 (11.30 do) y 17.30. Si hace sol, se pueden comprar unos sándwiches para degustarlos en el vecino Barber Surgeon's Herb Garden.

Al llegar, hay que buscar la puerta 7 del Barbican; y antes de salir, no hay que olvidar echar una ojeada a la librería e informarse sobre las exposiciones temporales del museo.

## TEMPLE CHURCH Plano p. 104
☎ 7353 3470; www.templechurch.com; Temple EC4; gratis; ☼ aprox. 14.00-16.00 mi-do, llamar o enviar correo electrónico para confirmarlo; ✪ Temple o Chancery Lane
Esta magnífica iglesia está entre los muros de Temple, construidos por los legendarios caballeros templarios, la orden religiosa militar fundada en el s. XII para proteger a los peregrinos en su camino a Jerusalén. Se trasladaron a este emplazamiento aproximadamente en 1160, tras abandonar su antigua sede en Holborn. En la actualidad, el extenso oasis de entrañables edificios y agradables zonas peatonales ajardinadas comprende dos Inns of Court (sedes del Colegio de Abogados de Londres): el Middle y el Lesser Temple.

La iglesia tiene un diseño característico: la rotonda (consagrada en 1185 y que evoca la iglesia del Santo Sepulcro de Jerusalén) se adosa al presbiterio (construido en 1240), que es el corazón del templo actual. Ambas secciones fueron seriamente dañadas por una bomba en 1941, pero han sido exquisitamente restauradas. Sus principales puntos de interés son las estatuas de piedra de nueve caballeros de tamaño natural que yacen en el suelo de la rotonda. Entre ellas está la del conde de Pembroke, que ejerció de intermediario entre el rey Juan Sin Tierra y los barones rebeldes, consiguiendo que al final firmaran la Carta Magna de 1215. En los últimos años, muchos lectores de *El código Da Vinci* han visitado la iglesia, un escenario clave de la novela.

Entre semana, es más fácil acceder a la iglesia por Inner Temple Lane, que sale de Fleet St. Los fines de semana, se entra por Victoria Embankment.

## CENTRAL CRIMINAL COURT (OLD BAILEY) Plano p. 104
☎ 7248 3277; Newgate St esq. Old Bailey St; gratis; ☼ aprox. 10.00-13.00 y 14.00-17.00 lu-vi; ✪ St Paul's

Aunque ya es demasiado tarde para ver cómo se acusa de perjurio al escritor Jeffrey Archer, cómo se anulan las condenas de los cuatro de Guildford después de su injusto encarcelamiento por los ataques terroristas del IRA o cómo es conducido a prisión Peter Sutcliffe, el destripador de Yorkshire, "Old Bailey" sigue siendo sinónimo de crimen y mala fama. Por muy sencillo que sea el juicio al que se asista, valdrá la pena ver el tribunal, en cuyo banquillo de acusados se sentaron personajes como Oscar Wilde (en un edificio anterior al actual).

Se puede escoger entre 18 tribunales, pero los más antiguos –los nº 1, 2 y 3– suelen llevar los casos más interesantes. Como está prohibido entrar con cámaras, teléfonos móviles, bolsos grandes, comida y bebida, y no hay guardarropa ni taquillas donde dejarlo, es muy importante no llevar bultos. Eso sí, se puede llevar un jersey o similar para hacer más cómodos los duros asientos. Si el juicio es importante, se recomienda llegar temprano.

El nombre de Old Bailey proviene de la calle donde están situados los juzgados: *baillie* significaba "patio cerrado" en francés normando. El edificio actual se inauguró en 1907 y abarca un espacio que combina el anterior Old Bailey y la prisión de Newgate. Resulta curioso que la figura de la justicia que sostiene una espada y la balanza en lo alto de la cúpula de cobre del edificio no lleve los ojos vendados (como habitualmente se representa la imparcialidad). Los acusados siempre hacen todo tipo de comentarios sarcásticos al respecto.

## DR JOHNSON'S HOUSE Plano p. 104

☎ 7353 3745; www.drjohnsonshouse.org; 17 Gough Sq EC4; adultos/niños/reducida/familias 4,50/1,50/3,50/10 £; ☼ 11.00-17.30 lu-sa may-sep, hasta 17.00 lu-sa oct-abr; ⊖ Chancery Lane o Blackfriars

Esta espléndida casa de 1700 es uno de los pocos ejemplos que quedan de mansión georgiana urbana, aunque hoy cuesta encontrar la diminuta Gough Sq, rodeada de bloques de oficinas. En ella residió el genial e ingenioso georgiano Samuel Johnson, autor del primer diccionario inglés serio (compuesto en el desván por seis secretarios) y el hombre que proclamó: "Si alguien se cansa de Londres, es que está cansado de la vida".

Aunque el museo no se ajuste exactamente al ingenio del Dr. Johnson, se trata de un lugar evocador e interesante con muebles de época y antiguas pertenencias suyas, como un ladrillo de la Gran Muralla de China. Los numerosos cuadros del Dr. Johnson y sus colegas, entre ellos su criado negro Francis Barber y su secretario y biógrafo James Boswell, lamentablemente no dicen mucho de los lumbreras que hicieron de este edificio su propio hogar. Un objeto más elocuente es la silla del *pub* local de Johnson, el Old Cock Tavern de Fleet Street.

Hay un vídeo bastante denso y folletos donde se explica cómo el lexicógrafo y seis secretarios (Boswell no estaba aún en el equipo) confeccionaron el primer diccionario inglés en el desván de la casa durante el período en que la ocupó, entre 1748 y 1759. A los niños les encantarán los disfraces georgianos que hay en el último piso, y las exposiciones temporales del desván muestran diversos aspectos de la vida del s. XVIII.

Al otro lado de Gough Sq hay una estatua de Hodge, el gato de Johnson, sentado sobre la famosa cita que explica por qué un hombre cansado de Londres es un hombre cansado de la vida: "Porque Londres posee todo lo que la vida puede ofrecer".

## ST BARTHOLOMEW-THE-GREAT
Plano p. 104

☎ 7606 5171; www.greatstbarts.com; West Smithfield EC1; adultos/reducida 4/3 £; ☼ 8.30-17.00 lu-vi, hasta 16.00 mediados nov-mediados feb, 10.30-16.00 sa y 8.30-20.00 do todo el año; ⊖ Farringdon o Barbican

Esta espectacular y evocadora iglesia normanda data de 1123 y originariamente formaba parte del monasterio agustino, pero en 1539 se convirtió en la parroquia de Smithfield cuando el rey Enrique VIII rompió con Roma. Los arcos normandos originales, de piedra erosionada y ennegrecida, las tallas de madera oscura y la tenue iluminación confieren a este espacio una calma pretérita, especialmente cuando no hay nadie más, lo cual pasa con frecuencia. Está históricamente relacionada con William Hogarth, que fue bautizado aquí, y con el político Benjamin Franklin, que trabajó como aprendiz de impresor. La iglesia se halla en la esquina de los jardines del St Bart's Hospital, en el lado que queda más cerca del mercado de Smithfield. Otro de sus reclamos es que en ella se rodaron algunas secuencias de *Shakespeare in Love* y *Cuatro bodas y un funeral*.

## ST BRIDE'S, FLEET STREET Plano p. 104

☎ 7427 0133; www.stbrides.com; St Bride's Lane EC4; ⏱ 8.00-16.45 lu-vi, 11.00-15.00 sa, 10.00-13.00 y 17.00-19.30 do; ⊖ St Paul's o Blackfriars

Pese a que Rupert Murdoch se llevó la industria periodística a Wapping en la década de 1980, esta pequeña iglesia junto a Fleet St sigue siendo la parroquia de los periodistas. Aquí se encendieron velas por los reporteros John McCarthy y Terry Anderson durante los años que pasaron secuestrados en el Líbano en la década de 1990, y una placa conmemorativa recuerda el creciente número de reporteros caídos en Irak.

Hay una historia breve pero bien presentada sobre la industria de la edición en la cripta, que data de 1500, cuando la primera imprenta de Willian Caxton fue trasladada junto a la iglesia después de la muerte de Caxton; no obstante, mientras se preparaba esta guía, la cripta permanecía cerrada indefinidamente. St Bride's también es interesante arquitectónicamente. Diseñada por sir Christopher Wren en 1671, al parecer su chapitel, añadido en 1703, sirvió de inspiración para elaborar el primer pastel de bodas de varios pisos.

## ST ANDREW HOLBORN Plano p. 104

☎ 7353 3544; Holborn Viaduct EC4; ⏱ 9.00-16.30 lu-vi; ⊖ Chancery Lane

Esta iglesia en la esquina sureste de Holborn Circus, mencionada ya en el s. X, fue reconstruida por Wren en 1686 y se convirtió en la más grande de sus iglesias parroquiales. Aunque el interior quedara reducido a escombros durante la Segunda Guerra Mundial, casi todo lo que se ve hoy data del s. XVII, procedente de otras iglesias.

## GOLDEN BOY OF PYE CORNER
Plano p. 104

Cock Lane esq. Giltspur St, ⊖ St Paul's o Farringdon

Esta pequeña estatua de un niño robusto en la esquina de Cock Lane y Giltspur St, delante del St Bartholomew's Hospital, tiene una dedicatoria algo extraña: "En memoria del Gran Incendio de Londres ocasionado por el pecado de la gula en 1666". Sin embargo, todo queda más claro cuando se comprueba que el fuego prendió en una concurrida panadería de Pudding Lane y acabó apagándose en la otrora Pye Corner ("esquina del *Pie*"), donde ahora se levanta la estatua. En aquel entonces, muchos interpretaron el incendio como un castigo divino a la glotonería de los londinenses.

## MERCADO DE SMITHFIELD Plano p. 104

West Smithfield EC1; ⏱ 4.00-12.00 lu-vi; ⊖ Farringdon

Es el último mercado de carne que queda en el centro de Londres. Antaño era un campo apacible (*smooth field*, de ahí su nombre) donde los animales podían pastar, pero su historia no tiene nada de bucólica. Se construyó en los terrenos tristemente célebres de la Feria de St Bartholomew, donde se acostumbraba a quemar a las brujas en la estaca. Pero además, aquí también se ejecutó en 1305 al líder de la independencia escocesa William Wallace (lo recuerda una gran placa en el muro del St Bart's Hospital, al sur del mercado) y donde se hirió de muerte al líder de la Revuelta de los Campesinos, Wat Tyler, en 1381. Descrito con grandes dosis de horror por Dickens en *Oliver Twist*, en su día fue el rincón más fétido de Londres, donde los excrementos y vísceras animales flotaban en un mar de inmundicia. En la actualidad es un anexo muy elegante de Clerkenwell, lleno de bares y restaurantes, y el propio mercado es un edificio precioso, aunque permanentemente bajo amenaza de demolición.

## VIADUCTO DE HOLBORN Plano p. 104

⊖ St Paul's o Farringdon

Este bonito puente de hierro se levantó en 1869, en un intento por adecentar la zona, para unir Holborn con Newgate St por encima del otrora cauce del río Fleet. Las cuatro estatuas de bronce representan el Comercio, la Agricultura (lado norte) la Ciencia y las Bellas Artes (sur).

# BANK

Por su propia naturaleza, gran parte del trabajo de la City transcurre a puerta cerrada. Sin embargo, si se pasea por las calles que rodean la estación de metro Bank se pasará por delante de muchas instituciones emblemáticas, tanto financieras como políticas y religiosas. Allí, en la salida principal de la estación de metro, convergen siete calles atestadas de entidades bancarias. Se puede tomar Princes St rumbo noroeste para llegar al Guildhall o dirigirse al noreste por Threadneedle St para ir al Bank of England Museum (los siguientes lugares de interés están en el plano de la City, p. 104).

El edificio de la Royal Exchange (la Bolsa), fundada por Thomas Gresham, luce imponente sus columnas en la esquina de Threadneedle St y Cornhill. Es el tercer edificio en ocupar el lugar que escogió Gresham en 1564. Ya en la década de 1980 abandonó su función original para albergar un elegante centro comercial.

Más al sur, en la esquina de Lombard St con King William St se verán las torres gemelas de St Mary Woolnoth ( ☎ 7626 9701; ☟ 8.00-17.00 lu-vi), construida por Nicholas Hawksmoor en 1717. Es la única iglesia del arquitecto en la City y su interior de columnas corintias ya anticipa su Christ Church de Spitalfields.

Entre King William St y Walbrook se alza la señorial estructura porticada de la Mansion House ( ☎ 7626 2500; www.cityoflondon.gov.uk; visita guiada adultos/reducida 6/4 £), la residencia oficial del alcalde de Londres, construida a mediados del s. XVIII por George Dance el Viejo. No está abierta al público, a excepción de la visita semanal, que sale cada martes a las 14.00 desde St Stephen Walbrook, limitada a un máximo de 40 participantes; las entradas se venden por orden de aparición. El interior es precioso, con una impresionante colección de arte y un majestuoso salón de banquetes.

En Walbrook, pasada la City of London Magistrates Court (Magistratura de Londres) se encuentra St Stephen Walbrook ( ☎ 7626 9000; www.ststephenwalbrook.net; 39 Walbrook EC4; ☟ 11.00-16.00 lu-ju, a 15.00 vi), de 1672. Muchos consideran que, de las iglesias que Wren hizo en la City, esta es la más bonita, además de precursora de la catedral de St Paul; sin duda, su luminoso y amplio interior impresionan. Una quincena de columnas con capiteles corintios sostienen su cúpula y techo, mientras una gran piedra de color crema preside el amplio espacio central. Henry Moore esculpió uno de sus modernos altares, al que sus detractores han apodado jocosamente "el camembert".

Queen Victoria St se enfila rumbo suroeste desde Bank. A un corto trecho, a mano izquierda, delante del Temple Court en el nº 11, se encuentran los vestigios del templo de Mitra del s. III. Este fascinante lugar se descubrió en la década de 1950 durante la construcción de la Bucklersbury House, un bloque de oficinas situado en Walbrook St. Pero en verdad no hay mucho que ver. Quienes estén interesados en este dios persa y en su religión, harían mejor en visitar el Museum of London (p. 106), donde se exponen las esculturas y las urnas de incienso de plata del templo. Existe el proyecto de trasladar los restos del templo de nuevo a Walbrook como parte de la remodelación de la zona proyectada por sir Norman Foster, sin duda un lugar más acorde con su singularidad.

Directamente al oeste de Bank está la calle Poultry. El moderno edificio de la esquina, con franjas de piedra color crema y rosa, es de Stirling Wilford (artífice también del reverenciado centro Lowry en Salford Quays, cerca de Manchester). Por detrás, Poultry se convierte en Cheapside, sede de un excelente mercado medieval. A mano izquierda se verá otra de las magníficas iglesias de Wren, St Mary-le-Bow ( ☎ 7248 5139; www.stmarylebow.co.uk; Cheapside EC2; ☟ 7.00-18.00 lu-mi, hasta 18.30 ju, hasta 16.00 vi), construida en 1673 y célebre porque sus campanas deciden quién es *cockney* y quién no lo es: al parecer, es *cockney* de pura sangre quien ha nacido dentro del área auditiva de las Bow Bells, aunque eso sería antes de la irrupción de los vehículos de motor. El delicado chapitel de la iglesia es una de las ejecuciones más bonitas de Wren y el moderno vitral es impresionante.

## 30 ST MARY AXE Plano p. 104
Gherkin; ☎ 7071 5008; www.30stmaryaxe.com; St Mary Axe EC3; ⊖ Aldgate o Bank

Todo el mundo lo conoce como "the Gherkin" ("el pepinillo") y sobran explicaciones. El 30 St Mary Axe –su nombre oficial e infinitamente más prosaico– sigue siendo uno de los rascacielos más singulares de Londres, y todavía preside la City, pese a ser algo más bajo que su vecina NatWest Tower. Su exterior futurista y fálico se ha convertido en todo un emblema del Londres moderno, equiparable al Big Ben o al London Eye.

Contruido entre los años 2002 y 2003, este galardonadísimo edificio de Norman Foster es el primer rascacielos ecológico de Londres: el arquitecto ideó unas oficinas que suben en espiral alrededor de unos jardines interiores "a cielo abierto". Las ventanas pueden abrirse y los jardines se utilizan para procesar el aire viciado, de forma que el uso de los climatizadores se mantiene al mínimo. Su principal fuente de energía es el gas, todo el edificio utiliza luces de bajo consumo y el diseño aprovecha al máximo la luz natural.

Las oficinas de la gigantesca empresa reaseguradora Swiss Re ocupan sus 41 pisos y de momento no se pueden visitar. El fabuloso restaurante del último piso únicamente abre para los trabajadores del edificio y sus invitados, aunque, si se tramita con mucha antelación, se puede reservar uno de sus comedores privados. Dentro de algunos años se podrá visitar cuando el edificio se sume al excelente Open House Weekend (www.openhouse.org.uk), un evento anual que se celebra en septiembre, sin duda otro reconocimiento a su excepcionalidad.

## MONUMENT Plano p. 104

☎ 7626 2717; www.themonument.info;
Monument St EC3; adultos/5-15 años/ reducida
3/1/2 £; ☉ 9.30-17.30; ⊖ Monument

La vasta columna de 1677 de sir Christopher Wren, conocida sencillamente como Monument, es sin duda uno de los mejores miradores sobre Londres, tanto por su céntrica ubicación como por su altura, con el río, la catedral de St Paul y la City en derredor. La columna es, en realidad, un monumento en recuerdo al Gran Incendio de Londres de 1666, cuyo impacto en la historia de la ciudad jamás podrá ser sobrestimado. Un poco al sureste de King William St, cerca del puente de Londres, el Monument está exactamente a 60,6 m de la panadería de Pudding Lane donde se inició el fuego y se alza a 60,6 m justos del suelo. Para llegar al mirador, que queda justo debajo de un pebetero de bronce dorado que algunos llaman "el gran alfiletero dorado", se ha de subir una impresionante escalera circular de 311 peldaños. Al bajar, se acredita al viajero con un certificado.

## BARBICAN Plano p. 104

☎ información 7638 8891, centralita 7638 4141;
www.barbican.org.uk; Silk St EC2; ☉ 9.00-23.00
lu-sa, 12.00-23.00 do; ⊖ Barbican o Moorgate

Los londinenses tienen opiniones encontradas sobre el legado arquitectónico de este vasto complejo cultural y de viviendas en pleno centro de la City. Aunque Barbican fuera el nombre de la fortificación romana que protegía la antigua Londinium, lo que hoy se ve es un invento de las décadas de 1960 y 1970. Construido en un solar lleno de escombros y abandonado después de la Segunda Guerra Mundial, este complejo fue inaugurándose por etapas entre 1969 y 1982, y cabe decir que su concepción brutalista de hormigón no gusta a todo el mundo. Sin embargo, aunque ha encabezado varias encuestas recientes como el edificio más feo de la capital, muchos lugareños ven algo muy certero en su cohesión y ambición, pues incorpora la iglesia local de Shakespeare, St Giles Cripplegate, en su valiente diseño del nuevo mundo, además de embellecer sus zonas públicas con lagos y estanques. Tras una reforma en el 2005 que ha otorgado al complejo un merecido lavado de cara, el Barbican es mucho más respetado que el otro coloso moderno de la ciudad, el South Bank Centre. Los arquitectos urbanos de moda siempre han anhelado poseer un apartamento en él, y las tres torres que lo rodean albergan algunos de los pisos más deseados de Londres.

Sede de la London Symphony Orchestra y uno de los mejores escenarios de la capital para la danza, el Barbican sigue siendo un centro cultural enormemente prestigioso, con tres cines que combinan películas independientes y comerciales, dos teatros que presentan obras y espectáculos de danza y la respetada Barbican Gallery ( ☉ 11.00-20.00, hasta 18.00 ma y ju), que organiza excelentes exposiciones temporales.

Véase el capítulo *Arte* para informarse sobre teatros (p. 307), cines (p. 305) y salas de conciertos (p. 302).

## LLOYD'S OF LONDON Plano p. 104

1 Lime St EC3; ⊖ Aldgate o Bank

Mientras los agentes de la primera aseguradora mundial permanecen en su interior contratando cualquier tipo de pólizas, desde trenes, aviones y barcos a las vidas de los astronautas y las piernas de las estrellas de cine, en el exterior la gente aún se para a contemplar los conductos, tuberías y escaleras de acero inoxidable del edificio. Hasta el *spiderman* francés Alain Robert lo escaló en el 2003.

Lloyd's es obra de Richard Rogers, que junto con Renzo Piano también diseñó el parisino Centre Pompidou, y, aunque marcó un hito en Londres cuando fue construido en 1986, desde entonces se ha visto sobrepasado por muchos otros edificios de la capital. Así, parece bastante pequeño al lado del enorme Gherkin, situado al otro lado de la calle. Sin embargo, su utópica posmodernidad todavía ejerce un poderoso contraste con el antiguo y vecino mercado de Leadenhall.

Aunque se pueda ver gente subiendo y bajando en los ascensores acristalados exteriores, el viajero no debe ni intentarlo, pues el acceso al interior está restringido a los empleados y, previa reserva, a grupos de profesionales. Solo se puede visitar cuando el edificio participa en el Open House Weekend (www.openhouse.org.uk), y eso no pasa cada año.

## MERCADO DE LEADENHALL Plano p. 104

www.leadenhallmarket.co.uk; Whittington Ave EC3;
☉ zona pública 24 h, tiendas variable; ⊖ Bank

Visitar esta galería comercial cubierta y tenuemente iluminada junto a Gracechurch St es como entrar en el túnel del tiempo, en este caso al Londres victoriano. Desde la época romana, la zona siempre ha sido un mercado, pero la construcción actual, a base de adoquines y hierro forjado, es de finales del s. XIX, y hasta los restaurantes modernos y las cadenas de tiendas decoran sus fachadas al estilo de la época. El mercado también aparece como Diagon Alley en *Harry Potter y la piedra filosofal*. Para más información sobre sus comercios, véase p. 219.

## BANK OF ENGLAND MUSEUM
Plano p. 104

☎ 7601 5545; www.bankofengland.co.uk; Bartholomew Lane EC2; gratis, audioguía 1 £; ◷ 10.00-17.00 lu-vi; ⊖ Bank

Cuando Jacobo II declaró la guerra a Francia en el s. XVII, enseguida se dio cuenta que carecía de presupuesto para financiarla. Un mercader escocés, de nombre William Paterson, se presentó con la idea de formar un banco conjunto que pudiera prestar dinero al Gobierno, y así se crearon en 1694 el Banco de Inglaterra y la noción de deuda nacional. El banco creció rápidamente en tamaño e importancia y se trasladó a su actual emplazamiento en 1734. Durante una crisis financiera de finales del s. XVIII, apareció una viñeta que retrataba el banco como una vieja demacrada, y tal vez este sea el inicio de su apodo la "Vieja Dama de Threadneedle St"', del que no se ha podido desprender desde entonces.

La institución se encarga de mantener la integridad de la libra esterlina y el sistema financiero británico y, desde 1997, con el poder otorgado por Gordon Brown, entonces ministro de Economía, de establecer los tipos de interés. Sir John Soane construyó el espléndido edificio original, aunque los directores de la entidad creyeron conveniente demoler gran parte del mismo a principios del s. XX para reemplazarlo por una estructura más funcional y sencilla, una idea de la que muy pronto se arrepentirían.

El museo, que explora la evolución del dinero y la historia de esta venerable institución, aunque no puede competir con otros museos más importantes de Londres, no resulta en absoluto aburrido. Su pieza central es una reconstrucción posterior a la guerra de la oficina de valores original de Soane a la que no le faltan ni maniquíes vestidos según la moda de la época detrás de los mostradores de caoba.

En una serie de salas anexas a la oficina se exponen desde fotografías y monedas hasta un lingote de oro que se puede sopesar y los mosquetes que en su día se utilizaron para defender el banco.

## GUILDHALL Plano p. 104

☎ 7606 3030; www.cityoflondon.gov.uk; Gresham St EC2; gratis; ◷ 9.00-17.00 salvo que cierre para eventos; ⊖ Bank o St Paul's; ♿

En pleno centro de la Square Mile, el Guildhall ha sido la sede del Gobierno de la City durante casi ochocientos años. El actual edificio data de principios del s. XV y es la única construcción civil de piedra que sobrevivió al Gran Incendio de 1666, aunque sí sufrió graves daños, tanto entonces como durante el Blitz de 1940.

La mayoría de los visitantes entran por el impresionante Gran Hall (gran vestíbulo), donde se pueden ver los estandartes y escudos de los 12 gremios *(guilds)* de Londres, que ejercían su poder absoluto por toda la City. El alcalde y los representantes de la Corona aún siguen siendo elegidos en la gran sala abierta, con sus macizas lámparas de araña y sus monumentos de estilo clerical. Como cierra al público durante los actos municipales, es mejor llamar antes. Los plenos se celebran el tercer jueves de cada mes (excepto en agosto) a las 13.00. El Guildhall también acoge la cena de gala de entrega del Man Booker Price, el principal galardón literario británico.

Si la sala está abierta, conviene fijarse en las estatuas de Winston Churchill, el almirante Nelson, el duque de Wellington y los dos primeros ministros, Pitt el Viejo y el Joven. En el extremo oeste, en la galería de los trovadores *(minstrel's gallery)* se encuentran las estatuas de los gigantes bíblicos Gog y Magog, que tradicionalmente eran los guardianes de la City; las esculturas actuales sustituyen a otras similares del s. XVIII que sucumbieron al Blitz. Las bombas también hicieron añicos el vitral del Guidhall, pero en la esquina del suroeste hay un ventanal moderno que ilustra la historia de la ciudad; conviene fijarse en un retrato del primer alcalde de Londres, Richard "Dick" Whittington, y su famoso gato.

Debajo del Gran Hall se halla la mayor cripta medieval de Londres, con 19 vidrieras con los escudos de armas de los gremios. Solo puede accederse (gratis) con una visita guiada ( ☎ 7606 1463).

Los edificios que quedan al oeste albergan las oficinas de la Corporación de Londres y la Guildhall Library ( ☎ 7606 1461; Aldermanbury EC2;

9.30-17.00 lu-sa), fundada hacia 1420 según la voluntad de Dick Whittington. La biblioteca se divide en tres secciones: libros impresos, manuscritos y grabados, mapas y dibujos, y también acoge el Clockmakers' Museum ( ☎ 7332 1868; Guildhall Library, Aldermanbury EC2; gratis; 🕙 9.30-16.45 lu-sa), que atesora una colección de más de setecientos relojes, incluidos algunos de pulsera, de hasta quinientos años de antigüedad (a veces se cierra 1 o 2 horas para darles cuerda).

## GUILDHALL ART GALLERY Y ANFITEATRO ROMANO Plano p. 104

☎ 7332 3700; www.guildhall-art-gallery.org.uk; Guildhall Yard EC2; adultos/jubilados y estudiantes 2,50/1 £, vi completo y resto días desde 15.30 gratis; 🕙 10.00-17.00 lu-sa, 12.00-16.00 do; ⊖ Bank

La galería repasa los últimos siglos de la vida política de la Square Mile con una maravillosa colección de pinturas de Londres de los ss. XVIII y XIX, incluido el enorme friso titulado La derrota de la flota (1791), que ilustra la victoria británica en el asedio a Gibraltar de 1782. Este enorme lienzo se trasladó a un lugar seguro antes de que una bomba alemana impactará en la sala en 1941; tuvieron que pasar cincuenta años para que volviera a abrirse exquisitamente restaurado en 1999.

Más reciente es la llegada de una escultura de Margaret Thatcher, protegida por una vitrina de cristal desde que un enojado visitante la decapitó con un palo de cricket al poco tiempo de su instalación en el 2002.

Pero la verdadera estrella del museo se halla en la oscuridad del sótano, donde aguardan los restos arqueológicos del anfiteatro (coliseo) del Londres romano. Se descubrieron en 1988, cuando se empezaron las obras para una nueva galería tras la destrucción de la original durante el Blitz. Así pues, la nueva galería se construyó alrededor de las ruinas, a las cuales, aunque solo muestren vestigios de los muros de piedra que flanqueaban la entrada este, se les ha dado cuerpo imaginativamente mediante un trampantojo en negro y verde fluorescente del perdido aforo, además de con unas siluetas infográficas de espectadores y gladiadores. El clamor de la multitud crece a medida que se avanza hacia el final del túnel de entrada, que va a dar al centro del circo, produciendo una sensación similar a como debía de ser en aquella época. Las marcas en la plaza, en el exterior del Guildhall, indi-

can el tamaño original del anfiteatro, lo que permite visualizar su escala original.

## ST LAWRENCE JEWRY Plano p. 104

☎ 7600 9478; Gresham St EC2; gratis; 🕙 7.30-14.15; ⊖ Bank; ♿

Quien se pare a contemplar la iglesia oficial, maravillosamente conservada, de la Corporación de Londres, no podrá creer que resultara casi totalmente destruida durante la Segunda Guerra Mundial. Sir Christopher Wren, que la construyó en 1678, y los posteriores restauradores estarían orgullosos de sus inmaculadas paredes de alabastro y sus florituras doradas. Las armas de la ciudad de Londres adornan el órgano que hay sobre la puerta del extremo oeste. La capilla de la Commonwealth está engalanada con las banderas de los países integrantes. Todos los lunes a las 13.00 se ofrecen conciertos de piano; los de órgano son a la misma hora, pero los martes.

Como su nombre sugiere (jewry significa "judería"), esta iglesia en su día formaba parte del barrio judío, cuya calle central era Old Jewry, la que discurre al sureste. Lamentablemente la zona no escapó de los pogromos. La turba asesinó a medio centenar de judíos en 1262 como represalia contra un prestamista, y Eduardo I expulsó a toda la comunidad a Flandes en 1290. No volvieron hasta finales del s. XVII.

# TOWER HILL

## TORRE DE LONDRES Plano pp. 104 y 113

☎ 0844 482 7777; www.hrp.org.uk; Tower Hill EC3; adultos/5-15 años/jubilados y estudiantes/ familias 17/9,50/14,50/47 £; 🕙 9.00-17.30 ma-sa, 10.00-17.30 do y lu mar-oct, cierra 16.30 a diario nov-feb, última admisión 30 min antes hora de cierre; ⊖ Tower Hill; ♿

Este baluarte, la semilla por antonomasia de Londres, con una historia tan quebradiza y sangrienta como fascinante, debería encabezar la lista de prioridades del viajero en la ciudad. Pese a la imparable subida del precio de la entrada y a las hordas de turistas que recibe en verano, este es uno de esos raros lugares de los que se habla mucho y que valen la pena. Aquí no solo han reinado reyes y reinas, sino también el asesinato y las conspiraciones políticas, todo sazonado con historias de encarcelamientos y ejecuciones.

En realidad es un castillo, y no una torre propiamente dicha, aunque resulta fácil

# TORRE DE LONDRES

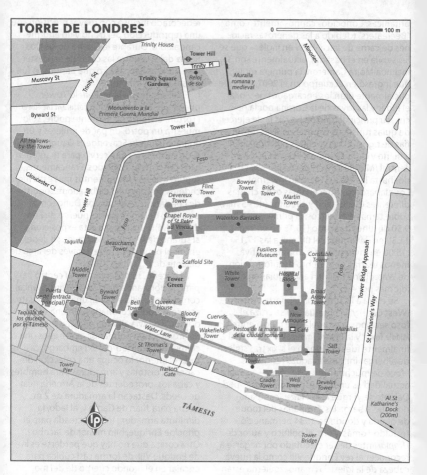

imaginar en la Edad Media de qué manera debía impresionar la WhiteTower al lado de las chabolas de los campesinos que vivían junto a las murallas de la fortaleza. A partir de su construcción, durante el reinado de Guillermo el Conquistador, el lugar ha sido propiedad (y, durante un tiempo, la residencia londinense) del monarca. El castillo medieval mejor conservado de Londres es uno de los cuatro lugares de la capital declarados Patrimonio Mundial por la Unesco (junto a la abadía de Westminster, los Kew Gardens y el Maritime Greenwich) y gustará a cualquier forofo de la historia, la monarquía y la guerra.

Con más de dos millones de visitantes al año, realmente está muy concurrida en temporada alta, por lo que se recomienda comprar la entrada con antelación y acudir

avanzado el día. Las entradas se pueden adquirir a través de la web (con 1 £ de descuento) o, con un máximo de siete días antes de la visita, en cualquier estación del metro, lo cual puede ahorrar bastante tiempo a la llegada. Además, después de las 15.00, normalmente los grupos organizados ya se han ido, dejando al resto de los visitantes pasear con mayor tranquilidad. En invierno hay mucha menos gente, por lo que no es necesario atender a estas precauciones.

Se recomienda apuntarse a las visitas guiadas que ofrecen los Yeoman Warders (alabarderos de la Casa Real), pues son una forma fantástica de contextualizar las diferentes secciones del conjunto. Los Yeoman Warders llevan vigilando la fortaleza desde 1485, y en su currículo figura un mínimo de 22 años de servicio en la Fuerzas Armadas británicas. Conocidos cariñosamente como "Beefeaters" (debido a las generosas raciones de carne de vaca –*beef* en inglés– que se les servía en el pasado), actualmente son 35, incluida Moira Cameron, la primera mujer, que ingresó en el cuerpo en el 2007. Aunque oficialmente eran los encargados de vigilar el lugar y las joyas de la Corona por la noche, su principal función hoy es la de ejercer de guías turísticos (y posar para las fotografías de rigor). Estos circuitos guiados salen a diario y cada 30 minutos desde la torre central (Middle Tower) desde las 9.30 (10.00 do) hasta las 15.30 (14.30 en invierno). Los alabarderos ofrecen unas ocho charlas diferentes (de 35 min) y circuitos (de 45 min) sobre temas específicos. El primero es a las 9.30 de lunes a sábado (10.15 do en verano; 11.30 en invierno), y el último, a las 17.15 (15.00 en invierno). Para una alternativa menos teatral, en el punto de información de Water Lane facilitan audioguías en nueve idiomas por 4 £.

Se entra a la Torre por la puerta oeste (West Gate) y a continuación se cruza el foso seco por la pasarela que media entre la Middle Tower y la Byward Tower. El foso original finalmente fue vaciado en el s. XIX tras siglos de albergar inmundas aguas residuales –foco de muchos brotes de cólera–, y en la actualidad es un precioso y cuidado césped. Delante se yergue la Bell Tower (campanario), que alberga las campanas del toque de queda y donde en 1534 permaneció recluido Tomás Moro, el político y autor de *Utopía,* antes de ser ejecutado por negarse a reconocer al rey Enrique VIII como la nueva cabeza de la Iglesia. A mano izquierda están los restos de la antigua Casa de la Moneda, que fue trasladada a los nuevos edificios del noreste del castillo en 1812.

Siguiendo con el itinerario, al pasar la Bell Tower por Water Lane, entre las murallas, se llegará a la famosa Traitors' Gate (puerta de los Traidores), por la que entraban los prisioneros que eran trasladados por el río. Sobre la puerta, las salas del interior de la St Thomas's Tower dan una idea de cómo debieron de ser el salón y los aposentos de Eduardo I (1272-1307). En este lugar, los arqueólogos se han esmerado en retirar las capas de construcciones posteriores para recuperar su aspecto original. Delante de la St Thomas's Tower se halla la Wakefield Tower, construida por Enrique III entre 1220 y 1240, a cuyo piso superior se accede en realidad por la St Thomas's Tower. Esta planta se ha

redecorado incluso con mayor precisión con una reproducción del trono y un enorme candelabro. Durante la Guerra de las Dos Rosas del s. XV entre las casas de Lancaster y de York, es casi seguro que Enrique VI fue asesinado en esta torre.

En el sótano de la Wakefield Tower puede verse la exposición *Torture at the Tower* (Tortura en la Torre). Bastante pobre, solo muestra un potro, un par de grilletes y un aparato llamado Scavenger's Daughter ("hija de carroñero") que servía para mantener a los prisioneros doblados. Francamente, seguro que hay instrumentos más estremecedores en cualquier club sadomasoquista de Londres (o en el London Dungeon, al otro lado del río cerca del puente de Londres, p. 126). Para llegar a esta exposición y al sótano de la Wakefield Tower, se debe entrar al patio de la torre a través del arco de delante de la Traitors' Gate.

Al hacerlo, se observará en el centro del patio la normanda White Tower (Torre Blanca), con una torrecilla en cada una de sus cuatro esquinas, todas coronadas con una veleta dorada. Todavía alberga un par de vestigios de arquitectura normanda, entre ellos una chimenea y una letrina. Sin embargo, casi todo el interior lo ocupa una colección de cañones, pistolas y armaduras para hombres y caballos, procedentes de la Armería Real de Leeds. Destacan la armadura de 2 m hecha para Juan de Gante y, al lado, la diminuta armadura infantil creada para el príncipe Enrique, hijo menor de Jacobo I. Otra coraza que no hay que perderse es la de Enrique VIII, de forma casi cúbica para encajar en el orondo cuerpo de del monarca, ya cuarentón, y con el que de ser el braguero más imponente del reino.

El parterre de césped que se extiende entre la Wakefield Tower y la White Tower es donde viven los famosos cuervos de la Torre de Londres. Según la leyenda, si estas aves se marcharan del lugar sería el presagio de la caída del reino, por lo que se les recortan las alas para asegurar que esto no suceda jamás. Resulta fascinante ver cómo los alimentan con pedazos de carne.

Delante de ambas torres se alza la Bloody Tower (Torre Ensangrentada), con una exposición sobre el aventurero isabelino sir Walter Raleigh, quien fue encarcelado en ella tres veces por la caprichosa Isabel I; el más significativo de los cautiverios duró de 1605 a 1616.

La Bloody Tower se ganó tal sobrenombre gracias a la historia de los "príncipes en la torre", según la cual Eduardo V y su hermano menor fueron asesinados en ella para que no pudieran reclamar la sucesión al trono. Siempre se culpó a su tío Ricardo III del infanticidio, pero Enrique VII puede que también estuviese implicado.

Al lado de la Bloody Tower hay unas cuantas casas de estilo Tudor con entramado de madera blanco y negro que son las residencias del personal de la Torre de Londres. La Queen's House (casa de la Reina), en la que Ana Bolena pasó sus últimos días en 1536, es la que ocupa el gobernador y está cerrada al público.

Al norte de la Queen's House, al otro lado de Tower Green (Torre Verde) está el cadalso, donde se decapitó a siete personas en la época Tudor: dos de las seis esposas de Enrique VIII, las presuntamente adúlteras Ana Bolena y Catalina Howard; la dama de honor de la segunda, Jane Rochford; Margaret Pole, condesa de Salisbury, descendiente de la casa de York; lady Jane Grey, de 16 años, quien se ganó la enemistad de María Tudor, la hija de Enrique VIII y Catalina de Aragón, al ser su oponente al trono; lord William Hastings; y Robert Devereux, conde de Essex, el que fuera favorito de Isabel I.

Estas personas fueron ejecutadas intramuros para ahorrarle al monarca el bochorno de una típica ejecución pública en Tower Hill, a las que normalmente asistían miles de espectadores. En el caso de Robert Devereux, las autoridades quizás también temieran un alzamiento popular en su defensa.

Detrás del cadalso se halla la Beauchamp Tower, donde se encerró a los prisioneros de alto rango como Ana Bolena y lady Jane Grey y donde actualmente se exponen las fascinantes y desdichadas inscripciones de los condenados.

También detrás del cadalso se encuentra la Chapel Royal of St Peter ad Vincula (Capilla Real de San Pedro Encadenado), un raro ejemplo de arquitectura eclesiástica Tudor y el lugar donde se enterraba a los decapitados en el patíbulo del recinto o de la cercana Tower Hill. Desgraciadamente solo está permitida la visita en grupo o después de las 16.30, pero si se va solo se puede esperar a que aparezca un grupo y sumarse al mismo. También se puede asistir a la misa de las 9.00 los domingos.

Al este de la capilla y al norte de la White Tower se halla el edificio que los visitantes se mueren por ver: los Waterloo Barracks (cuarteles de Waterloo), custodios de las joyas de la Corona. Mientras el público va entrando en fila, se pasa una película de la coronación de la reina Isabel II al son de una conmovedora música patriótica. Acto seguido, se llega a la cámara acorazada propiamente dicha (al acceder, hay que fijarse en las puertas, que parece que hayan sobrevivido a un ataque nuclear). Una vez dentro, se verán cetros ornamentados, vajillas, orbes y, naturalmente, coronas. Una cinta transportadora va circulando muy lentamente frente a las vitrinas que guardan aproximadamente una docena de coronas, los objetos más valiosos del museo. De entre ellas, destacan la corona imperial del Estado, valorada en 27,5 millones de libras, elaborada con diamantes (exactamente 2868), zafiros, esmeraldas, rubíes y perlas; y la corona de platino de la difunta reina madre Isabel, famosa por lucir el diamante Koh-i-Noor (Montaña de Luz), de 105 quilates. Rodeado de mitos y leyendas, este diamante del s. XIV ha sido reclamado por la India y Afganistán, y tiene fama de conferir un enorme poder a su propietario, aunque si es varón, le aguardará una muerte dolorosa. Está previsto que la exposición de las joyas se modifique a tiempo para el jubileo de diamante de la reina, en el 2012.

Detrás de los Waterloo Barracks se halla la Bowyer Tower, donde Jorge, duque de Clarence, hermano y oponente de Eduardo IV, fue encerrado y, según cuenta una antigua leyenda que nunca se ha podido demostrar, ahogado en un barril de Malmsey (vino dulce de Madeira).

El Fusiliers Museum, al este de los Waterloo Barracks, está gestionado por el Royal Regiment of Fusiliers (Regimiento Real de Fusileros). Cubre la historia de este cuerpo, fundado en 1685, y muestra maquetas de varias batallas. A través de un vídeo de 10 minutos se facilita información del regimiento en la actualidad.

El edificio de ladrillo rojo de las New Armouries (Armerías Nuevas) está en la esquina sureste del patio interior y alberga el New Armouries Café, donde se puede almorzar un sándwich o una sopa a precios abusivos.

Dentro del conjunto monumental todavía hay más lugares de interés, junto a iglesias, tiendas y aseos. Antes de salir se recomienda dar un paseo por las murallas interiores. Este paseo por la muralla empieza en la Salt Tower (torre de Sal), del s. XIII, donde probablemente se almacenaba salitre para elaborar la pólvora; después se entra en la Broad Arrow Tower, que acoge una exposición sobre los implicados en la Conspiración de la Pólvora, que fueron encarcelados en ella y de los que se han descubierto muchas inscripciones en sus muros. El paseo termina en la Martin Tower, que exhibe todo tipo de parafernalia original relativa a la coronación, como las antiguas coronas desprovistas de sus piedras preciosas. La más antigua es la de Jorge I, rematada con la cruz y el orbe que pertenecieron a la corona de Jacobo II. Desde la Martin Tower, el coronel Thomas Blood, disfrazado de sacerdote, intentó robar las joyas de la Corona en 1671.

Para acabar, aquellos que estén interesados en el misterioso ritual de la monarquía británica, la Key Ceremony (ceremonia de la Llave) se realiza cada noche a las 21.30. Este enrevesado cierre de las puertas principales hace que el cambio de guardia en el palacio de Buckingham parezca un invento turístico reciente. En seiscientos años, esta ceremonia no se ha suspendido nunca, ni cuando una bomba alcanzó la Torre de Londres durante el Blitz, que se retrasó solo 30 minutos (sirva de ejemplo de la típica flema británica). La entrada al acto es gratis, pero, como no podría ser de otra manera, hay que solicitarla a la vieja usanza, por correo, pues hay mucha demanda. Visítese la página web para más información.

El acceso general para discapacitados es limitado; hay que llamar para informarse.

## ALREDEDORES DE LA TORRE DE LONDRES Plano p. 113

Aunque la Torre de Londres sea Patrimonio Mundial, la zona que queda justo al norte es bastante decepcionante, especialmente durante los últimos años, siempre en obras. Al salir de la estación de metro Tower Hill hay un gigantesco reloj de sol de bronce que cuenta la historia de Londres desde el año 43 hasta 1982. Está situado sobre un mirador con vistas a los aledaños Trinity Square Gardens, otrora sede del cadalso de Tower Hill y donde ahora se alza el monumento conmemorativo de Edwin Lutyens a los marinos (soldados y mercantes) que perdieron la vida en la Primera Guerra Mundial. Junto a la escalera que baja al paso subterráneo que cruza la calle principal hay una zona de césped en la que se conserva un tramo de muralla medieval construida sobre cimientos romanos, delante de la cual destaca una estatua moderna del emperador Trajano [98-117 d. C]. Al otro lado del túnel se abre una poterna que data del s. XIII.

## TOWER BRIDGE Plano p. 104
⊖ Tower Hill

Quizás el puente de la Torre sea el segundo monumento más emblemático de Londres, después del Big Ben, y la verdad es que de cerca no decepciona. Hay algo en sus torres neogóticas y en sus riostras azules que embelesa. Construido en 1894 para satisfacer la imperiosa necesidad de una vía de cruce en el este de Londres, se equipó con un mecanismo bascular, antaño revolucionario, que permitía ceder el paso a los barcos en solo tres minutos. Aunque el tránsito naval haya disminuido, el puente aún cumple con su cometido y se eleva unas mil veces al año y aproximadamente diez diarias en verano (para informarse sobre la próxima apertura, hay que llamar al ☎ 7940 3984 o consultar la página web del puente).

La Tower Bridge Exhibition ( ☎ 7940 3985; www.towerbridge.org.uk; adultos/menores 5 años/5-15 años/jubilados y estudiantes/familias 7/gratis/3/5/desde 10,50 £; ◷ 10.00-18.30 abr-oct, 9.30-18.00 nov-mar, última admisión 1 h antes del cierre) explica todos los detalles. Sin embargo, quienes no tengan interés en su tecnología, pueden entrar y disfrutar de las vistas desde sus ventanas. En el momento de escribir esta guía, el puente se hallaba inmerso en una renovación gradual de tres años que debería concluir en el 2011. Hasta entonces, algunas zonas pueden estar cubiertas por andamios, pero tanto el puente como la exposición continúan abiertos al público.

## ALL HALLOWS-BY-THE-TOWER
Plano p. 104

☎ 7481 2928; www.ahbtt.org.uk; Byward St EC3; gratis; ◷ 8.00-18.00 lu-vi, 10.00-17.00 sa y do; ⊖ Tower Hill

Es la parroquia donde el célebre cronista Samuel Pepys anotó sus observaciones del cercano Gran Incendio de 1666. La iglesia se reconstruyó después de la Segunda Guerra Mundial y es bastante bonita. Muestra un chapitel de cobre (agregado en 1967 para que la iglesia resaltara más), un púlpito procedente de una iglesia de Wren de Cannon St que sucumbió a la Segunda Guerra Mundial, una bella cubierta de una pila bautismal del s. XVII del maestro del tallado en madera Grinling Gibblons y algunos estandartes modernos interesantes. Las visitas gratis de 20 minutos salen todos los días a las 14.00.

Ya en el año 675 había en el lugar una iglesia que se llamaba All Hallows (Todos los Santos), de la que lo único que queda es su evocadora cripta sajona. En dicha cámara subterránea pueden verse un pavimento de losetas romanas recicladas y las paredes de la iglesia sajona del s. VII, así como monedas y fragmentos de la historia local.

La iglesia ha sido testigo del bautizo (1644) de William Penn, fundador de Pennsylvania (hay un monumento conmemorativo dedicado a él en la cripta), y de la boda (1797) de John Quincy Adams, 6° presidente de EE UU.

# PASEO POR LA CITY
## Circuito a pie

**1 Dr Johnson's House** En pleno centro de la City, hay que saber orientarse para encontrar esta mansión georgiana (p. 107), impecablemente conservada, y descubrir la historia de la apasionante vida del ingenioso Dr. Johnson. Quizás también valdría la pena pasarse por el *pub* local, el Ye Olde Cheshire Cheese en Fleet St (véase p. 272).

### CIRCUITO A PIE

Inicio Estación de metro Chancery Lane
Final Tower Bridge (estación de metro Tower Hill)
Distancia 2,41 km
Duración 2 horas
Refrigerio Place Below (p. 238)

**2 Catedral de St Paul** Esta catedral (p. 102) es la obra maestra de Wren, una insólita superviviente del Blitz y uno de los rasgos más emblemáticos del perfil urbano londinense. Hay que sumarse a las colas para ver su deslumbrante interior, cautivadora cripta, galería de los Susurros y sobrecogedoras vistas desde la cúpula.

**3 Museum of London** Este maravilloso museo (p. 106) puede que no prometa mucho por fuera, pero es uno de los mejores de la ciudad. El lugar documenta la multifacética historia de la capital a través de sus muchas etapas evolutivas desde aldea sajona a ciudad olímpica por tercera vez.

**4 Barbican** Construido en el lugar donde había una antigua atalaya romana de la que procede su nombre, el moderno Barbican (p. 110) es el fabuloso centro de arte de la City y una maravilla arquitectónica por derecho propio, amada y odiada a partes iguales, pero siempre interesante. Se pueden visitar el invernadero, los lagos y la iglesia parroquial de Shakespeare, St Giles' Cripplegate.

**5 Guildhall** El otrora centro de la City, sede del poder y las influencias, el Guildhall (p. 111) actualmente sigue siendo la sede de la Corporación de Londres, que gestiona no solo la City, sino también gran parte de los parques más grandes de la capital. Ideal para conocer los extraños rituales de los gremios, disfrutar de la excelente galería de arte y remontarse dos mil años viendo los restos del anfiteatro romano de Londinium.

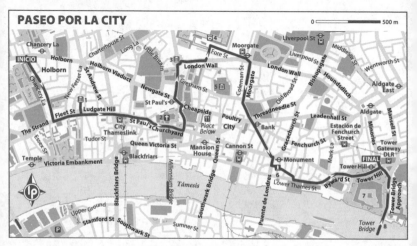

PASEO POR LA CITY

**6 Monument** Esta columna (p. 110) conmemora el Gran Incendio de Londres y, si bien no es muy alta, es una fantástica manera de ver la City de cerca. Aunque ahora esté rodeada de rascacielos, en el s. XVII debía considerarse altísima.

**7 Torre de Londres** Los gruesos muros de piedra de la Torre de Londres (p. 112) contienen tal cantidad de historia que no se puede abarcar fácilmente. La White Tower, las joyas de la Corona, los Yeoman Warders, el cadalso y la puerta de los Traidores

no pueden desligarse de sus fascinantes historias, y el conjunto se merece, como mínimo, medio día de visita.

**8 Tower Bridge** Maravilloso hito de la ingeniería victoriana, el Tower Bridge (p. 116) ha sido un símbolo de la ciudad desde su construcción, cuando era el mayor puente basculante del mundo. Cruzarlo a pie (y visitar la interesante exposición, con vistas espectaculares) es un deber para apreciar el viejo Támesis en todo su esplendor y amplitud.

*Dónde comer* (p. 238); *Dónde beber* (p. 273); *De compras* (p. 216); *Dónde dormir* (p. 339)

Hasta finales de la década de 1990, la parte sur del centro de Londres era un lugar olvidado: destartalado, abandonado y con poco que ofrecer al viajero, una vez que se hubieran visitado sus museos y galerías. En la actualidad todo eso ha cambiado, y la transformación del llamado South Bank solo puede calificarse de asombrosa. Aquí es donde el nuevo Londres mira al antiguo, con el Támesis de por medio, y ambos salen reforzados, algo perfectamente ejemplarizado desde las recientes "rueda de la buena fortuna" del London Eye (abajo), frente del Parlamento, y la antigua central eléctrica de Bankside, triunfantemente transformada en la Tate Modern (p. 123), el lugar más visitado de la capital, encarada a la augusta catedral de St Paul.

El South Bank se compone de cinco zonas contiguas que tienden a entremezclarse sin previo aviso. De oeste a este son: el área que rodea la estación de trenes de Waterloo y el renovado complejo de teatros, salas de conciertos y museos del Southbank Centre (p. 122); Bankside y, al sur, Southwark, con el asombroso Millennium Bridge (p. 125), entre la Tate Modern y el Shakespeare's Globe; Borough, que acoge el mercado de abastos más popular de Londres; y, por último, Bermondsey, con numerosos museos populares, incluidos la London Dungeon (p. 126) y el Design Museum (p. 128).

La mejor manera de conocer la zona es a pie. Así, si se sigue la Silver Jubilee Walkway y el tramo del South Bank del Thames Path (p. 196) por la orilla sur –uno de los paseos más agradables de la ciudad–, se estará en una situación perfecta para verlo todo, con el río Támesis siempre presente.

# lo mejor

### EL SOUTH BANK

- London Eye (abajo)
- Shakespeare's Globe (p. 124)
- Tate Modern (p. 123)
- London Bridge Experience y tumbas de Londres (p. 126)
- Mercado de Borough (p. 126)

## WATERLOO

En 1951 el Gobierno intentó levantar los ánimos de los habitantes del país, que aún hurgaban entre los escombros y continuaban con un racionamiento feroz, creando una celebración nacional llamada Festival of Britain. Su legado permanente en Londres fue el Royal Festival Hall.

Un puñado de edificios de cemento conocidos como el Southbank Centre todavía siguen en pie, aunque en los últimos años ha experimentado una notable transformación. A pesar de que jamás podrá competir con el impresionante County Hall o con el emblemático London Eye en un concurso de belleza o popularidad, este centro remodelado es hoy mucho más agradable a la vista y continúa siendo el complejo cultural más importante de la capital.

Hasta el s. XVIII, Waterloo, bautizado así en honor al campo de Bélgica en el que el duque de Wellington frenó el avance europeo de Napoleón, era fundamentalmente un terreno pantanoso. Los puentes que desde la orilla norte del Támesis se construyeron en Westminster y Waterloo lo cambiaron todo,

y en 1848 se inauguró la colosal estación de trenes de Waterloo.

**LONDON EYE** Plano p. 120

☎ 0870 500 0600; www.londoneye.com; Jubilee Gardens SE1; adultos/4-15 años/jubilados 17/8,50/14 £; ⏲ 10.00-20.00 oct-abr, a 21.00 may, jun y sep, a 21.30 jul y ago, cerrado 1 semana en ene; ⊖ Waterloo; ⛴

Resulta difícil recordar cómo era Londres antes de que la característica noria del London Eye comenzara a girar en el extremo sureste de los Jubilee Gardens en el año 2000. El "Ojo de Londres" no solo ha alterado considerablemente el perfil del South Bank sino que, alzándose a una altura de 135 m, es visible desde los rincones más insospechados (p. ej., Kennington y Mayfair) de una ciudad ya de por sí bastante plana. Una vuelta –o *flight* ("vuelo")– en una de sus 32 góndolas de cristal, cada una con capacidad para 28 personas, es una experiencia que no hay que perderse (suben 3,5 millones de personas al año). La noria más alta del mundo gira lentamente (30 min por vuelta) y, si el tiempo lo permite, las vistas

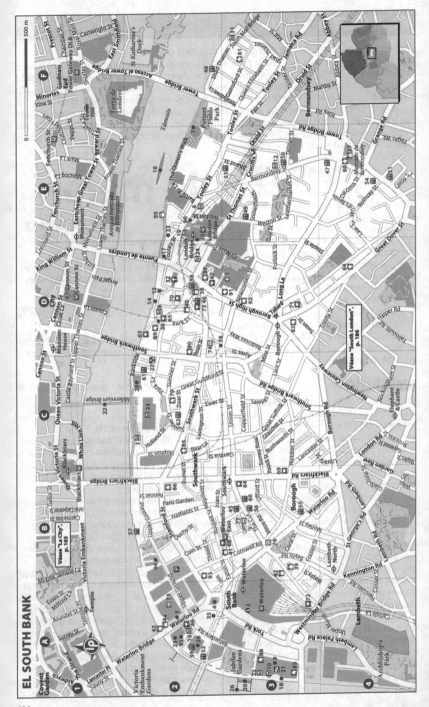

EL SOUTH BANK

alcanzan 40 km en cualquier dirección desde su punto más elevado.

## COUNTY HALL Plano p. 120

**Riverside Bldg, Westminster Bridge Rd SE1;**
**⊖ Westminster o Waterloo; &**

Iniciado en 1909 y no finalizado hasta 1922, este majestuoso edificio, con su fachada curvada y columnada, alberga un museo y galería de arte, un vasto acuario, otro museo dedicado a la industria del cine local y dos hoteles.

Hoy por hoy, parece que ninguna lista de atracciones de una ciudad europea importante esté completa sin un museo dedicado a la obra de Salvador Dalí, y el Dalí Universe (Universo Dalí ☎ 0870 744 7485; www.thedaliuniverse. com; adultos/7-15 años/15-18 años/jubilados y estudian-

tes/familias 14/7/9/12/38 £; ☺ 9.30-18.00 lu-ju, a 19.00 vi-do) es el más grande de todos ellos, con 500 de los retorcidos grabados, pinturas, esculturas y otros trabajos del prolífico artista surrealista español, todo ello expuesto en una serie de galerías tenuemente iluminadas y organizadas por temas: "Sensualidad y feminidad", "Religión y mitología" y "Sueños y fantasía". No hay que perderse el famoso reloj de bolsillo fundiéndose (*Persistencia de la memoria*), el *Sofá-labios de Mae West*, el *Teléfono langosta* y el *Elefante del espacio*, de largas piernas. La Fine Art Gallery adyacente muestra cien obras de Picasso. Tiene el mismo horario que el Dalí Universe y está incluida en la entrada general.

El London Sea Life Aquarium ( ☎ 7967 8000; www. sealife.co.uk; adultos/3-14 años/jubilados y estudiantes/

---

# EL SOUTH BANK

familias 15,25/11,75/13,25/50 £; 🕙 10.00-18.00 lu-vi, a 19.00 sa y do; (♿) es uno de los acuarios más grandes de Europa, y tras cambiar de propietarios incluso ha mejorado. Los peces y otras criaturas de las salobres profundidades se agrupan en unas quince zonas en función de su origen geográfico, desde el Pacífico al Atlántico y desde las aguas frías a los mares tropicales. Las exposiciones de las cuevas de coral (zona 8) y la selva tropical (zona 10) son especialmente impresionantes, y en un extremo alberga una pasarela con tiburones. Todo ello queda perfectamente contextualizado gracias a la River Thames Story (zona 11).

Puede que el precio del Movieum ( ☎ 7202 7040; www.themovieum.com; adultos/5-16 años/jubilados y estudiantes 17/13/15 £; 🕙 10.00-17.00 lu-vi, a18.00 sa y do; (♿) sea algo excesivo, pero este lugar de nombre extraño y dedicado a la industria del cine británico es sorprendentemente bueno. Se halla dividido en varios géneros: fantasía, musicales, drama de época, terror, ciencia ficción, etc. Como se centra en la industria, y no solo en el cine patrio, incluye cosas como los escenarios de *La Guerra de las Galaxias* y *Superman* (grabadas en los Els-tree Studios de Hertfordshire). La interactividad está muy presente; por ejemplo, el visitante puede autograbarse conduciendo por Londres en un descapotable antiguo o volando con Superman. Además, la gran sala circular que hay al final, donde se examinan todos los aspectos de la producción cinematográfica, desde el maquillaje y el sonido a los dibujos animados, resulta fascinante.

## TOPOLSKI CENTURY Plano p. 120
☎ 7620 1275; www.topolskicentury.org.uk; 150-152 Hungerford Arches, Concert Hall Approach SE1; gratis; 11.00-19.00 lu-sa, 12.00-18.00 do; ⊖ Waterloo; (♿)
Entre los arcos que hay bajo el puente de Hungerford se esconde el trabajo de toda una vida. Feliks Topolski (1907-1989), un artista británico nacido en Polonia, pintó un mural tras otro sirviéndose de tablas y telas hasta completar una obra de 180 m de longitud que cuenta la historia del s. xx desde los primeros años del artista en la bohemia Varsovia hasta su muerte en 1989. Los murales pueden no gustar a todo el mundo, y sus méritos artísticos son en buena parte cuestionables, pero resulta interesante asistir a cómo una persona vio el mundo durante más de ocho décadas.

## SOUTHBANK CENTRE Plano p. 120
☎ 0871 663 2500; www.southbankcentre.co.uk; Belvedere Rd SE1; ⊖ Waterloo; (♿)
El buque insignia del Southbank Centre, la colección de edificios de cemento y pasarelas calzados entre los puentes de Hungerford y Waterloo, es el Royal Festival Hall. Es el edificio más antiguo del centro aún en pie, y fue construido para levantar el ánimo del pueblo tras la guerra como parte del Festival of Britain de 1951. Su fachada ligeramente curvada de cristal y piedra de Portland siempre le granjeó más aprobación pública que las de sus vecinos de los años setenta, pero una remodelación reciente ha añadido pasarelas peatonales, librerías, tiendas de música y tiendas de alimentación debajo, incluido un restaurante llamado Skylon (p. 238).

Al norte se halla el Queen Elizabeth Hall, el segundo auditorio de música del centro, que acoge orquestas de cámara, cuartetos, coros, *ballet* y, en ocasiones, ópera. También contiene una sala más pequeña: la Purcell Room. Debajo de su suelo elevado hay una zona tomada por los aficionados al *skateboard* y decorada, como no podía ser de otra manera, con excelentes grafitos.

La Hayward Gallery ( ☎ 0871 663 2509; www.southbankcentre.co.uk/visual-arts; entrada 7-9 £; 🕙 10.00-18.00, a 22.00 vi) es uno de los espacios de exposición más destacados de Londres para eventos artísticos internacionales. El edificio gris, similar a una fortaleza, data de 1968 y constituye un lugar excelente para las comerciales exposiciones temporales que suele acoger.

EL mercado de libros del South Bank ( 🕙 11.00-19.00), con grabados y libros de segunda mano, se instala a diario justo delante del BFI Southbank (p. 305), bajo los arcos del puente de Waterloo.

## BFI IMAX CINEMA Plano p. 120
☎ información y reservas 0870 787 2525; www.bfi.org.uk/imax; 1 Charlie Chaplin Walk SE1; adultos/4-14 años/jubilados y estudiantes desde 9/5,75/6,25 €; 🕙 6 proyecciones 11.00-21.00, proyección adicional 23.30 sa; ⊖ Waterloo; (♿)
Este cine del British Film Institute está situado en el centro de una bulliciosa rotonda (existen planes de peatonalizarla pronto). Se proyecta la predecible mezcla de documentales en 2-D e IMAX 3-D sobre viajes, el espacio y fauna, con duraciones entre 40 minutos y 1½ horas, además del reciente taquillazo de *Star Trek* en IMAX (los títulos en

DMR y digitales cuestan 13,50/8,75/9,75 £).
El edificio, en forma de tambor, el color de
cuya fachada cambia por la noche, se asienta sobre "fuentes" para reducir las vibraciones y el ruido del tráfico. Con sus 477 plazas, es el cine más grande del Reino Unido, y la pantalla mide 20 m de alto por 26 de ancho.

## NATIONAL THEATRE Plano p. 120

☎ 7452 3000; www.nationaltheatre.org.uk; South Bank SE1; ⊖ Waterloo; &
Se trata del complejo teatral más importante del país, con tres auditorios: el Olivier, el Lyttelton y el Cottesloe. Inaugurado en 1976 y modernizado hace una década, el Teatro Nacional ha experimentado todo un renacimiento artístico bajo la dirección de Nicholas Hytner. Se ofrecen visitas por su interior (adultos/reducida/familias 5,90/4,90/12,70 £) que duran 1¼ horas; hay seis diarias de lunes a viernes, dos los sábados y una los domingos. Para informarse del horario exacto, se recomienda consultar la web.

# BANKSIDE Y SOUTHWARK

Fuera de la jurisdicción de la City y famoso por sus *stews* (casas de baños/burdeles), fosos y prisiones, Bankside fue el mismísimo Sodoma y Gomorra de Londres durante la época isabelina, pues, como los teatros estaban prohibidos en la ciudad, el Globe y el cercano Rose Theatre se instalaron aquí. En la actualidad, el ocio de la zona es un poco más intelectual. El Globe se ha granjeado una reputación, mientras que una central eléctrica abandonada se ha convertido en una destacadísima galería de arte moderno (y en la atracción más visitada de Londres).

## TATE MODERN Plano p. 120

☎ información y reservas 7887 8000; www.tate. org.uk/modern; Queen's Walk SE1; gratis, exposiciones especiales 8-10 £; ⏱ 10.00-18.00 do-ju, a 22.00 vi y sa; ⊖ St Paul's, Southwark o London Bridge; &
La relación de amor del público con esta institución del arte moderno no muestra signo alguno de debilidad una década después de su inauguración. En ocasiones, algunos críticos sesudos se han quejado de su populismo, especialmente del "arte participativo" expuesto en la Turbine Hall o sala de turbinas (diapositivas estilo feria de Carl Höller llamadas *Test Site;* el *Weather Project* de Olafur Eliasson; la enorme grieta

en el suelo de Doris Salcedo, llamada *Shibboleth,* y *Bodyspacemotionthing;* o la escultura geométrica escalable de Robert Morris expuesta en Londres por primera vez en 1971 y reproducida aquí en el 2009). Pero una media de cinco millones de visitantes al año parece que no están de acuerdo, lo que la convierte en la galería de arte contemporáneo más popular del mundo e, increíblemente, en la atracción más visitada de Londres, ligeramente por delante del British Museum.

Aunque los críticos sí llevan razón en una cosa: este "efecto Tate Modern" se debe más al edificio y a su ubicación que al arte, mayormente del s. xx, que alberga. Los arquitectos suizos Herzog & de Meuron ganaron el prestigioso premio Pritzker por su transformación de la vacía central eléctrica de Bankside, construida entre 1947 y 1963 y cerrada en 1981. Las tres estocadas de genialidad consistieron en dejar la única chimenea central del edificio, añadir un cubo de cristal de dos pisos sobre el tejado y utilizar la enorme sala de turbinas a modo de espectacular vestíbulo. Luego, por supuesto, están las maravillosas vistas al Támesis y St Paul, en especial desde el bar-restaurante de la 7ª planta y desde el bar exprés de la 4ª. La 2ª planta también acoge un café, además de lugares para relajarse mirando a la Turbine Hall. Se prevé que la extensión inclinada de 11 plantas de ladrillo situada en la esquina suroeste –obra de los mismos arquitectos– estará lista en el 2012.

La colección permanente de las plantas 3ª y 5ª aparece ordenada cronológicamente por temas. *States of Flux* (Estados de cambio) está dedicada a los movimientos vanguardistas de los albores del s. xx, entre ellos el cubismo y el futurismo. *Poetry and Dream* (Poesía y sueño) examina el surrealismo a través de diferentes temas y técnicas. *Material Gestures* (Gestos de la materia) presenta pintura y escultura europea y americana de las décadas de 1940 y 1950. La atracción principal de la nueva galería *Energy and Process* (Energía y proceso) será arte revolucionario de los años sesenta, el llamado *arte povera.*

En total, consta de más de sesenta mil obras en constante rotación, con pinturas de Georges Braque, Henri Matisse, Piet Mondrian, Andy Warhol, Mark Rothko, Roy Lichtenstein y Jackson Pollock, además de piezas de Joseph Beuys, Marcel Duchamp,

Damien Hirst, Rebecca Horn, Claes Oldenburg y Auguste Rodin. Las exposiciones temporales han incluido retrospectivas de Edward Hopper, Frida Kahlo, August Strindberg, de los "chicos malos" locales Gilbert & George, de los constructivistas rusos Aleksandr Rodchenko y Liubov Popova y la temática *Nazismo y arte "degenerado"*. Hay audioguías, con cuatro circuitos diferentes, por 2 £. Las visitas guiadas por las obras principales son gratis y salen diariamente a las 11.00, 12.00, 14.00 y 15.00.

El Tate Boat (www.tate.org.uk/tatetotate; solo ida adultos/5-16 años/estudiantes 5/2,50/3,35 £; cada 40 min 10.10-16.50) opera entre el muelle de Bankside de la Tate Modern y el muelle de Millbankla, en la Tate Britain. Los servicios desde el segundo salen entre 10.30 y 17.10 a diario, también a intervalos de 40 minutos. Quienes posean la tarjeta Travelcard pueden obtener descuentos.

## SHAKESPEARE'S GLOBE Plano p. 120

☎ 7902 1400, reservas 7401 9919; www.shakespeares-globe.org; 21 New Globe Walk SE1; exposición con visita guiada del teatro adultos 7,50-10,50 £, 5-15 años 4,50-6,50 £, jubilados y estudiantes 6,50-8,50 £, familias 20-28 £; 9.00-12.30 y 13.00-17.00 lu-sa, 9.00-11.30 y 12.00-17.00 do fin abr-mediados oct, 9.00-17.00 mediados oct-fin abr; ⊖ St Paul's o London Bridge;

La reconstrucción del Globe Theatre añadió debajo una sala de exposiciones cuya entrada incluye la visita (salida cada 15-30 min) al teatro, excepto cuando hay *matinées* (en temporada). La visita se dirige luego al cercano Rose Theatre (derecha), con un precio menor. La exposición versa sobre el Londres isabelino y las técnicas escénicas, además de sobre los esfuerzos que conllevó su reciente reconstrucción. Las muestras de efectos especiales y vestuario de la época son especialmente interesantes, al igual que las grabaciones de algunas de las mayores interpretaciones *shakespearianas* de siempre.

El Globe original –conocido como "Wooden O" ("O de madera") por su forma circular y su centro al descubierto– se construyó en 1599 con la madera de un teatro demolido (1576) en Curtain Rd, en Shoreditch. Cuando los puritanos ganaron la Guerra Civil en 1642, cerraron el Globe por considerar que los teatros eran antros de perversión, desmantelándolo dos años más tarde. Pese a la fama mundial de Shakespeare a lo largo

de los siglos, el Globe no era más que un lejano recuerdo cuando Sam Wanamaker, actor estadounidense (y más tarde director de cine), fue a Londres en su busca en 1949. Inmutable ante el hecho de que los cimientos del teatro hubieran desaparecido bajo una hilera de casas georgianas catalogadas, Wanamaker fundó la Globe Playhouse Trust en 1970 y empezó a recaudar fondos para levantar un teatro conmemorativo. En 1987 empezaron las obras a solo 200 m de donde estaba el Globe original, pero Wanamaker murió cuatro años antes de su inauguración en 1997.

El nuevo Globe fue minuciosamente construido con 600 estaquillas de roble (no hay un solo clavo o tornillo de hierro), ladrillos Tudor con un tratamiento especial y paja de Norfolk que, supuestamente, no gusta a las palomas; incluso el yeso contiene pelo de cabra, cal y arena, como en tiempos del gran dramaturgo. A diferencia de otras salas dedicadas a la obra del bardo, esta se diseñó para que se pareciera al original tanto como fuera posible, aunque ello implique dejar el escenario abierto a los caprichosos cielos londinenses y al estruendo de los aviones que lo sobrevuelan y esperar que los 700 *groundlings* tengan que estar de pie bajo la lluvia u obstruyendo parte de la visibilidad desde los asientos más cercanos al escenario, flanqueado con dos enormes columnas corintias "originales" de mármol falso. El Swan at the Globe gestiona un *pub*-bar al pie de la plaza y una *brasserie* abierta para almorzar y cenar (do solo almuerzo) con excelentes vistas del Támesis y la City en la 1ª planta.

## ROSE THEATRE Plano p. 120

☎ 7902 1400; www.rosetheatre.org.uk; 56 Park St SE1; adultos/5-15 años/jubilados y estudiantes/ familias 7,50/4,50/6,50/20 £; 13.00-17.00 lu-sa, 12.00-17.00 do fin abr-mediados oct; ⊖ London Bridge;

El Rose fue el teatro para el que Christopher Marlowe y Ben Jonson escribieron sus grandes obras y en el que Shakespeare aprendió su oficio. Es único porque sus cimientos originales del s. XVI fueron desenterrados en 1989 de debajo de un edificio de oficinas del Southwark Bridge, cuyo hormigón había actuado de capa protectora. Gestionado por el cercano Globe, el Rose abre solo a las visitas cuando hay *matinées* en el Globe Theatre; y siempre en grupo.

## MILLENNIUM BRIDGE Plano p. 120

Podría decirse que este es el más práctico de todos los proyectos titulados "del milenio". El peatonal puente del Milenio, que se inauguró en el mismo 2000, arranca en la orilla sur, delante de la Tate Modern, y desemboca en la orilla norte, a los pies de Peter's Hill, debajo de la catedral de St Paul. Su baja estructura diseñada por Norman Foster y Antony Caro resulta bastante espectacular, especialmente de noche, cuando se encienden sus cables de fibra óptica. Una de las postales de Londres que rápidamente se ha convertido en un icono es la vista de la catedral de St Paul desde el South Bank. El puente empezó con mal pie, pues tuvo que cerrarse tres días después de su inauguración en junio de 2000 porque oscilaba de forma alarmante. Una inversión de 5 millones de £ y 18 meses de trabajos solucionaron el problema.

## 'GOLDEN HINDE' Plano p. 120

☎ 7403 0123, reservas 0870 011 8700; www.goldenhinde.org; St Mary Overie Dock, Cathedral St SE1; adultos/reducida/familias 7/5/20 £; ⏰ 10.00-17.30; ⊖ London Bridge

Parece una atracción de parque temático, y a los niños les encanta, pero abordar esta réplica del famoso barco Tudor de sir Francis Drake inspirará una admiración genuina por el almirante y su "baja" tripulación (1,60 m de altura media), que tenían entre 40 y 60 años. Un pequeño galeón de cinco cubiertas igual a este fue su hogar entre 1577 y 1580, cuando se convirtieron en los primeros marineros que dieron la vuelta al mundo. Los visitantes adultos que deambulen, agachados, también se preguntarán cómo se las arreglaron los altos tripulantes actuales para pasar veinte años en el mar en esta réplica de 37 m de eslora cuando se botó en 1973.

Las entradas pueden adquirirse en la Golden Hinde Shop (Pickfords Wharf, 1 Clink St SE1). También ofrece la oportunidad de pasar la noche a bordo por 39,95 £ por persona, incluida una cena compuesta de estofado y pan y un desayuno a base de pan y queso.

## VINOPOLIS Plano p. 120

☎ 0870 241 4040, reservas 7940 8300; www.vinopolis.co.uk; 1 Bank End SE1; visitas 19,50-32,50 £; ⏰ 12.00-22.00 lu, ju y vi, 11.00-21.00 sa, 12.00-18.00 do; ⊖ London Bridge; ♿

Repartido bajo 1 Ha de bóvedas ferroviarias victorianas en Bankside, este lugar explota la relación de amor que los londinenses tienen con todo lo que se califique de tinto, blanco o rosado. Vinopolis proporciona una visita bastante esquemática del mundo del vino y es muy popular entre las chicas que celebran una despedida de soltera. No obstante, aquellos que dispongan de tiempo y paciencia y deseen saber un poco más sobre la producción del vino y las variedades regionales desde Francia a Sudáfrica, pasando por California y Australia (y algunas zonas menos conocidas como Tailandia y Georgia) lo encontrarán interesante. Conviene hacerse con una audioguía para entender las exposiciones, que introducen a los visitantes en la historia de la elaboración de vino, los viñedos, las variedades de uva, las características de cada región y qué caldo casa mejor con cada tipo de comida. Todos los circuitos, incluido el "Vinopolis Grapevine" (19,50 £), incluyen una cata de al menos cinco vinos en varias paradas a lo largo de la visita. Los circuitos "Vinopolis Vineyard" (25 £), "Spirit of Vinopolis" (27,50 £) y "Vinopolis Celebration" (32,50 £) incluyen degustaciones adicionales, además de catas de otras libaciones alcohólicas.

## CLINK PRISON MUSEUM Plano p. 120

☎ 7403 0900; www.clink.co.uk; 1 Clink St SE1; adultos/reducida/familias 5/3,50/12 £; ⏰ 10.00-18.00 lu-vi, a 21.00 sa y do; ⊖ London Bridge

A esta antigua cárcel privada, situada en el parque del palacio de Winchester (una zona de 32 Ha conocida como Liberty of the Clink que estaba bajo la jurisdicción de los obispos de Winchester), iban a parar los deudores, prostitutas, ladrones e incluso actores. De esta célebre dirección proviene la expresión inglesa "in the clink" ("en prisión"). El diminuto museo del interior, que pedía a gritos una reforma mientras se recababa información para la presente guía, revela la miserable vida de los detenidos, que eran obligados a costearse la comida y el alojamiento, por lo que a veces tenían que recurrir a cazar ratones. Incluye una bonita y pequeña colección de instrumentos de tortura.

## BANKSIDE GALLERY Plano p. 120

☎ 7928 7521; www.banksidegallery.com; 48 Hopton St SE1; gratis; ⏰ 11.00-18.00; ⊖ St Paul's, Southwark o London Bridge; ♿

Hogar de la Royal Watercolour Society y la Royal Society of Painter-Printmakers, este acogedor y animado lugar no posee una colección permanente, pero acoge frecuentes exposiciones temporales de acuarelas y grabados. Se recomienda llamar antes o visitar la web para informarse del programa (p. ej., tardes en las que los artistas hablan de su trabajo).

# BOROUGH Y BERMONDSEY

Aunque aún tiene zonas bastante abandonadas y grises, estos barrios se hallan en alza y la gente enrollada los cataloga como "el nuevo Hoxton". Es más, cuentan ya con todos los requisitos: un mercado moderno, una comunidad de artistas de vanguardia que viven en edificios de *lofts*, como la antigua fábrica de mermeladas Hartley, y una oferta creciente de *pubs* gastronómicos, restaurantes y cafés modernos en la popular Bermondsey St y alrededores. Merece la pena explorar el HMS *Belfast*, la London Bridge Experience y varios museos, incluido el Zandra Rhodes' Fashion & Textile Museum.

## CATEDRAL DE SOUTHWARK Plano p. 120

☎ 7367 6700; www.southwark.anglican.org/cathedral; Montague Close SE1; gratis, donativo recomendado 4 £; ☼ 8.00-18.00 lu-vi, desde 9.00 sa y do; ✆ London Bridge; ♿

La parte más antigua que sobrevive de esta catedral relativamente pequeña es el trasaltar del extremo este, que contiene cuatro capillas y formó parte del priorato de Mary Overie del s. XIII (de "St Mary over the Water" o "Santa María sobre el Agua"). No obstante, la mayor parte de la catedral actual es victoriana, incluida la nave (1897).

Al entrar por la puerta suroeste, inmediatamente se ve a mano izquierda el monumento al *Marchioness*, dedicado a los 51 pasajeros que murieron cuando un barco turístico que navegaba por el Támesis chocó contra una draga y se hundió cerca del Southwark Bridge en 1989. Por la nave lateral norte se ve, a la izquierda, la colorida tumba de John Gower, el poeta del s. XIV que fue el primero en escribir en inglés. En el crucero norte hay una placa que recuerda a Lionel Lockyer, un médico famoso por sus patentes médicas (con un divertido epitafio). En la parte este del crucero norte se encuentra la capilla de Harvard, bautizada en honor de John Harvard, fundador de la universidad homónima de Cambridge, Massachusetts (EE UU), que fue bautizado aquí en 1607.

Hay que cruzar el coro para admirar el Great Screen (gran retablo), del s. XVI, que separa el coro del trasaltar, regalado por el obispo de Winchester en 1520. En el suelo del coro, debajo del órgano, hay una lápida que marca la tumba de Edmond Shakespeare, hermano del famoso dramaturgo, fallecido en 1607.

En el pasillo sur de la nave hay un monumento a William Shakespeare, de alabastro verde, con imágenes del teatro Globe original y de la catedral de Southwark; el vitral de encima muestra a personajes de *Sueño de una noche de verano*, *Hamlet* y *La tempestad*. Junto al monumento se ha colocado una placa a Sam Wanamaker (1919-1993), el actor y director de cine estadounidense que hizo posible la reconstrucción del Globe.

## LONDON BRIDGE EXPERIENCE Y TUMBAS DE LONDRES Plano p. 120

☎ 0800 043 4666; www.londonbridgeexperience.com; 2-4 Tooley St SE1; adultos/menores 16 años/reducida/familias 21,95/16,95/17,95/64,95 £; ☼ 10.00-18.00; ✆ London Bridge

La última atracción de Londres que casa historia con histeria ya no asusta tanto. Ubicada en las bóvedas del ahora llamado New London Bridge (construido en 1831), la parte de historia lleva al visitante en una gira relámpago por el puente más famoso de Londres: desde los romanos a los vikingos, y desde el "Viejo Puente de Londres" (1209) de Peter de Colechurch's –con todas sus tiendas– al americano Robert McCulloch, que pagó 2,5 millones de US$ en 1967 por el privilegio de transportar el puente desmantelado a Arizona. Es esencialmente un lugar para los niños, ya que se centra sobre todo en personalidades como el "Guardián de las Cabezas", cuyo trabajo era conservar (momificadas) las cabezas cortadas de los ejecutados que se exponían en el puente. Pero, al final de esta indolora lección de historia, se desciende a una serie de tumbas y fosas de víctimas de la peste del s. XIV que poseen todos los ingredientes para asustar a cualquiera: oscuridad, roedores (electrónicos), claustrofobia (hay que abrirse paso a través de un túnel inflado) y sustos (*zombies* –actores– que saltan delante, al lado y detrás del visitante). Las entradas cuestan la mitad si se sacan a través de la web.

## LONDON DUNGEON Plano p. 120

☎ 7403 7221, reservas 0871 423 2240; www.thedungeons.com; 28-34 Tooley St SE1; adultos/5-15 años/reducida 21,95/15,95/19,95 €; ☼ 10.30-17.00; ✆ London Bridge

Bajo los arcos del puente ferroviario de Tooley St, esta mazmorra parece concebida por alguien que no encontró suficientemente aterradora la Cámara de los Horrores del Madame Tussauds. Aunque ha fracasado en tal misión, el lugar no ha dejado de generar dinero desde entonces.

Todo empieza con un tambaleante recorrido por un laberinto de espejos (*Labyrinth of the Lost* o "Laberinto de los Perdidos"), seguido de un vals por Bedlam, un empujón a través de una cámara de tortura, una carrera por el Gran Incendio (con telas ondulantes como llamas), un afeitado con Sweeney Todd (el barbero maldito de Fleet St) y un encuentro con Jack el Destripador; el asesino en serie victoriano aparece con las cinco prostitutas que descuartizó, con sus entrañas colgando en detalle. Una nueva atracción llamada *Surgery: Blood & Guts* (Quirófano: sangre e intestinos) sigue el ejemplo del Old Operating Theatre Museum, situado a la vuelta de la esquina.

Los momentos más vodevilescos los ofrecen el alocado juez con peluca que acusa de cargos falsos al viajero, el trayecto en barca hasta la puerta de los Traidores y el *Extremis Drop Ride to Doom*, que ofrece una caída en picado colgando de una horca.

Para evitar una cola interminable y desfilar por este festín sanguinolento de 90 minutos, conviene comprar las entradas por Internet.

## HMS 'BELFAST' Plano p. 120

☎ 7940 6300; www.hmsbelfast.iwm.org.uk; Morgan's Lane, Tooley St SE1; adultos/menores16y años/reducida 10,70/gratis/8,60 €; ⏱ 10.00-18.00 mar-oct, a 17.00 nov-feb; ⊖ London Bridge; ♿

Anclado en el Támesis, enfrente del Potters Fields Park, el HMS *Belfast* es un juguete grande que suele encantar a los niños de todas las edades. Por supuesto, durante la mayor parte de su vida útil, este buque ligero sirvió a un propósito bastante más serio. Botado en 1938, intervino en la Segunda Guerra Mundial –en el Desembarco de Normandía– así como en la Guerra de Corea.

Probablemente ayude el tener cierto interés por las cuestiones navales, pero lo cierto es que el HMS *Belfast*, de cinco cubiertas y cuatro plantas, es sorprendentemente interesante por lo que muestra de la vida a bordo, desde la sala de calderas a los camarotes. La sala de mando ha sido reconstruida para mostrar su papel en la Batalla del Cabo Norte, que aconteció en1943 en la costa de Noruega y terminó con el hundimiento del buque de guerra alemán *Scharnhorst*. En el puente de mando se

puede entrar en el camarote del almirante y sentarse en su silla, e incluso echar una ojeada a las armas HA/LA de la cubierta.

## BRITAIN AT WAR EXPERIENCE
Plano p. 120

☎ 7403 3171; www.britainatwar.co.uk; 64-66 Tooley St SE1; adultos/5-15 años/reducida/familias 11,45/5,50/6,50/29 €; ⏱ 10.00-17.00 abr-oct, a 16.30 nov-mar; ⊖ London Bridge

Debajo de otro arco ferroviario de Tooley St, la Britain at War Experience pretende educar a las generaciones más jóvenes sobre las consecuencias de la Segunda Guerra Mundial en el día a día de las personas. En general, el tributo a la gente normal está conseguido, aunque las exposiciones pecan de rancias, como sacadas de un decorado televisivo de bajo presupuesto.

El visitante desciende en ascensor a una reproducción de una estación de metro (pues algunas se utilizaban como refugio antiaéreo) equipada con catres, recipientes con té, máscaras de gas y hasta una biblioteca, para luego continuar por salas que muestran titulares de periódicos en tiempos de guerra, pósteres y cartillas de racionamiento. El estudio de radio de la BBC brinda la posibilidad de escuchar emisiones nacionales e internacionales de numerosas personalidades, desde Winston Churchill y Edward Murrow a Hitler y lord Haw. El Rainbow Corner es una imitación de aquellos clubes que frecuentaban los animados GI (soldados estadounidenses) durante su estancia en Londres. Finalmente, se emerge entre las ruinas de un comercio alcanzado por una bomba durante el Blitz, con el humo formando remolinos y los heridos –o muertos– siendo sacados de entre los escombros.

## OLD OPERATING THEATRE MUSEUM & HERB GARRET Plano p. 120

☎ 7188 2679; www.thegarret.org.uk; 9a St Thomas St SE1; adultos/menores 16 años/reducida/familias 5,60/3,25/4,60/13,75 €; ⏱ 10.30-17.00; ⊖ London Bridge

En lo alto de una estrecha y desvencijada escalera (32 peldaños) de la torre de la iglesia de St Thomas (1703), este museo único se centra en los precarios tratamientos hospitalarios decimonónicos. El desván que utilizaba el boticario del hospital de St Thomas para almacenar hierbas medicinales ahora alberga un evocador museo de medicina en el que cuelgan ramilletes de plantas que suavizan el impacto de los horribles instrumentos expuestos.

Todavía resulta más interesante la sala de operaciones del s. XIX que hay junto al desván. En ella se pueden ver los afilados y morbosos artilugios que utilizaban los médicos en la época, además de constatarse las rudimentarias condiciones generales, sin antisépticos ni anestésicos, sobre una mesa de madera en lo que parece un moderno salón de conferencias. Los doctores tenían que actuar rápidamente; se estimaba que lo correcto era alrededor de un minuto para realizar una amputación. Debajo de la mesa se colocaba una caja de serrín para absorber la sangre y las vísceras, y los testigos contaban que los cirujanos llevaban las levitas "acartonadas y pestilentes de pus y sangre". Los sábados a las 14.00 se ofrece una conferencia y una demostración de esta cirugía de urgencia victoriana, mientras que la de los domingos, a la misma hora, versa sobre la utilización de las drogas.

## FASHION & TEXTILE MUSEUM
Plano p. 120
☎ 7407 8664; www.ftmlondon.org; 83 Bermondsey St SE1; adultos/menores 12 años/reducida 5/gratis/3 £; 🕐 11.00-18.00 mi-do; ⊖ London Bridge; ♿

Londres, con su vanguardista estilo callejero y diseñadores como Stella McCartney, Matthew Williamson y Vivienne Westwood, es uno de los puntos calientes de la moda internacional, y por lo tanto un lugar adecuado para esta propuesta de la diseñadora de pelo rosa Zandra Rhodes. Ubicado en un edificio naranja y magenta, el sencillo interior de cemento del museo, que se distribuye entre el sótano y el entresuelo, no distrae del contenido, dedicado solo a exposiciones temporales trimestrales. Dos ejemplos de las que ya se han podido ver son una retrospectiva de la moda sueca y otra sobre la evolución de la ropa interior.

## DESIGN MUSEUM Plano p. 120
☎ 7403 6933, información grabada 0870 833 9955; www.designmuseum.org; 28 Shad Thames SE1; adultos/menores 12 años/estudiantes/reducida 8,50/gratis/5/6,50 £; 🕐 10.00-5.45pm; ⊖ Tower Hill o London Bridge; ♿

Fundado por sir Terence Conran en un almacén de la década de 1930, este museo muestra un programa rotatorio de exposiciones especiales dedicadas al diseño contemporáneo. Populistas y populares, por sus salas ya han pasado todo tipo de piezas, desde zapatos de Manolo Blahnik a coches de Fórmula 1, el modelo T de Ford en el centenario de la marca y ese material milagroso llamado Velcro. El informal White Café ( 🕐 10.00-17.30) está en la planta baja; arriba hay un local más formal, el Blue Print Café. Tiene previsto cambiar de emplazamiento en un par de años al antiguo Commonwealth Institute (plano p. 174; Kensington High St W8; ⊖ High Street Kensington), en Holland Park.

## MERCADO DE BOROUGH Plano p. 120
☎ 7407 1002; www.boroughmarket.org.uk; Southwark esq. Stoney Sts SE1; 🕐 11.00-17.00 ju, 12.00-18.00 vi, 9.00-16.00 sa; ⊖ London Bridge

Emplazado de una u otra manera en el mismo lugar desde el s. XIII, la "London Larder" ("despensa de Londres") ha disfrutado de un impresionante renacimiento en años recientes. Repleto de amantes de los fogones, el lugar se ha convertido en un destino bastante turístico. Véase p. 251.

# RECORRIDO POR EL SOUTH BANK
## Circuito a pie

**1 County Hall** Al otro lado del Parlamento por el Westminster Bridge, este edificio monumental (p. 121) fue la sede del gobierno local de Londres desde 1922 hasta que la primera ministra Margaret Thatcher disolvió el Greater London Council en 1986. Actualmente alberga museos y hoteles.

**2 BFI Southbank** La llamativa sede del British Film Institute (p. 305) en el South Bank es una meca para cinéfilos e historiadores del cine. Cada año programan miles de películas en cuatro salas, y la nueva Mediatheque ofrece todo un archivo con metrajes para visionar.

**3 Millennium Bridge** Este puente peatonal (p. 125), que une las orillas norte y sur del Támesis, una delgada "espada de luz" diseñada por sir Norman Foster, es un buen ejemplo de arquitectura contemporánea eficaz: moderna, bonita y práctica. Soporta a 10 000 peatones cada día.

**4 'Golden Hinde'** Ahora que el Cutty Sark (p. 177) está de baja por enfermedad, esta barcaza (p. 124) es la única embarcación con mástil abier-

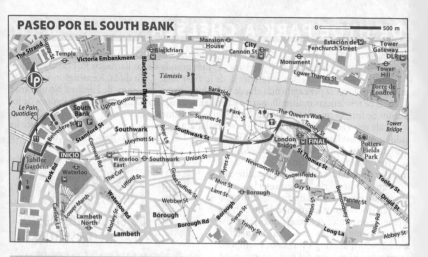

## PASEO POR EL SOUTH BANK

## CIRCUITO A PIE

Inicio Estación de metro Waterloo
Final Estación de metro London Bridge
Distancia 2,41 km
Duración 2 horas
Refrigerio Le Pain Quotidien (p. 262)

ta al público en una ciudad que en su día fue el puerto más grande y poderoso del mundo. El buque es pequeño pero fascinante, una visita recomendable.

**5 Catedral de Southwark** A veces descrita como la "Cenicienta de las catedrales inglesas", este centro de oración (p. 126) a menudo es pasado por alto por los visitantes, pero merece la pena entrar, especialmente por sus asociaciones históricas. En un puesto de honor se erige un monumento a Shakespeare, cuyas grandes obras se escribieron, en un principio, para los cercanos teatros de Bankside.

**6 Ayuntamiento** Apodado "el huevo" (o, con más descaro, "el testículo" debido a su forma), este edificio de cristal ( ☎ 7983 4100; www. london.gov.uk; The Queen's Walk SE1; gratis; ⏰ 8.30-18.00 lu-ju, a 17.30 vi; ⊖ Tower Hill o London Bridge; ♿ ) también podría compararse a un astronauta ataviado con casco. En su interior hay una rampa que sube en espiral por encima de la sala de plenos hasta la azotea, que recientemente se ha equipado con placas de energía solar.

*Dónde comer* (p. 240); *Dónde beber* (p. 274); *De compras* (p. 216); *Dónde dormir* (p. 341)

La zona que se extiende desde Hyde Park –el más grande de los llamados Royal Parks ("parques reales")– hasta Chelsea es territorio de la clase alta, y, sin duda, Kensington y Chelsea disfrutan de la renta per cápita más alta de todos los distritos del centro de Londres. No obstante, además de residencias multimillonarias y tiendas lujosas, la zona también acoge algunos de los puntos de interés más destacados de la capital, especialmente museos.

Desde que el canciller Thomas More se trasladara a Chelsea a principios del s. XVI, este ha sido uno de los barrios más de moda de la ciudad. La "aldea de los palacios" se convirtió en uno de los vecindarios más codiciados por su proximidad a la bulliciosa City y a Westminster, todavía tranquilamente oculta tras un gran recodo del río. Aunque en el s. XX fue absorbido por el Gran Londres, mantuvo su halo aristocrático y logró mezclarlo con un ambiente bohemio, de manera que el promiscuo panorama de los años sesenta nació en su arteria principal, King's Rd (abajo), y tampoco se mantuvo al margen del movimiento *punk* de la década siguiente. Hoy en día, sus residentes se cuentan entre los de mayor renta de Londres (las tiendas y restaurantes creen que los visitantes también) y son tan cosmopolitas como el equipo de fútbol local.

Belgravia goza de fama de elitista desde que fue diseñada por Thomas Cubitt en el s. XIX, con sus plazas blancas, encantadoras calles residenciales y bonitas *mews* adoquinadas

## lo mejor

### OBJETOS EN LOS MUSEOS DE SOUTH KEN

- Esqueleto de diplodocus (p. 136), Natural History Museum
- Refreshment Rooms de Morris, Gamble y Poynter (p. 135), Victoria & Albert Museum
- Fashion Room (p. 134), Victoria & Albert Museum
- Módulo de mando del *Apollo 10* (p. 136), Science Museum
- Cartones de Rafael (p. 133), Victoria & Albert Museum

(callejas donde antiguamente estaban las caballerizas, hoy reconvertidas en viviendas, tiendas, etc.). También es zona de embajadas y de algunos *pubs* encantadores con sabor añejo.

Knightsbridge, famoso en su día por sus salteadores de caminos y sus bares, es el emplazamiento de algunos de los grandes almacenes más conocidos de Londres, como Harrods (p. 217) y Harvey Nichols (p. 217). Al oeste y al noroeste está Kensington, otro barrio pudiente de la capital. Su calle principal, Kensington High St, está flanqueada por una animada mezcla de *boutiques* elegantes y tiendas de cadena. Al norte se halla Holland Park, un barrio residencial de elegantes casas construidas alrededor de un frondoso parque.

Gracias al príncipe Alberto y a la Gran Exposición de 1851, South Kensington es el territorio por excelencia de los museos, con tres de los más destacados en una sola calle: el Natural History Museum (p. 135), el Science Museum (p. 137) y el Victoria & Albert Museum (p. 133). El maravillosamente restaurado monumento conmemorativo a Alberto (p. 139) se halla al norte de este admirable tridente.

Los espléndidos Hyde Park y Kensington Gardens –que forman una única y extensa masa verde– separan el lujo de Knightsbridge y Kensington, con sus tiendas y hoteles exclusivos, del bullicio del West End.

Aparte de la catedral de Westminster, Victoria es conocida, sobre todo, como una zona de tránsito, gracias a sus enormes estaciones de trenes y autobuses y a unos alojamientos bastante anodinos. Con todo, todavía conserva una pizca de personalidad. Sin embargo, Pimlico, aunque aparentemente elegante, es un barrio de lo más aburrido, pese a algunos edificios destacados de principios del s. XIX y excelentes vistas sobre el río que alcanzan la central eléctrica de Battersea.

## CHELSEA Y BELGRAVIA

### KING'S ROAD Plano pp. 132-133
⊖ Sloane Sq o South Kensington

En el s. XVII, Carlos II instaló en la zona un nidito de amor para compartirlo con su amante Nell Gwyn, una vendedora de naranjas convertida en actriz en el Drury Lane Theatre. Por la noche, de regreso al palacio de Hampton Court, el rey utilizaba un camino agrícola que irremediablemente acabó llamándose King's Rd. La calle, representante de la vanguardia de la moda durante la tecnicolor década de 1960 y los anárquicos setenta, todavía desprende algo de aquel espíritu, pero de manera más conservadora.

Cerca del inicio de la calle se halla la nueva Saatchi Gallery ( ☎ 7823 2363; www.saatchi-gallery.co.uk; Duke of York's HQ, King's Rd SW3 4SQ; gratis; ⏰ 10.00-18.00), fundada por el epónimo Charles, mecenas de los Young British Artists, entre ellos Damien Hirst y Tracey Emin, con más de 6500 m² dedicados a exposiciones temporales.

## CHELSEA OLD CHURCH Plano pp. 132-133
☎ 7795 1019; Cheyne Walk esq. Old Church St SW3; ⏰ 14.00-16.00 ma, mi y ju, 13.30-17.30 do; ⊖ Sloane Sq; ♿

Esta iglesia se alza detrás de un monumento de bronce a Tomás Moro (1477-1535), el antiguo *chancellor* (y hoy santo de la Iglesia católica) que perdió tanto su propiedad como su cabeza por negarse a apoyar a Enrique VIII en su plan de establecerse como cabeza suprema de la Iglesia de Inglaterra. Los elementos originales del lugar incluyen la capilla de More, de estilo Tudor. Se cree que los restos de Moro están enterrados en alguna parte del templo; su cabeza, tras ser colgada en el puente de Londres, reposa ahora muy lejos, en la iglesia de St Dunstan, en Canterbury. En el extremo oeste de la nave sur no hay que perderse los únicos libros encadenados que hay en una iglesia londinense (por supuesto, para evitar que sean robados), que incluyen dos volúmenes del *Libro de los mártires*, de Foxe, fechado en 1684, y la llamada Biblia del vinagre, de 1717.

## CARLYLE'S HOUSE Plano pp. 132-133
☎ 7352 7087; www.nationaltrust.org.uk; 24 Cheyne Row; adultos/niños/familias 4,90/2,50/12,30 £; ⏰ 14.00-17.00 mi-vi, 11.00-17.00 sa y do mediados mar-oct; ⊖ Sloane Sq

Desde 1834 hasta su muerte en 1881, el gran ensayista e historiador victoriano Thomas Carlyle vivió en esta casa adosada de tres plantas, que se convirtió en el primer santuario literario de Londres en 1895. En su estudio insonorizado del ático escribió su famosa historia de la Revolución Francesa. Cuenta la leyenda que, cuando terminó el manuscrito, una criada lo tiró al fuego por accidente, por lo que el diligente Thomas no le quedó otro remedio que empezar de nuevo.

Aunque no es especialmente grande –también se visita la cocina, el comedor, la sala de dibujo y el dormitorio–, esta encantadora residencia, construida en 1708, permanece prácticamente como estaba cuando Chopin, Tennyson y Dickens visitaban a Carlyle. Tiene un pequeño jardín atrás.

## CHELSEA PHYSIC GARDEN
Plano pp. 132-133

☎ 7352 5646; www.chelseaphysicgarden.co.uk; 66 Royal Hospital Rd SW3; adultos/niños 5-15 años y estudiantes 8/5 £; ⏰ 12.00-17.00 mi-vi (22.00 mi jul y ago), 12.00-18.00 do abr-oct, 12.00-17.00 a diario durante Chelsea Flower Show, 10.00-16.00 los Snowdrop Days (1º y 2º sa y do de feb), 9.00-11.00 sa y do durante Open Garden Squares Weekend (mediados jun); ⊖ Sloane Sq; ♿

Fundado por la Apothecaries' Society (Sociedad de Farmacéuticos) en 1676 para los estudiantes que trabajaban en el tema de las plantas medicinales y la salud, este jardín es uno de los más antiguos de su clase en Europa. En el fascinante jardín farmacéutico se cultivan especies empleadas por la medicina contemporánea occidental; el jardín de medicina universal tiene una selección de plantas que utilizan las tribus de Australia, China, India, Nueva Zelanda y América del Norte; y también hay un apasionante jardín para perfumería y aromaterapia. Se accede por Swan Walk.

## ROYAL HOSPITAL CHELSEA
Plano pp. 132-133

☎ 7881 5200; www.chelsea-pensioners.co.uk; Royal Hospital Rd SW3; gratis; ⏰ 10.00-12.00 y 14.00-16.00 diario abr-sep, 10.00-12.00 y 14.00-16.00 lu-sa oct-mar; ⊖ Sloane Sq; ♿

Diseñado por Christopher Wren, este soberbio edificio fue construido en 1692 para proporcionar refugio a militares retirados. Desde el reinado de Carlos II, ha alojado a cientos de miles de veteranos de guerra, conocidos como los Jubilados de Chelsea, que cariñosamente son considerados como tesoros nacionales, con sus impecables gabanes azul oscuro en invierno o las levitas granate que lucían en las ocasiones especiales en verano.

En el 2009 abrió el nuevo Margaret Thatcher Infirmary, en parte como resultado de donaciones reunidas a lo largo de los años por el Chelsea Pensioners Appeal.

El museo contiene una enorme colección de condecoraciones de guerra legadas por antiguos residentes; también se puede echar una ojeada al refectorio del Great Hall del hospital, el porche octogonal, la capilla y los patios. Los horarios varían mucho a lo largo del año, pero suele estar abierto entre 10.00 y 16.30-20.30 (depende) de lunes a sábado y a partir de las 14.00 los domingos.

## NATIONAL ARMY MUSEUM

Plano pp. 132-133

☎ 7881 2455, 7730 0717; www.national-army-museum.ac.uk; Royal Hospital Rd SW3; gratis; ⏱ 10.00-17.30; ⊖ Sloane Sq; ♿

Con una ubicación apropiada al lado del Royal Hospital Chelsea, este museo en cuatro niveles cuenta la historia del Ejército británico desde la perspectiva de los hombres y mujeres que pusieron sus vidas

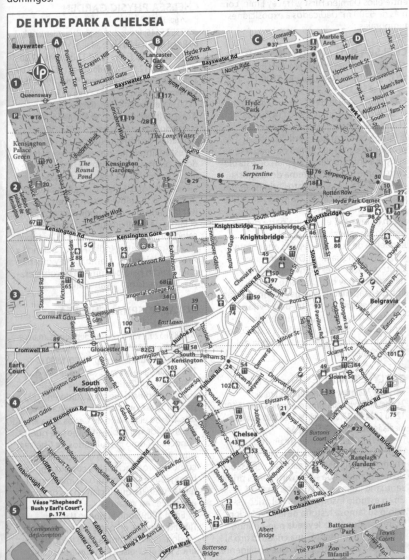

DE HYDE PARK A CHELSEA

al servicio de su rey y su país, de forma que abarca tanto los horrores como la gloria de la guerra. Lo mejor de la exposición son la vida y la época de los Redcoat (término empleado para designar a los soldados británicos desde la Batalla de Azincourt en 1415 hasta la Revolución Americana), la batalla táctica de Waterloo entre el duque de Wellington y Napoleón y el esqueleto del caballo de este último.

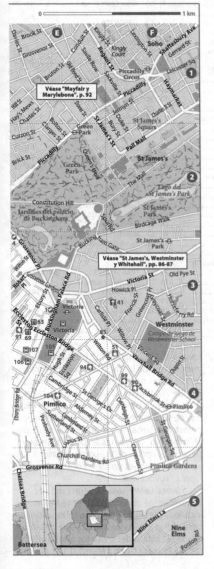

Hay varias exposiciones centradas en animales que han servido a la nación tanto en tiempos de guerra como de paz.

# KNIGHTSBRIDGE, KENSINGTON Y HYDE PARK

## VICTORIA & ALBERT MUSEUM
Plano pp. 132-133

☎ 7942 2000; www.vam.ac.uk; Cromwell Rd SW7; gratis; ☉ 10.00-17.45, a 22.00 vi; ⊖ South Kensington; ♿

El Museum of Manufactures (Museo de las Manufacturas), tal y como se conocía originalmente el V&A cuando abrió en 1852, está especializado en diseño y arte decorativo, la base de los aproximadamente 4,5 millones de objetos de sus fondos, algunos de 3000 años de antigüedad, procedentes de todos los rincones del mundo. El museo es parte del legado que el príncipe Alberto dejó a la nación como consecuencia de la exitosa Gran Exposición de 1851, y sus objetivos principales (aún vigentes) son la "mejora del gusto del público en el diseño" y "las aplicaciones de las bellas artes a los utensilios". Desde entonces, se ha hecho un buen trabajo.

Tal como se entra pasando por debajo de la increíble lámpara de araña de cristal soplado azul y amarilla de Dale Chihuly, se puede tomar un plano del museo (gratis; donativo recomendado 1 £) en el mostrador de información. (Si en la "Grand Entrance" de Cromwell Rd hay mucha gente, hay otro acceso a la vuelta de la esquina, en Exhibition Rd.) Se puede hacer uno de los circuitos guiados de introducción (45 min-1 h) que salen desde la zona principal de entrada cada hora entre 10.30 y 15.30.

Con un total de 145 galerías, el museo alberga la mayor colección del mundo de artes decorativas, que incluye antiguas porcelanas chinas, planos arquitectónicos modernistas, espadas de bronce coreanas y japonesas, cartones de Rafael, fascinantes obras asiáticas e islámicas, trajes isabelinos, vestidos actuales de las pasarelas de París, joyas antiguas, aparatos inalámbricos de los años treinta, etc., etc. Se recomienda elegir la sección o secciones que más interesen y ceñirse a ellas.

El nivel 1 (la planta a nivel de la calle) está dedicado fundamentalmente al arte y el diseño de la India, China, Japón, Corea y el sureste asiático, y también al arte europeo.

# DE HYDE PARK A CHELSEA

También contiene la mejor colección de escultura del Renacimiento italiano fuera de Italia, sin olvidar excelentes tallas francesas, alemanas y españolas. Una de las atracciones principales del museo son los Cast Courts de la sala 46a, con los moldes de escayola del *David* de Miguel Ángel, por ejemplo, adquiridos en 1858. El director del museo de entonces, Henry Cole, encargó moldes de las esculturas más destacas de Europa para uso de los estudiantes de arte.

La colección fotográfica (sala 38a) es una de las mejores del país, con más de medio millón de instantáneas acumuladas desde 1852. Entre las piezas más destacadas se hallan las fotografías del s. XIX de Londres hechas por Lady Clementina Hawarden.

La sala 40 (Fashion Room), la dedicada a la moda, es una de las más populares, e incluye desde trajes de la época isabelina a vestidos de Vivienne Westwood, propuestas de Armani de los ochenta ya anticuadas y diseños de las pasarelas actuales. Una fascinante muestra de ropa interior femenina muestra el "progreso" vivido desde los asfixiantes y peligrosos corsés de la época victoriana a las actuales versiones *sexies* (y confortables) de Agent Provocateur.

La Jameel Gallery (sala 42) reúne más de cuatrocientos objetos de Oriente Medio, incluidas piezas de cerámica, telas, alfombras, vidrio y tallas de madera que datan desde el califato del s. VIII a los años anteriores a la Primera Guerra Mundial. Las piezas proceden de muchos países entre España y Afganistán, destacando la maravillosa alfombra Ardabil, la más antigua y una de las más grandes del mundo, original de Irán, de mediados del s. XVI.

El cuidado John Madejski Garden está en un precioso patio interior ideal para hacer una pausa. También se puede atravesar para llegar a las Refreshment Rooms (salas de refrigerio) originales, de la década de 1860 (salas de Morris, Gamble y Poynter) y rediseñadas por McInnes Usher McKnight Architects (MUMA) en el 2006. Este estudio también ha remodelado las galerías medievales y renacentistas del centro, que ahora se ubican a la derecha de la Grand Entrance.

Las galerías británicas, que repasan todos los aspectos del diseño británico entre 1500 y 1900, se localizan en las plantas 2 y 4 e incluyen el escritorio de Enrique VIII y la llamada gran cama de Ware, de finales del s. XVI, suficientemente grande para cinco personas y concebida como reclamo publicitario para una posada de Hertfordshire. Shakespeare la menciona en *Noche de reyes*. La galería de arquitectura (salas 127 y 128) también se halla en la planta 4, con descripciones de estilos arquitectónicos, maquetas y planos. Las salas 70-73 de la misma planta acogen parte de la Colección Gilbert de oro, plata, mosaicos, cajas de oro y miniaturas de esmalte, que se exponía en la Somerset House hasta el 2008.

Las exposiciones temporales del V&A, por ejemplo las de *Kylie* (sí, la Minogue) del 2007, "Diseño Moderno en la Guerra Fría: 1945-1970" del 2008, y "Sombreros", con diseños del extravagante Stephen Jones, del 2009, siempre son interesantes, divertidas y muy populares (pese a que hay que pagar entrada). El museo también tiene una programación excelente de charlas, talleres y eventos, además de una de las mejores tiendas de museo de la capital.

## NATURAL HISTORY MUSEUM
Plano pp. 132-133

☎ 7942 5000; www.nhm.ac.uk; Cromwell Rd SW7; gratis; ⊗ 10.00-17.50; ⊖ South Kensington; ⬥

Esta gigantesca institución está dedicada a la obsesión victoriana por coleccionar y catalogar. Entrar en las Life Galleries (Galerías de la Vida; zona azul) del edificio de 1880 de Cromwell Rd evoca la anticuada y apolillada era del *gentleman* científico victoriano. El edificio principal del museo, con sus ladrillos y su terracota en tonos arena y azul, fue diseñado por Alfred Waterhouse y es tan

impresionante como el imponente esqueleto de diplodocus del vestíbulo central, justo a continuación de la entrada principal. Resulta difícil superar esta visión inicial, quizás con la salvedad de la imagen de la ballena azul que hay más adelante.

Tras ver el esqueleto del dinosaurio, los niños –que son los principales clientes de este museo–, siempre tiran de sus padres hacia la galería de los dinosaurios (a la izquierda del vestíbulo central) para ver cómo el *Tiranosaurus rex* electrónico, que es la atracción estrella del centro, ruge y mueve la cola.

Las Life Galleries que hay a la derecha del Central Hall (zona verde) están repletas de fósiles y vitrinas de cristal con aves disecadas, maravillosamente decadentes. También alberga la increíble Creepy Crawlies Room (sala de los Artrópodos), la pared vídeo de la Ecology Gallery y el vasto Darwin Centre (zona naranja), que se centra en la taxonomía (el estudio del mundo natural), con unos 450 000 tarros de especímenes, incluido el calamar gigante de 8,6 m llamado Archie, que también se muestra en las visitas guiadas (gratis) que salen cada 30 minutos (reservar con antelación). La novedad del centro es una exposición de 28 millones de insectos y 6 millones de plantas en un "capullo gigante".

El acceso a la segunda sección del museo, las Earth Galleries (Galerías de la Tierra; zona roja), es más sencillo desde la entrada de Exhibition Rd. Aquí, el ambiente victoriano se sustituye por un diseño elegante y moderno, y las paredes negras de su Earth Hall (sala de la Tierra) están cubiertas de cristales, gemas y piedras preciosas. Una escalera mecánica sube a través de un globo hueco hacia las exposiciones sobre el origen geológico del planeta.

Los volcanes, los seísmos y las tormentas están presentes en las plantas superiores, pero la atracción estrella, en la galería Restless Surface (Superficie inquieta), es la réplica del terremoto de Kobe, un intento de recreación (en una pequeña tienda) de la tragedia que en 1995 acabó con la vida de 6000 personas. Las exposiciones de las plantas inferiores se centran en la ecología, las gemas y otras piedras preciosas, además de explorar cómo se formaron los planetas.

El Wildlife Garden (abierto abr-sep) muestra diferentes hábitats británicos de las tierras bajas. Una fascinante exposición temporal que puede convertirse en permanente es la Butterfly Jungle (Jungla de mariposas; adultos/niños y jubilados/familias 6/4/17 £;  🕐 10.00-18.00 may-fin sep), una tienda túnel en el East Lawn repleta de mariposas.

## SCIENCE MUSEUM Plano pp. 132-133
☎ 0870 870 4868; www.sciencemuseum.org.uk; Exhibition Rd SW7; gratis, IMAX Cinema adultos/reducida 8/6,25 £, simulador Motionride 2,50/1,50 £; 🕐 10.00-18.00;  ✪ South Kensington;  ♿

Con siete plantas de exposiciones educativas e interactivas, el Museo de la Ciencia es informativo, entretenido y completo. El centro está pendiente de una gigantesca modernización, por lo que conviene informarse de la situación a través de su página web.

La Energy Hall (sala de la Energía), en la planta baja según se entra, se concentra en máquinas de tamaño real de la época de la Revolución Industrial y muestra cómo los primeros motores de vapor, como la Puffing Billy (una locomotora de vapor original de 1813) ayudaron a Gran Bretaña a convertirse en "el taller del mundo" a principios del s. XIX. Las animaciones, acompañadas de completas explicaciones, enseñan el funcionamiento de las máquinas, e incluso hay una sección dedicada al *ludismo,* movimiento que se oponía al avance de la tecnología.

Es imposible perderse el *Energy Ring* (Anillo de la Energía), una escultura interactiva que cuelga en el espacio que hay al lado de la galería llamada Energy: Fuelling the Future (Energía: insuflando el futuro), en la 2ª planta. Los niños pueden introducir sus nombres y hacer preguntas sobre la energía: las respuestas aparecen como mensajes electrónicos impresos que circulan por el interior del anillo. En la misma planta también hay una recreación del motor analítico de Charles Babbage (1834), considerado el precursor del ordenador.

Las galerías Flight (Vuelo) y Launchpad (Rampa de lanzamiento) de la 3ª planta son perfectas para los más jóvenes, con sus planeadores, globos aerostáticos y diversos aviones, incluido el *Gipsy Moth,* en el que Amy Johnson viajó a Australia en 1930. Este piso también tiene un simulador de vuelo adaptado que han convertido en una atracción (de pago). La 1ª planta abarca exposiciones sobre la comida y el tiempo, mientras que la 4ª y la 5ª repasa la historia médica y veterinaria.

Los padres nostálgicos disfrutarán con los coches antiguos y el módulo de mando del *Apollo 10,* en la galería Making the Modern World (Haciendo el mundo moderno) de la 2ª planta, y toda la familia disfrutará en la tecnológica Wellcome Wing, repartida en varias plantas en la parte trasera del edificio. Allí, el cine IMAX proyecta el típico programa de viajes, aventuras en el espacio y ataques de dinosaurios con increíbles efectos en 3D. La 1ª planta brinda una excelente oportunidad de exploración de la identidad titulada *Who am I?* (¿Quién soy yo?), además de otras muestras interactivas para los pequeños de la casa.

## APSLEY HOUSE Plano pp. 132-133
☎ 7499 5676; www.english-heritage.org.uk; 149 Piccadilly W1; adultos/5-15 años/reducida/familias 5,70/2,90/4,80/17,50 £, con Wellington Arch 7/3,50/6/17,50 £; 🕐 11.00-17.00 mi-do abr-oct, 11.00-16.00 mi-do nov-mar;  ✪ Hyde Park Corner

Esta maravillosa casa, con exposiciones dedicadas a la vida y la época del duque de Wellington, era el primer edificio que se veía en la época cuando se entraba en la ciudad por el oeste, por lo que era conocido como "No 1 London". Todavía una de las edificaciones más bellas de Londres, aunque con vistas a la terrible rotonda de Hyde Park Corner, la Apsley House fue diseñada para el barón Apsley a finales del s. XVIII, pero posteriormente fue vendida al primer duque de Wellington, que la ocupó durante 35 años, hasta su muerte en 1852.

En 1947 la casa fue donada a la nación, lo cual debió de ser una sorpresa para los descendientes del noble, que todavía viven en un piso de la propiedad; diez de sus habitaciones están abiertas al público y pueden visitarse en un circuito por libre con audioguía. Pertenencias varias del duque, incluidas condecoraciones, varios dibujos antiguos y su mascarilla, llenan la galería del sótano, mientras la planta baja acoge una preciosa colección de porcelana, además de algunas piezas de la cubertería de plata. Sobre la escalera se alza la impresionante estatua de 3,4 m de altura de un Napoleón con hojas de higuera obra de Antonio Canova. La Wellington Gallery del 1er piso contiene cuadros de Velázquez, Rubens, Van Dyck, Brueghel y Murillo, pero el óleo más interesante es el retrato del duque realizado por Goya; curiosamente, hace unos años se descubrió que, debajo de su rostro estaba la cara del ¡hermano de Napoleón!, José Bonaparte. Parece que el artista había apostado por Napoleón como vencedor en Waterloo, por lo que cuando le llegaron noticias de la victoria de Wellington tuvo que cambiar rápidamente el motivo principal.

## WELLINGTON ARCH Plano pp. 132-133

☎ 7930 2726; www.english-heritage.org.uk; Hyde Park Corner W1; adultos/5-15 años/reducida/familias 3,50/1,80/3/17,50 €, con Apsley House 7/3,50/6/17,50 £; ⊙ 10.00-17.00 mi-do abr-oct, 10.00-16.00 mi-do nov-mar; ⊖ Hyde Park Corner; ♿

Frente a la Apsley House, en la pequeña zona verde estrangulada por la rotonda de Hyde Park Corner se encuentra la versión inglesa del arco de triunfo (con la diferencia de que este conmemora la derrota francesa, concretamente, la de Napoleón frente al duque de Wellington). El arco, de estilo neoclásico, data de 1826 y en lo alto tenía una estatua ecuestre del duque desproporcionadamente grande, que fue retirada en 1883 y reemplazada años después por la mayor escultura en bronce de todo el Reino Unido, *La Paz descendiendo de la cuadriga de la Guerra* (1912).

Durante años, parte del monumento fue la comisaría de policía más pequeña de la capital, pero tras su restauración fue abierto al público con un espacio de exposiciones de tres plantas, con muestras sobre el Blue Plaque Scheme (Plan de las Placas Azules; p. 138), los mercados históricos (1ª planta), los cercanos monumentos conmemorativos a la guerra de Australia y Nueva Zelanda (2ª planta; véase abajo) y los arcos de triunfo del resto del mundo (3ª planta). Los balcones abiertos (hay ascensor) ofrecen unas vistas inolvidables de Hyde Park, el palacio de Buckingham y el Parlamento.

## MONUMENTOS CONMEMORATIVOS A LA GUERRA DE AUSTRALIA Y NUEVA ZELANDA Plano pp. 132-133

Hyde Park Corner W1; ⊖ Hyde Park Corner

Ligeramente al suroeste del Wellington Arch se halla la estructura de granito gris y verde del Australian War Memorial (www.awmlondon.gov.au), erigida en el 2004 para honrar a las mujeres y hombres australianos que sirvieron en la Primera y en la Segunda Guerra Mundial. Los nombres de cuatro docenas de lugares que fueron escenario de batallas están grabados en los bloques de la pared superior del monolito.

En sentido contrario (noreste) se halla el New Zealand Monument (Southern Stand; www.mch. govt.nz/projects/memorials/london.html), más sencillo y evocador, levantado en el 2006 y consistente en 16 estandartes de bronce con forma de cruz dispuestos en una ladera cubierta de césped. Los primeros diez estandartes están adornados con textos y relieves y cada uno está dedicado a un tema (portador de la bandera, ejército, maoríes en guerra, el bosque); los seis restantes conforman la constelación de la Cruz del Sur.

## MICHELIN HOUSE Plano pp. 132-133

81 Fulham Rd SW3; ⊖ South Kensington

Aunque no se cene en el restaurante Bibendum (p. 240) de la Michelin House, se recomienda acercarse a este edificio y echar una ojeada a su preciosa arquitectura *art nouveau*. François Espinasse la construyó para Michelin entre 1905 y 1911, y en 1985 se restauró completamente. El famoso muñeco de la firma francesa aparece en la vidriera, mientras que el vestíbulo aparece decorado con azulejos que muestran automóviles de principios del s. xx.

## KENSINGTON PALACE Plano pp. 132-133

☎ 0844 482 5170; www.hrp.org.uk; Kensington Gardens W8; adultos/5-16 años/reducida/familias 12,50/6,25/11/34 £, parque y jardines gratis; ⊙ 10.00-18.00 mar-oct, a 17.00 nov-feb; ⊖ Queensway, Notting Hill Gate o High St Kensington

El palacio de Kensington ya tenía una larga historia cuando Diana se mudó a él tras su separación (y, en 1996, divorcio) del príncipe Carlos. Construido en 1605, este palacio se convirtió en la residencia real favorita en tiempos de Guillermo y María de Orange en 1689, y así permaneció hasta que Jorge II se mudó al palacio de Buckingham. Incluso después, la familia real lo utilizaba ocasionalmente; la reina Victoria nació entre sus paredes en 1819.

Durante los ss. xvii y xviii, el palacio fue remodelado por sir Christopher Wren y William Kent. Un circuito con audioguía conduce a través de los State Apartments, recubiertos de madera y sorprendentemente pequeños, de la época de Guillermo, así como por las estancias más grandiosas de Kent. No obstante, para la mayoría de los visitantes, lo mejor es la Royal Ceremonial Dress Collection (Colección de Trajes Ceremoniales Reales), con ejemplos desde el s. xviii hasta la actualidad, incluidos algunos de los modelitos más impresionantes de la tristemente desaparecida Diana.

La dependencia más bonita es la Cupola Room (sala de la Cúpula), donde tenía lugar la ceremonia de iniciación a la exclusiva Orden de la Jarretera, y el lugar donde fue bautizada Victoria; el visitante puede ver el emblema de la Orden pintado en el techo, cuya forma abovedada se debe a un trampantojo, pues en realidad es plano. Al lado se hallan los Queen's Apartments, el lugar donde la reina María recibía a sus invitados.

La King's Gallery, la más grande y alargada de los State Apartments, muestra parte de la colección real de arte, incluido el único cuadro conocido de tema clásico de Van Dyck.

En el techo, William Kent pintó la historia de Ulises, pero tuvo un descuido con los cíclopes, a los que le puso dos ojos.

La King's Drawing Room está presidida por una fea pintura monumental de Venus y Cupido de Giorgio Vasari (1511-1574), un pintor italiano manierista que solía jactarse de la velocidad a la que trabajaba. Desde aquí se disfrutan unas vistas espléndidas del parque y los jardines; también puede verse el estanque redondo, antiguo criadero de tortugas

## PUNTO DE VISTA AUTÓCTONO: EMILY COLE

Criada en Palmers Green (West London), Emily Cole, en la actualidad residente en Walthamstow, está al frente del Blue Plaques Scheme del English Heritage, que lleva casi ciento cincuenta años evidenciando la relación entre edificios y personalidades famosas a través de sus características placas azules de cerámica. Emile también es la editora del bellamente ilustrado *Lived in London: Blue Plaques and the Stories Behind Them*, el libro más ambicioso sobre este proyecto hasta el momento.

**Y más azul que nunca. ¿Por qué?** Antes de la guerra eran de color marrón, pero no destacaban suficientemente. El azul contrasta más sobre las fachadas de Londres, de ladrillo rojo, amarillo y estuco. Sin embargo, quedarían fatal en edificios de sitios como Bath. Allí se utilizan placas de bronce.

**El plan parece tener más normas que una escuela de gramática victoriana.** La más importante es la "norma de 20/100 años". La persona propuesta debe llevar muerta 20 años, o haber superado el centenario de su nacimiento. En los años sesenta, durante un breve período, se redujo a 10 años, quizás un margen insuficiente para garantizar la perdurabilidad de la fama del homenajeado.

**Hablando de los 15 minutos de fama, ¿llegará el día en que todos los edificios tengan una placa?** A las 800 que hay en la actualidad se suman un máximo de 15 por año. Londres es enorme y sigue expandiéndose; hay barrios donde casi no hay ninguna. Hablo de nuestras placas.

**Algunas zonas de la ciudad –Chelsea, por ejemplo– parecen estar atestadas de placas, mientras que otras están desiertas. ¿Se trata de la típica situación de tener/no tener?** Hasta que el GLC asumió el control en 1965, toda la atención se ponía en el centro de Londres, de allí la alta concentración en lugares como Bloomsbury (p. 81), un barrio frecuentado por escritores, pintores y arquitectos. Covent Garden (p. 77) acoge un porcentaje altísimo de placas dedicadas a extranjeros (Benjamin Franklin, Herman Melville, Heinrich Heine), consecuencia de las muchas pensiones que en su día poblaron sus calles.

**¿Pero no hay lagunas? Stalin vivió en Jubilee St, en Stepney Green, durante un par de años y casi nadie lo sabe.** Definitivamente, Stalin no encaja en nuestro criterio de "contribución a la felicidad o el bienestar de los seres humanos". Nos acarrearía problemas. El GLC ya pisó terreno resbaladizo cuando colocó una placa a Lenin como "Fundador de la URSS". Incluso la de Karl Marx en Chalk Farm tuvo que ser trasladada a otro emplazamiento relacionado con su persona en el Soho a finales de los años sesenta por motivos de vandalismo.

**El público propone y el panel, a veces, dispone. ¿Por qué se rechazan algunas propuestas?** Puede que la calle se haya vuelto a numerar y la persona no viviera realmente en la casa en cuestión. Pero lo más probable es que tenga que ver con que la estancia de la persona en Londres no haya sido lo suficientemente larga o su trabajo durante la misma fuera de poco o ningún impacto.

**Así pues, una situación del tipo "Washington durmió aquí"...** Es difícil resumir los logros de alguien en 19 palabras, que es el máximo que puede incluirse en la placa. En la de Ghandi en Bow, East London, su simple nombre ya lo dice todo. Algunas son poéticas, como la del científico Luke Howard, en Tottenham, que reza: "Nombrador de nubes".

**¿Dónde podemos encontrarla cuando no está trabajando para la posteridad?** Me encantan los espacios abiertos de Londres, pero gran parte de mi vida gira en torno a los edificios. Lo ideal sería fundir ambas cosas y pasar el día en un lugar como Hampton Court. Por la tarde iría a una actuación en el Luminaire (p. 298), en Kilburn, el 12 Bar Club ( ☎ 7240 2622; www.12barclub.com; 22-23 Denmark St WC2; ⊖ Tottenham Court Rd), en el Soho, o el Green Note ( ☎ 7485 9899; www.greennote.co.uk; 106 Parkway, London, NW1; ⊖ Camden Town), en Camden. Soy la hija de un músico y Londres tiene una gran vida musical. Pero a veces también necesito escapar. Cuando la vida está tan dominada por la ciudad, resulta agradable alejarse unos días.

*Emily Cole entrevistada por Steve Fallon.*

(para hacer sopa) en el que ahora navegan maquetas de embarcaciones.

La King's Staircase es una escalinata decorada con impresionantes murales de William Kent, que se retrató a sí mismo con turbante en la falsa cúpula.

El Sunken Garden (Jardín Hundido), cercano al palacio, vive en verano su mejor momento; cerca se encuentra la Orangery (p. 242), diseñada por Vanbrugh y Hawksmoor como invernadero independiente en 1704, un lugar luminoso, aunque bastante formal, para tomar el té.

## KENSINGTON GARDENS Plano pp. 132-133

☎ 7298 2000; www.royalparks.org.uk; ☯ 6.00-atardecer; ⊖ Queensway, High St Kensington o Lancaster Gate

Inmediatamente al oeste de Hyde Park, al otro lado del lago Serpentine, estos jardines técnicamente pertenecen al palacio de Kensington. El palacio y los jardines se han convertido en una especie de santuario en memoria de la princesa Diana desde su trágica muerte en 1997. Si se va con niños, se puede visitar el parque infantil llamado Diana, Princess of Wales Memorial Playground, ubicado en la esquina noroeste de los jardines; posee algunas atracciones bastante ambiciosas, incluidos tipis y un barco pirata.

El arte también es un elemento importante en los jardines, como la famosa estatua de Peter Pan de George Frampton, cerca del lago, otra de Edward Jenner, quien desarrolló una vacuna contra la viruela, en la orilla opuesta, y la de John Hanning Speke, el explorador que descubrió el nacimiento del Nilo, al oeste del Serpentine.

## SERPENTINE GALLERY Plano pp. 132-133

☎ 7402 6075, información grabada 7298 1515; www.serpentinegallery.org; Kensington Gardens W2; gratis; ☯ 10.00-18.00; ⊖ Knightsbridge; ♿
Lo que parece una casa de té poco atractiva de los años treinta en medio del verdor de Kensington Gardens es, en realidad, una de las galerías de arte contemporáneo más importantes de Londres. Aquí han expuesto artistas como Damien Hirst, Andreas Gursky, Louise Bourgeois, Gabriel Orozco, Tomoko Takahashi y Jeff Koons. Los enormes ventanales inundan de luz natural el espacio de exposición.

Todos los años, un arquitecto importante (que no haya trabajado en el Reino Unido) recibe el encargo de construir un nuevo

"Pabellón de Verano" en las inmediaciones (abierto may-oct). Entre los nombres que han participado figuran Alvaro Siza, Oscar Niemeyer, Daniel Libeskind, Zaha Hadid y los socios de SANAA, Kazuyo Sejima y Ryue Nishizawa, autores del impresionante New Museum en el barrio neoyorquino de Bowery. El lugar también acoge lecturas, charlas y proyecciones de cine al aire libre.

## ALBERT MEMORIAL Plano pp. 132-133

☎ 7495 0916; www.royalparks.org.uk/parks/ kensington_gardens; visita 45 min adultos/reducida 5/4,50 €; ☯ visitas 14.00 y 15.00 1er do de mes mar-dic; ⊖ Knightsbridge o Gloucester Rd
En el extremo sur de los jardines de Kensington (delante del Royal Albert Hall de Kensington Gore), este monumento es tan ostentoso como supuestamente humilde fue su protagonista, el esposo alemán de la reina Victoria, Alberto (1819-1861), quien manifestó explícitamente que no quería un monumento que fuese "si (de manera muy probable) se convierte en una monstruosidad artística como gran parte de nuestros monumentos, ofendería mi ecuanimidad por ser permanentemente ridiculizado y objeto de risas en una efigie". Ignorando sus buenos deseos, el lord mayor (con el consentimiento de la reina) encargó a George Gilbert Scott en 1872 que construyera el llamativo monumento gótico de 53 m de altura; la estatua dorada de 4,25 m del príncipe ojeando un catálogo para su Gran Exhibición y rodeado de 187 figuras que representan los continentes (Asia, Europa, África y América), las artes, la industria y la ciencia se erigió en 1876. Todo fue perfectamente restaurado en 1998.

## ROYAL ALBERT HALL Plano pp. 132-133

☎ 7589 3203, reservas visitas 0845 401 5045; www.royalalberthall.com; Kensington Gore SW7; ⊖ South Kensington; ♿
Este enorme anfiteatro abovedado de ladrillo rojo adornado con un friso de azulejos de Minton es la sala de conciertos más famosa del país, y la sede principal de los Promenade Concerts de la BBC (los Proms; véase p. 302). El lugar, construido en 1871, jamás se hizo con la intención de albergar un auditorio, sino como "Hall of Arts and Sciences"; la reina Victoria le añadió "Royal Albert" cuando puso la primera piedra, para gran sorpresa de los asistentes. En consecuencia, pasó los primeros 133 años de su

existencia atormentando a músicos y audiencia con su terrible acústica. Se decía que una pieza que se tocara aquí tenía garantizada una segunda oportunidad, por la pésima reverberación de su estructura oval. En el 2004 concluyó una restauración integral; se instaló aire acondicionado, se modernizaron las zonas de camerinos, se trasladó la entrada al sur del edificio y se mejoró la acústica. Los circuitos guiados ( ☎ 7959 0558; adultos/reducida 8/7 £; ⊙ circuitos cada h 10.00-15.30 vi-ma) de 45 minutos salen de la taquilla de la puerta 12.

## ROYAL GEOGRAPHICAL SOCIETY
Plano pp. 132-133

☎ 7591 3000; www.rgs.org; 1 Kensington Gore SW7; gratis; ⊙ 10.00-18.30 lu-vi; ⊖ South Kensington; ⚿

Al este del Royal Albert Hall se halla la sede de la Real Sociedad Geográfica, fundada en 1830 y radicada en un edificio de ladrillo rojo de estilo reina Anna (1874) fácilmente reconocible gracias a las estatuas de los exploradores David Livingstone y Ernest Shackleton del exterior. La sociedad tiene un programa regular de charlas (en especial los lunes por la mañana) y organiza exposiciones fotográficas, mientras que la Foyle Reading Room ( ☎ 7591 3044; adultos/estudiantes 10 £ al día/gratis; ⊙ 10.00-18.30 lu,10.00-17.00 ma-vi) alberga la colección de más de medio millón de mapas, fotografías, libros y manuscritos de la entidad. Se entra por Exhibition Rd.

## HYDE PARK Plano pp. 132-133

☎ 7298 2000; www.royalparks.org.uk; ⊙ 5.30-24.00; ⊖ Hyde Park Corner, Marble Arch, Knightsbridge o Lancaster Gate

El parque real más grande de Londres suma nada menos que 142 Ha de cuidados jardines y grandes extensiones más salvajes. En primavera florecen los preciosos Rose Gardens, añadidos en 1994, y en verano el parque se llena de gente que absorbe el sol, come al aire libre, juega al *frisbee* o se dedica sencillamente a disfrutar de tanto verdor. También es un escenario magnífico para celebrar conciertos al aire libre, manifestaciones de toda índole y eventos reales. Cada mañana suenan las salvas y los soldados atraviesan el parque a caballo de camino a la Horse Guards Parade de Whitehall.

Hyde Park está separado de los Kensington Gardens por la L del Serpentine, un pequeño lago creado por la represa del río Westbourne en la década de 1730; en vera-

no es un buen lugar para montar en barca. Enrique VIII expropió el parque a la Iglesia en 1536, tras lo cual se convirtió en coto de caza para reyes y aristócratas; posteriormente fue un lugar popular para duelos, ejecuciones y carreras de caballos. Fue el primer parque real que se abrió al público, a principios del s. XVII, y acogió la famosa Gran Exposición en 1851. Durante la Segunda Guerra Mundial se transformó en un enorme huerto de patatas.

Al visitante le encantará u horrorizará la ornamentada Queen Elizabeth Gate, diseñada por Giuseppe Lund y David Wynne en 1993 para honrar a la difunta reina madre; la puerta conduce a Park Lane, cerca de Hyde Park Corner. Al oeste de la puerta se encuentra el Holocaust Memorial Garden (1983), un sencillo hito de piedra ubicado entre una arboleda con la cita: "Por esto lloro, las lágrimas brotan de mis ojos por la destrucción de mi pueblo". Al norte de la puerta se halla el nuevo 7 July Memorial, con 52 pilares cuadrados de acero dedicados a las víctimas de los ataques terroristas de Londres de julio del 2005.

## PRINCESS DIANA MEMORIAL FOUNTAIN Plano pp. 132-133
Kensington Gardens W2; ⊖ Knightsbridge

Enfrente de la Serpentine Gallery de los Kensington Gardens, al otro lado de West Carriage Drive, se halla esta fuente erigida en el 2004 en recuerdo de la difunta princesa de Gales. Ideada por la diseñadora Kathryn Gustafson como un "foso sin castillo" y arropada "como un collar" por el circundante extremo suroeste de Hyde Park, cerca del puente del Serpentine, esta corriente circular de doble sentido invitó inicialmente a los visitantes, especialmente a los niños, a bañarse. Pero, cuando varias personas resbalaron debido a la suave superficie del granito, se construyó un sendero de grava a su alrededor, con guardas que impiden que se llegue al agua.

## SPEAKERS' CORNER Plano pp. 132-133
⊖ Marble Arch

El extremo noreste de Hyde Park es tradicionalmente el punto de encuentro de los artistas de la oratoria, que lanzan sus discursos sobre tribunas improvisadas. Es el único lugar de Gran Bretaña en el que pueden organizarse manifestaciones sin permiso policial, una concesión otorgada en 1872 como respuesta a los graves disturbios acaecidos 17 años antes, cuando 150 000 personas se concentraron en contra de la Sunday Trading Bill (que prohibía abrir los domingos a los pequeños comercios) ante el Parlamento. El Speakers' Corner fue frecuentado por Karl Marx, Vladimir Lenin, George Orwell y William Morris. Si el visitante tiene algo que decir, puede resarcirse en este lugar los domingos, aunque el público suele estar integrado preferentemente por chiflados, fanáticos religiosos y especialistas en interrumpir.

### MARBLE ARCH Plano pp. 132-133
⊖ Marble Arch

John Nash diseñó este enorme arco en 1827. En 1851 fue trasladado hasta su actual emplazamiento, en el extremo noreste de Hyde Park, desde su sitio original, frente al palacio de Buckingham, por considerarse que era demasiado pequeño y poco impresionante para constituir una entrada real. Los antisistema pueden cruzar su portal central, un privilegio reservado por ley (aunque no se aplica) a la familia real y a la King's Troop Royal Horse Artillery. Una placa situada en la isleta del Marble Arch señala el enclave en el que antaño estuvo el infame "árbol de Tyburn", una horca triple. Se estima que 50 000 personas fueron ahorcadas allí entre 1571 y 1783, muchas de ellas tras ser arrastradas desde la Torre de Londres. Durante el s. XVI, muchos de los ejecutados lo fueron por su fe, por lo que tiempo después se convirtió en un lugar de peregrinaje católico.

### CONVENTO DE TYBURN Plano pp. 132-133
☎ 7723 7262; www.tyburnconvent.org.uk; 8 Hyde Park Pl W2; gratis; ☼ 6.30-20.30, visitas a la cripta 10.30,15.30 y 17.30 a diario; ⊖ Marble Arch

En 1903 se estableció un convento en este lugar, cerca del emplazamiento de la horca de Tyburn Tree Gallows (arriba). La cripta contiene las reliquias de unos ciento cinco mártires, además de pinturas que conmemoran sus vidas y recuerdan sus muertes. En la actualidad el convento acoge una orden de clausura de hermanas benedictinas.

### BROMPTON ORATORY Plano pp. 132-133
☎ 7808 0900; www.bromptonoratory.com; 215 Brompton Rd SW7; ☼ 7.00-20.00; ⊖ South Kensington

También conocido como el oratorio de Londres o de St Philip Neri, esta iglesia católica romana se construyó en estilo barroco italiano en 1884. Posee numerosas estatuas de mármol, y entre sus feligreses se incluyen Tony y Cherie Blair. Entre semana se oficia cinco misas diarias (una en latín a las 18.00), cuatro los sábados y nueve los domingos (7.00-19.00).

# VICTORIA Y PIMLICO
## CATEDRAL DE WESTMINSTER
Plano pp. 132-133

☎ 7798 9055; www.westminstercathedral.org.uk; Victoria St SW1; catedral gratis, torre adultos/reducida/familias 5/2,50/11 £; ☼ catedral 7.00-19.00, torre 9.30-12.30 y 13.00-17.00 diario abr-nov, ju-do dic-mar; ⊖ Victoria; ⚿

La catedral del s. XIX de John Francis Bentley, la iglesia católica más importante de Inglaterra y Gales, es un magnífico ejemplo de arquitectura neobizantina, con sus característicos ladrillo rojo y piedra blanca. Aunque se comenzó en 1896 y siete años más tarde ya se oficiaban misas, la construcción se quedo sin fondos y el interior jamás llegó a completarse.

Dentro, algunas partes están repletas de mosaicos y ornamentadas con cien tipos de mármol, mientras que en otras luce un sencillo ladrillo rojo. Los destacados bajorrelieves del Vía Crucis (1918) de Eric Gill y su increíble ambiente sombrío la convierten en un remanso de paz respecto al tráfico del exterior. Las vistas desde el campanario de 83 m de altura (hay ascensor) son impresionantes. De domingo a viernes acoge seis servicios diarios y los sabados, cinco.

# CIRCUITO POR HYDE PARK
## Circuito a pie

**1 Hyde Park Corner** El visitante puede subir al monumental Wellington Arch (p. 137) para disfrutar de unas vistas excelentes y, sin apenas moverse del sitio, encontrará la bonita pared de granito color verde eucalipto del Australian War Memorial (p. 137) y los 16 estandartes del New Zealand Monument (p. 137).

**2 Lago Serpentine** Siguiendo por el lado norte del lago, se puede alquilar un patín en el cobertizo de botes del lago Serpentine (☎ 7262 1330; adultos/niños por 30 min 6/2 £, por 1 h 8/3 £; ☼ 10.00-16.00 feb y mar, 10.00-18.00 abr-jun, 10.00-19.00 jul y ago, 10.00-17.00 sep y oct, 10.00-17.00 sa y do nov). El barco de energía solar del Serpentine (ida/ida y vuelta adultos 2,50/4,50 £, niños 1/1,50 £, familias 6/10 £; ☼ cada 30 min 12.00-17.00) hace la travesía desde el embarcadero a la fuente de Diana.

# PASEO POR HYDE PARK

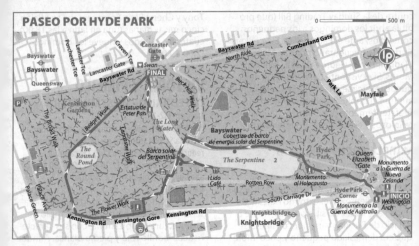

0 ————————— 500 m

## DATOS BÁSICOS

**Inicio** estación de metro Hyde Park Corner
**Final** estación de metro Lancaster Gate
**Distancia** 3,2 km
**Duración** 1½ horas, aprox.
**Refrigerio** Café y tarta en el Lido Café (abajo), bebida al final del paseo en el Swan (derecha)

**3 Princess Diana Memorial Fountain** A pesar de sus problemas iniciales, esta fuente conmemorativa (p. 140), ubicada en una extensión de césped primorosamente cuidada, se ha convertido en un lugar de descanso popular. El agua fluye desde el punto más alto en ambos sentidos, para desembocar en un estanque. Desde aquí, se puede ir andando hasta el Lido Café (☎ 7706 7098; ⏱ 9.00-20.00 abr-oct, 10.00-16.00 nov-mar).

**4 Serpentine Gallery** Esta antigua casa de té es hoy una de las mejores galerías de arte (p. 139) de la ciudad; alberga interesantes exposiciones y pabellones de verano diseñados por los mejores arquitectos del mundo.

**5 Albert Memorial** Dorado y gigantesco, el monumento conmemorativo a Alberto (p. 139) contrasta con la humildad de su persona, el amado esposo de la reina Victoria.

**6 Royal Albert Hall** Otro monumento al esposo de la reina Victoria, se trata del auditorio (p. 139) más famoso de Gran Bretaña. Entre las muchas actuaciones relevantes que a acogido está la versión coral del *Jerusalem* de Blake, organizada para celebrar la concesión del voto a la mujer en 1928.

**7 Palacio de Kensington** Hogar de la princesa Diana tras su divorcio y, durante mucho tiempo, residencia real (p. 137), permite detenerse y echar un vistazo a las exposiciones permanentes y temporales que se montan en su sorprendente interior, antes de dejarse caer en su extenso y verde parque.

**8 Lancaster Gate** La oferta de Hide Park es enorme, siempre que se tenga tiempo, energía y la fuerza de voluntad para hacer algo más que tumbarse en la hierba y recalar en el Swan (☎ 7262 5204; 66 Bayswater Rd W2), con su conocida terraza de la parte trasera.

# CLERKENWELL, SHOREDITCH Y SPITALFIELDS

*Dónde comer* (p. 244); *Dónde beber* (p. 274); *De compras* (p. 217); *Dónde dormir* (p. 344)

Estas tres zonas post-industriales situadas al noreste de la ciudad continúan siendo el motor creativo de Londres, algo en lo que están de acuerdo no pocos visitantes. Pero con independencia de los gustos de cada cual, lo cierto es que están bien para salir por la noche, ir de compras, comer y disfrutar de distracciones más culturales. Los tres barrios, anejos pero muy diferentes, son: Clerkenwell, al norte de la City; Shoreditch y su extensión norte, Hoxton, una zona situada (más o menos) entre la estación de metro Old St y el este de Shoreditch High St; y Spitalfields, centrado alrededor del mercado homónimo y Brick Lane (p. 147), la calle principal de "Banglatown" (en alusión a la comunidad bengalí de la zona).

El fenómeno de Shoreditch comenzó a finales de la década de 1990, cuando algunos creativos escaparon del West End a causa de sus precios prohibitivos y comenzaron a alquilar almacenes en estos terrenos urbanos, que estaban baldíos y abandonados tras el

## lo mejor

### CLERKENWELL, SHOREDITCH Y SPITALFIELDS

- Dennis Severs' House (p. 147)
- Geffrye Museum (p. 146)
- Mercado de Spitalfields (p. 148)
- St John's Gate (p. 145)
- White Cube Gallery (p. 146)

colapso de la industria textil. En pocos años, la zona se ha modernizado mucho; ahora alberga bares a la última, discotecas transgresoras, galerías y restaurantes a los que acuden los nuevos profesionales liberales de la comunicación. El hecho de hallarse a un paso de la City y de estar habitado por beodos derrochadores no le afecta.

A pesar de la impresión general de Shoreditch, la zona está floreciendo con más fuerza que nunca, con nuevas construcciones que han aportado vida a algunos de los rincones más pobres de Londres, invadiendo incluso zonas cercanas de Hackney y Bethnal Green.

Clerkenwell y Spitalfields, a ambos lados de Shoreditch, también se han beneficiado del renacimiento de la zona. El histórico Clerkenwell es actualmente el más pudiente de los tres, con muchos almacenes antes vacíos que se han transformado en apartamentos y oficinas de precio alto. Además de ser un excelente lugar para ver monumentos históricos, alberga el superclub Fabric (p. 291) y disfruta de una maravillosa oferta gastronómica. Spitalfields, un barrio diverso que ha recibido varias oleadas de inmigrantes en los últimos siglos, se centra en su otrora mercado histórico, que, por desgracia, aparece tras su remodelación como una sombra de lo que fue, repleto de restaurantes de cadena. A pesar de ello, el barrio sigue siendo uno de los más vibrantes de Londres, como demuestra Brick Lane, su arteria principal.

## CLERKENWELL

### CHARTERHOUSE Plano p. 144

☎ 7251 5002; Charterhouse Sq EC1; 10 £;
🕑 circuitos guiados 14.15 mi abr-ago; ⊖ Barbican o Farringdon

Hay que reservar con un año de antelación para poder visitar el interior de este antiguo monasterio cartujo, cuya obra central es una sala de estilo Tudor con un techo restaurado de cerchas góticas (artesonado *hammer-bean*). Sus increíblemente populares circuitos guiados se ofrecen entre abril y agosto y comienzan en su puerta del s. XIV, en Charterhouse Sq, antes de pasar por el Preachers' Court ("patio del Pastor",

con tres primitivas celdas monacales en el muro oeste), el Master's Court (patio de los Maestros), el gran salón y la gran cámara, la misma que acogió a Isabel I en numerosas ocasiones.

El monasterio fue fundado en 1371 por los cartujos, la más estricta de todas las órdenes monásticas católicas (no comen carne y hacen voto de silencio, que solamente rompen durante 3 horas los domingos). Durante la Reforma, el monasterio sufrió una gran opresión: al menos tres priores perecieron en la horca de Tyburn (p. 141) y unos doce monjes fueron encerrados en Newgate, donde se les encadenó y murieron de inanición. El rey Enrique VIII confiscó la

# CLERKENWELL, SHOREDITCH Y SPITALFIELDS

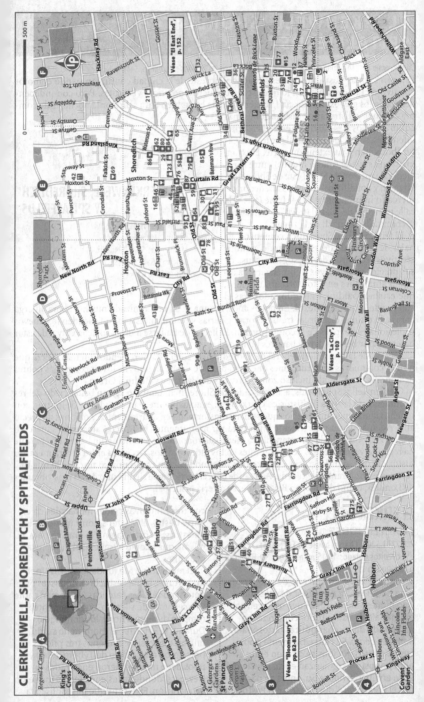

Véase "El East End", p. 152

Véase "La City", p. 103

Véase "Bloomsbury", pp. 62-83

0    500 m

144

# CLERKENWELL, SHOREDITCH Y SPITALFIELDS

propiedad en 1537, y en 1611 fue adquiri-
da por Thomas Sutton, conocido en aquel
entonces como el "plebeyo más rico de
Inglaterra". Sutton, que dio su nombre a la
Sutton House (p. 152), abrió una residencia para
caballeros indigentes; hoy en día, lo habitan
unos cuarenta pensionistas (conocidos como "hermanos"), los mismos que organizan
los circuitos.

Para conseguir entradas hay que enviar
un sobre franqueado, una carta indicando
las fechas de los tres miércoles entre abril y
agosto en las que se desearía hacer la visita
y un cheque pagadero a "Charterhouse",
Tour Bookings, Charterhouse, Charterhouse
Sq, London EC1M 6AN. Una manera un poco
menos antediluviana de realizar la visita es
acudir durante el fin de semana de la Open House
(www.openhouse.org.uk).

## ST JOHN'S GATE Plano p. 144
⊖ Farringdon

Esta puerta medieval, sorprendentemente
fuera de lugar, que atraviesa St John's Lane
no es una réplica. Data del s. XVI y sufrió
una importante restauración trescientos
años más tarde. Durante las Cruzadas,
los caballeros de San Juan de Jerusalén
–soldados que asumieron un papel hospitalario– establecieron un priorato de
unas 4 Ha en Clerkenwell. La puerta se
construyó en 1504 como una gran entrada
a su iglesia de St John's Clerkenwell, en
St John's Sq.

Aunque gran parte de los edificios fueron
destruidos cuando Enrique VIII disolvió
todos los conventos del país entre 1536 y
1540, la puerta sigue en pie. Su vida posterior ha sido muy ajetreada: funcionó como

café en el que se hablaba latín, una poco afortunada iniciativa del padre de William Hogarth durante el reinado de Ana. La restauración data de la época en que albergaba la Old Jerusalem Tavern, en el s. XIX. Ahora puede encontrarse un *pub* de casi el mismo nombre al doblar la esquina de Britton St (véase p. 275).

En el interior de la puerta se halla el pequeño Order of St John Museum ( ☎ 7324 4005; www.sja.org.uk/museum; St John's Lane EC1), cerrado por reformas en el momento de preparar esta guía (debería reabrir en el verano del 2010). Se recomienda hacer la visita con uno de los circuitos guiados (adultos/jubilados 5/4 £; ⏲ circuitos 11.00 y 14.30 ma, vi y sa) de la puerta y de los restos restaurados de la iglesia. Esta última incluye la bonita cripta normanda con un robusto monumento de alabastro en conmemoración de un caballero castellano (1575), un maltrecho monumento que representa al último prior, William Weston, como un esqueleto en un sudario y una vidriera que muestra las principales figuras de la historia. También se enseña la suntuosa sala capitular en la que el capítulo general de la orden se reúne cada tres meses.

## BUNHILL FIELDS Plano p. 144
Bunhill Row EC1; ⏲ 8.00-19.00 lu-vi, 9.30-19.00 sa y do abr-sep, cierre 16.00 oct-mar; ⊖ Old St
Situado junto a las murallas de la City, se trata de un camposanto con más de 1000 años de historia (al parecer, su nombre procede de Bone Hill o "colina de los Huesos", como macabramente se conocía la zona). Probablemente sea el cementerio de disidentes (es decir, no adeptos a la Iglesia de Inglaterra) más famoso del país. Aquí están enterrados grandes escritores como Daniel Defoe, John Bunyan y William Blake. Es un lugar encantador para darse un respiro en un área tan densamente construida. Al otro lado de City Rd (al este del cementerio) está la capilla de Wesley, de 1778, el hogar y lugar de trabajo y de oración de John Wesley, fundador del metodismo.

## KARL MARX MEMORIAL LIBRARY
Plano p. 144
☎ 7253 1485; www.marx-memorial-library.org; 37a Clerkenwell Green EC1; gratis; ⏲ 13.00-18.00 lu-ju; ⊖ Farringdon
La historia de Clerkenwell es bastante radical. Es una zona de barrios victorianos

(llamada Rookery) colonizada principalmente por inmigrantes italianos en el s. XIX. El fundador de la Italia moderna, Garibaldi, pasó por aquí en 1836.

Durante su exilio europeo, entre 1902 y 1903 Lenin publicó 17 ediciones del periódico bolchevique en ruso *Iskra* ("Chispa") desde este lugar, aunque vivía en el cercano Finsbury. En la biblioteca se han conservado copias de estos panfletos hasta hoy, junto con gran cantidad de literatura socialista. Los visitantes no socios puede hojearlos entre 13.00 y 14.00.

# SHOREDITCH Y HOXTON

## WHITE CUBE GALLERY Plano p. 144
☎ 7930 5373; www.whitecube.com; 48 Hoxton Sq N1; gratis; ⏲ 10.00-18.00 ma-sa; ⊖ Old St
Jay Jopling, agente de estrellas del *britart*, forjó su reputación en la década de 1990 promocionando nombres entonces desconocidos como Damien Hirst, Antony Gormley y Tracey Emin. Este edificio de Hoxton Sq tiene un nombre apropiado y, aunque en la actualidad la galería rinde pleitesía a la nueva clase dirigente británica, siempre merece la pena visitarla. Hay otra White Cube (p. 71) en St James's.

## GEFFRYE MUSEUM Plano p. 144
☎ 7739 9893; www.geffrye-museum.org.uk; 136 Kingsland Rd E2; donativo recomendado; ⏲ 10.00-17.00 ma-sa, 12.00-17.00 do; ⊖ Old St o Liverpool St; ♿
Se trata claramente del punto de interés más accesible de Shoreditch, una serie de hospicios del s. XVIII cubiertos de hiedra y con un jardín de hierbas aromáticas que atrae de inmediato al visitante.

El museo está dedicado al interiorismo: todas las salas del edificio principal han sido decoradas para mostrar el aspecto que debían de tener las casas de la relativamente acomodada clase media desde la época isabelina hasta finales del s. XIX. Una ampliación posmoderna de 1998 contiene varias estancias dedicadas al s. XX (un piso de los años treinta, una sala de estilo contemporáneo de la década de 1950, un almacén de los años noventa decorado con muebles de Ikea), así como un maravilloso jardín de hierbas aromáticas, una galería para exposiciones temporales, un centro de diseño con obras de la comunidad local, una tienda y un restaurante.

Otra novedad es la exquisita restauración del interior de un hospicio histórico (adultos/menores 16 años 2 £/gratis). Se ha puesto un sumo cuidado en los detalles, como el periódico de la época abierto sobre una mesa de desayuno. El escenario es, sin embargo, tan frágil, que este pequeño hospicio se abre solo dos veces al mes, normalmente un miércoles y un sábado.

# SPITALFIELDS

Dispuesto alrededor del mercado homónimo y de la maravillosa Hawksmoor Christ Church, Spitalfields, un pedazo de la capital embutido entre la City y Shoreditch, ha acogido y acoge a inmigrantes de todo el mundo. Oleadas de hugonotes (protestantes franceses perseguidos en Francia), judíos, irlandeses y, más recientemente, hindúes y bengalíes, han hecho de este barrio su hogar, por lo que continúa siendo una de las zonas más multiculturales de Londres. No hay que perderse su mercado, el bello enclave victoriano que ofrece una de las experiencias de compras de fin de semana más emocionantes de la capital (véase p.219).

## BRICK LANE Plano p. 144

Es el vibrante corazón de la zona conocida como Banglatown, por la importante comunidad bengalí que acoge. Situada al sur de la Old Truman Brewery, esta calle es una larga procesión de restaurantes de *curry* y *balti* intercalada con tiendas de telas y supermercados hindúes. Por desgracia, el alto nivel de cocina de los restaurantes de *curry* ya no la distingue, por lo que hoy, para probar la cocina del subcontinente asiático, es mejor acudir a Whitechapel (p. 248).

Nada más pasar Hanbury St se encuentra la reconvertida Old Truman Brewery. En el pasado, fue la mayor fábrica de cerveza de Londres y la casa de su director, la de la izquierda, evoca recuerdos de 1740. La antigua Vat House de enfrente, con su campanario hexagonal, es de principios del s. XIX, y la casa del ingeniero, al lado, de 1830. La fábrica dejó de producir cerveza en 1989 y, en los años noventa, comenzó a albergar negocios de música independiente, tiendecitas, discotecas y bares de moda. Al norte de esta zona, Brick Lane es diferente, repleta de ropa interesante, libros y tiendas de discos, algunos de los mejores *bagels* de la ciudad y numerosos cafés y bares.

## DENNIS SEVERS' HOUSE Plano p. 144

☎ 7247 4013; www.dennissevershouse.co.uk; 18 Folgate St E1; do/lu/lu tarde 8/5/12 £; 🕙 12.00-16.00 do, 12.00-14.00 lu siguiente 1er y 3er do de mes más tarde lu (según estación); ⊖ Liverpool St

Esta casa lleva el nombre del último americano excéntrico que la restauró, convirtiéndola en, según sus palabras, "todo un drama". Los visitantes creen haber entrado en la casa de una familia de hugonotes tejedores de seda, ven sus interiores georgianos, maravillosamente restaurados, con platos de comida y bebidas a medio consumir y sábanas revueltas, huelen lo que se está cocinando y escuchan el crujir de los suelos de madera, pero sus moradores nunca aparecen. Se trata de una propuesta diurna única y fascinante, aunque los circuitos "Silent Night" ("Noche Silenciosa"), a la luz de las velas, de los lunes por la tarde (hay que reservar) son aún más memorables.

La Dennis Severs' House no es la única casa georgiana que vale la pena de Folgate St, al norte del mercado de Spitalfields; esta calle está repleta de casas de este tipo, en el pasado también ocupadas por hugonotes, que se asentaron en la zona huyendo de la persecución religiosa en Francia a finales del s. XVII y trajeron consigo sus útiles para tejer la seda. Su presencia todavía está patente en algunos nombres de calles como Fleur-de-Lis St y Nantes Passage. En Fournier St hay más casas georgianas restauradas.

## BRICK LANE GREAT MOSQUE Plano p. 144

Brick Lane Jamme Mosjid; www.bricklanemosque. com; 59 Brick Lane E1; 🕙 sa-ju; ⊖ Liverpool St

El mejor ejemplo de los cambios que la población de esta zona ha vivido en los últimos siglos es este centro de culto en Brick Lane. Construida en 1743 como la New French Church (Nueva Iglesia Francesa) para los hugonotes, sirvió como capilla metodista desde 1819 hasta que se transformó en la Gran Sinagoga para los refugiados judíos de Rusia y centro de Europa. En 1976 volvió a cambiar de credo, convirtiéndose en la Gran Mezquita, que es lo que continúa siendo hoy. Se admiten visitas fuera de las horas de oración.

## CHRIST CHURCH, SPITALFIELDS

Plano p. 144

☎ 7859 3035; www.christchurchspitalfields.org; Commercial St E1; 🕙 11.00-16.00 ma, 13.00-16.00 do; ⊖ Liverpool St

Cruzando en diagonal desde el mercado de Spitalfields, en la esquina de Commercial St y Fournier St, se encuentra esta iglesia restaurada a la que acudían muchos tejedores. La magnífica estructura barroca inglesa, con su alta torre de aguja sobre un pórtico de cuatro fabulosas columnas toscanas, fue diseñada por Nicholas Hawksmoor y terminada en 1729

## MUSEUM OF IMMIGRATION & DIVERSITY Plano p. 144

☎ 7247 5352; www.19princeletstreet.org.uk; 19 Princelet St E1; gratis, donativo recomendado; ⊖ Liverpool St

Esta casa adosada de hugonotes, construida en 1719, alojó a una próspera familia de tejedores antes de convertirse en el hogar de familias inmigrantes polacas, irlandesas y judías, la última de las cuales levantó en 1869 una sinagoga en el jardín trasero.

En sintonía con su pasado multicultural, en la actualidad alberga el Museum of Immigration & Diversity (Museo de la Inmigración y la Diversidad), apto para todas las edades. Desafortunadamente, la casa necesita con urgencia una restauración, por lo que abre muy de vez en cuando (normalmente no más de 12 veces al año). Hay que informarse de las fechas en su página web.

# DOMINGO EN SPITALFIELDS Y SHOREDITCH
## Circuito a pie

**1 Mercado de Spitalfields** Es uno de los mejores mercados (p. 219) de Londres, y una fantástica excusa para salir de compras (ropa, discos y comida) los fines de semana. Al aproximarse desde Liverpool St, se ve el nuevo edificio, que, aunque intenta mantener un espíritu independiente, carece del ambiente tosco y espontáneo del antiguo mercado. Se recomienda entrar en el edificio de este último y perderse entre sus numerosos puestos.

**2 Absolute Vintage** Esta excelente tienda (p. 211) tiene zapatos de todos los colores y números, desde modelos *vintage* a los del arcón de la abuela. La trastienda está abarrotada de ropa para hombre y mujer.

**3 Sunday UpMarket** Tras su reconstrucción, se ha perdido un valioso espacio para puestos, lo que ha hecho que los jóvenes diseñadores trasladen su mercadillo (p. 219) al interior

de la Old Truman Brewery. El nuevo espacio es genial, menos abarrotado, con ropa maravillosa, música, artesanía y un restaurante excelente (al final de Brick Lane) con comida de todo el mundo, desde platos vegetarianos etíopes a delicias japonesas.

**4 Old Truman Brewery** A mediados del s. XVIII era la mayor fábrica de cerveza (p. 147) de Londres, y la casa de su director, justo a la izquierda, data de 1740. Junto a la Vat House, del s. XIX, están la Engineer's House, de 1830, y una hilera de antiguos establos. La fábrica cerró en 1989 y ahora está integrada en el Sunday UpMarket.

**5 Brick Lane** En 1550 no era más que un camino vecinal que iba a la fábrica de ladrillos; en el s. XVIII se pavimentó y se llenó de casas habitadas por los tejedores de Spitalfields; y en la actualidad la parte sur de esta vibrante calle (p. 147) está tomada por restaurantes turísticos de *curry*; todos los nombres de las calles están en bengalí, además de en inglés.

**6 Mercado de Brick Lane** Los domingos en Brick Lane, en las inmediaciones de la estación de metro Shoreditch –que pronto reabrirá sus puertas–, son perfectos para encontrar buenas gangas de ropa, aunque este mercadillo (p. 219) es especialmente interesante por sus muebles de calidad. Se recomienda pasear por Cheshire St para descubrir pequeñas *boutiques* de nuevos diseñadores y colecciones *vintage*.

**7 Brick Lane Beigel Bake** Al final de Brick Lane se encuentra esta excelente panadería (p. 247), fundada por alguna de las familias judías que se establecieron en el vecindario y que todavía sigue allí. Funciona 24 horas al día y siempre está abarrotada; los domingos, con los compradores del mercado, y por las noches, con los discotequeros de Shoreditch.

**8 Mercado de flores de Columbia Road** Todos los domingos, desde el amanecer, se montan puestos de flores recién cortadas y de plantas. Cuanto más pronto se llegue, más bonito está el mercado (p. 219), aunque las mayores gangas se encuentran más tarde (alrededor de las 12.00), cuando empiezan a recoger. Para disfrutar de un tentempié de media mañana, se puede visitar los puestos de comida que hay tras los principales quioscos de flores.

**9 Geffrye Museum** Este fascinante museo (p. 146), que ocupa una pequeña finca de casas

# DOMINGOS EN SPITALFIELDS Y SHOREDITCH

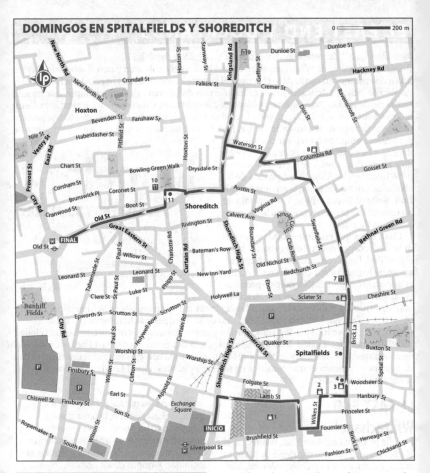

## DATOS BÁSICOS

Mejor hora domingos por la mañana
Inicio estación de metro Liverpool St
Final estación de metro Old St
Distancia 3,2 km
Duración 1 hora
Refrigerio Puestos de comida en la parte trasera del
Sunday UpMarket (p. 219), Brick Lane Beigel Bake
(p. 247) y bebida en Hoxton Sq

victorianas, está dedicado a la historia del interiorismo inglés. Se puede terminar el re-corrido en la encantadora cafetería acristala-da de la parte de atrás y echar un vistazo al jardín de hierbas aromáticas.

**10 Hoxton Square** Si se está de paseo, se recomienda hacer un alto en esta plaza con un pequeño parque donde siempre pasa algo y, si hace buen tiempo, tomarse algo en una de las terrazas.

**11 White Cube Gallery** La primera de las dos creaciones del pionero del *britart* Jay Jopling, esta galería (p. 146) siempre tiene algo divertido o controvertido colgado en sus in-maculadas paredes blancas.

Puede que el barrio de Whitechapel, en el East End, quede solo a un paseo al este de la City y a una o dos paradas en metro de los barrios del noreste, como Bethnal Green y Mile End, pero el cambio de estilo y estética no puede calificarse más que de radical. Desde siempre, este ha sido territorio de la clase trabajadora, poblado por inmigrantes (hugonotes franceses, irlandeses, judíos y bengalíes) que han aportado a la ciudad una curiosa mezcla de culturas todavía perceptible. A principios de la década de 1980, el East End era un barrio venido a menos y muy dejado, pero ahora empieza a mejorar por muchos flancos. Los signos de bienestar han empezado a aparecer en zonas de las inmediaciones de Whitechapel y Aldgate, los precios de las viviendas han subido como la espuma en Mile End, Bethnal Green y Bow, y se constata un incremento de la construcción en la destartalada zona de Hackney y Dalston.

Cualquiera que esté interesado en el Londres moderno y multicultural debería visitar el East End. Junto con algunos museos interesantes, se hallarán algunos de los restaurantes asiáticos con mejor relación calidad-precio de la capital, además de varios de sus mercados

## lo mejor

### EL EAST END Y DOCKLANDS

- Whitechapel Gallery (p. 150)
- Museum of London Docklands (p. 156)
- Canary Wharf Tower (p. 158)
- Ragged School Museum (p. 155)
- Victoria Park (p. 155)

más coloridos. También es recomendable visitar la recién ampliada Whitechapel Gallery (abajo) o pedalear por Victoria Park (p. 155), uno de los parques más bonitos de la capital.

Articulado a partir de los tinglados, muelles y ensenadas que hicieron de Londres una ciudad increíblemente rica a partir del s. XVIII, Docklands, la extensión sur del East End, es un mundo de contrastes. Los vistosos puentes sobre los muelles y los edificios futuristas dominan el horizonte, pero también es una zona rica en historia, y el Museum of London Docklands (p. 156) se encarga de recordarla.

## EL EAST END
## Whitechapel

La calle principal del East End, Whitechapel High St, resuena con su cacofonía de idiomas asiáticos, africanos y de Oriente Medio, bien representada en sus bulliciosas tiendas que venden de todo, desde tentempiés hindúes hasta telas nigerianas y joyas turcas, mientras que sus distintas comunidades conviven más o menos relajadamente. Sigue siendo un lugar caótico y pobre, pero también lleno de vida y no debería pasarse por alto.

**WHITECHAPEL GALLERY** Plano p. 152
☎ 7522 7888; www.whitechapelgallery.org; 77-82 Whitechapel High St E1; gratis; ◷ 11.00-18.00 ma-do, a 21.00 ju; ⊖ Aldgate East; ♿
Esta innovadora galería, que se trasladó a esta su sede principal, en un edificio de estilo *art nouveau*, en 1899, actualmente también ocupa la biblioteca contigua y ha doblado sus espacios de exposición, sumando diez en total. Fundada por el filántropo victoriano Canon Samuel Barnett a

finales del s. XIX para acercar el arte a la gente de East London, la galería se ha forjado todo un nombre con sus exposiciones dedicadas tanto a artistas reconocidos como emergentes, dibujantes y arquitectos incluidos. Algunos de los nombres más destacados que figuran en su currículo son Jackson Pollock (que realizó aquí su primera exposición en el Reino Unido), Gary Hume, Robert Crumb y Mies van der Rohe. El *Guernica* de Picasso se expuso en este lugar por primera vez en 1939; y en el 2009 se ha mostrado un tapiz procedente del edificio de Naciones Unidas de Nueva York para celebrar la reapertura de la galería. Sus ambiciosas exposiciones cambian cada dos meses –se recomienda comprobar el programa en su web– y además organiza conciertos, lecturas de poesía, charlas y proyecciones de películas que se prolongan hasta tarde los jueves y, a veces, los viernes. Tampoco hay que perderse sus increíbles "esculturas sociales". La puntilla la pone una excelente librería, la Whitechapel Gallery Dining Room (p. 151), y un café de diseño en la 1ª planta.

## WHITECHAPEL BELL FOUNDRY
Plano p. 152

☎ 7247 2599; www.whitechapelbellfoundry.co.uk; 32-34 Whitechapel Rd E1; circuitos 8 £ por persona; ⏱ circuitos 10.00 y 14.00 sa, tienda 9.30-16.15 lu-vi; ⊖ Aldgate East

Esta fundición de campanas lleva en funcionamiento desde 1738, si bien hay otra cercana que se remonta a 1570. Tanto la londinense Big Ben (1858, p. 95) como la Liberty Bell (1752) de Filadelfia se hicieron aquí. En la actualidad se está trabajando en una nueva campana para la iglesia de la Trinidad de Nueva York que sustituirá a la anterior, dañada en los ataques terroristas del 11 de septiembre del 2001. Las visitas guiadas de 1½ horas de los sábados (máx. 25 personas) suelen estar reservadas con un año de antelación. Entre semana y en horario laboral, se puede ver alguna pequeña exposición en el vestíbulo y comprar artículos relacionados en la tienda.

## WHITECHAPEL ROAD Plano p. 152

A unos minutos a pie de la estación de metro Whitechapel se encuentra la gran East London Mosque (mezquita del este de Londres; 46-92 Whitechapel Rd E1) y detrás de ella, en Fieldgate St, la Gran Sinagoga, construida en 1899.

En Cable St, al sur de Commercial Rd –en sentido a Wapping– está el antiguo edificio del Ayuntamiento de St George (236 Cable St E1), en la actualidad una biblioteca de barrio en la esquina con Library Place. En la pared este del edificio hay un gran mural que conmemora los disturbios ocurridos en la zona en octubre de 1936, cuando el fascista Oswald Mosley llegó con un grupo de sus matones para intimidar a la población judía local. El resultado es que fueron repelidos por los lugareños, y no solo judíos.

El visitante se halla también en el territorio de Jack el Destripador. De hecho, Mary Ann Nichols, la primera de sus cinco víctimas, fue rebanada hasta la muerte el 31 de agosto de 1888 en la actual Durward St, al norte (justo detrás) de la estación de metro Whitechapel.

A lo largo de la misma Whitechapel Rd, los sucesos criminales continuaron. Antes del cruce con Cambridge Heath Rd hay un *pub* llamado Blind Beggar ( ☎ 7247 6195; 337 Whitechapel Rd E1) donde el famoso gánster Ronnie Kray acribilló a tiros a George Cornell en 1966 en una lucha interna por el control del crimen organizado en el East End. Condenado a cadena perpetua, murió en 1995.

Más allá de la intersección con Cambridge Heath Rd, la historia de este barrio, tradicionalmente pobre, adquiere tintes más filantrópicos, con una estatua de William Booth (1829-1912), que fundó aquí el Ejército de Salvación en 1865, y las Trinity Green Almhouses, unos asilos construidos en 1695 para los marineros heridos o retirados que, en dos hileras, forman un ángulo recto frente a una zona de césped, una capilla y una torre de reloj.

## WOMEN'S LIBRARY Plano p. 152

☎ 7320 2222; www.thewomenslibrary.ac.uk; Old Castle St E1; gratis; ⏱ 9.30-17.30 lu-mi y vi, hasta 20.00 ju, 10.00-16.00 sa; ⊖ Aldgate East; ♿

Al doblar la esquina desde la Whitechapel Art Gallery, se encuentra la biblioteca de Mujeres, integrada en la Universidad Metropolitana de Londres. Se trata de un depósito único, con todo tipo de libros y documentos relacionados con la historia de las mujeres. Incluye una sala de lectura abierta al público, que también funciona como archivo y museo, con interesantes colecciones, y organiza charlas y exposiciones especiales (p. ej., "Entre portadas: revistas femeninas y sus lectoras"). El edificio ocupa la parte modernizada de la antigua Goulston Square Wash House, uno de los baños públicos más antiguos de la capital.

# Bethnal Green y Hackney

Bethnal Green, el distrito más pobre de la ciudad durante la era victoriana, y Hackney, en plena expansión –cuyo nombre sajón proviene de *haccan* (matar con hacha o espada) y *ey* ("río"), lo cual indica que fue un lugar de batallas–, ahora componen el "correcto" East End y puede ser declarada una de las áreas étnicamente más diversas de la capital, con considerables comunidades de afrocaribeños, bengalíes, turcos y kurdos. Aunque ninguno de los dos barrios figuran en los itinerarios turísticos, merecen una visita.

## V&A MUSEUM OF CHILDHOOD
Plano p. 152

☎ 8983 5200, información grabada 8983 5235; www.vam.ac.uk/moc; Cambridge Heath esq. Old Ford Rds E2; gratis; ⏱ 10.00-17.45; ⊖ Bethnal Green; ♿

Ubicado en un edificio restaurado de la época victoriana trasladado desde el sur de Kensington en 1866, esta sucursal del Victoria & Albert Museum (p. 133) está pensada tanto para niños, con sus salas de actividades, rincones especiales, exposiciones interactivas, juegos y juguetes, incluida una caja para disfrazarse y una "playa" de arena, como para adultos aficionados a los juguetes antiguos. Desde figuras talladas en marfil (hay una "muñeca pala" del 1300 a.C. aprox.) hasta osos de peluche, desde Mecano a Lego y desde cajas estereoscopio hasta juegos de ordenador, todo tipo de objetos

para niños de cualquier parte del mundo se hallan expuestos en este animado museo.

**SUTTON HOUSE** Plano p. 152
☎ 8986 2264; www.nationaltrust.org.uk; 2 y 4 Homerton High St E9; adultos/niños/familias 2,90 £/80 p/6,60 £; ⏱ 12.30-16.30 ju-do feb-fin dic; 🚉 Hackney Central, 🚌 38, 106, 277 o 394
La que originariamente fue conocida como Bryk Place cuando se construyó en 1535 por

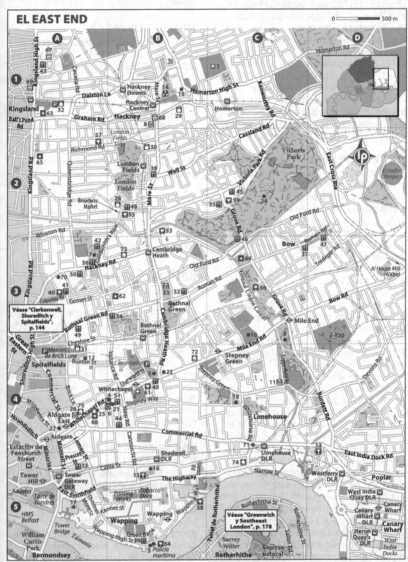

un prominente cortesano de Enrique VIII, sir Ralph Sadleir, podría haberse perdido trágicamente para la historia, pero en los últimos años ha pasado a manos del National Trust (Patrimonio Nacional), que la ha restaurado magníficamente.

La primea estancia histórica a la que se accede, el Linenfold Parlour, es también la más destacada, pues el panelado de madera de roble de estilo Tudor que recubre las paredes fue tallado para semejar tela drapeada. Otras salas destacadas son la gran cámara (también panelada), el estudio victoriano, el salón georgiano y la fascinante recreación de una cocina Tudor. Cuenta con una tienda y un agradable café.

Al oeste de la Sutton House, en los jardines recuperados de la iglesia de St John, se halla la torre de St Augustine( ☎ 8986 0029; www.hhbt.org.uk; Mare St E8), originaria del s. XIII, lo único que queda de una iglesia demolida en 1798. Se puede subir (135 escalones) en los días especiales que abre al público. Para recabar más información, se recomienda visitar su página web.

## HACKNEY MUSEUM Plano p. 152

☎ 8356 3500; www.hackney.gov.uk/cm-museum; Hackney Learning & Technology Centre, 1 Reading Lane E8; gratis; ⏱ 9.30-17.30 ma, mi y vi, a 20.00 ju, 10.00-17.00 sa; 🚉 Hackney Central, 🚌 38, 106, 277 o 394; ♿

Este pequeño pero estiloso museo traza la historia de uno de los barrios étnicamente más diversos del país a través de vitrinas que contienen efectos personales de diversas comunidades (judía, china, hindú, etc.) y explicaciones adjuntas, todo muy de diseño, a base de cuadrados traslúcidos de colores, de distinto color para cada grupo étnico. Incluso el barco de popa larga sajón de mil años de antigüedad (descubierto en el pantano de Springfield Park en 1987) se ha colocado en el suelo bajo cuadrados de cristal.

No obstante, el diseño no dificulta la exposición, desde zoótropos y un confuso plano de principios del s. XX hasta un *pie 'n' mash* (típico local de cocina británica) y una preciosa cocina de la década de 1950. Guarda una copia de la novela clásica

---

# EL EAST END

## GRANJAS DE LONDRES

Para demostrar a los jóvenes londinenses que las ubres de las vacas no tienen etiqueta, en las últimas décadas muchas granjas se han instalado en la ciudad, con vacas de verdad (además de ovejas y cerdos), que mastican, mugen y hacen lo que todos los animales de granja tienen que hacer. Estas granjas tienen más éxito entre los residentes que entre los visitantes, por lo que suponen una posibilidad de alejarse de los lugares más turísticos. La entrada siempre es gratis, en muchos casos tienen un centro educativo y la mayoría cierran los martes.

Freightliners Farm (plano p. 166; ☎ 7609 0467; www.freightlinersfarm.org.uk; Sheringham Rd N7; ☽ 10.00-16.45 ma-do verano, 10.00-16.00 ma-do invierno; ⊖ Highbury e Islington)

Hackney City Farm (plano p. 152; ☎ 7729 6381; www.hackneycityfarm.co.uk; 1a Goldsmith's Row E2; ☽ 10.00-16.30 ma-do; ⊖ Bethnal Green)

Kentish Town City Farm (plano p. 162; ☎ 7916 5421; www.ktcityfarm.org.uk; 1 Cressfield Close, bocacalle Grafton Rd NW5; ☽ 9.00-17.00 diario; ⊖ Kentish Town)

Mudchute Park & Farm (plano p. 157; ☎ 7515 5901; www.mudchute.org; Pier St E14; ☽ 9.00-17.00 diario verano, 10.00-16.00 diario invierno; DLR Mudchute)

Spitalfields City Farm (plano p. 152; ☎ 7247 8762; www.spitalfieldscityfarm.org; Weaver St E1; ☽ 10.00-16.30 ma-do; ⊖ Shoreditch)

Stepping Stones Farm (plano p. 152; ☎ 7790 8204; Stepney Way E1; ☽ 10.00-16.00 ma-do ⊖ Stepney Green, DLR Limehouse)

Surrey Docks Farm (plano p. 178; ☎ 7231 1010; www.surreydocksfarm.org.uk; South Wharf, Rotherhithe St SE16; ☽ 10.00-17.00 ma-do; ⊖ Rotherhithe)

Vauxhall City Farm (plano p. 186; ☎ 7582 4204; www.vauxhallcityfarm.info; Tyers St, bocacalle de Kennington Lane SE11; ☽ 10.00-14.30 ju-do; ⊖ Vauxhall)

londinense de crímenes *Yardie,* y ofrece historias orales grabadas que pueden escucharse con auriculares.

# Mile End y Victoria Park

Una bulliciosa intersección donde Docklands se encuentra con Hackney y el centro de la ciudad con Bow y Stratford Marsh, Mile End y sus alrededores constituyen una popular zona residencial con algunos bares y restaurantes aceptables, un parque poco común financiado por la Lottery Fund (lotería) y el más tradicional Victoria Park, el pulmón verde más grande y bonito del East End. Un paseo al oeste de la estación de Mile End lleva al campus de Queen Mary, de la Universidad de Londres (plano p. 152; ☎ 7882 5555; www.qmul.ac.uk; Mile End Rd E1; ⊖ Mile End), que alberga el cementerio Novo Sephardic, fundado en 1733 por judíos españoles y portugueses. A mediados de la década de 1970, en plena expansión de la universidad, se vaciaron unas siete mil quinientas tumbas y los restos volvieron a inhumarse en tumbas anónimas en Brentwood, entre ellos los del famoso púgil Daniel Mendoza (p. 155). Al este, sobre la ruidosa autopista A12, se encuentra Stratford y el parque olímpico (plano p. 64; www.london2012.org), hoy

una zona en obras, que será el centro de atención de todo el mundo el verano del 2012. Se puede hacer el circuito Blue Badge ( ☎ 7495 5504; www.toursof2012sites.com; adultos/niños 8/5 £; ☽ 11.00 sa y do) por la zona (1½ h, aprox.), que sale de la estación de metro Bromley-By-Bow y termina en la estación de DLR Pudding Mill Lane, aunque se recomienda visitar la web por si hubiera cambios.

## MILE END PARK Plano p. 152
**www.towerhamlets.gov.uk; ⊖ Mile End**
Este parque de 36 Ha consiste en una larga y estrecha serie de espacios verdes interconectados embutidos entre Burdett Rd y Grove Rd y el Grand Union Canal. Dotado de un vistoso diseño durante el año del milenio, actualmente incorpora una pista de *karts*, un centro infantil para menores de 10 años, zonas de arte público, un área ecológica, una pared de escalada a cubierto y un estadio deportivo ahora en obras. No obstante, lo más destacado es el "puente verde" del arquitecto Piers Gough, con árboles y plantas, que une las secciones norte y sur del parque salvando la ruidosa Mile End Rd.

**RAGGED SCHOOL MUSEUM** Plano p. 152

☎ 8980 6405; www.raggedschoolmuseum.org.uk; 46-50 Copperfield Rd E3; gratis, donativo recomendado 2 £; ⏱ 10.00-17.00 mi y ju, 14.00-17.00 1er do mes; ⊖ Mile End

Tanto adultos como niños quedan irremediablemente fascinados con esta combinación de una falsa aula victoriana, con pupitres de madera, pizarras, tizas, tinteros y ábacos en el 1er piso, y un museo de historia social adyacente. El Ragged, término con el que se aludía en la época a las ropas ajadas y sucias de los alumnos, celebra el legado del Dr. Joseph Barnardo, que fundó en este edificio la primera escuela pública para niños pobres del East End en la década de 1860.

Cada primer domingo del mes se ofrece una clase victoriana de lectura, escritura y aritmética a cargo de Miss Perkins (14.15 y 15.30), una estricta profesora ataviada como dios manda (o mandaba).

**TOWER HAMLETS CEMETERY PARK**
Plano p. 152

☎ 07904 186 981; www.towerhamletscemetery. org; Southern Grove E3;gratis; ⏱ 7.00-atardecer; ⊖ Mile End o Bow Rd

Abierto en 1841, este cementerio de 13 Ha fue el último de los, entonces llamados, "Siete Magníficos" camposantos suburbanos, que también incluían los de Highgate (p. 165) y Abney Park, en Stoke Newington (p. 168), creados por una ley del Parlamento en respuesta al rápido aumento de la población y a la insuficiencia de los existentes. Unos doscientos setenta mil cuerpos habían sido enterrados aquí hasta 1966, cuando se clausuró, y en el 2001 se convirtió en un parque y reserva natural. En la actualidad es un lugar tranquilo y sereno provisto de monumentos victorianos cubiertos de vegetación. El tercer domingo de cada mes suele haber circuitos guiados de dos horas de duración a las 14.00.

**HOUSE MILL** Plano p. 152

☎ 8980 4626; www.housemill.org.uk; Three Mill Lane, Three Mills Island E3; adultos/reducida 3/1,50 £; ⏱ 11.00-16.00 1er do mar-dic, 13.00-16.00 2o, 3o y 4o do may-oct; ⊖ Bromley-by-Bow

El único que sigue en pie de los tres molinos que había en esta islita del río Lea, el House Mill (1776) funcionó, movido por las mareas, moliendo grano para una destilería vecina hasta 1940. Los circuitos, que funcionan según demanda, llevan a los visitantes por sus cuatro plantas a la vez que se les ofrece una fascinante visión de la industria tradicional del East End en 45 minutos. Hay una pequeña cafetería y una tienda.

**VICTORIA PARK** Plano p. 152

☎ 8985 1957; www.towerhamlets.gov.uk; ⏱ amanecer-atardecer; ⊖ Mile End, 🚌 277 o 425

Para disfrutar de una zona verde más grande que la del Mile End Park, basta con poner rumbo norte desde la estación de metro Mile End por Grove Rd hasta las 88 Ha de Victoria Park, el Regent's Park del East End. Esta frondosa extensión cuenta con lagos, una bolera, canchas de tenis, un parque con ciervos y mucho más. Cuando se abrió, en 1845, después de una petición presentada a la reina Victoria a través del miembro local del Parlamento y suscrita por 30 000 firmas, se

---

## UN HÉROE DEL ESTE

Daniel Mendoza (1764-1836), el padre del "boxeo científico", que se anunciaba a sí mismo como "Mendoza el judío", fue el primer boxeador sin guantes en emplear la estrategia y la velocidad en el cuadrilátero. Nacido en Aldgate, pronto aprendió lo que significaba "forastero", lo cual le valió no pocas disputas. En un momento dado fue descubierto por el "caballero boxeador" Richard Humphreys, 20 años mayor que él, que se convirtió en su entrenador. Mendoza desarrolló un estilo de boxeo en directa contradicción con las normas de la época, que implicaban que los contrincantes se situaban cara a cara y luchaban hasta que uno caía.

El arranque de Mendoza fue muy brillante, y llegó el día en que rompió con su mentor. Su combate más infame tuvo lugar durante un enfrentamiento encarnizado en 1788 con Humphreys. Justo cuando Mendoza estaba a punto de darle el golpe de gracia, el ayudante de Humphreys le agarró el brazo, un instante capturado en un grabado contemporáneo llamado *Foul Play*, expuesto en la National Portrait Gallery (p. 76). Mendoza se enfrentaría a Humphreys de forma limpia otras dos veces, y en ambas salió vencedor, también moralmente.

Mendoza fue el primer deportista de Gran Bretaña en adquirir un estatus de culto. Amasó (y derrochó) una fortuna, escribió sus memorias y un libro de autoayuda titulado *The Art of Boxing*, además de vender baratijas con su marca e imágenes de sí mismo. No obstante, lo más importante es que contribuyó a la causa de los judíos en un país que los había admitido solo un siglo antes. La gente aprendió por primera vez que los judíos podían y estaban dispuestos a luchar y ganar.

convirtió en el primer parque público del East End. A principios del s. xx era conocido como el Speaker's Corner del East End. Durante la Segunda Guerra Mundial gran parte del parque se cerró al público, pues se utilizaba como punto de actividad antiaérea, además de campamento de internamiento para prisioneros de guerra italianos y alemanes.

## Wapping y Limehouse

La puerta a la zona de tinglados de Wapping es el St Katharine's Dock (plano p. 152; www.skdocks.co.uk; ⊖ Tower Hill), construido en 1828, tras derrumbar 1250 casas "insalubres" y dejar en la calle a 11 300 personas, y clausurado 140 años más tarde. Su encarnación actual, un puerto de recreo para yates de lujo rodeado de cafés, restaurantes y tiendas cursis, data de la década de 1980.

Wapping fue tradicionalmente el hogar de marineros y estibadores. Uno de los lugares más destacados desde el punto de vista histórico es el Execution Dock (plano p. 152; Wapping New Stairs; ❹ 100 ⊖ Wapping), situado cerca de la comisaría de policía marítima, en el 94 Wapping High St E1. Semejante nombre es porque allí se colgaba a los piratas convictos; sus cuerpos eran encadenados a un poste con bajamar y permanecían en el sitio hasta que tres mareas habían "lavado" sus cuerpos.

Muy diferente es Limehouse, la zona que se convirtió en el centro de la comunidad china de Londres –su primer Chinatown– después de que unos trescientos marineros se asentaran en ella en 1890. Se menciona en *El retrato de Dorian Gray* (1891), de Oscar Wilde, cuando el protagonista pasa por el barrio en busca de opio. Su atracción más destacada es la iglesia de St Anne, en Limehouse (plano p. 152; ☎ 7515 0977; www.stanneslimehouse.org; Commercial Rd esq. Three Colt St E1; DLR Westferry), que fue la primera que construyó Nicholas Hawksmoor (1725), y aún ostenta el reloj de iglesia más alto de la ciudad. De hecho, la torre, con sus 60 m de altura, continúa siendo un "indicador de la Trinity House" para la identificación de canales de navegación por el Támesis (de ahí la enseña blanca de la Royal Navy).

## DOCKLANDS

Probablemente jamás se adivinaría observando los modernos rascacielos que dominan la Isle of Dogs y Canary Wharf, pero, desde el s. XVI hasta mediados del s. XX, esta zona fue el corazón del puerto más importante del mundo, el epicentro del Imperio Británico y de su enor-

me comercio global. En sus muelles se descargaban mercancías de todos los rincones del planeta, lo cual daba trabajo a una población trabajadora muy cohesionada. Esta comunidad siguió creciendo hasta la Segunda Guerra Mundial, cuando los muelles resultaron seriamente bombardeados.

Pasada la guerra, ni los puertos ni el Imperio, herido de muerte, estaban en condiciones de hacer frente a los cambios tecnológicos y políticos del momento. Al mismo tiempo, los nuevos buques *bulcarrier* y portacontenedores de gran tamaño precisaban amarraderos de mayor calado, así como nuevas técnicas de carga y descarga. A mediados de los años sesenta comenzaron a sucederse rápidamente los cierres de las dársenas, y el número de trabajadores cayó de 50 000 en 1960 a aproximadamente 3000 en 1980.

La metrópoli financiera que sustituyó a los tinglados portuarios comenzó con la London Docklands Development Corporation, una entidad fundada por el Gobierno de Thatcher durante los fieros años ochenta para presionar en busca de espacio para oficinas en la City. Esta comunidad, algo artificial, tuvo un arranque bastante incierto. Los edificios bajos, similares a los de un pueblo de juguete, tuvieron problemas para atraer ocupantes; el Docklands Light Railway (el principal medio de transporte) también sufrió al principio; y la Canary Wharf Tower tuvo que ser rescatada de la bancarrota en dos ocasiones. Sin embargo, ahora, la gente de los medios de comunicación y los magnates financieros tienen sus sedes aquí.

En la actualidad, la zona de Docklands es un mundo de contrastes. Vistosos puentes sobre muelles y edificios futuristas dominan el horizonte; no hay duda de que Londres ve así el futuro. Pero no hay que olvidar que también es una zona rica en historia.

## MUSEUM OF LONDON DOCKLANDS
Plano p. 157

☎ 7001 9844; www.museumindocklands.org.uk; No 1 Warehouse, West India Quay E14; adultos/reducida/después 16.30 5/3 £/gratis; ⏰ 10.00-18.00; ⊖ Canary Wharf o DLR West India Quay; ♿ Emplazado en un almacén reconvertido de azúcar, ron y café con 200 años de antigüedad, este museo ofrece una visión integral de toda la historia del Támesis desde la llegada de los romanos en el 43 d.C. No obstante, lo mejor son los detalles sobre asuntos más recientes, como la controvertida transformación de los decrépitos muelles en la década de 1980.

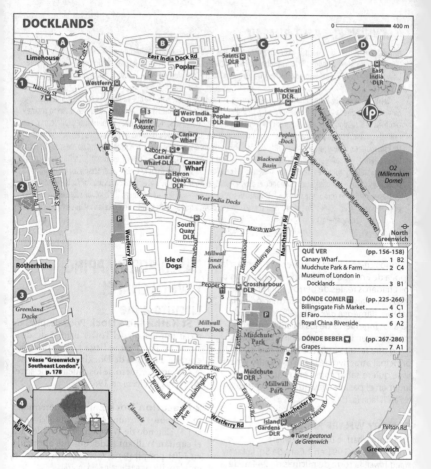

# DOCKLANDS

0 ————— 400 m

| QUÉ VER | (pp. 156-158) |
|---|---|
| Canary Wharf | 1 B2 |
| Mudchute Park & Farm | 2 C4 |
| Museum of London in Docklands | 3 B1 |

| DÓNDE COMER | (pp. 225-266) |
|---|---|
| Billingsgate Fish Market | 4 C1 |
| El Faro | 5 C3 |
| Royal China Riverside | 6 A2 |

| DÓNDE BEBER | (pp. 267-286) |
|---|---|
| Grapes | 7 A1 |

La visita comienza en la 3ª planta (mejor tomar el ascensor hasta arriba del todo) con el asentamiento romano de Londinium, que incluye el precioso cuenco romano de cristal azul descubierto en pedazos en una obra de Prescot St E1 en el 2008, y avanza cronológicamente escaleras abajo. Hay una maqueta a escala del antiguo puente de Londres, además del *Rhinebeck Panorama* (1805-1810), un gigantesco mural de la parte alta de la Pool of London (piscina de Londres). La *London, Sugar & Slavery* (Londres, azúcar y esclavitud) es una nueva exposición que examina el papel de la capital en el comercio trasatlántico de esclavos.

A los niños les encantan las exposiciones como *Sailortown*, una fantástica recreación de las calles adoquinadas, los bares y las casas de una comunidad portuaria del mediados

del s. xix y de la cercana Chinatown, y la interactiva *Mudlarks*, donde los pequeños entre 5 y 12 años pueden explorar la historia del Támesis basculando un clíper, probándose cascos de buzo de otros tiempos, aprendiendo a utilizar cabestrantes e incluso construyendo una maqueta sencilla de Canary Warf.

## ISLE OF DOGS Plano p. 157
**DLR Westferry, West India Quay, Canary Wharf**
Ni siquiera los expertos se ponen de acuerdo en calificar a esto de isla, y mucho menos en el origen de su nombre. En realidad es una península en la margen norte del Támesis, aunque sin una moderna carretera o conexiones de transporte habría quedado prácticamente separada de tierra firme en los West India Docks. Los estudiosos siguen dándole vueltas al asunto de su etimología.

157

Algunos visitantes de Londres esperan encontrar una ciudad con gente hablando en *cockney* al estilo de Dick Van Dyke, en *Mary Poppins*. Tradicionalmente los *cockneys* eran la gente que había nacido cerca de St Mary-le-Bow, en Cheapside. Como son pocos los que viven en la City, eso significa que la mayor parte de *cockneys* son del East End.

El término *cockney* a menudo se utiliza para describir a cualquiera que hable lo que también se conoce como *estuarine English* (en el que la "t" y la "h" se omiten y abundan las oclusiones glóticas). De hecho, el auténtico dialecto *cockney* también utiliza algo denominado argot rimado, que parece que se desarrolló entre los comerciantes callejeros de la capital como un código para desconcertar a la policía. Este código sustituye los nombres y los verbos con frases rimadas. De esta manera, *"going up the apples and pears"* ("subir las manzanas y las peras") significaba *"going up the stairs"* ("subir las escaleras"); *"trouble and strife"* ("conflictos y problemas") hacía referencia a *"wife"* ("esposa"); y *"telling porky pies"* ("decir pasteles gordos") es *"telling lies"* ("mentir"). Con el uso, la segunda palabra tendió a perderse y así desapareció la rima. Muy pocas personas siguen utilizando el *cockney* puro, aunque muchas sí lo entienden. Es más probable encontrarlo en frases residuales como *"use your loaf"* ("usa tu yesca") ("yesca" significa aquí "cabeza"), *"ooh, me plates of meat"* con el sentido de *"feet"* ("pies") o *"e's me best china"* (*"china plate"*, que significa plato de porcelana y que en inglés rima con *"mate"*, "compañero").

Algunos creen que el nombre se remonta a la época de Enrique VIII, cuando el lugar acogió los criaderos reales de perros, mientras que otros afirman que es una deformación de la palabra flamenca *dijk* ("dique") que recordaría a los ingenieros de los Países Bajos que atracaban en las fangosas orillas de la zona.

Lo que resulta indiscutible es que el principal atractivo de la isla es Canary Wharf. Si se quiere saber cómo era el aspecto del lugar en el pasado, hay que visitar el Mudchute Park & Farm (p. 154).

### CANARY WHARF Plano p. 157

Canary Wharf o DLR Canary Wharf

Construida en 1991 en 1 Canada Sq, la Canary Wharf Tower, la torre de oficinas de 244 m de altura diseñada por Cesar Pelli, que ha sido descrita como un "prisma cuadrado con una cúspide piramidal", preside un amplio compendio de construcciones, incluidas una ciudad de juguete y un parque temático financiero. Está rodeada por rascacielos más recientes que albergan las sedes del HSBC y Citigroup, por ejemplo, además de oficinas del Bank of America, Barclays, Lehmann Brothers, Morgan Stanley y Credit Suisse, entre otras entidades financieras. Pero se ha tenido que recorrer un largo y duro trecho hasta lograr que el lugar adquiriera su aspecto actual. Así, la Canary Wharf Tower, todavía el edificio más alto del país y uno de los proyectos inmobiliarios más ambiciosos de Europa, tuvo que ser salvada de la bancarrota en dos ocasiones antes de alcanzar sus actuales niveles de ocupación.

# PASEO POR WAPPING Y WHITECHAPEL

## Circuito a pie

**1 St Katharine's Dock** Poco después de pasar por debajo del Tower Bridge, desde la Torre de Londres, se llega a está simbólica entrada a la zona de Docklands. St Katharine's (p. 156) fue el primero de los muelles que se renovó tras su cierre en 1968.

**2 Execution Dock** Entre los personajes más famosos que murieron en este célebre lugar (p. 156), saliendo de Wapping High St, destaca el capitán William Kidd, que fue ahorcado en 1701 por piratería. Cerca se encuentra el emblemático *pub* Captain Kidd (p. 278).

**3 St George-in-the-East** Esta iglesia (☎ 7481 1345; www.stgite.org.uk; 16 Canon St Rd E1) fue construida por Nicholas Hawksmoor en 1729 y gravemente dañada durante el Blitz. Lo único que queda de ella es la cáscara, con un interior moderno más pequeño. En la década de 1850 se clausuró durante un tiempo, cuando el vicario introdujo lo que se consideró liturgia "católica".

**4 Cable Street** A finales del s. XVIII en esta calle (p. 151) se fabricaban cuerdas, y era tan larga como el estándar de medida inglés (180 m o 600 pies). También fue el escenario de los disturbios de Cable St, que terminaron con la expulsión de los fascistas británicos del East End. La Twine Ct, más corta y estrecha, sale al sur desde Cable St.

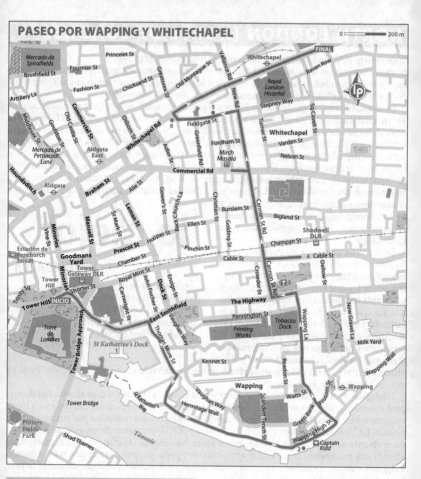

## PASEO POR WAPPING Y WHITECHAPEL

0 ⎯⎯⎯ 200 m

## DATOS DEL CIRCUITO

**Inicio** estación de metro Tower Hill
**Final** estación de metro Whitechapel
**Distancia** 4 km
**Duración** 2 horas, aprox.
**Refrigerio** Mirch Masala (p. 248)

**5 Tower House** Este gran edificio (41 Fieldgate St E1), hoy trasformado en un bloque de apartamentos, fue en su día un albergue y después

un refugio para pobres. Entre sus antiguos residentes estuvieron Stalin y escritores como Jack London y George Orwell. Este último la describe con detalle en su novela *Sin blanca en París y Londres* (1933).

**6 Whitechapel Bell Foundry** En funcionamiento desde hace casi cuatrocientos cincuenta años, esta fundición de campanas (p. 151) puede afirmar haber producido algunas de las campanas más famosas de la historia, incluidas la Big Ben y la Liberty Bell, en Filadelfia.

*Dónde comer* (p. 250); *Dónde beber* (p. 278); *De compras* (p. 221); *Dónde dormir* (p. 346)

North London es un término muy difuso que engloba una zona integrada por muchos barrios menores de la ciudad, la mayoría de ellos pueblos en su origen que fueron engullidos poco a poco a lo largo de los siglos por la incesante expansión de la metrópoli.

Comenzando en el norte de Euston Rd, esta región de la capital incluye King's Cross y Camden Town. Históricamente King's Cross era una de las desertizaciones urbanas más feas, pero la reconstrucción de la estación de metro, la apertura de la bonita terminal de trenes de St Pancras International y la lenta, pero minuciosa, renovación del entorno urbano está haciendo que este barrio resulte cada vez más atractivo, aunque, para ser honestos, todavía le queda mucho para ser un lugar de encuentro para ir a tomar algo. Camden es aún más extraño; en gran parte rechazado por los londinenses por su mercadillo turístico (p. 161) y sus ariscos vecinos, fuera de Lock y alejándose desde Camden High St, la zona es, en realidad, un sitio bonito lleno de buenos bares, restaurantes y algunas gemas arquitectónicas. Es un fenómeno típico de Londres que puedan vivirse dos experiencias tan diferentes en un mismo lugar.

La reacción general a los barrios elitistas de Primrose Hill, Belsize Park y Hampstead es mayoritariamente positiva, pues aunque son pocos los que pueden permitirse este tipo de vida tranquilo, en un entorno frondoso a la vez que en plena ciudad, a muchos les gustaría. Con su serena y poco pretenciosa elegancia, no extraña que este sea uno de los vecindarios preferidos por las clases más pudientes de Londres. Afortunadamente pueden

# lo mejor

## NORTH LONDON

- Hampstead Heath (p. 164)
- British Library (p. 163)
- Cementerio de Highgate (p. 165)
- Mercadillo de Camden (p. 161)
- Kenwood House (p. 165)

visitarse Primrose Hill y Hampstead Heath (no se recomienda ir a pasear por Belsize Park, ya que, en realidad, no tiene parques).

Highgate, al otro lado del enorme Hampstead Heath, es el punto más alto de Londres y, probablemente, su zona urbana más espléndida. Elegante de los pies a la cabeza, es un lugar encantador en el que los vecinos han desarrollado inesperados músculos por sus empinadas cuestas. En las inmediaciones, Crouch End y Muswell Hill son menos caros, aunque conservan un ambiente de clase media alta, mientras Stoke Newington (Hackney), más destartalado, alberga una maravillosa mezcla de *hippies*, mamás y papás guapos, parejas de gays y lesbianas y algunos reductos de judíos ortodoxos y musulmanes turcos, todos viviendo en la más improbable de las armonías.

Hampstead y Highgate deberían ser la primera elección del visitante por su gran variedad de puntos de interés. North London también incluye uno de los espacios exteriores más grandes y bonitos de la ciudad, el refinado Regent's Park (abajo), que acoge el famoso zoo de Londres y, en su extremo norte, el bello Regent's Canal.

# REGENT'S PARK

**REGENT'S PARK** Plano p. 162

☎ 7486 7905; ☽ 5.00-anochecer; ⊖ Baker St o Regent's Park

El más elaborado y estructurado de los numerosos parques de Londres fue creado alrededor de 1820 por John Nash, quien lo ideó suntuosamente con el fin de albergar palacios para la aristocracia. Aunque el proyecto no llegó a buen puerto (como otros tantos de la época), los edificios de Outer Circle, y particularmente las mansio-

nes *palladianas* de estuco que construyó en Cumberland Tce, dan cierta idea de lo que el arquitecto tenía en mente.

Como muchas zonas verdes de la ciudad, esta se utilizó como coto de caza real y, posteriormente, como explotación agrícola, antes de funcionar como lugar de esparcimiento y ocio durante el s. XVIII. En la actualidad es un refugio bien organizado y relajado, animado y sereno, local y cosmopolita, en el corazón de la ciudad. Entre sus numerosas atracciones destacan el zoo de Londres, el canal Grand Union en el flanco norte, un lago artificial, un teatro al aire libre en los Queen Mary's Gardens donde se representan obras de Shakespeare en verano, estanques y parterres, rosaledas que lucen espectaculares en junio, campos de fútbol y, también en verano, juegos como el *softball*.

En su lado oeste está el impresionante centro islámico central y mezquita de Londres ( ☎ 7725 2213; www.iccuk.org; 146 Park Rd NW8; ✚ Marylebone), un enorme edificio blanco con una brillante cúpula. Se puede acceder al interior, bastante austero por cierto, pero siempre descalzo y vestido con corrección.

## ZOO DE LONDRES Plano p. 162

☎ 7722 3333; www.zsl.org/london-zoo; Outer Circle, Regent's Park NW1; adultos/niños/reducida 16,80/13,30/15,30 £ más donativo recomendado de 1,70 £ para proteger a especies en peligro; ☼ 10.00-17.30 mediados mar-oct, a 16.00 nov-ene, a 16.30 feb-mediados mar; ✚ Baker St o Camden Town

Fundado en 1828, este parque zoológico (aquí fue donde nació la palabra "zoo") se cuenta entre los más antiguos del mundo y, desde la década de 1990, tras un período de intermitencias, en uno de los más avanzados. En la actualidad se halla en proceso la aplicación de un plan de modernización a largo plazo, que hace hincapié en la conservación, la educación y la cría, lo cual implica menos especies y más espacio para las que queden.

El nuevo planteamiento ha generado el Gorilla Kingdom, un proyecto que incluye un programa de conservación de gorilas en Gabón con el objetivo de proporcionar un hábitat para las gorilas occidentales, además de protegerlos y dar trabajo a las comunidades locales, cazadores furtivos incluidos. El zoo posee tres gorilas –Zaire, Effie y Mjukuu– que viven en su propia isla de 1600 m².

El Clore Rainforest Lookout and Nightzone es otra instalación excelente: un pedazo de la selva tropical de Sudamérica al que no le faltan titíes, monos, murciélagos de fruta y otras criaturas andando y volando en libertad entre los visitantes dentro de esta húmeda burbuja tropical. Los monos se muestran especialmente felices deambulando por lo que ellos consideran su territorio, de modo que hay que andarse con cuidado.

La elegante y animada piscina de los pingüinos, diseñada por Berthold Lubetkin en 1934, es una de las principales estructuras modernas de Londres, aunque los animales prefieren bañarse en otra redonda convencional.

También destacan las instalaciones Butterfly Paradise, Into Africa y Meet the Monkeys. En el 2008, la Mappin Terrace (que antes albergaba los osos polares) reabrió como Outback, un trozo de Australia que acoge ualabíes y emúes, especializado en los retos que el cambio climático planteará a los animales que ya viven en climas cálidos.

Una buena forma de visitar el zoo es llegar en bote por el canal que sale de Little Venice o Camden, aunque también se puede acceder a pie por el camino de sirga que acompaña el canal. Hay también un maravilloso zoo infantil, construido en su mayor parte con materiales ecológicos, en el que se desarrollan diversos programas y atracciones (como bañar a los elefantes y dar de comer a los pingüinos) durante todo el año.

## LORD'S CRICKET GROUND Plano p. 162

☎ 7616 8595; reservas 7432 1000; www.lords.org; St John's Wood Rd NW8; visitas adultos/niños y reducida/familias 14/8/38 £; ☼ visitas cuando no hay partidos 10.00, 12.00 y 14.00 abr-sep, 12.00 y 14.00 oct-mar; ✚ St John's Wood; ♿
La "casa del cricket" es una visita obligada para cualquier devoto de este peculiar deporte inglés. Se recomienda reservar entrada para los encuentros, aunque también merece la pena hacer el circuito de 90 minutos por el campo y las instalaciones plagadas de anécdotas, que incluye la famosa Long Room, con un museo lleno de recuerdos abierto a todos y donde los socios ven los partidos rodeados de retratos de las figuras de este deporte. La famosa urna que contiene las Ashes, el premio de la competición más reñida del *cricket*, reside aquí cuando se halla en territorio inglés.

El propio campo está dominado por un impresionante centro de prensa que parece una radio con reloj, y tampoco hay que perderse la famosa veleta (con forma de Padre Tiempo) y el moderno Mound Stand, con forma de tienda de campaña.

# CAMDEN

## MERCADILLO DE CAMDEN Plano p. 166

Camden High esq. Buck Sts NW1; ☼ 9.00-17.30 ju-do; ✚ Camden Town o Chalk Farm
Aunque (o quizás justamente por ello) las *chupas* de cuero pasaron de moda hace ya

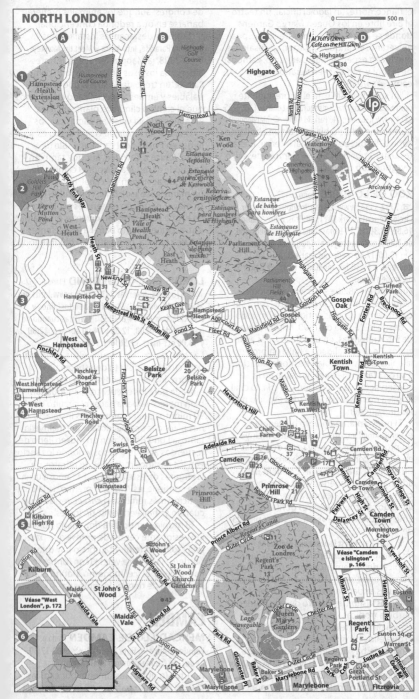

# NORTH LONDON

0 ———————— 500 m

Al Toff's (2km);
Café on the Hill (2km)

Highgate Golf Course

Hampstead Golf Course

Hampstead Heath Extension

The Bishops Ave

Winnington Rd

Highgate

North Hill

Southwood La

North Rd

North Wood

Hampstead La

Ken Wood

Highgate High St

Waterlow Park

Highgate Hill

Lily Pond

Golders Hill Park

North End Way

Estanque depósito

Estanque para enfermos de Kenwood

Reserva ornitológica

Cementerio de Highgate

Archway

Junction Rd

Leg of Mutton Pond

West Heath

Hampstead Heath

Vale of Health Pond

Estanque para hombres de Highgate

Estanque de baño para hombres

Estanques de Highgate

Heath St

East Heath

Estanque de baño mixta

Parliament Hill

Highgate Rd

Tufnell Park

Brecknock Rd

New End Rd

Hampstead

Willow Rd

Parliament Hill Fields

Gordon Ho Rd

Gospel Oak

Forress Rd

Hampstead High St

Rosslyn Hill

Keats Gve

Hampstead Heath

Agincourt Rd

Fleet Rd

Mansfield Rd

Gospel Oak

Pond St

Southampton Rd

Kentish Town Rd

Kentish Town

West Hampstead

Finchley Rd

Finchley Road & Frognal

Fitzjohn's Ave

Belsize Park

Belsize Park

Haverstock Hill

Maiden Rd

Kentish Town West

West Hampstead Thameslink

West Hampstead

Finchley Road

College Cres

Swiss Cottage

Adelaide Rd

Chalk Farm

Camden

Gloucester Ave

Camden Rd

Royal College St

Hilgrove Rd

South Hampstead

Primrose Hill

Regent's Park Rd

Primrose Hill

Camden Town

Camden High St

Camden St

Kilburn

Belsize Rd

Abbey Rd

Ave Rd

Delancey St

Camden Town

Kentish Town Rd

Camden Rd

Carlton Rd

Kilburn High Rd

St John's Wood

Prince Albert Rd

Regent's Canal

Outer Circle

Zoo de Londres

Véase "Camden e Islington", p. 166

Mornington Cres

Everholt St

Maida Vale

St John's Wood

Wellington Rd

Grove End Rd

St John's Wood Church Gardens

Regent's Park

Albany St

Hampstead Rd

Euston

Véase "West London", p. 172

Maida Vale

St John's Wood Rd

Park Rd

Lisson Gve

Lago navegable

Inner Circle

Queen Mary's Gardens

Chester Rd

Outer Circle

Regent's Park

Euston Sq

Warren St

Edgware Rd

Church St

Marylebone

Gloucester Pl

Baker St

Marylebone Rd

Marylebone

Regent's Park Cres

Great Portland St

Euston Rd

Tottenham Court Rd

Fitzrovia

162

# NORTH LONDON

mucho, el mercadillo de Camden recibe unos diez millones de visitantes al año. Lo que comenzó como una colección de atractivos puestos de artesanía junto a Camden Lock, en el Grand Union Canal, se extiende ahora en formas varias casi todo el camino entre las estaciones de metro de Camden Town y Chalk Farm. Hay de todo, en particular muchas baratijas orientadas a los turistas (más información en p. 218). El grave incendio que tuvo lugar en la zona del canal en el 2008 no ha afectado su popularidad, especialmente los fines de semana, cuando se pone hasta los topes.

# KING'S CROSS Y EUSTON

**BRITISH LIBRARY** Plano p. 166
☎ 0870 444 1500; www.bl.uk; 96 Euston Rd NW1; gratis; ☷ 10.00-18.00 lu y mi-vi, 9.30-20.00 ma, 9.30-17.00 sa, 11.00-17.00 do; ⊖ King's Cross; ⓰
En 1998 la Biblioteca Británica se mudó a este nuevo emplazamiento situado entre las estaciones de King's Cross y Euston. Con un coste de 500 millones de £, la nueva sede fue el edificio más caro de Gran Bretaña, y no precisamente del gusto de todos. Así, la fachada de John Wilson de Colin St, de líneas rectas y ladrillo rojo, que fue comparada por el príncipe Carlos con un "edificio de la policía secreta", realmente no es apta para todos los paladares. Pero incluso a la gente

que no le gusta por fuera queda fascinada con su moderno y espectacular interior.

Es la biblioteca nacional del Depósito Legal y almacena una copia de todas y cada una de las publicaciones del Reino Unido, además de manuscritos históricos, libros y mapas del British Museum. Cuenta con aproximadamente 300 km de estanterías en sus sótanos, y cuando alcance el límite de su capacidad albergará 12 millones de volúmenes.

En el centro del edificio se encuentra la fabulosa King's Library, la colección de 65 000 ejemplares del enloquecido Jorge III, donada a la nación por su hijo Jorge IV en 1823, y que ahora se conserva en una torre de seis pisos de 17 m de altura y paredes de cristal.

Al entrar al edificio, a mano izquierda quedan la excelente tienda de libros y las galerías de exposiciones.

La mayor parte del complejo está dedicado a la conservación y la investigación, pero también tiene secciones públicas, como la John Ritblat Gallery: Treasures of the British Library, que abarca casi tres milenios y todos los continentes. Entre los documentos más importantes que atesora están la Carta Magna (1215); el *Codex Sinaiticus*, el primer texto completo del Nuevo Testamento, escrito en griego en el s. IV; una Biblia de Gutenberg (1455), el primer libro occidental impreso con imprenta de tipos móviles; la *First Folio* de Shakespeare (1623); manuscritos de algunos de los escritores más famosos del Reino Unido (como Lewis Carroll, Jane Austen, George Eliot y Thomas Hardy); e incluso algunas de las primeras canciones de los Beatles, escritas a mano.

Se pueden escuchar grabaciones históricas, como la primera de todas, realizada por Thomas Edison en 1877, una lectura del *Ulysses* hecha por el propio James Joyce y el famoso discurso de Mandela en el juicio de Rivonia en 1964, en las máquinas de discos del National Sound Archive (Archivo Sonoro Nacional), donde las selecciones se cambian con regularidad. La exposición *Turning the Pages* (Pasando las páginas) permite ojear virtualmente textos tan importantes como el *Libro de las horas de los Sforza, Letra del Diamante* y un cuaderno de notas de Leonardo da Vinci.

La Philatelic Exhibition, junto a la John Ritblat Gallery, que incluye el legado de la fantástica colección Tapling (1891), en la actualidad supera los 80 000 ejemplares, entre los que se incluyen sellos de franqueo y timbres fiscales, artículos de papelería postal y ejemplares de primer día de emisión de casi todos los países y épocas.

El Workshop of Words, Sounds & Images (Taller de palabras, sonidos e imágenes (Taller de palabras, sonidos e imágenes) documenta la evolución de la escritura y la comunicación a través de escritos, examinando cuidadosamente el trabajo de los primeros escribas, impresores y encuadernadores. La sección de sonidos compara las grabaciones en diferentes soportes, desde los cilindros de cera de principios del s. xx a los modernos CD.

A las salas de lectura solo se accede con el carné de socio. Puede visitarse el sitio web para saber cómo solicitar uno.

Hay visitas guiadas (adultos/niños 8/6,50 £) por las zonas públicas de la biblioteca los lunes, miércoles y viernes a las 15.00, además de los sábados a las 10.30 y 15.00; y otro circuito que incluye una visita a las salas de lectura los domingos a las 11.30 y 15.00. Para reservar hay que llamar al ☎ 01937-546 546. También se ofrecen con regularidad otros itinerarios, incluido uno (gratis) a las salas de lectura centrado en cómo se ordenan los libros, o visitas a los estudios de conservación (más detalles en la web).

## LONDON CANAL MUSEUM Plano p. 166
☎ 7713 0836; www.canalmuseum.org.uk; 12-13 New Wharf Rd N1; adultos/niños/estudiantes 3/1,50/2 £; ☺ 10.00-16.30 ma-do y festivos; ✚ King's Cross

Este museo estrafalario, pero digno de atención, se encuentra en un antiguo almacén de hielo (con un profundo pozo en el que se almacenaba el delicado género) que data de la década de 1860. Trata la historia del canal Regent, el negocio del hielo y la evolución del helado a través de maquetas, fotografías, muestras y documentales de archivo. El comercio del hielo en Londres fue muy importante en las postrimerías la época victoriana; por ejemplo, en 1899 se importaron de Noruega 35 000 toneladas.

# HAMPSTEAD Y HIGHGATE

## HAMPSTEAD HEATH Plano p. 162
☎ 7485 4491; ✚ Hampstead, ⓡ Gospel Oak o Hampstead Heath, ⓺ 214 o C2 a Parliament Hill Fields

El verde Hampstead Heath está a solo 4 km de la City. Abarca 320 Ha, en su mayor parte de bosques, colinas y prados, y es el hogar de un centenar de especies de aves. Resulta estupendo para pasear y, especialmente, subir a la Parliament Hill ("colina del Parlamento"), que ofrece unas panorámicas inmensas de la ciudad, además de ser uno de los lugares más populares de Londres para volar cometas. Otra alternativa es subir la colina del North Wood o perderse por el West Heath.

También se puede disfrutar de un baño en los estanques (hay unos muy bonitos, separados para hombres y mujeres, y otros mixtos menos agradables; véase p. 315). Algunas secciones del páramo también están preparadas para jugar al fútbol, al *cricket* y al tenis. Aquellos con inclinaciones más artísticas deberían acercarse a la Kenwood House (p. 165), con esculturas de Henry Moore y Barbara Hepworth, en camino desde la parada de autobús.

Para tomar algo, no hay mejor sitio que el evocador (y probablemente encantado) Spaniard's Inn (p. 280), que tiene una fascinante historia y una terraza fenomenal.

Tanto de día como de noche, el West Heath es territorio de ligue para los gays, una costumbre tan arraigada que muchas tardes aparece la policía para proteger a los hombres que pernoctan en el parque. Continuando con el tema, South Green, situado enfrente de la estación Hampstead Heath, es uno de los baños públicos más antiguos de Gran Bretaña, construido en 1897 y restaurado en el 2000. Estos eran los aseos preferidos del dramaturgo Joe Orton para sus escarceos homosexuales. George Orwell trabajó en la librería que hay enfrente.

## CEMENTERIO DE HIGHGATE Plano p. 162

☎ 8340 1834; www.highgate-cemetery.org; Swain's Lane N6; adultos/menores 16 años 3 £/ gratis; ☺ 10.00-17.00 lu-vi, 11.00-17.00 sa y do abr-oct, cierra 16.00 diario nov-mar; ⊖ Highgate Famoso sobre todo como lugar de reposo final de Karl Marx, Christina Rosetti, George Eliot (seudónimo de Mary Ann Evans) y otros mortales notables, el Highgate Cemetery se extiende por 20 Ha maravillosas y silvestres, salpicadas de recargadas y evocadoras criptas familiares victorianas. Está dividido en dos partes por Swain's Lane. En la parte este queda la tumba de Marx, que suele recibir ramos de flores del puñado de embajadas comunistas que quedan en Londres. Esta parte del camposanto, ligeramente descuidada, es un lugar muy agradable para pasear, aunque no deja de ser la zona más ocupada. La principal atracción se encuentra en la evocadora sección oeste de este Valhalla victoriano. Para visitar el cementerio, hay que inscribirse en un circuito, para lo cual hay que tratar directamente con la brigada algo insolente de damas de pelo plateado que lo regentan. Es un laberinto de caminos serpenteantes que lleva al Circle of Lebanon, corros de tumbas que flanquean un camino circular coronado con un majestuoso cedro centenario. Las guías señalan los diferentes símbolos que indican la edad y la importancia de los moradores, entre ellos el científico Michael Faraday y el fundador de las exposiciones caninas, Charles Cruft. Los "disidentes" (no pertenecientes a la Iglesia de Inglaterra) eran enterrados lejos, en el bosque. Los circuitos (adultos/8-15 años 5/1 £) salen a las 14.00 de lunes a viernes, excepto de diciembre a febrero (hay que llamar por teléfono) y cada hora de 11.00 a 16.00 los sábados y domingos (última visita 15.00 dic-feb, no admiten reservas). Los menores de ocho años no pueden participar en los circuitos "West Cemetery" ("Oeste del cementerio").

Highgate sigue siendo un lugar de enterramiento, y su adición más reciente y famosa ha sido la del disidente ruso Alexander Litvinenko, muerto en dudosas circunstancias en el 2006, cuando el isótopo radiactivo Polonium 210 consiguió colarse en su té en un hotel de Mayfair. El camposanto cierra durante los entierros, por lo que conviene llamar para asegurarse de que se podrá entrar.

## HIGHGATE WOOD Plano p. 162

☺ amanecer-anochecer; ⊖ Highgate Con más de 28 Ha de antiquísimos bosques, este parque es un lugar maravilloso para pasear en cualquier época. También tiene mucha vida, pues se han registrado 70 especies de aves, junto con 5 tipos de murciélagos, 12 de mariposas y 80 de arañas. Ofrece, además, un enorme claro en el centro para la práctica de deportes, un popular parque infantil y un sendero natural para niños, aparte de muchas actividades (desde cetrería a ornitología) durante todo el año.

## KEATS HOUSE Plano p. 162

☎ 7435 2062; www.keatshouse.org.uk; Wentworth Pl, Keats Grove NW3; ⊖ Hampstead o ⊛ Hampstead Heath Reabierta a mediados del 2009 tras su remodelación, esta elegante casa estilo Regencia fue el hogar del chico de oro de los poetas románticos entre 1818 y 1820. Keats, a quien no le faltaban compañeros generosos, se dejó convencer por Charles Armitage Brown para refugiarse aquí, donde conoció a su prometida, Fanny Brawne, literalmente la chica de la puerta de al lado. Keats escribió su poema más célebre, *Oda a un ruiseñor*, en 1819, sentado bajo un ciruelo del jardín (ahora reemplazado). Documentos originales como el epistolario del poeta y el manuscrito original de *La estrella brillante* se muestran a los visitantes como parte de la remodelación del edificio. La casa desprende personalidad, en parte gracias a la colección de muebles de la época que se han recopilado durante los últimos años.

## KENWOOD HOUSE Plano p. 162

☎ 8348 1286; www.english-heritage.org.uk; Hampstead Lane NW3; gratis; ☺ casa 11.00-16.00, Suffolk Collection (planta superior) 11.00-16.00 ju-do; ⊖ Archway o Golders Green, luego ⊞ 210; ♿ La imagen más impresionante de Hampstead es esta magnífica mansión neoclásica que se alza en su extremo norte, con un jardín paisajístico perfectamente cuidado que conduce a un bonito lago que acoge conciertos de música clásica en verano (véase p. 302). La casa fue remodelada por Robert Adam en el s. XVIII y rescatada de los promotores inmobiliarios por Lord Iveagh Guinness, quien en 1927 la donó al Estado,

# CAMDEN E ISLINGTON

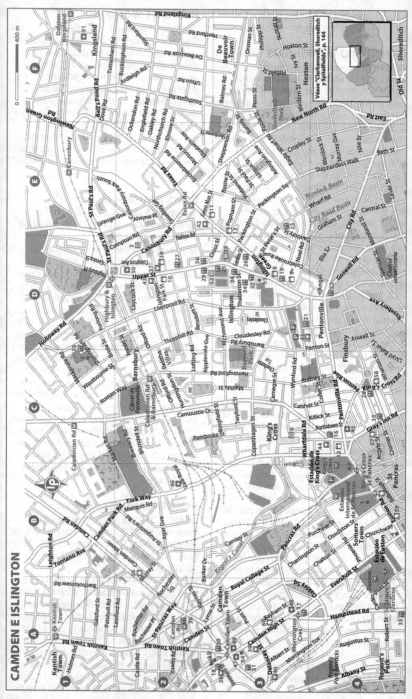

Véase "Clerkenwell, Shoreditch y Spitalfields", p. 144

junto a la maravillosa colección de arte que contiene, con pinturas de Gainsborough, Reynolds, Turner, Hals, Vermeer y Van Dyck, entre otros, es decir, una de las mejores del país.

La gran escalera y la biblioteca de Robert Adam, una de las 14 salas abiertas al público, son especialmente bonitas. La colección Suffolk ocupa el 1er piso y consta de varios retratos de la época de Jacobo I realizados por William Larkin, y de otros Estuardo pintados por Van Dyck y Lely. Se ofrecen circuitos guiados por la casa (adultos/reducida 2/1 £; 14.30 diario).

El Brew House Café es excelente, y ofrece desde aperitivos ligeros a comidas completas (platos principales 7 £, aprox.), además de mucho espacio en su encantadora terraza.

### Nº 2 WILLOW ROAD Plano p. 162

☎ 7435 6166, 0149 475 5570; www.nationaltrust.org.uk; 2 Willow Rd NW3; entrada circuito incl. adultos/niños 5,30/2,80 £; ✹ 12.00-17.00 ju-sa abr-oct, 11.00-17.00 sa mar-nov, circuitos guiados 12.00, 13.00 y 14.00 diario más 11.00 sa, cerrado dic-feb; ✹ Hampstead o ✹ Hampstead Heath
A los amantes de la arquitectura moderna les encantará visitar esta propiedad, la casa central de un bloque de tres, proyectada por

el "racionalista estructural" Ernö Goldfinger en 1939 para ser su residencia familiar. Aunque el arquitecto siguió los principios georgianos, son muchos los que piensan que tiene un asombroso parecido con cualquier otro edificio mundano de la década de 1950. Quizás lo parezca ahora, pero el 2 de Willow Rd fue, en realidad, una construcción pionera; el resto no son más que malas imitaciones en su mayor parte. El interior, con su espacio de almacenaje ingeniosamente diseñado y la colección de obras de Henry Moore, Max Ernst y Bridget Riley, es tan interesante como accesible. Hasta las 15.00 solo se permite la entrada con un circuito; después de dicha hora admiten visitas por libre.

### BURGH HOUSE Plano p. 162

☎ 7431 0144; www.burghhouse.org.uk; New End Sq NW3; gratis; ✹ 12.00-17.00 mi-vi y do, 14.00-17.00 festivos, con cita previa sa; ✹ Hampstead
Si se visita el vecindario, hay que ver esta mansión de finales del s. XVII, estilo reina Ana, que alberga el Hampstead Museum de historia local, una pequeña galería de arte y el delicioso Buttery Garden Café ( ✹ 11.00-17.30 mi-sa), donde se puede almorzar bien y económicamente (sándwiches 5 £).

## FENTON HOUSE Plano p. 162

☎ 7435 3471; www.nationaltrust.org.uk; Windmill Hill, Hampstead Grove NW3; adultos/niños 5,70/2,80 £; 🕓 14.00-17.00 mi-vi, 11.00-17.00 sa y do abr-oct, 14.00-17.00 sa y do mar; ⊖ Hampstead Es una de las casas más antiguas de Hampstead, propiedad de un comerciante de finales del s. XVII. Tiene un encantador jardín vallado, con rosas y un huerto, bonitas colecciones de porcelanas e instrumentos de teclado (como un clavicémbalo de 1612 que tocó Haendel), además de bordados del s. XVII y muebles georgianos originales. Se pueden sacar entradas combinadas con la 2 Willow Rd.

# ISLINGTON

## ESTORICK COLLECTION OF MODERN ITALIAN ART Plano p. 166

☎ 7704 9522; www.estorickcollection.com; 39a Canonbury Sq N1; adultos/reducida/estudiantes 5/3,50 £/gratis; 🕓 11.00-18.00 mi-sa, 12.00-17.00 do; ⊖ Highbury e Islington
Se trata del único museo del Reino Unido dedicado al arte italiano, además de una de las mejores colecciones de pintura futurista del mundo, altamente recomendable. La colección Estorick se halla en una casa patrimonial de estilo georgiano y está compuesta por obras fantásticas de autores como Giacomo Balla, Umberto Boccioni, Gino Severini y Ardengo Soffici. La colección de pinturas, dibujos, bocetos y esculturas que reunió el escritor americano y marchante de arte Eric Estorick y su esposa, Salomé, también incluye dibujos y una pintura de Amedeo Modigliani. Sus interesantes exposiciones temporales han incluido muchos movimientos artísticos del s. XX y artistas menos conocidos de Italia y otros países. El museo dispone también de una amplia biblioteca, una cafetería y una tienda.

# MUSWELL HILL Y CROUCH END

## PALACIO Y PARQUE DE ALEXANDRA
Plano p. 64

☎ 8365 2121; www.alexandrapalace.com; Alexandra Palace Way N22; ⓇAlexandra Palace Construido en 1873 como respuesta de North London al Crystal Palace, el palacio de Alexandra tuvo la desgracia de quemarse tan solo 16 días después de su inauguración. Animados por personajes famosos, los inversores decidieron reconstruirlo inmediatamente, y dos años más tarde ya abría de nuevo al público. Pero, aunque puede presumir de tener un teatro, un museo, una sala de lectura, una biblioteca y un gran salón con uno de los mayores órganos del mundo, no puede compararse con su contrincante. El lugar albergó a prisioneros alemanes durante la Segunda Guerra Mundial, y en 1936, fue el escenario de la primera retransmisión de televisión del mundo: un espectáculo de variedades llamado *Here's Looking at You* (Aquí estamos mirándote) El palacio volvió a incendiarse en 1980, y por tercera vez fue reconstruido, reabriéndose en 1988. Hoy en día, el "Ally Rally" es un centro polivalente para conferencias y exposiciones con instalaciones adicionales, como una pista de patinaje sobre hielo, el panorámico Phoenix Bar & Beer Garden y un parque de atracciones en verano.

Se ubica en un parque de 196 Ha con jardines públicos, un área de conservación de la naturaleza, una reserva de ciervos y varias instalaciones deportivas como un lago con barcas, un minigolf y una pista de *skate,* lo cual lo convierte en un lugar fantástico para ir en familia.

# STOKE NEWINGTON

## CEMENTERIO DE ABNEY PARK
Plano p. 64

www.abney-park.org.uk; Stoke Newington Church St N16; gratis; 🕓 8.00-atardecer; Ⓡ Stoke Newington, 🚌 73, 106, 149, 243, 276, 476
Injustamente apodado el "Highgate de los pobres", este lugar mágico fue comprado y remodelado por una empresa privada en 1840 para proporcionar enterramientos al superpoblado centro de Londres. Era un cementerio para no pertenecientes a la Iglesia de Inglaterra, y muchos de los presbiterianos, cuáqueros y baptistas más influyentes de Londres yacen en él, incluido el fundador del Ejército de Salvación, William Booth, cuya grandiosa tumba recibe al visitante cuando entra por Church St. Desde la década de 1950, el cementerio se ha dejado a su suerte y, en la actualidad, es una reserva de plantas y aves, un punto de encuentro de gays y un lugar de ocio para algunos de los drogadictos menos salubres de Hackney, pero también una encantadora ruina invadida por la vegetación. La destartalada capilla que se halla en el centro podría ser el escenario de una película de terror, y el ambiente general es realmente mágico.

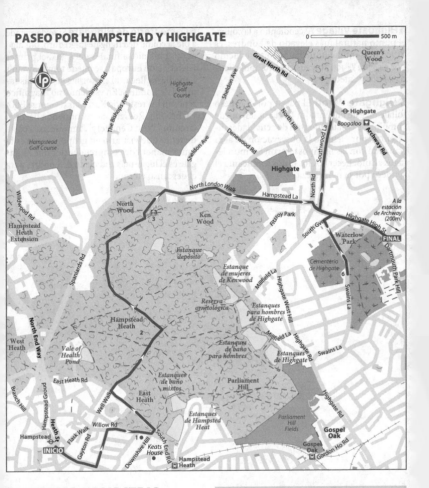

# PASEO POR HAMPSTEAD Y HIGHGATE

## Circuito a pie

**1 Nº 2 de Willow Road** Hay que detenerse en este hito de la arquitectura moderna de camino a Hampstead Heath, un bloque de apartamentos (p. 167) del arquitecto pionero Ernö Goldfinger. No hay que decir que se parece a cualquier otro edificio contemporáneo, pero es que este fue el primero.

**2 Hampstead Heath** Uno de los espacios abiertos más fabulosos de Londres, las colinas y bosques de este fantástico y laberíntico parque (p. 164) resultan muy inspiradores (por algo John Keats lo eligió como residencia; véase p. 165). Se recomienda disfrutar de las vistas

### DATOS BÁSICOS

Inicio estación de metro Hampstead
Final estación de metro Archway
Distancia 8 km
Duración 3 horas
Refrigerio Boogaloo (p. 279)

que se divisan desde la Parliament Hill y refrescarse en los estanques o en el fabuloso Parliament Hill Lido (p. 315).

**3 Kenwood House** En el extremo norte del páramo, esta magnífica mansión (p. 165) suma dos excelentes colecciones de arte británico, unos interiores espléndidos y preciosos jardines para pasear, y todo gratis.

169

**4 Highgate Village** Ascendiendo a la colina, el punto natural más elevado de Londres, es difícil no sentirse inmediatamente seducido por Highgate Village, con sus encantadoras tiendas, *pubs* y cafeterías.

**5 Highgate Wood** El paseo por el espeso follaje de este encantador bosque (p. 165) puede combinarse con un montón de actividades diferentes, por ejemplo la observación de aves (cuidado con las mariposas y con los murciélagos al anochecer). A los niños les encanta el sendero por la naturaleza.

**6 Cementerio de Highgate** Si se desciende a pie la colina de Highgate (algo duro, por algo aquí se instaló, a finales del s. XIX, el primer teleférico de Europa), se puede tomar Swain's Lane hasta llegar al camposanto (p. 165) más famoso de Londres. En este entorno magnífico reposan los restos de Karl Marx, George Eliot y Christina Rossetti. Se recomienda hacer el circuito "West Cemetery", aunque sea a costa de tener que visitarlo en grupo, ya que es la única manera de comprender por qué Highgate es el lugar más codiciado de Londres para el descanso eterno.

*Dónde comer* (p. 255); *Dónde beber* (p. 281); *De compras* (p. 222); *Dónde dormir* (p. 347)

La extensión situada al oeste de Hyde Park, en todas direcciones, es una de las zonas más vibrantes de Londres, pues pocas áreas de la capital pueden presumir de albergar tanta variedad: un desenfadado multiculturalismo (la comunidad caribeña de Notting Hill, los polacos de Hammersmith y los australianos intermitentes de Earl's Court), bares divertidos (p. ej., por Portobello Rd o Westbourne Grove) y preciosos parques y mansiones (p. ej., por las calles de atrás de Holland Park).

Al oeste de Primrose Hill se halla St John's Wood y Maida Vale, ambos barrios interiores arbolados con agradables casas, un bucólico canal y tiendas con encanto.

Notting Hill acoge innumerables tiendas, restaurantes y *pubs* con mucha personalidad. La estrecha Portobello Rd es su alma y su corazón, además de ser famosa por albergar uno de los mejores mercadillos de Londres (p. 218). El barrio también presta su nombre al Carnaval de Notting Hill (p. 17), un hito del verano londinense. La moderna Westbourne Grove, prácticamente en el extremo norte, está repleta de tiendas diversas, *pubs*, estudios y galerías de artistas.

A pesar de la destartalada e incoherente arquitectura de Shepherd's Bush Green y de su caos general, se trata del centro de West London, un lugar correcto para explorar, con algunos alojamientos económicos y llamativos bares y restaurantes. Sinónimo para muchos del desparramado BBC Television Centre (p. 173), en la cercana White City, que abrió en 1960, la zona primero se hizo famosa por acoger los Juegos Olímpicos de 1908, así como la Gran Exposición del mismo año.

Earl's Court es un barrio animado y cosmopolita, con una población extensa y móvil, especialmente de polacos (que viven en ella) y de australianos (siempre de paso). Ofrece una divertida mezcla de gente elegante y desaliñada. Así, tan pronto se puede estar junto a unos australianos malhablados que toman cervezas en plena Earl's Court Rd como aparecer en Old Brompton Rd, con sus bares de gays y sus cursis cafés de estilo francés.

El oeste de Brompton es más tranquilo y menos destacable, aunque cuenta con uno de los cementerios más magníficos de Londres, a su vez un lugar agradable para pasear.

Hammersmith es otra cosa: se trata de un barrio muy urbano, dominado por unos enormes paso elevado y rotonda, con pocos alicientes que tienten al viajero, salvo algunos buenos restaurantes y los artísticos Riverside Studios (p. 306).

## MUSEUM OF BRANDS, PACKAGING & ADVERTISING Plano p. 172

☎ 7908 0880; www.museumofbrands.com; 2 Colville Mews, Lonsdale Rd W11; adultos/7-16 años/reducida/familias 5,80/2/3,50/14 £; ⊙ 10.00-18.00 ma-sa, 11.00-17.00 do; ⊖ Notting Hill Gate

Este inesperado hallazgo en el corazón de Notting Hill es obra del diseñador Robert Opie, que lleva coleccionando objetos relacionados con la publicidad desde que tenía 16 años. Más bien con poca tecnología (en la última visita solo había una televisión), resulta más interesante para los británicos con morriña, pues casi todas las marcas son nacionales.

## LINLEY SAMBOURNE HOUSE Plano p. 174

☎ 7602 3316, 7938 1295; www.rbkc.gov.uk/linley sambournehouse; 18 Stafford Tce W8; adultos/niños/reducida 6/1/4 £; ⊙ circuitos 11.15 y 14.15 mi, 11.15, 13.00, 14.15, 15.30 sa y do mediados sep-mediados jun; ⊖ High St Kensington

Escondida detrás de Kensington High St, esta casa fue el hogar del dibujante de *Punch* y

fotógrafo aficionado Linley Sambourne y de su esposa Marion desde 1875 a 1914. (Linley fue el tatarabuelo de Anthony Armstrong-Jones, lord Snowdon, marido de la difunta princesa Margarita.) Se trata de una de esas casa que sus dueños jamás redecoraron ni tiraron nada a la basura. Es la típica residencia de clase media-alta victoriana, con madera oscura, alfombras turcas y abundantes vitrales. Pueden verse unas nueve habitaciones, siempre con una visita guiada (90 min). Los fines de semana, en todos los circuitos a excepción del primero, el guía va vestido de época.

## LEIGHTON HOUSE Plano p. 174

☎ 7602 3316; www.leightonhouse.co.uk; 12 Holland Park Rd W14; ⊙ 11.00-17.30 mi-lu; ⊖ High St Kensington

Emplazada en una calle tranquila cerca de Holland Park y diseñada en 1866 por George Aitchison, la Leighton House fue el hogar del epónimo Frederic, lord Leighton (1830-1896), un pintor que perteneció al grupo de

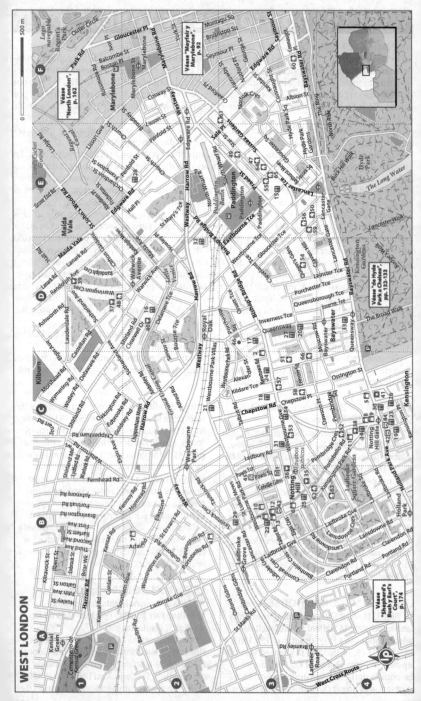

# WEST LONGON

los olímpicos (o prerrafaelistas). La planta baja está decorada en un estilo arabesco, con el exquisito Arab Hall, añadido en 1879, densamente cubierto con azulejos azules y verdes de Rodas, El Cairo, Damasco e Iznik y ambientado con el sonido del agua de la fuente central. Hasta las celosías de madera de las ventanas y la galería se trajeron de Damasco. La casa, que durante la visita se hallaba inmersa en un importante proceso de restauración, contiene notables cuadros del propio Lord Leighton y de coetáneos suyos como Burne-Jones, Watts y Millais.

## CEMENTERIO DE BROMPTON
Plano p. 174

☎ 7352 1201; www.royalparks.gov.uk; Old Brompton Rd SW5; circuitos 4 £; ☼ 8.00-atardecer a diario, circuitos 14.00 do; ⊖ West Brompton o Fulham Broadway

A medida que la ya importante población de Londres se disparaba en el s. XIX, siete nuevos cementerios, los llamados "Siete Magníficos", se abrían, entre ellos el de Brompton, una extensión alargada situada entre Fulham Rd y Old Brompton Rd. La capilla y las columnas de uno de sus extremos se inspiraron en San Pedro de Roma. Aunque su residente más famosa es Emmeline Pankhurst, la pionera de las sufragistas de

Gran Bretaña, lo más interesante de este camposanto es que sirvió como fuente de inspiración para muchos de los personales de Beatrix Potter. La famosa escritora de cuentos infantiles pasó su juventud en la zona, antes de mudarse al norte, y parece que se sirvió de los nombres de varios difuntos para sus famosos personajes, como Mr. Nutkin, Mr. McGregor, Jeremiah Fisher, Tommy Brock y hasta Peter Rabbett (Rabbit).

Los circuitos de dos horas de duración salen los domingos a las 14.00 del South Lodge, cerca de la entrada de Fulham Rd.

## BBC TELEVISION CENTRE Plano p. 64

☎ 0370 901 1227; www.bbc.co.uk/tours; Wood Lane W12; visitas adultos/9-15 años y estudiantes/jubilados/familias 9,50/7/8,50/27 £; ☼ previa cita lu-sa; ⊖ White City; ♿

Si el viajero está interesado en el mundo de la televisión, aquí tiene la oportunidad de visitar el vasto complejo de estudios y oficinas donde se producen los programas de la entidad pública británica. Solo se puede acceder con una visita guiada (2 h), siempre previa cita con dos días de antelación (no se admiten menores de 9 años; 9 visitas lu-sa), que recorre los centros del tiempo y las noticias, además de estudios donde se graban diversos programas.

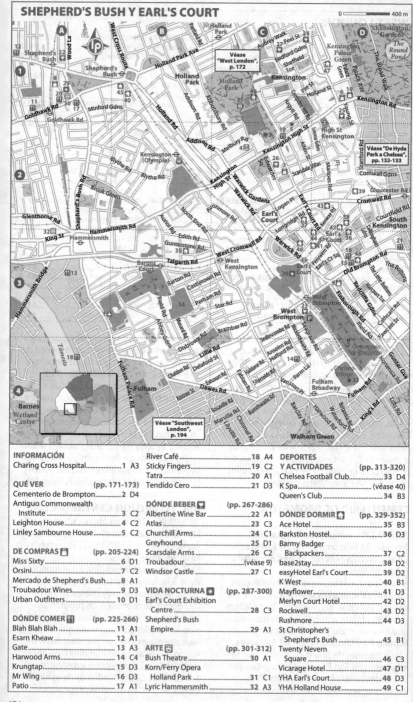

# SHEPHERD'S BUSH Y EARL'S COURT

0 ———— 400 m

174

# GREENWICH Y SOUTHEAST LONDON (SURESTE DE LONDRES)

*Dónde comer* (p. 259); *Dónde beber* (p. 283); *De compras* (p. 223); *Dónde dormir* (p. 351)

Southeast London parece una sucesión de pequeñas aldeas, que es exactamente lo que eran muchos de estos arrabales hasta finales del s. XIX. Aunque existen pruebas de asentamientos prehistóricos en zonas como Greenwich, Woolwich y Forest Hill, la mayor parte de su historia está relacionada con los límites de la gran ciudad.

Greenwich, a orillas del Támesis, es la excepción. Con su espléndida arquitectura, tiene fuertes conexiones con el mar, la ciencia, los monarcas y, por supuesto, el tiempo. Desde que Greenwich se convirtió en el principal meridiano de longitud, el Greenwich Mean Time ha dictado el ajuste de todos los relojes del mundo.

Declarado Patrimonio Mundial por la Unesco en 1997 con el nombre de Maritime Greenwich, las grandes zonas verdes y los ornamentados edificios del barrio proporcionan a la zona un ambiente casi bucólico. Esta tranquila aura continúa, aunque en menor medida, conforme se va más al sureste, hacia lugares como Dulwich, emplazamiento de la galería de arte pública más antigua de Gran Bretaña, y Eltham, que acoge un palacio *art déco* junto a otro de estilo Tudor del s. XIV.

Bastante más transgresoras son las zonas de Deptford y New Cross, al oeste de Greenwich. Se trata de un distrito en transición, con estudios de grabación que se abren en antiguos garajes, galerías y centros de arte embutidos entre locales de comida barata y *pubs* convertidos en bares.

## lo mejor

### GREENWICH Y SOUTHEAST LONDON

- National Maritime Museum (abajo)
- British Music Experience (p. 179)
- Royal Observatory (p. 176)
- Thames Barrier (p. 180)
- Palacio de Eltham (p. 182)

## GREENWICH

Al sureste del centro de Londres, Greenwich se localiza donde el Támesis se ensancha y se hace más profundo, lo que da una sensación de amplitud espacial difícil de encontrar en ningún otro lugar de la ciudad. Es un barrio pintoresco, con ambiente de aldea, que presume de tener el Royal Observatory y el fabuloso National Maritime Museum. Visitar la zona constituirá un momento destacado en cualquier visita a Londres, y vale la pena dedicarle un día, especialmente si se desea seguir el río hasta la Thames Barrier, pasando por el increíble O2 (antigua Millennium Dome) de camino.

Greenwich posee también una extraordinaria colección de edificios clásicos; todos los grandes arquitectos de la Ilustración dejaron allí su impronta, en parte a causa del mecenazgo de la realeza. A principios del s. XVII, Inigo Jones construyó la Queen's House, una de las primeras casas renacentistas clásicas de Inglaterra, que todavía se conserva. Carlos II, a quien le gustaba mucho la zona, encargó a sir Christopher Wren el Royal Observatory y

parte del Royal Naval College, que John Vanbrugh terminaría a principios del s. XVII.

Prácticamente todo lo que hay en Greenwich resulta accesible a pie desde la estación DLR Cutty Sark. No obstante, una manera más rápida de llegar desde el centro de Londres es en uno de los trenes de la línea férrea principal desde la estación de Charing Cross o la de London Bridge hasta la de Greenwich. Desde Docklands existe la alternativa de cruzar a pie el histórico túnel (370 m; finalizado en 1902) que pasa bajo el Támesis. Los ascensores que bajan al túnel funcionan de 7.00 a 19.00 de lunes a domingo. De lo contrario, habrá que enfrentarse a los casi cien escalones (abiertos 24 h).

### NATIONAL MARITIME MUSEUM

Plano p. 178

☎ 8858 4422, recorded information 8312 6565; www.nmm.ac.uk; Romney Rd SE10; gratis; ⏱ 10.00-17.00; 🚇 Greenwich o DLR Cutty Sark; ♿

Aunque no suene como una gran atracción, este museo, que fue diseñado para contar la larga y convulsa historia del Reino Unido como nación marinera, se trata del punto de interés más importante de Greenwich, y el visitante queda fascinado desde el mismo momento en que pone un pie en la entrada de este magnífico edificio neoclásico, sensación que no deja de aumentar a medida que se avanza bajo el tejado de cristal del Neptune Court y por las tres plantas restantes.

Las exhibiciones son por temas: *Explorers* (Exploradores), *Maritime London* (Londres marítimo), *Art and Sea* (Arte y mar), etc. Dos piezas imponentes son la barcaza estatal dorada de 19 m de largo construida en 1732 para Federico, príncipe de Gales, y el gigantesco propulsor de barco instalado en la 1ª planta. También se muestra el abrigo que llevaba el marino más importante de Gran Bretaña, Horatio Nelson, cuando fue alcanzado fatalmente por una bala (también incl.) y una réplica de la lancha salvavidas *James Caird*, utilizada por el explorador Ernest Shackleton y algunos de sus hombres cuando el *Endurance* se hundió en la épica misión a la Antártida. Las vidrieras restauradas de la Baltic Exchange (Bolsa del Báltico), atacada por el IRA en 1992, son hoy un monumento a las víctimas de la Primera Guerra Mundial.

A los visitantes sensibilizados con el medio ambiente les encantará la exposición de la 1ª planta, *Your Ocean* (Tu océano), que examina la ciencia, la historia, la salud y el futuro del mar. A los niños les entusiasmará probar un cañón en la exposición *All Hands* (Todas las manos) o maniobrar un tanque mediante el vanguardista Bridge Simulator de la 2ª planta. Los amantes de la moda quedarán fascinados con la sala de la planta baja *Rank and Style* (Rango y estilo), con uniformes y ropa de paseo de temática marinera, y la exposición *Passengers* (Pasajeros), con pósteres de viaje clásicos y la réplica de una coctelería de un crucero.

## ROYAL OBSERVATORY Plano p. 178

☎ 8858 4422, información grabada 8312 6565; www.nmm.ac.uk/places/royal-observatory; Greenwich Park, Blackheath Ave SE10; gratis; ☾ 10.00-17.00; ☒ Greenwich o DLR Cutty Sark; ☒

Tras una ambiciosa y costosa restauración, el Royal Observatory se divide en la actualidad en dos secciones.

La mitad norte está dedicada al tiempo y se emplaza en el observatorio original que Carlos II mandó construir en una colina en medio de Greenwich Park en 1675 con la intención de que mediante cálculos astronómicos se estableciera la longitud en el mar. Contiene la Octagon Room (habitación octogonal), diseñada por Wren, y la cercana Sextant Room, (habitación sextante), desde la que John Flamsteed (1646-1719), el primer astrónomo de la Corona, realizaba sus observaciones y cálculos.

En el Royal Observatory el globo se divide en este y oeste; por su parte, en el Meridian Courtyard (patio del Meridiano; ☾ 10.00-17.00 sep-abr, a 20.00 may-ago) el visitante puede colocar los pies a ambos lados del famoso meridiano, lo que implica pisar a la vez los dos hemisferios. Todos los días a las 13.00, el balón rojo del tiempo que hay en lo alto del observatorio comienza a descender, como lleva haciendo desde 1833. También se puede disfrutar de unas fantásticas vistas de Greenwich y, al mismo tiempo, espiar a otros turistas desde la cámara oscura.

La mitad sur está dedicada a la astronomía e incluye el vanguardista Peter Harrison Planetarium ( ☎ 8312 8565; www.nmm.ac.uk/astronomy; adultos/niños/familias 6/4/16 £; ☾ espectáculos cada h 13.00-16.00 lu-vi, 11.00-17.00 sa y do), provisto de 120 asientos y de un proyector láser capaz de mostrar cielos monumentales en el techo recubierto de bronce, el sistema más avanzado de Europa. Sus galerías recorren la historia de la astronomía, además de ofrecer exposiciones interactivas centradas en temas como los meteoritos, las misiones espaciales y los efectos de la gravedad.

## OLD ROYAL NAVAL COLLEGE

Plano p. 178

☎ 8269 4799; www.oldroyalnavalcollege.org; King William Walk SE10; gratis; ☒ Greenwich o DLR Cutty Sark

Cuando Guillermo y María encargaron a Christopher Wren que construyera un hospital naval en este lugar en 1692, el arquitecto lo concibió en dos mitades separadas para no tapar la vista del río de la Queen's House (p. 175), la obra maestra de Inigo Jones, situada al sur. En la actualidad, también enmarca Canary Warf y los rascacielos del norte de Docklands.

Levantado en el emplazamiento del viejo palacio de Placentia, donde nació Enrique VIII en 1491, el hospital estuvo destinado en principio a los heridos en la victoriosa Batalla de La Hogue contra Francia. En 1869 el edificio se convirtió en un colegio naval. Hoy, ya desligado de la Marina, aloja la

Universidad de Greenwich y el Trinity College of Music.

Hay dos salas importantes abiertas al público. En el edificio del rey Guillermo, el Painted Hall ( 🕙 10.00-17.00 a diario) es uno de los salones de banquetes más impresionantes de Europa, cubierto de decorativos murales alegóricos barrocos del artista James Thornhill, que también pintó la cúpula de la catedral de St Paul. El mural sobre el salón inferior muestra al rey Guillermo y a su esposa María entronizados entre símbolos de virtudes. Junto a los pies del rey puede verse al derrotado Luis XIV de Francia, arrastrándose aferrado a una bandera. Subiendo algunos escalones se llega al Upper Hall (salón superior), en cuya pared occidental se muestra a Jorge I con su familia; en la base de la pintura, en la esquina derecha, Thornhill se autorretrató apuntando hacia su obra.

En el Upper Hall se ubica la Nelson Room, originariamente diseñada por Nicholas Hawksmoor como sala de fumar y hoy abierta al público. En enero de 1806, el cuerpo empapado en coñac (por supuesto, para propósitos relacionados con su embalsamamiento) del gran héroe naval británico descansó aquí antes de su funeral en la catedral de St Paul. La sala aloja una réplica en escayola de la estatua de Nelson en Trafalgar Sq y otros muchos objetos, entre ellos mucha platería. Se recomienda mirar al patio a través de la ventana; los adoquines reproducen la bandera de la Unión (Union Jack).

Un circuito guiado ( ☎ 8269 4791; adultos/menores 16 años 5 £/gratis; 🕙 circuitos 11.30 y 14.00) parte del Painted Hall y recorre lugares que no suelen estar abiertos al público, como la cripta jacobea del antiguo palacio de Placentia o la Victorian Skittle Alley, de 140 años, que contiene enormes bolas y bolos tallados a mano. El circuito dura 90 minutos.

La capilla ( 🕙 10.00-17.00 lu-sa, 12.30-17.00 do) enfrente del Painted Hall, situada en el edificio de la reina Maria, está decorada en un estilo rococó un poco más ligero. En el extremo este domina la pintura del s. XVIII *La salvación de San Pablo tras el naufragio en Malta*, del artista americano Benjamin West. Pero la capilla es más conocida por su órgano y su acústica. Para comprobarlo, cada primer domingo de mes se ofrece un recital gratis de órgano de 50 minutos a las 15.00, o también se puede asistir a la eucaristía dominical (11.00).

## QUEEN'S HOUSE Plano p. 178

☎ 8858 4422, información grabada 8312 6565; www.nmm.ac.uk/places/queens-house; Romney Rd SE10; gratis; 🕙 10.00-17.00; 🚇 Greenwich o DLR Cutty Sark; ♿

La primera construcción *palladiana* de Inigo Jones tras su regreso de Italia, llamada al principio la "House of Delight" ("casa del Placer"), resulta mucho más interesante arquitectónicamente que por la colección de arte que alberga, si bien incluye algunos lienzos de Turner, Holbein, Hogarth y Gainsborough. La mansión se comenzó en 1616 para Ana de Dinamarca, esposa de Jaime I, pero no se terminó hasta 1638, por lo que se convirtió en el hogar de Carlos I y Enriqueta María. El Great Hall es su espacio principal, un precioso salón con forma cúbica con un ornamentado suelo de azulejos y una escalera en forma de hélice llamada Tulip Staircase (escalera Tulipán) por las flores de la balaustrada de hierro forjado. La escalera conduce a una galería de la 2ª planta con cuadros y retratos de temática marítima procedentes del National Maritime Museum. Tampoco hay que perderse las pinturas de la galería *Historic Greenwich* (Greenwich histórico), en la misma planta.

## RANGER'S HOUSE (WERNHER COLLECTION) Plano p. 178

☎ 8853 0035; www.english-heritage.org.uk; Greenwich Park, Chesterfield Walk SE10; adultos/5-15 años/reducida 5,70/2,90/4,80 £; 🕙 visitas 11.30 14.30 lu-mi, 11.00-17.00 do principios abr-sep; 🚇 Greenwich o DLR Cutty Sark

Esta elegante villa de estilo georgiano, situada en el extremo suroeste del Greenwich Park, fue construida en 1723 y también ejerció como casa del guardabosques. Ahora alberga una colección de 700 piezas de arte (pinturas medievales y renacentistas, porcelanas, plata, tapices, etc.) recopiladas por Julius Wernher (1850-1912), el hijo de un ingeniero ferroviario de origen alemán que amasó una fortuna con las minas de diamantes de Sudáfrica en el s. XIX. La colección de joyas del Renacimiento español es la mejor de Europa, y el jardín de rosas frontal desafía toda descripción.

## 'CUTTY SARK' Plano p. 178

☎ 8858 2698; www.cuttysark.org.uk; Cutty Sark Gardens SE10; 🚇 Greenwich o DLR Cutty Sark

Este baluarte de Greenwich, el último de los grandes barcos clíper que navegó entre

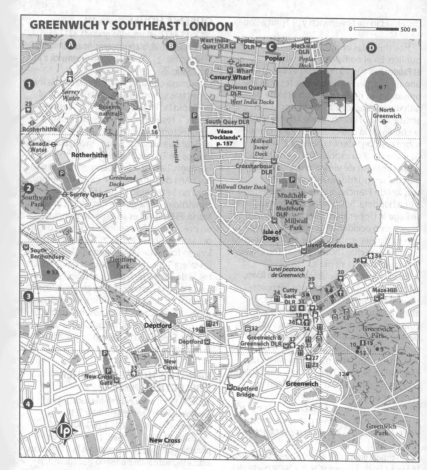

0 — 500 m

China e Inglaterra en el s. XIX, está en proceso de restauración desde el 2007, año en el que sufrió un incendio que dañó parte de su estructura. Por fortuna, la mitad del equipamiento y mobiliario del barco, incluido el mástil, había sido extraído para ser restaurado. En el momento de escribir la presente guía, los trabajos estaban ya muy avanzados, por lo que se espera que pronto, cual ave fénix, el *Cutty Sark* renazca de sus cenizas.

**FAN MUSEUM** Plano p. 178
☎ 8305 1441, 8858 7879; www.fan-museum.org; 12 Crooms Hill SE10; adultos/7-16 años y reducida/ familias 4/3/10 £; 🕙 11.00-17.00 ma-sa, 12.00-17.00 do; 🚇 Greenwich o DLR Cutty Sark; ♿
El único museo del mundo exclusivamente dedicado a los abanicos muestra una mara-

178

villosa colección de ejemplares elaborados en marfil, carey, plumas de pavo real y forrados en tela, junto con modelos más *kitsch* que funcionan con pilas y otros enormes, decorativos, procedentes de Gales. Algunas de las exposiciones temporales de la 1ª planta son fantásticas, y el primer sábado de cada mes ofrecen clases para aprender a hacerlos. El museo ocupa una mansión georgiana del s. XVIII con un jardín de estilo japonés provisto de una Orangery con preciosos trampantojos donde se puede tomar el té de la tarde (medio/completo 3,50/4,50 £; 🕙 15.00-17.00 ma y do) dos veces a la semana.

**IGLESIA DE ST ALFEGE** Plano p. 178
☎ 8691 8337; Church St SE10; gratis; 🕙 10.00-16.00 lu-sa, 13.00-16.00 do; 🚇 Greenwich o DLR Cutty Sark

# GREENWICH Y SOUTHEAST LONDON

Diseñada por Nicholas Hawksmoor en 1714 para reemplazar otra del s. XII, esta parroquia alberga un mural restaurado de James Thornhill (que también trabajó en el Painted Hall del Royal Naval College y en la catedral de St Paul). Alfege, que fue arzobispo de Canterbury, murió asesinado por los vikingos en esta iglesia en el 1012.

## GREENWICH PARK Plano p. 178

☎ 8858 2608; www.royalparks.gov.uk; 🕑 amanecer-atardecer, automóviles desde 7.00; 🚇 Greenwich o Maze Hill, DLR Cutty Sark
Es uno de los parques más grandes y bonitos de Londres, con una preciosa avenida, espacios abiertos, un jardín de rosas, paseos pintorescos e impresionantes vistas del Támesis y Docklands desde lo alto de la colina que hay cerca de la estatua del general Wolfe, enfrente del Royal Observatory. Con una extensión de 73 Ha, se trata del parque real vallado más antiguo de Londres, diseñado en parte por Le Nôtre, autor de los jardines del palacio de Versalles para Luis XIV. Contiene varios lugares históricos, una casa de té cerca del Royal Observatory, un café detrás del National Maritime Museum y un parque con ciervos en su esquina sureste.

## O2 (ANTIGUA MILLENNIUM DOME)
Plano p. 178

☎ 8463 2000, reservas 0844 856 0202; www.theo2. co.uk; Millennium Way SE10; 🚇 North Greenwich
La promocionada Cúpula del Milenio (rebautizada como O2), con su perímetro de 380 m, cerró a finales del 2000 tras haber fracasado estrepitosamente en su apuesta por atraer a 12 millones de visitantes al año, y hasta el 2007 permaneció prácticamente en desuso. Desde entonces, su O2 Arena, con capacidad para 23000 personas sentadas, ha albergado grandes conciertos, como los de Madonna, Prince, Justin Timberlake y Barbara Streisand, y su IndigO2, con 2350 asientos, actuaciones de *soul*, pop y *jazz*. También se han celebrado exposiciones multitudinarias (como *Tutankamon y la Edad de Oro de los faraones* y *El cuerpo humano*) y eventos deportivos, como la Tennis Masters Cup en noviembre del 2009, que encumbró definitivamente al ruso Davydenko. El lugar también alberga numerosos bares, clubes y restaurantes.

## BRITISH MUSIC EXPERIENCE Plano p. 178

☎ 0844 847 1761; www.britishmusicexperience. com; Millennium Way SE10; adultos/niños y reducida/familias 15/12/40 £; 🕑 10.00-19.00; 🚇 North Greenwich
La atracción favorita de estos autores en la "burbuja" del O2 recorre la historia de la música popular británica desde 1945 a través de una serie de ocho galerías llenas de instrumentos y trajes, música, luces y botones que pulsar. El visitante puede grabarse rasgando una guitarra, cantando o bailando y cargar su entrada (provista de un chip) con información y música que luego podrá descargar en su ordenador. En *The Finale* (La Final) el visitante estrella se alza sobre

unos hologramas y actúa ante una enorme audiencia (grabada) que no para de aplaudir; hay que verlo para creerlo.

## DEPTFORD Y NEW CROSS Plano p. 178

🚇 Deptford, New Cross o DLR Cutty Sark, luego 🚌 77 o 25

En años recientes, Deptford y su extensión sur, New Cross, pasado el arroyo Deptford (al oeste de Greenwich), han experimentado un cierto renacimiento con la llegada de estudios y tiendas de música, galerías de arte, el celebrado instituto de danza Laban (p. 304) y otros centros culturales y creativos. El dramaturgo isabelino Christopher Marlowe fue apuñalado hasta la muerte aquí durante una pelea. La mejor forma de ver todos los entresijos del barrio es a pie (p. 183).

# CHARLTON Y WOOLWICH

El hombre se ha empeñado en dejar su huella en este territorio a lo largo de los siglos, desde los fuertes de la Edad del Hierro en la colina a las enormes compuertas del Támesis, diseñadas para prevenir las inundaciones. Una de las marcas más duraderas ha sido el Royal Arsenal, que sustituyó a los astilleros reales de Enrique VIII en los ss. XVI y XVII. Cuando finalmente cerraron en 1994, se transformaron en un museo único.

## THAMES BARRIER Plano p. 64

🚇 North Greenwich, luego 🚌 177 o 180, o 🚉 Charlton, luego 🚌 161 o 472

La Thames Flood Barrier, con su aspecto de ciencia ficción, tiene la función de proteger la ciudad de posibles inundaciones. Es probable que la barrera gane importancia en los próximos años a causa del calentamiento del planeta y el consecuente aumento del nivel del mar y las mareas. Su construcción duró una década y se terminó en 1982; está formada por diez compuertas móviles ancladas a nueve pilares de cemento, de la altura de un bloque de cinco plantas. Las cubiertas plateadas de los pilares esconden la maquinaria para subir y bajar las compuertas. La visión es surrealista, colocadas sobre el río al abrigo de almacenes gigantescos.

Londres necesita una barrera de este tipo porque el nivel del agua ha estado aumentando unos 60 cm por siglo, a la vez que el río iba estrechándose; se calcula que en la época de los romanos tenía unos 800 m en el lado donde hoy se encuentra el puente de Londres, frente a los escasos 250 m que tiene en la actualidad, con una presión constante por contraer las orillas. El Támesis sufre dos mareas inofensivas al día y una más intensa cada quincena. El peligro aparece cuando esta última coincide con un inesperado oleaje, que empuja toneladas de agua extra río arriba. Actualmente los ecologistas ya están hablando de un mecanismo de contención más amplio, que se colocaría allende la desembocadura del río, antes de que la barrera actual llegue al final de su vida, lo cual está previsto que suceda hacia el 2030.

La mejor manera de verla es cuando está elevada y el único momento en que puede garantizarse que esté así es una vez al mes, cuando se revisan sus mecanismos. Para informarse sobre las fechas y horario exactos, se puede llamar o visitar la página web del Thames Barrier Information Centre ( ☎ 8305 4188; www.environment-agency.gov.uk/thamesbarrier; 1 Unity Way SE18; adultos/5-16 años/reducida 3,50/2/3 £; 🕑 10.30-16.30 abr-sep, 11.00-15.30 oct-mar).

Desde el centro de Londres, hay que tomar un tren a Charlton desde Charing Cross o el London Bridge. Después, hay que caminar por Woolwich Rd hasta Eastmoor St, que va hacia el centro en dirección norte. Desde Greenwich, se pueden tomar los autobuses nº 177 y 180, que van por Romney Rd, y apearse en la parada de la barrera (cerca del Holborn College de Woolwich Rd). La estación de metro más cercana es North Greenwich, desde donde pueden tomarse los autobuses nº 472 y 161.

También hay barcos a/desde la barrera, aunque no atracan en ella. Para más información, véase p. 379.

## FIREPOWER (ROYAL ARTILLERY MUSEUM) Plano p. 64

☎ 8855 7755; www.firepower.org.uk; Royal Arsenal, Woolwich SE18; adultos/5-15 años/reducida/ familias 5/2,50/4,50/12 £; 🕑 10.30-17.00 mi-do; DLR Woolwich Arsenal, 🚇 North Greenwich, luego 🚌 161 o 472, DLR Cutty Sark, luego 🚌 177 o 180

No apto para pacifistas o nerviosos, este museo repasa la historia y evolución de la artillería. La History Gallery recorre la historia de la artillería, desde las catapultas hasta las cabezas nucleares, mientras la muestra multimedia *Field of Fire* (Campo de batalla) intenta transmitir la experiencia de los artificieros desde la Primera Guerra Mundial hasta Bosnia en un ruidoso alarde de 15 minutos. Hay un Gunnery Hall repleto de armas y vehículos militares del s. xx, además de una Medals Gallery con 7000 condecoraciones. La Camo Zone incluye cuatro actividades diferentes (1,50/4,50 £ 1/4 actividades), incluido un campo de tiro y tanques por control remoto. Todo el lugar es ruidoso y destila adrenalina (a los niños les suele encantar).

## GREENWICH HERITAGE CENTRE
Plano p. 64
☎ 8854 2452; www.greenwichheritage.org; Royal Arsenal, Artillery Sq SE18; gratis; ⏱ 9.00-17.00 ma-sa; DLR Woolwich Arsenal, ⊖ North Greenwich, luego 🚌 161 o 472, DLR Cutty Sark, luego 🚌 177 o 180

Si ya se ha visto el Museo Real de Artillería (o solo los niños están en ello) y se desea saber más acerca de Greenwich y de su rica historia, es una buena idea visitar este centro, contiguo. Explora la historia del Royal Arsenal y los Woolwich Dockyards (Astilleros Woolwich); los testimonios televisados de antiguos empleados y residentes locales son geniales. Tampoco hay que perderse los impresionantes Millennium Embroideries (Bordados del milenio), ocho paneles bordados de 1998 que representan períodos cruciales de la historia local, desde los celtas y los romanos hasta finales del s. xx (al menos uno debería estar expuesto).

# DULWICH Y FOREST HILL
Ocultos en la amplia extensión del sur de Londres a la que todavía no llega el metro, Dulwich y Forest Hill son suburbios frondosos, tranquilos, con algunos bonitos ejemplos de arquitectura y cierto aire elegante. Ambos cuentan con excelentes museos que bien merecen una excursión.

## DULWICH PICTURE GALLERY Plano p. 64
☎ 8693 5254; www.dulwichpicturegallery.org.uk; Gallery Rd SE21; adultos/niños y estudiantes/reducida 5/gratis/4 £; ⏱ 10.00-17.00 ma-vi, 11.00-17.00 sa y do; 🚉 West Dulwich; ♿

La galería pública de arte más antigua del Reino Unido fue diseñada por el carismático arquitecto John Soane entre 1811 y 1814 para albergar la colección del Dulwich College, compuesta por pinturas de Rafael, Rembrandt, Rubens, Reynolds, Gainsborough, Poussin, Lely, Van Dyck y otros. Es un lugar maravilloso y evocador, pero con apenas doce salas de exposición, por lo que algunas

obras están demasiado apretujadas. Insólitamente, el coleccionista Noel Desenfans y el pintor Peter Francis Bourgeois quisieron que sus mausoleos, iluminados con una luz misteriosamente tétrica, producida con vidrio tintado, estuvieran entre las pinturas. Un anexo (4 £ extras) alberga exposiciones temporales normalmente de carácter vanguardista; las visitas guiadas del museo (gratis) comienzan a las 15.00 los sábados y domingos.

La galería está a 10 minutos de paseo hacia el norte por Gallery Rd, que comienza casi enfrente de la estación de trenes de West Dulwich. El autobús P4 conecta la galería con el Horniman Museum (abajo).

## HORNIMAN MUSEUM Plano p. 64
☎ 8699 1872; www.horniman.ac.uk; 100 London Rd SE23; gratis; ⏱ 10.30-17.30; 🚉 Forest Hill; ♿

Este museo es un lugar extraordinario que comprende la colección original del rico comerciante de té en bolsitas Frederick John Horniman, quien en 1901 diseñó el edificio *art nouveau*, con su torre del reloj y sus mosaicos, específicamente para albergar su colección. Hoy en día abarca de todo, desde una morsa disecada y altares de vudú procedentes de Haití y Benín, hasta la maqueta de un arrecife de las islas Fiji y una colección de concertinas. Es maravilloso.

La planta baja y los primeros pisos están ocupados por la Natural History Gallery, el corazón de la colección, con los habituales esqueletos de animales y especímenes en formol. En la planta baja se halla la African Worlds Gallery, la primera galería permanente dedicada a la cultura y arte africanos y afro-caribeños del Reino Unido. La Music Gallery, al lado, muestra instrumentos de 3500 años de antigüedad: badajos egipcios, los primeros teclados ingleses, tambores de Ghana y hasta un *gamelan* (conjunto instrumental) indonesio. Las pantallas táctiles permiten escuchar el sonido de cada uno, y los vídeos muestran cómo se tocan. La Centenary Gallery (galería del Centenario) recorre la historia del primer siglo del museo. El acuario del sótano es pequeño pero vanguardista. El café, con asientos en un precioso invernadero, es una delicia, al igual que las 6,5 Ha circundantes de jardines (⏱ 7.30-atardecer lu-sa, desde 8.00 do) con vistas que se extienden hasta el centro de Londres.

Al salir de la estación de Forest Hill, hay que girar a la izquierda por Devonshire Rd y luego a la derecha por London Rd; el museo está a unos 500 m a mano derecha.

# ELTHAM

Fue el lugar favorito de los reyes Plantagenet. Pero, después de que los Tudor se encapricharan con Greenwich, esta residencia real quedó abandonada a su suerte durante más de quinientos años. Hubo que esperar hasta la década de 1930 para que la adinerada familia Courtauld decidiera construirse su fabulosa mansión a partir de la restauración de la estructura original del s. XIV del palacio de Eltham.

## PALACIO DE ELTHAM Plano p. 64

☎ 8294 2548; www.english-heritage.org.uk; Court Rd SE9; palacio y jardines adultos/5-15 años/reducida/familias 8,30/4,20/7,10/20,80 £, solo jardines adultos/niños/reducida 5,30/2,70/4,30 £; ⏱ 10.00-17.00 do-mi abr-oct, 11.00-16.00 do-mi nov-fin dic, feb y mar, cerrado fin dic-ene; ⓔ Eltham; ♿

La casa *art déco* fue construida entre 1933 y 1937 por el acaudalado comerciante textil Stephen Courtauld (conocido por su Courtauld Institute) y su esposa Virginia. Desde el impresionante recibidor de la entrada, con su cúpula y su enorme alfombra circular con motivos geométricos, hasta el comedor de mármol negro con el techo recubierto de plata y una chimenea revestida de madera de raíz, parece que la pareja tenía tanto gusto como dinero.

También poseía, muy acorde con los tiempos, un lémur como mascota, la consentida Mah-jongg, cuya jaula con calefacción, murales tropicales y escalera de bambú que lleva a la planta baja, también pueden verse.

Del palacio real que se construyó en este lugar en 1305, durante un tiempo el hogar de infancia de Enrique VIII, antes de que los Tudor se trasladaran a Greenwich, queda poco, aparte del restaurado Great Medieval Hall (gran salón medieval). Su techo de estilo *hammer-beam* está considerado como el tercero mejor del país, por detrás de los del Westminster Hall (p. 95) y el Hampton Court Palace (p. 200). Las 8 Ha de jardines incluyen rocas y un foso con un puente en activo.

# BEXLEYHEATH

Antiguamente conocida como Bexley New Town y dominada por un amplio espacio abierto, se trata de una atractiva urbanización suburbana al este de Eltham que alberga dos importantes casas históricas.

## DANSON HOUSE lateral Plano p. 64

☎ 8303 6699; www.dansonhouse.com; Danson Park, Bexleyheath DA6; adultos/niños/reducida 6/gratis/5 £; ⏱ 11.00-17.00 mi, ju, do y festivo lu fin mar-oct, 11.00-17.00 ma-ju, do y festivos lu jun-ago; ⓔ Bexleyheath, luego paseo 20 min hacia suroeste

Esta villa *palladiana* fue construida en 1766 por John Boyd, director de la Compañía Británica de las Indias Orientales. En el 2005 se terminaron los trabajos de restauración que han devuelto a la casa su estilo georgiano original y que han durado diez años, durante los cuales se descubrieron unas series de bonitas acuarelas realizadas por la segunda hija de los propietarios, Sarah Johnston, en 1805. Entre sus elementos más destacados se cuentan los numerosos relieves y frescos que festejan el amor y el romance; la biblioteca y la sala de música, con su órgano en perfectas condiones; la vertiginosa escalera de caracol que lleva a los pisos más altos; y las cocinas victorianas (abiertas solo en determinadas ocasiones). El jardín de estilo inglés es precioso, y en el gran lago de Danson Park, flanqueado por espléndidas casas *art déco* a lo largo de Danson Rd (al este), se pueden alquilar barcas de remos ( ☎ 8303 2828; 30/60 min mañana 5/7,50 £, tarde 7,50/10 £; ⏱ 10.00-17.00 sa y do, a 20.00 jul y ago).

## RED HOUSE lateral Plano p. 64

☎ 8304 9878; www.nationaltrust.org.uk; 13 Red House Lane, Bexleyheath DA6; adultos/5-15 años/familias 6,90/3,45/17,25 £; ⏱ 11.00-16.45 mi-do mar-fin nov, 11.00-16.45 vi-do fin nov-fin dic; ⓔ Bexleyheath, más 20 min de paseo al sur

Por fuera, la casa de ladrillo rojo construida por el diseñador victoriano William Morris en 1859 parece un pastelito de jengibre. Las nueve habitaciones abiertas al público reúnen todos los elementos del estilo Arts and Crafts al que pertenecía Morris: un poco de gótico aquí, algo de simbolismo religioso ahí y una pizca de *art nouveau* allí. Los muebles de Morris y del interiorista Philip Webb son la prueba, así como las pinturas y las vidrieras de Edward Burne-Jones. Solo se puede acceder con un circuito guiado, y registrarse con antelación. Los jardines que rodean la casa también fueron diseñados por Morris "para revestir" la mansión. No hay que dejar de ver el pozo, que tiene un tejadillo cónico inspirado en los secaderos de la cercana Kent.

# PASEO POR DEPTFORD Y NEW CROSS

## Circuito a pie

**1 Creekside** Esta calle adoquinada paralela al arrollo Deptford está repleta de galerías y estudios de artistas que acogen exposiciones cambiantes, como la APT Gallery (☎ 8694 8344; www.aptstudios.org; 6 Creekside SE8) y Art Hub (☎ 8691 5140; www.arthub.org.uk; 5-9 Creekside SE8).

**2 Laban** Esta escuela de danza contemporánea (p. 304), conocida por ser la mayor y mejor equipada de Europa, se ubica en un edificio revestido de plástico (2003) premiado. Se encuentra en el extremo norte de Creekside y la diseñaron los mismos arquitectos que la Tate Modern. Resultan muy innovadores los montículos formados por los escombros que se retiraron de la zona de la entrada y que se han cubierto con césped.

**3 Estatua de Pedro el Grande** Esta estatua (Glaisher St SE8) poco corriente, con una cabeza diminuta y una especie de gnomo a sus pies, conmemora la estancia de cuatro meses del zar Pedro I de Rusia, que, en 1698 se acercó a

### DATOS DEL CIRCUITO

Inicio estación de DLR Deptford Bridge
Final estación de trenes de Deptford
Distancia 2,5 km
Duración 2 horas
Refrigerio AJ Goddard (p. 247)

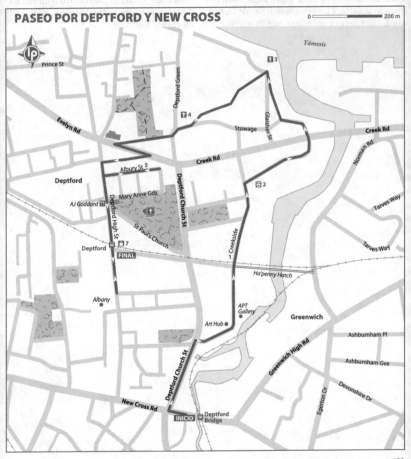

PASEO POR DEPTFORD Y NEW CROSS

Deptford para informarse sobre las novedades en construcción de barcos. El zar se alojó en casa del cronista John Evelyn, que quedó muy tocada de tantas fiestas.

**4 St Nicholas Church** Esta iglesia ( ☎ 8692 2749; Deptford Green SE8; 9.30-12.30 mi-sa) de finales del s. XVII alberga un monumento al dramaturgo Christopher Marlowe, asesinado en Deptford en 1593 en una reyerta a los 29 años (se cree que puede estar enterrado aquí). Se supone que la bronca estalló por quién había de pagar la cuenta, aunque también se piensa que Marlowe formaba parte del cuerpo de espías de la reina Isabel I. Dicen que la calavera y los huesos cruzados que hay sobre la entrada sirvieron de inspiración para la bandera pirata de Jolly Roger.

**5 Albury Street** Esta deliciosa calle está repleta de edificios de estilo georgiano que en el pasado alojaron a los oficiales navales de Deptford, entre los que se incluye (según se cuenta) a lord Nelson y lady Hamilton. Atención con las exquisitas tallas de madera que decoran muchas de las puertas principales.

**6 Iglesia de St Paul** Al sur de Albury St se halla esta iglesia ( ☎ 8692 7449; Mary Ann Gardens SE8) barroca de 1730. En el cementerio se encuentra la tumba de Mydiddee, un nativo de Tahití que llegó a Inglaterra con el capitán Bligh (famoso por el motín del *Bounty*) en el HMS *Providence*, para fallecer en Deptford casi inmediatamente (1793).

**7 Mercadillo de Deptford** Este colorido mercadillo (Deptford High St SE8; ☼ 8.30-15.00 mi, vi y sa) se monta en el centro de Deptford tres días a la semana y alberga un divertido rastrillo, además de puestos de comida y ropa. Al suroeste está el Albany ( ☎ 8692 4446; www.thealbany.org.uk; Douglas Way SE8), un bullicioso centro comunitario de arte que acoge teatro y música, además de un encantador café.

# SOUTH LONDON (SUR DE LONDRES)

*Dónde comer* (p. 260); *Dónde beber* (p. 283); *De compras* (p. 223)

Los londinenses todavía hablan como si el Támesis fuera la enorme barrera entre el norte y el sur que fue en la Edad Media. De hecho, el golfo psicológico entre las dos orillas es tan ancho como siempre; mucha gente de North London se niega a creer que haya algo de importancia al otro lado del río. Pero lo cierto es que las cosas no son tan grises en el sur. En los últimos tiempos hasta los antiguos residentes del norte han descubierto el atractivo de los precios, más asequibles, de las viviendas y el estilo de vida relajado de la en otros tiempos orilla B (en referencia, por supuesto, a la cantidad de lugares que comienzan con dicha letra, como Battersea, Brixton, Balham, etc.).

El anárquico y artístico Brixton es, sin duda, el lugar más interesante. Además de en las discotecas, los conciertos de la O2 Academy Brixton (p. 298) o las películas del histórico Ritzy (p. 306), probablemente la mejor manera de paladear el sabor afrocaribeño de la zona sea visitar su mercado (p. 251).

Clapham ha sido durante mucho tiempo el estandarte del estilo de South London, con restaurantes y bares de moda que abarrotan su High Street desde la década de 1980. Battersea ha empezado a acaparar la atención, con su magnífico parque y la prevista remodelación de la monolítica central eléctrica de Battersea. Kennington cuenta con bonitas calles llenas de casas pareadas de estilo georgiano, así que solo es cuestión de tiempo que comience el aburguesamiento de "Little Portugal" (la extensión hacia el sur de Stockwell).

Lambeth puede presumir de ser la sede episcopal de la Iglesia de Inglaterra y de contar con uno de los mejores museos capitalinos.

## lo mejor
### SOUTH LONDON

- Battersea Park (p. 189)
- Central eléctrica de Battersea (p. 189)
- Mercado de Brixton (p. 191)
- Imperial War Museum (abajo)
- Palacio de Lambeth (p. 187)

## LAMBETH

El nombre de Lambeth, que significa algo así como "desembarcadero cenagoso", da fe de que este sitio, al igual que el vecino Waterloo, fue durante mucho tiempo una ciénaga y dique de pólder hasta el s. XVIII. Parece que los únicos personajes suficientemente valientes para vivir aquí fueron los obispos de Canterbury, que comenzaron a ir y venir en barcazas desde su ribereño palacio de Lambeth en el s. XIII. Con la aparición de los puentes y los trenes, siglos después, por fin la zona quedó comunicada con Londres.

**IMPERIAL WAR MUSEUM** Plano p. 186
☎ 7416 5320; www.iwm.org.uk; Lambeth Rd SE1; gratis; ☽ 10.00-18.00; ⊖ Lambeth North; ♿
A pesar del amenazante par de cañones navales que custodian la fachada de acceso a lo que fue el Bethlehem Royal Hospital, comúnmente conocido como Bedlam, para la gran mayoría se trata de un museo sombrío y serio, en el que la mayor parte de las exposiciones ahondan en el coste humano y social de los conflictos bélicos.

Aunque su enfoque oficial se centra en la acción militar de las tropas británicas o de la Commonwealth durante el s. XX, también brinda una amplia interpretación del concepto de "guerra", por lo que, además de hacer un serio análisis de las dos contiendas mundiales y las guerras de Corea y Vietnam, también abarca la Guerra Fría, las artes militares "secretas" (espionaje) e, incluso, el *apartheid* en Sudáfrica.

El centro de este museo de seis pisos es la exposición cronológica sobre las dos guerras mundiales de la planta baja. En la Trench Experience (Experiencia en la trinchera), se puede caminar a través de la cruda realidad del día a día en el frente del Somme, en la Primera Guerra Mundial, y en la espeluznante Blitz Experience (Experiencia del Blitz), el visitante puede encogerse en el interior de un falso refugio antiaéreo durante un bombardeo de la Segunda Guerra Mundial y, después, salir atravesando las destrozadas calles del East End.

En los pisos superiores hay dos secciones excelentes y conmovedoras: la amplia Holocaust Exhibition, no recomendada para menores de 14 años, en la 3ª planta, y la galería Crimes against Humanity (Crímenes contra la humanidad), dedicada a los genocidios de Camboya, Yugoslavia y Ruanda (no recomendada para menores de 16 años). En el 2º piso se muestran pinturas de Stanley Spencer y John Singer Sargent sobre la guerra.

Las audioguías para la colección permanente cuestan 4/3 £ por adulto/reducida. Las exposiciones temporales, para las que hay que pagar, abarcan temas como el periodismo de guerra, el camuflaje y la guerra moderna y –la favorita de estos autores– el papel de los animales en los conflictos desde la Primera Guerra Mundial hasta el presente.

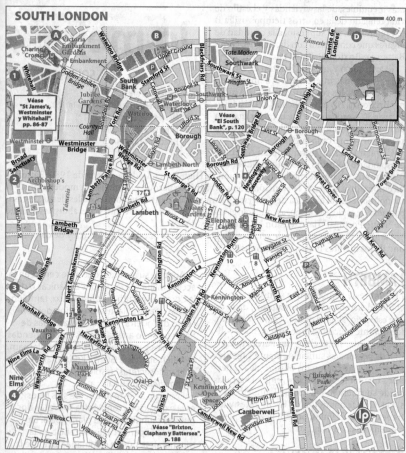

## SOUTH LONDON

## PALACIO DE LAMBETH Plano p. 186

**Palace Rd SE1; ⊖ Lambeth North**

La casa de la entrada de estilo Tudor y ladrillo rojo, situada junto a la iglesia de St Mary-at-Lambeth, conduce a este palacio, la residencia londinense del arzobispo de Canterbury. Aunque el lugar no suele abrir al público, los jardines sí lo hacen en ocasiones; hay que informarse en la oficina de turismo (véase p. 393).

## MUSEUM OF GARDEN HISTORY

Plano p. 186

☎ 7401 8865; www.museumgardenhistory.org; St Mary-at-Lambeth, Lambeth Palace Rd SE1; gratis, donativo recomendado 3 £; ☺ 10.30-17.00 ma-do; ⊖ Lambeth North

En una ciudad que ofrece como atracción los Kew Gardens, el modesto Museo de Historia del Jardín, instalado en la iglesia de St Mary-at-Lambeth, está principalmente dedicado a los jardineros. Su baza principal es el encantador jardín laberíntico, una réplica de un antiguo jardín del s. XVII, con recortados setos enlazados entre sí en un intrincado diseño. Los enamorados de la jardinería disfrutarán con las exposiciones de los Tradescant, padre e hijo, que en el s. XVII fueron los jardineros de Carlos I y Carlos II, unos trotamundos y entusiastas coleccionistas de plantas exóticas a quienes se debe la introducción de la piña en Londres. A los profanos en la materia quizás les gustará mostrar sus respetos al capitán William Bligh (del amotinado *Bounty*), que está enterrado aquí y que vivió y murió cerca, en el nº 100 de Lambeth Rd. La cafetería es excelente y sirve comida vegetariana.

## FLORENCE NIGHTINGALE MUSEUM

Plano p. 186

☎ 7620 0374; www.florence-nightingale.co.uk; St Thomas's Hospital, 2 Lambeth Palace Rd SE1; adultos/jubilados, estudiantes y niños/familias 5,80/4,80/16 £; ☺ 10.00-17.00 lu-vi, hasta 16.30 sa y do; ⊖ Westminster o Waterloo; ♿

Anexo al St Thomas's Hospital se encuentra este pequeño museo que cuenta la historia de la batalladora heroína de guerra Florence Nightingale (1820-1910), quien lideró un equipo de enfermeras en Turquía en 1854, durante la Guerra de Crimea. Allí trabajó para mejorar las condiciones de los soldados antes de regresar a Londres y fundar en 1859 una escuela de enfermeras en

St Thomas. Fue tan famosa que, todavía en vida, ya se vendían estampillas de la elegante "Lady of the Lamp" ("La dama de la lámpara"). De todos modos, no faltan quienes la tacharon de "astuta administradora" y "buscadora de publicidad". Nightingale fue, en realidad, una de las primeras celebridades modernas, y lo que importa es que mejoró las condiciones de miles de soldados en el campo de batalla y salvó unas cuantas vidas. No puede pensarse en un logro más noble.

# BRIXTON

"We gonna rock down to Electric Avenue" ("Vamos a arrasar con la avenida eléctrica") cantaba Eddy Grant con optimismo en 1983. (Esta calle, a la izquierda según se sale de la estación de metro de Brixton, fue una de las primeras en tener luz eléctrica de Londres, en 1888.) En contraste, el tono mucho más oscuro de *Guns of Brixton* (1979), de los Clash, aludía al descontento de la comunidad local con la policía, que enseguida desembocaría en los disturbios de la década de 1980. Estas son solo dos caras de este barrio osado, multicultural y vibrante.

Los primeros asentamientos que hubo en la zona del Brixton actual datan del año siguiente a la invasión de los normandos. Pero no dejó de ser una aldea extensa y aislada hasta el s. XIX, momento en que el nuevo Vauxhall Bridge (1810) y las vías del tren (1860) unieron esta población con el centro de Londres.

Sin embargo, la época que dio forma al Brixton contemporáneo es la posterior a la Segunda Guerra Mundial, los años Windrush, cuando llegaron inmigrantes procedentes de las Antillas en respuesta a la llamada del Gobierno británico para solventar la escasez de mano de obra (*Windrush* era el nombre de uno de los principales barcos que traían a estos inmigrantes). Una generación después de que terminara este período idílico, el declive económico y la hostilidad entre la policía y, especialmente, la comunidad negra (que representaba entonces el 29% de la población local) condujo a los altercados de 1981, 1985 y 1995, que se concentraron, sobre todo, en Railton Rd y Coldharbour Lane.

Desde entonces, el estado de ánimo general ha mejorado bastante, aunque el aumento del precio de la vivienda ha atraído a los cazadores inmobiliarios a la zona, provocando que se asienten bolsas de población aburguesada junto a calles más decadentes (véase p. 190).

# BRIXTON, CLAPHAM Y BATTERSEA

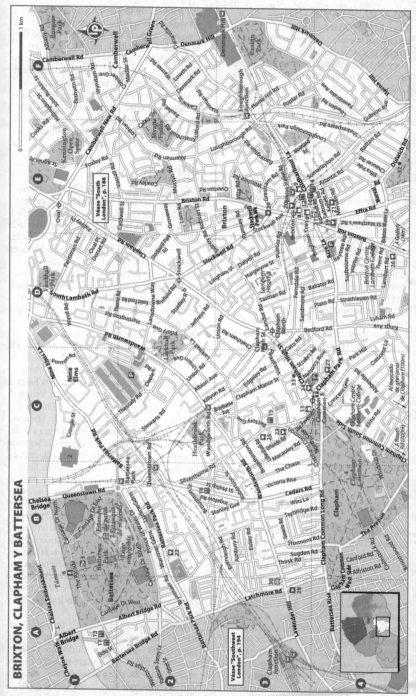

188

Véase "South London", p. 186

Véase "Southwest London", p. 194

1 km

# BRIXTON, CLAPHAM Y BATTERSEA

# BATTERSEA Y WANDSWORTH

Cerca de la central eléctrica de Battersea, esta zona del suroeste junto al Támesis fue un núcleo industrial hasta la década de 1970. En la actualidad, las fábricas y los almacenes abandonados han sido reemplazados por pisos de lujo. Incluso los residentes del acomodado Chelsea están atravesando el Támesis hacia lo que los agentes inmobiliarios denominan "El sur de Chelsea".

Wandsworth, la hermana pobre y trabajadora de la rica Battersea, está al lado, bajando el río, aunque parece que la presión inmobiliaria también le ha llegado. Suele recibir el nombre de "valle de los pañales", ya que, según parece, tiene la tasa de natalidad más alta de todo Londres.

## CENTRAL ELÉCTRICA DE BATTERSEA
Plano p. 188

www.batterseapowerstation.com; 🚇 Battersea Park
Toda una generación conoce la portada del disco *Animals* (1977), de Pink Floyd, en la que aparecen cuatro chimeneas, que más bien recuerdan a una mesa patas arriba. La Battersea Power Station es una construcción tan querida como odiada. Fue construida por Giles Gilbert Scott en 1933 con dos chimeneas (las otras dos se añadieron en 1955). La central dejó de echar humo en 1983 y desde entonces ha habido innumerables propuestas para dar una vida nueva al edificio. En noviembre del 2006 se vendió a otro grupo de promotores inmobiliarios; los anteriores, Parkview International, la mantuvieron en su poder más de doce años, desde 1993, y quisieron demoler las chimeneas y transformar el edificio en un complejo de ocio

"24 horas". Ahora, un plan contempla el lugar como sede del nuevo Instituto Tecnológico de la Energía, creado por el Gobierno para el estudio de nuevas tecnologías contra el cambio climático.

## BATTERSEA PARK Plano p. 188

🕿 8871 7530; www.batterseapark.org;
🕐 amanecer-anochecer; 🚇 Battersea Park
Sus 50 Ha de vegetación, que se extienden entre los puentes de Albert y Chelsea, tienen esculturas de Henry Moore y una pagoda de la Paz, construida en 1985 por un grupo de budistas japoneses para conmemorar el Día de Hiroshima. La apariencia tranquila del parque choca con su sangriento pasado, ya que aquí se intentó asesinar al rey Carlos II en 1671 y, en 1829, se batieron en duelo el duque de Wellington y un oponente que le acusó de traidor.

Una reciente remodelación ha permitido recuperar el paisaje del s. xix y arreglar sus zonas ribereñas. Al mismo tiempo, se han restaurado los jardines del Festival of Britain, con las espectaculares fuentes Vista. También hay lagos, numerosas instalaciones deportivas, un espacio de arte llamado Pump House Gallery ( 🕿 8871 7572; www.wandsworth.gov.uk/gallery; Battersea Park SW11; gratis; 🕐 11.00-17.00 mi-do) y un pequeño zoo infantil ( 🕿 7924 5826; www.batterseaparkzoo.co.uk; adultos/niños 2-15 años/familias 6,50/4,95/20,50 £; 🕐 10.00-17.00 abr-oct, hasta 16.00 nov-mar).

## WANDSWORTH COMMON Plano p. 194

🚇 Wandsworth Common o Clapham Junction
Más salvaje y descuidado que el cercano campo municipal de Clapham, el de

Wandsworth se llena de parejas que empujan cochecitos los días soleados. En el lado oeste hay un agradable dédalo de calles conocidas como *toast rack* (un *sujetatostadas*), por su disposición. Baskerville, Dorlcote, Henderson, Nicosia, Patten y Routh Rds tienen numerosas casas de estilo georgiano. En el nº 3 de Routh Rd, una placa azul recuerda que allí vivió el antiguo primer ministro británico David Lloyd George.

## CLAPHAM

El llamado "hombre en el ómnibus de Clapham" (definición que el Derecho Civil inglés da del sujeto hipotético desde el s. xx) hace mucho que dejó este barrio. Hoy es el hogar de acomodados profesionales de entre 20 y 30 años, que frecuentan sus numerosos bares y restaurantes y que generalmente provocan que suban los precios inmobiliarios. Desde finales del s. xix, las vías de tren empezaron a conformar Clapham como ciudad dormitorio. Hoy, Clapham Junction, que en 1988 fue el trágico escenario del peor desastre ferroviario del país, continúa siendo el mayor intercambiador ferroviario del Reino Unido.

Los primeros asentamientos en esta zona tuvieron lugar tras el Gran Incendio de Londres de 1666, cuando el afamado cronista Samuel Pepys y el, años después reconocido explorador, capitán James Cook, entre otros, escaparon de la desolación de la City para instalarse aquí. Con todo, el nombre data de tiempos más lejanos, de la expresión anglosajona *Clappa's farm* ("granja de Clappa").

### CLAPHAM COMMON Plano p. 188
🚇 Clapham Common
Esta gran extensión verde es el corazón de Clapham. Citada por Graham Greene en su novela *El fin de la aventura* y por Ian McEwan en su brillante *Expiación*, en la actualidad es el lugar en el que se organizan muchos eventos veraniegos al aire libre (véase http://claphamhighstreet.co.uk). La arteria principal del barrio, Clapham High St, repleta de bares restaurantes y tiendas, que son el principal atractivo para los visitantes, comienza en su extremo noreste. Sin embargo, para dar un simple paseo son mucho más agradables las calles del casco antiguo, cerca de la estación de metro, hacia el noroeste, o del Clapham Common North Side, en el extremo noroeste del campo municipal.

En la esquina de Clapham Park Rd y Clapham Common South Side se halla la iglesia de la Holy Trinity (1776), que fue la sede de la secta de Clapham, un grupo de adinerados cristianos evangelistas entre los que se encontraba William Wilberforce, firme luchador en contra de la esclavitud entre 1790 y 1830. La secta también hacía campaña en contra de la explotación infantil y reclamaba la reforma de las prisiones.

## KENNINGTON, OVAL Y STOCKWELL

Solo los amantes del *cricket* y aquellos que quieran vivir en la zona se aventurarán por estos lares. Su centro es Kennington Park, que tiene una historia interesante, aunque no haya mucho que ver. Saliendo de Kennington Lane, al oeste de su intersección con Kennington Rd se encuentra un bonito enclave con calles arboladas (Cardigan St, Courtney St y Courtney Sq) y casas de estilo neogeorgiano. No vale la pena hacer una excursión para verlas, pero puede ser una buena alternativa si la lluvia interrumpe el partido en el Oval, al sur.

### KENNINGTON PARK Plano p. 186
🚇 Oval
Aunque poco atractiva, esta zona verde tiene una gran tradición demagógica. En un principio era un campo comunal en el que estaba permitida la entrada de todo el mundo y funcionaba como un *speakers' corner* de South London. Durante el s. xviii, los rebeldes jacobitas que intentaron restaurar a los Estuardo en el trono fueron ahorcados, arrastrados y descuartizados en este lugar, y en los ss. xviii y xix los predicadores lo utilizaron para pronunciar enardecidos discursos ante grandes audiencias; se dice que John Wesley, fundador de la Iglesia metodista y contrario a la esclavitud, atraía hasta 30 000 seguidores. Después de la gran concentración de *cartistas*, el 10 de abril de 1848, aparecieron millones de trabajadores exigiendo los mismos derechos de voto que las clases medias; la familia real cercó inmediatamente la zona.

### BRIT OVAL Plano p. 186
☎ 0871 246 1100; www.surreycricket.com; Surrey County Cricket Club SE11; partido internacional 15-103 £, condado 12-20 £; 🕐 oficina de reserva 9.30-12.30 y 13.30-16.00 lu-vi abr-sep; 🚇 Oval
Sede del Surrey County Cricket Club, el Brit Oval es el segundo campo de *cricket* después del Lord's (p. 317). Además de los partidos del

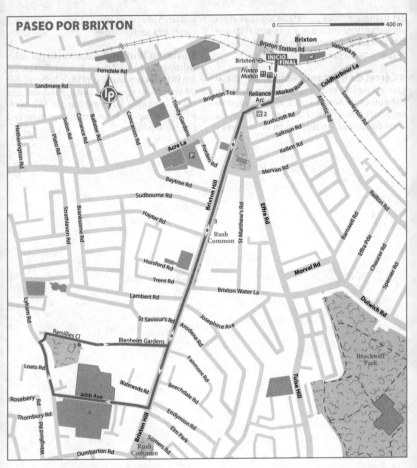

**PASEO POR BRIXTON**

0 ———————————— 400 m

Brixton
Brixton Station Rd
Valencia Pl
Brixton ⊖ INICIO FINAL
Franco Manca
Coldharbour La
Ferndale Rd
Sandmere Rd
Reliance Arc
Market Row
Brighton Tce
Atlantic Rd
Rushcroft Rd
Somerleyton Rd
Corrance Rd
Concepción Rd
Trinity Gardens
Saltoun Rd
Solon Rd
Ballater Rd
Plato Rd
Kellett Rd
Hetherington Rd
Acre La
Mervan Rd
Porden Rd
Baytree Rd
Brixton Hill
Sudbourne Rd
Railton Rd
St Matthew's Rd
Hayter Rd
Effra Rd
3 Rush Common
Barnwell Rd
Strathleven Rd
Branksome Rd
Horsford Rd
Effra Pde
Trent Rd
Morval Rd
Chaucer Rd
Spenser Rd
Lambert Rd
Brixton Water La
Lyham Rd
St Saviour's Rd
Arodene Rd
Josephine Ave
Dulwich Rd
Ramillies Cl
Blenheim Gardens
Fairmont Rd
Brockwell Park
Loats Rd
Waterworks Rd
Beechdale Rd
Tulse Hill
Rosebery Rd
Jebb Ave
Endymion Rd
Wingford Rd
Brixton Hill
Elm Park
Thornbury Rd
Somers Rd
Dumbarton Rd
Rush Common

---

aromas de incienso, frutas exóticas, verduras, carnes y pescados que se venden. También es un buen lugar para adquirir tejidos y baratijas africanas.

**2 Ritzy** Es el segundo cine más antiguo de la capital, después del Electric Cinema de Camden (p. 306). El Ritzy (p. 306) se inauguró en 1911 con el nombre de Electric Pavilion. Junto a él se encuentra la Brixton Library ( ☎ 7926 1056; Brixton Oval SW2), construida en 1892 por el industrial y filántropo sir Henry Tate, el hombre que dio a la capital la Tate Gallery y al mundo el terrón de azúcar.

**3 Rush Common** Una ley del Parlamento de 1806 declaró que el terreno del lado este de Brixton Hill era "tierra proscrita" en la que no se podía construir. Sin embargo, con el paso

## DATOS BÁSICOS

Inicio estación de metro Brixton
Final estación de metro Brixton
Distancia 4,5 km
Duración 2½ horas
Refrigerio Franco Manca (p. 260)

Surrey, también da cabida a encuentros internacionales. La liga va de abril a septiembre.

## PASEO POR BRIXTON

### Circuito a pie

**1 Mercado de Brixton** En el mercado (p. 251) más exótico de Londres, el visitante puede tomarse algo sumergido en los embriagadores

191

del tiempo, se han parcelado algunas áreas como jardines privados. En la actualidad se está restaurando como campo comunal (Brixton Hill SW2), aunque sigue habiendo parches.

**4 Cárcel de Brixton** La Brixton Prison ( ☎ 8588 6000; Jebb Ave SW2) presta servicio a numerosos tribunales de South London. Comenzó su andadura como correccional en 1819 y, entre otras funciones, ha sido cárcel de mujeres y militar. Ahora aloja tanto a presos preventivos como a ya sentenciados.

**5 Brixton Windmill** Construido por John Ashby en 1816, es el molino de viento (Blenheim Gardens SW2) más cercano al centro de Londres que queda. Estuvo operativo hasta 1934, y durante sus últimos años funcionó con gas. Se han reparado las aspas y la maquinaria, pero no está abierto al público.

# SOUTHWEST LONDON (SUROESTE DE LONDRES)

*Dónde comer* (p. 262); *Dónde beber* (p. 285); *De compras* (p. 224); *Dónde dormir* (p. 352)

Aunque Southwest London queda algo lejos si solo se dispone de un fin de semana largo en Londres, se trata de un base perfecta para una estancia más prolongada. También está bien para una excursión no muy cara y fácil de un día fuera de la capital; o para los que, aun sin gustarles la idea, tengan que vivir en Londres.

Durante el día, la mayor parte de Southwest London es una tranquila zona residencial, con muchas madres jóvenes empujando sus carritos y haciendo la compra, y el mejor momento para disfrutar de ella y de sus numerosos espacios verdes: caminar por el Thames Path (p. 196) desde el Putney Bridge a Barnes, tomar una pinta en el Parson's Green o hacer un *picnic* en el Barnes Common.

Por la noche la cosa cambia, pues Fulham es un lugar muy popular por sus muchos y buenos *pubs*, bares y restaurantes. Putney y Barnes están considerados algo más refinados, aunque una vuelta por los *pubs* de High Street un sábado por la noche quizás lo desmienta.

Más lejos, las clases acomodadas llevan más de quinientos años retirándose de la ciudad hacia los palacios y villas de los barrios ribereños de Londres, y su atractivo para aquellos que desean huir del frenesí de las zonas 1 y 2 sigue siendo poderoso. Buen ejemplo de lo dicho son los barrios de Chiswick, Richmond y Kew. Twickenham es la cuna del rugbi inglés, mientras que Hampton presume de tener el palacio más ambicioso del país, algo discutible. Wimbledon y su enorme campo municipal es otro lugar para un idilio vespertino.

**lo mejor**

**SOUTHWEST LONDON**

- **Templo Buddhapadipa** (p. 202)
- **Palacio de Hampton Court** (p. 200)
- **Kew Gardens** (p. 197)
- **RíoTámesis** (p. 197)
- **London Wetland Centre** (p. 194)

## FULHAM

Fulham y Parson's Green casan perfectamente conformando un vecindario que cómodamente ubicado en el meandro que traza el Támesis entre Chelsea y Hammersmith. Mientras que las atractivas casas pareadas de estilo victoriano y su ubicación ribereña han atraído a una población acomodada, los orígenes obreros de Fulham son todavía evidentes en la fuerte afición de los seguidores del Fulham Football Club.

### PALACIO DE FULHAM Plano p. 194

**☎ 7736 8140; www.fulhampalace.org; Bishop's Ave SW6; gratis; ⌚ palacio y museo 12.00-16.00 lu y ma, 11.00-14.00 sa, 11.30-15.30pm do, jardín amanecer-atardecer a diario; ⊖ Putney Bridge; ♿**

Residencia estival de los obispos de Londres desde el 704 a 1973, este palacio reúne un interesante número de estilos arquitectónicos entre unos bellos jardines y, hasta 1924, cuando se rellenó con escombros, estuvo rodeado por el foso más largo de Inglaterra. La parte más antigua que se conserva es la pequeña torre de entrada, de ladrillo rojo y estilo Tudor, pero el edificio principal que se ve hoy data de mediados del s. XVII, remodelado en el s. XIX. Tiene un bonito jardín tapiado y, separada de la residencia principal, una capilla de un estilo imitación Tudor, diseñada por Butterfield en 1866.

El museo explica la historia del palacio y sus moradores. Los **circuitos guiados** (☎ 7736 3233; 5 £; ⌚ circuitos 14.00 2º y 4º do, 3er ma de cada mes), de 1¼ horas de duración, suelen recorrer el gran salón, la capilla victoriana, la habitación del obispo Sherlock y el museo. Las reformas que se están ejecutando pueden repercutir en cambios en el circuito.

El terreno circundante, en el pasado de unas 15 Ha pero hoy con poco más de cinco, abarca un paseo sombreado junto al río, una bolera, pistas de tenis, una rosaleda, una cafetería y hasta un estanque para remojarse los pies con una fuente.

## PUTNEY Y BARNES

Putney es más conocido por ser el punto de salida de la competición anual de traineras entre Oxford y Cambridge (p. 17), que se celebra cada primavera. Pueden encontrarse referencias a esta competición en los *pubs* y restaurantes de la zona y en los que hay junto al Thames Path. Barnes es menos célebre y algo más aldeano. Henry Fielding era de aquí.

La mejor manera de llegar a Putney es seguir los indicadores que hay desde la estación de metro Putney Bridge hacia el puente peatonal (paralelo a la vía de tren), admirando las maravillosas casas de la orilla, con sus jardines que miran al Támesis, pues de esa manera se evita la desangelada High Street hasta el último minuto. También se puede llegar en tren desde Vauxhall o Waterloo hasta las estaciones de Putney o Barnes.

**LONDON WETLAND CENTRE** Plano p. 194
☎ 8409 4400; www.wwt.org.uk; Queen Elizabeth's Walk SW13; adultos/menores 4 años/4-16 años/jubilados y estudiantes/familias 9,50/gratis/5,25/7,10/26,55 £; ⏱ 9.30-18.00 mar-oct, 9.30-17.00 nov-feb, a 20.00 ju jun-fin sep; ⊖ Hammersmith, luego 🚌 283 (Duck Bus), 33, 72 o 209, o 🚆 Barnes; ♿
Este centro de 43 Ha, gestionado por el Wildfowl & Wetlands Trust, es uno de los mayores proyectos europeos para humedales de interior. Creado a partir de cuatro pantanos victorianos en el año 2000, atrae a unas ciento cuarenta especies de aves, además de trescientos tipos de mariposas y polillas.

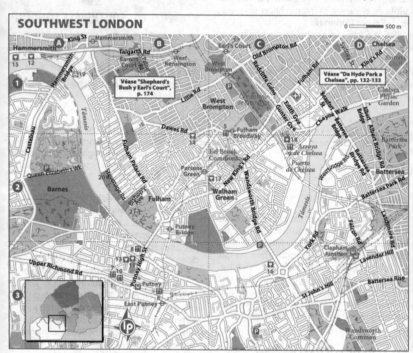

# SOUTHWEST LONDON

| INFORMACIÓN | | Chosan | 7 B3 | Old Ship | 15 A1 |
|---|---|---|---|---|---|
| Chelsea & Westminster | | Enoteca Turi | 8 B3 | Ship | 16 C3 |
| Hospital | 1 C1 | Lots Road Pub & | | White Horse | 17 C2 |
| | | Dining Room | 9 C2 | | |
| QUÉ VER | (pp. 193-195) | Ma Goa | 10 B3 | VIDA NOCTURNA ⭐ | (pp. 287-300) |
| Palacio de Fulham | 2 B2 | Olé | (véase 10) | 606 Club | 18 C2 |
| London Wetland Centre | 3 A2 | | | | |
| Wandsworth Common | 4 D3 | DÓNDE BEBER 🍷 | (pp. 267-286) | ARTE 🎭 | (pp. 301-312) |
| | | Coat & Badge | 11 B3 | Riverside Studios | 19 A1 |
| DÓNDE COMER 🍴 | (pp. 225-266) | Dove | 12 A1 | | |
| Blue Elephant | 5 C1 | Jolly Gardeners | 13 B3 | DEPORT. Y ACTIV. | (pp. 313-320) |
| Chakalaka | 6 B3 | Mitre | 14 B2 | Fulham Football Club | 20 A2 |

Desde el centro de visitantes y el observatorio de cristal que da a los estanques, los caminos serpenteantes y senderos de madera conducen entre los terrenos hasta los hábitats de los numerosos residentes, entre ellos patos, cisnes, gansos, focas y, más esporádicamente, avetoros, garzas reales y martines pescadores. Incluso hay una importante colonia de periquitos. No hay que dejar de ver la Peacock Tower (torre del Pavo Real), una torre de tres pisos oculta en el extremo este del estanque principal. Aunque hay otros seis miradores camuflados, la torre es la meca de los ornitólogos consolidados. Muy recomendables, se organizan circuitos gratis, dirigidos por personal entendido y entusiasta, cada día a las 11.00 y 14.00.

# CHISWICK

A pesar de la abominable autopista A4, que aísla las carreteras ribereñas del centro, Chiswick sigue siendo un suburbio agradable de Southwest London que no se merece las críticas que recibe por sus acaudalados residentes.

Chiswick High Rd es una cotizada, aunque algo monótona, vía principal, llena de *pubs*, tiendas cursis y algún buen restaurante. Hay pocos sitios donde detenerse, así que lo mejor es subir por el parque y la Chiswick House hasta Hogarth Lane y la Hogarth House o bajar Church St hacia Chiswick Mall y la orilla del río.

## CHISWICK HOUSE Plano p. 64
☎ 8995 0508; www.chgt.org.uk; Chiswick Park, Burlington Lane W4; adultos/niños/jubilados y estudiantes 4,40/2,20/3,70 £; 🕑 10.00-17.00 mi-vi y do, a 14.00 sa abr-oct; 🚆 Chiswick o ⊖ Turnham Green; ♿

Es un pabellón de estilo *palladiano* con una cúpula octogonal y un pórtico de columnas. Fue diseñada por el tercer conde de Burlington (1694-1753) al regreso de su gran periplo por Italia, entusiasmado por todo lo romano. Lord Burlington utilizó esta casa para divertirse con sus amigos y para alojar su biblioteca y su colección de arte.

Algunas estancias son tan grandes que casi sobrecogen. La cúpula del salón principal ha perdido brillo y las paredes están decoradas con ocho enormes pinturas. En el salón de terciopelo azul, sobre una de las puertas, hay un retrato de Inigo Jones. Las pinturas del techo son de William Kent, quien también decoró los aposentos del palacio de Kensington.

Lord Burlington también proyectó los jardines originales de la casa, actualmente rodeada por Chiswick Park, pero seguramente habrán cambiado mucho desde entonces. Los jardines comenzaron a restaurarse en marzo del 2008, seguidos por el invernadero y el café en el 2009. Estaba previsto que las obras finalizaran en la primavera del 2010. La cascada vuelve a borbotear después de muchos años.

Se encuentra 1 km aproximadamente al suroeste de la estación de metro Turnham Green, y 750 m al noreste de la estación de trenes de Chiswick.

## HOGARTH'S HOUSE Plano p. 64
☎ 8994 6757; www.hounslow.info/arts/hogarthshouse; Hogarth Lane W4; gratis; 🕑 13.00-17.00 ma-vi, 13.00-18.00 sa y do abr-oct, 13.00-16.00 ma-vi, 13.00-17.00 sa y do nov, dic, feb y mar; ⊖ Turnham Green

Esta casa, que entre 1749 y 1764 fue el hogar del artista y comentarista social William Hogarth, muestra ahora sus caricaturas y grabados, entre los que se incluyen obras inolvidables como *El callejón de la ginebra*, *Casamiento a la moda* y una copia de *Carrera de una prostituta* (véase recuadro en p. 44). También se muestran los grabados privados *Antes* y *Después* (1730), encargados por el duque de Montagu y que ostentan el aforismo de Aristóteles *Omne Animal Post Coitum Triste* ("Después del coito todos los animales se ponen tristes"). Aunque la casa y sus terrenos resultan atractivos, quedan muy pocos muebles originales, por lo que es recomendable sobre todo para los incondicionales de Hogarth. Cuando el viajero lea estas líneas, deberían haber acabado las reformas, que prometían "exposiciones nuevas y un animado programa de actividades".

## FULLER'S GRIFFIN BREWERY Plano p. 64
☎ 8996 2063; www.fullers.co.uk; Chiswick Lane South W4; adultos/reducida (degustación incl.) 10/8 £; 🕑 visitas 11.00, 12.00, 13.00 y 14.00 lu y mi-vi; ⊖ Turnham Green o 🚆 Chiswick

Fuller's es la última fábrica de cerveza en funcionamiento que queda en Londres. Es una visita recomendable para quien guste de la cerveza amarga (y sea mayor de 18) y esté interesado en su elaboración, con la posibilidad de participar en una completa sesión de cata. Solo puede visitarse a través del circuito guiado de 1½ horas, previa reserva telefónica.

## THAMES PATH

La ruta del Thames Path National Trail va desde el nacimiento del río, en Thames Head, cerca de Kemble, en los Cotswolds, hasta la Thames Flood Barrier, a 300 km de distancia. Es un itinerario magnífico, especialmente en su parte alta, pero para completarlo hay que ser muy ambicioso (e infatigable). La mayoría se contenta con recorrer algunas secciones, como los poco más de 25 km que hay desde Battersea a la barrera (6,5 h, aprox.). Una sección bastante más accesible es la que va desde el Putney Bridge al puente peatonal de Barnes (4, 5 km, 1½ h). El trecho inicial junto al Embankment, que se dirige hacia el norte desde el Putney Bridge, en la margen sur del río, es un hervidero constante de actividad por la tarde, con remeros saliendo o regresando de sus clubes y clientes de los *pubs* vecinos holgazaneando en la orilla. La mayor parte del itinerario, sin embargo, es muy campestre, y durante bastante tiempo la única compañía del caminante es la del canto de los pájaros y el rumor del viejo río. Desde el puente peatonal, la estación de trenes de Chiswick está casi 1 km al noroeste.

Puede encontrarse información ampliada de estos y otros itinerarios de la Thames Path en la obra de Lonely Planet *Walking in Britain* (Caminando por el Reino Unido) o en el sitio web National Trails (Senderos nacionales; www.nationaltrail.co.uk/thamespath). También hay información útil en la web de la River Thames Alliance Visit Thames (www.visitthames.co.uk). Para información sobre otras atracciones fluviales de Londres, véase el capítulo en color "Río Támesis".

# RICHMOND

Si hay algún lugar en Londres que pueda calificarse de pueblo, este es sin duda Richmond, con sus deliciosos prados y vistas ribereñas. Siglos de historia, ejemplos de impresionante arquitectura georgiana y la hermosa curva del Támesis han convertido este lugar en uno de los de mayor prestigio de la capital británica, hogar de estrellas retiradas del *rock* y de otros grandes afortunados.

Richmond se llamaba Sheen en un principio, pero Enrique VII se enamoró del lugar y rebautizó la aldea según sus dominios de Yorkshire. Así empezaron siglos de vinculación real con la zona. Su vecino más famoso, Enrique VIII, obtuvo el cercano palacio de Hampton Court (p. 200) del cardenal Wolsey, después de que este último perdiera su favor en 1529, y allí fue donde murió su hija Isabel I en 1603.

## RICHMOND GREEN Plano p. 198
⊖ / 🚇 Richmond

A un breve paseo hacia el oeste del cuadrante donde desemboca la estación de metro, se encuentra el enorme espacio abierto de Richmond Green, con sus mansiones y deliciosos *pubs*. Atravesándolo en diagonal, se hallan los restos del palacio de Richmond: el acceso principal y la torre de entrada, de ladrillo rojo, construida en 1501. También pueden verse las armas de Enrique VII sobre la puerta principal, a cuya persona se deben los añadidos de estilo Tudor del edificio, aunque el palacio se utilizó como residencia real ya desde 1125.

## RICHMOND PARK Plano p. 198
☎ 8948 3209; www.royalparks.gov.uk; gratis;
🕓 7.00-anochecer mar-sep, desde las 7.30 oct-feb;
⊖ / 🚇 Richmond y después 🚌 65 o 371

Con algo más de 1000 Ha (el mayor parque urbano de Europa), Richmond Park tiene de todo, desde solemnes jardines y vetustos robles hasta vistas inigualables del centro de Londres, a casi 20 km. Es bastante fácil esquivar las carreteras que cortan su laberíntica espesura, convirtiéndolo en un lugar excelente para dar un tranquilo paseo o ir de *picnic*, incluso en verano, cuando la ribera puede estar abarrotada. Tal es la magia del lugar que, en cierto modo, no sorprende que manadas de ciervos y gamos acudan a refugiarse bajo los árboles. Hay que saber que estas criaturas no son demasiado dóciles durante la época de celo (may-jul) y durante la cría (sep-oct). También es un sitio fantástico para los interesados en las aves, pues reúne una gran variedad de hábitats, desde jardines cuidados a bosques y diversos estanques.

Desde Richmond, la forma más sencilla de entrar es por la Richmond Gate o Petersham Rd. Se recomienda llevar un plano y pasear por el terreno; los amantes de las flores deben visitar la Isabella Plantation, un impresionante jardín boscoso creado después de la Segunda Guerra Mundial, preferiblemente en abril y mayo, cuando despuntan los rosales y las azaleas. (🕓 10.00-17.30 verano, hasta 16.30 invierno), donde vivió su infancia Bertrand Russell, es ahora un café ubicado en un hermoso jardín de 13 Ha, con bonitas vistas a la ciudad desde la terraza de atrás.

El Pembroke Lodge (

## IGLESIA DE ST PETER Plano p. 198

☎ 8940 8435; Church Lane, Petersham TW10; gratis; ⏰ 15.00-17.00 do; ⊖ / ℝ Richmond y después 🚌 65

Esta iglesia normanda ha sido un lugar de culto durante 1300 años, y algunas partes de su estructura datan de 1266. Resulta fascinante, y no solo por los curiosos palcos georgianos que alquilaban los terratenientes mientras que el servicio y los campesinos ocupaban los asientos abiertos del crucero sur. Frente a la pared norte del presbiterio se encuentra el monumento a Cole, que representa al abogado George Cole, su esposa e hijo, todos ellos recostados y con vestimentas isabelinas; un insólito diseño para una iglesia anglicana.

## EL TÁMESIS Plano p. 198

El tramo del río que va del Twickenham Bridge a Petersham y Ham es uno de los más bellos de Londres. La acción se centra sobre todo en las inmediaciones del Richmond Bridge, levantado en 1777 y el puente superviviente más antiguo de Londres, ampliado al tráfico rodado en 1937. Cuando hace bueno, el precioso paseo a Petersham suele estar bastante concurrido; es mejor atravesar los Petersham Meadows y continuar a Richmond Park para disfrutar de un poco de tranquilidad. Hay varias empresas cerca del Richmond Bridge, como Richmond Boat Hire ( ☎ 8948 8270), que alquilan esquifes (adultos/niños 5/2,50 £ por hora, 15/7,50 £ por día).

## HAM HOUSE Plano p. 64

☎ 8940 1950; www.nationaltrust.org.uk; Ham St, Ham TW10; adultos/5-15 años/familias 9,90/5,50/25,30 £, solo jardines 3,30/2,20/8,80 £; ⏰ casa 13.00-17.00 lu-mi, sa y do fin mar-oct, jardines 11.00-18.00 lu-mi, sa y do; ⊖ / ℝ Richmond, luego 🚌 371; ♿

Conocida como el "Hampton Court en miniatura", la Ham House fue construida en 1610 y se convirtió en el hogar del primer conde de Dysart, un desafortunado personaje a quien Carlos I utilizo de cabeza de turco para resarcirse de todas sus malas acciones. La mansión está decorada a lo grande. La gran caja de la escalera es un magnífico ejemplo de la carpintería de estilo Estuardo. No hay que perderse las pinturas del techo, de Antonio Verrio, quien también trabajó en el palacio de Hampton Court, y la miniatura de Isabel I,

de Nicholas Hilliard. Hay otras pinturas destacadas de Constable y Reynolds. Los terrenos de la mansión bajan abruptos hacia el Támesis, aunque también cuenta con unos agradables y solemnes jardines del s. XVII. A las orillas del río, accesible en *ferry*, se encuentra Marble Hill Park y su espléndida mansión (p. 199). Hay acceso parcial para discapacitados (mejor llamar para obtener más información).

# KEW Y BRENTFORD

Kew quedará asociado para siempre al Patrimonio Mundial por su jardín botánico, sede central de la Royal Botanical Society y guardián de una de las mejores colecciones de plantas del mundo. La idea de pasar un día en Kew Gardens atrae incluso a los poco versados en el mundo de las plantas y las flores. Este elegante suburbio de Southwest Londres también es agradable para dar un tranquilo paseo; hay que ir al tanto en verano, cuando se juegan partidos de *cricket* en el centro de los jardines.

Cruzando un enorme meandro del Támesis aparece Brentford, un lugar anodino salvo por el extenso Syon Park y su magnífica residencia.

## KEW GARDENS Plano p. 64

☎ 8332 5655; www.kew.org; Kew Rd TW9; adultos/menores 17 años/jubilados y estudiantes 13/gratis/11 £; ⏰ jardines 9.30-18.30 lu-vi, a 19.30 sa y do abr-ago, 9.30-18.00 sep y oct, 9.30-16.15 nov-feb, invernaderos 9.30-17.30 abr-oct, 9.30-15.45 nov-feb; ⊖ / ℝ Kew Gardens; ♿

Los Royal Botanic Gardens de Kew son una de las atracciones más populares de Londres, lo cual significa que pueden estar bastante concurridos en verano, especialmente los fines de semana. La primavera es quizás la mejor temporada para visitarlos, pero sus 120 Ha de césped, jardines e invernaderos son deliciosos en cualquier momento del año. Además de ser un jardín público, Kew es un importante centro de investigación y mantiene la reputación de poseer la mayor colección botánica del mundo.

Aparte de sus maravillosas plantas y árboles, hay varios puntos específicos para visitar en sus orillas. Si se llega en metro y se entra por la Victoria Gate, se va a parar casi inmediatamente a un gran estanque dominado por la enorme Palm House, un invernadero de metal y hojas abombadas de vidrio de 1848 que alberga todo tipo de vegetación

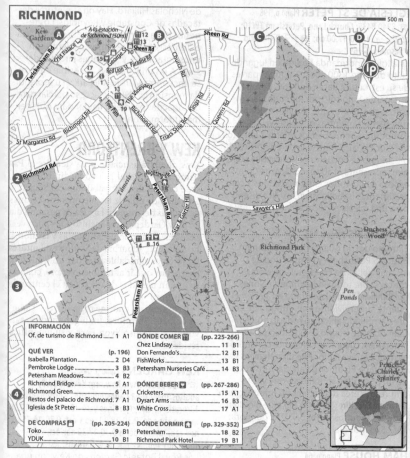

# RICHMOND

0 ——— 500 m

tropical; el camino elevado ofrece una magnífica vista de pájaro de su exuberancia. Al noroeste de la Palm House se encuentra la diminuta, aunque irresistible, Water Lily House ( ☉ mar-dic), que se remonta a 1852 y es el invernadero más cálido de Kew.

Más al norte se halla el Princess of Wales Conservatory, que se inauguró en 1987 y guarda plantas en diez zonas climáticas diferentes; hay de todo, desde clima desértico hasta la atmósfera propia de un manglar. En la zona tropical puede encontrarse la más famosa de las 38 000 especies raras que hay en Kew, la *Titan arum* de 3 m de altura, que desprende un olor repulsivo cuando florece en abril. Pasado el invernadero está la Kew Gardens Gallery, que bordea a Kew Green, con exposiciones de pinturas y fotografías, la mayoría sobre horticultura.

En dirección oeste desde la galería se llega al edificio de ladrillo rojo del palacio de Kew (adultos/menores 17 años/jubilados y estudiantes 5/gratis/4,50 £; ☉ 10.00-17.30 fin mar-fin oct), antigua residencia real, construido en 1631 y más conocido como la Dutch House. Fue la residencia favorita de Jorge III; su esposa, la reina Carlota, murió aquí en 1818. Tras costosas remodelaciones durante casi una década, en el 2006 el palacio abrió de nuevo al público; no hay que dejar de ver las habitaciones georgianas, que han recuperado el aspecto que debieron de tener en 1804, ni la maravillosa casa de muñecas de la princesa Isabel.

Otras visitas destacadas son la Temperate House, el invernadero ornamental más grande del mundo, la cercana Evolution House, que presenta el desarrollo de la botánica durante 3500 millones de años, la idílica Queen Charlotte's Cottage ( 🕐 10.00-16.00 sa y do jul y ago), otro de los lugares favoritos del "rey loco" Jorge III, la Japanese Gateway y la afamada pagoda (1761) de diez pisos, obra de William Chambers.

Al norte se encuentra la Marianne North Gallery. Marianne North fue una de esas indomables damas victorianas viajeras, que recorrió continentes desde 1871 hasta 1885 sin parar de dibujar plantas y árboles. Los resultados de su labor cubren ahora las paredes de esta pequeña galería, construida expresamente para tal propósito. El invernadero cercano al palacio dispone de restaurante, cafetería y tienda.

Para obtener una buena vista de los jardines, el minitren *Kew Explorer* (adultos/menores 17 años 3,50/1 £) permite subir y bajar cuando se desee a lo largo de su recorrido. El circuito completo dura unos 40 minutos.

Se puede llegar a Kew Gardens en metro y en tren. Al salir de la estación, hay que caminar recto (oeste) por Station Ave, cruzar Kew Gardens Rd y luego seguir por Lichfield Rd hasta llegar a la Victoria Gate. Otra opción es tomar un bote (abr-oct) de la Westminster Passenger Services Association ( ☎ 7930 2062; www.wpsa.co.uk), que va del Westminster Pier a Kew Gardens hasta cuatro veces al día (véase p. 380).

La novedad de los jardines es la Rhizotron y Xstrata Treetop Walkway, una ruta que conduce al visitante al subsuelo para luego elevarlo repentinamente a 18 m de altura, lo cual ofrece una visión alternativa y nueva de la anatomía de un árbol, para continuar el recorrido a dicha altura.

## SYON HOUSE Plano p. 64

☎ 8560 0881; www.syonpark.co.uk; Syon Park, Brentford TW7; adultos/5-16 años/estudiantes y jubilados/familias 8/4/7/18 £, solo jardines adultos/niños/reducida/familias 4/gratis/2,50/9 £; 🕐 11.00-17.00 mi, ju y do fin mar-oct, jardines 10.30-16.00 o 17.00; 🚇 Gunnersbury o 🚆 Gunnersbury, luego 🚌 237 o 267

En la orilla de enfrente del Támesis respecto a Kew Gardens, la Syon House fue en su día una abadía medieval bautizada así en memoria del monte Sión. En 1542, Enrique VIII disolvió la orden de las monjas bridgetines, que habían transformado el lugar en su pacífica casa. (En 1547, se dice que Dios se vengó de él cuando el ataúd de Enrique fue llevado a Syon de camino a su entierro

en Windsor y este se abrió de golpe por la noche, dejando su cuerpo a merced de los perros de la finca.)

La casa desde la que lady Jane Grey ascendió al trono para los nueve días que duró su reinado en 1553 fue remodelada en estilo neoclásico por Robert Adam en el s. XVIII y conserva muchos de sus muebles y panelados de roble. El interior fue diseñado siguiendo la diferenciación de sexos, con rosas pastel y púrpuras para la galería de las damas y falsas esculturas romanas para el comedor de los varones. Las 16 Ha de jardines de la finca albergan un lago y el Great Conservatory (gran invernadero; 1820), que fue proyectado por Capability Brown. Syon Park ofrece muchas atracciones para niños, como una zona de juegos de aventura, un parque acuático y un vivero de truchas.

# TWICKENHAM

Twickenham es al rugbi lo que Wimbledon al tenis, e incluye uno de los pocos museos del mundo dedicados a dicho deporte. Aparte de eso, no hay mucho más que atraiga al visitante a este tranquilo y bonito suburbio de Middlesex, además de la linda Marble Hill House, con vistas al Támesis.

## MARBLE HILL HOUSE Plano p. 64

☎ 8892 5115; www.english-heritage.org.uk; Richmond Rd TW1; adultos/menores 15 años/ jubilados y estudiantes 4,20/2,10/3,20 £; 🕐 10.00-14.00 sa, hasta 17.00 do, circuitos guiados 12.00 y 15.00 ma y mi abr-oct; 🚆 St Margaret's, Richmond; ♿

Este nidito de amor de estilo *palladiano* del s. XVIII fue construido por Jorge II y su esposa Henrietta Howard, y posteriormente ocupado por la Sra. Fitzherbert, la esposa secreta de Jorge IV. El poeta Alexander Pope echó una mano en el diseño del parque, que se extiende cuesta abajo hacia el Támesis. La casa alberga una exposición acerca de la vida y la época de Henrietta y una colección de los primeros muebles de estilo georgiano.

Para llegar desde la estación de St Margaret, hay que girar a la derecha por St Margaret's Rd, después seguir por la bifurcación a la derecha, Crown Rd, doblar a la izquierda por Richmond Rd, después a la derecha por Beaufort Rd y atravesar Marble Hill Park hasta llegar a la casa. También se accede muy fácilmente con el *ferry* de pasajeros desde la Ham House (p. 197). Está a 25 minutos a pie desde la estación de Richmond.

La casa cuenta con acceso parcial para discapacitados (mejor llamar para obtener más información).

# HAMPTON

Situado en las afueras de Southwest London, el maravilloso palacio de Hampton Court está junto al Bushy Park (www.royalparks.gov.uk), de 445 Ha, una extensión semisalvaje con manadas de ciervos y gamos.

## PALACIO DE HAMPTON COURT

fuera de Plano p. 64

☎ 0870 751 5175; www.hrp.org.uk/Hampton CourtPalace; Hampton Court Rd, East Molesey KT8; entrada todo incl. adultos/5-15 años/jubilados y estudiantes/familias 13,30/6,65/11,30/37 £; ⏱ 10.00-18.00 fin mar-oct, a 16.30 nov-fin mar; 🚉 Hampton Court; ♿

El palacio de estilo Tudor más espectacular de Londres es el de Hampton Court, del s. XVI, ubicado en las afueras de la ciudad pero fácilmente accesible en tren desde la estación de Waterloo. Aquí se palpa la historia, desde las cocinas, en acción, y las grandes estancias particulares de Enrique VIII, hasta los espectaculares jardines, que incluyen un laberinto de trescientos años de antigüedad. Se trata de una de las mejores visitas que pueden hacerse cerca de la capital, e imprescindible para cualquier interesado en la historia. Hay que reservar con bastante tiempo para poder verlo en condiciones y saber que, si se llega en barco desde el centro de Londres, solo el viaje ya acarreará medio día.

Al igual que tantas otras residencias reales, el palacio de Hampton Court no fue construido para la realeza. En 1515, el cardenal Thomas Wolsey, canciller de Inglaterra, ansiaba un palacio digno de su condición. Desafortunadamente, ni el propio Wolsey pudo persuadir al Papa para que reconociera el divorcio de Enrique VIII con Catalina de Aragón, lo cual mancilló sus relaciones con el monarca. Con semejantes antecedentes, basta echar un vistazo al palacio para comprender por qué Wolsey se sintió obligado a regalárselo a Enrique VIII, un monarca poco comprensivo con todo aquel que se interpusiera en sus deseos. Así, el desventurado Wolsey fue acusado de alta traición, aunque murió antes de que pudiera ser juzgado, en 1530.

Tan pronto como se vieron cumplidos sus deseos, Enrique VIII comenzó las obras de ampliación, incorporando el gran salón, la exquisita capilla real y las cocinas. Hacia 1540 Hampton Court era uno de los mayores y más sofisticados palacios de Europa, pese a que el rey solo lo utilizaba una media de tres semanas al año. A finales del s. XVII, Guillermo III y su esposa María contrataron a sir Christopher Wren para una nueva ampliación. El resultado fue una bonita combinación de arquitectura Tudor y barroco moderado.

Las entradas se venden en la tienda que hay a mano izquierda según se avanza hacia la puerta principal, la Trophy Gate. No hay que olvidar hacerse con un folleto en el que se informa del programa diario, que sin duda ayudará a planificar la visita, ya que para algunos de los circuitos guiados (gratis) hay que reservar.

Una vez que se cruza la puerta principal, se llega al Base Court (patio base) y luego al Clock Court (patio del Reloj), llamado así por el bonito reloj astronómico del s. XVI que todavía muestra el Sol dando vueltas alrededor de la Tierra. Este segundo patio es el punto de partida; desde allí puede seguirse cualquiera de los seis grupos de estancias del complejo (o todos ellos). Detrás de la columnata hay una útil exposición introductoria que explica qué hay en cada lugar y cómo funciona el conjunto.

La escalera a la que se accede por la Anne Boleyn's Gateway (puerta de Ana Bolena) conduce a los Henry VIII's State Apartments (aposentos oficiales de Enrique VIII), entre los que se incluye el Great Hall (gran salón), que es la estancia privada más grande del palacio, decorada con tapices y el que se considera el mejor artesonado *hammer-beam* de cerchas góticas de todo el país. La Horn Room (habitación de los Cuernos), en la que cuelgan impresionantes cornamentas, lleva a la gran cámara de vigilancia desde la que los guardias controlaban el acceso al rey. A la salida se encuentra la Pages' Chamber (cámara de los Pajes) y la Haunted Gallery (Galería Encantada). Arrestada por adulterio y detenida en el palacio en 1542, la quinta esposa de Enrique VIII, Catalina Howard, consiguió huir de sus guardianes y corrió gritando por el pasillo en busca del rey. Se dice que su desconsolado fantasma no ha dejado de hacer lo mismo hasta el día de hoy.

Siguiendo el corredor se llega a la bonita capilla real, construida en solo nueve meses y todavía en activo 450 años después. El techo abovedado en azul y oro era, en un principio, para la Christ Church de Oxford, pero se instaló aquí, mientras que los retablos del s. XVIII se deben a Grinling Gibbons.

Las deliciosas cocinas Tudor, igualmente de la época de Enrique VIII, también son accesibles desde la puerta de Ana Bolena. Con capacidad para dar de comer a 1200 comensales cuando se hicieron, hoy, las cocinas han sido acondicionadas para parecerse lo más posible a su aspecto original, y ni siquiera faltan los sirvientes que dan la vuelta a los asados, rellenan pavos reales y envuelven mazapanes en papel de oro. Tampoco hay que perderse la gran bodega, en la que se almacenaban los 300 barriles de cerveza y vino que se consumían cada año en el s. XVI.

Al oeste de la columnata, en el patio del Reloj, se abre la entrada a las habitaciones de Wolsey y la Young Henry VIII Exhibition (Exposición del Joven Enrique VIII). Al este de la columnata está la escalera que conduce a los King's Apartments (aposentos privados de Enrique VIII), terminados por Wren para Guillermo III en 1702. A través de ellos se llega a la gran escalera del Rey, pintada por Antonio Verrio hacia 1700 y que halaga al monarca comparándolo con Alejandro Magno. Lo que más destaca es la King's Presence Chamber (cámara de audiencias del Rey), dominada por un trono sobre un fondo ornamentado color escarlata. El gran dormitorio de Su Majestad, con una cama cubierta de plumas de avestruz, y el aseo (cuyo retrete tenía el asiento de terciopelo) también hay que verlos.

La esposa de Guillermo III, María II, tenía su propio espacio, los Queen's State Apartments, a los que se llega desde la escalera de la Reina, decorada por William Kent. Cuando María falleció, en 1694, todavía continuaban las obras de sus habitaciones, que concluyeron durante el reinado de Jorge II. Hoy, su aspecto es el que debieron de tener cuando la reina Carolina las ocupó entre 1716 y 1737. En comparación con las de su marido, estas estancias son más austeras, aunque la cámara de audiencias tiene un trono igual de imponente.

También vale la pena ver las Georgian Rooms (habitaciones georgianas), utilizadas por Jorge II y la reina Carolina en 1737 durante la última visita de la corte al palacio. Las primeras estancias fueron pensadas para acomodar al segundo de sus hijos, el duque de Cumberland, cuya cama es desproporcionadamente pequeña respecto al espacio de la habitación. En la Cartoon Gallery estaban colgados los cartones auténticos de Rafael (estos son unas reproducciones de finales del s. XVII), actualmente expuestos en el Victoria & Albert Museum, p. 133.

Más allá de la Cartoon Gallery están los Queen's Private Apartments (aposentos privados de la reina), con su sala de dibujo y su dormitorio. Especialmente interesantes son los aseos, con la bañera asentada en un suelo de paño para absorber cualquier vertido, y el oratorio, muy coqueto, con una exquisita alfombra persa del s. XVI.

Tras el deslumbrante interior del palacio le llega el turno a los jardines, también admirables. Un recorrido de 20 minutos en carruaje para hasta cinco personas cuesta 10 £. Hay que buscar la cancha de tenis real, que data de la década de 1620 y fue diseñada para el tenis real, una versión bastante diferente del juego de hoy día. En las 24 Ha de los Riverside Gardens se encuentra la Great Vine (Gran Parra), plantada en 1768 y que todavía produce casi 320 kg de uva al año. No es la más antigua del mundo, como se asegura (ese honor le corresponde a una que está en Eslovenia). La Lower Oranjery (invernadero inferior) alberga los nueve *Triunfos del César*, pintados por Andrea Mantegna y adquiridos por Carlos I en 1629; la Banqueting House (casa de los Banquetes) fue diseñada por Guillermo III y pintada por Antonio Verrio; no hay que perderse las cancelas de hierro, obra de Jean Tijou.

Para finalizar, nadie debería abandonar Hampton Court sin haber visitado los 800 m de su famoso laberinto, creado con carpes y tejos plantados en 1690. Los visitantes suelen tardar una media de 20 minutos en llegar al centro. El laberinto está incluido en la entrada al palacio, aunque se puede acceder solo a él por 3,50 £ (niños/familias 2,50/10 £). La última admisión es a las 17.15/15.45 en verano/invierno.

Hay trenes cada ½ hora directos desde Waterloo a la estación de Hampton Court (30 min), a tres minutos a pie de la entrada al palacio. También se puede acceder desde el Westminster Pier, en el centro de Londres, de donde las barcazas de la Westminster Passenger Services Association (p. 380) zarpan dos veces al día, de abril a octubre. Es una bonita excursión si hace buen tiempo, pero dura tres horas.

# WIMBLEDON

Hacia finales de junio/principios de julio, la atención deportiva internacional se centra durante dos semanas en este tranquilo suburbio de South London, y así ha sido desde 1877 (véase p. 318). Después, el espectáculo regresa a la ciudad y Wimbledon retoma su parsimonia. Es un lugar pequeño y agradable cuyo Wimbledon Lawn Tennis Museum emocionará a cualquier aficionado al tenis, incluso en el oscuro diciembre.

## WIMBLEDON COMMON

www.wpcc.org.uk; ⊖ / 🚇 Wimbledon, después 🚌 93

El Wimbledon Common se prolonga hasta Putney Heath, cubre 460 Ha de South London y es una maravillosa extensión de espacios abiertos para pasear, hacer senderismo en plena naturaleza y salir de *picnic*.

Pero el lugar también cuenta con algunos puntos de interés. El Wimbledon Windmill ( ☎ 8947 2825; www.wimbledonwindmillmuseum.org.uk; Windmill Rd SW19; adultos/niños 2/1 £; 🕑 14.00-17.00 sa, 11.00-17.00 do fin mar-oct; ⊖ Wimbledon), un bonito molino de planta octogonal con vierteaguas en sus laterales, que data de 1817 y que ahora alberga un museo con maquetas de molinos de viento y la molienda. Durante su estancia en 1908 en el molino, Robert Baden-Powell se inspiró para escribir algunas partes de su obra *Escultismo para muchachos*. En el lado sur del campo, el inexactamente llamado Caesar's Camp es todo lo que queda de un tosco fortín de tierra circular del siglo V a.C., lo que demuestra que Wimbledon fue colonizado mucho antes de que llegaran los romanos.

## WIMBLEDON LAWN TENNIS MUSEUM

☎ 8946 6131; www.wimbledon.org; Gate 3, Church Rd SW19; adultos/niños/reducida 8,50/4,75/7,50 £, museo y circuito 15,50/11/13,75 £; 🕑 10.30-17.00; ⊖ / 🚇 Wimbledon, luego 🚌 93

Este museo es especialmente interesante, pues profundiza en los detalles históricos del tenis, como la invención del cortacésped en 1830 y de la pelota de caucho en 1850. La presentación es de última tecnología, con muchos vídeos que permiten a los aficionados revivir sus momentos favoritos. El museo está abierto a los espectadores solo durante el Torneo de Wimbledon, e incluye un salón de té y una tienda con todo tipo de recuerdos relacionados con este deporte.

## TEMPLO BUDDHAPADIPA

☎ 8946 1357; www.buddhapadipa.org; 14 Calonne Rd SW19; gratis; 🕑 templo 13.00-18.00 sa, 8.30-10.30 y 12.30-18.00 do, terrenos 8.00-21.30 verano, hasta 18.00 invierno; ⊖ Wimbledon, después 🚌 93

A apenas 1 km de la localidad de Wimbledon, en una zona residencial, sorprende encontrar un auténtico templo tailandés. Construido por una asociación de jóvenes budistas del Reino Unido en 1982, el *wat* (complejo del templo) tiene su *bot* (santuario central) decorado con escenas tradicionales, realizadas por dos destacados artistas tailandeses. Hay que descalzarse antes de entrar.

Para llegar, hay que tomar el metro o el tren hasta Wimbledon y después el autobús nº 93 hasta Wimbledon Parkside. Calonne Rd queda a la derecha.

# PASEO POR RICHMOND

## Circuito a pie

**1 Richmond Green** Resulta fácil imaginar esta bonita extensión de hierba, con sus encantadores visitantes y grupos de familias jugando al aire libre, como un campo de justas medievales. El camino que atraviesa el prado (p. 196) conduce a los exiguos restos del palacio de Richmond, donde la reina Isabel I pasó sus últimos años.

**2 Richmond Bridge** Construido en 1777, es el puente (p. 196) más antiguo de Londres todavía en uso. Sus cinco ojos trazan una hermosa curva sobre el Támesis en dirección a Twickenham. Justo antes de llegar, en uno de los tramos más bellos del río, se encuentra la diminuta isla Corporation, colonizada por bandadas de periquitos salvajes.

**3 Petersham Meadows** En estos prados a orillas del Támesis y a los pies de Richmond Hill todavía pacen las vacas. En el extremo sur está la iglesia de St Peter (p. 197), un lugar de culto sajón desde el s. VIII con un insólito interior georgiano.

**4 Richmond Park** La Petersham Gate lleva al espacio verde más suntuoso de Londres. Fundado por Eduardo I en el s. XIII, este parque real (p. 196), con magníficas vistas del centro de Londres, ha cambiado poco desde entonces.

# PASEO POR RICHMOND

0 ━━━━━ 300 m

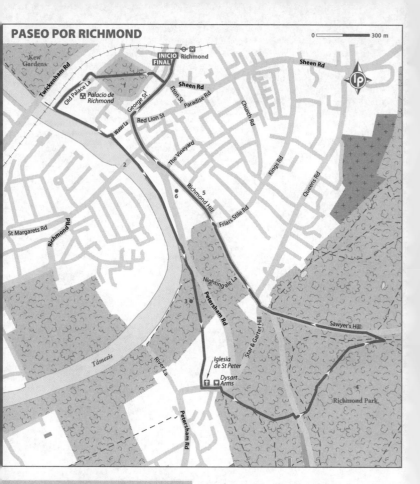

## DATOS BÁSICOS

Inicio estación de metro Richmond
Final estación de metro Richmond
Distancia 4 km
Duración 2 horas, aprox.
Refrigerio Dysart Arms (p. 286)

**5 Richmond Hill** La vista desde esta colina lleva siglos inspirando a pintores y poetas.

Es la única panorámica del país (con la catedral de St Paul a 16 km de distancia) protegida por ley.

## 6 Royal British Legion Poppy Factory

Esta fábrica ( ☎ 8940 3305; www.britishlegion.org.uk; 20 Petersham Rd TW10; gratis; ☉ visitas 10.00 lu-vi, 13.30pm lu-ju) produce 34 millones de amapolas artificiales y 107 000 coronas cada año para el Remembrance Day (11 nov). Solo se puede entrar con una visita guiada (2 h, aprox.).

# RÍO TÁMESIS

Durante dos mil años, el Támesis ha sido el centro de la vida de Londres, silencioso testigo del cambio de su perfil urbano. Cabe decir, no obstante, que la longitud del "Padre Támesis" no se corresponde con su importancia y fama mundial, aunque los londinenses siempre le han tenido un profundo afecto. Para apreciar el río en todo su esplendor, así como muchos de los importantes edificios que lo jalonan, lo mejor es hacerse con un asiento de primera fila en un crucero (p. 379) por el mismo. A continuación se detallan algunos de los puntos de interés más destacados por los que se pasa.

*Cruzando el puente peatonal de Hungerford (p. 119) bajo la atenta mirada del London Eye.*

Hacia el norte desde Pimlico, el paisaje rural del Támesis cambia drásticamente: las esclusas se convierten en muelles y los árboles dan paso a diques de hormigón.

6

## ❶ Cisnes
La reina y dos gremios de la City son los propietarios de todos los cisnes del Támesis. En julio tiene lugar una batida para marcar estas aves y después dejarlas de nuevo en libertad.

## ❷ Iglesia de St Mary-at-Lambeth
Esta iglesia del s. XIV alberga el Museum of Garden History (p. 187) y preciosas vidrieras como *The Peddler of Lambeth*. Su protagonista donó 1 acre de tierra a la parroquia a condición de que él y su perro fueran inmortalizados en uno de sus vitrales.

## ❸ Big Ben
Las manecillas del reloj más famoso del mundo (p. 95), que se erige junto al palacio de Westminster, se han parado por culpa de la nieve y el peso de los estorninos, pero por lo demás el Big Ben lleva unos ciento setenta años funcionando perfectamente.

## ❹ Estatua de la reina Boudica
Cerca del muelle de Westminster, una estatua de bronce (1905) representa a la reina celta de los icenos (p. 20) y a sus tres hijas, que lucharon contra los romanos en el año 60 d.C.

## ❺ County Hall
Sede del London County Council, rebautizado en 1965 como Greater London Council hasta su conflicto con Margaret Thatcher en 1986, este majestuoso edificio de formas sinuosas (p. 121) alberga museos y hoteles.

## ❻ London Eye
Esta enorme noria (p. 119), construida como una atracción temporal para conmemorar la llegada del nuevo milenio, ha conseguido mantenerse y convertirse en un icono de la ciudad.

## ❼ Golden Jubilee Bridge
Inaugurado en el 2002 en conmemoración del cincuentenario de la coronación de la reina, este puente peatonal en forma de velero está soportado por cables fijados a los laterales del puente ferroviario de Hungerford.

## ❽ Estación de Charing Cross
Con un cierto parecido a un casco vikingo, esta estación de trenes se cubrió en 1990 con el Embankment Place, un posmoderno complejo de 32 000 m² oficinas y tiendas diseñado por Terry Farrell.

# DEL GOLDEN JUBILEE BRIDGE AL MILLENIUM BRIDGE

*Este recodo es un centro del entretenimiento, pues alberga el Southbank Centre, el National Theatre y el British Film Institute. Desde el Waterloo Bridge se tienen las mejores vistas del río.*

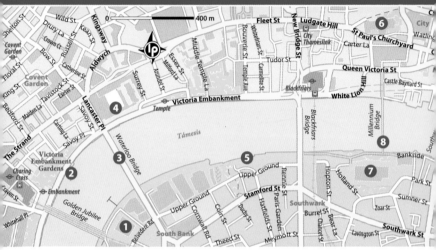

IV

**❶ Royal Festival Hall**
Este edificio de estilo brutalista (p. 298) marcó el estilo del Southbank Centre durante décadas. Recientemente remodelado, el Royal Festival Hall ofrece hoy un aspecto sumamente moderno.

**❷ Cleopatra's Needle**
Tallado hace 3500 años en Alejandría, este obelisco de 20 m de altura fue un obsequio del virrey de Egipto en 1819; seis décadas más tarde se colocó en su actual emplazamiento.

**❸ Waterloo Bridge**
Inaugurado en pleno estallido de la Segunda Guerra Mundial, este puente ofrece fantásticas vistas que han inspirado desde los Kinks *(Waterloo Sunset)* hasta Jools Holland *(Waterloo Bridge).*

**❹ Somerset House**
En el solar que ocupó un palacio renacentista, este bello edificio de estilo *palladiano* de la década de 1770 (p. 78), hasta hace poco lleno de oficinas públicas, hoy alberga varios museos.

**❺ Oxo Tower**
En las ventanas con luces de neón de esta torre *art déco* (restaurada en 1996) se puede leer la palabra OXO en vertical. La torre y su restaurante (p. 238) consiguieron que la gente empezara a visitar la "otra" orilla del río.

**❻ Catedral de St Paul**
El arquitecto Christopher Wren consiguió, no sin grandes esfuerzos, que la cúpula de esta obra maestra dominara la ciudad. Durante el *Blitz* (la campaña de bombardeos nazis) recibió 28 impactos, pero resistió. Véase p. 102.

**❼ Tate Modern**
Es la atracción más visitada de Londres, pero su parte más espectacular es la caja de cristal de dos plantas añadida al tejado por Herzog & de Meuron en el año 2000, iluminada de noche. Véase p. 123.

**❽ Millenium Bridge**
Uno de los proyectos arquitectónicos del nuevo milenio más bellos y prácticos de la ciudad es este puente que conecta la Tate Modern y la catedral de St Paul.

V

Esta zona concentra el mayor número de atracciones históricas de la capital, incluidos dos de sus puentes más famosos. Entre estos, el Támesis empieza a bullir de actividad.

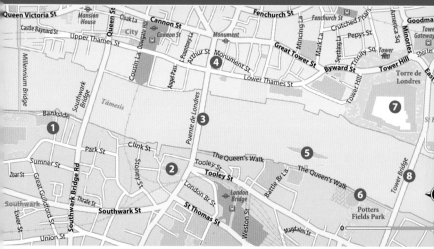

8

## ① Shakespeare's Globe
Junto a la Tate Modern, esta fiel reproducción del teatro original de Shakespeare (p. 308), inaugurado con gran éxito en 1997, es la joya de la corona de la orilla sur del Támesis.

## ② Catedral de Southwark
Este emplazamiento ha alojado una iglesia desde hace mil años. Reconstruida en varias ocasiones, gran parte de su estructura actual es victoriana. Véase p. 126.

## ③ Puente de Londres
El único cruce del río entre la época romana y 1750, este puente (p. 126) se derrumbó espectacularmente en 1014 cuando los vikingos arrancaron los postes que lo soportaban.

## ④ Monument
Esta imponente columna (p. 110) coronada con un pebetero flamígero recuerda el Gran Incendio de 1666, un incidente que despertó las burlas del alcalde cuando lo despertaron a media noche para informarle.

## ⑤ HMS Belfast
Este gran crucero (p. 127), que debe su nombre al astillero donde fue construido, participó en dos guerras y estuvo a punto de ser desmantelado cuando el Imperial War Museum lo compró en 1972.

## ⑥ City Hall
El acristalado ayuntamiento de Londres, diseñado por sir Norman Foster y conocido como "el huevo" y "el testículo", se encuentra actualmente cerrado al público por motivos de seguridad.

## ⑦ Torre de Londres
Sus habitantes más famosos son los cuervos, que tienen las alas cortadas para evitar su fuga. Según cuenta la leyenda, si los cuervos abandonan la torre, la Torre Blanca se derrumbará e Inglaterra sufrirá un gran desastre. Véase p. 112.

## ⑧ Tower Bridge
Este puente victoriano (p. 116), que muchos turistas confunden con el de Londres, es un símbolo de la ciudad como la Torre de Londres y el London Eye. Continúa en activo, elevándose unas mil veces al año.

*Vista del O2 (p. 298; anteriormente Millenium Dome) desde el Támesis.*

# ARQUITECTURA

*Sillería del coro y mosaicos del techo de la catedral de St Paul (p. 102).*

*Abadía de Westminster (p. 93), el mejor ejemplo de Londres del gótico inglés temprano.*

A diferencia de otras metrópolis, Londres nunca ha tenido una exhaustiva planificación urbanística, sino que se ha desarrollado de una forma orgánica o caprichosa. La ciudad conserva vestigios de todos los períodos de su dilatada historia, a menudo ocultos, como el tramo de muralla romana que rodea el vestíbulo de un edificio posmoderno cerca de la catedral de St Paul o una parada de postas de la Restauración, oculta en un patio junto a una concurrida calle de Borough. Londres es una ciudad para explorar, llena de maravillas que aguardan en cada esquina.

## CIMIENTOS

Las raíces de Londres arrancan del asentamiento romano fortificado de Londinium, fundado en el año 43 a.C., más o menos donde hoy se levanta la City. Se conservan escasos vestigios fuera de los museos, con la excepción del reubicado templo de Mitra (p. 109), del 240 d.C., situado en el extremo este de Queen Victoria St; en la City quedan tramos de la muralla romana (plano p. 102; ⊖ Tower Hill) en forma de cimientos de una muralla medieval frente a la estación de metro Tower Hill y en algunos puntos debajo de Bastion Highwalk, junto al Museum of London.

A los sajones, que se instalaron tras la caída del Imperio Romano, Londinium les pareció demasiado pequeño, por lo que se asentaron río arriba. Las excavaciones llevadas a cabo por los arqueólogos del Museum of London durante la renovación de la Royal Opera House (p. 77) a finales de la década de 1990 descubrieron abundantes vestigios del asentamiento sajón de Lundenwic, entre ellos restos de casas con paredes de adobe y cañas. Pero el mejor sitio para ver *in situ* la huella sajona es la iglesia de All Hallows-by-the-Tower (p. 116), al noroeste de la Torre de Londres, que ostenta un importante arco y los muros de una iglesia del s. VII.

Con la llegada de Guillermo el Conquistador en el 1066, arribó también la primera muestra de arquitectura normanda, perpetuada en la White Tower (p. 114), el robusto baluarte maestro de la Torre de Londres. La iglesia de St Bartholomew-the-Great (p. 107), en Smithfield, cuenta también con columnas y arcos normandos que recorren su nave. La puerta oeste y el atrio de elaboradas molduras de la Temple Church (p. 106), en el Inner Temple, son otros detalles destacados de la arquitectura normanda.

Torres neogóticas del Tower Bridge (p. 116).

Exterior plástico del instituto de danza Laban (p. 304).

# CIUDAD MEDIEVAL

La abadía de Westminster (p. 93), ampliada y restaurada entre los ss. XII y XIV, es una espléndida muestra de la maestría de los mamposteros medievales. Posiblemente el templo de la Edad Media más bello de la City sea la iglesia de St Ethelburga-the-Virgin (plano p. 103; 78 Bishopsgate EC2; ⊖ Aldgate), cerca de la estación de Liverpool St. Erigida en el s. XIII, fue restaurada tras un atentado del IRA en 1993. La iglesia de St Olave (plano p. 103; Hart St EC3; ⊖ Tower Hill), del s. XV, al noroeste de la Tower Hill, es una de las pocas iglesias parroquiales góticas que quedan en la City, y la cripta de la extensamente restaurada iglesia de St Ethelreda (plano p. 144; Ely Pl EC1; ⊖ Chancery Lane), al norte de Holborn Circus, data de hacia 1250.

Los edificios seculares medievales son aún más escasos. Los más destacados son la Jewel Tower (plano pp. 86-87; Abingdon St SW1; ⊖ St James's Park), una torre de piedra de amolar erigida en 1365 frente al palacio de Westminster, y gran parte de la Torre de Londres (p. 112). El Staple Inn (plano pp. 72-73; High Holborn WC1; ⊖ Chancery Lane), en Holborn, data de 1378, pero la fachada con entramado de madera es del período isabelino (1589), remodelada en gran parte a mediados del s. XX.

# TRINIDAD DE ARQUITECTOS

El arquitecto londinense que más destacó en la primera mitad del s. XVII fue Inigo Jones (1573-1652), que pasó año y medio en Italia y se convirtió en un fanático de la arquitectura renacentista *palladiana*. Entre sus obras maestras se encuentran la Banqueting House (1622; p. 97), en Whitehall, y la Queen's House (1635; p. 177), en Greenwich. A menudo se pasa por alto la sencilla iglesia de St Paul (plano pp. 72-73; ⊖ Covent Garden), en Covent Garden, que Jones diseñó en la década de 1630 y describió como "el granero más bello de Inglaterra".

Pero sin duda fue sir Christopher Wren (1632-1723) quien dejó el legado arquitectónico más brillante de la historia de Londres, que además de su obra maestra, la catedral de St Paul (1710; p. 102), incluye muchas de las mejores iglesias de la capital. Supervisó directamente la construcción de decenas de ellas, muchas en sustitución de otras medievales que se perdieron en el Gran Incendio, así como la del Royal Hospital Chelsea (1692; p. 131) y del Old Royal Naval College (p. 176), iniciado en Greenwich en 1694. Sus edificios e iglesias neoclásicos son más altos, más ligeros y en general más bellos que sus predecesores medievales.

Nicholas Hawksmoor (1661-1736) fue discípulo de Wren y trabajó con él en varios templos antes de lanzarse por su cuenta. Entre sus obras más destacadas, normalmente

Painted Hall, Old Royal Naval College (p. 176).

catalogadas de barroco inglés, se cuentan las siguientes iglesias: Christ Church (1729; p. 147), en Spitalfields, St George Bloomsbury (plano pp. 82-83; Bloomsbury Way WC1; ✚ Holborn), St Anne; Limehouse (1725; p. 156) y St George-in-the-East (1726; p. 158), en Wapping.

# ESTILO GEORGIANO

En la época georgiana se vivió un retorno al estilo clásico (o *neopalladianismo*). Entre los mayores exponentes de la segunda etapa de este estilo destaca Robert Adam (1728-1792). Gran parte de su obra fue demolida por los victorianos, pero quedó en pie la excelente Kenwood House (1773; p. 165), en Hampstead Heath.

La fama de Adam ha quedado eclipsada por la de John Nash (1752-1835), cuya contribución al patrimonio arquitectónico capitalino es equiparable a la de Wren. A él se debe el trazado de Regent's Park y las elegantes calles circundantes en forma de media luna. Para dotar a Londres de una espina dorsal, creó Regent Street (plano p. 68; ✚ Piccadilly Circus) como un eje norte-sur entre St James's Park, al sur, y el nuevo Regent's Park, al norte. Este gran plan también implicaba la formación de Trafalgar Square y el desarrollo de The Mall y del extremo occidental de The Strand.

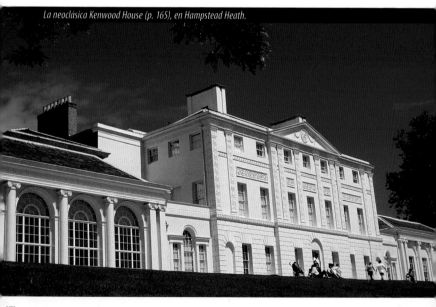

*La neoclásica Kenwood House (p. 165), en Hampstead Heath.*

*Vestíbulo central del Natural History Museum, de estilo neogótico (p. 135).*

Un contemporáneo de Nash, John Soane (1753-1837), fue el arquitecto del Banco de Inglaterra (plano p. 103; Threadneedle St EC2; ⊖ Bank), terminado en 1833 (aunque gran parte de su obra se perdió durante la reconstrucción del banco a cargo de Herbert Baker, 1925-1939), y de la Dulwich Picture Gallery (1814; p. 181). Robert Smirke (1780-1867) proyectó el British Museum (p. 81) en 1823, una de las mejores expresiones del estilo neoclásico inspirado en Grecia.

## REPLANTEAMIENTO GÓTICO

En el s. XIX surgió una corriente basada en un estilo neogótico muy ornamentado, también conocido como gótico victoriano o, en inglés, "Gothick", en lugar del medieval "Gothic". Sus máximos exponentes fueron George Gilbert Scott (1811-1878), Alfred Waterhouse (1830-1905), Augustus Pugin (1812-1852) y Charles Barry (1795-1860). Scott diseñó el elaborado Albert Memorial (1872; p. 139) en los Kensington Gardens y las St Pancras Chambers (plano p. 166; ⊖ Kings Cross St Pancras), de 1874. Waterhouse es el autor del llamativo Natural History Museum (1880; p. 135), mientras que Pugin y Barry colaboraron desde 1840 en la construcción del Parlamento (p. 95), después de que el palacio de Westminster se quemara en 1834. El último gran edificio público neogótico que se erigió en Londres fue la sede de los Royal Courts of Justice (Juzgados, 1882; p. 79), obra de George Edmund Street.

La trabajada artesanía y los materiales empleados en estos elaborados edificios conforman el movimiento Arts and Crafts ("Artes y Oficios") –el *art nouveau* británico– del que William Morris (1834-1896) fue el máximo representante. Sus mejores obras son el Comedor Verde del Victoria & Albert Museum (p. 133) y su residencia de Bexleyheath, la Red House (1860; p. 182). La estación de bomberos de Euston (plano p. 166; 172 Euston Rd NW1; ⊖ Euston), construida en 1902 frente a la St Pancras New Church, constituye un maravilloso ejemplo de Arts and Crafts.

## FLIRTEANDO CON EL MODERNISMO

Durante los primeros quince años del s. XX no se construyeron muchos edificios notables, aparte del Admiralty Arch (1910; p. 77), diseñado por Aston Webb (1849-1930) en su habitual estilo barroco eduardiano. Webb también diseñó el Queen Victoria Memorial (plano pp. 86-87; ⊖ St James's Park), erigido en 1911 frente al palacio de Buckingham (p. 88), del que también trabajó en su fachada frontal. La construcción del County Hall (p. 121), diseñado por Ralph Knott en 1909, no finalizó hasta 1922.

En el período de entreguerras, la arquitectura inglesa apenas fue más creativa, aunque Edwin Lutyens (1869-1944), cuya obra se clasifica en ocasiones como *art déco* británico, diseñó el cenotafio

*Aguja de St Martin-in-the-Fields, del s. XVIII (p. 76).*

*BT Tower, Patrimonio Mundial (abajo).*

(1920; p. 98) de Whitehall y la impresionante Britannic House (plano p. 144; Finsbury Sq EC2), construida en 1927 y conocida ahora como Triton Court, en Moorgate.

Los arquitectos del resto de Europa introdujeron el estilo moderno, pero casi todos los trabajos que dejaron son menores. El arquitecto ruso Berthold Lubetkin (1901-1990) quizás sea el más recordado, principalmente por la piscina de los pingüinos que diseñó para el zoo de Londres (p. 161), con su rampa de cemento en espiral. Construida en 1934, se considera la primera estructura moderna de la ciudad. La St Olaf House (plano p. 120; Tooley St SW1; ⊖ London Bridge), un diminuto edificio de oficinas frente al Támesis, fue concebido por H.S. Goodhart-Rendel en 1928 y es uno de los mejores ejemplos *art déco* londinenses.

# RECONSTRUCCIÓN DE POSGUERRA

Las bombas de Hitler causaron la peor destrucción de Londres desde el Gran Incendio. El problema inmediato tras la guerra fue la escasez de vivienda. Muchas de las feas torres de viviendas levantadas en los solares bombardeados siguen contribuyendo a la desfiguración de la ciudad.

El Royal Festival Hall (p. 122), diseñado por Robert Matthew y J. Leslie Martin para el Festival of Britain de 1951 y remodelado más de medio siglo después, despertó todo tipo de reacciones encontradas tras su inauguración como el primer edificio público de estilo moderno de la ciudad. En cambio, apenas se elogia el brutalista National Theatre (p. 123), de Denys Lasdun, iniciado en 1966 y concluido una década más tarde.

Los años sesenta vieron el ascenso de los ordinarios rascacielos de cristal y cemento, como el tan poco querido Centre Point (plano p. 68; New Oxford St WC1; ⊖ Tottenham Court Rd) de Richard Seifert, de 1967. Pero lo que para unos es basura, para otros es un tesoro. Así, la tan criticada torre de estilo moderno ahora es un edificio protegido por el English Heritage. Es decir, se considera representativa de un estilo que es de gran valor patrimonial y, en general, su exterior no se puede alterar (en ocasiones, el interior tampoco). La BT Tower (plano pp. 82-83; 60 Cleveland St W1), de 1964, es asimismo un edificio protegido. La diseñó Eric Bedford y antes fue la torre de Correos (Post Office Tower).

En la década siguiente se construyó muy poco en la capital, aparte de carreteras, y la recesión de finales de los ochenta y principios de los noventa frenó considerablemente gran parte del desarrollo y la especulación en Docklands y la City. La polarización entre tradicionalistas y modernos aumentó cuando el príncipe Carlos describió en 1984 la propuesta de ampliación de la National Gallery como "un monstruoso carbunco en la cara de un amigo elegante y muy apreciado". El heredero de la Corona prosiguió su cruzada seis años más tarde con la publicación de *A Vision of Britain* (Una visión de Gran Bretaña), un reaccionario tratado que abogaba por una "tradición inglesa" sintética. Casi dos décadas después, Carlos volvió a sembrar la polémica al posicionarse en contra de la reurbanización del complejo Chelsea Barracks, provocando la renuncia de sus promotores. Por esta y otras razones, la silueta urbana de Londres apenas podía compararse con la de Nueva York o Hong Kong.

## CUNA DE LA POSMODERNIDAD

La arquitectura contemporánea londinense nació en los Docklands en la década de 1980. El edificio más representativo de la City fue el Lloyd's of London (plano p. 103; ⊖ Aldgate o Bank), de 1986, la obra maestra de sir Richard Rogers, con la fachada cubierta de conductos, tuberías, cristal y acero inoxidable. En Docklands, el puesto de honor correspondió al edificio de 244 m de altura de Cesar Pelli 1 Canada Square (1991), conocido popularmente como Canary Wharf (p. 158).

Con el Nuevo Laborismo en el poder a finales de los años noventa, una economía nacional al alza y el nuevo milenio a la vuelta de la esquina, se volcó la atención en los edificios públicos.

El éxito de la Tate Modern (Herzog & de Meuron, 1999; p. 123) superó todas las expectativas. A partir de la central hidroeléctrica abandonada de Bankside (sir Giles Gilbert Scott, 1963), estos arquitectos diseñaron una galería de arte que se ha convertido en la atracción más visitada de Londres. El maravilloso Millennium Bridge (sir Norman Foster y Antony Caro, 2000; p. 125), el primer puente sobre el Támesis levantado en el centro de Londres desde el Tower Bridge en 1894, hoy es una construcción muy apreciada y transitada (es peatonal). Incluso la Millennium Dome (sir Richard Rogers), el patito feo de la nueva ola de construcciones del 2000, vive una nueva época de esplendor como el O2 (p. 179), escenario de conciertos y eventos deportivos.

La bonita British Library (Biblioteca Británica, Colin St. John Wilson, 1998; p. 163), con su cálido exterior de ladrillo rojo, toques de reminiscencias asiáticas y un interior maravillosamente luminoso, fue acogida con gran hostilidad, si bien en la actualidad se ha convertido en un punto de referencia muy popular y querido de la ciudad.

*Líneas rectas de ladrillo rojo de la British Library (p. 163).*

## MÁS CONOCIDOS POR SU APODO

El *Evening Standard* es muy aficionado a poner motes a los nuevos rascacielos de la ciudad (construidos y en proyecto). He aquí una docena de nombres inspirados, como no, por la forma (actual o futura) de los edificios:

**Cheese Grater** (plano p. 103; Leadenhall Bldg; 122 Leadenhall St EC3) El "rallador de queso" es un edificio en forma de cuña que tendrá 48 plantas y 224 m de altura. Estará frente a otro edificio emblemático de Richard Rogers, el Lloyd's of London, aunque las obras aún no han empezado.

**Flatiron** (plano p. 92; South Molton St W1) El equivalente del West End al emblemático edificio neoyorquino (1902) se levantará en Oxford St, pero solo tendrá seis plantas.

**Gherkin** (30 St Mary Axe; p. 109) "El pepinillo", un edificio en forma de bala (también conocido como el Cockfosters, por su creador, Norman Foster), es distinguible desde casi cualquier punto de la ciudad.

**Helter Skelter** (plano p. 103; Bishopsgate Tower; 22-24 Bishopsgate EC2) Con 288 m y 63 plantas, esta obra de Kohn Pedersen Fox Associates está inspirado en los toboganes en espiral (*helter skelter*, en inglés) de los parques de atracciones. Debería inaugurarse antes de que se publique esta guía.

**Shard of Glass** (plano p. 120; London Bridge Tower; 32 London Bridge St SE) Esta estilizada torre de 310 m (obra de Renzo Piano), conocida como "fragmento de cristal", será la astilla que nadie querría clavarse. También debería estar inaugurada antes de la publicación de este libro.

**Walkie Talkie** (plano p. 103; 20 Fenchurch St EC3) Con sus 36 plantas y 160 m, cuya inauguración está prevista para el 2012, este rascacielos guarda cierto parecido con un *walkie talkie* antiguo.

# PRESENTE Y FUTURO

Los emblemáticos edificios erigidos para el nuevo milenio y estructuras más recientes como el ayuntamiento (plano p. 120; ⊖ London Bridge), el famoso "huevo" de cristal del 2000 y el sumamente popular 30 St Mary Axe (plano p. 103; ⊖ Aldgate), más conocido como "the Gherkin" ("el pepinillo"), dieron a la ciudad la confianza necesaria para seguir construyendo edificios vanguardistas, principalmente de gran envergadura.

El anterior alcalde de Londres, Ken Livingstone, promovió el desarrollo de grandes complejos por toda la capital, y no solo en los distritos financieros de la City y Canary Wharf, sino también en otros barrios, incluidos tres sectores de Paddington (al oeste), Elephant & Castle (al sur), Silvertown Quays y Docklands (al este) y la península de Greenwich (al sureste).

Incluso el actual regidor de la ciudad, Boris Johnson, que se había mostrado contrario a todos estos planes durante la campaña electoral, tras su victoria no dudó en apoyar nuevas propuestas como una torre de 143 m llamada "Penny Whistle" en Ealing, en West London.

*30 St Mary Axe, alias "el pepinillo" (p. 109).*

Por su parte, la crisis crediticia que desde octubre del 2008 asola Occidente ha frenado en seco el plan de construcción más ambicioso desde la Segunda Guerra Mundial, incluidos los edificios más emblemáticos, a los que ya se habían puesto motes (véase arriba), que han sido cancelados, retrasados o reducidos considerablemente.

La excepción es el parque olímpico (plano p. 64; www.london2012.com), que ocupa una superficie de 200 Ha en el valle del río Lea, cerca de Stratford, sede de gran parte de las instalaciones deportivas de los Juegos Olímpicos del 2012. El elemento central será el impresionante Aquatic Centre de Zaha Hadid, un edificio que aún no tiene apodo pero que sin duda se convertirá en otro referencia arquitectónica de Londres.

# lo mejor

A pesar de la crisis económica, ir de compras sigue siendo una actividad muy importante para muchos londinenses. Aunque los artículos conocidos como *It bags* (es decir, productos exclusivos con precios superiores a 1000 £) ya no se anuncian constantemente como objetos de deseo y la compra ética se está imponiendo como forma más aceptable de gastar grandes cantidades de dinero, durante la redacción de esta guía, gran parte de las 30 000 tiendas de Londres (tanto las de cadena como las independientes) seguían en buena forma o, al menos, no tan mal como se podría pensar. Es cierto que algunos negocios independientes (y también cadenas) se han visto obligados a cerrar, pero Londres sigue siendo un templo del consumismo a escala mundial, con una diversidad casi infinita. Desde cadenas de moda como Topshop (p. 212) hasta la ropa de Harrods (p. 217), y desde la ropa vanguardista de los jóvenes diseñadores del mercado de Spitalfields (p. 219) hasta las antigüedades de Portobello (p. 218), la oferta comercial londinense es irresistible tanto para los residentes como para los visitantes.

Así, a los emporios más conocidos como Selfridges, Harvey Nichols, Hamleys, Fortnum & Mason y Liberty, a su vez grandes atracciones turísticas, se suman las *boutiques* de barrio, que también venden de todo, desde moda hasta menaje tradicional británico. Por otra parte, si bien es cierto que las grandes cadenas están ganando cada vez más terreno, las tiendas de ropa original en zonas como Hoxton, Brick Lane y Spitalfields resisten bien, en parte porque los londinenses están recuperando el gusto por el diseño y la decoración más personales. Para los presupuestos más ajustados, las tiendas de las organizaciones benéficas, sobre todo las de las zonas más acaudaladas, cada día tienen más aceptación debido a la pérdida de nivel adquisitivo y al creciente desempleo.

Si se busca algo más caro y exclusivo, hay que dirigirse a New Bond St y alrededores, donde abundan las firmas de los grandes diseñadores, entre ellos algunos británicos como Stella McCartney y Matthew Williamson, cuyas lujosas *boutiques* lucen escaparates que son casi obras de arte, y marcas más clásicas pero maravillosamente recicladas como Burberry, Mulberry y Pringle.

Fuera de la moda, en la capital británica se puede encontrar todo lo imaginable, desde paraguas hechos a mano hasta productos de alta tecnología o alimentos exóticos.

Para colmo, durante la redacción de esta guía, la libra se encontraba en los niveles más bajos de su historia, haciendo posible lo inimaginable: que Londres fuese una ganga, sobre todo para los viajeros de países de la zona euro.

## HORARIO COMERCIAL

La buena noticia es que se puede ir de compras cualquier día de la semana. La mala, que no es una verdad universal en toda la ciudad.

En general, las tiendas abren, por lo menos, de 9.00-10.00 a 18.00-18.30 de lunes a sábado. Los jueves, los comercios del West End (Oxford St, el Soho y Covent Garden) atienden hasta más tarde (21.00), tomando así el relevo a los de Chelsea, Knightsbridge y Kensington, que hacen lo propio los miércoles.

En el West End y en Chelsea, Knightsbridge y Kensington, muchos negocios atienden también los domingos, normalmente de 12.00 a 18.00, pero a veces solo de 10.00 a 16.00. Abrir los domingos también es habitual en Greenwich y en Hampstead y en las calles Edgware Rd y Tottenham Court Rd.

Dado que casi toda la actividad comercial de la Square Mile (o City) se desarrolla entre semana, la mayor parte de las tiendas de esta zona funcionan solo de lunes a viernes.

Otra cosa son las pequeñas tiendas de diseñadores, que suelen tener horarios más de conveniencia, normalmente menos madrugadores, fines de semana incluidos, y cierran los lunes o los martes, así que no está de más llamar antes, por si acaso.

Si hay algún mercado importante un día determinado, como el de flores de Columbia Road los domingos por la mañana, es muy probable que las tiendas de los alrededores abran también.

## EL WEST END

Las tiendas del West End no necesitan presentaciones. Oxford St puede ser el cielo o el infierno, depende de la resistencia que se tenga al *shopping*, no en vano se trata de la calle comercial por excelencia de Londres, a rebosar casi todo el día. Abordarla puede convertirse en una pesadilla, así que lo mejor es centrarse en lo que se quiere o necesita. Covent Garden está mejor gracias al menor tamaño de las franquicias y a sus pequeñas *boutiques* en las calles secundarias, y aunque los fines de semana está a tope, el ajetreo siempre es menor que en Oxford St. Carnaby St y Newburgh St, así como Kingly Ct, repleta de *boutiques* independientes, son fantásticas para comprar moda, tanto *vintage* como de diseño. Las mejores tiendas de música están en el Soho (véase recuadro en p. 213) y las de libros, en Charing Cross Rd. En Tottenham Court Rd (plano p. 68) se encontrarán excelentes opciones de informática y electrónica.

A escasos minutos de Oxford St se encuentra el "pueblo" de Marylebone, con una *high street* (calle mayor) milagrosamente tranquila y chic. Cerca, en el aparcamiento de Cramer St, detrás del supermercado Waitrose, se instala semanalmente un *farmers market* (mercado de granjeros; plano p. 92; ☺ 10.00-14.00 do).

## BLACKWELL'S Plano pp. 72-73          Libros
☎ 7292 5100; www.bookshop.blackwell.co.uk; 100 Charing Cross Rd WC2; ⊖ Tottenham Court Rd
Esta librería, antes especializada en publicaciones académicas, ha ampliado su oferta a títulos de viajes y otras obras de interés general. No obstante, sigue siendo la favorita para los libros de texto, ideal si se va a empezar algún curso.

## BORDERS Plano p. 68          Libros
☎ 7292 1600; www.borders.co.uk; 203 Oxford St; ⊖ Oxford Circus
Es una de las mayores cadenas de librerías de Londres: cuenta con cinco plantas de libros, revistas y periódicos de todo el mundo, CD y DVD.

## DAUNT BOOKS Plano p. 92          Libros
☎ 7224 2295; www.dauntbooks.co.uk; 83-84 Marylebone High St W1; ⊖ Baker St
Es una de las librerías de viajes más encantadoras de la ciudad, original de la época eduardiana, con paneles de roble y maravillosos tragaluces. Tiene dos pisos; la planta baja está repleta de obras de ficción y no ficción, y el nivel inferior es el acertado si se tiene en mente algún viaje.

## FORBIDDEN PLANET MEGASTORE
Plano pp. 72-73          Libros
☎ 7836 4179; www.forbiddenplanet.com; 179 Shaftesbury Ave WC1; ⊖ Covent Gardens o Tottenham Court Rd
Un enorme tesoro de cómics, ciencia ficción, terror y fantasía. Esta librería es un auténtico sueño para los fans del *manga* y de otros géneros menos conocidos.

## FOYLE'S Plano p. 68          Libros
☎ 7437 5660; www.foyles.co.uk; 113-119 Charing Cross Rd WC2; ⊖ Tottenham Court Rd
Es la librería más legendaria (y mejor) de Londres, donde se pueden encontrar los títulos más rebuscados del mundo. Alberga un encantador café en la 1ª planta, recientemente ampliado, y la Ray's Jazz Shop (véase recuadro en p. 213) en la 5ª. Dispone de sucursales más pequeñas en el Southbank Centre, en la estación internacional de St Pancras y en el Westfield Shopping Centre. La página web facilita información sobre la oferta de cada una.

## GOSH! Plano pp. 72-73          Libros
☎ 7636 1011; www.goshlondon.com; 39 Great Russell St WC1; ⊖ Tottenham Court Rd
Aquí se encontrarán novelas gráficas, *manga*, colecciones de tiras cómicas de periódicos y libros infantiles como las series de Tintín y Astérix. Es perfecta si se buscan regalos para niños y adolescentes.

## TALLAS DE ROPA

### Mujer

| | | | | | | |
|---|---|---|---|---|---|---|
| Australia/RU | 8 | 10 | 12 | 14 | 16 | 18 |
| Europa | 36 | 38 | 40 | 42 | 44 | 46 |
| Japón | 5 | 7 | 9 | 11 | 13 | 15 |
| EE UU | 6 | 8 | 10 | 12 | 14 | 16 |

### Calzado de mujer

| | | | | | | |
|---|---|---|---|---|---|---|
| Australia /EE UU | 5 | 6 | 7 | 8 | 9 | 10 |
| Europa | 35 | 36 | 37 | 38 | 39 | 40 |
| Solo Francia | 35 | 36 | 38 | 39 | 40 | 42 |
| Japón | 22 | 23 | 24 | 25 | 26 | 27 |
| Reino Unido | 3½ | 4½ | 5½ | 6½ | 7½ | 8½ |

### Hombre

| | | | | | | |
|---|---|---|---|---|---|---|
| Australia | 92 | 96 | 100 | 104 | 108 | 112 |
| Europa | 46 | 48 | 50 | 52 | 54 | 56 |
| Japón | S | | M | M | | L |
| RU/EE UU | 35 | 36 | 37 | 38 | 39 | 40 |

### Camisas de hombre (cuello)

| | | | | | | |
|---|---|---|---|---|---|---|
| Australia/Japón | 38 | 39 | 40 | 41 | 42 | 43 |
| Europa | 38 | 39 | 40 | 41 | 42 | 43 |
| RU/EE UU | 15 | 15½ | 16 | 16½ | 17 | 17½ |

### Calzado de hombre

| | | | | | | |
|---|---|---|---|---|---|---|
| Australia/RU | 7 | 8 | 9 | 10 | 11 | 12 |
| Europa | 41 | 42 | 43 | 44½ | 46 | 47 |
| Japón | 26 | 27 | 27½ | 28 | 29 | 30 |
| EE UU | 7½ | 8½ | 9½ | 10½ | 11½ | 12½ |

Tallas aproximadas; conviene probarse los artículos antes de comprarlos.

# AVENIDAS COMERCIALES

Pese a los rumores acerca de que por Oxford St pronto solo circularán tranvías, el visitante todavía debe lidiar con sus aglomeraciones, terrible tráfico rodado y decepcionante oferta comercial. De todos modos, aquí es donde se encuentra la plana mayor del comercio de masas, con gigantescas sucursales de H&M, Zara o Urban Outfitters y enormes grandes almacenes como John Lewis, Debenhams o Selfridges.

El mercadillo de Camden puede resultar igual de agobiante los fines de semana, por lo que es más aconsejable ir en días laborables. A continuación se ofrece un listado con otras zonas céntricas más recomendables. Aparte de las cadenas de High St Kensington, no se dan direcciones particulares si ya se han comentado anteriormente).

Clerkenwell, Shoreditch y Spitalfields (véase p. 219) Es la zona de compras más caliente de Londres y los domingos acoge el fabuloso mercado de Spitalfields, lleno con las propuestas de los diseñadores más jóvenes e innovadores; Brick Lane, Dray Walk y Cheshire St están piagadas de tiendas interesantes, de moda *vintage* y paraísos del menaje. Aquí se encuentra el Londres más creativo, esas pequeñas *boutiques* en las que encontrar piezas únicas.

Covent Garden (véase p. 206) Se recomienda visitar este turístico y antiguo mercado, pero no comprar, para lo cual es mejor adentrarse en las callejuelas colindantes, en las que abundan originales tiendas de moda, o ir a Long Acre y Neil St para sucursales de cadenas de ropa menos atestadas. El Thomas Neal Centre, en Earlham St, rebosa de moda urbana/*skate*/surf, con tiendas como High Jinks.

High Street Kensington (véase p. 216) Es la alternativa menos masificada y más sana a Oxford St. Están todas las cadenas de moda más populares, además de tiendas punteras como Miss Sixty (nº 63) y Urban Outfitters (nº 36). Church St es para antigüedades.

King's Road (p. 216) Muy lejos de sus días de gloria mod, esta elitista calle destaca hoy por su despliegue de menaje, con tiendas como Designer's Guild (nº 269), Habitat (nº 206) y Heal's (nº 234). Para los niños, Troïters (nº 34).

Knightsbridge (p. 217) Harrods (p. 217) Es una institución nacional, así que hay que acercarse para ver sus exuberantes vestíbulos de alimentación y el espectacular Egyptian Hall, la sección de artículos de regalo, al menos una vez. Harvey Nichols (p. 217) queda cerca, acompañado de muchas más tiendas caras en los alrededores.

Marylebone High Street (p. 206) En esta calle, elegante y pintoresca, el viajero creerá encontrarse en un pequeño pueblo. Abundan las tiendas de menaje, como Cath Kidston (p. 214), pero el barrio sobresale por su oferta gastronómica, incluida la mejor carnicería de la ciudad, **Ginger Pig** (plano p. 92; 8-10 Moxon St).

## GRANT & CUTLER Plano p. 68 Libros

☎ 7734 2012; www.grantandcutler.com; 55-57 Great Marlborough St W1; ⊖ Oxford Circus
Tiene el mejor surtido de obras en lengua extranjera de todo Londres: del árabe al zulú. Sin embargo, en ocasiones, los empleados no poseen los conocimientos debidos a la hora de recomendar títulos específicos.

## LONDON REVIEW BOOKSHOP
Plano pp. 72-73 Libros

☎ 7269 9030; www.lrb.co.uk; 14 Bury Pl WC1; ⊖ Russell Sq o Holborn
La librería de la revista literaria *London Review of Books* no cree en eso de los libros apilados. Así, ha adoptado la inteligente táctica de tener solo una o dos copias de una enorme variedad de títulos. Suele organizar charlas a cargo de autores conocidos.

## STANFORD'S Plano pp. 72-73 Libros

☎ 7836 1321; www.stanfords.co.uk; 12-14 Long Acre WC2; ⊖ Leicester Sq o Covent Garden
Tras 150 años vendiendo mapas, guías y literatura de viajes, la abuela de las librerías

de este tipo constituye todo un destino por méritos propios. Por ella han pasado Ernest Shackleton, David Livingstone, Michael Palin y hasta Brad Pitt.

## WATERSTONE'S Plano p. 68 Libros

☎ 7851 2400; www.waterstones.co.uk; 203-206 Piccadilly W1; ⊖ Piccadilly Circus
La mayor cadena de *megastores* de Europa presume de un personal experto y organiza frecuentes lecturas a cargo de sus autores. Esta es la sucursal más grande de Londres, con cuatro plantas de títulos, un café en el sótano y un agradable bar en el ático.

## APPLE STORE Plano p. 68 Ordenadores

☎ 7153 9000; www.apple.com/uk/retail/regent street; 235 Regent St W1; ⏰ 10.00-21.00 lu-sa, 12.00-18.00 do; ⊖ Oxford Circus
Es el hogar de los Mac fanáticos, un emporio blanco y luminoso de dos pisos con Mac-Books e iPods y ordenadores portátiles y de escritorio. Organizan talleres semanales y charlas que ayudan a conocer el ordenador, y los mostradores de iMacs son una estación

de acceso gratis a Internet, sin que nadie regañe a nadie.

## DR HARRIS Plano p. 68                    Cosméticos

☎ 7930 3915; www.drharris.co.uk; 29 St James's St SW1; ☺ 8.00-18.00 lu-vi, 9.30-17.00 sa; ⊖ Green Park

Funciona como farmacia y perfumería desde 1790. Se puede entrar para depilarse el bigote a la cera y de paso llevarse una botella del colirio DR Harris Crystal Eye Drops para combatir los ojos enrojecidos y, quizás, combinarlo con el remedio para la resaca del Dr. Harris: un amargo mejunje de hierbas llamado DR Harris Pick-Me-Up.

## MOLTON BROWN Plano pp. 72-73    Cosméticos

☎ 7240 8383; www.moltonbrown.co.uk; 18 Russell St WC2; ☺ 10.00-19.00 lu-vi, 10.00-18.00 sa, 12.00-18.00 do; ⊖ Covent Garden

Sus productos, indispensables en los baños de los hoteles-*boutique* y de los mejores restaurantes de la capital, desprenden esa fragancia natural típicamente británica. Incluye lujosos tratamientos para el cuidado de la piel de hombres y mujeres. También hacen limpiezas de cutis y venden maquillaje y hasta accesorios para el hogar. Hay sucursales por toda la ciudad.

## SPACE NK Plano pp. 72-73              Cosméticos

☎ 7379 6384; www.spacenk.co.uk; 32 Shelton St WC2; ☺ 10.00-19.00 lu-sa, hasta 19.30 ju, 12.00-17.00 do; ⊖ Covent Garden

Siempre intimida un poco enfrentarse al luminoso cutis de los vendedores y expertos en cuidados de la piel de este establecimiento, pero eso es precisamente lo que hace que tantas personas confíen en sus productos. Ofrecen marcas como Dr Hauschka, Eve Lom,

---

## IMPUESTOS Y DEVOLUCIONES

En determinados casos, los viajeros de fuera de la UE pueden solicitar la devolución del 15% que han pagado en concepto de IVA (VAT, en inglés) al comprar cualquier producto. Esto solo es válido en establecimientos con la indicación "tax free" ("libre de impuestos") y en caso de que se permanezca menos de seis meses en el Reino Unido.

El procedimiento es relativamente sencillo: no hay que olvidar recoger en la tienda el formulario correspondiente en el momento de la compra, que deberá entregarse en el aeropuerto a la salida. Más información al respecto en p. 385.

---

# lo mejor

## LIBRERÍAS

- Foyle's (p. 207)
- London Review Bookshop (p. 208)
- Daunt Books (p. 207)
- Stanford's (p. 208)
- Books for Cooks (p. 222)

---

Chantecaille, Kiehl's y Phyto, y gamas antien-vejecimiento como las de 24/7 y Dr Sebagh. Los productos para ellos van de Anthony a Kiehl's para hombre. Están por toda la ciudad.

## TAYLOR OF OLD BOND STREET

Plano p. 68                                    Cosméticos

☎ 7930 5321; www.tayloroldbondst.co.uk; 74 Jermyn St SW1; ☺ 9.00-18.00 lu-vi, 8.30-18.00 sa; ⊖ Green Park

En funcionamiento desde mediados del s. XIX, sin duda tiene mucho que ver con la expresión inglesa *"well-groomed gentleman"* ("caballero acicalado"). Venden toda clase maginable de navajas, brochas y jabones de afeitar.

## FORTNUM & MASON

Plano p. 68                          Grandes almacenes

☎ 7734 8040; www.fortnumandmason.co.uk; 181 Piccadilly W1; ☺ 10.00-18.30 lu-sa, 12.00-18.00 do; ⊖ Piccadilly Circus

Los grandes almacenes más antiguos de Londres celebraron su 3er centenario en el 2007 desafiando los tiempos modernos (sus vendedores siguen vistiendo frac) y manteniendo, en su exquisita sección de alimentación, sus famosas cestas, mermeladas de cítricos de diferentes cortes, tés exóticos, etc. En la planta inferior hay un elegante bar de vinos, diseñado por el creador del Wolseley (p. 235). Ropa, regalos y perfumes ocupan las otras seis plantas.

## JOHN LEWIS Plano p. 92        Grandes almacenes

☎ 7629 7711; www.johnlewis.co.uk; 278-306 Oxford St W1; ☺ 9.30-19.00 lu-sa, 9.30-20.00 ju; ⊖ Oxford Circus

"No conocemos precios más bajos" vendría a ser la traducción del lema de estos almacenes, cuya gama de artículos de menaje, moda y viajes se puede describir más como fiable que de rompedora. Uno de sus puntos fuertes es la sección textil.

## LIBERTY Plano p. 68 — Grandes almacenes

☎ 7734 1234; www.liberty.co.uk; 210-220 Regent St W1; ☼ 10.00-19.00 lu-sa, 10.00-20.00 ju, 12.00-18.00 do; ⊖ Oxford Circus

Una mezcla irresistible de estilos contemporáneos en un ambiente antiguo de inspiración Tudor. Liberty consta de un enorme departamento de cosméticos y de toda una planta de accesorios, además de una increíble sección de lencería en la 1ª planta. Un estampado Liberty es un *souvenir* típico de Londres.

## SELFRIDGES Plano p. 92 — Grandes almacenes

☎ 7629 1234; www.selfridges.com; 400 Oxford St W1; ☼ 10.00-20.00 lu-vi, 9.30-20.00 sa, 12.00-18.00 do; ⊖ Bond St

Siempre innovadores, los grandes almacenes más vibrantes de Londres son famosos por sus originales escaparates realizados por artistas internacionales, por las glamurosas galas y, sobre todo, por su impresionante variedad de productos, con marcas como Boudicca, Luella Bartley, Emma Cook, Chloé y Missoni, su incomparable departamento de alimentación y la sección de cosméticos más grande de Europa.

## AQUASCUTUM Plano p. 68 — Moda y diseño

☎ 7675 8200; www.aquascutum.co.uk; 100 Regent St W1; ☼ 10.00-18.30 lu-sa, 10.00-19.00 ju, 11.00-17.00 do; ⊖ Piccadilly Circus

A pesar de la imagen moderna, sus gabardinas, bufandas, bolsos y sombreros siguen la tradición al pie de la letra. Para ellos, eso significa gabardinas clásicas; para ellas, líneas rectas. Su propuesta podría definirse de belleza natural, como los súper ricos.

## BEYOND THE VALLEY

Plano p. 68 — Moda y diseño

☎ 7437 7338; www.beyondthevalley.com; 2 Newburgh St W1; ☼ 11.00-19.00 lu-sa, 12.30-18.00 do; ⊖ Oxford Circus

Es uno de los mejores lugares del centro de Londres para descubrir nuevos talentos de la moda: ropa, joyas, accesorios y hasta arte. En la parte posterior de la tienda, la Side Room es una pequeña galería de exposiciones al estilo invernadero.

## BURBERRY Plano p. 92 — Moda y diseño

☎ 7839 5222; www.burberry.com; 21-23 New Bond St SW1; ☼ 10.00-19.00 lu-sa, 12.00-18.00 do; ⊖ Bond St

Fue la primera marca de moda tradicional británica en alcanzar la cumbre del vestir. Se sabrá que se ha llegado por los montones de chicas japonesas sonrientes en la puerta. Es famosa por sus versiones modernas de prendas clásicas (gabardinas de colores chillones, pantalones caqui con grandes y originales bolsillos), su típico estampado de cuadros y un estilo impecable y pulido. Sus diseños de pasarela suelen ser copiados sin miramientos por muchas cadenas populares.

## KOH SAMUI Plano pp. 72-73 — Moda y diseño

☎ 7240 4280; www.kohsamui.co.uk; 65-67 Monmouth St WC2; ☼ 10.30-18.30 lu-sa, 10.30-19.00 ju, 11.30-18.00 do; ⊖ Covent Garden

Todo en esta pequeña *boutique* es de gama alta. Orgullosos de descubrir a nuevos talentos, están especializados en prendas vaporosas de diseñadores británicos como Chloé (incl. sus magníficos bolsos), Marc Jacobs, Clements Ribeiro y Julien MacDonald.

## MULBERRY Plano p. 92 — Moda y diseño

☎ 7491 3900; www.mulberry.com; 41-42 New Bond St W1; ☼ 10.00-18.00 lu-sa, 10.00-19.00 ju; ⊖ Bond St

Sus bolsos, voluptuosos y suaves, son una rotunda afirmación de estilo. La firma ha seguido los pasos de sus hermanas del diseño británico, Burberry y Pringle, y en los últimos años se ha modernizado.

## PAUL SMITH Plano pp. 72-73 — Moda y diseño

☎ 7379 7133; www.paulsmith.co.uk; 40-44 Floral St WC2; ☼ 10.00-18.30 lu-sa, 10.00-19.00 ju, 12.00-17.00 do; ⊖ Covent Garden

Paul Smith es el máximo exponente de la moda británica clásica con un toque innovador. Entrar en esta tienda es como hacerlo en un vestidor: estantes y estantes de moda masculina, llenos trajes y camisas bien cortadas, rebosantes de estilo. También diseña para mujeres.

## PRINGLE Plano p. 92 — Moda y diseño

☎ 0800 360 200, 7297 4580; www.pringlescotland.com; 112 New Bond St W1; ☼ 10.00-18.30 lu-sa, 10.00-19.30 ju; ⊖ Bond St

Con mucha clase y, aun así, *sexy* (caso de los jerséis de pico para golfistas y los cárdigans de punto), esta tradicional marca británica se puso de moda cuando Londres resucitó su pasión por el punto. Mínimo 150 £ por prenda.

## STELLA MCCARTNEY

Plano p. 92                                    Moda y diseño

☎ 7518 3100; www.stellamccartney.co.uk; 30
Bruton St W1; ⊙ 10.00-18.00 lu-sa, 10.00-19.00 ju;
⊖ Bond St o Green Park

Sus vaporosos diseños hacen saltar el corazón de muchas (al igual que sus precios);
Kate Moss convierte sus vaqueros en los
más deseados del país; y su visión ética de
la moda está de plena actualidad. La tienda

## LONDRES Y EL 'VINTAGE'

En una ciudad donde tener buen aspecto es casi obligatorio y la fiebre consumista atrapa a todos, destaca el idilio que viven los londinenses desde hace años con la ropa *vintage*. Marcas como Chanel, Dior, Miu Miu o Vivienne Westwood se han sumado al carro, mientras que cada vez aparecen más tiendas que venden modelitos de entre los años veinte y ochenta.

La popularidad de los espectáculos burlescos y de cabaré (véase recuadro en p. 289) ha convertido los trajes de época y las joyas de las décadas de 1920 a 1950 en las piezas más buscadas. Algunas tiendas *vintage* pueden ser bastante caras (las rarezas o las prendas de diseñadores famosos pueden alcanzar las 300 £), pero es posible encontrar artículos más baratos (10-50 £) si se busca bien. Aunque no se quiera comprar nada, sigue siendo fantástico observar cómo se vestían las abuelas (o uno mismo en los ochenta). Pero si se es un rey o reina del *vintage*, lo mejor es dar con las noches de cabaré, vestirse para la ocasión y sumarse a la fiesta.

Las mejores direcciones de compras son: Camden Pasaje, en Islington; Kingly Ct, al lado de Carnaby St; mercado de Spitalfields, Cheshire St y Brick Lane y alrededores; Portobello Rd y Notting Hill. También están muy bien las tiendas de segunda mano de organizaciones benéficas de Chelsea, Notting Hill y Kensington, que suelen tener prendas de dise-ñadores a buenos precios (en general, cuanto más rico es el barrio, mejores son sus tiendas de segunda mano).

### Tiendas 'vintage'

Las siguientes suelen abrir de 10.00 a 19.00 de lunes a sábado y de 12.00 a 18.00 los domingos.

Absolute Vintage (plano p. 144; ☎ 7247 3883; 15 Hanbury St E1; ⊖ Liverpool St) Si no importa meterse en la horma del zapato de otra, no hay que perderse esta enorme nave llena de tacones de aguja, puntas sutilmente abiertas, botines, botas hasta las rodillas y Manolos *vintage* cubiertos de purpurina. También hay calzado, levitas y trajes para hombre en la parte trasera. Está muy bien situada cerca del mercado de Spitalfields.

Alfie's Antiques Market (plano p. 162; ☎ 7723 6066; www.alfiesantiques.com; 13-25 Church St NW8; ⊖ Marylebone) Este edificio *art déco*, antigua sede de unos grandes almacenes, alberga ahora un mercado de muebles del s. xx y objetos curiosos de entre los años veinte y cincuenta. Una auténtica delicia.

Annie's Vintage Costumes & Textiles (plano p. 166; ☎ 7359 0796; 12 Camden Passage N1; ⊖ Angel) Una de las tiendas *vintage* más encantadoras de la ciudad, con trajes dignos de Greta Garbo.

Bang Bang Exchange (plano p. 68; ☎ 7631 4191; www.myspace.com/bangbangexchange; 21 Goodge St W1; ⊖ Goodge St) Si se tienen prendas que ya no se usan, Bang Bang cambia, compra y vende prendas *vintage*, confirmando el refrán "el Prada descolorido de una chica es la nueva prenda favorita de otra".

Marshmallow Mountain (plano p. 68; ☎ 7434 8498; www.marshmellowmountain.com; Kingly Ct, 49 Carnaby St W1; ⊖ Oxford Circus) Una de las favoritas de estos autores, con una cuidada selección de vestidos extravagantes y preciosos zapatos.

Orsini (plano p. 174; ☎ 7937 2903; www.orsini-vintage.co.uk; 76 Earl's Court Rd W8; ⊖ Earl's Court) Esta pequeña tienda, bonita y agradable, tiene las mejores colecciones *vintage* de la ciudad. También se hacen arreglos.

Radio Days (plano p. 120; ☎ 7928 0800; 87 Lower Marsh Rd SE1; ⊖ Waterloo) Ropa, sombreros y joyas de los años veinte y treinta, además de otros estilosos artículos como teléfonos, tocadiscos, radios y revistas.

Rellik (plano p. 172; ☎ 8962 0089; 8 Golborne Rd W10; ⊖ Westbourne Park) Tienda *retro* muy apreciada por los aficionados a la moda, con prendas de Ossie Clark, Zandra Rhodes, Vivienne Westwood y otros.

Retro Woman (plano p. 172; ☎ 7221 2055; 20 Pembridge Rd W11; ⊖ Notting Hill Gate) Ofrece una excelente selección de zapatos de diseño usados. Tienen otra tienda sin letrero en el nº 16, además de la de ropa de hombre Retro Man (plano p. 172) en el nº 34.

Steinberg & Tolkien (plano pp. 132-133; ☎ 7376 3660; 193 King's Rd SW3; ⊖ South Kensington) S&T es la tienda *vintage* más antigua de Londres. Sus trajes han aparecido en *Vogue*, entre otras revistas. Ambiente oscuro y excéntrico.

ocupa una casa pareada victoriana de tres plantas que es un altar a todo lo relacionado con su famosa propietaria: un lujoso invernadero ajardinado, una botica antigua donde se vende perfume, zapatos vegetarianos y bolsos de todo menos piel, además de ropa hecha a medida. Los visitantes se sentirán como en casa o como intrusos, según su devoción y su cartera.

## TOPSHOP & TOPMAN
Plano p. 68                                    Moda y diseño

☎ 7636 7700; www.topshop.co.uk; 36-38 Great Castle St W1; ⏰ 9.00-20.00 lu-sa, 9.00-21.00 ju, 12.00-18.00 do; ⊖ Oxford Circus

Topshop es la reina de las cadenas de moda populares. Encarna perfectamente la extraordinaria habilidad que tiene Londres para llevar la moda de pasarela al efímero y económico mercado juvenil. Su innovación es constante, siempre en complicidad con jóvenes diseñadores y personajes famosos. Es la tienda que comercializa la popular colección de Kate Moss. También organiza sesiones de manicura/pedicura y de peluquería, y ofrece el servicio de un estilista profesional para no fallar en la compra.

## URBAN OUTFITTERS
Plano p. 68                                    Moda y diseño

☎ 7759 6390; www.urbanoutfitters.com; 200 Oxford St W1; ⏰ 10.00-20.00 lu-sa, hasta 21.00 ju, 12.00-18.00 do; ⊖ Oxford Circus

Perteneciente a una cadena estadounidense, esta tienda, quizás la más de moda de la ciudad, tanto para hombres como mujeres, tiene camisetas de los mejores diseñadores jóvenes, una excelente sección de marcas de nombres famosos (Paul & Joe Sister, Red Label de Vivienne Westwood, Hussain Chalayan y See de Chloé, entre otras), prendas de segunda mano "puestas al día", ropa interior atrevida, menaje de hogar y otros artículos curiosos. Cuenta con sucursales en Covent Garden (plano pp. 72-73; Seven Dials House, 42-56 Earlham St; ⊖ Covent Garden) y Kensington (plano p. 174; 36-38 Kensington High St; ⊖ High St Kensington).

## VIVIENNE WESTWOOD
Plano p. 68                                    Moda y diseño

☎ 7439 1109; www.viviennewestwood.com; 44 Conduit St W1; ⏰ 10.00-18.00 lu-sa, 10.00-19.00 ju; ⊖ Bond St o Oxford Circus

La creadora de la estética punk se desdice de sus opiniones pasadas y ahora afirma que "la moda es aburrida". Afortunadamente,

la Sra. Westwood, siempre polémica y con fama de un poco chalada (mostró sus partes a los paparazzi tras la ceremonia en la que fue condecorada con la Orden del Imperio Británico), sigue diseñando prendas tan atrevidas, innovadoras y provocativas como siempre, y propone corsés inspirados en el s. XIX, zapatos topolino y muchos cuadros escoceses.

## ALGERIAN COFFEE STORES
Plano p. 68                                    Comida y bebida

☎ 7437 2480; www.algocoffee.co.uk; 52 Old Compton St W1; ⏰ 9.00-19.00 lu-sa; ⊖ Leicester Sq

Para tomar un café preparado en la tienda mientras se elige entre los granos recién tostados. Hay decenas de tes y cafés para elegir.

## MINAMOTO KITCHOAN
Plano p. 68                                    comida y bebida

☎ 7437 3135; www.kitchoan.com; 44 Piccadilly W1; ⏰ 10.00-19.00 do-vi, 10.00-20.00 sa; ⊖ Piccadilly Circus

Entrar en esta tienda japonesa de dulces es una experiencia surrealista. Los wagashi (dulces japoneses) se elaboran con toda clase de legumbres y arroz y se les da forma de guindas confitadas, ramilletes de judías verdes o bollitos en media luna con pinchos. Se recomienda pedir un par, sentarse y disfrutarlos con una taza de té verde, gentileza de la casa, o bien comprar una caja (perfecto como regalo).

## NEAL'S YARD DAIRY
Plano pp. 72-73                                Comida y bebida

☎ 7240 5700; 17 Shorts Gardens WC2; ⏰ 9.00-19.00 lu-sa; ⊖ Covent Garden

Esta fabulosa tienda especializada en quesos fuertes no desentonaría en la campiña inglesa y demuestra que los británicos no tienen nada que envidiar a los franceses en cuanto a queso. Hay más de setenta variedades que los dependientes dejan probar, entre ellas, marcas de granjas independientes. También venden condimentos, encurtidos, mermeladas y chutneys.

## VINTAGE HOUSE  Plano p. 68    Comida y bebida

☎ 7437 2592; 42 Old Compton St W1; ⏰ 9.00-23.00 lu-vi, 9.30-23.00 sa, 12.00-22.00 do; ⊖ Leicester Sq

Es el paraíso de los expertos en whisky, con más de mil referencias de malta escocés, del suave Macallan al Lagavulin, con fuerte regusto a turba.

**SHEPHERDS** Plano pp. 132-133 Regalos y recuerdos
☎ 7620 0060; www.bookbinding.co.uk; 76 Rochester Row SW1; 🕙 10.00-18.00 lu-vi, 10.30-17.00 sa; ✇ Victoria o Pimlico
Esta tienda de encuadernación hace las delicias de los aficionados a la papelería de alta gama, las cajas de piel y el *papier à cuve* (un papel florentino decorado a mano con diseños jaspeados). Tienen una sucursal en Holborn (plano pp. 82-83; ☎ 7831 1151; 76 Southampton Row WC1; ✇ Holborn o Russell Sq).

**ARAM** Plano pp. 72-73 Menaje
☎ 7557 7557; www.aram.co.uk; 110 Drury Lane WC2; 🕙 10.00-18.00 lu-sa, hasta 19.00 ju; ✇ Covent Garden o Holborn

## TIENDAS DE MÚSICA INDEPENDIENTES

Es triste que a estas tiendas les cueste tanto sobrevivir, en especial en el centro. Dicho esto, los británicos compran más música por persona y año que cualquier otro país del mundo (particularmente en Londres), así que solo cabe esperar que los peces pequeños no acaben devorados por las enormes y malvadas cadenas. La mayoría abre de 10.00 a 18.00 de lunes a sábado y de 12.00 a 17.00 los domingos. He aquí una selección de las mejores:

BM Soho (plano p. 68; ☎ 7437 0478; www.bm-soho.com; 25 D'Arblay St W1; ✇ Oxford Circus) Antes llamada Black Market Records, aquí es donde acuden los DJ para hacerse con lo último en música *dance* internacional.

Haggle Vinyl (plano p. 166; ☎ 7354 4666; www.haggle.freeserve.co.uk; 114 Essex Rd N1; 🕙 9.00-19.00 lu-sa, 10.00-17.30 do; ✇ Angel) Discos de vinilo a partir de solo 2,50 £ (en las cajas del suelo). De *crooners* de los cincuenta a los albores del *hip-hop*.

Harold Moore's (plano p. 68; ☎ 7437 1576; www.hmrecords.co.uk; 2 Great Marlborough St W1; ✇ Oxford Circus) La mejor tienda de música clásica de la capital ofrece de una extensa gama de vinilos, CD y DVD, además de una sección de *jazz* en el sótano.

Honest Jon's (plano p. 172; ☎ 8969 9822; 276-278 Portobello Rd W10; ✇ Ladbroke Grove) Dos tiendas adosadas con *jazz, soul* y *reggae*.

Music & Video Exchange (plano p. 172; ☎ 7243 8573; 38 Notting Hill Gate W11; ✇ Notting Hill Gate) La tienda de segunda mano por excelencia; una de las innumerables sucursales de las "Exchange" ("intercambio") de Londres. Se recomienda hacerse con un folleto y visitarlas todas.

On the Beat (plano p. 68; ☎ 7637 8934; 22 Hanway St W1; ✇ Tottenham Court Rd) Predomina la música *retro* de los años sesenta y setenta. El personal es amable.

Phonica (plano p. 68; ☎ 7025 6070; www.phonicarecords.co.uk; 51 Poland St W1; ✇ Tottenham Court Rd u Oxford Circus) Tienda de ambiente relajado especializada en *house, electro* y *hip hop,* aunque se puede encontrar de todo, desde *reggae* hasta *dub, jazz* y *rock*.

Ray's Jazz Shop (plano p. 68; ☎ 7440 3205; www.foyles.co.uk; 1er piso, Foyle's, 113-119 Charing Cross Rd WC2; ✇ Tottenham Court Rd) Establecimiento tranquilo y comedido, con un personal abierto. Es una de las mejores tiendas de *jazz* de Londres, con una fabulosa cafetería independiente a remolque.

Revival (plano p. 68; ☎ 7437 4271; 30 Berwick St W1; ✇ Oxford Circus) Sustituyó a la antigua Reckless Records, aunque la tienda en sí ha cambiado poco. Siguen teniendo discos y CD nuevos y de segunda mano, desde *punk, soul, dance* e independiente hasta lo más comercial.

Rough Trade (plano p. 172; ☎ 7229 8541; 130 Talbot Rd W11; ✇ Ladbroke Grove) Gracias a sus rarezas de música *underground,* alternativa y *vintage,* la cuna de la discográfica *punk* homónima sigue siendo un santuario para los adictos al vinilo, aunque también hay CD. Tienen una sucursal en Covent Garden (plano pp. 72-73), en Neal's Yard.

Sister Ray (plano p. 68; ☎ 7734 3297; www.sisterray.co.uk; 34-35 Berwick St W1; ✇ Oxford Circus) Esta tienda especializada en música *indie,* innovadora y experimental, es ideal para quienes seguían al gran DJ, ya desaparecido, John Peel en la BBC/BBC World Service.

Sounds of the Universe (plano p. 68; ☎ 7734 3430; www.soundsoftheuniverse.com; 7 Broadwick St W1; ✇ Oxford Circus) Establecimiento de la discográfica Soul Jazz Records, responsable de tantos maravillosos álbumes de *soul, reggae, funk* y *dub.* Hay CD, vinilos y algunos sencillos originales de 45 r.p.m.

Sterns Music (plano pp. 82-83; ☎ 7387 5550; www.sternsmusic.com; 74-75 Warren St W1; ✇ Warren St) Todo un clásico de músicas del mundo. Desde los ochenta, Sterns ha abanderado este tipo de música en Londres. En su página web se pueden escuchar los álbumes que ocupan las listas de éxitos de la tienda.

A pesar de que casi todos sus muebles están fuera del alcance de los simples mortales, admirar las piezas de diseño de esta fantástica tienda es una experiencia única. Cuando Zeev Aram la abrió en King's Rd en 1964, el establecimiento se convirtió en una pieza clave en la revolución del diseño de muebles que lideró Terence Conran y que supuso el fin de la Gran Bretaña inundada de *chintz*. Creció y acabó trasladándose a este luminoso edificio independiente de cuatro plantas, en el que los muebles se exponen como piezas de museo. Sus artífices: Alvar Aalto, Eileen Grey, Eames, Le Corbusier y Arne Jacobsen, ente otros. La última planta es un espacio para exposiciones en el que se pueden ver nuevos talentos tanto de las bellas artes como de las artes decorativas y el diseño.

### CATH KIDSTON Plano p. 92      Menaje

☎ 7935 6555; www.cathkidston.co.uk; 51 Marylebone High St W1; 🕑 10.00-19.00 lu-sa, 11.00-17.00 do; ⊖ Baker St
Cath Kidston ha logrado ella solita volver a poner de moda los estampados de flores y los tonos pastel. Salpica sus bolsos y artículos de menaje con originales motivos florales y es famosa por su vajilla de *picnic* de lunares y sus regaderas estilo años cincuenta.

### DO SHOP Plano p. 68      Menaje

☎ 7494 9090; www.do-shop.com; 47 Beak St W1; ⊖ Oxford Circus
Excelente colección de mobiliario de diseño, baterías de cocina y accesorios para el hogar; no hay que perderse las versátiles mesas que se convierten en librerías o las tazas de papel arrugado que en realidad son de porcelana. Ideal para regalos.

### HABITAT Plano pp. 82-83      Menaje

☎ 7631 3880; www.habitat.net; 196 Tottenham Court Rd W1; 🕑 10.00-18.30 lu-sa, 10.00-20.00 ju, 12.00-18.00 do; ⊖ Goodge St
Creada por el visionario diseñador y restaurador Terence Conran en la década de 1950, Habitat sigue en sus trece: dar vida a los hogares con muebles y decoraciones originales e interesantes, muchas veces con la colaboración de artistas, actores, músicos y diseñadores de moda. Tiene tiendas por todo Londres.

### HEAL'S Plano pp. 82-83      Menaje

☎ 7636 1666; www.heals.co.uk; 196 Tottenham Court Rd W1; 🕑 10.00-18.00 lu-mi, hasta 20.00 ju, hasta 18.30 vi y sa, 12.00-18.00 do; ⊖ Goodge St
Más seria, clásica y cara que Habitat, sus clientes también son más conservadores, pero sin dejar de ser prácticos. Es una tienda de muebles y menaje con una larga trayectoria y una fantástica sección de cocina.

### BUTLER & WILSON
Plano p. 92      Joyería y accesorios

☎ 7409 2955; www.butlerandwilson.co.uk; 20 South Molton St SW1; 🕑 10.00-18.00 lu-sa, 10.00-19.00 ju, 12.00-18.00 do; ⊖ Bond St
Su tienda principal tiene un aire sibarita propio del Shangai de la década de 1920. Venden joyas de época, bolsos, camisetas y muchas cositas más bajo farolillos rojos y la atenta mirada de maniquíes chinos. La tienda de Chelsea (plano pp. 132-133; ☎ 7352 3045; 189 Fulham Rd SW3) cuenta además con una amplia colección de vestidos *retro*.

### JAMES SMITH & SONS
Plano pp. 72-73      Joyería y accesorios

☎ 7836 4731; www.james-smith.co.uk; 53 New Oxford St WC1; 🕑 9.30-17.30 lu-vi, 10.00-17.30 sa; ⊖ Tottenham Court Rd
"En el exterior de cada forro de plata hay un enorme nubarrón", afirman los joviales propietarios de esta tienda típicamente inglesa, dándole la vuelta a la optimista frase hecha, según la cual, todas las nubes tienen un forro de plata. La verdad es que nadie fabrica y comercializa paraguas y bastones, tanto para caminar como para presumir, más elegantes que este tradicional establecimiento. Es como para desear que el clima inglés no cambie nunca.

### MONOCLE SHOP
Plano p. 92      Joyería y accesorios

☎ 7486 8770; www.monocle.com; 2a George St W1; 🕑 10.00-18.00 lu-sa, hasta 19.00 ju, 12.00-18.00 do; ⊖ Bond St
Dirigida por el mismo equipo que edita la revista de diseño y actualidad internacional *Monocle*, decir que esta tienda es el cielo es quedarse corto. Es cierto que la mayoría de sus artículos cuestan lo que muchos se pueden gastar en todo un año, pero si es aficionado al minimalismo y al diseño de calidad (ya sean bicicletas, ropa, bolsos, etc.) nadie se arrepentirá de la visita. También venden primeras ediciones de obras

bellamente encuadernadas, además de impresionantes fotografías.

## WRIGHT & TEAGUE
Plano p. 92                                      Joyería y accesorios
☎ 7629 2777; www.wrightandteague.com; 1a Grafton St W1; ◷ 10.00-18.00 lu-vi, 10.00-19.00 ju, 10.00-17.00 sa; ⊖ Green Park
Sus brazaletes de oro son totalmente arrebatadores, al igual que las elegantes esclavas de oro y plata, largos collares y anillos para hombre y mujer. Además, muchos de sus artículos son accesibles. Wright y Teague se conocieron hace más de veinte años en la St Martins School of Art, y ya nunca se han separado.

## AGENT PROVOCATEUR Plano p. 68    Lencería
☎ 7439 0229; www.agentprovocateur.com; 6 Broadwick St W1; ◷ 11.00-19.00 lu-sa, 11.00-20.00 ju, 12.00-17.00 do; ⊖ Oxford Circus
Si se busca lencería femenina en la que dejarse ver y que se pueda llevar (no escondida bajo ningún concepto), hay que acercarse a esta maravillosa tienda de Joseph Corre (hijo de Vivienne Westwood). Sus sensuales y picantes corsés, sujetadores y camisones para todas las formas y tallas emanan una sexualidad sana y positiva.

## RIGBY & PELLER Plano p. 68          Lencería
☎ 7491 2200; 22a Conduit St W1; ◷ 9.30-18.00 lu-sa, 9.30-19.00 ju; ⊖ Oxford Circus
Este tradicional establecimiento elabora los sujetadores para Su Majestad, pero su servicio de adaptaciones y arreglos –abierto a la plebe– es igual de legendario. Muchas clientas se sorprenden al saber que llevan una talla equivocada. También hay ropa interior y moda de baño lista para llevar. Tienen una sucursal en Knightsbridge (plano pp. 132-133; 3 Hans Rd; ⊖ Knightsbridge).

## KURT GEIGER Plano p. 92              Calzado
☎ 7758 8020; www.kurtgeiger.com; 65 South Molton St W1; ◷ 10.00-19.00 lu-sa, 10.00-20.00 ju, 12.00-18.00 do; ⊖ Bond St
Moda, calidad y precios asequibles se aúnan en esta superlativa zapatería para hombre y mujer (Birkenstock, Chloé, Hugo Boss, Marc Jacobs, Paul Smith, United Nude y muchos más).

## POSTE Plano p. 92                        Calzado
☎ 7499 8002; 10 South Molton St; ◷ 10.00-19.00 lu-sa, 12.00-18.00 do; ⊖ Bond St

Situada en una de las calles más vinculadas a la moda de todo Londres, esta tienda rebosante de estilo se dirige a chicos con gusto por el buen calzado. Tienen de todo, desde marcas *sport* de estilo *vintage* a finos modelos italianos.

## POSTE MISTRESS Plano pp. 72-73    Calzado
☎ 7379 4040; 61-63 Monmouth St WC2; ◷ 10.00-19.00 lu-sa, 12.00-18.00 do; ⊖ Leicester Sq
Aquí es adonde deben dirigirse las fetichistas del calzado, con maravillosas propuestas de Emma Hope, Vivienne Westwood, Miu Miu y Dries Van Noten, por ejemplo. Por supuesto, los precios son altos.

## BENJAMIN POLLOCK'S TOYSHOP
Plano pp. 72-73                                           Juguetes
☎ 7379 7866; www.pollocks-coventgarden.co.uk; 1er piso, 44 Covent Garden Market WC2; ◷ 10.00-18.30 lu-sa, 11.00-16.00 do; ⊖ Covent Garden
Los niños de todas las edades se vuelven locos en esta juguetería tradicional. Hay teatros de papel victorianos, marionetas de madera y títeres de dedo, además de osos de peluche antiguos quizás demasiado frágiles para jugar con ellos.

## HAMLEYS Plano p. 68                   Juguetes
☎ 0870 333 2455, 7494 2000; www.hamleys.com; 188-196 Regent St W1; ◷ 10.00-20.00 lu-sa, 12.00-18.00 do; ⊖ Oxford Circus
Considerada la mayor juguetería del mundo y, sin duda, la más famosa, Hamleys es como un pastel de varios pisos: en el sótano están los videojuegos; en la planta baja, lo último en juguetes; en la 1ª, los kits científicos; en la 2ª, los juguetes preescolares; en la 3ª, los juguetes para niñas; y en la 4ª, las maquetas. La 5ª planta alberga un Lego World y un café.

# LA CITY

## SILVER VAULTS Plano p. 103           Plata
☎ 7242 3844; www.thesilvervaults.com; 53-63 Chancery La WC2; ⊖ Chancery Lane
Las tiendas que operan sobre estos subterráneos tan seguros albergan, en conjunto, la mayor colección de plata del mundo. Puede encontrarse de todo, desde cuberterías y marcos hasta cualquier joya, siempre en comercios especializados y de calidad garantizada.

# EL SOUTH BANK

La zona se ha convertido en uno de los paseos ribereños más populares de Londres, cuya creciente afluencia de residentes y visitantes ha provocado el aumento de comercios. No hay que perderse el mercado de Borough (p. 251), el mejor mercado de abastos de Londres. Para menaje, ropa y joyas, todo de diseño, hay que ir a la Oxo Tower, que alberga más de una veintena de pequeñas tiendas. Gabriel's Wharf cuenta con varias *boutiques* bonitas y los interesados en la moda quizás disfruten de un rápido escarceo por Bermondsey St y aledaños.

**IAN ALLAN** Plano p. 120                    Libros

☎ 7401 2100; www.ianallanpublishing.com; 45-46 Lower Marsh SE1; ⏱ 9.00-17.30 lu-vi, hasta 17.00 sa; ⊖ Waterloo

Esta tienda está especializada en libros e historia sobre transporte, civil y militar: aviones, vehículos de motor, autobuses, trenes, etc.

**KONDITOR & COOK**
Plano p. 120                    Comida y bebida

☎ 7261 0456; www.konditorandcook.com; 22 Cornwall Rd SE1; ⏱ 7.30-20.30 lu-vi, 8.30-15.00 sa; ⊖ Waterloo

Esta elegante panadería-pastelería obra deliciosas tartas (p. ej., de lavanda y naranja o de limón y almendra), enormes merengues de frambuesa, galletas (También el clásico hombre de jengibre) y todo tipo de panes (con olivas, frutos secos, de especias,…). Cuenta con otras cuatro sucursales, incluidas las de los mercados de Borough

(plano p. 120; ☎ 7407 5100; 10 Stoney St SE1; ⊖ London Bridge) y Holborn (plano pp. 72-73; ☎ 7404 6300; 46 Gray's Inn Rd WC1; ⊖ Chancery Lane).

**BLACK + BLUM** Plano p. 120          Menaje

☎ 7633 0022; www.black-blum.com; Unit 2.07, 2nd fl, Oxo Tower, Barge House St SE1; ⏱ 9.00-17.00 lu-vi, desde 11.00 sa; ⊖ Southwark o Waterloo

Seguro que en muchas tiendas de regalo de la ciudad se verá a *James the doorman/bookend* (cuñas para puertas y sujetalibros con forma humana) y a *Mr and Mrs Hangup* (colgadores antropomórficos que indican el humor de su propietario mediante ojos con distintas expresiones), pero no el cuenco de alambre llamado Fruit Loop o el pasapuré Spudski, inspirado en un palo de esquí, por solo citar dos buenos ejemplos, de este exclusivo comercio anglo-suizo.

# DE HYDE PARK A CHELSEA

Esta zona más que pudiente, en la que se encuentra la elegante y comercial King's Rd, está repleta de tiendas de alta costura y compradores impecablemente vestidos. Knightsbridge atrae a multitudes ávidas de consumir en los grandes almacenes y otros glamurosos comercios. Pero, en medio de tanta abundancia, todavía sobreviven tiendas venerables, sin duda gracias a los siglos que llevan respondiendo a los caprichos y vanidades de su rico vecindario. High St Kensington aglutina una mezcla de franquicias y *boutiques*.

## APOYO A LOS PEQUEÑOS COMERCIOS

El pequeño comercio independiente ha sido siempre el más vulnerable a los cambios, tanto en los momentos de prosperidad económica como en los de crisis, y más concretamente aquellos que no tienen un gran volumen de facturación, como es el caso de los anticuarios, o de los que sufren la competencia directa de las grandes cadenas (como les pasa a muchas cafeterías situadas frente a los Starbucks o a tiendas de música de barrio cercanas a una Virgin Megastore).

Las zonas con una mayor cantidad de comercios locales son: Old Conduit St (cerca de la estación de metro Holborn), Amwell St (cerca del metro Angel), Brick Lane y Spitalfields, Chiswick y partes de Richmond, Soho, Endell St (cerca del metro Covent Garden), Camden Passage (en la estación de metro Angel), Farringdon, Clerkenwell y Marylebone High St.

Visitar estos comercios garantiza encontrar productos originales y un ambiente personal, con la posibilidad de conocer a algún que otro personaje singular y de llegar al alma de Londres mejor que de ningún otro modo.

Si se va a pasar una temporada en la ciudad, o a vivir en ella, es recomendable adquirir una Wedge Card (www.wedgecard.co.uk; 10 £ por tarjeta), una tarjeta de fidelización que pretende animar a la gente a comprar en los comercios de barrio mediante descuentos en las tiendas afiliadas. Este brillante proyecto fue puesto en marcha en el 2004 por John Bird, fundador y director de *The Big Issue*.

Para más detalles sobre las tiendas de música independientes de Londres, véase recuadro en p. 213.

**HARRODS** Plano pp. 132-133 Grandes almacenes

☎ 7730 1234; www.harrods.com; 87-135 Brompton Rd SW1; ⏱ 10.00-20.00 lu-sa, 11.30-18.00 do; ⊖ Knightsbridge

Chillón y elegante a la vez, Harrods garantiza a quien lo visite una subida de tensión proporcional a las horas que pase en su interior. Estos grandes almacenes son una visita obligada para muchos turistas y, al estar siempre hasta los topes, tienen más normas que un cuartel militar. A pesar de algunos elementos un tanto chabacanos (como una estatua de cera de su propietario Mohammad Al Fayed y una fuente conmemorativa en honor a Dodi y Di), merece la pena visitar la espectacular sección de alimentación y, en la 5ª planta, su impecable perfumería. Enfrente está Harrods 102 (plano pp. 132-133; ☎ 7730 1234; 102 Brompton Rd SW1; ⏱ 9.00-21.00 lu-sa, 12.00-18.00 do), que alberga una especie de exclusivo club del *gourmet* y varios restaurantes más informales.

**HARVEY NICHOLS**
Plano pp. 132-133 Grandes almacenes

☎ 7235 5000; www.harveynichols.com; 109-125 Knightsbridge SW1; ⏱ 10.00-20.00 o 21.00 lu-sa, 11.30-18.00 do; ⊖ Knightsbridge

Es el templo londinense de la moda con firma, donde se pueden encontrar bolsos de Chloé y Balenciaga, la mejor oferta de vaqueros de Londres, una enorme sección de maquillaje con las líneas más exclusivas, fantásticas joyas y el excelente restaurante Fifth Floor, donde se puede degustar un menú de tres platos desde 19,50 £.

**PETER JONES** Plano pp. 132-137 Grandes almacenes

☎ 7730 3434; www.peterjones.co.uk; Sloane Sq SW1; ⏱ 9.30-19.00 lu, ma y ju-sa, hasta 20.00 mi, 11.00-17.00 do; ⊖ Sloane Sq

Estos almacenes, una versión algo más exclusiva de John Lewis (p. 209), son competencia directa de Selfridges y Harvey Nicks. La porcelana de lujo, los muebles y los artículos de regalo son su punto fuerte, aunque también venden accesorios y cosmética. El Top Floor, en la última planta, es un bar-café-restaurante con impresionantes vistas.

**LULU GUINNESS** Plano pp. 132-133 Moda y diseño

☎ 7823 4828; www.luluguinness.com; 3 Ellis St SW1; ⏱ 10.00-18.00 lu-vi, desde 11.00 sa; ⊖ Sloane Sq

Siluetas femeninas, dados, juegos de mesa y otros objetos curiosos decoran la tienda de Lulu Guinness, donde se venden monede-ros, bolsas de cosméticos y bolsos de todos los tamaños, incluidos algunos con formas especiales pensados para la noche.

**RIPPON CHEESE STORES**
Plano pp. 132-133 Comida y bebida

☎ 7931 0628; www.ripponcheese.com; 26 Upper Tachbrook St SW1; ⏱ 8.15-17.15 lu-vi, 8.30-17.00 sa; ⊖ Victoria o Pimlico

Esta quesería tienta con sus aproximadamente quinientas variedades de quesos, principalmente ingleses y franceses, todos a punto. El personal, experto y atento, permite probar antes de elegir.

**ROCOCO CHOCOLATES**
Plano pp. 132-133 Comida y bebida

☎ 7352 5857; www.rococochocolates.com; 321 King's Rd SW3; ⏱ 10.00-18.30 lu-sa, 12.00-17.00 do; ⊖ Sloane Sq

Hay trufas, bombones suizos, chocolatinas de cultivos ecológicos, sorprendentes variedades para *veganos* y bolsitas con un surtido de "chocolate roto" que permite disfrutar de distintas variedades. Todo un maestro chocolatero.

# CLERKENWELL, SHOREDITCH Y SPITALFIELDS

Esta zona es ideal para descubrir comercios a la última y deambular por mercadillos callejeros donde encontrar ropa *vintage* y nuevas promesas del diseño. Hay cientos de tiendas en los alrededores de Brick Lane, una zona en expansión, en especial en calles como Cheshire St, Hanwell St y en la Old Truman Brewery de Dray Walk. El mercado de Spitalfields (p. 219) es de visita obligada los fines de semana, pues reúne un sinfín de puestos de jóvenes diseñadores y tiendas pintorescas.

En diciembre, se celebra una exposición con lo último en diseño, joyas y arte en el Shoreditch Town Hall; más información en www.east londondesignshow.co.uk.

El cercano barrio de Clerkenwell es conocido principalmente por las joyerías. Para comprar piezas clásicas o gemas sin montar, hay que dirigirse a Hatton Garden (plano p. 144; www.hatton-garden.net; ⊖ Chancery Lane). Craft Central (plano p. 144; www.craftcentral.org.uk; 33-35 St John's Sq EC1; ⊖ Farringdon) es un excelente punto de partida para la búsqueda de objetos de artesanía y diseño.

## MERCADOS CON PERSONALIDAD

Comprar en los mercados de Londres no consiste solo en hacerse con gangas y revolver entre toneladas de fruslerías, ropa y toda clase de objetos místicos y terrenales, sino que también es una oportunidad de absorber la personalidad de esta vibrante ciudad en todas sus múltiples facetas y estados.

Si se desea información sobre los mercados de granjeros *(farmers markets)*, véase p. 243.

### Borough

En marcha y en forma desde el s. XIII, el mercado de Borough (plano p. 120; ☎ 7407 1002; www.boroughmarket.org. uk; Borough High esq. Stoney Sts SE1; ☽ 11.00-17.00 ju, 12.00-18.00 vi, 9.00-16.00 sa; ✈ London Bridge) demuestra el creciente interés de los británicos por la buena alimentación. Ayudada por el famoso cocinero y cliente Jamie Oliver, la "London's Larder" ("despensa de Londres") rebosa como nunca de devotos de la buena mesa. Además de una sección dedicada a la fruta fresca de calidad, las verduras exóticas y la carne ecológica, hay otra de alimentos elaborados con productos como miel pura y pan casero. Por todas partes hay puestos de comida para llevar que permiten degustar una chisporroteante salchicha de *gourmet* o una hamburguesa de calidad. La gente hace cola en las excelentes Monmouth Coffee Company, Neal's Yard Dairy (p. 212), la tienda de productos españoles Brindisa o la carnicería Ginger Pig. Los planes para construir un nuevo enlace ferroviario amenazan con partir el mercado en dos, aunque sus administradores lo desmienten.

### Brixton

Este mercado (plano p. 188; Reliance Arcade, Market Row, Electric Lane y Electric Ave SW9; ☽ 8.00-18.00 lu-sa, 8.00-15.00 mi; ✈ Brixton) es una potente mezcla cosmopolita que incluye desde sedas, pelucas, moda a buen precio y carnicerías *halal* hasta los alimentos de la plaza cubierta en Brixton Village (antes Granville Arcade; plano p. 188). Tilapias, pies de cerdo, ñames, mangos, ocras, plátanos macho y pasteles *bullah* jamaicanos (pan de jengibre) son solo algunos de los exóticos productos a la venta.

### Camden

Aunque este mercadillo (plano p. 166; www.camdenlock.net/markets; ✈ Camden Town) sigue siendo una atracción de primera fila, sus días de gloria pasaron hace mucho, y más desde que un incendio devorase una de sus seis secciones y gran parte de la calle principal mientras se recopilaba información para esta guía. Las baratijas comerciales hace tiempo que desbancaron a lo realmente creativo, aunque quizás se encuentren algunas prendas *retro* interesantes. Los fines de semana es cuando hay más gente, en especial los domingos, con una multitud avanzando a codazos hacia el norte desde la estación de metro Camden Town a Chalk Farm Rd. Son varios mercadillos separados con tendencia a fusionarse.

Mercadillo del Camden Canal (plano p. 168; Chalk Farm esq. Castlehaven Rds NW1; ☽ 10.00-18.00 sa y do; ✈ Chalk Farm o Camden Town) Más al norte y al otro lado del puente del canal, estaba especializado en baratijas de todas partes del mundo, pero el 9 de febrero del 2008 cayó pasto de las llamas, aunque está prevista su restauración.

Mercadillo de Camden Lock (plano p. 166; Camden Lock Pl NW1; ☽ 10.00-18.00 sa y do, puestos del interior 10.00-18.00 diario) Junto a la esclusa del canal. Alimentos diversos, cerámica, muebles, alfombras orientales, instrumentos musicales y ropa de diseño.

Mercadillo de Camden (plano p. 166; Camden High esq. Buck Sts NW1; ☽ 9.00-17.30 ju-do) A cubierto, con puestos de moda, ropa, joyería y baratijas para los turistas.

Stables (Establos; plano p. 162; Chalk Farm Rd NW1; ☽ 8.00-18.00 sa y do; ✈ Chalk Farm) Justo al cruzar los arcos de la vía del tren, frente a Hartland Rd, está la mejor parte del mercado, con antigüedades, artefactos asiáticos, alfombras, muebles de pino y ropa de los años cincuenta y sesenta.

### Portobello Road

Menos abarrotado y sucio que el de Camden, los londinenses suelen preferir este mercadillo (plano p. 172; Portobello Rd W10; ☽ 8.00-18.00 lu-mi, 9.00-13.00 ju, 7.00-19.00 vi y sa, 9.00-16.00 do; ✈ Notting Hill Gate o Ladbroke Grove). Abre a diario, aunque hay más movimiento los viernes, sábados y domingos. Los sábados hay un mercado de antigüedades y los domingos por la mañana se instala un rastro en Portobello Green. En el extremo de Ladbroke Grove se vende fruta y verdura toda la semana, y los jueves, productos ecológicos. Las antigüedades, la joyería, las pinturas y los objetos étnicos se concentran en el extremo de Notting Hill Gate. La calidad y los precios descienden conforme se avanza hacia el norte. Bajo Westway se sitúa una gran tienda con más puestos de CD, calzado y ropa baratos, mientras que Portobello Green Arcade acoge a diversos diseñadores de ropa y joyería innovadoras.

## Spitalfields

Al principio, este mercado (plano p. 120; www.visitspitalfields.com; Commercial St, entre Brushfield y Lamb Sts E1; ⏰ 9.30-17.30 do; ⊖ Liverpool St) era el lugar perfecto para encontrar lo último en moda urbana a buen precio. También joyeros, fabricantes de muebles y alimentación. Por desgracia, con la entrada en juego de las grandes empresas, parte del antiguo mercado se transformó en un complejo de tiendas y restaurantes en el 2006. Por suerte, el antiguo mercado sigue en pie, si bien muchos puestos de jóvenes diseñadores se han trasladado calle arriba, a la Old Truman Brewery, que acoge el Sunday UpMarket (plano p. 144; www.sundayupmarket.co.uk; ⏰ 10.00-18.00). Entre semana es un aparcamiento, pero los domingos se llena de ropa excelente, deliciosa cocina internacional, joyas y puestos de música.

## Otros mercados

Bermondsey (plano p. 120; Bermondsey Sq; ⏰ 5.00-13.00 vi; ⊖ Borough o Bermondsey) Se dice que aquí es legal vender objetos robados antes del amanecer, aunque a los dormilones les parecerá bastante más comedido y aletargado. Hay cubiertos y otros artículos tradicionales de plata, porcelana antigua, pinturas y algunas joyas de época.

Berwick Street (plano p. 68; Berwick St W1; ⏰ 8.00-18.00 lu-sa; ⊖ Piccadilly Circus u Oxford Circus) Al sur de Oxford St, paralelo a Wardour St, este mercado de fruta y verdura es un lugar ideal para comprar comida preparada o para un *picnic*.

Brick Lane (plano p. 144; Brick Lane E2; ⏰ 8.00-13.00 do; ⊖ Aldgate East) Los productos a la venta van de ropa o fruta y verdura a artículos de menaje, pinturas y baratijas.

Camden Passage (plano p. 166; Camden Passage N1; ⏰ 7.00-14.00 mi, 8.00-16.00 sa; ⊖ Angel) No se debe confundir con el mercadillo de Camden. Este consiste en una serie de cuatro galerías de antigüedades y curiosidades y están situadas en Islington, en el cruce de Upper St y Essex Rd. Además, no suelen encontrarse gangas. Los miércoles hay más gente, pero vale la pena acercarse los domingos para ver el mercado de granjeros de Islington (Islington Farmers' Market) de 10.00 a 14.00.

Mercado de flores de Columbia Road (plano p. 144; Columbia Rd E2; ⏰ 7.00-13.00 do; ⊖ Bethnal Green, 🚆 Cambridge Heath, 🚌 26, 48 o 55) Es de visita obligada. Hay todo tipo de plantas, desde los habituales geranios hasta especies más raras como el pelargonio, entre Gosset St y el *pub* Royal Oak.

Covent Garden (plano pp. 72-73; ⊖ Covent Garden) Las tiendas de la turística plaza abren a diario, mientras que la artesanía y curiosidades ocupan el North Hall. No hay que olvidar el mercado de antigüedades del Jubilee Hall los lunes hasta las 15.00, donde también se vende artesanía de calidad los sábados y domingos.

Greenwich (plano p. 178; College Approach SE10; ⏰ 9.00-17.00 ju, 9.30-17.30 sa y do; DLR Cutty Sark) Sección de segunda mano: artículos para la casa, cristal, alfombras, pósteres y juguetes de madera. Se puede picar algo típico en la sección de alimentación. El jueves es el día de las antigüedades, mientras que el mercado general abre los fines de semana. Las tiendas de los alrededores abren a diario, pero es mejor ir los fines de semana.

Mercado de Leadenhall (plano p. 103; Whittington Ave EC1; ⏰ 7.00-16.00 lu-vi; ⊖ Bank) Además de ser un punto de interés en sí (véase p. 110), este mercado, anejo a Gracechurch St, cuenta con tiendas de ropa y de curiosidades, una pescadería, una carnicería y una quesería. Muchos clientes son de la City, por lo que los precios suelen ser altos.

Leather Lane (plano p. 144; Leather Lane EC1; ⏰ 10.30-14.00 lu-vi; ⊖ Chancery Lane o Farringdon) Situado al sur de Clerkenwell Rd y paralelo al Hatton Garden, atrae a empleados de las oficinas de la zona con sus sospechosamente baratos DVD, cintas y CD, artículos para la casa y ropa despachados por el típico tendero *cockney*.

Petticoat Lane (plano p. 103; Middlesex y Wentworth Sts E1; ⏰ 8.00-14.00 do, Wentworth St solo 9.00-14.00 lu-vi; ⊖ Aldgate, Aldgate East o Liverpool St) La famosa callejuela ha sido rebautizada como Middlesex St. El mercado, en cambio, sigue adelante, vendiendo artículos de consumo y ropa económicos.

Ridley Road (plano p. 152; Ridley Rd E8; ⏰ 8.30-18.00 lu-sa; 🚆 Dalston Kingsland) Tremendamente popular entre la comunidad afrocaribeña, destaca por la fruta y verdura exóticas, así como por sus cortes especiales de carne.

Riverside Walk (plano p. 120; Riverside Walk SE1; ⏰ 10.00-17.00 sa y do; ⊖ Waterloo o Embankment) Es fantástico si se buscan libros baratos descatalogados. Se instala, haga el tiempo que haga, en el exterior del National Film Theatre, bajo los arcos del puente de Waterloo. Ocasionalmente hay vendedores particulares entre semana.

Smithfield (plano p. 103; West Smithfield EC1; ⏰ 4.00-12.00 lu-vi; ⊖ Farringdon) El único mercado de carne que sobrevive en la capital, a pesar de que casi lo cierran en el 2005 para convertirlo en un complejo de oficinas. Hace mucho que ya no sacrifican a los animales, y hoy es el mercado de carne más moderno de Europa. Solo al por mayor.

## MAGMA Plano p. 144 Libros

☎ 7242 9503; www.magmabooks.com;
117-119 Clerkenwell Rd EC1; ⊖ Farringdon
En esta apreciada tienda se venden libros,
revistas, camisetas y prácticamente cualquier cosa de diseño radical. Hay una sucursal más pequeña en Covent Garden (plano
pp. 72-73; ☎ 7240 8498; 8 Earlham St, ⊖ Covent
Garden). Excelente para adquirir regalos.

## ANTONI & ALISON Plano p. 144 Moda y diseño

☎ 7833 2002; www.antoniandalison.co.uk;
43 Rosebery Ave EC1; ⊗ 10.30-18.30 lu-vi;
⊖ Farringdon
Pionera de la moda independiente, todos
sus artículos, incluidas originales camisetas,
coloridas faldas de flores, preciosos bolsos
de piel y prendas de cachemira, son de gran
calidad. Una maravilla en época de rebajas.

## BREAD & HONEY Plano p. 144 Moda y diseño

☎ 7253 4455; www.breadnhoney.com; 205
Whitecross St; ⊗ 10.00-18.00 lu-sa; ⊖ Barbican
Situada en Whitecross St, una calle cada vez
más de moda, es una fantástica dirección
para comprar ropa divertida y colorista,
tanto para hombre como para mujer, selec-
cionada por sus dos propietarios franceses,
Laurent y Laurent. Modern Amusement,
Stüssy y Lee, entre otras marcas.

## HOXTON BOUTIQUE
Plano p. 144 Moda y diseño

☎ 7684 2083; www.hoxtonboutique.co.uk;
2 Hoxton St; ⊗ 10.30-18.30 lu-vi, 11.00-18.00 sa;
⊖ Old St
Indispensable para parecer una hoxtonita
auténtica. Moda urbana de Isabel Marant,
Hussein Chalayan, zapatos Repetto y
+HOBO+, la marca propia de la tienda. La
decoración del lugar se inspira en la mítica
discoteca Studio 54, con una bola de espejos, paredes blancas y luces de neón.

## JUNKY STYLING Plano p. 144 Moda y diseño

☎ 7247 1883; www.junkystyling.co.uk; 12 Dray
Walk, Old Truman Brewery, 91 Brick Lane E1;
⊗ 11.00-17.30 lu-vi, 10.30-18.00 sa y do;
⊖ Liverpool St o Aldgate East
Situada entre las numerosas tiendas de Dray
Walk, Junky "recicla" trajes tradicionales y
los convierte en llamativas y pulidas prendas de plena actualidad. Una americana de
hombre puede transformarse en un top
de mujer con cuello halter, por ejemplo, o

en unos minúsculos shorts con bolsas de
agua caliente en forma de corazón como
bolsillos traseros. El apartado masculino
incluye medio-camisas/medio-camisetas de
manga corta o chaquetas con mangas de
tela de chándal y capuchas de tela de traje.
Se puede llevar ropa propia para retocar.

## LADEN SHOWROOMS
Plano p. 144 Moda y diseño

☎ 7247 2431; www.laden.co.uk; 103 Brick Lane
E1; ⊗ 11.00-18.30 lu-vi, hasta 19.00 sa, 10.30-
18.00 do; ⊖ Liverpool St o Aldgate East
Buque insignia extraoficial de la moda urbana de Hoxton y el secreto mejor guardado
de la ciudad en su día, ha bastado el empu-
je de un par de celebridades para disparar la
popularidad de este conjunto de showrooms
con 55 diseñadores independientes a sus
espaldas. Hombre y mujer.

## NO-ONE Plano p. 144 Moda y diseño

☎ 7613 5314; www.no-one.co.uk; 1 Kingsland Rd
E2; ⊗ 11.00-19.00 lu-sa, 12.00-18.00 do; ⊖ Old St
o Liverpool St
Esta boutique propiedad del mismo equipo
que dirige el cercano y moderno bar Dream-
bags-jaguarshoes (p. 275) se encuentra dentro
del bar de la estación de Old Shoreditch. Es
un lugar a la última, donde venden revistas
de moda, accesorios extravagantes, zapatos,
prendas de Eley Kishimoto, Peter Jensen y
nuevas marcas.

## START Plano p. 144 Moda y diseño

☎ 7739 3636; www.start-london.com; 42-44
Rivington St; ⊗ 10.30-18.30 lu-vi, 11.00-18.00 sa,
13.00-17.00 do; ⊖ Liverpool St o Old St
"La moda se fusiona con el rock" debería
ser el lema de esta cadena de tres boutiques
propiedad de Brix Smith, ex guitarrista de
The Fall, un roquero de culto que adora la
ropa de mujer. Predominan las marcas de
diseñadores como Miu Miu y Helmut Lang, y
Brix se enorgullece de su selección de favo-
recedores vaqueros. Al otro lado de la calle
tiene otra excelente tienda, Start Menswear
(plano p. 144; 59 Rivington St), en este caso para
hombres. La tercera, de ropa más formal, es
Start Made to Measure (plano p. 144; 40 Rivington St).

## LESLEY CRAZE GALLERY
Plano p. 144 Joyería y Accesorios

☎ 7608 0393; www.lesleycrazegallery.co.uk;
33-35a Clerkenwell Green EC1; ⊗ 10.00-17.30
ma-sa; ⊖ Farringdon

Se considera uno de los centros punteros de Europa en joyería artística y contemporánea. Tiene diseños de metal exquisitamente discretos y, en ocasiones, caros. Incluye una selección más reducida con todo tipo de esclavas, broches, anillos y demás (a la derecha de la puerta principal) a precios desde 20 £.

**TATTY DEVINE** Plano p. 144    Joyería y accesorios

☎ 7739 9191; www.tattydevine.com; 236 Brick Lane E2; ☼ 11.00-18.00 ma-do; ⊖ Liverpool St
El dúo que forman Harriet Vine y Rosie Wolfenden produce unas joyas modernas e ingeniosas que se han convertido en las favoritas de muchos jóvenes londinenses. Sus diseños originales (que las tiendas de consumo masivo han copiado hasta la saciedad) incluyen pendientes con forma de disco de vinilo, pulseras con púas de guitarra, collares de guisantes, tacones de aguja hechos de punto y llaveros que parecen patatas arrugadas. También cabe destacar los collares Perspex (a medida 25 £). Tienen otro local en el Soho (plano p. 68; 57b Brewer St W1; ⊖ Piccadilly Circus).

# EL EAST END Y DOCKLANDS

En el East End la oferta comercial es limitada, pero es muy probable que con la llegada de Burberry y Carhartt se animen otras marcas. Asimismo, la zona se está ganando un lugar en la escena comercial gracias a las *boutiques* y galerías que flanquean Columbia Rd E2 (plano p. 152; www.colum biaroad.info; ⊛ Cambridge Heath, 🚌 8 o 55), que suelen abrir solo los fines de semana, y, en menor medida, las tiendas del mercado de Broadway (plano p. 152; www.broadwaymarket.co.uk; ⊛ London Fields o Cambridge Heath, 🚌 48, 55, 106 o 394), en Hackney. Bajo los rascacielos de Canary Wharf hay un enorme centro comercial subterráneo, con tiendas, bares y restaurantes de alto nivel.

## BURBERRY FACTORY SHOP

Plano p. 152    Moda y diseño

☎ 8328 4287; 29-53 Chatham Pl E9; ☼ 10.00-18.00 lu-sa, 11.00-17.00 do; ⊖ Bethnal Green y luego 🚌 106 o 256; ⊛ Hackney Central
En este almacén de la mítica marca Burberry venden ropa descatalogada de plena temporada actual o de las pasadas. Los precios son entre un 50 y un 70% más económicos que en las tiendas; las ofertas son especialmente buenas en los accesorios, sobre todo en las bufandas.

**CARHARTT** Plano p. 152    Moda y diseño

☎ 8986 8875; www.thecarharttstore.co.uk; 18 Ellingfort Rd E8; ☼ 11.00-18.00 ma-sa, 12.00-17.00 do; ⊛ London Fields o Hackney Central
En este *outlet* de la marca de ropa urbana más famosa del momento venden jerseys, sudaderas y vaqueros. Está situada bajo los arcos ferroviarios, al norte de la estación de London Fields. Prendas a partir de solo 5 £. También acogen presentaciones de álbumes y otros eventos; véase el sitio web.

**FABRICATIONS** Plano p. 152    Menaje

☎ 7275 8043; www.fabrications1.co.uk; 7 Broadway Market E8; ☼ 12.00-17.00 ma-vi, 10.00-17.30 sa; ⊛ London Fields o Cambridge Heath, 🚌 48, 55, 106 o 394
Esta tienda realiza una gran contribución al mundo del reciclaje, pues elabora complementos como cojines, alfombras y esteras con materiales de lo más curiosos, como cámaras de ruedas de bicicletas o jirones.

**LABOUR & WAIT** Plano p. 152    Menaje

☎ 7729 6253; www.labourandwait.co.uk; 18 Cheshire St E2; ☼ 11.00-17.00 mi y vi, 13.00-17.00 sa, 10.00-17.00 do; ⊖ Liverpool St o Aldgate East
Tienda dedicada al típico menaje inglés, simple y funcional pero deliciosamente elegante. Se especializa en artículos de fabricantes independientes y métodos tradicionales. Hay vasos como los que se usaban en la escuela, cafeteras esmaltadas, lujosas mantas de lana, exquisitos plumeros de avestruz y herramientas de jardinería. Horarios restringidos.

# NORTH LONDON

Camden es el lugar ideal para comprar ropa asequible y baratijas para turistas en su enorme mercadillo (véase recuadro en p. 218), aunque también se puede caer en la tentación de entrar en alguna de las *boutiques* que flanquean la calle principal.

Islington acoge excelentes tiendas independientes, sobre todo en los alrededores de Camden Passage, de ropa *vintage*, y Upper St, de menaje y ropa de diseño. El cercano barrio de King's Cross está en plena regeneración, como se hace patente con la apertura de sucursales de las grandes cadenas, aunque todavía conserva auténticos símbolos del comercio independiente, como Housmans.

### HOUSMANS Plano p. 166 — Libros
☎ 7837 4473; www.housmans.com; 5 Caledonian Rd N1; ⊖ King's Cross/St Pancras
Esta longeva librería, donde se consiguen libros no disponibles en los establecimientos más convencionales, es un buen lugar para mantenerse al día sobre todas las campañas políticas y sociales, así como sobre las lecturas más radicales. El propietario es una mina de información sobre la zona.

### ROSSLYN DELICATESSEN
Plano p. 162 — Comida y bebida
☎ 7794 9210; www.delirosslyn.co.uk; 56 Rosslyn Hill NW3; ⊙ 8.30-20.30 lu-sa, hasta 20.00 do; ⊖ Hampstead o Belsize Park
La encantadora tienda de Helen Sherman ha sido elegida como la mejor *delicatessen* de Londres en varias ocasiones, y no es para menos. Incluye una fantástica carnicería, con la panceta más aromática que se pueda probar; excelentes *chutneys*, patés y vegetales encurtidos; y propuestas originales, como mermelada de ciruela y aliño de mora para ensaladas. Los pasteles, los bombones y el café de Union Roasters también son deliciosos.

### PAST CARING Plano p. 166 — Menaje
76 Essex Rd N1; ⊙ 12.00-18.00 lu-sa; ⊖ Angel
Esta preciosa tienda aparece repleta con todo tipo de objetos *retro* de segunda mano, desde ceniceros y vinilos de los años setenta hasta maniquíes y porcelana chillona. Tan alejada vive del mundo moderno, que ni tienen teléfono.

### GILL WING — Utensilios de cocina,
Plano p. 166 — zapatos, regalos y recuerdos
☎ 7226 8012; www.gillwing.co.uk; 190 Upper St N1; ⊙ 10.00-18.00; ⊖ Highbury e Islington
Las encantadoras *boutiques* de Gill Wing se han apoderado de este tramo de Upper St: la zapatería tiene un éxito rotundo y la tienda de regalos está repleta de artículos divertidos, pero la favorita de todos es la elegante tienda de menaje de cocina, que hará las delicias de cualquier aspirante a amo o ama de casa.

### SAMPLER Plano p. 166 — Vinos
☎ 7226 9500; www.thesampler.co.uk; 266 Upper St N1; ⊙ 11.30-21.00 lu-sa, 13.00-20.00 do; ⊖ Highbury e Islington
En esta vinatería, una de las mejores de Londres, se pueden catar hasta 80 referencias antes de comprar. Basta con adquirir una tarjeta electrónica, cargarla y degustar los caldos que sirven las máquinas; los precios oscilan entre los 30 p de una cata y las 20 £ de una botella de buen crianza. Personal experto y atento.

# WEST LONDON
La prioridad para cualquier amante de los mercadillos callejeros tiene que ser Portobello Rd, con sus puestos rebosantes de antigüedades y miles de cositas más, sus llamativas tiendas de moda y su mercadillo de fin de semana (véase recuadro p. 218). Los acomodados distritos de Notting Hill y Westbourne Grove cuentan con las mejores (y más caras) *boutiques* y tiendas de diseño.

Por lo demás, la oferta comercial de la zona oeste es bastante limitada. Se puede ir al mercado de Shepherd's Bush (plano p. 174; ⊙ 9.30-17.00 lu-mi, vi y sa, hasta 13.00 ju), situado debajo de la línea de metro Hammersmith & City, entre las estaciones de Goldhawk Rd y Shepherd's Bush. Troubadour Wines (plano p. 174; ☎ 7341 6341; www.troubadour.co.uk; 265 Old Brompton Rd SW5; ⊖ Earl's Court), junto al café-bar-restaurante homónimo, es una excelente vinatería.

### AL SAQI Plano p. 174 — Libros
☎ 7229 8543; www.alsaqibookshop.com; 26 Westbourne Grove W2; ⊖ Bayswater
Situada en un precioso edificio coronado por una docena de bustos, esta librería se especializa en títulos en inglés sobre el mundo árabe y el islam, publicaciones propias incluidas.

### BOOKS FOR COOKS Plano p. 174 — Libros
☎ 7221 1992; www.booksforcooks.com; 4 Blenheim Cres W11; ⊙ 10.00-18.00 ma-sa; ⊖ Ladbroke Grove
Esta librería vende un sinfín de títulos de recetas de chefs tanto famosos como anónimos. Es ideal para los cocineros más atrevidos o para los que buscan recetarios exóticos. Tiene un café donde se pueden degustar las recetas al mediodía y a la hora del té.

**TRAVEL BOOKSHOP** Plano p. 174    Libros
☎ 7229 5260; www.thetravelbookshop.co.uk;
13 Blenheim Cres W11; ⏱ 10.00-18.00 lu-sa,
12.00-17.00 do; ⊖ Ladbroke Grove
Todavía recordada como la librería de Hugh
Grant en la película *Notting Hill*, sus estanterías están repleta de guías y literatura de
viajes, obras de ficción y libros antiguos
y de segunda mano.

**SHARPEYE** Plano p. 174    Moda y diseño
☎ 7221 3898; www.sharpeye.uk.com;
15 Portobello Rd W11; ⏱ 11.00-18.00 lu-vi,
10.00-18.30 sa, 12.00-17.00; ⊖ Notting Hill Gate
Para ropa de calle duradera, nada mejor que
la colección de pantalones, camisetas, pantalones cortos y botas de Barrie K. Sharpe.

**SPICE SHOP** Plano p. 174    Comida y bebida
☎ 7221 4448; www.thespiceshop.co.uk;
1 Blenheim Cres W11; ⏱ 9.30-18.00 lu-sa,
11.00-15.00 do; ⊖ Ladbroke Grove
Si no se encuentra en ninguna parte zuma-
que turco, pimienta de Sichuán o *ajowan*
africano, hay que dirigirse a este comercio
situado en una bocacalle de Portobello Rd.
Dispone de cientos de hierbas, especias y
aceites esenciales.

**CERAMICA BLUE** Plano p. 174    Menaje
☎ 7727 0288; www.ceramicablue.co.uk;
10 Blenheim Cres W11; ⏱ 10.00-18.30 lu-sa,
12.00-17.00 do; ⊖ Ladbroke Grove
Vajillas preciosas y originales, importadas de
más de una decena de países: hay tazas de té
glaseadas con cáscara de huevo, platos con
diseños tribales de Sudáfrica y un largo etc.

# GREENWICH Y
# SOUTHEAST LONDON
Greenwich es un paraíso para los aficionados a la ropa *retro* y los libros de segunda
mano. Los modelitos *vintage* son más
económicos que en el West End, mientras
que en los alrededores de la parada de DLR
Cutty Sark hay varias tiendas de recuerdos y
de menaje *retro*.

**EMPORIUM** Plano p. 178    Moda y diseño
☎ 8305 1670; 330-332 Creek Rd SE10; ⏱ 10.30-
18.00 mi-do; DLR Cutty Sark
Todas las piezas son únicas en esta encantadora tienda de ropa *vintage* unisex, con

vitrinas repletas de joyas, antiguos frascos
de perfume y sombreros de paja. También
tienen chaquetas y *blazers*.

**ARTY GLOBE** Plano p. 178    Regalos y recuerdos
☎ 0793 912 0686; www.artyglobe.com; 2a
Greenwich Market; ⏱ 11.00-18.00; DLR Cutty Sark
Los exclusivos dibujos de perspectiva gran
angular de distintas zonas de Londres (y
de otras ciudades, como Nueva York, París
y Berlín) del arquitecto Hartwig Braun son
auténticas obras de arte. En esta pequeña
tienda aparecen estampados en bolsas, manteles individuales, libretas, posavasos, tazas y
rompecabezas. Excelente para regalos.

**COMPENDIA** Plano p. 178    Regalos y recuerdos
☎ 8293 6616; www.compendia.co.uk; 10
Greenwich Market; ⏱ 11.00-17.30 lu-vi, desde
10.00 sa y do; DLR Cutty Sark
Sus dueños están locos por los juegos, ya
sean de mesa o de otro tipo, y buscarán las
cosas más raras si es necesario. El Mexican
Train Domino se anuncia como el juego más
rápido del mundo.

**ROULLIER WHITE**
Plano p. 64    Menaje, regalos y recuerdos
☎ 8693 5150; www.roullierwhite.com; 125
Lordship Lane SE22; ⏱ 10.00-18.00 lu-sa, 11.00-
17.00 do; ▣ West Dulwich, ▣ 40 o 176
Suelos de parqué, vitrinas de estilo victoriano y artículos de toda la vida, desde menaje
difícil de encontrar en la actualidad hasta
objetos de regalo de marcas a menudo olvi-
dadas (zapatillas, cristalería, toallas, productos de limpieza...). Merece la visita.

# SOUTH LONDON
El mercado de Brixton (véase recuadro en
p. 218) es el mejor lugar al que ir de compras
en el sur de la capital, aunque también hay
algunas tiendas interesantes por la zona, como Joy (plano p. 188; ☎ 7787 9616; 432 Coldharbour Lane
SW11; ⏱ 10.00-19.30 lu-sa, 11.00-19.00 do; ⊖ Brixton),
con curiosos accesorios.
   Clapham cuenta con varios comercios recomendables junto al parque, como la tienda
de artículos de regalo Oliver Bonas (plano p. 188;
☎ 7720 8272; www.oliverbonas.com; 23 The Pavement SW4;
⊖ Clapham Common) y la zapatería Bullfrogs (plano
p. 188; ☎ 7627 4123; 9 The Pavement SW4; ⊖ Clapham
Common).
   En Northcote Rd, en Wandsworth, lo mejor
son las tiendas de comestibles de calidad.

## HIGH STREET (CALLE MAYOR)

Acoge muchas cadenas de ropa extranjeras, como Diesel, Gap, H&M, Mango, Muji o Zara, y británicas de ropa y calzado, algunas de las cuales se mencionan a continuación. El horario comercial es aproximadamente de 10.00 a 20.00 de lunes a miércoles, de 10.00 a 21.00 de jueves a sábado y de 12.00 a 19.00 los domingos.

French Connection UK (plano p. 92; ☎ 7629 7766; 396 Oxford St W1; ⬦ Bond St) Las prendas de esta cadena son más sobrias de lo que sugiere su sobrenombre, FCUK, aunque sus campañas publicitarias siempre son atrevidas.

Jigsaw (plano p. 92; ☎ 7491 4484; 126-127 New Bond St W1; ⬦ Bond St) Ropa clásica de mujer. Pone el acento en el *tweed* y el punto, con algo de chifón y purpurina.

Joseph (plano pp. 132-133; ☎ 7823 9500; 77 Fulham Rd SW3; ⬦ South Kensington) Pantalones de elegancia clásica y trajes pantalón, entre otros.

Karen Millen (plano pp. 72-73; ☎ 7836 5355; 32-33 James St WC2; ⬦ Covent Garden) Distinguida tienda de moda femenina. Glamurosos pantalones de traje, voluptuosas prendas de punto, gabardinas brillantes y trajes de noche.

Marks & Spencer (plano p. 92; ☎ 7935 7954; www.marksandspencer.co.uk; 458 Oxford St W1; ⬦ Bond St) M&S se está recuperando de aquellos años en los que era sinónimo de "bragas de calidad"; se ha puesto las pilas con unas líneas fabulosas.

Miss Selfridge (plano pp. 72-73; ☎ 7927 0188; 325 Oxford St W1; ⬦ Oxford Circus o Bond St) Divertida moda de usar y tirar (pero, ¿eso es ético?) para chicas adolescentes.

Oasis (plano pp. 72-73; ☎ 7240 7445; 13 James St WC2; ⬦ Covent Garden) Buenas copias de lo que se ve en las pasarelas.

Office (plano pp. 72-73; ☎ 7379 1896; 57 Neal St WC2; ⬦ Covent Garden) Zapatos para dar el paso de la oficina a las copas de madrugada sin que se note.

Reiss (plano p. 68; ☎ 7637 9111; www.reiss.co.uk; 14-17 Market Pl W1; ⬦ Oxford Circus) Sus ventas no paran de crecer, igual que sus precios, y ahora es sinónimo de calidad entre las grandes cadenas. Moda urbana para ambos sexos con un toque de madurez gracias a materiales de calidad y buenos acabados.

Warehouse (plano pp. 72-73; ☎ 7240 8242; 24 Long Acre WC2; ⬦ Covent Garden o Leicester Sq) A medio camino entre Topshop y Oasis.

# SOUTHWEST LONDON

Fulham y Parson's Green no revisten mucho interés en lo que a compras se refiere, a excepción de algunas tiendas de telas y de muebles de diseño. Una de las mejores es Mufti ( ☎ 7610 9123; 789 Fulham Rd SW6; ⬦ Parson's Green). Si se buscan antigüedades, se recomienda dirigirse al extremo norte de Munster Rd. El mercado de North End Road ( ☼ 9.00-17.00 lu-sa; ⬦ Fulham Broadway o West Brompton) es estupendo para comprar fruta y verdura frescas, ropa barata y menaje para el hogar.

Putney ha perdido parte de su identidad al convertirse en un distrito de clase media, pues ahora aparece repleto de aburridas franquicias. Es mejor ir a Church Rd y High St de Barnes, con establecimientos más interesantes, por ejemplo, Blue Door ( ☎ 8748 9785; www.bluedoor barnes.co.uk; 74 Church Rd; ⬮ Barnes), que comercializa preciosa ropa para la casa de marcas suecas y francesas. Los pequeños de la casa disfrutarán en las jugueterías Farmyard ( ☎ 8878 7338;

www.thefarmyard.co.uk; 63 Barnes High St; ☼ 9.30-17.3 lu-sa; ⬮ Barnes) y Bug Circus ( ☎ 8741 4244; 153 Churc Rd; ☼ 9.30-17.30 lu-sa; ⬮ Barnes).

Richmond High St está repleta de franquicias, pero también hay algunos comercio independientes, como YDUK (plano p. 198; ☎ 894 0060; 4 The Square TW9; ⬦ Richmond), especializad en moda urbana, o, en la zona de calles ado quinadas, joyerías como Toko (plano p. 198; ☎ 833 6620; 18 Brewers Lane TW9; ⬦ Richmond).

En Chiswick, no hay que perderse la fan tástica *deli* Mortimer & Bennett ( ☎ 8995 4145; www mortimerandbennett.co.uk; 33 Turnham Green Tce W4 ☼ 8.30-18.00 lu-vi, 8.30-17.30 sa; ⬦ Turnham Green) n el mercadillo de los domingos, Chiswick Farme & Fine Foods Market (mercado de Granjeros y Alimento Finos de Chiswick; Masonian Bowls Hall, Duke's Meadow W ☼ 10.00-14.00 do; ⬦ Turnham Green). Las antigüe dades son otra especialidad de la zona, com lo demuestran Strand Antiques ( ☎ 8994 1912; 46 De vonshire Rd W4; ⬦ Turnham Green) y Old Cinema ( ☎ 899 4166; 160 Chiswick High Rd W4; ⬦ Turnham Green).

# DÓNDE COMER

# lo mejor

# DÓNDE COMER

Londres es la indiscutible capital culinaria del Reino Unido y probablemente el mejor lugar de Europa en cuanto a variedad de oferta. No importa lo que apetezca, seguramente habrá un restaurante que lo sirva.

Efectivamente, las cosas han mejorado mucho en las dos últimas décadas y, al menos en Londres, ya ha pasado a la historia la típica imagen de lo que representaba comer en este país: grasientos desayunos a base de fritos, *fish and chips* con olor a rancio o pelearse con una chuleta sobre un mantel de cuadros. De hecho, la capital británica se ha situado al nivel de otras ciudades europeas, y en muchos aspectos incluso las ha superado.

Lo que ha ocurrido es muy sencillo de explicar. En un momento dado, quienes trabajaban en las cocinas, de repente, se vieron presionados por una nueva y experimentada generación de chefs, encabezados por Gordon Ramsay, Gary Rhodes, Heston Blumenthal y Jamie Oliver. A medida que los restaurantes pioneros iban subiendo el listón, la competencia no se achicaba. Paralelamente surgieron mercados de productos frescos, de granjeros y de cultivos ecológicos; el personal se formaba para prestar un servicio profesional y se contó con la colaboración de diseñadores para la creación de algunos de los locales más modernos y atractivos del mundo. Como consecuencia, la comida, en todas sus variantes, se convirtió en el nuevo objeto del deseo de los capitalinos, y nadie quería perdérselo.

Lo dicho no significa que ya no se puedan encontrar patatas fritas grasientas, verduras demasiado cocidas o la tradicional comida a base de fécula, especialmente en los *pubs*, aunque también allí es menos común desde el inicio de la tendencia de los *gastropubs* en la década de 1990, pero con los nuevos chefs absorbiendo las influencias de la más cosmopolita de las culturas, hoy el viajero está más cerca que nunca de descubrir el mundo en su plato.

Sin embargo, no hay que esperar una gran relación calidad-precio. Son incontables las ocasiones en que los autores de esta guía han pagado más de 40 £ por persona por una refinada comida italiana, pero también por la omnipresente cocina europea moderna que siempre sabe igual. Pero igualmente cierto es que han disfrutado, y mucho, de comida pakistaní en Whitechapel, turca en Dalston y china en los Docklands, sin que sus carteras se resintieran en exceso.

En resumen, como comer en Londres puede resultar una auténtica lotería, este capítulo intenta separar el grano de la paja. Así, los restaurantes y demás establecimientos reseñados a continuación oscilan entre buenos (ubicación práctica, precio económico, cocina original) y extraordinarios (merecen la pena el dispendio o el desplazamiento), y el objetivo principal no es otro que evitar las decepciones.

## HISTORIA Y ESPECIALIDADES

Londres es la capital de un país que dio al mundo las alubias con tostadas, el puré de guisantes y las *chip butties* (patatas fritas entre dos rebanadas de pan blanco sin tostar untado de mantequilla). Pero eso no es todo. La cocina inglesa, si está bien preparada, puede procurar grandes satisfacciones, ya sea un almuerzo de domingo a base de rosbif y pudin de Yorkshire (esponjosa masa ligera al horno servida con salsa de carne) o un cucurucho de pescado ligeramente rebozado con patatas fritas consumido de pie. Es más, con la aparición de la gastronomía moderna británica, estos platos se están convirtiendo en *cuisine*.

Los *pubs* suelen servir económicas recetas tradicionales de calidad variable, como *pies* de cerdo o de carne y riñones, y empanadas de

Cornualles. Por otro lado, el *shepherd's pie* ("pie de los pastores") no tiene masa de hojaldre, sino que la carne, en este caso de cordero picada y con cebolla, se hornea y se cubre con puré de patata. En una carta de *pub* también pueden encontrarse *bangers and mash* (salchichas servidas con puré de patata y salsa de carne), *sausage rolls* (salchicha enrollada en pasta de hojaldre) y el *ploughman's lunch* (gruesas rebanadas de pan inglés con queso Cheddar o Cheshire, *chutney* y cebolla encurtida). El repertorio de postres calóricos incluye el *bread-and-butter pudding* (pudin de pan y mantequilla), el *steamed pudding* (un pastel cuyo ingrediente principal es la grasa de ternera), servido con melaza o mermelada, y el llamado *spotted dick* (un *steamed pudding* con grosellas y pasas).

Sin embargo, el plato más inglés es el *fish and chips*: trozos de bacalao, platija o abadejo rebozados, fritos, acompañados de patatas fritas y aderezado con vinagre y sal. Con la llegada de los locales de comida rápida de estilo americano, las auténticas *chippies* (tiendas de *fish and chips*) escasean, aunque todavía quedan algunas aceptables.

Desde mediados del s. XIX hasta después de la Segunda Guerra Mundial, el almuerzo típico de muchos londinenses consistía en un *pie* de anguila (abundantes en el Támesis por aquel entonces), especiado y servido con puré de patatas y *liquor,* una salsa de perejil. En la actualidad, los *pies* normalmente se rellenan con carne y la anguila se prepara ahumada o en su propia gelatina como acompañamiento. Los mejores sitios para probar esta especialidad son los locales de *pie 'n' mash* (véase recuadro en p. 247).

La cocina británica moderna, lo último en Londres, da para mucho más, e incorpora ingredientes tradicionales como tubérculos, pescado ahumado, marisco, caza y otras carnes, e incluso salchichas y *black pudding* (una especie de morcilla hecha con harina de avena, especias y sangre), combinados de maneras que acentúan su sabor. Los resultados pueden ir desde caza con verduras tradicionales (p. ej., aguaturmas) y anguila ahumada de Norfolk con pequeñas tortitas de trigo sarraceno hasta vieiras flameadas con *black pudding* aromatizado con naranja y cerdo asado con chorizo sobre puré de romero.

## VEGETARIANOS Y 'VEGANOS'

Desde la década de 1970, Londres es uno de los mejores destinos donde encontrar platos vegetarianos. Esto se debe, en gran parte, a los numerosos restaurantes hindúes que atienden a una comunidad que no consume carne por motivos religiosos. La mayoría de los establecimientos ofrecen al menos un par de platos vegetarianos (si cuentan con una aceptable selección se menciona en la reseña correspondiente), aunque también hay hasta una docena de restaurantes exclusivamente vegetarianos, entre ellos, Blah Blah Blah (p. 259), Blue Légume p. 255), Eat & Two Veg (p. 236), Gate (p. 259), Manna (p. 252), Mildred's (p. 229), Place Below (p. 238), Rasa (p. 255), Red Veg (p. 230) y Woodlands (p. 253).

## LO BÁSICO

### Horarios

Los londinenses suelen seguir la costumbre europea (no la americana) de cenar temprano, generalmente entre 19.00 y 21.30. El horario

del almuerzo va de 12.00 a 14.30 o 15.00, y el de la cena, de 18.00 o 19.00 a 23.00 (últimos pedidos hasta las 22.00). Muchos restaurantes de precio medio trabajan ininterrumpidamente. Los horarios pueden variar de un barrio a otro, por ejemplo, muchos sitios del Soho cierran los domingos, y los de la City, todo el fin de semana. En esta guía se indican aquellos que se apartan de la norma, aunque siempre es mejor llamar para asegurarse.

### ¿Cuánto cuesta?

En general, comer en Londres sale mucho más caro que en gran parte de Europa, EE UU y América Latina. Ir a un restaurante bueno, elegir tres platos de la carta más un vino tinto europeo aceptable puede costar fácilmente unas 200 £ para dos personas. Pero también se puede comer fantásticamente por menos de la mitad en el mismo establecimiento si se acude cuando ofrecen menú (para el almuerzo, antes del horario de los teatros, etc.). La clave para disfrutar una comida inolvidable con vino por 40 £ por persona es elegir cuidadosamente el establecimiento. En este libro aparece el margen de precios de los platos principales después de la dirección del establecimiento.

### Reserva de mesa

Es una práctica tácitamente obligatoria en los restaurantes del centro de jueves a sábado, y siempre en los lugares más de moda. Top-table (www.toptable.co.uk) ofrece un buen servicio de reservas por Internet, muy fiable y con importantes descuentos en algunos casos. Muchos de los mejores restaurantes tienen el molesto sistema de turnos, por lo que se debe elegir mesa, por ejemplo, de 19.00 a 21.00 o de 21.00 a 23.00. El último turno normalmente implica menos presión para acabar la comida.

### Propinas

Ahora, la mayor parte de los restaurantes añaden a la factura un suplemento "recomendado" o "discrecional" (normalmente del 12,5 % del

### GUÍA DE PRECIOS

El precio medio de un plato principal está indicado del modo siguiente.

| | |
|---|---|
| £££ | más de 20 £ |
| ££ | 10-20 £ |
| £ | menos de 10 £ |

total), pero hay que advertir con claridad que el cliente no tiene por qué pagarlo si el servicio no le ha parecido suficientemente bueno. Si el camarero insiste dejando un espacio para la propina en el recibo de la tarjeta de crédito, basta con ignorarlo.

## Compra de alimentos

Para autoabastecerse, hay una buena oferta de mercados de abastos (p. 251), mercadillos de granjeros (p. 243), *delis* Continental y tiendas de productos exóticos y de cultivo ecológico por toda la ciudad. Otra opción son los pequeños supermercados (Tesco, Sainsbury, Waitrose), donde siempre se pueden encontrar ingredientes básicos.

# EL WEST END

Con barrios tan diversos como el Soho, Mayfair, Bloomsbury y Marylebone, el West End es una zona difícil de etiquetar, pero muchos de los restaurantes más eclécticos, modernos o, sencillamente, mejores de la ciudad se encuentran aquí. Como pasa con la mayoría de las cosas de Londres, es difícil estar siempre al día. Así, mientras las calles más turísticas abundan en lugares mediocres para comer, los mejores sitios no son tan evidentes, y suelen encontrarse en calles secundarias. Hay de todo, desde comida húngara hasta coreana y desde alta cocina hasta cafeterías vegetarianas. Chinatown, obviamente, es el mejor lugar para encontrar restaurantes chinos (y asiáticos) buenos y baratos.

## SOHO Y CHINATOWN

**LA TROUVAILLE** Plano p. 68    Francesa £££
☎ 7287 8488; www.latrouvaille.co.uk; 12a Newburgh St W1; 2/3 platos menú de almuerzo 17/20 £, cena 30/35 £; ⏰ cerrado do; ⊖ Oxford Circus
Un lugar fabuloso y cálido, ideal para una cena romántica a la luz de las velas, con un excelente carta francesa tradicional (codornices, terrina de *foie-gras,* cazuela de pintada, etc.) y una localización tranquila.

**BAR SHU** Plano p. 68    China ££
7287 8822; www.bar-shu.co.uk; 28 Frith St W1; platos principales 8-28 £; ⊖ Leicester Sq
Se dice que un hombre de negocios de Chengdu, capital de la provincia china de Sichuan, que estaba de visita en Londres, encontró la comida china de la ciudad tan

poco auténtica que decidió abrir un restaurante con cinco chefs nativos. El resultado son platos fragantes de chiles ahumados y granos de pimienta importados de su tierra. El pollo picante *gung bao* con cacahuetes es fantástico, como el *mapo doufu* (tofu cocido con carne de cerdo y chile).

**VEERASWAMY** Plano p. 68    Hindú ££
☎ 7734 1401; www.veeraswamy.com; 1ᵉʳ piso, 99 Regent St (acceso Swallow St), W1; platos principales 10-20 £; ⊖ Piccadilly Circus
Abierta en 1926, esta cotizada casa de *curries* puede proclamarse como uno de los restaurantes hindúes más antiguos de Inglaterra. Ahora está regentada por los mismos propietarios del Masala Zone (p. 254) y sus estándares de calidad son más altos que nunca, con platos tan exitosos como *biryani* de cordero de Hyderaband y lubina al estilo de Kerala.

**ARBUTUS** Plano p. 68    Europea moderna ££
☎ 7734 4545; www.arbutusrestaurant.co.uk; 63-64 Frith St W1; platos principales 14-19 £; ⊖ Tottenham Court Rd
El joven Anthony Demetre, con estrella Michelin, prepara una excelente comida de raíz británica, cada vez mejor, principalmente a base de productos de temporada. Su capacidad inventiva depara platos como hamburguesas de calamar y caballa, cordero a fuego lento o mollejas y alcachofas, sin olvidarse del almuerzo/cena de tres platos por 15,50/17,50 £ (solo antes y después del horario de los teatros en el caso de la cena), toda una ganga. Se impone reservar.

**BOCCA DI LUPO** Plano p. 68    Italiana ££
☎ 7734 2223; www.boccadilupo.com; 12 Archer St W1; platos principales 8,50-17,50 £; ⊖ Piccadilly Circus
Desde una oscura callejuela del Soho, este nuevo restaurante, elegante y sofisticado, se ha ganado la confianza de los londinenses. La carta incluye platos como *cacciucco* (pescado y marisco estofados con salsa de tomate espiada), langostinos al limón a la parrilla o pasta con ragú de hígado de pollo, además de otros más sencillos como pez espada a la plancha o *parmigiana*. Buena selección de vinos italianos y postres fantásticos.

**GAY HUSSAR** Plano p. 68    Húngara ££
☎ 7437 0973; www.gayhussar.co.uk; 2 Greek St W1; platos principales 10-17 £; ⏰ cerrado do; ⊖ Tottenham Court Rd

## CAFÉS DEL SOHO

El Soho ofrece lo más parecido a la sofisticada cultura centroeuropea de cafés. Este barrio ha sido sinónimo de tertulias desde la época victoriana, alcanzando a su máximo apogeo en los años sesenta, particularmente con los acicalados *mods*.

**Bar Italia** (plano p. 68; ☎ 7437 4520; 22 Frith St W1; sándwiches 4-7 £; ⏰ 24 h; ⊖ Leicester Sq o Tottenham Court Rd) En cualquier momento del día o de la noche, se puede ver a famosos saboreando zumos y sándwiches en medio de una decoración de los años cincuenta.

**Maison Bertaux** (plano p. 68; ☎ 7437 6007; 28 Greek St W1; tartas 3-3,50 £; ⏰ 8.30-22.30 lu-sa, hasta 20.00 do; ⊖ Tottenham Court Rd) Exquisitas propuestas, un servicio tranquilo, un ambiente bohemio francés y 130 años de historia a sus espaldas. Solo hay media docena de mesas.

**Monmouth Coffee Company** (plano pp. 73-74; ☎ 7836 5272, 7379 3516; www.monmouthcoffee.co.uk; 27 Monmouth St WC2; tartas desde 2,50 £; ⏰ 8.00-18.30 lu-sa; ⊖ Tottenham Court Rd o Leicester Sq) Básicamente es una tienda que vende café en grano de casi todos los rincones del mundo. Pero también tiene un espacio en la zona trasera en la que se pueden saborear las mezclas.

**Star Café** (plano p. 68; ☎ 7437 8778; www.thestarcafe.co.uk; 22 Great Chapel St W1; platos principales 6-9 £; ⏰ 7.00-16.00 lu-vi; ⊖ Tottenham Court Rd) Muy típico del Soho, el ambiente de este café es magnífico, con publicidad *vintage* y decoración continental que lo anclan a la época en que se inauguró, 1933. Es famoso por sus desayunos, especialmente el llamado Tim Mellor Special, a base salmón ahumado y huevos fritos.

Así era el Soho de la década de 1950, cuando se celebraban cenas con gran estilo en locales con panelados de madera, tapicerías de brocado y grabados en las paredes. Aquí se sirven raciones como solo pueden hacerlo los húngaros; hay que probar el muslo de pato asado con todos sus acompañamientos o el *Gypsy quick dish* de medallones de carne de cerdo, cebollas y pimientos verdes. Un almuerzo de dos/tres platos cuesta 17/19,50 £.

### ANDREW EDMUNDS

Plano p. 68　　　　　　　　Europea moderna ££

☎ 7437 5708; 46 Lexington St W1; platos principales 9-18 £; ⊖ Piccadilly

Este pequeño y acogedor restaurante es exactamente lo que se espera encontrar en el Soho: un restaurante de dos plantas con bohemios paneles de madera y deliciosos y típicos platos franceses (confit de pato) y europeos *(penne* con queso de cabra). Es esencial reservar.

### YAUATCHA

Plano p. 68　　　　　　　　　　*Dim sum* ££

☎ 7494 8888; 15 Broadwick St W1; dim sum 3,80-15,90 £; ⊖ Oxford Circus

El más glamuroso de los restaurantes de *dim sum* está ubicado en el edificio Ingeni, de reconocida arquitectura. El salón de té de arriba brinda un exquisito oasis azul de tranquilidad que contrasta con el caos del mercadillo de Berwick St, además de algunos de los pasteles más bonitos que se hayan visto. El comedor de abajo tiene un ambiente todavía más cuidado, con constelaciones de luces y una original oferta de las tres categorías principales de *dim sum* (al vapor, frito y *cheung fun* —rollitos de harina de arroz rellenos de carne, marisco o verduras–) durante todo el día.

### MILDRED'S

Plano p. 68　　　　　　　　　Vegetariana £

☎ 7494 1634; www.mildreds.co.uk; 45 Lexington St W1; platos principales 7-9 £; ⏰ cerrado do; ⊖ Oxford Circus

El restaurante vegetariano más ingenioso del centro de Londres vibra al mediodía, así que no hay que mostrarse tímido a la hora de compartir mesa en el comedor con tragaluz. Su oferta incluye terrina de garbanzos e hinojo y cazuela de lentejas verdes de Puy, además de grandes ensaladas y salteados más tradicionales. Entre las bebidas, zumos, café, cerveza y vino ecológico.

### PRINCI

Plano p. 68　　　　　　　　　　Italiana £

☎ 7478 8888; www.princi.co.uk; 135 Wardour St W1; platos principales 6-9 £; ⏰ 7.00-24.00 lu-vi; ⊖ Oxford Circus

Nacido de la unión de Alan Yau (responsable del Wagamama, el Busaba Eathai, el Hakkasan y el Yauatcha) y el italiano Rocco Princi (propietario de un establecimiento parecido en Milán), el resultado es cocina italiana de calidad y sencilla, con prestancia y a precios razonables. Han tenido éxito en todo, aunque el mostrador de platos calientes es mejor que el de panadería; se recomienda probar la sopa de alubias, la enorme lasaña, los ñoquis al *pesto* y la sabrosa *parmigiana*. La barra de ensaladas está repleta de ingredientes de temporada, y las tartas son todas deliciosas. Pese a su horario ininterrumpido, probablemente haya que esperar turno y buscar un asiento libre.

## FERNANDEZ & WELLS
Plano p. 68                          Europea, española £
☎ 7734 1546; www.fernandezandwells.com; 43 Lexington St W1; platos principales 4-14 £; ⊖ Oxford Circus
Es uno de los tres establecimientos de esta fantástica minicadena del Soho, todos pequeños, acogedores y elegantes, y localizados a 200 m entre sí. Este ofrece sencillos almuerzos y cenas a base de jamón español y platos de embutido y queso acompañados con vino de calidad, además de generosos desayunos (hasta 11.00). Los bocadillos de chorizo a la brasa son un almuerzo rápido perfecto. Aunque normalmente concurrido, el ambiente es relajado, con mesas en el exterior. Los otros dos locales son el Café ( ☎ 7287 8124; 73 Beak St; ⊖ Oxford Circus) y el Espresso Bar ( ☎ 7494 4242; 16a St Anne's Court W1; ⊖ Oxford Circus), ambos con bocadilloss y un magnífico café.

## NEW WORLD Plano p. 68                      China £
☎ 7734 0677; 1 Gerrard Pl W1; platos principales 6,50-9,90 £; ⊖ Leicester Sq
Tres pisos dedicados al *dim sum*. No falta ningún clásico, desde *ha gau* (bolas de masa hervidas con gambas) a *pai gwat* (costilla de cerdo al vapor), todos recorriendo el comedor en unas carretillas humeantes entre 11.00 y 18.00.

## BARRAFINA Plano p. 68                    Española £
☎ 7813 8016; www.barrafina.co.uk; 54 Frith St W1; tapas 4,20-9,50 £; ⊖ Tottenham Court Rd
Aunque las tapas presenten siempre una mejor relación calidad-precio en España, la calidad y su creciente popularidad en territorio británico pueden explicar el precio de lo que principalmente son aperitivos. Además de las gambas al ajillo (7,50 £), hay propuestas más atípicas, como el *tartar* de atún o la codorniz con alioli. Si lo anterior sabe a poco, siempre se puede completar con algún plato de embutidos (5-17,50 £).

## NOSH BAR Plano p. 68                          Judía £
☎ 7734 5638; 39 Great Windmill St W1; platos principales 4-6 £; ⊖ Piccadilly Circus
Esta famosa institución del Soho en las décadas de 1940 y 1950 se ha acicalado para seguir ofreciendo antiguos platos judíos como tierna y jugosa carne de vaca en salmuera con saciantes y sólidos *bagels* aderezados con encurtidos ácidos y picantes. También se puede tomar *latkes* (tortitas de patata), sopa de pollo y tartas de queso mientras se contempla el (sub)mundo del Soho a través de la ventana.

## MILK BAR Plano p. 68                          Café £
☎ 7287 4796; 3 Bateman St W1; platos principales 4-6 £; ⊖ Tottenham Court Rd
Hermanado con el popular café Flat White ( ☎ 77340370; www.flat-white.co.uk; 17 Berwick St, London, W1), aquí se toman algunos de los mejores desayunos del centro: grandes y buenas tortillas, alubias caseras con tostadas, gachas de avena, tortitas con fruta y miel, etc., todo por menos de 5 £. El personal, más que amable, está formado por relajados neozelandeses (de ahí el hincapié en los tipos de café de las antípodas como el *flat white*). Tanto el café, excelente, como el té se sirven en tazas de porcelana fina de mercadillo, algo desparejadas.

## NORDIC BAKERY plano p.68              Escandinava £
☎ 3230 1077; www.nordicbakery.com; 14a Golden Sq W1; platos principales 3-4 £; ⊖ Oxford Circus
Perfecto para escapar del caos del Soho y relajarse entre paneles de madera oscura, además de para almorzar a base de sándwiches abiertos escandinavos de pescado ahumado o merendar un té o café con tarta. Los gruesos y pegajosos bollos de canela son un travieso clásico matutino. El pequeño banco exterior permite disfrutar de la calma de Golden Sq.

También se recomiendan:

Red Veg (plano p. 68; ☎ 7437 3109; www.redveg.com; 95 Dean St W1; platos principales 2,95-4,35 £; ⏱ 12.00-21.30 lu-sa, hasta 18.30 do; ⊖ Tottenham Court Rd) Delicioso *fast food* vegetariano y *vegano* (hamburguesas, *falafels*, *wraps*).

Kulu Kulu (plano p. 68; ☎ 7734 7316; 76 Brewer St W1; *sushi* 1,50-3,60 £; ⊖ Piccadilly Circus) Este lugar sencillo y bullicioso, justo al salir de Piccadilly Circus, tiene el *sushi* en cinta transportadora más bueno y económico de Londres.

# COVENT GARDEN Y LEICESTER SQUARE

**J SHEEKEY** Plano pp. 72-73      Marisco £££

☎ 7240 2565; www.j-sheeky.co.uk; 28-32 St Martin's Ct WC2; platos principales 11,75-37,50 £; ⊖ Leicester Sq

Una joya del panorama local, este restaurante increíblemente elegante, cuya fama se remonta a 1896, tiene cuatro distinguidos y discretos comedores, todos amplios y con panelados de madera, en los que saborear delicias del mar cocinadas de forma sencilla y exquisita. Su *pie* de pescado (11,75 £) es legendario, aunque el estofado marinero de Cornualles tampoco está nada mal. Entre semana, el almuerzo de tres platos cuesta 24,75 £.

**PORTRAIT** Plano pp. 72-73      Británica £££

☎ 7312 2490; www.npg. org.uk/live/portrest.asp; 3ª planta, St Martin's Pl WC2; platos principales 13,95-28,95 £; ⏱ restaurante 11.30-15.00 diario más 17.30-20.30 ju y vi, salón y bar 10.00-17.00 sa-mi, 10.00-22.00 (último pedido 20.30) ju y vi; ⊖ Charing Cross

Este restaurante, inmejorablemente ubicado, encima de la National Portrait Gallery (p. 76) y con vistas a Trafalgar Sq y Westminster, es un lugar fantástico para disfrutar de un buen almuerzo después de visitar la galería. También se puede tomar un *brunch* de dos o tres platos (19,95/24,95 £). Desgraciadamente, el horario está limitado al de la galería, por lo que solo sirven cenas tempranas los jueves y viernes.

**RULES** Plano pp. 72-73      Británica tradiconal ££

☎ 7836 5314; www.rules.co.uk; 35 Maiden Lane WC2; platos principales 16,95-21 £; ⊖ Covent Garden

Elegante y muy estiloso, a la inglesa, se trata del restaurante más antiguo de la capital (1798). Su especialidad es la caza, siempre de temporada, aunque también tienen opciones de pescado. De postre, muchos tipos de pudins, algunos esponjosos acompañados con natillas *(custard)*.

**GREAT QUEEN STREET**
Plano pp. 72-73      Británica ££

☎ 7242 0622; 32 Great Queen St WC2; platos principales 9-18 £; ⊖ Covent Garden o Holborn

Hermanado con el Anchor & Hope (p. 238) de Waterloo, este es uno de los mejores lugares para comer de Covent Garden. La carta es estrictamente de temporada, con platos que cambian a diario, siempre elaborados con ingredientes de calidad y en generosas raciones: nunca faltan deliciosos estofados, asados y sencillos platos de pescado. El ambiente es animado (incluye un pequeño bar en la planta baja), adecuado tanto para ir con amigos (carne asada a fuego lento para cinco) como para celebrar una cena íntima para dos (o ir solo). Servicio profesional y buena carta de vinos. Se impone reservar.

**GIACONDA DINING ROOM**
Plano pp. 72-73      Europea moderna ££

☎ 7240 3334; www.giacondadining.com; 9 Denmark St; platos principales 9-13 £; ⊖ Tottenham Court Rd

Este diminuto establecimiento junto a Charing Cross Rd atesora parte de la mejor oferta de la zona, con sencillos platos como medio pollo con patatas fritas, buen pescado fresco o un excelente *steak tartare*. La carta de vinos es aceptable y su amable personal recibe al visitante con una burbujeante botella de agua.

**ROCK & SOLE PLAICE**
Plano pp. 72-73      Fish & chips £

☎ 7836 3785; 47 Endell St WC2; platos principales 4,50-14 £; ⊖ Covent Garden

La clave de este consolidado local de la época victoriana es su sencillez: mesas de madera bajo los árboles en verano, sencilla decoración interior y delicioso bacalao, abadejo o raya rebozado y servido con una generosa ración de patatas fritas.

**ASSA** Plano pp. 72-73      Coreana £

☎ 7240 8256; 53 St Giles High St WC2; platos principales 5,50-9 £; ⏱ cerrado almuerzo do; ⊖ Tottenham Court Rd

Es el mejor del trío de restaurantes coreanos que hay detrás del edificio Centre Point. Atrae a muchos jóvenes asiáticos con su económica sopa de fideos, *bibimbab* (arroz en cazuela de barro cubierto con ternera y verdura finamente troceadas y pasta de soja con chile) y potente *soju* (sake coreano).

**BAOZI INN** Plano pp. 72-73      China £

☎ 7287 6877; 25 Newport Court WC2; platos principales 6-7 £; ⊖ Leicester Sq

La pequeña filial del Bar Shu tiene personalidad propia y precios económicos. Decorado con un estilo antiguo que juega con el *kitsch* pop comunista, incluidas viejas canciones comunistas chinas, este lugar sirve deliciosa comida callejera de calidad al estilo de Pekín y Chengdu, representado en platos como fideos *dan dan* (con ternera picante) elaborados a mano a diario. Vale su peso en oro en el a menudo poco fiable Chinatown.

### JEN CAFÉ Plano pp. 72-73 China £
☎ 7287 9708; 7-8 Newport Pl WC2; platos principales 5-7,95 £; ☺ 11.00-20.30 lu-mi, hasta 21.30 ju-do; ⊖ Leicester Sq
El mejor lugar para tomar sopa de *wonton* casera y bolas de masa hervidas. La frescura de los ingredientes se comprueba a través del ventanal de la cocina.

### PRIMROSE BAKERY Plano pp. 72-73 Café £
☎ 7836 3638; www.primrosebakery.org.uk; 42 Tavistock St WC2; tartas 2,70 £; ⊖ Covent Garden
Por fin Covent Garden tiene una *tetería* aceptable. Solo con tres mesas, los clientes se apretujan, piden una de las muchas variedades de magdalenas glaseadas y de té, y charlan durante horas reconfortados por el aroma de los horneados. El desayuno de tostadas con mermelada o Marmite (salado) por 1,70 £ es una buena oferta. La decoración, encantadora, recuerda a la América de la década de 1950, sin resultar demasiado cursi o artificial.

### SCOOP Plano pp. 72-73 Café £
☎ 7240 7086; www.scoopgelato.com; 40 Shorts Gardens WC2; helados 2,50-5 £; ☺ 8.00-23.00; ⊖ Covent Garden
La única *gelateria* auténtica de Londres ha sentado precedente. En la nevera se apilan montañas de helado, preparado con ingredientes naturales y servido en grandes porciones. Todas sus variedades están deliciosas (de pistacho, coco, mango, chocolate puro o cualquiera de sus increíbles sabores) y las colas los fines de semana en verano, garantizadas.

También se recomiendan:

Canela (plano pp. 72-73; ☎ 7240 6926; www.canela cafe.com; 33 Earlham St WC2; platos principales 7,50-8,90 £; ⊖ Covent Garden) Pequeña cafetería con sabrosa comida portuguesa y brasileña.

Wahaca (plano pp. 72-73; ☎ 7240 1883; www.wahaca. com; 66 Chandos Pl WC2; platos principales 3,50-6,50 £; ☺ 12.00-15.30 y 17.30-23.00 lu-sa, 12.00-15.30 y 17.30-22.30 do; ⊖ Covent Garden) La mejor cantina mexicana del centro de Londres.

# HOLBORN Y THE STRAND

### MATSURI Plano pp. 72-73 Japonesa £££
☎ 7430 1970; www.matsuri-restaurant.com; Mid City Place, 71 High Holborn WC1; menús 22-45 £; ☺ cerrado do; ⊖ Holborn
A las afueras de la City, se trata de un restaurante japonés excelente, si bien puede parecer algo aséptico. Se compone de una barra de *sushi* y un estiloso comedor en la planta baja, más un gran *teppanyaki* (comedor de platos calientes) en la planta inferior donde opera el aclamado chef Hiroshi.

### SHANGHAI BLUES Plano pp. 72-73 China ££
☎ 7404 1668; www.shanghaiblues.co.uk; 193-197 High Holborn WC1; platos principales 9,50-42 £; ⊖ Holborn
La antigua biblioteca de St Giles alberga ahora uno de los restaurantes chinos más estilosos de Londres. El interior, oscuro y con personalidad (mesas y sillas en azul y negro salpicadas por luminosas pantallas de color rojo), recuerda el Shangai imperial con un toque moderno. La carta es fascinante, particularmente los novedosos *dim sum* servidos como aperitivos, el pato *pipa* y la panceta en dos cocciones. La selección de tés también es sugerente, algunos bastante exóticos. Entre semana se puede tomar un almuerzo de tres platos por 15 £, y los viernes y sábados por la noche hay *jazz* en directo.

### ASADAL Plano pp. 72-73 Coreana £
☎ 7430 9006; www.asadal.co.uk; 227 High Holborn WC1; platos principales 6,50-11,50 £; ☺ cerrado almuerzo do; ⊖ Holborn
Si apetece comida coreana, pero con algo más de estilo que en el Assa (p. 231), hay que acudir a este espacioso restaurante junto a la estación de metro Holborn. Su *kimchi* (col china encurtida con chiles) es abrasadora; las barbacoas (7-11,50 £) se preparan delante del cliente, sobre la mesa, y su *bibimbab* es el mejor de la ciudad.

# BLOOMSBURY

### NORTH SEA FISH RESTAURANT
Plano pp. 82-83 *Fish & chips* ££
☎ 7387 5892; 7-8 Leigh St WC1; platos principales 9-19 £; ☺ cerrado do; ⊖ Russell Sq
Su éxito confirma su calidad. Se recomienda pedir platija, de gran tamaño, o filete de halibut, frito o a la plancha, y una ración grande de patatas fritas. Si no se quiere cenar en

u impersonal comedor, en la puerta de al
ado lo preparan todo para llevar.

## ABENO
Plano pp. 82-83 · Japonesa £

☎ 7405 3211; 47 Museum St WC1; platos
principales 6,50-12,80 £; ⊖ Tottenham Court Rd
stá especializado en *okonomiyaki*, una
specie de tortilla típica de Osaka elaborada
on col, huevo y harina, más los ingredien-
es que elija el cliente (más de 20, incluidos
arne, verduras, huevos, fideos y queso),
n un plato caliente delante del comensal.
Tienen una gran selección de menús de
almuerzo (7,80-12,80 £).

## HUMMUS BROS
lano pp. 82-83 · De Oriente Medio £

☎ 7404 7079; www.hbros.co.uk; Victoria House,
7-63 Southampton Row WC1; platos principales
1,50-6 £; ⊖ Holborn
a propuesta de esta minicadena es muy
encilla: ricos bols de saciante *hummus*, com-
plemento a elegir (ternera, pollo, garbanzos,
etc.), servidos con pan de *pita* caliente.

# FITZROVIA

## HAKKASAN
Plano p. 68 · China £££

☎ 7907 1888, 7927 7000; 8 Hanway Pl W1; platos
principales 9,50-42 £; ⊖ Tottenham Court Rd
ste restaurante, situado en un sótano de un
callejón, combina con gran éxito celebridad,
mpresionante diseño, seductores cócteles
y comida china sorprendentemente sofis-
icada; de hecho, fue el primer restaurante
hino que recibió una estrella Michelin. La
enue iluminación en rojo, de estilo disco-
eca, lo convierte en un lugar ideal para una
ita, mientras que el bar, brillante y grande,
es un buen sitio para probar novedosos cóc-
eles. Para cenar en el comedor principal hay
que tener reserva (por turnos de 2 h). Para
almorzar, muchos londinenses prefieren el
alón Ling Ling, más informal.

## OOZE
Plano p. 68 · Italiana £

☎ 7436 9444; www.ooze.biz; 62 Goodge St W1;
latos principales 5-14 £; ✆ cerrado do;
⊖ Goodge St
e autodefine como *risotteria*, aunque también incluye buenos platos de pasta, carne
y propuestas italianas de temporada, además de helado artesanal. El local es acoge-
lor, decorado con sencillez y buen gusto. Al
nediodía es muy popular entre los oficinis-
as de la zona. Interesante carta de vinos

## ROKA
Plano p. 68 · Japonesa ££

☎ 7580 6464; www.rokarestaurant.com;
37 Charlotte St W1; platos principales 10-19 £;
⊖ Goodge St o Tottenham Court Rd
Este despampanante restaurante japonés
combina un comedor informal (bancos de
madera) con las sabrosas delicias preparadas a la *robatayaki* (parrilla) en un espacio
central. Decoración moderna, con predominio de los tonos grises, el acero y el cristal.
El *sushi* cuesta de 5 a 9 £, y el menú del
almuerzo, 37 £.

## FINO
Plano p. 68 · Española ££

☎ 7813 8010; www.finorestaurant.com;
33 Charlotte St (entrada por Rathbone St) W1;
tapas 2-17 £; ⊖ Goodge St o Tottenham Court Rd
Aclamado por la crítica especializada, este
lugar, localizado en un glamouroso sótano,
constituye un buen ejemplo de la cocina
española, que en Londres está demasiado
dominada por bares de tapas sombríos y
poco imaginativos. Se recomienda probar la
alcachofa de Jerusalén cocinada con menta,
la tortilla de gambas con ajo o el *foie-gras*
con mermelada de chile.

## RASA SAMUDRA
Plano p. 68 · Hindú £

☎ 7637 0222; www.rasarestaurants.com;
5 Charlotte St W1; platos principales 6,25-12,95 £;
✆ cerrado almuerzo do; ⊖ Goodge St o
Tottenham Court Rd
Este restaurante de color rosa chicle, que
se encuentra en una bocacalle encima de
Oxford St, sirve de introducción a la típica cocina marinera de Kerala, en la costa
suroeste de la India, completada por una importante variedad (8 de sus 14 platos principales) de recetas vegetarianas. Las sopas de
pescado son buenísimas; el pan, excelente;
y los distintos *curries*, deliciosamente picantes. Esta regentado por el mismo grupo que
dirige el vegetariano Rasa (p.
255), en Stoke Newington, con especialidades del sur de India.

## BUSABA EATHAI
Plano p. 68 · Tailandesa £

☎ 7299 7900; 22 Store St WC1; platos principales
6,40-8,90 £; ⊖ Goodge St
Con un par de locales más, uno en Wardour
St (plano p. 68; ☎ 7255 8686; 106-110 Wardour St;
⊖ Tottenham Court Rd), este, en la tranquila
Store St del West End, quizás sea el mejor.
La suntuosa carta recibe al comensal sobre
una pantalla electrónica situada fuera y el
sobredecorado interior queda compensado

por unas grandes mesas de madera para compartir. No es el lugar ideal para una cena larga e íntima, pero es una opción excelente si se busca comida buena y rápida a base de fritos y fideos.

# ST JAMES'S

### NOBU Plano pp. 86-87 Japonesa £££
☎ 7447 4747; www.noburestaurants.com; Metropolitan Hotel, 1ª planta, 19 Old Park Lane W1; platos principales 7-33 £, menús almuerzo/cena desde 50/70 £; ✈ Hyde Park Corner
Comer en el restaurante que atrae a más de famosos de la ciudad exige haber reservado con un mes de antelación. Recientemente ha sido noticia por advertir en la carta que su plato principal, el atún de aleta azul, es una especie en peligro de extinción, por lo que se insta al comensal a decantarse por otro. Parece que después de años de presión para que deje de servirlo está empezando a surtir efecto. Pero, con independencia de la postura del comensal, aquí se comen algunos de los mejores platos asiáticos de Londres. La decoración es minimalista, el servicio, anónimamente eficiente, y la exquisita preparación y presentación del *sushi* y el *sashimi*, fuera de serie. Es fabuloso el bacalao negro con *miso* y salmón envuelto en algas kelp.

### INN THE PARK Plano pp. 86-87 Británica ££
☎ 7451 9999; www.innthepark.com; St James's Park SW1; platos principales 10-18 £; ⏲ 8.00-23.00 do-ju, 9.00-23.00 vi y sa; ✈ Trafalgar Sq
Este deslumbrante café y restaurante de madera en pleno St James's Park (p. 89), regentado por la sensación irlandesa Oliver Peyton, ofrece tartas y té además de sustanciosa comida británica de calidad. Perfectas la reciente incorporación de nuevas mesas bajo los árboles en la zona del café y la nueva terraza en la azotea, pero si lo que apetece es una experiencia culinaria especial, se recomienda acudir para la cena, con el parque tranquilo y ligeramente iluminado. Tanto la arquitectura como la ubicación se cuentan entre las más espléndidas de Londres.

# MAYFAIR

### GORDON RAMSAY AT CLARIDGE'S
Plano p. 92 Británica moderna £££
☎ 7499 0099, 7592 1373; www.gordonramsay.com; 55 Brook St W1; almuerzo/cena 3 platos 30/70 £; ✈ Bond St

Prodigiosa comunión del chef más aclamado de Londres con el mejor hotel de la capital. Si comer en este maravilloso salón *art déco* es de por sí un acontecimiento especial, hacerlo disfrutando de los sabores de Ramsay hará perder la cabeza a más de un comensal, con propuestas que pueden arrancar con un *foie-gras* marinado con oporto blanco, seguir con su cordero a la sa con nueces cristalizadas y comino y finalizar con el espectacular carrito de quesos, u otras igual de sugerentes, tanto da que remitan a la cocina francesa, inglesa o irlandesa. Una buena idea es decantarse por el menú degustación de seis platos (80 £).

### GREENHOUSE Plano p. 92 Europea moderna ££
☎ 7499 3331; www.greenhouserestaurant.com; 27a Hay's Mews W1; almuerzo 2/3 platos 25/29 £, cena 3 platos 65 £; ⏲ almuerzo lu-vi, cena lu-sa; ✈ Green Park
Ubicado en un anodino edificio de una calleja al final de un esculpido "jardín", se trata de uno de los mejores restaurantes de Mayfair, un lugar en el que se respira una actitud diferente a la de los sitios de su clase Se recomiendan las mollejas de ternera con avellanas y la liebre con trufa negra. El men degustación (80 £) es para comensales intrépidos y voraces. En cualquier caso, el cliente siempre es agasajado con aperitivos y sorbetes entre platos, y *petits fours* al final del ágape.

### SKETCH Plano p. 68 Europea moderna ££
☎ 0870 777 4488; www.sketch.uk.com; 9 Conduit St W1; Gallery platos principales 18-32 £, Lecture Room & Library platos principales 39-55 £; ⏲ cerrado do; ✈ Oxford Circus
La espléndida colección de bares y restaurantes en lo que antaño fuera el cuartel general de Christian Dior en Mayfair sigue atrayendo a curiosos, pretenciosos y, sobre todo, a los muy ricos. El informal Gallery, en el sótano, está decorado en blanco nuclear y proyecta vídeos artísticos; el Glade, en la planta baja, es el lugar ideal para un almuerzo asequible (2/3 platos por 20/26 £); y la pastelería Parlour, a la derecha de la entrada principal, es perfecta para un té con pastas. La última incorporación es el salón Lecture Room & Library, más formal, en la planta de arriba, donde los elevados precios, la *haute cuisine*, el lujoso entorno y las tres estrellas Michelin del chef Pierre Gagnaire hipnotizan a una clientela de lo más exclusiva. Escaleras arriba

también está el East Bar, con la docena de aseos individuales más insólitos de Londres.

## WOLSELEY Plano p. 68 — Europea moderna £££
☎ 7499 6996; www.thewolseley.com; 160 Piccadilly W1; platos principales 10-36 £; 🕑 7.00-24.00 lu-vi, 8.00-24.00 sa, 8.00-23.00 do; ⊖ Green Park
Este antiguo concesionario de Bentley, reconvertido en un lujoso bar-restaurante vienés, con candelabros dorados y bonitos suelos en damero blanco y negro, sigue siendo un buen lugar para ver famosos. Aunque lo cierto es que es mejor para desayunar, tomar un *brunch* o el té que para almorzar o cenar, pues los platos (*choucroute à l'Alsacienne, schnitzel* vienés) resultan algo pesados y el personal, un poco estirado. El especial del día cuesta 15,75 £.

## MOMO Plano p. 68 — Norteafricana ££
☎ 7434 4040; www.momoresto.com; 25 Heddon St W1; platos principales 15-24 £, almuerzo 2/3 platos 15/19 £; ⊖ Piccadilly Circus
Hermano del famoso 404, en el Marais parisino, este maravilloso restaurante norteafricano está repleto de cojines y lámparas, además de camareros que danzan y tocan la pandereta. Es un lugar antiguo y divertido que conquista a todo tipo de clientes, desde parejas románticas a estridentes oficinistas de fiesta. El servicio es muy amable y los platos son tan emocionantes como el comensal se atreva. Después de los *meze*, es mejor evitar el tradicional *tajine* y decantarse por la *pastilla*, una deliciosa empanada a base de pichón y nuez moscada, una especialidad marroquí. En verano ponen una terraza en la tranquila calle de atrás.

## VILLANDRY Plano p. 92 — Europea moderna ££
☎ 7631 3131; www.villandry.com; 170 Great Portland St W1; platos principales 12-24 £; 🕑 cerrado cena do; ⊖ Great Portland St
Excelente, con una fuerte inclinación francesa, este restaurante tiene un atractivo mercado *delicatessen* aledaño (por no mencionar el bar), lo que garantiza la frescura y calidad de sus productos. Se recomienda probar la *cassoulet* o alguna de sus diversas y cambiantes propuestas de pescado.

## WILD HONEY Plano p. 92 — Europea moderna ££
☎ 7758 9160; www.wildhoneyrestaurant.co.uk; 12 St George St W1; platos principales 14-20 £, menús 19-22 £; ⊖ Oxford Circus o Bond St

Este restaurante lleva años recibiendo buenas críticas por su comida, bodega, ambiente relajado y servicio profesional. Hermanado con el Arbutus (p. 228), prepara imaginativos platos (p. ej., ensalada de cangrejo con melocotón blanco y almendras) y otros más sencillos (tripa de cerdo cocinada a fuego lento o pollo asado con verduras) a la perfección. Los postres van desde helado de miel de panal a deliciosas fresas silvestres inglesas (en verano). La carta es de temporada, por lo que siempre depara sorpresas.

## SAKURA Plano p. 68 — Japonesa £
☎ 7629 2961; 9 Hanover St W1; platos principales 7-12 £; ⊖ Oxford Circus
Auténtico, este restaurante japonés tiene algo para todo el mundo en horario continuo, desde *sushi* y *sashimi* (2-5 £) hasta *tempura, sukiyaki* y numerosos menús (9-24 £). Justo enfrente hay un pequeño centro comercial japonés con supermercado, café-restaurante y *pub*.

## KERALA Plano p. 68 — Hindú £
☎ 7580 2125; 15 Great Castle St W1; platos principales 5-10 £; ⊖ Oxford Circus
Puede que Oxford Circus suene extraño para ir a comer hindú, pero esta joyita recibe siempre buenas críticas por sus platos del sur del país. Muy recomendables los *biryanis* o las gambas cocinadas en salsa *masala*.

# WESTMINSTER

## CINNAMON CLUB Plano pp. 86-87 — Hindú £££
☎ 7222 2555; www.cinnamonclub.com; Old Westminster Library, 30 Great Smith St SW1; platos principales 11-32 £; 🕑 cerrado almuerzo sa y do todo el día; ⊖ St James's Park
Lucernarios abombados, techos altos, suelos de madera y un entresuelo repleto de libros; un sitio así solo pudo haber sido una biblioteca en el pasado, una certera percepción a la que también contribuye el discreto y eficiente personal. El ambiente es como de club de la época colonial, pero con cocina hindú contemporánea.

## VINCENT ROOMS
Plano pp. 86-87 — Europea moderna £
☎ 7802 8391; www.westking.ac.uk; Westminster Kingsway College, Vincent Sq SW1; platos principales 6-9 £, menú de 3 platos 24 £; 🕑 almuerzo 12.00-13.00 lu-vi, cena 17.00-19.00 ma y ju, solo en época de clases; ⊖ Victoria

Aquí el visitante se ofrece de conejillo de indias para los estudiantes de cocina del Westminster Kingsway College, la escuela de la que salió Jamie Oliver, gran chef y mejor persona. El servicio suele esforzarse por complacer; tanto el ambiente de la Brasserie como el de la Escoffier Room son más elegantes de lo esperado; y sus especialidades, incluidas las vegetarianas, van de bien ejecutadas a puntualmente sublimes.

# MARYLEBONE
## LOCANDA LOCATELLI
Plano p. 92                                    Italiana £££

☎ 7935 9088; www.locandalocatelli.com; 8 Seymour St W1; platos principales 20-29,50 £; ✤ Marble Arch

El centro de operaciones del célebre Giorgio Locatelli, un oscuro aunque sereno y seductor restaurante situado en un hotel bastante corriente de Marble Arch, sigue siendo uno de los lugares más de moda de la capital. El chef es aclamado por sus sublimes platos de pasta, quizás algo sobrevalorados (20-25 £), aunque a fin de cuentas se trata de un detalle sin importancia para su elegante clientela internacional. Esencial reservar con varias semanas de antelación.

## PROVIDORES & TAPA ROOM
Plano p. 92                                     De fusión £££

☎ 7935 6175; www.theprovidores.co.uk; 109 Marylebone High St W1; platos principales 18-26 £; ✤ Baker St o Bond St

Está dividido en dos secciones: planta baja con tentadoras tapas (2,80-15 £) y un comedor sobrio y elegante escaleras arriba con opciones de cocina española y casi cualquier otra cosa. Es suficientemente popular como para estar a tope en los momentos clave, por lo que no es el mejor lugar para una charla tranquila.

## REUBENS
Plano p. 92                                          Judía ££

☎ 7486 0035; www.reubensrestaurant.co.uk; 79 Baker St W1; platos principales 10-24 £; ✔ cerrado vi después almuerzo, sa todo el día; ✤ Baker St

Este céntrico café-restaurante *kosher* tiene todas las especialidades que gustan a los asquenazíes: *gefilte fish* (pescado relleno), *latkes* y sándwiches, además de otros platos más complicados (y pesados). En este caso la ortodoxia sale cara.

## IL BARETTO
Plano p. 92                                    Italiana ££

☎ 7486 7340; www.ilbaretto.co.uk; 43 Blandford St W1; platos principales 9-22 £; cerrado cena do; ✤ Bond St

La última reencarnación de este local es una sencilla *trattoria* que parece del agrado del vecindario de Marylebone. Sirve buenas *pizzas* al horno de leña y sencillos platos como *penne* con salsa de tomate y salchicha, además de gratas sorpresas como cigalas (*langoustine*) a la parrilla. Sus principales atractivos son un ambiente bullicioso e ingredientes de primera calidad importados de Italia.

## WALLACE
Plano p. 92                                    Francesa ££

☎ 7563 9505; www.wallacecollection.org; Hertford House, Manchester Sq W1; platos principales 12,50-18 £; ✔ 10.00-17.00 do-ju, 10.00-23.00 vi y sa; ✤ Bond St; ♿

Situada en el patio de la fantástica, aunque desconocida para muchos londinenses, Wallace Collection (p. 99), pocos restaurantes disfrutan de una ubicación más idílica que esta *brasserie*. Su chef, Thierry Laborde, con estrella Michelin, confecciona cartas de temporada que son un auténtico *tour de France* (3 platos 32-36 £).

## EAT & TWO VEG
Plano p. 92                                 Vegetariana ££

☎ 7258 8595; www.eatandtwoveg.com; 50 Marylebone High St W1; platos principales 10-12 £; ✤ Baker St

Es uno de los mejores restaurantes vegetarianos/*veganos* de la capital, un lugar luminoso y fresco, algo así como un elegante comedor estadounidense del s. XXI, atendido por un personal amable. La carta es internacional y ecléctica (*curry* verde tailandés, estofado de Lankawi), con falsos platos de carne ("embutido" y puré, hamburguesa de queso y patatas fritas) que satisfarán incluso a los más carnívoros.

## NATURAL KITCHEN
Plano p. 92                                    Ecológica £

☎ 7486 8065; 77-78 Marylebone High St W1; platos principales 8-10 £; ✤ Bond St

Aceptable y práctico establecimiento para relajarse y reponer fuerzas en una jornada de compras por Marylebone High Street. Se trata de una tienda de productos ecológicos (vegetales frescos, carnicería, charcutería y vinos) con un restaurante en la 1ª planta. Ofrece desayunos con una buena relación calidad-precio (3-5 £) a base de gachas de avena, yogur de frutas y cereales, o huevos con "soldados" (tostadas cortadas en tiras para untar), además de un *brunch* durante todo el día (7 £ aprox.) y almuerzos.

**GOLDEN HIND** Plano p. 92 *Fish & chips* £

☎ 7486 3644; 73 Marylebone Lane W1; platos principales 6,90-10,60 £; ⊙ cerrado almuerzo sa y do todo el día; ⊖ Bond St

Con 90 años a sus espaldas, este clásico establecimiento convoca en sus mesas de madera maciza tanto a albañiles como a gente trajeada. El culpable del milagro es el mejor bacalao y patatas fritas de todo Londres, siempre recién salidos de sus antiguas sartenes.

También se recomiendan:

Ping Pong (plano p. 92; ☎ 7009 9600; www.pingpong dimsum.com; 10 Paddington St W1; *dim sum* desde 3 £, menús de almuerzo 10-13 £; ⊖ Baker St) Este local de Marylebone, que forma parte de una moderna cadena de seis establecimientos, es popular para almorzar y cenar después del trabajo.

Le Pain Quotidien (plano p. 92; ☎ 7486 6154; www. lepainquotidien.com; 72-75 Marylebone High St W1; platos principales 6,25-10,50 £; ⊖ Baker St) Sencillo café de estilo francés donde sirven ensaladas, sopas y *tartines* (sándwiches abiertos; 7-10 £).

# LA CITY

Lógicamente, las opciones culinarias del núcleo financiero de Londres se orientan a una clientela acomodada y, salvo contadas excepciones, es difícil encontrar algo abierto los fines de semana y, a diario, por la noche. Sin embargo, gracias a que los barrios vecinos de Shoreditch, Spitalfields y Clerkenwell son más y más residenciales, hoy existe una buena selección de restaurantes en la misma milla cuadrada.

**SWEETING'S** Plano p. 103 *Marisco* ££

☎ 7248 3062; 39 Queen Victoria St EC4; platos principales 12,50-25 £; ⊙ almuerzo lu-vi; ⊖ Mansion House

En funcionamiento desde 1830, es toda una institución de la City. Con su pequeño comedor, suelos de mosaico y estrechos mostradores, detrás de los cuales aguardan los camareros con delantales blancos, puede decirse que no ha cambiado mucho desde su apertura. Entre sus platos destacan el salmón ahumado, las ostras (sep-abr), las gambas, la anguila y el famoso *pie* de pescado de la casa (12,50 £).

**WHITE SWAN PUB & DINING ROOM**
Plano p. 105 *Gastropub* ££

☎ 7242 9696; www.thewhiteswanlondon.com; 108 New Fetter Lane EC4; platos principales *pub* 9,50-14 £; ⊙ cerrado sa y do; ⊖ Chancery Lane

Aunque desde fuera se parece a cualquier otro *pub* anónimo de la City, se trata de un elegante bar a pie de calle donde sirven excelente comida de *pub* (10 £ un plato principal con copa de vino) bajo la atenta mirada de los trofeos de animales y un comedor arriba de cocina británica rebosante, cómo no, de carne (comida de 2/3 platos 24/29 £).

**PATERNOSTER CHOP HOUSE**
Plano p. 103 *Británica* ££

☎ 7029 9400; www.paternosterchophouse.com; Warwick Ct, Paternoster Sq EC4; platos principales 16,50-20 £; ⊙ cerrado sa todo el día y cena do; ⊖ St Paul's

Situada junto a la catedral de St. Paul, esta espaciosa *chophouse* de calidad sirve deliciosa comida británica, desde la "bestia del día" (19 £) hasta una gran variedad de marisco (también a la parrilla), además de platos populares como *bubble and squeak* (verduras fritas sobrantes del asado de la cena) y *haggis* (pescado embuchado con puré de patatas, típico escocés). Los domingos hay un *brunch* (12.00-16.00) que incluye el típico asado.

**ROYAL EXCHANGE GRAND CAFÉ & BAR** Plano p. 103 *Europea moderna* ££

☎ 7618 2480; www.danddlondon.com; Royal Exchange Bank, Threadneedle St EC3; platos principales 10-19 £; ⊙ 8.00-23.00 lu-vi; ⊖ Bank

Este café está ubicado en el centro del patio cubierto del bello edificio del Royal Exchange Bank. Hay muchas opciones, desde sándwiches y ostras (a partir de 10,75 £/6 unidades) hasta lenguado entero al horno (18 £) y tripa de cerdo (a partir de 12 £). Ideal para una comida de negocios informal.

**WINE LIBRARY** Plano p. 103 *Europea moderna* ££

☎ 7481 0415; www.winelibrary.co.uk; 43 Trinity Sq EC3; menú 16,45 £; ⊙ 11.30-14.30 lu-vi, 17.00-20.30 ma; ⊖ Tower Hill

Lugar perfecto para un almuerzo ligero pero bien regado. Se puede comprar una botella de vino a precio de tienda (6,50 £ el descorche) de la gran selección existente en este restaurante-bodega situado en un sótano abovedado, y acompañarla con una tabla de deliciosos patés, quesos y ensaladas por 16,45 £.

**PLACE BELOW** Plano p. 103  Vegetariana £

☎ 7329 0789; www.theplacebelow.co.uk; St Mary-le-Bow Church, Cheapside EC2; platos 3-8 £; ⏱ 7.30-15.00 lu-vi; ⊖ Mansion House
Su singularidad es la ubicación, en la cripta de una de las iglesias antiguas más famosas de Londres. La oferta de platos vegetarianos cambian a diario, de *quiches* a sándwiches de masa fermentada.

# EL SOUTH BANK

Esta revitalizada zona, con la Tate Modern, la réplica del Globe Theatre y el espléndido Millennium Bridge como principales atracciones, cuenta con una interesante selección de restaurantes. Muchos de ellos, como el Oxo Tower y el Butler Wharf Chophouse, se ven muy favorecidos por su ubicación y ofrecen un pedazo de romanticismo como aperitivo. Borough y Bermondsey, barrios históricos pero desmejorados y casi olvidados en los tiempos modernos, ya han dejado de ser territorio exclusivo de las anguilas ahumadas y en gelatina, y ya se puede comer en el pabellón de un mercado victoriano y degustar ostras frescas o un filete al punto.

## WATERLOO

### OXO TOWER RESTAURANT & BRASSERIE Plano p. 120  Internacional moderna £££

☎ 7803 3888; www.harveynichols.com; 8ª planta, Barge House St SE1; platos principales 17-33 £, *brasserie* menú de almuerzo 2/3 platos 21,50/ 24,50 £, restaurante menú de almuerzo 3 platos 33,50 £; ⊖ Waterloo
La conversión de la antigua Oxo Tower en viviendas y la incorporación de este restaurante en su 8ª planta tuvieron bastante que ver en el renacimiento culinario de la ribera sur. Su magnífica terraza acristalada ofrece una panorámica privilegiada de lo mejor de Londres, y es por ello que (y no por la comida de fusión) que la factura sube en la *brasserie* y se dispara en el restaurante. Los platos de pescado (p. ej., lubina confitada con ñoquis de trufas y palometa en escabeche) suelen abarcar la mitad de la carta.

### SKYLON Plano p. 120  Internacional moderna ££

☎ 7654 7800; www.skylonrestaurant.co.uk; Royal Festival Hall, 3ª planta, South Bank Centre, Belvedere Rd SE1; restaurante comida 2/3 platos 37,50/ 42,50 £, asador platos principales 11,50-16,50 £; ⏱ asador 12.00-23.00, restaurante almuerzo a diario, cena hasta 22.30 lu-sa; ⊖ Waterloo

Este cavernoso local en lo alto del reformado Royal Festival Hall se divide en dos secciones: asador y restaurante, con un amplio bar (abierto 11.00-1.00) de por medio. Los ventanales del suelo al techo, con vistas del Támesis y la City, y la decoración, a base de colores apagados y sillas de época, evocan el Festival of Britain de 1951, año en que se inauguró esta sala. Se recomienda el *confit* de pato y el lomo de conejo salteado. Almorzar un día laborable cuesta 21,50/26,50 £ por 2/3 platos.

### ANCHOR & HOPE Plano p. 120  Gastropub ££

☎ 7928 9898; 36 The Cut SE1; platos principales 11,50-16 £; ⏱ cerrado almuerzo lu y cena do; ⊖ Southwark o Waterloo
La esperanza *(hope)* es que el visitante consiga mesa sin tener que esperar horas, ya que no se puede reservar en este *gastropub* por excelencia, excepto los domingos para el almuerzo (14.00). Su punto fuerte es la comida británica, principalmente carnívora, con platos como la paletilla de cordero de la marisma asada durante siete horas y el jarrete de ternera estofado con soja. A los críticos les encanta. Su restaurante hermanado, el Great Queen Street (p. 231), en Covent Garden, es más pequeño, no tiene *pub* y sí acepta reservas (imprescindible si se quiere comer en él).

También se recomiendan:

Masters Super Fish (plano p. 120; ☎ 7928 6924; 191 Waterloo Rd SE1; platos principales 6,50-16 £; ⏱ cerrado do; ⊖ Waterloo) El pescado (traído fresco a diario desde el mercado de Billingsgate y asado en lugar de frito, si se desea) es inigualable en este establecimiento de aspecto bastante modesto.

Mesón Don Felipe (plano p. 120; ☎ 7928 3237; 53 The Cut SE1; tapas 3,75-6,25 £; ⏱ cerrado do; ⊖ Southwark o Waterloo) Auténtica institución de Waterloo que sirve tapas clásicas como patatas bravas y albóndigas en torno a una barra central a clientes que no consiguieron mesa en el Anchor & Hope.

## BOROUGH Y BERMONDSEY

### ROAST Plano p. 120  Británica moderna ££

☎ 7940 1300; www.roast-restaurant.com; 1ª planta, Floral Hall, Borough Market, Stoney St SE1; platos principales 14-25 £; ⏱ cerrado cena do; ⊖ London Bridge
El foco de este singular restaurante y bar situado sobre el mercado de Borough es

la cocina acristalada con asador abierto, donde se preparan costillas de ternera, lechones, aves y caza, sin duda subidos de los puestos del mercado. Entre las opciones más ligeras, ensaladas y pescado a la parrilla. Los días de mercado (ju-sa) el trajín abajo es frenético.

## BUTLERS WHARF CHOP HOUSE

Plano p. 120                    Británica moderna ££

☎ 7403 3403; www.chophouse.co.uk; Butlers Wharf Bldg, 36e Shad Thames SE1; platos principales 15,50-22,50 £, menú de almuerzo 2/3 platos 19,50/24,50 £, cena 22/26 £; ⊖ Tower Hill
Pionero de la cocina británica moderna, sigue creando variedades de gran nivel de salchichas con puré, *bubble and squeak* y pasteles de pescado, además de "antiguas nuevas" incorporaciones como cerdo Old Spot de Gloucestershire y pollo asado. La excelente panorámica del Tower Bridge (quizás la principal razón de la visita) es parte de la oferta (mejor desde una mesa al aire libre).

## MAGDALEN Plano p. 120    Británica moderna ££

☎ 7403 1342; www.magdalenrestaurant.co.uk; 152 Tooley St SE1; platos principales 13,50-17 £, menú de 2/3 platos 15,50/18,50 £; ⊙ cerrado almuerzo sa y todo el día do; ⊖ London Bridge
Este elegante comedor con dos niveles parece algo fuera de lugar en la desangelada Tooley St, pero en esta zona hay que agarrarse a un clavo ardiendo. Su cocina toma platos típicos británicos y los reinterpreta, con resultados como lomo de cerdo asado con salvia y lentejas o *choucroute* de abadejo ahumado. La bienvenida es cálida y el servicio impecable; el mejor en su clase y barrio.

## CHAMPOR-CHAMPOR

Plano p. 120                    Asiática de fusión ££

☎ 7403 4600; www.champor-champor.com; 62-64 Weston St SE1; menú de 2/3 platos 25/29 £; ⊙ almuerzo ju y vi, cena lu-sa; ⊖ London Bridge
Un restaurante cuyo nombre significa "mezclar y combinar", en malayo, lógicamente depara especialidades singulares, aunque con resultados desiguales. Su cocina Este-Oeste incluye propuestas como salchichas de avestruz en salsa de pimienta de Sichuan y cacahuete, estofado de pichón y ciruela y opciones vegetarianas como *teriyaki* de berenjena asada. Por su parte, la ecléctica decoración asiática del lugar es una delicia.

## APPLEBEE'S FISH CAFÉ

Plano p. 120                              Marisco ££

☎ 7407 5777; 5 Stoney St SE1; platos principales 12,50-19 £, menú de almuerzo 2 platos 13,50 £; ⊙ cerrado do y lu; ⊖ London Bridge
Excelente pescadería con café-restaurante anexo en pleno mercado de Borough. La cambiante oferta de pescado y marisco, más que frescos, se anuncia en la pizarra, pero siempre es una buena opción la sopa de pescado, una comida en sí misma (8,50 £).

## GARRISON PUBLIC HOUSE

Plano p. 120                            Gastropub ££

☎ 7089 9355; www.thegarrison.co.uk; 99-101 Bermondsey St SE1; platos principales 11,50-16 £; ⊙ desayuno, almuerzo y cena a diario, *brunch* sa y do; ⊖ London Bridge
La tradicional fachada de azulejos verdes, el interior tipo cabaña de playa venida a menos y el cine del sótano tienen su punto, pero lo que atrae a los clientes a este popular *gastropub* son sus especialidades, por ejemplo, *terrine* de codillo prensado, hígado de ternera con bacón ahumado o cordero al romero y ajo. Está más tranquilo a la hora del desayuno (8.00-11.30 entre semana) o del *brunch* (9.00-11.30 fines de semana).

## BERMONDSEY KITCHEN

Plano p. 120                    Europea moderna ££

☎ 7407 5719; www.bermondseykitchen.co.uk; 194 Bermondsey St SE1; platos principales 9,50-16,50 £; ⊙ cerrado cena do; ⊖ London Bridge o Borough
Particularmente ideal tanto para acurrucarse en uno de sus sofás con la prensa dominical como para disfrutar del *brunch* el fin de semana, no es de extrañar que muchos vecinos lo hayan convertido en algo así como su segunda sala de estar. Las modernas especialidades europeas con un toque mediterráneo que salen de su asador abierto son tan caseras y sencillas como sus mesas de madera maciza, siempre expresadas en una agradable y escueta carta (6 entrantes y otros tantos principales) que cambia a diario. El menú del almuerzo puede costar menos de 10 £ los días laborables.

También se recomiendan:

Hartley (plano p. 120; ☎ 7394 7023; www.thehartley. com; 64 Tower Bridge Rd SE1; platos principales 8,50-14,50 £; ⊙ cerrado cena do; ⊖ London Bridge) A medio camino entre *pub* y *gastropub*, preparan hamburguesas de filete de cadera (6,50 £) y el típico asado de domingo (11,50 £), además de platos más imaginativos como pierna de conejo confitada (14,50 £).

Tsuru (plano p. 120; ☎ 7928 2228; www.tsuru-sushi.co.uk;
4 Canvey St SE1; platos 4,95-7,95 £; ⏱ 11.00-21.00 lu-vi;
⊖ St Paul's, Southwark o London Bridge) Animado y
económico local de *sushi* durante el día, hasta temprano
por la noche. Está justo detrás de la Tate Modern.

# DE HYDE PARK A CHELSEA

A principios del s. XVIII, la afluencia de inmigrantes a Londres, por aquel entonces la
mayor ciudad de Europa, contribuyó a la expansión de los barrios obreros de la ciudad
hacia el este y el sur, mientras que las clases
más adineradas se instalaban al norte y al oeste de la misma. No sorprende, pues, que algunos de los mejores restaurantes de Londres
se encuentren en los hoteles *chic* y las calles
aburguesadas de Chelsea, Belgravia y Knightsbridge. El rey de todos ellos, Gordon Ramsay,
coronado con tres estrellas Michelin, está en
Chelsea. Por su parte, South Kensington, elegante y cosmopolita, ha sido desde siempre
una garantía para las opciones paneuropeas.

## CHELSEA Y BELGRAVIA

### GORDON RAMSAY
Plano pp. 132-133                Europea moderna £££
☎ 7352 4441; www.gordonramsay.com; 68 Royal
Hospital Rd SW3; almuerzo/cena 3 platos 45/90 £;
⏱ almuerzo y cena lu-vi; ⊖ Sloane Sq
El único tres estrellas Michelin de Londres,
y uno de los mejores restaurantes del país,
es territorio sagrado para quienes rinden
culto a los fogones, y eso que la polémica
parece visitar al señor Ramsay regularmente. Indudablemente, todo está delicioso,
desde el primer bocado hasta la última
trufa, aunque el comensal no dispondrá
de mucho tiempo para relamerse, pues las
reservas tienen tiempos estrictos, por lo
que, para evitar esa indigesta sensación
de apremio, se aconseja decantarse por
el último turno. El menú Prestige (120 £),
de degustación, consta de siete platos
absolutamente perfectos.

### CHEYNE WALK BRASSERIE
Plano pp. 132-133                    Francesa £££
☎ 7376 8787; www.cheynewalkbrasserie.com;
50 Cheyne Walk SW3; platos principales 19,50-
39,50 £, menú de almuerzo 2/3 platos 17/23 £,
*brunch* fin de semana 27/33 £; ⏱ cerrado cena
do y almuerzo lu; ⊖ Sloane Sq

# lo mejor

## RESTAURANTES CON VISTAS
- Oxo Tower Restaurant & Brasserie (p. 238)
- Portrait (p. 231)
- Min Jiang (p. 241)
- Butlers Wharf Chop House (p. 239)
- Roast (p. 238)

El punto fuerte de este bar-restaurante es el
gran asador abierto situado en el centro
del comedor, y más particularmente sus filetes, especialmente jugosos. Aunque quizás
apetezca más un pargo con limón y hojas de
laurel acompañado con ensalada de judías
verdes, pistacho y menta. La decoración *belle époque* roza lo *kitsch*, con bancos de color
turquesa, sillas de cuero rojo y candelabros
y lámparas de cristal con pantallas rosa.
El atractivo salón de la planta superior ofrece una soberbia panorámica del Támesis (al
menos en invierno, cuando los árboles han
perdido las hojas).

## KNIGHTSBRIDGE, KENSINGTON Y HYDE PARK

**CAPITAL** Plano pp. 132-133    Europea moderna £££
☎ 7589 5171, 7591 1202; www.capitalhotel.
co.uk; Capital Hotel, 22-23 Basil St SW3; menú
de almuerzo 2/3 platos 27,50/33 £, cena 55/63 £;
⊖ Knightsbridge
El menos conocido los ocho restaurantes
de Londres con dos estrellas Michelin está
situado detrás de Harrods. El lugar depara
una moderna aunque cálida decoración, un
complaciente personal y los premiados platos del chef Eric Chavot (langosta al horno
con caldo de chile y coco, silla de conejo,
calamares dorados al fuego y *risotto* de
tomate). Ahora ya lo sabe el viajero. El menú
degustación cuesta 70 £ (55 £ más *maridado*
con vinos).

### BIBENDUM
Plano pp. 132-133                Europea moderna £££
☎ 7581 5817, 7589 1480; www.bibendum.co.uk;
Michelin House, 81 Fulham Rd SW3; platos
principales 23-27 £, menú de almuerzo 2/3 platos
25/29 £; ⊖ South Kensington
Situado en el edificio *art nouveau* de la
Michelin House (p. 137), patrimonio arquitec-

tónico londinense, en un salón espacioso y luminoso con vidrieras, el Bibendum depara una cocina fabulosamente creativa, aunque el servicio, todo hay que decirlo, es bastante ordinario. Por su parte, el Bibendum Oyster Bar, en la planta baja, brinda un lugar privilegiado desde donde admirar la singularidad del edificio mientras se saborean unas extraordinarias ostras de roca autóctonas (12 £/6 unidades) o un plato principal (7,50-10,50 £)

## MIN JIANG Plano pp. 132-133                China £££
☎ 7361 1988; www.minjiang.co.uk; Royal Garden Hotel, 10ª planta, 2-24 Kensington High St W8; platos principales 12-48 £; ⊖ Kensington High St
Este maravilloso restaurante chino, en lo alto de un hotel propiedad de un grupo con base en Hong Kong, ofrece vistas inigualables del palacio y los jardines de Kensington además del, posiblemente, mejor pato Pekín (medio/entero 25/48 £) de todo Londres, cocinado a la leña. También sirven excelente marisco.

## LAUNCESTON PLACE
Plano pp. 132-133                Europea moderna ££
☎ 7937 6912; www.launcestonplace-restaurant. co.uk; 1a Launceston Pl W8; almuerzo 3 platos/ almuerzo do/cena 18/24/42 £; ⊗ cerrado almuerzo lu; ⊖ Gloucester Rd o Kensington High St
Este bellísimo restaurante, situado en una típica calle de casas eduardianas de Kensington, actualmente es el lugar más elegante de la zona. La comida, preparada por el chef Tristan Welsh, protegido de Marcus Wareing, sabe tan bien como parece. El visitante aventurero –con dinero– debería optar por el menú degustación (52 £).

## RACINE Plano pp. 132-133                Francesa ££
☎ 7584 4477; 239 Brompton Rd SW3; platos principales 12,50-26,25 £, menú de almuezo de 2/3 platos 17,50/19,50 £; ⊖ Knightsbridge o South Kensington
La cocina regional francesa de esta brasserie parece recién llegada en el Eurostar. Cabe esperar propuestas como tête de veau (clásico plato francés de ternera, 16,50 £), conejo a la parrilla con mostaza (19,95 £) y riñones de ternera con Fourme d'Ambert (queso azul de Auvergne) a la mantequilla de nueces. Cocina tradicional francesa sin concesiones, quizás un poco pesada para algunos.

## AWANA Plano pp. 132-133                Malasia ££
☎ 7584 8880; www.awana.co.uk; 85 Sloane Ave SW3; platos principales 11,50-25 £, menú de almuerzo 2/3 platos 12,50/15 £; ⊖ South Kensington
El único restaurante malasio de categoría de Londres sirve todos los platos favoritos de estos autores en un elegante y minimalista comedor estilo "nuevo asiático": rendang de ternera, laksa (caldo de coco con gambas y fideos de arroz), murtabak (tortitas con sabrosos rellenos), ikan bakar (pez mantequilla asado envuelto en hojas de banana con hierbas). A los no iniciados puede que les interese el menú degustación Malaysian Journey por 45 £ (40 £ en versión vegetariana). En el Satay Bar sirven deliciosas brochetas de pollo, ternera, cordero y gambas (7,50-9,50 £) con la salsa picante de cacahuete de la casa. Siempre se vuelve.

## ORIEL Plano pp. 132-133                Francesa ££
☎ 7730 2804, www.tragusholdings.com; 51 Sloane Sq SW1; platos principales 10,25-22,95 £; ⊖ Sloane Sq
Con cómodas sillas y espejos de mimbre y vistas a Sloane Sq, este restaurante es el lugar ideal para citarse antes de ir de compras por King's Rd o Sloane St. Cabe esperar todas las habituales especialidades de brasserie, por ejemplo, confit de canard (muslo de pato confitado) foie de veau (hígado de ternera) y moules marinières (mejillones con vino blanco y nata).

## LUCIO Plano pp. 132-133                Italiana ££
☎ 7823 3007; www.luciorestaurant.com; 257-259 Fulham Rd SW3; platos principales 18,50-20,50 £, menús 2/3 platos 15,50/19 £; ⊖ South Kensington
Es opinión de estos autores, uno de los mejores restaurantes italianos de la capital, sin duda de primera categoría, aunque sin perder los papeles. Se recomienda la pasta

# lo mejor
## COMER CON NIÑOS
- Giraffe (p. 262)
- Frankie's (p. 242)
- Frizzante@City Farm (p. 249)
- Nando's (p. 263)
- Pavilion Café at Victoria Park (p. 250)

con almejas, los raviolis de cangrejo (en temporada) y el *zucchini* (calabacín) frito. Entorno estiloso, clientela sobria y servicio impecable.

## OGNISKO Plano pp. 132-133  Polaca ££

☎ 7589 4635; www.ognisko.com; 55 Exhibition Rd SW7; platos principales 10,50-20,50 £; ✦ South Kensington

Su estilo es de otro mundo y otra época: un comedor barroco tipo club social lleno de retratos, arañas de luces, espejos y con vistas a una plaza llena de vegetación. Se recomienda ceñirse a los básicos: *barszcz czerwony* (sopa de remolacha) y *pierogi* (bolas de masa rellenas de carne o queso y patatas).

## FRANKIE'S Plano pp. 132-133  Italiana ££

☎ 7590 9999; www.frankiesitalianbarandgrill.com; 3 Yeoman's Row, Brompton Rd SW3; platos principales 10,50-18,50 £; ✦ Knightsbridge

Creación del jinete Frankie Dettori y el influyente chef Marco Pierre White, en este bar con asador situado en un sótano sirven buenos, sustanciosos y generosos platos tradicionales (en este caso, de inmigrantes italianos). Popular entre las familias, la carta, contundente, rebosa de bistecs y pescado, pero también se cuelan hamburguesas (8,95 £) y opciones de pasta (7,50-10,50 £).

## ORANGERY Plano pp. 132-133  Tetería ££

☎ 0844 482 7777; www.hrp.org.uk; Kensington Palace, Kensington Gardens W8; platos principales 9,95-12,95 £, té 13,50-28,50 £; ⊗ 10.00-18.00 mar-oct, hasta 17.00 nov-feb; ✦ Queensway, Notting Hill Gate o High St Kensington

Situado en un jardín de invierno del s. XVIII en el recinto del palacio de Kensington, es un buen lugar para almorzar, especialmente si hace buen tiempo, e inigualable para tomar el té, en todas sus variedades, desde el "normal" (sándwiches, postres y té) al de "champán" (igual pero con esta bebida) por 28,50 £; seguramente el visitante no podrá terminárselo.

## DAQUISE Plano pp. 132-133  Polaca £

☎ 7589 6117; 20 Thurloe St SW7; platos principales 6,50-13,50 £, menú de almuerzo 9,50 £; ✦ South Kensington

Este dinosaurio –un adorable pequeño tyrannosaurus– es un anodino café-restaurante polaco, con una buena oferta de vodka y platos a precios muy razonables,

como los habituales *bigos* (carne con col fermentada; 8 £), un "estofado de cazador" a base de col y cerdo, col rellena (8,50 £) y *pierogi,* parecidos a los *ravioli* (6,50 £).

## PIZZA ON THE PARK
Plano pp. 132-133  Italiana £

☎ 7235 7825; www.pizzaonthepark.co.uk; 11 Knightsbridge SW5; platos principales 7,80-11 £; ✦ Hyde Park Corner

Este lugar es tan popular por sus noches de *jazz* en el sótano como por sus *pizzas*. Incluye un amplio restaurante en la planta superior y, con un poco de suerte, varias mesas con vistas a Hyde Park. Además de *pizza* y pasta, también preparan parrilladas y platos principales más sustanciosos.

## JAKOB'S Plano pp. 132-133  De Oriente Medio £

☎ 7581 9292; 20 Gloucester Rd SW7; platos principales 7-10 £; ✦ Gloucester Rd

Este carismático restaurante armenio sirve deliciosas y saludables ensaladas (algunas ecológicas), lasañas vegetales, *filo pie* (pie de pasta *filo*), *falafel* y kebabs cuyos ingredientes se pueden escoger del mostrador. Un plato con 3/4 selecciones cuesta 7/10 £. Los postres están muy buenos.

## BYRON plano pp. 132-133  Hamburgesas £

☎ 7352 6040; www.byronhamburgers.com; 300 King's Rd SW3; platos principales 5,75-8 £; ✦ Sloane Sq

Territorio algo baldío para la comida asequible y aceptable, King's Rd puede ahora presumir de su Byron, el lugar donde solo sirven hamburguesas auténticas (al menos eso pone en el cartel). La Classic (170 gr. de ternera *Aberdeen Angus*) y la Classic Caesar (que simplemente significa tradicional) impresionaron tanto al americano del grupo de los autores de esta guía que repitió (otro día).

También se recomienda:

Tom's Kitchen (plano pp. 132-133; ☎ 7349 0202; www.tomskitchen.co.uk; 27 Cale St SW3; platos principales 12,50-29 £; ⊗ 7.00-10.00 y 12.00-15.00 lu-vi, 10.00-15.00 sa y do, más 18.00-23.00 lu-do; ✦ South Kensington) El prestigioso chef Tom Aikens, que regenta un restaurante con una estrella Michelin a la vuelta de la esquina, abrió este local menos exigente, que incluye unos premiados desayunos, y con horario ininterrumpido.

Sticky Fingers (plano p. 174; ☎ 7938 5338; 1 Phillimore Gardens W8; platos principales 9,50-14,50 £; ✦ High St

## 'FARMERS MARKETS' (MERCADOS DE GRANJEROS)

Para comprar fruta y verdura, productos lácteos, carnes y pescados, pan y otros productos que sepan como los de antes, hay que ir a uno de los numerosos mercadillos de fin de semana que han comenzado a proliferar por todo Londres en la última década. En ellos, los productores venden su propio género, siempre fresco, en un ambiente dicharachero. A continuación se indican los mejores y más céntricos; para un listado completo, véase www.lfm.org.uk.

Blackheath (plano p. 64; estación de trenes de Blackheath, aparcamiento nº 2, Blackheath SE10; ⊗ 10.00-14.00 do; ☒ Blackheath)

Clapham (fuera de plano p. 188; Bonneville Primary School, Bonneville Gardens SW4; ⊗ 10.00-14.00 do; ⊖ Clapham South).

Islington (plano p. 166; William Tyndale School, Upper St N1; ⊗ 10.00-14.00 do; ⊖ Highbury & Islington o Angel) El primero de Londres (detrás del ayuntamiento de Islington) vende productos de cultivo ecológico y otros alimentos cultivados o criados en 80 km a la redonda.

Marylebone (plano p. 92; aparcamiento de Cramer St, junto a Marylebone High St W1; ⊗ 10.00-14.00 do; ⊖ Baker St o Bond St) El mayor mercado de este tipo de la ciudad congrega a más de treinta productores procedentes de un radio de 160 km alrededor de la M25.

Notting Hill (plano p. 172; aparcamiento de detrás de Waterstone's, Kensington Pl W8; ⊗ 9.00-13.00 sa; ⊖ Notting Hill Gate)

Pimlico Road (plano pp. 132-133; Orange Sq, Pimlico Rd esq. Ebury St SW1; ⊗ 9.00-13.00 sa; ⊖ Sloane Sq)

South Kensington (plano pp. 132-133; Bute St, junto a Brompton Rd SW7; ⊗ 9.00-13.00 sa; ⊖ South Kensington)

Wimbledon Park (fuera de plano p. 64; Wimbledon Park First School, Havana Rd SW19; ⊗ 9.00-13.00 sa; ⊖ Wimbledon Park)

Kensington) Aunque Bill Wyman haya vendido sus participaciones, sigue siendo un restaurante temático de los Rolling Stones, con discos de oro y otros objetos de interés de la banda, además de hamburguesas correctas.

Serpentine Bar & Kitchen (plano pp. 132-133; ☎ 7706 8114; www.serpentinebarandkitchen.com; Serpentine Rd, Hyde Park W2; platos principales 7,50-9,75 £; ⊗ 8.00-21.00; ⊖ Hyde Park Corner) Este acristalado café-bar es excelente para beber o comer algo ligero en Hyde Park.

# VICTORIA Y PIMLICO

**ROUSSILLON** Plano pp. 132-133        Francesa £££

☎ 7730 5550; www.roussillon.co.uk; 16 St Barnabas St SW1; almuerzo/cena 3 platos 35/55 £; ⊗ cerrado almuerzo sa y do todo el día; ⊖ Sloane Sq

En una tranquila calle junto a Pimlico Rd, este restaurante con estrella Michelin ofrece un servicio excelente, un ambiente y decoración encantadores e ingredientes ingleses frescos y bien preparados *à la française;* casi dan ganas de no desvelar esta joya. No hay carta propiamente dicha, sino que se escoge de entre unos cuatro a seis entrantes y platos principales tanto para el almuerzo como la cena. También ofrecen un despampanante menú degustación (48-58/75 £ almuerzo/cena, 8 platos) y el Menu Légumes (65 £),

con el que sitúan a la cocina vegetariana en la liga de la *haute cuisine.*

## LA POULE AU POT
Plano pp. 132-133        Francesa ££

☎ 7730 7763; 231 Ebury St SW1; platos principales 15,50-21 £, menú de almuerzo 2/3 platos 18,75/22,75 £; ⊖ Sloane Sq
Iluminado con velas incluso al mediodía, a este veterano restaurante francés de estilo campestre le sobra romanticismo e intimidad y le falta algo de calidad culinaria, con platos como *tarte* de cebolla, conejo a la cazuela y gallina pintada asada. La terraza delantera sin duda es un lugar encantador en verano.

## OLIVO Plano pp. 132-133        Italiana ££

☎ 7730 2505; 21 Eccleston St SW1; platos principales 13,75-17,50 £; ⊗ cerrado almuerzo sa y do; ⊖ Victoria o Sloane Sq
Seguramente a la clientela de este restaurante especializado en platos y vinos de Cerdeña y Sicilia preferiría que el lugar continuara siendo su secreto, localizado cerca de la estación de Victoria. Se recomienda beber siciliano y comer sardo. Los platos de pasta son espectaculares (10,75-15,50 £). Un tesoro.

## JENNY LO'S TEA HOUSE

Plano pp. 132-133       China £

☎ 7259 0399; 14 Eccleston St SW1; platos principales 6,95-8,50 £; ⊗ almuerzo y cena lu-vi; ⊖ Victoria

Restaurante de arroz y fideos en Victoria con excelente relación calidad-precio. Fue abierto por la hija de Kenneth Lo, autor de libros de cocina china recientemente fallecido e introductor de la misma en el Reino Unido en la década de 1950.

# CLERKENWELL, SHOREDITCH Y SPITALFIELDS

Shoreditch ofrece hoy parte de la mejor gastronomía de la capital: su estilo creativo ha atraído a restauradores independientes con parecida mentalidad, y cada semana parece haber una nueva incorporación. Clerkenwell tiene un deje más tradicional y sigue albergando algunos de los restaurantes más famosos de Londres, mientras que Spitalfields cuenta con otras joyas, entre ellas algunas de las panaderías de *bagels* más apreciadas de londres y numerosos, aunque a menudo bastante triviales, restaurantes de cocina *balti* (hindú del Reino Unido).

## CLERKENWELL

### LE CAFÉ DU MARCHÉ

Plano p. 144       Francesa ££

☎ 7608 1609; 22 Charterhouse Sq, Charterhouse Mews EC1; menús de 3 platos 33,85 £; ⊗ cerrado almuerzo sa y do todo el día; ⊖ Barbican

La tradición es la consigna en este *bistro* francés ubicado en un antiguo almacén de ladrillo visto en un pequeño callejón cerca del mercado de Smithfield. La comida es principalmente informal, al estilo francés (filetes con ajo y romero, sopa de pescado con alioli); en la parte de arriba suena *jazz* y hay un piano. Solo sirven menús.

### SMITHS OF SMITHFIELD

Plano p. 144       Británica moderna ££

☎ 7251 7950, 7236 6666; www.smithsofsmithfield.co.uk; 67-77 Charterhouse St EC1; platos principales 10-27 £; ⊗ desayuno, almuerzo y cena; ⊖ Farringdon

La cavernosa cantina de la planta baja de esta institución de Clerkenwell atrae a una mezcla de vecinos, trabajadores y noctámbulos por su famoso desayuno. En el resto del edificio, la calidad de la comida y los precios suben con cada tramo de escalera: varias salas de vinos de la 1ª planta (pequeños platos y sándwiches); una *brasserie* en la 2ª; y un comedor de la azotea con soberbias vistas del mercado de Smithfield y la catedral de St Paul. El elemento común es el protagonismo de la carne británica de calidad y los productos de cultivo ecológico.

### ST JOHN Plano p. 144       Británica ££

☎ 7251 0848; www.stjohnrestaurant.co.uk; 26 St John St EC1; platos principales 12,50-22 £; ⊗ cerrado do cena; ⊖ Farringdon

Este clásico de Londres es maravillosamente sencillo: su diáfana zona de bar y café da a un pequeño comedor donde los apretujados comensales degustan la cocina del prestigioso chef Fergus Henderson. Se trata de uno de los establecimientos que lanzó a los londinenses a redescubrir su pasado gastronómico. No hay que perderse la ensalada de tuétano asado con perejil, marca de la casa, para seguir con uno de los sabrosos platos del día, por ejemplo, cabrito asado con hinojo y salsa verde o anguila ahumada con remolacha y rábano picante. Los tradicionales pudins británicos también deslumbran.

### MORO Plano p. 144       Norteafricana, española ££

☎ 7833 8336; www.moro.co.uk; 34-36 Exmouth Market EC1; platos principales 15,50-18,50 £; ⊖ Farringdon o Angel

El restaurante más conocido de Clerkenwell, que todavía recibe reconocimientos una década después de su apertura, sirve cocina "morisca", una fusión de sabores españoles, portugueses y norteafricanos. No parece nada especial, pero está siempre lleno y animado, con una oferta fabulosa basada en una carta en constante evolución con platos como caballa asada a la leña en salsa de oloroso y cebolla dulce o cordero a la parrilla con berenjena frita. Imprescindible reservar.

### QUALITY CHOP HOUSE

Plano p. 144       Británica ££

☎ 7837 5093; www.qualitychophouse.co.uk; 92-94 Farringdon Rd EC1; platos principales 10-18 £; ⊗ cerrado almuerzo sa; ⊖ Farringdon

Por su interior *mockney* (falso *cockney*), este lugar podría asociarse tanto con la clase trabajadora como con los nuevos clientes de los medios de comunicación que lo frecuentan. Da igual, el espacio sigue siendo encantador, con suelo antiguo, viejos bancos de iglesia para sentarse y un personal incongruentemente formal para un establecimiento que se autoproclama "dirigido a la clase trabajadora progresista". Pero es que la comida es excelente, a base de versiones refinadas de clásicos como *pies* (tarta de hojaldre) de carne de cerdo con *piccalilli*, anguila y, por supuesto, chuletas de cerdo.

### MEDCALF Plano p. 144  Británica £-££
☎ 7833 3533; www.medcalfbar.co.uk; 40 Exmouth Market EC1; platos principales 8,50-19,50 £; ⏰ cerrado cena do; ⊖ Farringdon o Angel
Es uno de los establecimientos con mejor relación calidad-precio del mercado de Exmouth. Ocupa una bella carnicería de 1912 reconvertida y sirve comida británica buena e innovadora, como cangrejo de Devon capturado a mano o *Welsh rarebit* ("conejo galés", con queso y otros ingredientes y servido sobre una tostada).

### EAGLE Plano p. 144  *Gastropub* ££
☎ 7837 1353; 159 Farringdon Rd EC1; platos principales 8,50-13 £; ⏰ cerrado cena do; ⊖ Farringdon
El primer *gastropub* de Londres ha cambiado de dueños pero sigue siendo un gran lugar para tomar un bocado acompañado de una pinta de cerveza, sobre todo al mediodía, cuando está relativamente tranquilo y la barra seduce con su oferta de aperitivos mediterráneos.

### MODERN PANTRY Plano p. 144  De fusión ££
☎ 7553 9210; www.themodernpantry.co.uk; 47-48 St John's Sq EC1; platos principales 12,50-18,50 £; ⏰ 8.00-23.00 lu-vi, 9.00-23.00 sa, 10.00-22.00 do; ⊖ Farringdon
En boca de todos, esta casa de tres plantas de la época georgiana en el centro de Clerkenwell ofrece una magnífica carta durante todo el día. Los ingredientes se combinan de modo sublime en platos como caballa entera a la parrilla, berenjena, fideos *harasume* con pasas y cilantro y salsa de soja dulce. Los desayunos también son excelsos, aunque las raciones suelen pecar de pequeñas. Se recomienda reservar por la noche. Tiene una pequeña tienda.

### COACH & HORSES Plano p. 144  *Gastropub* £
☎ 7278 8990; www.thecoachandhorses.com; 26-28 Ray St EC1; platos principales 4-11,50 £; ⊖ Farringdon

En opinión de estos autores, es el mejor *gastropub* de Clerkenwell, pues no ha tenido que sacrificar nada de su encantador aire de *pub* antiguo para atraer a una acomodada clientela. Le basta con su gran oferta gastronómica y gran relación calidad-precio, que pese al susodicho éxito apenas ha subido 1-2 £ por plato. El bacalao rebozado (la masa incluye cerveza de la casa) con patatas fritas y puré de guisantes vale lo que cuesta (11,50 £).

### AKI Plano p. 144  Japonesa £
☎ 7837 9281; www.akidemae.com; 182 Gray's Inn Rd WC1; platos principales 5-18 £; ⏰ cerrado almuerzo sa y do todo el día; ⊖ Chancery Lane
Este encantador *izakaya* (bar de sake con comida o *bistro* japonés), aunque algo venido a menos, sigue siendo magnífico y muy auténtico para comer fideos (5 £), *sushi* (1,70-3 £) o uno de sus excelentes menús de almuerzo (9,30 £). La amabilidad del personal y la amplia selección de sake no hacen sino aumentar su atractivo.

## SHOREDITCH Y HOXTON

### EYRE BROTHERS
Plano p. 144  Española, portuguesa £££
☎ 7613 5346; www.eyrebrothers.co.uk; 70 Leonard St EC2; platos principales 10-27 £; ⏰ cerrado almuerzo sa y do todo el día; ⊖ Old St
Este sublime y elegante restaurante de Shoreditch merece el desplazamiento (y la reserva). Su cocina ibérica tiene un toque africano, cortesía de la educación mozambiqueña de los epónimos hermanos, y es tan apasionante como promete. En una reciente visita, el bacalao salado resultó sencillamente soberbio, al igual que el jamón ibérico de bellota.

### BOUNDARY Plano p. 144  Europea moderna £££
☎ 7729 1051; www.theboundary.co.uk; 2-4 Boundary St E2; platos principales 14-28 £; ⏰ cerrado almuerzo lu y cena do; ⊖ Liverpool St
La nueva aventura de sir Terence Conran, el más prolífico restaurador de Londres hasta la reciente venta de su cartera de 29 restaurantes, solo puede calificarse de extraordinaria. Combinación de dos restaurantes, un hotel y una fantástica terraza en la azotea, este lugar marca la vuelta de este maestro de ceremonias al panorama culinario de la capital. El café-charcutería de la planta baja es excelente para una comida ligera (3-6 £) o una elegante taza de té, mientras que el

restaurante del sótano es idóneo para una glamourosa cena con especialidades francesas y británicas, sobre todo marisco, queso y charcutería.

## FIFTEEN Plano p. 144 · Italiana ££

☎ 0871 330 1515, 7251 3909; www.fifteen.net; 15 Westland Pl N1; platos principales 14-21 £; ⊖ Old St
Sería fácil considerar la publicidad del restaurante escuela de Jamie Oliver como una simple estrategia comercial, pero la última visita de los autores de esta guía lo desmiente de manera tajante. Aquí 15 jóvenes chefs procedentes de entornos desfavorecidos (sus gorros de chef son negros en vez de blancos) trabajan con profesionales experimentados en la elaboración de una ambiciosa e interesante carta italiana. La *trattoria* de la planta baja es un lugar relajado, mientras que el más formal comedor del sótano ofrece un menú degustación. Los ñoquis, los raviolis de ternera y la dorada eran excelentes, y el ambiente estaba tan animado y excitante como siempre. Suele ser primordial reservar.

## HOXTON APPRENTICE
Plano p. 144 · Europea moderna ££

☎ 7749 2828; www.hoxtonapprentice.com; 16 Hoxton Sq N1; platos principales 4,50-14,50 £; ⊗ cerrado lu todo el día y cena do; ⊖ Old St
Otro restaurante escuela donde unos dignos aspirantes a chefs adquieren experiencia ante los fogones. Puede que no tenga el *glamour* del Fifteen, pero sigue siendo un establecimiento elegante, con lámparas de globo y mesas en dos niveles. Oculto en una de las plazas más de moda al este de Londres, todavía es un gran desconocido. La carta es todo un repertorio de platos clásicos, como croquetas de pescado, salchichas de Cumberland con puré y *navarin* (guiso) de cordero.

## FURNACE Plano p. 144 · Italiana £

☎ 7613 0598; www.hoxtonfurnace.com; 1 Rufus St N1; platos principales 6,85-10 £; ⊗ cerrado almuerzo sa y do todo el día; ⊖ Old St
Aquí se come la mejor *pizza* de Hoxton. Por si eso no fuera suficiente, el lugar suma un personal magnífico, una selección de vinos buena y asequible, un toque original y animado en sus paredes de ladrillo y unos soberbios platos de pasta. Sin embargo, hay que insistir en la *pizza,* con ese glorioso lechón que la cubre.

## SONG QUE Vietnamita £

☎ 7613 3222; 134 Kingsland Rd E2; platos principales 5-7 £; ⊖ Old St/Liverpool St
En este eterno clásico del barrio vietnamita de Hoxton siempre hay gente esperando mesa. El servicio es frenético, a veces algo brusco, pero la comida es excelente y guarda una buena relación calidad-precio.

## CAY TRE Plano p. 144 Vietnamita £

☎ 7729 8662; www.vietnamesekitchen.co.uk; 301 Old St EC1; platos principales 5-7 £; ⊖ Old St
Este local auténtico sirve la clásica sopa de fideos y ternera vietnamita, *banh xeo* (especie de *creps* con gambas, pollo y verduras) y un fantástico pescado *basa* frito con limoncillo y chalotes.

# SPITALFIELDS
## MESÓN LOS BARRILES
Plano p. 144 · Española ££

☎ 7375 3136; 8a Lamb St E1; platos principales 10,50-17,50 £; ⊗ cerrado sa, do cena; ⊖ Liverpool St
Se recomienda evitar las cadenas de restaurantes que hoy dominan el recién "regenerado" (léase estéril y orientado a empresas) mercado de Spitalfields y seguir acudiendo a este establecimiento familiar de gran tradición. Aunque el pescado fresco es magnífico, su verdadero punto fuerte es la excelente selección de tapas (3,50-11,95 £). El serrín del suelo y los jamones colgados no hacen sino aumentar su rústico enclave.

## GREEN & RED Plano p. 144 Mexicana ££

☎ 7749 9670; www.greenred.co.uk; 51 Bethnal Green Rd E1; platos principales 10,50-14,50 £; ⊗ cerrado almuerzo sa y do; ⊖ Liverpool St
En una esquina donde Banglatown se topa con Shoreditch, este restaurante promociona con estilo la tradicional cocina de Jalisco. Aunque ofrece tacos y burritos para el almuerzo, por la noche la oferta es más auténtica, con opciones como tripa de cerdo asada a fuego lento con salsa de aguacate y *chayote* relleno de queso, calabaza y chile. El bar de la planta baja atesora más de cien tequilas.

## ST JOHN BREAD & WINE
Plano p. 144 · Británica ££

☎ 7251 0848; www.stjohnbreadandwine.com; 94-96 Commercial St E1; platos principales 6-15 £; ⊗ cerrado cena do; ⊖ Liverpool St
Esta pequeña filial del St John (p. 244), más económica y relajada, sirve parecida comida

## 'PIE & MASH SHOPS'

Quienes tengan curiosidad sobre cómo comían los londinenses antes de que todo se volviera moderno, étnico y *nouvelle* deberían probar un *pie* de ternera picada con puré de patatas, a menudo de paquete, que venden en cualquiera de los siguientes establecimientos por entre 1,30 y 2,80 £. Las anguilas en gelatina, el puré de guisantes y el "licor" (salsa verde a base de perejil y vinagre) son opcionales. Para un listado más exhaustivo, consultar el sitio web de Pie & Mash Club (www.pie-n-mash.com). El Humble Pie (p. 258) y la Square Pie Company (plano p. 144; ☎ 7377 1114; Spitalfields Market, 105c Commercial St E1; pasteles 3,50-4,50 £; ⏰ 10.30-16.30 lu-sa, hasta 17.30 do; ⊖ Liverpool St), con seis locales en Londres, ofrecen versiones algo más modernas de este plato tan tradicional.

AJ Goddard (plano p. 178; ☎ 8692 3601; 203 Deptford High St SE8; ⏰ 9.30-15.00 lu-vi, desde 9.00 sa; ⊕ Deptford, DLR Deptford Bridge)

Castle's (plano p. 166; ☎ 7485 2196; 229 Royal College St NW1; ⏰ 10.30-15.30 ma-sa; ⊖ Camden Town, ⊕ Camden Rd)

Clark's (plano p. 144; ☎ 7837 1974; 46 Exmouth Market EC1; ⏰ 10.30-16.00 lu-ju, hasta 17.30 vi y sa; ⊖ Farringdon)

F Cooke (plano p. 144; ☎ 7729 7718; 150 Hoxton St N1; ⏰ 10.00-19.00 lu-ju, 9.30-20.00 vi y sa; ⊖ Old St o Liverpool St)

G Kelly (plano p. 152; ☎ 8980 3165; 526 Roman Rd E3; ⏰ 11.00-15.00 lu, 10.00-15.00 ma-ju, 10.00-19.00 vi, 10.00-17.30 sa; ⊖ Mile End, 🚌 8)

Manze's Tower Bridge (plano p. 120; ☎ 7407 2985; 87 Tower Bridge Rd SE1; ⏰ 10.30-14.00 ma-sa; ⊖ London Bridge); Deptford (plano p. 178; ☎ 8692 2375; 204 Deptford High St SE8; ⏰ 9.30-13.30 lu y ju, hasta 15.00 ma, mi, vi y sa; ⊕ Deptford, DLR Deptford Bridge)

tradicional, de esa en la que se aprovecha todo (tostada de corazón de pato, jamón en gelatina, cordero a la sal y nabo), además de una excelente selección de quesos patrios y pudins. El local es sencillo, limpio y reluciente, todo un éxito entre los creativos vecinos de Spitalfields.

**CANTEEN** Plano p. 144       Británica £
☎ 0845 686 1122; www.canteen.co.uk; 2 Crispin Pl E1; platos principales 7,50-12,50 £; ⏰ 8.00-23.00 lu-vi, 9.00-23.00 sa y do; ⊖ Liverpool St
A pesar de formar parte del estéril "nuevo" Spitalfields, este popular establecimiento rinde homenaje a la cocina británica con una gran oferta para todos los gustos. Se pueden tomar *pies* recién horneados, pollo asado y pescado del día, o pedir un sencillo sándwich de cerdo asado para disfrutarlo en una mesa del exterior.

También se recomiendan:

Route Master (plano p. 144; ☎ 0791 238 9314; Ely Yard, junto a Hanbury St E2; platos principales 5,50-15 £; ⏰ 12.00-21.45; ⊖ Liverpool St) Excelente restaurante *vegano* alojado en un autobús de London Routemaster de los años sesenta; toda una atracción, aunque resulta una nimiedad comparada con su sabrosa e imaginativa cocina.

Café 1001 (plano p. 144; ☎ 7247 9679; www.cafe1001. co.uk; 91 Brick Lane E1; platos principales 2,50-6,50 £; ⏰ 6.00-24.00; ⊖ Liverpool St) Cafetería enorme y

popular con parrilla y pasteles, salón con mesas en la parte de arriba y música en directo. Se pone hasta los topes los fines de semana.

Brick Lane Beigel Bake (plano p. 144; ☎ 7729 0616; 159 Brick Lane E2; *bagels* rellenos 0,70-2,90 £; ⏰ 24 h; ⊖ Liverpool St) En esta panadería con *delicatessen* se encuentran los *bagels* más frescos y baratos de todo Londres. Basta con preguntar a cualquier taxista (es la favorita del gremio).

# EL EAST END Y DOCKLANDS

Los cambios acaecidos en el panorama culinario del East End durante la última década han sido, ni más ni menos, espectaculares, con *gastropubs* de gran nivel que ahora están puerta por puerta con económicos restaurantes étnicos. Aunque Docklands siguen siendo territorio de restaurantes caros y almuerzos rápidos, también puede encontrarse algún asiático bueno. De hecho, la cultura plural del East End hace que su cocina étnica sea muy variada, desde vietnamita, tailandesa vegetariana e incluso georgiana hasta, sin duda las mejores, hindú y paquistaní. Los más aventureros deberían ir a los restaurantes subcontinentales de Whitechapel, todos *halal,* pero en los que, en su mayoría, el cliente puede llevar el alcohol.

## PUNTO DE VISTA AUTÓCTONO: JOE COOKE

Vecino de Chingford, en el noreste de Londres, Joe es el propietario del F. Cooke (p. 247), una *pie-and-mash shop* que lleva más de un siglo en la misma calle de Hoxton.

**Bonito nombre para su gremio ¿Es de aquí?** Lleva una "e" al final. Sí, nacido en Clapton, y vivo en Chingford. Mi familia tiene el local en esta calle desde 1902 y lleva en el negocio desde 1862.

**¿La gente hoy no prefiere *pizza* y pollo frito? ¿Adónde va el *pie and mash*?** No tiene nada que ver con preferir una u otra cosa. Hace años High Street tenía tres sitios para comer: un café, una tienda de *fish and chips* y otra de *pie and mash*. A nosotros nos correspondía un tercio. Ahora coexiste todo tipo de comida imaginable.

**¿Quién entra?** No hay mucho comercio, pero vienen clientes de todo tipo: personas jóvenes, mayores, vecinos y turistas. De todo. Americanos, afganos, hindúes (que no siempre observan sus preceptos alimenticios) y japoneses (a los que les encanta hacer fotos).

**¿Y de qué están hechos?** Exactamente de los mismos ingredientes que cuando abrimos. Todo se prepara en casa. Hacemos nuestra propia masa, deshuesamos la carne, picamos el perejil para el "licor" y ponemos las anguilas en gelatina. El único cambio significativo en años recientes es que ahora vendemos *pies* vegetales. Lo cierto es que muchas tiendas auténticas han desaparecido porque es muchísimo trabajo.

**¿Tiendas auténticas?** Si sirven salsa de carne con los *pies*, no es una auténtica *pie and mash shop*.

**¿De dónde proceden los ingredientes?** La carne es del mercado de Smithfield, en este momento las patatas son de Maris Pipers y el perejil, inglés. Las anguilas son de la región hasta que acaba la temporada, a finales de otoño. Entonces las traemos de invernaderos de los Países Bajos. Hemos intentado importarlas de otros lugares. Las irlandesas son las mejores, pero las neozelandesas ¡uf!, tienen una piel como el prepucio de un burro. Nunca hemos cambiado ninguna de las recetas.

**¿Así de simple?** Mira, si partes de los mejores ingredientes siempre te queda algo bueno, aunque la pifies. De los malos ingredientes salen malos platos.

**Cuando no estoy detrás de los fogones…** estoy con una tetera y un bizcocho borracho en el Maison Bertaux ( ☎ 7437 6007; 28 Greek St W1; 🕑 8.30-23.00 lu-sa, hasta 19.00 do; ⊖ Tottenham Court Rd).

*Joe Cooke fue entrevistado por Steve Fallon*

# WHITECHAPEL

### CAFÉ SPICE NAMASTE Plano p. 152  Hindú ££

☎ 7488 9242; www.cafespice.co.uk; 16 Prescot St E1; platos principales 13,75-19,50 £, menú de almuerzo 2 platos 16,95 £; 🕑 cerrado almuerzo sa y todo el día do; ⊖ Tower Hill

El chef Cyrus Todiwala ha tomado un antiguo juzgado a solo 10 minutos de Tower Hill y lo ha decorado con colores carnavalescos a juego con el servicio y el ambiente, que brillan tanto como sus paredes. La carta *parsi* y de Goa es famosa por su inigualable *dhansaak* (cordero estofado con arroz y lentejas, 14,95 £), aunque el pollo picante *frango piri-piri* y el *curry* con langostinos no le van a la zaga. Por supuesto, también preparan sus propios *chutneys*. Hay un pequeño jardín detrás del comedor para los meses más cálidos.

### WHITECHAPEL GALLERY DINING ROOM Plano p. 152  Europea moderna ££

☎ 7522 7888; www.whitechapelgallery.org; 77-82 Whitechapel High St E1; platos principales 13,50-17,75 £, almuerzo 2/3 platos 15/20 £; 🕑 cerrado cena do y lu todo el día; ⊖ Aldgate East

La reciente reapertura de la galería de arte (p. 150), a la vanguardia londinense con exposiciones fundamentales de obras nuevas y retrospectivas, incorpora un pequeño comedor al frente del cual está la prometedora Maria Elia. La carta no es muy amplia, pero sí exhaustiva, con propuestas como conejo asado, pargo a la parrilla e ingeniosos platos vegetarianos.

### TAYYABS Plano p. 152  Hindú, paquistaní £

☎ 7247 9543; www.tayyabs.co.uk; 83-89 Fieldgate St E1; platos principales 6,20-13,80 £; ⊖ Whitechapel

Este animado –más bien abarrotado– restaurante del Punjab sobresale entre otros parecidos de Brick Lane. Kebabs *seekh,* pescado *masala* y otros entrantes servidos en pleno chisporroteo son deliciosos, al igual que acompañamientos como *dhal, naan* y *raita.* Sin embargo, con su habitual aparición en las guías y el enorme London Royal Hospital a la vuelta de la esquina, es muy probable que haya que esperar para sentarse.

### MIRCH MASALA Plano p. 152  Hindú, paquistaní £

☎ 7377 0155; www.mirchmasalarestaurant.co.uk; 111-113 Commercial Rd E1; platos principales 4,50-10 £; ⊖ Whitechapel, 🚌 15 o 115

"Picante y especiado" pertenece a una pequeña cadena de Southall, epicentro de la cocina subcontinental en Londres, y es una opción menos frenética que el Tayyabs, con la comida casi al mismo nivel. Muy recomendables el *tikka* de gambas (8 £), el *masala karella* (4,50 £), plato parecido al *curry* preparado con calabaza amarga, y cualquier especialidad con carne *karahi*.

### KOLAPATA Plano p. 152     De Bangladesh £

☎ 7377 1200; www.kolapata.co.uk; 222 Whitechapel Rd E1; platos principales 4,50-9,95 £; ⊖ Whitechapel
Este modesto restaurante de Whitechapel sirve lo que debería ser el modelo de toda cocina de Bangladesh. Excelentes el entrante *haleem* (cordero con lentejas y especias) y el *sarisha elish* (pescado de Bangladesh con semillas de mostaza, cebolla y chile verde).

# BETHNAL GREEN Y HACKNEY

### LAXEIRO Plano p. 152     Española ££

☎ 7729 1147; www.laxeiro.co.uk; 93 Columbia Rd E2; tapas 3,95-8,95 £, paella 19,50-23,50 £; ⊠ cerrado cena do y lu todo el día; ⊖ Bethnal Green, ⓡ Cambridge Heath, ⓑ 8 o 55
En este acogedor lugar en pleno centro de Columbia Rd, enclave del famoso mercado dominical de flores, sirven generosas tapas (aunque ellos prefieren llamarlas raciones). Cambian cada dos semanas, pero el cochinillo es fijo. El conjunto de platos más ambiciosos incluye paella para compartir.

### LITTLE GEORGIA Plano p. 152     Georgiana £

☎ 7739 8154; 87 Goldsmith's Row E2; platos principales 8-11 £; ⊠ cerrado cena lu; ⊖ Bethnal Green, ⓡ Cambridge Heath
Encantador pedazo del Cáucaso en el este de Londres, este sencillo restaurante de dos plantas es una excelente introducción a la cocina de Georgia. Se recomienda probar el plato de entrantes mixtos (12 £) para dos. La carta incluye clásicos como *nigziani* (pimiento rojo o berenjena rellenos de nueces, hierbas y verduras asadas), pollo *satsivi* en salsa de nueces y el básico *khachapuri* (pan de queso). La cafetería es ideal para desayunar; y también preparan almuerzos para llevar (4,50-7 £).

### GREEN PAPAYA Plano p. 152     Vietnamita £

☎ 8985 5486; www.greenpapaya.com; 191 Mare St E8; platos principales 5,50-8,50 £; ⊠ cena ma-do; ⓡ London Fields, ⓑ D6, 55 o 277
Este oasis, situado justo al sur del emblemático auditorio Hackney Empire, sirve comida vietnamita de gran calidad, en muchos casos con un toque moderno. De su carta sobresalen el *banh tom* (tiras de bonito fritas con langostinos), la ensalada de flor de banano y el Mama's Pork con setas y verduras. El personal es alegre y solícito.

También se recomienda:

Tas Firin (plano p. 152; ☎ 7729 6446; 160 Bethnal Green E2; platos principales 5-13,50 £; ⊖ Liverpool St) El "Horno de piedra" es un asador turco de los más auténticos del barrio.

Frizzante@City Farm (plano p. 152; ☎ 7739 2266, 0788 313 3451; www.frizzanteltd.co.uk; Hackney City Farm, 1 Goldsmith's Row E2; platos principales 5,25-7,50 £; ⊠ 10.00-16.30 ma-do, 19.00-22.00 ju; ⓡ Cambridge Heath; ⓑ 55) Este laureado restaurante italiano está junto a una de las seis granjas para niños de la ciudad (p. 152) y ofrece una noche semanal de *agroturismo* con recetas típicas del campo (platos principales 10-12 £).

E Pellici (plano p. 152; ☎ 7739 4873; 332 Bethnal Green Rd E2; platos 4,80-7,80 £; ⊠ 6.00-17.00 lu-sa; ⊖ Bethnal Green, ⓑ 8) Café *art nouveau* con calidad de museo (abierto en 1900) y célebre por sus frituras, patatas fritas, sencillas recetas italianas y cacofónica clientela.

Taste of Bitter Love (plano p. 152; ☎ 0796 356 4095; www.tasteofbitterlove.com; 276 Hackney Rd E2; platos 2,95-6,95 £; ⊠ 7.30-16.00 lu-vi, 10.00-15.00 do; ⊖ Bethnal Green, ⓡ Cambridge Heath; ⓑ 48 o 55) A esta pequeña pero alegre cafetería se va tanto por su nombre y su premiado café como por sus sopas, ensaladas y tartas.

# MILE END Y VICTORIA PARK

### FISH HOUSE Plano p. 152     Marisco ££

☎ 8533 3327; www.fishouse.co.uk; 126-128 Lauriston Rd E9; platos principales 8,50-12,50 £; ⊖ Mile End y después ⓑ 277
En esta combinación de marisquería y *chippy (fish & chips)* despachan el pescado y los crustáceos más frescos tanto en su concurrida sección de comida para llevar como en el animado restaurante. Con el *bisque* de langosta y las ostras de Colchester siempre se acierta, como con el generoso pastel de pescado (8,50 £), relleno de exquisiteces de las profundidades marinas.

## NAMO Plano p. 152 Vietnamita £

☎ 8533 0639; www.namo.co.uk; 178 Victoria Park Rd E9; platos principales 6,50-9 £; ☽ almuerzo ju-do, cena ma-do; ⊖ Mile End y después 🚌 277
Este restaurante bohemio pone al día los platos vietnamitas característicos del vecino Dalston. Destacan el dulce de chile con panceta cocida y la nueva *bun hue*, la sopa vietnamita estrella, de fideos y ternera. Las mesas son minúsculas, pero las plantas y las flores hacen que el cercano Victoria Park parezca aún más próximo.

También se recomienda:

Thai Garden (plano p. 152; ☎ 8981 5748; www.thethaigarden.co.uk; 249 Globe Rd E2; platos principales 5,50-11,95 £; ☽ almuerzo lu-vi, cena lu-sa; ⊖ Bethnal Green o 🚌 8) Una auténtica *rara avis*, este restaurante tailandés, eminentemente vegetariano (con varios platos de pescado), de Bethnal Green merece el desplazamiento.

Pavilion Café at Victoria Park (plano p. 152; ☎ 8980 0030; www.the-pavilion-cafe.com; Old Ford Rd esq. Grove Rd E3; platos principales 4,50-8 £; ☽ 8.30-17.00; ⊖ Mile End, 🚌 277 o 425) Magnífico café con vistas a un lago ornamental de Victoria Park donde sirven desayunos y almuerzos preparados con ingredientes regionales.

Wild Cherry (plano p. 152; ☎ 8980 6678; www.wildcherrycafe.com; 241-245 Globe Rd E2; platos 3,75-5,95 £; ☽ 10.30-19.00 lu-vi, 10.30-16.00 sa; ⊖ Bethnal Green y después 🚌 8) Dentro del Centro Budista de Londres, este sencillo café tiene un delicioso patio y sirve sabrosos y sustanciosos platos vegetarianos, incluidas la tartas que se venden en la tienda (2,50-3,50 £).

## WAPPING

### IL BORDELLO Plano p. 152 Italiana ££

☎ 7481 9950; 75 Wapping High St E1; platos principales 7,75-16,50 £; ☽ almuerzo lu-vi, cena lu-sa; ⊖ Wapping
Bullicioso restaurante de barrio (*bordello* también significa caos o lío) siempre rebosante de felices comensales. Si se está de copas por el Captain Kidd (p. 278) o el Prospect of Whitby (p. 278), se trata de un práctica escala para zamparse una magnífica *pizza* (7,95-9,95 £) o plato de pasta (7,75-12,45 £), o quizás algo más sustancioso de carne y pescado.

## DOCKLANDS

### EL FARO Plano p. 157 Española ££

☎ 7987 5511; www.el-faro.co.uk; 3 Turnberry Quay, Pepper St E14; platos principales 14,50-18,95 £; ☽ cerrado cena do; DLR Crossharbour

Una dirección en el E14 rara vez significa un restaurante, pero se recomienda subirse al DLR (pintoresco e interesante trayecto) y desplazarse hasta aquí para probar las mejores y más imaginativas tapas (4,45-10,95 £) y platos españoles de la ciudad. Su ubicación, en Docklands, es bastante tranquila y muy cerca de Canary Wharf.

### ROYAL CHINA RIVERSIDE
Plano p. 157 China ££

☎ 7719 0888; www.royalchinagroup.co.uk; 30 Westferry Circus E14; platos principales 8,50-25 £, menú de almuerzo 15 £; ⊖ /DLR Canary Wharf
Perteneciente a la misma cadena que el Royal China Queensway (plano p. 172; ☎ 7221 2535; 13 Queensway W2; ⊖ Bayswater), es el mejor restaurante cantonés de Londres, en el que destaca su singular cocina de *dim sum*, disponible a diario entre 12.00 (11.00 do) y 17.00. Brinda impresionantes vistas del Támesis, con mesas en la orilla durante los meses más cálidos.

# NORTH LONDON

El norte de Londres está lleno de joyas gastronómicas, sin que decaiga la oferta en los barrios residenciales más anhelados de la capital, desde *pubs* históricos a elegantes restaurantes. Aunque Islington ya no es el centro culinario de Londres, todavía conserva una buena selección de excelentes propuestas. Por todas partes hay mucho donde elegir, desde afganos y griegos hasta rusos y turcos.

## CAMDEN

### ENGINEER Plano p. 162 Gastropub ££

☎ 7722 0950; www.the-engineer.com; 65 Gloucester Ave NW1; platos principales 12,50-17 £; ⊖ Chalk Farm
Uno de los primeros *gastropubs* de Londres, siempre con buena cocina internacional, desde sencillas aunque deliciosas hamburguesas y parrilladas hasta lubina marinada con *miso* y *bok choi*, y con un impecable estilo que lo hace muy popular entre los londinenses del norte. Espléndido jardín cercado.

### BAR GANSA Plano p. 166 Española ££

☎ 7267 8909; www.bargansa.co.uk; 2 Inverness St NW1; platos principales 10-14,50 £; ⊖ Camden Town

# ¡AL MERCADO!

A primera vista, los mercados de abastos de Londres parecen haber cambiado demasiado durante los últimos años. El de Borough, en el South Bank, igual o incluso mejor que cualquier otro que se encuentre en la Europa continental, es ahora una atracción turística de primer orden que abastece a los aspirantes a Gordon Ramsay y Nigella Lawson. Pero aquellos que todavía quieran saber lo que es un mercado tradicional londinense, en el que las naranjas y limones vienen de Dios sabe dónde y los muchachos de las carretillas hablan con acento *cockney*, tienen varios sitios para escoger.

Para más información acerca de los mercadillos, en los que se suelen vender productos locales, ecológicos y, por ende, más caros, véase recuadro de p. 243.

**Berwick Street Market** (mercado de Berwick Street; plano p. 68; Berwick St W1; ☒ 9.00-17.00 lu-sa; ✚ Piccadilly Circus u Oxford Circus) Este mercado de fruta y verdura, al sur de Oxford St y paralelo a Wardour St, es el último en su género en el centro de Londres y ha conseguido mantenerse en su magnífica ubicación desde la década de 1840. Ideal para aprovisionarse para un *picnic* o comprar comida preparada.

**Billingsgate Fish Market** (mercado de pescado de Billingsgate; plano p. 157; Trafalgar Way E14; ☒ 5-8.30 ma-sa; DLR West India Quay) Esta lonja, exclusivamente de pescado, abre al público, pero hay que madrugar. La mayoría de los vendedores también vende al por menor.

**Borough Market** (mercado de Borough; plano p. 120; www.boroughmarket.org.uk; Southwark St esq. Stoney St SE1; ☒ 11.00-17.00 ju, 12.00-18.00 vi, 9.00-16.00 sa; ✚ London Bridge) En el mismo lugar de una forma u otra desde el s. XIII, "la despensa de Londres" experimentó un gran renacimiento la pasada década. Siempre repleto, tanto de profesionales de los fogones como de aficionados, hoy es un destino turístico de primer orden. Además de una sección dedicada a las frutas de calidad, las verduras exóticas y la carne ecológica, hay un excelente mercado de productos al por menor, con miel artesanal y pan casero. Los puestos de comida para llevar permiten probar buenos embutidos y hamburguesas. Los excelentes Monmouth Coffee Company, del Neal's Yard Dairy, el *deli* español Brindisa o la carnicería Ginger Pig arrasan.

**Brixton Market** (mercado de Brixton; plano p. 188; Electric Ave, Pope's Rd y Brixton Station Rd SW9; ☒ 8.00-18.00 lu, ma y ju-sa, 8.00-15.00 mi; ✚ Brixton) Apasionante mezcla cosmopolita con carnicerías *halal* y pescaderías que ofrecen tilapia, además de puestos con mangos, *okra*, plátanos macho y otros productos que se venden en el mercado cubierto de Brixton Village (antes Granville Arcade).

**Broadway Market** (mercado de Broadway; plano p. 152; ☒ 9.00-17.00 sa; ▣ London Fields o Cambridge Heath, ▣ 48, 55, 106 o 394) Serio competidor del de Borough, este es mucho más abordable, con un aire casi de pueblo al sur de London Fields E8 y selectos alimentos, productos lácteos, panaderías y cafés.

**Chapel Market** (mercado de Chapel; plano p. 166; Chapel Market N1; ☒ 9.00-15.30 ma, mi, vi y sa, 9.00-13.00 ju y do; ✚ Angel) Durante todo el día vende sobre todo fruta, verdura y pescado a lo largo de una calle de Islington llamada Chapel Market, junto a Liverpool Rd.

**Leadenhall Market** (plano p. 103; Whittington Ave EC1; ☒ 7.00-16.00 lu-vi; ✚ Bank) Abastece de comida y bebida a la gente de la City, y además tiene una pescadería, una carnicería y una quesería. La selección es ideal para un mercado urbano, y el vestíbulo de la época victoriana, realizado en vidrio y hierro por Horace Jones en 1881, es una delicia arquitectónica. Está junto a Gracechurch St y Leadenhall St.

**Ridley Road Market** (mercado de Ridley Road; plano p. 152; Ridley Rd E8; ☒ 9.00-15.00 lu-mi, 9.00-12.00 ju, 9.00-17.00 vi y sa; ✚ Dalston Kingsland) En muchos aspectos este mercado africano, caribeño y turco del East End es más colorista que el de Brixton, y menos turístico. Se hallarán más tipos de delicias turcas, tubérculos caribeños y criaturas marinas de las que se pueda imaginar.

**Roman Road Market** (mercado de Roman Road; plano p. 152; Roman Rd E3; ☒ 9.00-15.30 ma y ju, 9.00-17.00 sa; ✚ Mile End, ▣ 8) Entre St Stephen's Rd y Parnell Rd, comida bastante estándar y precios más bajos.

**Smithfield Market** (mercado de Smithfield; plano p. 103; véase también p. 168) Es el último mercado de carne que queda en Londres. Aunque antes se sacrificaba aquí el ganado, hoy en día es el más moderno de Europa en su género y casi ni se ve sangre.

Es el centro de atención de Camden, abierto hasta tarde y muy popular. La carta, a base sobre todo de tapas (3 £ de media), tiene una buena relación calidad-precio. Las propuestas más contundentes incluyen clásicos como la paella valenciana. El lunes por la noche hay espectáculo de flamenco en directo.

## MARKET Plano p. 166 — Británica moderna ££

☎ 7267 9700; 43 Parkway NW1; platos principales 10-14 £; ⓧ cerrado cena do; ⊖ Camden Town

Esta comentada incorporación a la fiable escena gastronómica de Camden, que sin embargo está cambiando lentamente, ofrece sencilla y buena comida británica. Su luminoso y amplio local refleja simplicidad, y la carta consigue volver memorables platos clásicos gracias a delicias como la ternera *rose* con mantequilla de anchoas, espinacas y chile o la platija con mantequilla de alcaparras y patatas fritas.

## MANGO ROOM Plano p. 166 — Caribeña ££

☎ 7482 5065; www.mangoroom.co.uk; 10-12 Kentish Town Rd NW1; platos principales 10-13 £; ⊖ Camden Town

Con una deliciosa decoración en tonos pastel y un servicio refinado, este lugar supone algo así como un marco caribeño descafeinado, si bien resulta difícil contenerse ante su cocina: lubina a la plancha con salsa de leche de coco y pimentón, pescado a la sal con *ackee* (fruta jamaicana de piel amarilla con un asombroso parecido a los huevos revueltos) o *curry* de cabrito con chile y especias.

## MANNA Plano p. 162 — Vegetariana ££

☎ 7722 8082; www.mannav.com; 4 Erskine Rd NW3; platos principales 9,50-13 £; ⓧ almuerzo sa y do, cena ju-do; ⊖ Chalk Farm

Oculto en una calle lateral de Primrose Hill, este pequeño restaurante tiene una cocina vegetariana creativa e innovadora, con delicias como *korma* verde, tarta de *risotto* con ajo silvestre y guisantes y fabulosos postres. Se recomienda reservar.

## TROJKA Plano p. 162 — Rusa, europea del este £

☎ 7483 3765; www.trojka.co.uk; 101 Regent's Park Rd NW1; platos principales 7,50-11 £; ⊖ Chalk Farm

Lástima que el personal no sea tan encantador como el interior, pintado de un rojo suntuoso, con vidrieras, *matrioshkas* flanqueando las paredes y molduras de oro, aunque ello no disminuye la popularidad de este café. La comida es deliciosa y saciante, desde los *blinis* con caviar hasta el *bigos*. Es mejor evitar el vino de la casa y llevar la propia botella (3 £ el descorche). Durante el fin de semana hay música rusa en directo.

## MARINE ICES Plano p. 162 — Italiana £

☎ 7482 9003; www.marineices.co.uk; 8 Haverstock Hill NW3; platos principales 6-13,50 £; ⊖ Chalk Farm

Como su nombre sugiere, esta institución de Chalk Farm comenzó siendo una heladería (concretamente, una *gelateria* siciliana), pero hoy prepara también sabrosas *pizzas* y enormes platos de pasta. Los helados siguen siendo excelentes, como demuestran la largas colas que se forman los fines de semana de verano.

También se recomiendan:

Belgo Noord (plano p. 162; ☎ 7267 0718; www.belgo-restaurants.com; 72 Chalk Farm Rd NW1; platos principales 8,95-15,95 £; ⊖ Chalk Farm) Es la sede de una cadena de restaurantes belgas y uno de los pocos sitios de la ciudad donde todavía sirven *moules frites* (mejillones y patatas fritas; 11,95 £).

Asakusa (plano p. 162; ☎ 7388 8533; 265 Eversholt St NW1; platos principales 3-8 £; ⓧ cena lu-sa; ⊖ Mornington Cres) Este lugar, algo andrajoso pero limpio, sirve *sushi* económico (1,10-1,40 £ por pieza), además de menús más elaborados (6-10 £).

# KING'S CROSS Y EUSTON

## MESTIZO Plano p. 166 — Mexicana ££

☎ 7387 4064; www.mestizomx.com; 103 Hampstead Rd NW1; platos principales 9,80-19,50 £; ⊖ Warren St

Aquí demuestran que la comida mexicana es mucho más que tacos y frijoles. En este amplio y atractivo restaurante y bar de tequila hay desde quesadillas (empanadillas rellenas de queso) a enchiladas de maíz rellenas. Pero se recomiendan los especiales: *pozole*, un guiso espeso de maíz con carne, y muchas preparaciones distintas de *mole*, pollo o cerdo cocinado en una deliciosa salsa de chocolate.

## ACORN HOUSE Plano p. 166 — Europea moderna ££

☎ 7812 1842; www.acornhouserestaurant.com; 69 Swinton St WC1; platos principales 12-18,50 £; ⓧ cerrado do; ⊖ King's Cross St Pancras

Los autores de esta guía han disfrutado de varias comidas de categoría en este lugar, el primer restaurante escuela "totalmente ecológico", un proyecto empresarial de Shoreditch Trust, pero que de ningún modo parece un centro benéfico. Ingredientes frescos de temporada, una inventiva carta británica y un distinguido y animado recinto lo convierten en un excelente rincón de la ciudad para almorzar o cenar.

## KONSTAM AT THE PRINCE ALBERT
Plano p. 166           Británica moderna ££

☎ 7833 5045; www.konstam.co.uk; 2 Acton St WC1; platos principales 7-17 £; ❍ cerrado cena do; ✜ King's Cross

La inusual transformación de un *pub* de King's Cross en un elegante comedor, con cadenas colgando del techo formando bellos diseños, ha sido todo un acierto, aunque no estar en una zona comercial hace que a veces pierda animación. El único punto de venta que hay es el mismo que suministra al restaurante el 85% de sus productos, todos procedentes de zonas a las que llega el metro, algo que parecería una treta comercial si la comida no estuviera tan buena. La oferta es siempre tentadora, desde vientre de cerdo de Amersham asado a pollo frito de Waltham Abbey.

## CAMINO
Plano p. 166              Española £

☎ 7841 7331; www.barcamino.com; Regent Quarter, junto a Caledonian Rd N1; platos principales 6,75-18,50 £; ✜ King's Cross St Pancras

Este nuevo negocio situado en el área urbanizada de Regent Quarter, en el centro de King's Cross, supone toda una bocanada para la regeneración de la zona. Quien sea capaz de encontrarlo hallará una enorme variedad de tapas, platos principales, *brunch* y cócteles. Puede resultar grande e impersonal, pero la cocina es excelente y a un precio razonable dada su calidad.

## ADDIS
Plano p. 166           Norteafricana £

☎ 7278 0679; www.addisrestaurant.co.uk; 40-42 Caledonian Rd N1; platos principales 8-9 £; ✜ King's Cross St Pancras

El alegre Addis sirve platos etíopes de sabor acre como el *ye beg tib* (pedazos de cordero tierno con cebollas y especias) y el *doro wat* (pollo cocinado con pimiento picante y especias), que se comen sobre unos pedazos de pan tierno del tamaño de una bandeja, llamados *injera*. El mejor indicativo de su autenticidad es que suele estar lleno de etíopes y sudaneses. Con el Addis Special (15,99 £) se degustan todas las especialidades.

## DIWANA BHEL POORI HOUSE
Plano p. 166         Hindú, vegetariana, £

☎ 7387 5556; 121-123 Drummond St; platos principales 7-9 £; ✜ Euston o Euston Sq

El primero de su clase y posiblemente el mejor de esta concurrida calle, está especializado en *bhel poori* al estilo Bombay (tentempié *party mix* agridulce, blando y crujiente) y *dosas* (creps de harina de arroz rellenas). Los *thalis* cuestan entre 6,75 y 8,50 £ y su bufé libre para el almuerzo (6,95 £) es legendario.

## RAVI SHANKAR
Plano p. 166             Hindú £

☎ 7388 6458; 133-135 Drummond St NW1; platos principales 6-10 £; ✜ Euston o Euston Sq

Otro fiable establecimiento de *bhel poori* en Drummond St, de memorable nombre, es una buena alternativa si no se consigue mesa en el Diwana.

# HAMPSTEAD Y HIGHGATE

## WOODLANDS
Plano p. 162       Vegetariana, hindú ££

☎ 7794 3080; www.woodlandsrestaurant.co.uk; 102 Heath St NW3; platos principales 6-18,50 £; ❍ almuerzo vi y sa, cena lu-sa; ✜ Hampstead

Este restaurante vegetariano del sur de la India, cuyo lema es "Que la vegetación alimente a la nación", demuestra que la comida vegetariana puede ser tan creativa como la que más. *Thalis* y *dosas* se cuentan entre lo más destacado y recomendable de su oferta, disponibles también en sus otras tres filiales de la capital.

## BLACK & BLUE
Plano p. 162          Británica ££

☎ 7443 7744; www.blackandbluerestaurants.com; 205-207 Haverstock Hill NW3; platos principales 8-26 £; ✜ Belsize Park

Esta churrasquería de cadena podría no figurar en esta guía si estuviera en otra partes de Londres, pero en el páramo gastronómico de Belsize Park resulta una opción de confianza, fácilmente identificable por la vaca de yeso negro tamaño natural del exterior. Además de una amplia selección de bistecs (13-26 £) hay también sibaritas hamburguesas (8-13 £) y una buena oferta de carnes a la parrilla.

## WELLS TAVERN
Plano p. 162        Gastropub ££

☎ 7794 3785; www.thewellshampstead.co.uk; 30 Well Walk NW3; platos principales 10-16 £; ✜ Hampstead

Con un interior súper moderno, en contraste con la tradicional fachada, este popular *gastropub* es una auténtica bendición en Hampstead, donde escasean los buenos restaurantes. La oferta consiste en elegante y genuina comida inglesa de *pub:* salchichas de Cumberland, puré y cebolla con salsa de carne o un simple asado completo tradicional. Los fines de semana hay que pelearse por una mesa.

## BOMBAY BICYCLE CLUB
Hindú ££

☎ 7435 3544; www.thebombaybicycleclub.co.uk; 3 Downshire Hill NW3; platos principales 10-15 £; ⊙ cena; ⊖ Hampstead

Es uno de los tres "BBC" que hay Londres, aunque esta cadena de calidad tiene varios puntos de reparto por toda la capital. Este, en una calle lateral de Hampstead, un local con suelo lavado de madera y manteles blancos almidonados, ofrece una seductora e interesante carta y numerosos platos vegetarianos.

## LA GAFFE
Plano p. 162     Italiana £

☎ 7435 8965; www.lagaffe.co.uk; 107-111 Heath St NW3; platos principales 6-10 £; ⊙ almuerzo ju-do, cena cada día; ⊖ Hampstead

Toda una institución de Hampstead, se trata de un acogedor restaurante familiar alojado en una casa del s. XVIII reconvertida en hotel. Sirve buenos platos italianos, particularmente pasta fresca, pudiéndose incrementar las porciones por 2 £. Los días laborables sirven un almuerzo de tres platos (12,50 £).

# ISLINGTON

## METROGUSTO
Plano p. 166     Italiana ££

☎ 7226 9400; www.metrogusto.co.uk; 13 Theberton St N1; platos principales 15,50-18,50 £; ⊙ cerrado almuerzo lu-ju y do todo el día; ⊖ Angel

Este sosegado local, con interesante arte moderno colgado de sus paredes, sirve cocina italiana contemporánea algo cara. Entre sus especialidades figuran raviolis de aguaturma en salsa de habas o albóndigas de cordero y ternera con una irresistible salsa de almendras (para mojar).

## MORGAN M
Plano p. 166     Francesa £££

☎ 7609 3560; www.morganm.com; 489 Liverpool Rd N1; menú de almuerzo 2/3 platos 22,50/26,50 £, menú cena 3 platos 39 £; ⊙ cerrado almuerzo lu-ju y do todo el día; ⊖ Highbury & Islington

Esta nueva y sibarita incorporación a la oferta gastronómica de Highbury es un antiguo *pub* reconvertido en elegante restaurante francés. Todo es a base de menús, desde uno relativamente escueto de dos platos para el almuerzo hasta el atracón del menú degustación de seis platos de la cena.

## DUKE OF CAMBRIDGE
Plano p. 166     Gastropub ££

☎ 7359 3066; www.dukeorganic.co.uk; 30 St Peter's St N1; platos principales 12,50-18,50 £; ⊖ Angel

El primer *pub* del Reino Unido con certificación ecológica resulta idóneo para evitar las aglomeraciones, pues está en una calle secundaria junto a Essex Rd sin apenas transeúntes. Posee una fantástica selección de cerveza de barril, una excelente bodega y una interesante carta de platos de influencia mediterránea. Se puede tomar una relajada comida en el *pub* propiamente dicho, o disfrutar de un servicio más formal en el restaurante de la parte posterior; por la noche es mejor reservar.

## MASALA ZONE
Plano p. 166     Hindú ££

☎ 7359 3399; www.masalazone.com; 80 Upper St N1; platos principales 7-12 £; ⊖ Angel

Situado en Upper St (Islington), este espacioso establecimiento con terraza es uno de los restaurantes hindúes más económicos de Londres. De diseño moderno, sirve platos tipo *thali*, además de buenas especialidades *tandoori* y a la brasa. Tiene varias sucursales por toda la capital.

## OTTOLENGHI
Plano p. 166     Italiana ££

☎ 7288 1454; www.ottolenghi.co.uk; 287 Upper St N1; platos principales 6,80-11,80 £; ⊙ 8.00-22.00 lu-sa, 9.00-19.00 do; ⊖ Highbury & Islington o Angel

El mejor restaurante de Upper Street es un recinto luminoso y blanco que bien merece el desplazamiento, aunque solo sea por ver las hermosas tartas y el pan de la tienda de la parte frontal. Si se consigue mesa en este templo de la buena mesa, realmente se agradecerá. Al mediodía se escoge entre los platos expuestos en la barra, a los que se suma una excelente carta a la hora de la cena, aunque los chefs son tan exigentes con los ingredientes que esta no se confirma hasta las 17.00. El *brunch* del fin de semana es fabuloso, pese a que normalmente se debe esperar para conseguir mesa. Por la noche es imprescindible reservar.

## BREAKFAST CLUB
Plano p. 166     Café £

☎ 7226 5454; www.thebreakfastclubangel.com; 31 Camden Passage N1; platos 3-9 £; ⊙ 8.00-22.00 lu-vi, 9.30-22.00 sa y do; ⊖ Angel

Este luminoso y extravagante oasis del Camden Pasaje, en Islington, sigue los pasos

del Breakfast Club Soho (plano p. 166; ☎ 7434 2571; 33 
W'Arbly St; ✪ Oxford Circus) y justo acaban de abrir 
su tercer local, el Breakfast Club Hoxton (plano 
p. 166; ☎ 7729 5252; 2-4 Rufus St; ✪ Old St). Pero, 
a pesar del nombre, el desayuno (3-8,30 £) 
no es lo único que se cuece; también hay 
sándwiches, ensaladas y empanadas (6-13 £). 
Todas las filiales destacan por su amabilísimo 
personal y una alocada decoración.

## GALLIPOLI Plano p. 166     Turca £

☎ 7359 0630; www.gallipolicafe.com; 102 Upper 
St N1; platos principales 6,25-7,75 £; ✪ Angel o 
Highbury & Islington 
Este popular restaurante turco acomoda 
como puede a sus admiradores por el local y 
en el cercano Gallipoli Again (plano p. 166; ☎ 7226 
5099; 120 Upper St N1; ☾ cerrado almuerzo lu-ju y todo 
el día do), las instalaciones suplementarias. 
Destaca por su cocina aceptable y económica (al menos, para Islington). La carta ofrece 
una magnífica selección de meze y una gran 
variedad de kebabs.

## LE MERCURY Plano p. 166     Francesa £

☎ 7354 4088; www.lemercury.co.uk; 140a 
Upper St N1; platos principales 6,45 £; ✪ Angel 
o Highbury & Islington 
Excelente, económico y muy popular. Los 
platos principales tienen todos el mismo 
precio. Se recomienda reservar.

## AFGHAN KITCHEN Plano p. 166     Afgana £

☎ 7359 8019; 35 Islington Green N1; platos 
principales 5,50-6,50 £; ☾ almuerzo y cena 
ma-sa; ✪ Angel 
En este minúsculo cofre de dos plantas 
aguarda una de las joyas gastronómicas más 
interesantes y con mejor relación calidad-
precio de Islington. Sirven especialidades 
tradicionales afganas como qurma suhzi 
gosht (cordero con espinacas) y qurma e 
mahi (estofado de pescado), así como una 
generosa oferta vegetariana, por ejemplo, 
borani kado (calabaza con yogur) y moong 
dall (dhal de lentejas). Dada su popularidad 
conviene reservar para la cena.

# STOKE NEWINGTON

## BLUE LÉGUME Plano p. 64     Vegetariana £

☎ 7923 1303; 101 Stoke Newington Church St N16; 
platos principales 5-12 £; ☒ Stoke Newington, 
▣ 73 
Este animado puntal de Stoke tiene mesas 
de mosaico, una decoración bastante hippy,

un luminoso jardín de invierno detrás 
y varias mesas en la calle. Desayunos muy 
populares, una completa carta mediterránea para el almuerzo y una noche semanal 
con paella.

## MANGAL OCAKBASI Plano p. 152     Turca £

☎ 7275 8981; www.mangal1.com; 10 Arcola St E8; 
platos principales 5-11,50 £; ☒ Dalston Kingsland 
Es la quintaesencia del ocakbasi (asador 
abierto) turco: abarrotado y ahumado, con 
excelentes meze, pedazos de cordero a la 
brasa, codorniz y lahmacun (pizza turca con 
carne picada, cebollas y pimientos). Lleva 
casi veinte años abierto y siempre llena por 
la noche. También preparan comida para 
llevar.

## RASA Plano p. 64     Vegetariana, hindú £

☎ 7249 0344; www.rasarestaurants.com; 55 Stoke 
Newington Church St N16; platos principales 4-8 £; 
☾ almuerzo sa y do, cena cada día; ☒ Stoke 
Newington y después ▣ 73 
Buque insignia de la cadena Rasa, este 
restaurante vegetariano del sur de la India 
es el más conocido de Stoke Newington, 
todo un destino gastronómico de la capital. 
El servicio amable, el ambiente tranquilo, los 
precios asequibles y la fabulosa comida del 
estado de Kerala son sus señas de identidad. 
En caso de duda, hay que decantarse por 
el menú Keralan Feast (16 £), compuesto 
de varios platos. El Rasa Travancore (plano p. 64; 
☎ 7249 1340; 56 Stoke Newington Church St N16), justo 
enfrente, es más de lo mismo, pero con 
pescado y carne.

# WEST LONDON

La gran variedad multicultural que ofrece el 
oeste de Londres se traduce en suculentas 
opciones para aquellos que buscan establecimientos verdaderamente sobresalientes. Notting Hill es el epicentro de esta zona, con una 
rica oferta para todos los apetitos y bolsillos, 
desde veteranos de fish and chips a modernos 
restaurantes de fusión. Shepherd's Bush está 
en constante ebullición con inauguraciones 
y renovaciones, mientras que Earl's Court 
ofrece una buena selección de alternativas más 
económicas y gente guapa. Hammersmith 
compensa su carencia de puntos de interés 
con algunos restaurantes únicos, que hacen que 
valga la pena el viaje. Tanto St John's Wood 
como Maida Vale también ofrecen algunas 
buenas excusas para desplazarse.

# ST JOHN'S WOOD Y MAIDA VALE

**BOATHOUSE** Plano p. 172   Europea moderna ££

☎ 7286 6752; www.boathouselondon.co.uk; Grand Union Canal, enfrente de 60 Blomfield Rd W9; platos principales 14-18,50 £; ✪ cerrado cena do; ✪ Warwick Ave

Tiene acogedoras mesas en el exterior y un comedor principal en un cobertizo para botes con altos techos de madera que casi parece al aire libre. Tras una completa puesta a punto y el cambio de nombre (durante años fue la marisquería Jason's) ahora se aproxima a latitudes más carnívoras, prueba irrefutable de su conexión australiana. Es un lugar excelente para almorzar los fines de semana que haga buen tiempo.

**MANDALAY** Plano p. 172   Birmana £

☎ 7258 3696; www.mandalayway.com; 444 Edgware Rd W2; platos principales 4,80-7,90 £; ✪ cerrado do; ✪ Edgware Rd

A pesar de su poco agraciado aspecto y ubicación en una zona bastante sombría de Edgware Rd, este local es uno de los secretos más extraordinarios de la ciudad, además de su único restaurante birmano. Los crujientes buñuelos *a-kyaw* (2,40 £) de verduras y gambas y la picante sopa de calabaza con fideos (2,90 £) constituyen magníficos entrantes, mientras que el pescado al *curry* en dos cocciones con tamarindo y lima (6,90 £) es un exquisito plato principal.

# PADDINGTON Y BAYSWATER

**LE CAFÉ ANGLAIS** 

Plano p. 172   Europea moderna £££

☎ 7221 1415; www.lecafeanglai.co.uk; 8 Porchester Gardens W2; platos principales 12,50-27 £, menú de almuerzo 2/3 platos 16,50/19,50 £, cena días laborables 20/25 £; ✪ Bayswater

Tras deshacerse del Kensington Place (p. 257), Rowley Leigh abrió este animado restaurante de ecléctica oferta un poco al noreste. Su ternera con verduras y huevo escalfado coexiste sin problemas con el *curry* verde tailandés de gambas y gigantescos asados. El lugar intenta satisfacer a todo el mundo, y con menús a tan interesantes precios, sin duda lo consigue.

**PEARL LIANG** Plano p. 172   China £££

☎ 7289 7000; www.pearlliang.co.uk; 8 Sheldon Sq W2; platos principales 7-28 £; ✪ Paddington

Anunciado como el mejor restaurante chino de Londres, este elegante establecimiento, incomprensiblemente encajado entre la estación de trenes de Paddington y la Westway, sirve platos chinos con un toque moderno e increíbles opciones de *dim sum* (2,50-3,50 £). La decoración es adorable por su dudoso gusto: fuentes y cascadas, descomunales ábacos y ciruelos en flor.

**COUSCOUS CAFÉ** 

Plano p. 172   Norteafricana £

☎ 7727 6597; 7 Porchester Gardens W2; platos principales 9,95-15,95 £; ✪ Bayswater

En este acogedor sótano, vistosamente decorado, preparan una impecable serie de especialidades clásicas de todo el norte de África, aunque por lo que destaca es por el cuscús marroquí, los *tagines* (estofado picante hecho en cazuela de barro), las *pastillas* (sabrosos pastelitos rellenos) y un servicio algo exagerado. Se recomienda probar el plato de *meze* (pequeño/grande 6,95/11,95 £). Se sirve alcohol, pero también se puede llevar la botella (no se cobra por el descorche).

# NOTTING HILL Y PORTOBELLO

**ELECTRIC BRASSERIE** 

Plano p. 172   Moderna británica, europea ££

☎ 7908 9696; www.electricbrasserie.com; 191 Portobello Rd W11; platos principales 9-32,50 £; ✪ Ladbroke Grove o Notting Hill Gate

Toma su nombre del cine *art déco* colindante, y en verdad que aquí la animación parece no tener fin. Durante el desayuno (5-10 £), el *brunch* de los fines de semana, un almuerzo abundante o una cena completa, este lugar atrae a una moderna y acaudalada clientela de Notting Hill con su cocina británica-europea moderna, que incluye delicias como el popular *pie* de pollo y puerro, la ensalada de remolacha y queso de cabra y la langosta con patatas fritas (32,50 £).

**E&O** Plano p. 172   De fusión asiática ££

☎ 7229 5454; www.rickerrestaurants.com; 14 Blenheim Cres W11; platos principales 7,50-20,50 £; ✪ Ladbroke Grove

El restaurante de moda suele empezar con una base asiática seguida de una pirueta hacia algo parecido a la cocina de la costa del Pacífico (*curry* verde con berenjena y *lichis,* bacalao ennegrecido con *miso* y tofu con chile). La decoración es austera, a modo de versión más económica y moderna del Nobu (p. 234). Por la noche, se puede tomar *dim sum* (3,50-7 £) en la barra si no hay mesa disponible.

## COMMANDER PORTERHOUSE & OYSTER BAR Plano p. 172
Marisco ££

☎ 7229 1503; www.thecommanderbar.co.uk; 47 Hereford Rd W2; platos principales 9,75-19,25 £, menú de almuerzo 2/3 platos 12,95/15,95 £; ⊖ Bayswater

Este extravagante *pub* y restaurante *retro* sirve carne y pescado con igual aplomo, pero quienes esto suscriben suelen lanzarse directos al mar y sus ostras. La mariscada para dos cuesta desde 44 £, mientras que el pastel de pescado con azafrán, puerros y vermú, fijado en 12,50 £, provoca estragos.

## KENSINGTON PLACE
Plano p. 172
Europea moderna ££

☎ 7727 3184; www.kensingtonplace-restaurant. co.uk; 201-209 Kensington Church St W8; menú de almuerzo y cena 2/3 platos 16,50/19,50 £; ⊖ Notting Hill Gate

El chef pionero Rowley Leigh se ha marchado, dejando el restaurante en manos de los sucesores de la cadena Conran. Sin embargo, eso no es mala noticia para los viajeros sujetos a un presupuesto, pues ahora hay menús para almorzar y cenar de idéntico precio. Siguen en pie la impresionante fachada acristalada, su interior de diseño y la anexa Fish Shop ( ⏰ 9.00-19.00 ma-vi, hasta 17.00 sa), siempre inspiradora.

## GEALES Plano p. 172
Fish & chips ££

☎ 7727 7528; www.geales.com; 2 Farmer St W8; *fish & chips* 9.75-17 £; ⏰ cerrado almuerzo lu; ⊖ Notting Hill Gate

Fundado en 1939, este afable establecimiento, afortunadamente reformado, es un clásico tanto entre los vecinos como los visitantes. Hoy la carta propone también pastel de pescado e incluso bistec de cuartos traseros. Por supuesto, es más caro que el habitual *chippie*, pero posiblemente se trate del mejor en Londres. Excelente acomodo.

## COW Plano p. 172
Gastropub ££

☎ 7221 5400; www.thecowlondon.co.uk; 89 Westbourne Park Rd W2; platos principales 7,95-17 £; ⊖ Westbourne Park o Royal Oak

Propiedad de Tom Conran, descendiente del famoso restaurador sir Terence, este atractivo bar fue uno de los primeros

*gastropubs* de Londres. El comedor de la planta superior es tan fresco que genera su propia ventilación, y junto con el de abajo, el salón principal, es ideal para disfrutar de sus propuestas marineras: ostras de roca irlandesas, croquetas de abadejo, pasta con sepia y salicornia (espárragos de mar). Sigue siendo un gran lugar a pesar de la cantidad de potentados de la zona que lo visitan.

## MARKET THAI Plano p. 172
Tailandesa £

☎ 7460 8320; www.themarketthai.co.uk; 1st fl, 240 Portobello Rd W11; platos principales 4,95-13,95 £; ⊖ Ladbroke Grove

Velas blancas goteantes, arcos tallados y sillas de hierro forjado distinguen el interior de este delicioso restaurante. Ocupa la 1ª planta del Market Bar, pero es totalmente independiente del mismo y queda apartado del ajetreo. Su agradable personal y los frescos platos tailandeses delicadamente condimentados lo convierten en un lugar económico en el que gastar bien el dinero. Se accede por Lancaster Rd.

## COSTA'S FISH RESTAURANT
Plano p. 172
Fish & chips £

☎ 7229 3794, 7727 4310; 12-14 Hillgate St W8; platos principales 5,50-8,50 £; ⏰ almuerzo y cena ma-sa; ⊖ Notting Hill Gate

Este lugar aporta un toque chipriota al tradicional *fish and chips* y ofrece una gran selección de platos de pescado fresquísimo a precio de mercado, preferidos por muchos a los de su hermano de mayor categoría, el Geales (p. 257). No hay que confundirlo con el Costa's Grill, en el nº 18 de la misma calle.

## TAQUERIA Plano p. 172
Tex-mex £

☎ 7229 4734; www.coolchiletaqueria.co.uk; 139-143 Westbourne Grove; tacos 5,50-7,50 £; ⏰ cerrado do; ⊖ Bayswater o Notting Hill Gate

No se encontrarán tacos más frescos y blandos (se supone que no deben estar crujientes) en todo Londres. Tanto es así que, en la puerta de al lado, preparan sus propias tortillas de maíz, como puede verse por la ventana. Se trata de un establecimiento pequeño e informal que sirve la comida de calle favorita de México. En la última visita, la embajada mexicana celebraba una fiesta.

También se recomiendan:

Churrería Española (plano p. 172; ☎ 7727 3444; 177-179 Queensway W2; platos principales 5,95-8,95 £; ⏰ 8.00-20.00 lu-vi, desde 9.00 sa y do; ⊖ Bayswater) Café muy popular con frente abierto que sirve gran variedad de platos económicos, desde desayunos ingleses hasta una amplia oferta de tapas españolas (2,25-4,50 £).

Humble Pie (plano p. 172; ☎ 7243 5762; www.eathumble.com; 121 Portobello Rd W11; pasteles 3,45-4,45 £; ⊗ 11.00-18.00 ju, desde 8.00 vi, desde 6.00 sa, 9.30-14.00 do; ⊖ Notting Hill Gate o Ladbroke Grove) Este excelente establecimiento, a años luz del tradicional antro de *pie 'n' mash* (tienen cordero con *shiraz* o pollo con mango), hace las delicias de los transeúntes de camino al mercado de Portobello Rd.

Arancina (plano p. 172; ☎ 7221 7776; www.arancina.co.uk; 19 Pembridge Rd, W11; platos 2,70-5,20 £; ⊗ 7.30-22.00; ⊖ Notting Hill Gate) Fantástico lugar para regalarse un capricho a base de tentempiés sicilianos. *Arancini* (bolas fritas de arroz rellenas, 2 £), *pizzas* excelentes y *cannoli siciliano* (cremosos y duces canutillos) son un trío de ases.

# EARL'S COURT

**MR WING** Plano p. 174     De fusión asiática ££
☎ 7370 4450; www.mrwing.com; 242-244 Old Brompton Rd SW5; platos principales 14-33 £; ⊖ Earl's Court o West Brompton
Elegante y algo caro restaurante de fusión asiática que ofrece un amplio abanico de platos chinos, así como varias especialidades tailandesas y japonesas: *tom yum* con gambas, vasito de barro de sake con marisco. Lujoso y oscuro interior lleno de vegetación y acuarios tropicales, personal servicial y un sótano con *jazz* en vivo las noches de jueves a sábado.

**TENDIDO CERO** Plano p. 174     Española £
☎ 7370 3685; www.cambiodetercio.co.uk; 174 Old Brompton Rd SW5; tapas 3-13 £; ⊖ Gloucester Rd
Este refinado local (de nítidas líneas en negro y violeta), situado entre South Kensington y Earl's Court, sirve tapas tradicionales y posiblemente sea el restaurante español más moderno que se haya visto fuera de la piel de toro. Es muy popular y tiene dos turnos, por lo que siempre hay que reservar.

**KRUNGTAP** Plano p. 174     Tailandesa £
☎ 7259 2314; 227-229 Old Brompton Rd SW10; platos principales 5,75-12,95 £; ⊖ Earl's Court o West Brompton
De insólito nombre ("Bangkok" en thai), este sitio acogedor tipo café sirve comida tailandesa con una buena relación calidad-precio y relativamente auténtica.

# SHEPHERD'S BUSH Y HAMMERSMITH

**RIVER CAFÉ** Plano p. 174     Italiana £££
☎ 7386 4200; www.rivercafe.co.uk; Thames Wharf, Rainville Rd W6; platos principales 29-32 £; ⊗ cerrado cena do; ⊖ Hammersmith
Para alivio de quienes residen en la zona oeste de Londres y todavía más lejos, el restaurante a orillas del Támesis que creó los libros de cocina homónimos, de fama internacional, ha reabierto sus puertas tras otra prolongada renovación. Su sencilla y precisa cocina se enriquece con ingredientes rigurosamente de temporada: la carta cambia a diario. Es imprescindible reservar, pues sigue siendo un clásico –otra vez– entre el vecindario de Fulham.

**HARWOOD ARMS**
Plano p. 174     Británica moderna ££
☎ 7386 1847; www.harwoodarms.com; 27 Walham Grove SW6; platos principales 13,50-15,50 £; ⊖ Fulham Broadway
Un afinado crítico gastronómico amigo de los autores de esta guía menciona este *gastropub* como uno de sus favoritos de la capital, al que vuelve con frecuencia para tomar el té acompañado de un rollito de salchicha de venado, de lengua de buey salada a la parrilla con aguaturmas y/o de pichón de Berkshire con jamón de Cumbria curado. Los alérgicos a la carne ya pueden salir pitando en sentido oeste hacia el *Gate* (p. 259).

**ESARN KHEAW** Plano p. 174     Tailandesa ££
☎ 8743 8930; www.esarnkheaw.com; 314 Uxbridge Rd W12; platos principales 6,95-16,50 £; ⊗ almuerzo lu-vi, cena cada día; ⊖ Shepherd's Bush
El color verde de este soberbio restaurante retrotrae a su clientela a la década de 1970, mientras que la comida los traslada a Esarn (o Isan), al noreste de Tailandia, donde mastican las guindillas como si fueran chicle. La salchicha casera Esarn Kheaw y la *som tom* (ensalada de papaya verde) son sublimes. Los más atrevidos pueden decantarse por el llamado Tiger's Cry (tiras de hígado de buey a la parrilla servidas con una abrasadora salsa de chile).

**PATIO** Plano p. 174     Polaca ££
☎ 8743 5194; 5 Goldhawk Rd W12; platos principales 8,50-14,90 £, menú con vaso de vodka 16,50 £; ⊗ almuerzo lu-vi, cena cada día; ⊖ Shepherd's Bush o Goldhawk Rd

Este acogedor restaurante, abarrotado de curiosidades y antigüedades, y presidido por una bondadosa matriarca que todo lo ve y sabe, sirve comida polaca bastante auténtica.

### GATE Plano p. 174 Vegetariana ££

☎ 8748 6932; www.thegate.tv; 51 Queen Caroline St W6; platos principales 10,50-13,50 £; ☺ almuerzo lu-vi, cena lu-sa; ↔ Hammersmith Considerado por muchos el mejor restaurante vegetariano de la ciudad, este local consigue atraer al viajero hasta detrás del Hammersmith Apollo, un lugar rodeado de pasos elevados. Pero sus inventivos platos (*teriyaki* de berenjenas, *wonton* de *shitake*, *laksa* de calabaza), un personal cordial y acogedor, y el relajado ambiente de su espacioso y luminoso comedor con vistas a un tranquilo patio hacen que la caminata merezca la pena. Curiosamente, son postres como la tarta de queso con naranja y Cointreau los que suscitan las críticas más entusiastas, al igual que los sencillos aunque inspirados entrantes y la excelente carta de vinos.

### TATRA Plano p. 174 Polaca £

☎ 8749 8193; www.tatrarestaurant.co.uk; 2 Goldhawk Rd W12; platos principales 8,90-12,90 £; ↔ Goldhawk Rd
A pesar de la concentrada comunidad polaca en el oeste de Londres, sus restaurantes de calidad son realmente escasos. Por suerte, este, decorado por un diseñador y con un modernísimo personal, es una destacada excepción. La carta propone los clásicos habituales, además de otras delicias menos conocidas, como *kaszanka* (morcilla a la parrilla con tostadas y manzana) y *risotto* de *kasza* (trigo sarraceno molido) y setas silvestres.

### BLAH BLAH BLAH Plano p. 174 Vegetariana £

☎ 8746 1337; www.gonumber.com/2524; 78 Goldhawk Rd W12; platos principales 7,95-9,95 £; ☺ cerrado do; ↔ Goldhawk Rd
Esta institución vegetariana lleva años atrayendo a su clientela con comida imaginativa y bien preparada, además de por su entorno alegre e informal. Los platos respiran un aire mediterráneo, aunque también ofrecen creaciones como el *curry* Kashmiri y las *fajitas* vegetarianas. Se puede llevar la bebida (1,50 £ por persona el descorche).

# GREENWICH Y SOUTHEAST LONDON

Esta sección es breve porque la reputación culinaria del sureste de Londres es todavía incipiente. Incluso los residentes no saben dónde ir a comer en Greenwich, pues si bien es cierto que hay muchos restaurantes en la calle principal, otra cosa es su calidad. Blackheath, al otro lado de Greenwich Park en dirección sur, posee un par de notables excepciones y Dulwich (especialmente Dulwich Village) está empezando a experimentar con la cultura de los *gastropubs*, aunque todavía no ha aparecido nada realmente destacable.

## GREENWICH

### SE10 RESTAURANT & BAR

Plano p. 178 Europea moderna ££

☎ 8858 9764; www.se10restaurant.co.uk; 62 Thames St SE10; platos principales 13-19,50 £, menú de almuerzo 2/3 platos días laborables 11,75/14,95 £, fin de semana 17,95/21,95 £; ☺ almuerzo y cena ju-do; DLR Cutty Sark
Este restaurante y bar de vinos, que por fuera parece algo destartalado, al oeste de la estación DLR Cutty Sark, esconde un interior luminoso, espacioso y cálido, en tonos amarillos y dorados. Tiene una buena selección de platos de pescado y tradicionales británicos (aunque solo uno es vegetariano) además de postres deliciosos, sobre todo el pudin de *toffee*. Los domingos preparan desayunos (5,59-7,95 £) y también se puede almorzar.

### INSIDE Plano p. 178 Europea moderna ££

☎ 8265 5060; www.insiderestaurant.co.uk; 19 Greenwich South St SE10; platos principales 12,95-17,95 £, menú de almuerzo 2 /3 platos 11,95/15,95 £, cena temprana 16,95/20,95 £; ☺ cerrado cena do y lu todo el día; DLR/ 🚆 Greenwich
Con austeras paredes blancas, arte moderno y manteles, parece un lugar bastante estirado, pero no lo es. Su carta, siempre con ingredientes frescos, suele incluir propuestas como sopa de tomate asado con *mascarpone*, bacalao al horno con pimentón dulce español y postres como *crumble* (una especie de tarrina al horno) de manzana y ruibarbo.

### ROYAL TEAS Plano p. 178 Café £

☎ 8691 7240; 76 Royal Hill SE10; platos 2,35-6,95 £; ☺ 9.30-17.30 lu-vi, 10.00-18.00 sa, 10.30-18.00 do; DLR/ 🚆 Greenwich

No es un vegetariano exactamente, pues se puede tomar salmón ahumado (6,95 £) para el almuerzo, si bien suelen recurrir a sustitutivos de la carne, como es el caso de las alubias con queso fundido y huevos fritos, además de muchos tipos de bocadillos y sopas. Muy buen pastel de jengibre con nata o helado (2,60 £).

También se recomiendan:

Spread Eagle (plano p. 178; ☎ 8853 2333; 1-2 Stockwell St SE10; platos principales 13,95-19,50 £, menú de almuerzo 2/3 platos 13,50/16,50 £, menú de cena 3 platos 22,50 £; ⌚ cerrado cena do; DLR Cutty Sark) Elegante restaurante de inspiración francesa situado frente al Greenwich Theatre en la antigua terminal de autocares de Londres.

Rivington Grill (plano p. 178; ☎ 8293 9270; www. riving tongrill.co.uk; 178 Greenwich High Rd SE10; platos principales 9,75-27,50 £; DLR/ ▣ Greenwich) Esta pequeña filial del moderno bar y asador en Hoxton ( ☎ 7729 7053; 28-30 Rivington St EC2; ⊖ Old St) atiende todo el día.

# SOUTH LONDON

Puede que la selección de restaurantes de esta parte de la ciudad no sea tan amplia como en la de la otra orilla del Támesis, pero cuenta con bastantes establecimientos de renombre. Por ejemplo, en Brixton se come una de las mejores *pizzas* de Londres y cuenta con uno de sus cafés más encantadores, además de con un fabuloso mercado. De hecho, vale la pena cruzar el río solo para visitar algunos de los restaurantes de Battersea, Wandsworth y Clapham. Sorprendentemente, Kennington tiene uno de los mejores chinos de Londres.

## BRIXTON

### LOUNGE CAFÉ Plano p. 188      Café £
☎ 7733; 56-58 Atlantic Rd SW9; platos principales 5,50-13,50 £; ⌚ cerrado cena do; ⊖ Brixton
No solo bar, sino también lugar para comer, este original retiro urbano ofrece desayunos, menús de almuerzo y de cena y todo tipo de platos, desde fritos y hamburguesas vegetarianas a fuentes de *meze*. Ideal tanto para un cóctel como para una comilona, y además hay música en directo.

### FUJIYAMA Plano p. 188      Japonesa £
☎ 7737 6583; 5-7 Vining St SW9; platos principales 5,40-10,75 £; ⊖ Brixton
Situado detrás del Dogstar (p. 284), este japonés, aparentemente pequeño, tiene un acogedor interior en rojo oscuro y bancos corridos. Ofrece una gran selección de cajas de *bento* (comida para llevar), fideos, *tempura*, sopas de *miso, sushi* y *sashimi*, entre otros.

### ROSIE'S DELI CAFÉ Plano p. 188      Café £
www.rosiesdelicafe.com; 14e Market Row SW9; platos principales 4-6 £; ⌚ 9.30-17.30 lu-sa; ⊖ Brixton
Este apreciado local está regentado por Rosie Lovell, una joven cocinera aclamada como "la nueva Nigella". Desde luego es encantadora, y toda una celebridad dentro y fuera del mercado de Brixton gracias a *Spooning with Rosie* (Cocinando con Rosie), su nuevo libro de recetas. Sus fantásticas tartas y galletas, además de *quiches, pitas*, sándwiches y ensaladas, siguen atrayendo a muchos fieles a la hora del almuerzo. De visita obligada en Brixton.

### FRANCO MANCA Plano p. 188      Italiana £
☎ 7738 3021; 4 Market Row SW9; platos principales 4-6 £; ⌚ 12.00-17.00 lu-sa; ⊖ Brixton
Votada como la mejor pizzería de Londres por unanimidad, en este lugar vale la pena cada minuto (u hora, los sábados) que se pasa esperando mesa o la comida para llevar. Se aconseja evitar las horas del almuerzo y los sábados, y probar sus increíbles *pizzas* en un ambiente relajado. El secreto está siempre en la masa (que se prepara en la panadería de la planta superior), con harina traída de un molino napolitano. Hay seis variedades para elegir, y el origen de todos sus sabrosos ingredientes está acreditado: las verduras proceden de una pequeña tienda de Londres, el aceite de oliva, de cultivo ecológico, de fincas españolas y sicilianas, el queso es de Somerset, los tomates, de Liguria, y la carne, de una carnicería independiente de Londres. La cerveza y el vino son también de cultivo ecológico (de Sussex y Piamonte, respectivamente) y la limonada, casera. Una pena que el horario sea tan limitado.

### ASMARA Plano p. 188      Norteafricana £
☎ 7737 4144; 386 Coldharbour Lane SW9; platos principales 4-7,50 £, comidas 6/7 platos 25/27 £; ⌚ cena diaria; ⊖ Brixton
Este insólito restaurante eritreo sirve pollo picante, estofados de cordero y ternera y platos de verdura para tomar con *injera*, el pan plano y esponjoso que es el alimento

nacional. El personal proporciona colorido con sus trajes tradicionales mientras se rememora el antiguo poder colonial italiano con los cuatro platos de pasta (4-4,59 £) de la carta.

# BATTERSEA Y WANDSWORTH

**CHEZ BRUCE** Plano p. 64      Francesa £££
☎ 8672 0114; www.chezbruce.co.uk; 2 Bellevue Rd SW17; menús 3-4 platos 40-50 £; ⓡ Wandsworth Common
Aunque luce una estrella Michelin, más bien parece un negocio de barrio de calidad, y es que su rústica fachada, junto al frondoso Wandsworth Common, no deja traslucir su moderno interior. Los menús de precio fijo ayudan a que no se tenga que escatimar en el postre.

**BUTCHER & GRILL** Plano p. 188    Británica ££
☎ 7924 3999; www.thebutcherandgrill.com; 39-41 Parkgate Rd SW11; platos principales 9-23 £; ⓧ cerrado cena do; ⊖ Sloane Sq y después ⓠ 19 o 319
Esta combinación de asador y carnicería cosecha premios con la misma rapidez con que prepara chuletones *(T-bone steak)*. Aunque no a todo el mundo le gusta la idea de ver la carne al natural a la entrada, la calidad de los ingredientes, la amplia selección de salsas y las vistas desde el comedor principal son más que una compensación.

**RANSOME'S DOCK**
Plano p. 188      Británica moderna ££
☎ 7223 1611; www.ransomesdock.co.uk; 35-37 Parkgate Rd SW11; platos principales 14-22 £; ⓧ cerrado cena do; ⊖ Sloane Sq y después ⓠ 19 o 319
La gente acude a este restaurante no porque sea moderno o esté en el muelle de una bahía, sino por su calidad: filetes de anguila ahumada de Lincolnshire con tortitas de trigo sarraceno y nata agria, pechuga de pato con salsa de manzana o cordero ecológico con col lombarda y tubérculos a la brasa, por ejemplo. El almuerzo de dos platos entre semana cuesta 15 £.

**SANTA MARIA DEL SUR**
Plano p. 188      Argentina ££
☎ 7622 2088; www.santamariadelsur.co.uk; 129 Queenstown Rd SW8; platos principales 12-19 £; ⓧ almuerzo sa y do, cena cada día; ⓡ Queenstown Rd o Battersea Park, ⓠ 77, 137 o 345

Con sus carnes y salchichas a la plancha, el local del sur de la muy apreciada churrasquería argentina Santa Maria del Buen Ayre (plano p. 152; ☎ 7275 9900; www.buenayre.co.uk; Broadway Market E8; ⊖ Bethnal Green, ⓡ Cambridge Heath), en Hackney, está pensado para los carnívoros de esta orilla. Se recomienda pedir una de las parrilladas para compartir (16-25 £ por persona).

# CLAPHAM KENNINGTON, OVAL Y STOCKWELL

**LOBSTER POT** Plano p. 186      Marisco ££
☎ 7582 5556; www.lobsterpotrestaurant.co.uk; 3 Kennington Lane SE11; platos principales 16-23 £; ⓧ cerrado lu; ⊖ Kennington o Elephant & Castle
Este encantador restaurante de dirección francesa, enclavado en los descampados del sur de Elephant & Castle, ofrece platos de pescado y marisco excelentemente preparados al estilo francés (es decir, con bastante mantequilla y ajo) a una clientela local de incondicionales. El menú degustación de ocho platos con/sin langosta cuesta 50/45 £.

**DRAGON CASTLE** Plano p. 186      China ££
☎ 7277 3388; 100 Walworth Rd SE17; platos principales 7-20 £; ⊖ Elephant & Castle
Cuesta creer que el que probablemente sea el mejor restaurante chino de Londres que no es una franquicia esté oculto en uno de los edificios más característicos de la arquitectura brutalista, en la parte más oscura y profunda de Kennington. Pero así es, e incluso el crítico gastronómico Fay Maschler, del *Evening Standard,* está de acuerdo. El pato, el cerdo y el marisco (ostras fritas, cangrejo con alubias negras) tienen fama, pero es su cocina de *dim sum* (1,90-3 £), particularmente al mediodía los fines de semana, la que levanta pasiones.

**GRAFTON HOUSE**
Plano p. 188      Internacional moderna ££
☎ 7498 5559; www.graftonhouseuk.com; 13-19 Old Town SW4; platos principales 12,50-15,50 £, menú 2/3 platos 22/27 £; ⊖ Clapham Common
Las primeras figuras de Clapham se dan cita en este elegante bar-restaurante con suelos de mármol, mesas de maderas nobles tropicales y sofás curvos de piel. La carta es moderna internacional, sencilla pero con ese toque extra (*risotto* de calabaza, hamburguesa de venado y ciruela, y croquetas

## CADENAS LONDINENSES

Aunque la ciudad esta invadida por las habituales y anodinas cadenas norteamericanas de comida rápida, Londres también cuenta con otras excelentes y muy frecuentadas creadas por ingeniosos e interesantes restaurantes locales. Estas son algunas de las mejores; pueden visitarse las páginas web respectivas para obtener un listado completo de los establecimientos.

### ASK

Económica y animada, sirve aceptable comida italiana y cuenta con 18 locales bastante grandes situados cerca de los principales nudos de transporte, como Paddington (plano p. 172; ☎ 7706 0707; www.askcentral.co.uk; 41-43 Spring St W2; ⊖ Paddington).

### Carluccio's

Imaginativos y auténticos, los restaurantes italianos de esta cadena en continua expansión tienen un cierto toque de calidad, en parte gracias al espacio abierto creado por un mostrador *deli* en cada uno de sus casi dos docenas de locales, como el local de Fitzrovia (plano p. 68; ☎ 7636 2228; www.carluccios.com; 8 Market Pl W1; ⊖ Oxford Circus).

### Giraffe

Orientada a familias, esta cadena se distingue por el soleado toque californiano, cordial servicio y patatas fritas gruesas, burritos, *pitas* vegetarianas y hamburguesas. En realidad, su personal sirve cualquier cosa que se le pida, dentro de un orden, claro. Actualmente operan una docena de locales en el centro de la ciudad, uno de ellos en Islington (plano p. 68; ☎ 7359 5999; www.giraffe.net; 29-31 Essex Rd N1; ⊖ Angel).

### Gourmet Burger Kitchen

Las hamburguesas son las protagonistas en los GBK, siempre de ternera escocesa de primera y animadas con salsas especialmente concebidas y sabrosas patatas fritas. Hay versiones vegetarianas. Entre sus dos docenas de locales, el de Bayswater (plano p. 172; ☎ 7243 4344; www.gbkinfo.co.uk; 50 Westbourne Grove W2; ⊖ Royal Oak) es de los más prácticos.

### Hamburger Union

Muy recomendable, esta cadena sirve populares y calóricos platos de comida rápida de *gourmet* en sus seis elegantes y siempre abarrotados locales del centro, como el del Soho (plano p. 68; ☎ 7437 6004; www.hamburgerunion.com; 22-25 Dean St W1; ⊖ Tottenham Court Rd). Toda la carne es sin aditivos y de granja.

### Le Pain Quotidien

Doce sencillos y austeros cafés de estilo francés donde sirven ensaladas, sopas, bocadillos de *baguette* y excelentes tartas. Están por toda la ciudad, también en el South Bank (plano p. 120; www.lepainquotidien.com; ☎ 7486 6154; Upper Festival Walk, Royal Festival Hall SE1; ⊖ Embankment o Waterloo).

de langosta, cangrejo y salmón) y con un satisfactorio *brunch* diario (12.00-16.00). Los domingos por la noche, *jazz* en vivo.

### KENNINGTON TANDOORI

Plano p.186                                    Hindú £

☎ 7735 9247; www.kenningtontandoori.co.uk; 313 Kennington Rd SE11; platos principales 6-13 £; ⊖ Kennington

Este restaurante de *curry* es uno de los preferidos de los parlamentarios del otro lado del río, como el antiguo primer ministro John Major.

# SOUTHWEST LONDON

Aunque no es universalmente conocido por su cocina, el suroeste de Londres puede alardear de tener un buen número de enclaves gastronómicos, algunos de los cuales bien merecen el viaje. Si se está en Fulham, hay que bajar Fulham Rd, subir por New King's Rd y tomar Wandsworth Bridge Rd para dar con uno interesante. En Putney, hay que bajar por High Street y sus bocacalles. Para no desentonar con el alto nivel de vida que rige en las aburguesadas orillas del río, los restaurantes de sitios

## Nando's

Si se desea algo rápido y auténtico, esta es una de las mejores opciones de la ciudad; ofrecen pollo *a la portuguesa,* una receta inspirada en África y Brasil, hasta en 65 locales, como el de Camden (plano p. 162; ☎ 7424 9040; www.nandos. co.uk; 57-58 Chalk Farm Rd NW1; ↔ Camden Town). La decoración es colorida y animada, el ambiente relajado y el *peri-peri* (a base de chile), muy picante.

## Real Greek

Esta cadena de restaurantes griegos, donde sirven *souvlaki* (kebab griego) y *meze,* cuenta actualmente con ocho sucursales, y uno maravilloso en Hoxton (plano p. 144; ☎ 7739 8212; www.therealgreek.com; 14-15 Hoxton Market N1; ↔ Old St), que es el original.

## Strada

De mayor nivel que otras cadenas de pizzerías, solo sirve lo que sale de los hornos de leña de sus casi treinta locales, uno de ellos en Clerkenwell (plano p. 144; ☎ 7278 0800; www.strada.co.uk; 8-10 Exmouth Market EC1; ↔ Farringdon). Buena pasta también.

## Tas

Esa cadena de restaurantes turcos de reconocido prestigio propone una selección de estofados y parrilladas. Sus ocho locales se hallan diseminados por toda la capital, también en Waterloo (plano p. 120; ☎ 7928 1444; www.tasres taurant.com; 33 The Cut SE1; ↔ Waterloo). Sin embargo, el favorito de estos autores es, con diferencia, el Tas Pide (plano p. 120; ☎ 7928 3300; www.tasrestaurant.com; 20-22 New Globe Walk SE1; ↔ London Bridge), especializado en *pide* (*pizza* turca, a falta de una palabra mejor), excelentemente ubicado frente al Shakespeare's Globe (p. 124), en Bankside.

## Wagamama

No hay nada nuevo o emocionante en esta cadena de fideos, con casi treinta locales en la ciudad, como el de Marylebone (plano p. 92; ☎ 7409 0111; www.wagamama.com; 101a Wigmore St W1; ↔ Bond St). Consiste en sorber, dar las gracias y adiós muy buenas, pero la comida es de confianza y económica (para Londres) y los bancos excelentes para los viajeros solitarios en busca de compañía para comer.

## Yo! Sushi

La primera cadena de *sushi* con bufé giratorio de Londres sigue siendo un lugar curioso. El local original está en el Soho (plano p. 68; ☎ 7287 0443; www.yosushi.com; 52 Poland St W1; ↔ Tottenham Court Rd o Piccadilly Circus), pero hay una veintena más desperdigados por todo Londres.

como Richmond y Kew suelen ofrecer un aspecto exquisito, perfectamente acorde también con su comida y bodegas.

# FULHAM

**BLUE ELEPHANT** Plano p. 194    Tailandesa ££

☎ 7385 6595; www.blueelephant.com; 4-6 Fulham Broadway SW6; platos principales 15-22 £; ⏲ almuerzo y cena do-vi, cena sa; ↔ Fulham Broadway

El entorno lujoso, el personal atento y la excelente comida de esta institución de Fulham, con establecimientos en todo el mundo, convierten la visita en una experiencia inolvidable (y cara). El ambiente es romántico, con velas en las mesas, fuentes y vegetación, aunque la tienda de recuerdos que hay delante peca de ordinaria.

**LOTS ROAD PUB & DINING ROOM** Plano p. 194    *Gastropub* ££

☎ 7352 6645; www.lotsroadpub.com; 114 Lots Rd SW10; platos principales 9-14 £; ↔ Fulham Broadway

Nada cabe objetar a este lugar escondido, aparte de esa manía de fijar los precios hasta en centésimas de penique. La luz atraviesa las ventanas del comedor de madera y techos altos y llega hasta el bar, de color negro y cromo, donde sirven vino por copas. La carta, que cambia con regularidad, es bastante estándar (cerdo asado, salmón, cordero), pero todo está delicioso y es de confianza. De postre, se recomienda el pudin de *toffee* o los higos asados con miel.

**HACHÉ** Plano p. 194                    Hamburguesas £

☎ 7823 3515; www.hacheburgers.com; 329-331 Fulham Rd SW10; platos principales 6,95-12,95 £; ⏰ 12.00-22.30 lu-mi, hasta 23.00 ju, hasta 23.15 vi y sa, hasta 22.00 do; ⊖ Sloane Sq y después 🚌 19 o 319

Este elegante local de Fulham con nombre francés (que significa "carne picada") recibe sistemáticamente magníficos elogios por sus hamburguesas de ternera escocesa.

# PUTNEY Y BARNES

**CHAKALAKA** Plano p. 194              Sudafricana ££

☎ 8789 5696; www.chakalakarestaurant.co.uk; 136 Upper Richmond Rd SW15; platos principales 10-25 £; ⏰ almuerzo sa y do, cena diaria; ⊖ East Putney

Entre colores estridentes y estampados de tigre, sirven carne de gacela y kudu (dos tipos de antílope), avestruz, cebra y otras criaturas. También ofrece *bobotie* (11 £), un plato tradicional de carne picada especiada, asada y cubierta de gachas. Buena selección de vinos sudafricanos.

**CHOSAN** Plano p. 194                   Japonesa ££

☎ 8788 9626; 292 Upper Richmond Rd SW15; platos principales 4-17 £; ⏰ cerrado lu; ⊖ Putney Bridge, 🚇 Putney

Este pequeño restaurante japonés, cuyo nombre significa "Corea" en coreano, no aparenta gran cosa ni por fuera ni por dentro, pero prepara excelentes *sushi* y *sashimi*, además de *tempura* y *kushiage* (de fritura más prolongada que la *tempura*).

**ENOTECA TURI** Plano p. 194              Italiana ££

☎ 8785 4449; www.enotecaturi.com; 28 Putney High St SW15; platos principales 10-16 £, menú de almuerzo/cena 3 platos 15,50/25,50 £; ⏰ cerrado do; ⊖ Putney Bridge, 🚇 Putney

De ambiente tranquilo y servicio encantador, en este bar de vinos no descuidan la vertiente gastronómica, lo cual significa que cada plato, ya sea *tagliolini* con marisco o espaldita de cordero, viene recomendado con una copa de vino determinado (aunque también tienen una enorme carta).

**MA GOA** Plano p. 194                        Hindú ££

☎ 8780 1767; www.ma-goa.com; 242-244 Upper Richmond Rd SW15; platos principales 9-15 £; ⏰ cena ma-do; ⊖ Putney Bridge, 🚇 Putney

Su especialidad es la sutil cocina de la que fuera colonia portuguesa en la costa occidental de la India. Destacan el chorizo casero con salsa picante de cebolla y el *caldin* de pescado (una combinación agridulce con base de coco).

**OLÉ** Plano p. 194                            Española £

☎ 8788 8009; www.olerestaurants.com; 240 Upper Richmond Rd SW15; tapas 2-8 £, platos principales 10-17 £; ⊖ Putney Bridge, 🚇 Putney

Este restaurante de Putney tiene un aspecto muy poco español, con mucha luz y muebles de madera clara, pero sirve excelentes tapas.

# RICHMOND

## PETERSHAM NURSERIES CAFÉ

Plano p. 198                    Europea moderna £££

☎ 8605 3627; www.petershamnurseries.com; Church Lane, junto a Petersham Rd TW10; platos principales 18-29 £, menú 2/3 platos mi-vi 23/28 £; ⏰ almuerzo ma-do; ⊖ / 🚇 Richmond y después 🚌 65 o 371

En un vecindario adinerado, este galardonado café, que ocupa una casa verde en la parte posterior de las Petersham Nurseries, ofrece platos con ingredientes que a veces proceden de los huertos cercanos. A los platos de verdura ecológica, por ejemplo alcachofas a la brasa con confitura de limón a la salvia y olivas negras, se suman propuestas de temporada como codornices asadas con salsa de nueces o polenta blanca con calamares y mantequilla de jerez. Imprescindible reservar. También hay una tetería ( ⏰ 10.00-16.30 ma-sa, desde 11.00 do) en la que sirven sándwiches, té y tartas.

Dada la preocupación de los vecinos y el ayuntamiento por el aumento del tráfico provocado por su popularidad, a los clientes se les pide que utilicen el pintoresco camino de sirga del río o el transporte público.

**FISHWORKS** Plano p. 198      Marisco ££

☎ 8948 5965; www.fishworks.co.uk; 13-19 The Square, Old Market TW9; platos principales 10-25 £; ☻ cerrado cena do; ⊖ / ⑧ Richmond

Esta cadena de Bath fue la primera *poissonnerie* (pescadería) auténtica francesa con un restaurante anexo, como demuestran los mostradores de la entrada, donde se apilan sobre hielo los crustáceos y el pescado. Los autores de esta guía la visitan con regularidad, sobre todo por el sublime cangrejo de Dartmouth, que se degusta frío, y la incomparable *zuppa del pescatore* (sopa de pescadores; 19 £) una delicada sinfonía marina. Tienen una sucursal en Marylebone (plano p. 92; ☎ 7935 9796; 89 Marylebone High St W1; ⊖ Bond St).

**CHEZ LINDSAY** Plano p. 198      Francesa ££

☎ 8948 7473; www.chezlindsay.co.uk; 11 Hill Rise TW10; platos principales 13-19 £, menú de almuerzo 2/3 platos 15/18 £, cena 19/22 £; ⊖ / ⑧ Richmond

Este pedazo de Bretaña en Richmond Hill atrae a los visitantes por su sana cocina, ambiente acogedor y vistas al río. Las especialidades incluyen *galettes* con multitud de rellenos y, para beber, gran variedad de sidras bretonas muy secas.

**DON FERNANDO'S** Plano p. 198    Española £

☎ 8948 6447; www.donfernando.co.uk; 27f The Quadrant TW9; platos principales 9-12 £; ⊖ / ⑧ Richmond

La simpática familia Izquierdo lleva veinte años sirviendo excelentes platos de su Andalucía natal y su entusiasmo no parece decaer. Su exhaustiva carta de tapas (5-8 £), cervezas españolas, vinos y otras especialidades culinarias, algunas vegetarianas, lo convierten en ideal para un almuerzo o cena tranquilos.

# KEW

**GLASSHOUSE** Plano p. 64    Europea moderna ££

☎ 8940 6777; www.glasshouserestaurant.co.uk; 14 Station Pde TW9; platos principales 17-22 £; ⊖ / ⑧ Kew Gardens

Una comida en este espléndido restaurante es un perfecto colofón para un día en el jardín botánico (p. 197) de Kew. El exterior cubierto de vidrio revela un interior suavemente iluminado y tranquilo, cuya modesta decoración garantiza que el foco de atención se pone en la mesa. Se puede escoger entre platos principales como lomo de ternera con lengua de becerro caramelizada y mollejas o filete de bacalao con crema de polenta blanca, buenos ejemplos de una cocina que combina la tradición británica con la innovación europea. También son los propietarios del Chez Bruce (p. 261), en Wandsworth.

**NEWENS MAIDS OF HONOUR**
Plano p. 64                  Café £

☎ 8940 2752; 288 Kew Rd W9; té 6,50 £; ☻ 9.30-13.00 lu, hasta 18.00 ma-sa; ⊖ / ⑧ Kew Gardens

El nombre de esta insólita *tetería* en Kew, cerca de la entrada principal de los Kew Gardens, viene de su famoso postre (3 £), supuestamente creado por Ana Bolena, la segunda esposa de Enrique VIII, un pastel de hojaldre con limón, almendras y requesón.

**KEW GREENHOUSE** Plano p. 64    Café £

☎ 8940 0183; 1 Station Pde TW9; platos principales 7-10 £; ☻ 8.30-18.30; ⊖ / ⑧ Kew Gardens

Este delicioso café de temática botánica predispone al viajero para su visita a los cercanos Kew Gardens (p. 197). Para comer, productos básicos y recetas sencillas, como *jacket potatoes* (patatas asadas rellenas) y sándwiches, además de una sorpresa diaria. Perfecto también para una taza de té acompañada de un pedazo de tarta.

# DÓNDE BEBER

## lo mejor

# DÓNDE BEBER

Hay pocas cosas que gusten más a los londinenses que beber. Desde los grabados *Gin Lane* de Hogarth (s. XVIII) hasta la decisión del alcalde Boris Johnson de prohibir el consumo de alcohol en el transporte público en el 2008, la historia de Londres ha estado siempre marcada por el deseo de sus habitantes de beber tanto como puedan, sobre todo cuando los que mandan intentan disuadirles de ello. Hasta hace poco, esta dinámica se hacía patente en las dracona-nas normativas de venta de alcohol, según las cuales solo los clubes privados podían servirlo después de las 23.00. Tras la abolición de esta ley, la oferta lúdica de la ciudad es más variada que nunca y los londinenses han redescubierto la fantástica variedad de *pubs* históricos que su ciudad atesora. Sin embargo, fuera de las principales zonas de ocio nocturno aún es bastante complicado encontrar un *pub* abierto después de las 23.00.

El *pub* (abreviación de *public house*, "casa pública") es una de las instituciones más emble-máticas de la ciudad, además del centro de la vida social de sus habitantes. La historia de un *pub* suele estar escrita en sus paredes y grabada en la cara de sus clientes. Prácticamente cada londinense tiene su *pub* favorito, y una de las actividades más divertidas que pueden practicarse en la ciudad es visitar el mayor número posible de *boozers* (término coloquial que se emplea para referirse a los *pubs*).

Los *pubs* tradicionales son conocidos por su inconfundible ambiente de moquetas pegajosas, patatas fritas con sabor a gamba y música enlatada. Por desgracia, en los últimos tiempos mu-chos han sido reconvertidos, ya sea en anónimos bares de cadena o en viviendas, siempre muy demandadas. Conviene evitar los *pubs* de franquicia y decantarse por los establecimientos que se enumeran a continuación.

Aparte de los bares referenciados en este capítulo, también se recomienda ir a varias zonas de ocio nocturno, como Upper St o Essex Rd, en Islington; Old o High St, en Shoreditch; Dean o Greek St, en el Soho; Portobello Rd, en West London; el Cut, en el South Bank; Clapham High St y Borough High St, en South London; o Parkway y Camden High St, en Camden Town. También aparece información sobre muchos de los bares favoritos de los autores de esta guía, aunque lo mejor es que cada cual encuentre los suyos.

## Horario comercial

En el 2005 se aprobó una ley que permitía a los *pubs* y bares, a discreción de las autoridades locales, permanecer abiertos después de las 23.00, la hora de cierre hasta entonces. Actual-mente es más fácil encontrar un local abierto hasta tarde en las zonas más céntricas, aunque eso varía en función de cada establecimiento. A menos que se indique lo contrario, todos los *pubs* y bares que se enumeran a continuación abren de 11.00 a 23.00, de lunes a sábado, y hasta las 22.30 los domingos.

# EL WEST END

Antes de salir por el West End de noche se necesita cierta planificación, pues es toda una odisea encontrar un local poco concurrido, conseguir una mesa sin pelearse o tomar algo en un bar que no esté abarrotado de turistas. A pesar de ser la primera parada para muchos visitantes, se ha de decir que el West End ya no es una de las principales zonas de ocio noctur-

no para los lugareños más exigentes. Aun así, el Soho se mantiene como fantástico territorio de copeo, sobre todo los viernes y sábados por la noche, cuando ofrece un ambiente bullicioso y decadente, con mucha gente, copas y *rickshaws* hasta altas horas de la madrugada.

## SOHO Y CHINATOWN

**COACH & HORSES** Plano p. 68     *Pub*
☎ 7437 5920; 29 Greek St W1; ⊖ Leicester Sq
Pequeño y bullicioso, este *pub*, conocido co-mo el lugar donde el columnista del *Specta-tor* Jeffrey Bernard bebió hasta morir, retiene el antiguo ambiente bohemio del Soho, con una clientela habitual de escritores, perio-distas de poca monta, turistas y borrachos incapaces de levantarse del taburete. Prohibido para la gente con pretensiones.

**ENDURANCE** Plano p. 68     Bar
☎ 7437 2944; 90 Berwick St W1; ⊖ Oxford Circus o Piccadilly Circus

Uno de los favoritos del Soho, sobre todo para los amantes de la música que recorren las tiendas de vinilos de esta calle (p. 213). Cuenta con una sinfonola repleta de éxitos *indie,* una buena selección de vinos, *ales* de barril y una comida aceptable; los domingos son un buen día para comer tranquilamente mientras se repasa el periódico. Algunas noches está hasta los topes, mientras que de día es una ventana al bullicio del mercado de Berwick Street (p. 251).

### FRENCH HOUSE Plano p. 68 — Bar
☎ 7437 2799; 49 Dean St W1; ⊖ Leicester Sq
Este legendario *boozer* del Soho (con un buen restaurante en la planta baja) tiene una larga historia, pues fue el lugar de reunión de las fuerzas francesas libres durante la Segunda Guerra Mundial. Según dicen, De Gaulle lo frecuentaba a menudo, pero también Dylan Thomas, Peter O'Toole y Francis Bacon. Perfecto para tomar un Ricard, un vino francés o una Kronenbourg entre una pintoresca clientela.

### JOHN SNOW Plano p. 68 — Pub
☎ 7437 1344; 39 Broadwick St W1; ⊖ Oxford Circus o Piccadilly Circus
Uno de los *pubs* más concurridos del Soho, dentro en invierno y fuera en primavera y en verano. El interior es sencillo y elegante, sin música ambiental, lo que ayuda a charlar al calor de una *ale, lager, bitter* o *stout* de la pequeña cervecera Sam Smith's. También sirven cerveza y sidra orgánicas, además de cerveza de cereza.

### MILK & HONEY Plano p. 68 — Coctelería
☎ 7292 9949, 0700 655 469; www.mlkhny.com; 61 Poland St W1; ⊖ Leicester Sq o Tottenham Court Rd
Aunque funciona a modo de club privado exclusivamente para socios, los días laborables se permite la entrada al público en general, preferiblemente al principio de la semana. Hay que llamar con antelación para reservar una mesa durante dos horas y, cuando se llegue, llamar al timbre y susurrar el nombre en el interfono. Es ideal si se desea intimidad, copas excelentes y un ambiente sofisticado. Cócteles exquisitos.

### PLAYER Plano p. 68 — Coctelería
☎ 7494 9125; www.thplyr.com; 8 Broadwick St W1; ☽ hasta 24.00 lu-mi, hasta 1.00 ju-sa, cerrado do; ⊖ Oxford Circus

Fue una de las mejores coctelerías de Londres en la década de 1990, cuando Dick Bradsell, gurú de la revolución coctelera londinense, empezó a agitar algunas de sus creaciones en este sótano. Actualmente, Bradsell se dedica a otros menesteres, y aunque las copas siguen siendo excelentes, la clientela no es tan elegante como en sus mejores tiempos. A partir de las 21.00 se llena de gente guapa y sedienta del Soho. Por desgracia, después de las 23.00 es solo para socios.

### TWO FLOORS Plano p. 68 — Bar
☎ 7439 1007; 3 Kingly St W1; ☽ hasta 24.00 vi y sa, cerrado do; ⊖ Oxford Circus o Piccadilly Circus
Sorprende que este local consiga permanecer tranquilo en una zona donde la mayoría de los bares han sido tomados por visitantes de fin de semana con unas copas de más. Una de las razones podría ser su discreto exterior, lo que también explicaría que haya sabido conservar su personalidad. La clientela y el personal son jóvenes y bohemios, y la música, sumamente actual. Decoración a base de sofás de piel y mesas rústicas.

## COVENT GARDEN Y LEICESTER SQUARE

### CROSS KEYS Plano pp. 72-73 — Pub
☎ 7836 5185; 31 Endell St WC2; ⊖ Covent Garden
Los turistas son una rareza en este *pub* de Covent Garden cubierto de hiedra y frecuentado por fieles lugareños atraídos por las pintas de Young's y los salteados picantes. El excéntrico encargado, Brian, utiliza sus adquisiciones de estilo pop para decorar el local (como el pañuelo de Elvis Presley, que le costó 500 £), aunque también hay cacharros de latón, teteras y material de buceo. Entre la ecléctica clientela se cuentan fijos de la barra, adictos a las tragaperras y trabajadores de la zona, que en verano llenan las mesas exteriores.

### FREUD Plano pp. 72-73 — Bar, café
☎ 7240 9933; 198 Shaftesbury Ave WC2; ☽ hasta 1.00 ju, hasta 2.00 vi, hasta 1.00 sa; ⊖ Covent Garden
Se recomienda para tomar la primera copa de la noche, ya que después de varias resultará casi imposible bajar/subir las escaleras (poco más que una escalera de mano). Es un pequeño bar-café-galería situado en un

sótano con las paredes beis decoradas con inspiradas fotografías. La decoración y la clientela son artísticos y de aspecto desaliñado, y los cócteles, grandes y sofisticados. Solo hay cerveza de botella.

### LAMB & FLAG Plano pp. 72-73 *Pub*
☎ 7497 9504; 33 Rose St WC2; ✆ Covent Garden o Leicester Sq

En un barrio tan turístico como Covent Garden cuesta encontrar buenos *pubs*, pero este conserva la personalidad que la zona ha perdido. El interior tiene más de 350 años de antigüedad, con chirriantes suelos de madera y escaleras sinuosas. Los domingos por la tarde acoge conciertos de *jazz*, y cuando llega el buen tiempo el exterior está tan lleno que llegar a la barra se convierte en una odisea. El emplazamiento también es encantador, con la entrada principal al final de una calle adoquinada, aunque también se puede acceder por un callejón trasero que recuerda la época victoriana.

### SALISBURY Plano pp. 72-73 *Pub*
☎ 7836 5863; 90 St Martin's Lane WC2; ☽ hasta 24.00 vi y sa; ✆ Leicester Sq

Situado frente al exclusivo St Martin's Lane Hotel, este *pub* ofrece todo lo contrario: calidez, siglos de historia y un glorioso interior tradicional. Por la noche suele estar repleto de gente que se refresca antes y después de las funciones en los teatros de los alrededores. El ambiente es un tanto turístico, pero sigue siendo una joya.

# HOLBORN Y THE STRAND

### GORDON'S WINE BAR Plano pp. 72-73 Bar
☎ 7930 1408; www.gordonswinebar.com; 47 Villiers St WC2; ✆ Embankment o Charing Cross

Quizás este bar no debería aparecer en esta guía, pues es el típico que se llena al terminar el horario de oficina, pero es que es demasiado bonito para dejarlo fuera: un lugar oscuro y cavernoso donde sirven buenos vinos franceses y de otros países a precios razonables, además de pan, queso y olivas.

### POLSKI BAR Plano pp. 72-73 Bar
☎ 7831 9679; 11 Little Turnstile WC1; ☽ cerrado do; ✆ Holborn

Llamado anteriormente Na Zdorowie ("salud", en polaco), seguramente este local cambió de nombre por la imposibilidad de pronunciarlo antes o después de tomar

varios chupitos, pero el espíritu es el mismo. Hay unas 60 variedades de vodka para elegir, con sabores como café o trigo, e incluso vodka *kosher* o el tradicional *slivowica* (coñac de ciruela polaco), además de excelente comida polaca.

### PRINCESS LOUISE Plano pp. 72-73 *Pub*
☎ 7405 8816; 208 High Holborn WC1; ✆ Holborn

El término "joya" en este caso está totalmente justificado. Este *pub* victoriano de finales del s. XIX está espectacularmente rematado con bellos azulejos, espejos grabados, enyesados y una impresionante barra central en forma de herradura, que tras ocho meses de remodelación vuelven a lucir espléndidos. También se han recuperado las particiones victorianas de madera, lo que proporciona más intimidad a los clientes. Incluso hay columnas corintias, ¡increíble! Cervezas Sam Smith's (2 £ la pinta).

### SEVEN STARS Plano pp. 72-73 *Pub*
☎ 7242 8521; 53-54 Carey St WC2; ✆ Holborn o Temple

Aunque los abogados suelen llenarlo después de su jornada laboral (está detrás de los Royal Courts of Justice (p. 79), este antiguo refugio de marineros rebosante de personalidad sigue siendo un desconocido para la mayoría de londinenses. Su encargada, Roxy Beaujolais, que en su día ejerció de chef televisiva, deja que su gato Tom Paine merodee a sus anchas y dormite en los alféizares de las ventanas. Excelentes cervezas, vinos y comida (particularmente los platos de caza).

# BLOOMSBURY

### KING'S BAR Plano pp. 82-83 Bar
☎ 7837 6470; Hotel Russell, Russell Sq WC1; ✆ Russell Sq

Arrinconado detrás de la preciosa fachada de estilo gótico victoriano del Hotel Russell, este local es un oasis en un barrio donde escasean los buenos bares. La majestuosa decoración eduardiana, los enormes sillones de cuero y el servicio de mesa justifican los precios. Ofrece una gran selección de cócteles y vinos, y siempre hay sitio para sentarse.

### LAMB Plano pp. 82-83 *Pub*
☎ 7405 0713; 94 Lamb's Conduit St WC1; ☽ hasta 24.00 lu-sa, hasta 22.30 do; ✆ Russell Sq

La barra central de caoba, con sus preciosas mamparas, ha sido la *pièce de résistance* de este *pub* desde 1729, cuando las mamparas se utilizaban para ocultar a los músicos famosos de otros clientes curiosos. Al igual que entonces, sigue siendo un lugar sumamente popular, por lo que conviene llegar temprano. Ofrece una aceptable selección de *bitters* Young's y un ambiente fantástico para relajarse.

### LORD JOHN RUSSELL Plano pp. 82-83 *Pub*
☎ 7388 0500; 91 Marchmont St WC1; ⊖ Russell Sq

Si se añoran los días como estudiante o solo quiere tomar una pinta barata, este es el lugar. El visitante podrá mezclarse con jóvenes de todos los cursos, escapados de las residencias cercanas. Es un local tradicional y tranquilo, perfecto para charlar.

### MUSEUM TAVERN Plano pp. 82-83 *Pub*
☎ 7242 8987; 49 Great Russell St WC1; ⊖ Tottenham Court Rd o Holborn

Karl Marx solía visitar este *pub* para despejarse tras otro duro día inventando el comunismo en la sala de lectura del British Museum; George Orwell también fue cliente habitual. Es un local tradicional, dispuesto alrededor de una larga barra, atendido por un personal amable y frecuentado por profesores, estudiantes, turistas y habituales.

### QUEEN'S LARDER Plano pp. 82-83 *Pub*
☎ 7837 5627; 1 Queen Sq WC1; ⊖ Russell Sq

Localizado en una encantadora plaza al sureste de Russell Sq, este *pub* debe su nombre a la reina Charlotte, esposa del "rey loco" Jorge III, que alquiló parte de su sótano para utilizarlo como despensa mientras recibía tratamiento en un hospital cercano. Hay bancos fuera para cuando hace buen tiempo, así como un comedor en la planta superior.

## FITZROVIA

### BRADLEY'S SPANISH BAR Plano p. 68 Bar
☎ 7636 0359; 42-44 Hanway St W1; ⊖ Tottenham Court Rd

Hanway St congrega varios bares españoles de tapas y flamenco (algunos clandestinos) que abren hasta el amanecer y despachan cerveza a raudales. Puede que la decoración de este local no sea muy típica (española), pero la bebida sí: San Miguel, Cruzcampo y algunos vinos aceptables. Los clientes se

amontonan por los rincones del sótano, disfrutando con la música *rock* de la antigua sinfonola.

### NEWMAN ARMS Plano p. 68 *Pub*
☎ 7636 1127; www.newmanarms.co.uk; 23 Rathbone St W1; ⊖ Goodge St o Tottenham Court Rd

Este encantador local es uno de los pocos *pubs* del centro de Londres regentados por una familia. Es un espacio pequeño con un siglo de historia, buena música, cerveza excelente y fieles clientes habituales. George Orwell y Dylan Thomas solían frecuentarlo, y la película *Peeping Tom,* de Michael Powell, se filmó aquí en 1960. En la planta superior está el comedor, la Famous Pie Room (*pies* desde 7 £).

### SOCIAL Plano p. 68 Bar
☎ 7636 4992; www.thesocial.com; 5 Little Portland St W1; ⏰ hasta 1.00 ju-sa, hasta 24.00 lu-ju, hasta 12.30 do, cerrado do; ⊖ Oxford Circus

Sigue siendo uno de los mejores bares de copas del centro de Londres, ya que su oferta no va dirigida a la típica clientela del West End. Arriba se puede almorzar a base de tostadas con alubias o aros de espagueti, también sobre pan, y seguidamente disfrutar de una copa tranquilamente en el elegante bar panelado de la planta superior. Abajo esperan la música en directo o las sesiones de DJ y los cócteles (6 £) hasta tarde.

## MAYFAIR

### GUINEA Plano p. 92 *Pub*
☎ 7409 1728; 30 Bruton Pl W1; ⊖ Green Park o Bond St

Este *pub* tranquilo y apartado, en el barrio más exclusivo de Londres, Mayfair, se explica bien por la cervezas Young's de alta calidad, los autógrafos de celebridades en las paredes de los lavabos y en general por su exclusivo ambiente. Hay pocos asientos, y en ocasiones parece más una sala de espera del restaurante de la parte posterior (famoso por sus *pies*).

### SALT WHISKY BAR Plano p. 92 Bar
☎ 7402 1155; www.saltbar.com; 82 Seymour St W1; ⏰ hasta 1.00 lu-sa, hasta 12.30 do; ⊖ Marble Arch

Las 200 variedades de *whisky* y *bourbon* y el elegante interior de madera oscura hacen de este agradable *lounge*-bar un destino perfecto para disfrutar de una copa tranquila. El personal es experto y siempre dispuesto a aconsejar el mejor trago.

# LA CITY

En la City predominan los *pubs* tradicionales dirigidos a banqueros, empresarios y otros profesionales trajeados. La mayoría solo abren entre semana, y a las 22.00 ya suelen estar desiertos. Dicho lo cual, también es cierto que algunos son mágicos, auténticos retazos de historia.

**BLACK FRIAR** Plano p. 103 *Pub*
☎ 7236 5474; 174 Queen Victoria St EC4; ⏱ hasta 23.30 ju y vi; ⊖ Blackfriars
Redecorado en 1905, este *pub* suele estar lleno de hombres con corbata los días laborables, pero los fines de semana, como por arte de magia, desaparecen en favor del resto de los mortales. Buena selección de cervezas *ale* y *bitter*. Está al norte de la estación de metro Blackfriars

**COUNTING HOUSE** Plano p. 103 *Pub*
☎ 7283 7123; 50 Cornhill EC3; ⏱ cerrado sa y do; ⊖ Bank o Monument
Dicen que los bancos antiguos, con sus mostradores y cámaras acorazadas, son espacios magníficos para montar un *pub*. Pues eso pasa en este galardonado local, que ocupa la antigua sede central del NatWest, con un tragaluz abovedado y una preciosa barra principal. Es el favorito de los "currantes" de la City, que acuden atraídos por su selección de *real ales* (cerveza elaborada según el método tradicional) y *pies* (9-10 £).

**EL VINO** Plano p. 103 Bar de vinos
☎ 7353 6786; www.elvino.co.uk; 47 Fleet St EC4; ⏱ cerrado sa y do; ⊖ Blackfriars o Temple
Venerable institución frecuentada por abogados, notarios y otros profesionales de los cercanos Royal Courts of Justice (p. 79), este bar de vinos (perteneciente a una cadena de 5 locales) ofrece una de las mejores cartas de vinos de la City, que la vinatería adyacente vende a precios razonables.

**YE OLDE CHESHIRE CHEESE**
Plano p. 103 *Pub*
☎ 7353 6170; Wine Office Ct, 145 Fleet St EC4; ⏱ hasta 17.00 do; ⊖ Blackfriars
La entrada de este histórico *pub* está en un estrecho callejón contiguo a Fleet St. Por él han discurrido clientes tan ilustres como el Dr. Johnson, Thackeray y Dickens, por lo que no es de extrañar que el lugar parezca un destartalado museo, con serrín en el suelo y un olor bastante fuerte entre su laberinto de barras, más perceptible ahora que el humo del tabaco ha desaparecido. Aun así, sigue siendo uno de los *pubs* más famosos de Londres y bien merece una visita.

**YE OLDE WATLING** Plano p. 103 *Pub*
☎ 7653 9971; 29 Watling St EC4; ⏱ cerrado sa y do; ⊖ Mansion House
Esta pequeña calle de detrás de la catedral de St Paul tiene un ambiente de pueblo, y su elemento central no es otro que este longevo bar con una preciosa barra de madera atestada de clientes cada día desde las 17.00. Sirven comida y permiten degustar la variada selección de *ales* antes de pedir.

## CERVEZA, LA BEBIDA NACIONAL

En un *pub* (abreviación de *public house*, "casa pública") puede que también se pueda tomar vino, y hasta cócteles, pero su función principal es la de servir cerveza, ya sea *lager*, *ale* o *stout*, de botella o de barril. Si es de grifo, hay que pedir una pinta (570 ml) o media pinta (285 ml). El contenido mínimo de alcohol es del 2%, pero puede alcanzar el 8%.

La mayoría de las cervezas se elaboran con cebada malteada y lúpulo. El término *lager* hace referencia a la cerveza rubia, la variedad más habitual en todo el mundo, que, por lo general, tiene un alto contenido en gas, la cantidad de lúpulo es media y se sirve fresca o fría. Las marcas locales más conocidas son Tennent's y Carling, si bien no son nada del otro mundo.

Las *ales* son cervezas de fermentación más larga y ofrecen una amplia gama de sabores, desde lo más sutil a lo más rotundo; los partidarios de las *real ales* (siempre según las recetas y los métodos tradicionales) emplean el lenguaje enológico para describirlas. Hay *ales* con y sin gas, normalmente tienen un fuerte sabor a lúpulo y se beben ligeramente por encima de la temperatura ambiente (rara vez frías). Algunos *pubs* tienen *real ales* de barril. Destacan marcas como London Pride, Courage Best, Burton Ale, Adnam's, Theakston (sobre todo Old Peculiar) y Old Speckled Hen.

En caso de duda, lo mejor es pedir una *bitter* y el camarero servirá la *ale* de la casa. La variedad *stout* es una cerveza negra ligeramente dulce que obtiene su característico sabor de la torrefacción de la malta previa a la fermentación; la marca más conocida es la irlandesa Guinness.

# EL SOUTH BANK

En este lado del río, a los *boozers (pubs)* de toda la vida, con cientos de años a sus espaldas, les ha salido la competencia de una nueva hornada de bares modernos frecuentados por una clientela más joven y sofisticada. Aunque cabe aclarar que muchos (no todos) son bastante parecidos.

## WATERLOO

**BALTIC** Plano p. 120                                    Bar
☎ 7928 1111; www.balticrestaurant.co.uk; 74 Blackfriars Rd SE1; ☯ 12.00-24.00 lu-sa, hasta 22.30 do; ↔ Southwark
Sumamente elegante, este bar de la parte delantera de un restaurante de cocina de Europa del este está especializado –claro– en vodka, que ofrecen en una cincuentena de variedades, cócteles incluidos. Si se siente hambre, basta con pasar al luminoso comedor, con techo de cristal y paredes de color ámbar.

**CONCRETE** Plano p. 120                          Café-bar
☎ 7928 4123; www.southbankcentre.co.uk; Hayward Gallery, Southbank Centre, Belvedere Rd SE1; 10.00-18.00 do y lu, 10.00-23.00 ma-ju, hasta 1.00 vi y sa; ↔ Waterloo
Situado en la Hayward Gallery (p. 122), durante el día es un sobrio café donde se sirven tés y tartas a una clientela aficionada al arte, pero de jueves a sábado, llegada la noche, se transforma en un bar con DJ y música en directo, con hormigoneras de neón rosa como decoración.

**KING'S ARMS** Plano p. 120                          Pub
☎ 7928 4334; 25 Roupell St SE1; ↔ Waterloo o Southwark
Ubicado en la esquina de un tranquilo callejón de Waterloo, este *pub* tranquilo y con encanto ha ganado varios premios. La larga barra de estilo tradicional, que alberga una buena selección de *ales* y *bitters,* da paso a un curioso invernadero con una decoración ecléctica y comida tailandesa aceptable.

**LAUGHING GRAVY** Plano p. 120                    Bar
☎ 7721 7055; www.thelaughinggravy.co.uk; 154 Blackfriars Rd SE1; ☯ 12.00-23.00 lu-vi, desde 19.00-23.00 sa; ↔ Southwark
De ambiente informal (su nombre es una manera coloquial de referirse al *whisky*), resulta un bar de lo más agradable. Decorado

con pósteres de época, cuadros, helechos y un piano, recuerda un comedor bohemio de finales de la década de 1940.

**SCOOTERWORKS** Plano p. 120                    Café-bar
☎ 7620 1421; www.scooterworks-uk.com; 132 Lower Marsh Rd SW1; ☯ 10.00-23.00 lu-ju, hasta 24.00 vi y sa; ↔ Waterloo
Todo un hallazgo en el cementerio de elefantes que es Waterloo, este encantador café-bar también funciona como distribuidor de motocicletas Vespa *vintage*. Recientemente ha ampliado el horario para que los clientes tengan más tiempo de contemplar estas joyas de dos ruedas.

## BANKSIDE Y SOUTHWARK

**ANCHOR BANKSIDE** Plano p. 120                  Pub
☎ 7407 1577; 34 Park St SE1; ↔ London Bridge
Este *pub,* que abrió sus puertas a principios del s. XVII (aunque fue reconstruido tras el Gran Incendio y de nuevo en el s. XIX), tiene una terraza con fantásticas vistas del Támesis y es el *boozer* ribereño más céntrico y popular de Londres; siempre está a rebosar.

**BAR BLUE** Plano p. 120                          Coctelería
☎ 7940 8333, 0870 899 8856; www.barbluevinopolis.com; 1 Bank End SE1; ☯ 11.00-23.00; ↔ London Bridge
Adjunta al Vinopolis (p. 125), cerca del Támesis, en esta estilosa coctelería con grandes ventanales todo es azul, desde los taburetes hasta la barra y el techo, en tonos supuestamente inspirados por la botella de ginebra Bombay Sapphire. Es un lugar agradable para tomar una copa antes o después de la función en el cercano Shakespeare's Globe (p. 308).

## BOROUGH Y BERMONDSEY

**GEORGE INN** Plano p. 120                          Pub
☎ 7407 2056; Talbot Yard, 77 Borough High St SE1; ↔ Borough
Siempre concurrido, este *pub* ocupa la única parada de postas con galerías que queda en Londres. Data de 1676 y aparece mencionada en la obra *La pequeña Dorrit,* de Dickens. No extraña, pues, que el lugar esté protegido como patrimonio de la ciudad. Pero es que, además, en este mismo enclave estuvo emplazada la Tabard Inn, donde los peregrinos de los *Cuentos de Canterbury,* de Chaucer, se reunieron antes de partir hacia Canterbury (Kent).

**RAKE** Plano p. 120 *Pub*

☎ 7407 0557; 14 Winchester Walk SE1; ☺ 12.00-23.00 lu-vi, desde 10.00 sa; ✆ London Bridge

El único *pub* situado en el mercado de Borough es, al parecer, el más pequeño de Londres. De lo que no hay duda es de que tiene una de las mejores selecciones de *bitters* y *real ales* de la ciudad, además de una agradable terraza al aire libre que dobla su capacidad.

**ROYAL OAK** Plano p. 120 *Pub*

☎ 7357 7173; 44 Tabard St SE1; ☺ 12.00-23.00 lu-sa, hasta 18.00 do; ✆ Borough

Este auténtico *pub* victoriano, propiedad de una pequeña cervecera independiente de Sussex, está oculto en un callejón y es todo un paraíso para los aficionados a la cerveza. También es un lugar de interés para los aficionados a la literatura, pues está a un tiro de piedra de la iglesia de St George the Martyr, donde la pequeña Dorrit contrajo matrimonio en la novela homónima de Dickens.

**WINE WHARF** Plano p. 120 *Bar de vinos*

☎ 7940 8335, 0870 899 8856; www.wine wharf.co.uk; Stoney St SE1; ☺ cerrado do; ✆ London Bridge

Situado en un antiguo almacén victoriano próximo al mercado de Borough, este bar ofrece una sofisticada selección de vinos y un personal que se muestra más que encantado de aconsejar a la clientela, que puede degustarlos todos, y no son pocos. Los lunes por la noche acoge actuaciones de *jazz*.

# DE HYDE PARK A CHELSEA

En esta área, los *pubs* tradicionales y modernos conviven en sorprendente armonía. Así, se puede elegir entre ir a caras y sofisticadas coctelerías, frecuentadas por los no menos sofisticados residentes de Knightsbridge y Chelsea, o unirse a los aficionados a las *ales* en algunos de los *pubs* antiguos más bellos de Londres.

**DRAYTON ARMS** Plano pp. 132-133 *Pub*

☎ 7835 2301; 153 Old Brompton Rd SW5; ☺ 12.00-24.00; ✆ West Brompton o South Kensington, 🚌 430

Este gran *pub* victoriano rebosa encanto, tanto por dentro como por fuera, incluidos algunos detalles *art nouveau* (sinuosos zarcillos y florituras sobre ventanas y puertas), interesante arte contemporáneo en las paredes y un maravilloso techo artesonado. La clientela, joven, moderna y distendida, disfruta de su cerveza y vinos de calidad.

**GALVIN AT WINDOWS** *Coctelería*

☎ 7208 4021; www.galvinatwindows.com; London Hilton on Park Lane, 28th fl, 22 Park Lane W1; ☺ 10.00-1.00 lu-mi, hasta 3.00 ju-sa, hasta 23.00 do; ✆ Hyde Park Corner

Este bar es un lugar elegante y popular para observar la ciudad desde las alturas, concretamente desde la 28ª planta del Hilton Hotel, en el mismo borde de Hyde Park. Los cócteles no son baratos (12,75-14,95 £) y la banda actúa con música pregrabada, pero cuenta con cómodos asientos de cuero, una magnífica barra de mármol y lo dicho, impresionantes vistas de la ciudad, sobre todo al atardecer.

**NAG'S HEAD** Plano pp. 136-137 *Pub*

☎ 7235 1135; 53 Kinnerton St SW1; ✆ Hyde Park Corner

Situado en un tranquilo callejón a poca distancia del bullicio de Knightsbridge, este precioso *pub* de principios del s. xix tiene una decoración curiosa (p. ej., grabados de *cricket* del s. xix) y una barra hundida; además, está prohibido el uso de teléfonos móviles. Una delicia.

**QUEEN'S ARMS** Plano pp. 136-137 *Pub*

☎ 7581 7741; 30 Queen's Gate Mews SW7; ✆ Gloucester Rd

Si estuviera en otro lugar no destacaría demasiado. Sin embargo, aquí, la ubicación lo es todo: oculto entre los tranquilos *mews* (callejones) junto a la Queen's Gate. Lo frecuentan numerosos estudiantes que viven en la zona así como los asistentes a los conciertos del cercano Royal Albert Hall (p. 302). Ofrece un típico menú de *pub* aceptable.

# CLERKENWELL, SHOREDITCH Y SPITALFIELDS

Hoxton y Shoreditch siguen siendo el destino favorito de los londinenses más *cool*, con numerosos bares, siempre a rebosar, en

Old St, Kingsland Rd, Shoreditch High St y Hoxton Sq. Spitalfields y Clerkenwell son barrios ligeramente más tranquilos, pero solo un poco. No importa lo que el viajero noctámbulo ande buscando, seguro que por esta zona lo encontrará.

# CLERKENWELL

## CHARTERHOUSE BAR Plano p. 144   Bar con DJ
☎ 7608 0858; www.charterhousebar.co.uk; 38 Charterhouse St EC1; 🕒 hasta 24.00 lu-mi, hasta 2.00 ju, hasta 4.00 vi y sa; ⊖ Barbican o Farringdon
En este bar se congrega la fiel parroquia del Fabric (p. 291), por lo que cabe esperar música a todo trapo, sin duda un buen preámbulo a la marcha discotequera. Está más tranquilo a la hora del *brunch* (excelente), cuando también se puede admirar mejor el diseño en forma de cuña de este originalmente típico almacén de Clerkenwell. No cobran entrada, y cada noche pinchan diferentes DJ.

## FILTHY MACNASTY'S Plano p. 144   *Pub*
☎ 7837 6067; www.filthymacnastys.com; 68 Amwell St EC1; ⊖ Angel o Farringdon
Encajado entre Clerkenwell e Islington, este fantástico *pub* musical irlandés y *whiskería* cuenta con dos salas que se llenan con una clientela joven gracias a la música en directo, una excelente carta de *whiskeys* y, según dicen, los mejores grafitos de lavabo de la capital.

## JERUSALEM TAVERN Plano p. 144   *Pub*
☎ 7490 4281; www.stpetersbrewery.co.uk; 55 Britton St EC1; 🕒 cerrado sa y do; ⊖ Farringdon
Fundado en 1703 como uno de los primeros cafés de Londres, este impresionante *pub*, con unos preciosos mosaicos de dicha época, suele ponerse hasta los topes, por lo que conviene llegar temprano. Al mediodía sirven buenos platos y es el único local de Londres donde se venden las cervezas de la St Peter's Brewery (con sede en North Suffolk), desde *bitters* ecológicas hasta cremosas *stouts* y de cereales o frutas.

## SLAUGHTERED LAMB Plano p. 144   *Pub*
☎ 7253 1516; www.theslaughteredlambpub.com; 34-35 Great Sutton St EC1; 🕒 12.00-24.00 lu-ju, 12.00-1.00 vi y sa, 12.00-22.30 do; ⊖ Farringdon o Barbican
Realmente moderno, este *pub* de Clerkenwell tiene un tamaño excepcionalmente grande; la sala principal es muy espaciosa,

con mobiliario de mercadillo y grandes ventanas. Sirven cerveza de calidad y comida inglesa tradicional (*fish and chips,* palitos de pescado, salchichas con puré de patatas, etc.). La planta inferior acoge conciertos y noches de micrófono abierto.

## YE OLDE MITRE Plano p. 144   *Pub*
☎ 7405 4751; 1 Ely Ct EC1; 🕒 cerrado sa y do; ⊖ Chancery Lane o Farringdon
Oculto en una bocacalle de Hatton Garden, este *pub,* deliciosamente antiguo y acogedor, fue construido para los sirvientes del palacio de Ely. Todavía conserva un recuerdo de Isabel I, el tocón de un cerezo alrededor del cual la reina bailó en una ocasión. No hay música, por lo que en sus salones solo se oye el murmullo de los clientes.

# SHOREDITCH

## BAR KICK Plano p. 144   Bar
☎ 7739 8700; 127 Shoreditch High St E1; 🕒 hasta 24.00 ju-sa; ⊖ Old St o Liverpool St
Mucho más grande que el otro local del grupo en Clerkenwell, el Café Kick ( ☎ 7837 8077; 43 Exmouth Market, EC1; 🕒 12.00-23.00 lu-ju, hasta 24.00 vi y sa; ⊖ Farringdon o Angel), también tiene un ambiente un poco más sofisticado, al estilo de Shoreditch. Ahora incluye cuatro futbolines, aunque todavía queda espacio para unos sofás de cuero y mesas y sillas sencillas.

## BRICKLAYERS ARMS Plano p. 144   *Pub*
☎ 7739 5245; 63 Charlotte Rd EC2; ⊖ Old St
Todo un clásico de la escena de Hoxton, este *pub* atrae a una clientela sin pretensiones pero muy al día, que en verano se desparrama por la acera frente al local. El estilo es una mezcla de tradición y modernidad, con resultados más que satisfactorios. En el restaurante de la planta superior sirven buena comida tailandesa.

## DREAMBAGSJAGUARSHOES
Plano p. 144   Bar con DJ
☎ 7729 5830; www.dreambagsjaguarshoes.com; 34-36 Kingsland Rd E2; 🕒 hasta 1.00 ma-do, hasta 24.00 lu; ⊖ Old St
El bar mantiene el nombre de las dos tiendas que lo precedieron, un buen ejemplo de esa sofisticada despreocupación tan propia de Shoreditch. El pequeño interior está repleto de sofás y mesas de formica, un rincón para los DJ y paredes cubiertas de grafitos como base de exposiciones.

## FOUNDRY Plano p. 150 Bar

☎ 7739 6900; www.foundry.tv; 84-86 Great Eastern St EC2; ⊖ Old St

Este local es pura improvisación. Está "decorado" con mobiliario realmente destartalado, la barra está hecha con un tablón y el suelo, asqueroso, ni se sabe. Pero cada tarde, a las 19.00, acoge eventos artísticos (en el sentido más amplio de la palabra), siempre de entrada libre. En la planta inferior, la sala de conciertos, también vale todo.

## GEORGE & DRAGON

Plano p. 150 Bar con DJ, pub

☎ 7012 1100; 2-4 Hackney Rd E2; ⊖ Old St

Antaño destartalado, el George (como se le conoce popularmente) cambió de manos y fue redecorado con las antigüedades de la abuela de su nuevo propietario (cornamentas, colas de mapache, relojes antiguos), recortes de cartón con la cara de Cher y luces de colores. Desde entonces, hace más de una década, este pub es el centro de la vida nocturna de Hoxton, uno de sus locales más interesantes, con una fantástica sinfonola, pese a la concurrencia los fines de semana. Acoge sesiones de algunos de los mejores DJ de Londres, además de espectáculos de cabaré en los alféizares. Es el paraíso de la diversión y el hedonismo. Decididamente, no es un lugar indicado para una cerveza tranquila.

## LOUNGELOVER Plano p. 150 Coctelería

☎ 7012 1234; www.lestroisgarcons.com; 1 Whitby St E1; ☾ hasta 24.00 do-ju, hasta 1.00 vi y sa; ⊖ / ◖ Liverpool St

Todo un hito en Shoreditch, impecablemente estiloso, ofrece excelentes cócteles a precios elevados y una decoración retro pero elegante. En ocasiones se llena de trabajadores de la City, por lo que conviene reservar mesa con antelación, y el servicio no es siempre el esperado, pero, sea como sea, es un lugar genial para tomar un buen cóctel.

## MACBETH Plano p. 150 Pub

☎ 7739 5095; 70 Hoxton St N1; ☾ hasta 2.00 ju-do; ⊖ Old St

A esta calle, pocos minutos al norte de Hoxton Sq, todavía no han llegado los yuppies. El local, regentado por músicos, dispone de un escenario escaleras abajo donde se dan a conocer nuevos talentos. Es un lugar fantástico y grande, con una segunda barra en la planta superior y una gran terraza en la azotea.

## MOTHER BAR Plano p. 150 Bar con DJ

☎ 7739 5949; www.333mother.com; 333 Old St EC1; ☾ hasta 24.00 do-ju, hasta 2.00 vi y sa; ⊖ Old St

Indicado para quienes quieran salir a bailar hasta tarde los domingos. Sigue siendo uno de los mejores bares de la ciudad, situado sobre el club pionero de Shoreditch, el 333 (p. 289). Es cierto que los fines de semana se pone hasta la bandera, pero cuenta con una sala lounge, una pista de baile y una clientela con ganas de divertirse.

## OLD BLUE LAST Plano p. 150 Bar con DJ, pub

☎ 7739 7033; www.oldbluelast.com; 38 Great Eastern Rd, EC2; ☾ hasta 24.00 lu-mi, hasta 00.30 ju y do, hasta 1.30 vi y sa; ⊖ Old St o Liverpool St

Al entrar en este pub del East End, con el suelo cubierto de serrín y escupitajos, cualquiera esperaría encontrar a una panda de viejos apostados en la barra. Pero nada más lejos de la realidad, pues la clientela se compone de jóvenes a la última, ataviados con sudaderas con capucha, camisetas fluorescentes y gorras de nailon. Su aspecto sórdido y moderno es cortesía de Vice, la revista de tendencias propietaria del local. Acoge algunas de las mejores fiestas de Shoreditch, tiene una sinfonola y hornea deliciosos pies.

## RED LION Plano p. 150 Pub con DJ

☎ 7729 7920; www.redlionhoxton.com; 41 Hoxton St N1; ☾ hasta 24.00 lu-sa, hasta 23.00 do; ⊖ Old St

Regentado por el mismo equipo del 333 (p. 289) y el Mother Bar (arriba), se trata del pub favorito de estos autores para tomar unas copas antes de comenzar a menear el esqueleto. A pesar de encontrarse a un tiro de piedra de Hoxton Sq, está oculto en una calle secundaria, por lo que ha conseguido evitar la invasión de noctámbulos de las afueras que visitan la zona los fines de semana. El interior es puro kitsch, siempre animado por eclécticas sesiones de DJ mientras que los clientes se desparraman por la calle, pinta en mano.

# SPITALFIELDS

## GOLDEN HEART Plano p. 150 Pub

☎ 7247 2158; 110 Commercial St E1; ⊖ Liverpool St

Este magnífico pub, decorado con gran sencillez, es una de las guaridas favoritas de la flor y nata del artisteo de la ciudad. Al frente está Sandra, su dicharachera propietaria, garantía de que la fiesta no decaerá.

### TEN BELLS Plano p. 150 *Pub*
☎ 7366 1721; 84 Commercial St E1;
⊖ Liverpool St
Situado enfrente al mercado de Spitalfields (p. 219) y junto a la imponente iglesia del barrio, este emblemático *pub* tuvo como cliente al mismísimo Jack el Destripador. Afortunadamente, en la actualidad atrae a una clientela joven y moderna, completamente ajena al siniestro pasado.

### VIBE BAR Plano p. 150 Bar con Dj
☎ 7247 3479; www.vibe-bar.co.uk; Old Truman Brewery, 91-95 Brick Lane E1; ☽ hasta 23.30 do-ju, hasta tarde vi y sa; ⊖ Liverpool St o Aldgate East
Antiguo epicentro de la escena noctámbula de Hoxton, el Vibe es una mezcla de bar, discoteca y zona de copas al aire libre con varios puestos de comida rápida. De sus años de apogeo, en la década de 1990, conserva parte de su popularidad, particularmente en verano. Casi cada noche programa conciertos, y los DJ siempre amenizan las veladas del espacioso interior.

# EL EAST END Y DOCKLANDS

Los *pubs* del East End, antaño célebres por los tiroteos entre gánsteres y las peleas de borrachos, han experimentado una gran transformación en los últimos años. Aún quedan algunos locales de baja estofa donde solo los lugareños se sienten cómodos, pero este no es el caso de los sitios que se enumeran a continuación. Hackney hasta cuenta con algunos *pubs* bastante modernos.

## EAST END
### Whitechapel
### URBAN BAR Plano p. 152 *Pub*
☎ 7247 8978; 176 Whitechapel Rd E1; ☽ 11.00-23.00 lu-mi, 12.00-1.00 ju-sa, 12.00-23.30 do;
⊖ Whitechapel
Pese a su fachada de rayas de tigre, se trata de un local emblemático de Whitechapel, situado enfrente de la parada de metro. Aunque no hay duda de que es un *pub* (buena selección de cervezas), también es cierto que tiene un aire de café. Atrae

a estudiantes del cercano Queen Mary College y algunas batas blancas del contiguo Royal London Hospital.

## Bethnal Green y Hackney
### BISTROTHEQUE Plano p. 152 Bar, cabaré
☎ 8983 7900; www.bistrotheque.com; 23-27 Wadeston St E2; ☽ 18.00-24.00 ma-sa, 16.00-23.00 do; ⊖ Bethnal Green, ⓡ Cambridge Heath, 🚌 55
Ocupa un almacén remodelado del East End y ofrece tres cosas: copas en el bar Napoleon, cabaré de travestidos en el Cabaret Room (21.30 vi y sa) de la planta baja y un elegante restaurante en la planta superior. El bar tiene cierto aire decadente, con paredes oscuras (los paneles de roble proceden de una mansión de Northumberland) y cómodos asientos. El personal es agradable y sirve excelentes brebajes.

### DOVE FREEHOUSE Plano p. 152 *Pub*
☎ 7275 7617; www.belgianbars.com; 24 Broadway Market E8; ☽ 12.00-23.00 lu-ju, hasta 24.00 vi y sa; ⓡ London Fields, 🚌 48, 55, 106 o 394
Este *pub* es una buena opción a cualquier hora, pues tiene varias salas y unas veinte variedades de cerveza de barril, tanto belgas como de trigo o con sabor a frutas. La sala de atrás ofrece una iluminación tenue y una elegancia entre bohemia y sofisticada, además de una comida aceptable. *Suma sumarum,* un lugar excelente para resguardarse del frío.

### PRINCE ARTHUR Plano p. 152 *Pub*
☎ 7249 9996; www.theprincearthurlondonfields. com; 95 Farm Rd E8; ☽ 16.00-23.00 lu-ju, desde 12.00 vi, desde 10.30 sa y do; ⓡ London Fields, 🚌 D6, 106 o 394
Aunque este local, situado al noreste de London Fields, se anuncia como *gastropub retro,* estos autores lo frecuentan para tomar copas. Toma su nombre del tercer hijo de la reina Victoria (supuestamente su favorito), del que pueden verse fotografías ataviado con pieles de animales entre un jabalí y un gato montés disecados.

### ROYAL OAK Plano p. 152 *Pub*
☎ 7729 2220; 73 Columbia Rd E2; ☽ 17.00-23.00 lu, desde 12.00 ma-do; ⓡ Cambridge Heath, 🚌 8 o 55
Este típico *pub* (no hay que confundirlo con otro de nombre similar situado al sur del río), remodelado recientemente, tiene una

buena selección de cervezas *bitter* y una carta de vinos por encima de la media. Los domingos todo se alborota un poco, pues en su puerta se despliega el famoso mercado de las flores de la capital.

## Mile End y Victoria Park

**PALM TREE** Plano p. 152      *Pub*
☎ 8980 2918; 127 Grove Rd E3; ◷ 12.00-24.00 lu-ju, hasta 2.00 vi y sa, hasta 1.00 do; ⊖ Mile End, ▣ 277
El *pub* más emblemático del East End, situado en Grand Union Canal, está decorado con papel de pared dorado y fotografías de antiguos *crooners*. Cada semana presentan un puñado de distintas *ales* y cada viernes y sábado a partir de las 21.30, *jazz* en directo.

**ROYAL INN ON THE PARK** Plano p. 152   *Pub*
☎ 8985 3321; 111 Lauriston Rd E9; ⊖ Mile End, luego ▣ 277
Localizado en el extremo norte del Victoria Park, este excelente *pub* ofrece media docenas de cervezas *real ale* y rubias checas de barril, mesas al aire libre en la parte delantera y una terraza detrás. Siempre está animado, con numerosos bohemios y noctámbulos de Hackney.

## Wapping

**CAPTAIN KIDD** Plano p. 152      *Pub*
☎ 7480 5759; 108 Wapping High St E1; ⊖ Liverpool St o Tower Hill, luego ▣ 100
Aunque apenas cuenta con dos décadas de historia, este *pub* ribereño es uno de los más populares de Wapping. Tiene grandes ventanas, un agradable jardín y un patíbulo falso que recuerda el ahorcamiento en un lugar cercano del pirata que le da nombre. En la 1ª planta hay un restaurante llamado Gallows ("horca").

## DOCKLANDS

**GRAPES** Plano p. 157      *Pub*
☎ 7987 4396; 76 Narrow St E14; DLR Westferry
Este local estrecho y acogedor es uno de los célebres *pubs* históricos de Limehouse; según dicen, lleva sirviendo alcohol desde 1583. Es un local muy pequeño, particularmente la terraza junto al río, donde apenas caben media docena de personas. No obstante, conserva todo su encanto tradicional, además de una buena selección de cervezas.

**PROSPECT OF WHITBY** Plano p. 152   *Pub*
☎ 7481 1095; 57 Wapping Wall E1; ⊖ Tower Hill, luego ▣ 100
Antiguamente llamado Devil's Tavern, si es cierto que fue inaugurado en 1520, se trataría del *pub* ribereño más añejo de Londres. Actualmente es muy turístico, con una terraza que recorre la parte delantera y lateral, con vistas al Támesis, y un restaurante aceptable en la planta superior. En invierno se encienden las chimeneas. Hay que fijarse en la preciosa barra de peltre.

# NORTH LONDON

Camden Town es una de las zonas de ocio nocturno más socorridas de North London, con más bares y *pubs* de los que el viajero podrá abarcar en una sola noche. Las colinas de Hampstead son todo un regalo para los devotos de los *pubs*, mientras que Dalston se ha convertido en la zona de copas más *cool* de la ciudad.

## CAMDEN

**BAR VINYL** Plano p. 166      Bar con DJ
☎ 7482 5545; www.barvinyl.com; 6 Inverness St NW1; ◷ hasta 24.00 do-mi, hasta 1.00 ju-sa; ⊖ Camden Town
Este bar es el epicentro juvenil de Camden, atendido por chavales a la última, una tienda de discos en la planta baja y paredes inundadas de grafitos. Es un lugar muy agradable, al que la gente acude para relajarse y disfrutar de la música. Los días laborables está más tranquilo y la música es igualmente buena.

**BARTOK** Plano p. 162      Bar con DJ
☎ 7916 0595; www.bartokbar.com; 78-79 Chalk Farm Rd NW1; ◷ hasta 3.00 do-ju, hasta 4.00 vi y sa; ⊖ Chalk Farm
Este elegante *lounge*-bar es un oasis de música clásica en la reserva *grunge* de Camden. Todo un hallazgo, y no únicamente en esta zona, sino en toda la ciudad. Bautizado en honor al famoso compositor y pianista húngaro, está especializado en conciertos de música clásica, *jazz* o brillantes sesiones de DJ en las que se mezcla *jazz*, música clásica, *electro* y músicas del mundo. Desafortunadamente la selección de cervezas es limitada, pero los cócteles son buenos y abre hasta tarde.

## CROWN & GOOSE Plano p. 166 *Pub*

☎ 7485 8008; www.crownandgoose.co.uk;
100 Arlington Rd NW1; ⏱ hasta 24.00 do-ju,
hasta 2.00 vi y sa; ⊖ Camden Town
Se trata de uno de los *pubs* favoritos de
estos autores, con una barra central de
madera y paredes decoradas con espejos
de marco dorado que delimitan un espacio
diáfano gracias a los grandes ventanales con
postigos. La clientela es tranquila y agradable, hay una buena selección de cervezas a
precios asequibles y la comida es fantástica.

## EDINBORO CASTLE Plano p. 166 *Pub*

☎ 7255 9651; www.edinborocastlepub.co.uk;
57 Mornington Tce NW1; ⊖ Camden Town
Este gran *pub* de ambiente sosegado encajaría mejor en Pimrose Hill que en Camden,
pero es un lugar siempre fiable. Ofrece una
carta muy completa, un precioso mobiliario
diseñado para repantigarse y una enorme
terraza ideal para las noches de verano.

## PROUD CAMDEN Plano p. 162 Bar con DJ

☎ 7482 3867; www.proudcamden.com; The Horse
Hospital, Stables Market, Chalk Farm Rd NW1;
⏱ hasta 1.30 lu-mi, hasta 2.30 ju-sa, hasta 00.30
do; ⊖ Chalk Farm
Justo cuando Camden empezaba a parecer
un tanto *demodé,* abrió las puertas este
bar-galería de arte en un antiguo hospital
equino en el que se han conservado los
establos como espacio para tomar una copa
mientras se echa una partida al futbolín o al
billar. La gran sala principal, decorada con
obras de arte, acoge conciertos y sesiones
de DJ. Sin duda, la sensación del momento
en la capital, al menos para estos autores.

## QUEEN'S Plano p. 162 *Pub*

☎ 7586 0408; 49 Regent's Park Rd NW1; ⏱ hasta
24.00 vi y sa; ⊖ Camden Town o Chalk Farm
Dicen que el fantasma de la actriz Lillie
Langtry, antigua vecina del lugar, habita en
la bodega de este *pub,* aunque el viajero
estará probablemente igual de encantado si
tan solo coincide con Jude Law, una de las
bellezas contemporáneas que hoy residen
en Primrose Hill. Comida y bebida de calidad.

# KING'S CROSS

## BIG CHILL HOUSE Plano p. 166 Bar con DJ

☎ 7427 2540; www.bigchill.net; 257-259
Pentonville Rd N1; ⏱ hasta 24.00 do-mi, hasta 1.00
ju, hasta 3.00 vi y sa; ⊖ King's Cross St Pancras

Con un historial de lo más heterogéneo,
desde bar de ambiente hasta club de danza
del vientre, los actuales propietarios del Big
Chill (también un popular festival musical
veraniego) parece que han dado en el clavo
para hacer funcionar esta acogedora esquina de King's Cross: un menú de almuerzo
que es toda una ganga (5 £), buena música
y, en verano, una gran terraza para copear,
sin duda todo del completo agrado de su
joven y tranquila clientela. También organizan noches discotequeras (véase p. 290).
Disponen de otro concurrido local, el Big
Chill Bar ( ☎ 7392 9180; Dray Walk E1; ⊖ Liverpool St),
cerca de Brick Lane.

## RUBY LOUNGE Plano p. 166 Bar con DJ

☎ 7837 9558; www.ruby.uk.com; 33 Caledonian
Rd N1; ⏱ hasta 24.00 ju, hasta 2.00 vi y sa;
⊖ King's Cross St Pancras
King's Cross se está refinando poco a poco,
por lo que esta zona antaño frecuentada por
noctámbulos empedernidos, prostitutas y
yonquis se está convirtiendo en el barrio
con más Starbucks de la ciudad. Pero el
Ruby Lounge ya estaba aquí en los días más
sórdidos, y sigue en plena forma. Se trata de
un local fantástico, con una decoración cálida, excelentes DJ y una clientela marchosa.

# HAMPSTEAD Y HIGHGATE

## BOOGALOO Plano p. 162 Bar

☎ 8340 2928; www.theboogaloo.org; 312
Archway Rd N6; ⏱ hasta 24.00 ju, hasta 1.30 vi
y sa; ⊖ Highgate
Este local se anuncia como la "mejor sinfonola de Londres", y así lo han descrito los
medios locales: las listas de reproducción,
repletas de grandes éxitos, incluyen las
10 canciones favoritas de cantantes como
Nick Cave, Sinead O'Connor, Howie B y
Bobbie Gillespie, entre otros. Cada noche
hay actuaciones en directo; un lugar ideal
para los aficionados a la música.

## FLASK TAVERN Plano p. 162 *Pub*

☎ 8348 7346; 77 Highgate West Hill N6;
⊖ Highgate
Fantástico como colofón a un paseo por
Hampstead Heath o Highgate Wood, especialmente concurrido los fines de semana.
En verano abren el gran patio, muy indicado
para tomarse una hamburguesa acompañada de una o varias cervezas, mientras que en
invierno, nada mejor que acurrucarse dentro y regalarse un buen asado los domingos.

## HOLLY BUSH Plano p. 162 *Pub*

☎ 7435 2892; www.hollybushpub.com; 22 Holly Mount NW3; ⊖ Hampstead

Al visitar este *pub*, con una recóndita ubicación en lo alto de una colina y un interior de estilo victoriano, donde en invierno prenden varias chimeneas, no se puede evitar sentir envidia de los privilegiados residentes de Hampstead. Está por encima de Heath St y se accede por los Holly Bush Steps.

## SPANIARD'S INN Plano p. 162 *Pub*

☎ 8731 6571; Spaniards Rd NW3; ⊖ Hampstead, luego 🚌 21

Esta preciosa taberna data de 1585 y tiene más personalidad que un musical del West End. Fue el refugio de Dick Turpin entre saqueo y saqueo, así como punto de reunión de otros personajes ilustres como Dickens, Shelley, Keats y Byron. Alberga un gran y bonito jardín, aunque para comer es mejor elegir otro lugar.

# ISLINGTON

## 25 CANONBURY LANE

Plano p. 166 *Coctelería*

☎ 7226 0955; www.25canonburylane.com; 25 Canonbury Lane N1; ⏰ hasta 24.00 do-ju, hasta 1.00 vi y sa; ⊖ Highbury & Islington

Esta zona relativamente tranquila de Islington necesitaba una coctelería desde hace años, una demanda que este local ha satisfecho con creces: es un lugar agradable y animado, con una excelente carta de cócteles y vinos y un personal muy entendido. La cocina también es de calidad.

## ELK IN THE WOODS Plano p. 166 *Bar*

☎ 7226 3535; www.the-elk-in-the-woods.co.uk; 39 Camden Passage N1; ⊖ Angel

Diseñado al estilo de un elegante *pub* campestre, este acogedor bar de Islington destaca por la comida, apetitosa y sencilla. El lugar invita a relajarse, con mesas de madera de roble, espejos antiguos, cabezas de ciervo disecadas y un personal amistoso. Conviene llegar temprano, pues es un sitio muy conocido.

## EMBASSY Plano p. 166 *Bar con DJ*

☎ 7226 7901; www.embassybar.com; 119 Essex Rd N1; ⏰ hasta 1.00 vi y sa; ⊖ Angel

Lleva años en la brecha, pero su reputación y su magnetismo no paran de crecer. Los fines de semana es mejor llegar pronto

para disfrutar de la buena música y los DJ de renombre. Las ventanas tintadas y las paredes negras le confieren un aire de secretismo, aunque dentro solo aguardan cómodos sofás tanto en la planta baja como escaleras abajo. Los fines de semana cobran entrada.

## HOPE & ANCHOR Plano p. 166 *Pub*

☎ 7354 1312; 207 Upper St N1; ⏰ hasta 24.00; ⊖ Highbury & Islington

En Islington abundan las coctelerías y los bares con DJ, pero no los buenos *pubs*, aunque este *boozer*, que cuenta con un famoso pasado musical (aquí han actuado U2, Dire Straits, Joy Division y, más recientemente, the Libertines), atrae a los músicos del barrio con su animado ambiente.

# DALSTON

## BAR 23 *Bar*

☎ 7241 2060; 23 Stoke Newington Rd N16; 🚇 Dalston Kingsland; ⏰ hasta 1.00 do-ju, hasta 2.00 vi y sa; 🚌 67, 76, 149 o 243

Este bar regentado por turcos, que a primera vista no parece nada especial, se encuentra en la calle más de moda de Dalston. Cuando cae la noche, sin embargo, se llena de una agradable clientela atraída por los trasnochadores DJ y las copas.

## DALSTON SUPERSTORE *Bar con DJ*

☎ 7254 2273; 117 Kingsland Rd E8; ⏰ hasta 2.00; 🚇 Dalston Kingsland; 🚌 67, 76, 149, 243

Confirmando la nueva condición de Dalston como zona de moda del ocio nocturno, este local abrió sus puertas en el 2009 como base de operaciones para los jóvenes más *cool*. Se trata de un espacio industrial de dos niveles que funciona todo el día (ofrece comidas ligeras y bocadillos), aunque la acción de verdad empieza al caer la noche, cuando el club del sótano se llena mientras los DJ trabajan en la planta superior. Mejor llegar temprano.

## JAZZ BAR DALSTON *Coctelería*

☎ 7254 9728; 4 Bradbury St N16; ⏰ hasta 1.00 lu-ju, hasta 3.00 vi y sa, hasta 24.00 do; 🚇 Dalston Kingsland

Oculto al lado de Dalston Junction, este bar es un hallazgo inesperado, pero de *jazz* bar, nada de nada. Se trata de una coctelería con paredes de cristal donde los modernos residentes de la zona se congregan los fines de semana para disfrutar a ritmo de *hip-hop*, R&B y *reggae*.

### MOUSTACHE BAR
Bar con DJ

58 Stoke Newington Rd N16; ⏰ hasta 4.00 vi y sa, 20.30-24.00 do-mi; 🚇 73

Uno de los favoritos entre los vecinos, fácilmente identificable por el bigote del letrero. Los fines de semana acostumbra a estar lleno de sudorosos clientes bebiendo y bailando en el bar del sótano o fumando en la terraza, igual de atestada. Las bebidas son baratas y la decoración es a base de objetos curiosos.

## STOKE NEWINGTON

### AULD SHILLELAGH
Pub

☎ 7249 5951; 105 Stoke Newington Church St N16; 🚇 73

Uno de los mejores *pubs* irlandeses de Londres. Tiene tantas funciones como clientes: teatro y sala de estar, escenario y santuario, sala de debates y lugar de contemplación silenciosa. Esta atendido por un personal muy rápido, siempre dispuesto a desenfundar una deliciosa Guinness.

### FOX REFORMED
Bar

☎ 7254 5975; www.fox-reformed.co.uk; 176 Stoke Newington Church St N16; ⏰ hasta 24.00; 🚉 Stoke Newington, 🚇 73

El bar más popular de Stoke Newington lleva más de dos décadas en la brecha, no en balde reúne todas las cualidades para ser un buen local: un encargado entrañable, una clientela fiel, buena comida, vino y cerveza, y un jardín acogedor. El ambiente relajado de tarde y los tableros de ajedrez y *backgammon* siempre seducen a nuevos adeptos.

# WEST LONDON

Los bares y *pubs* de las zonas más populares del oeste de Londres son rincones tranquilos, muchos con excelentes vistas al río. Shepherd's Bush da cobijo a numerosos *pubs* y bares de vinos, mientras que Earl's Court atrae a los viajeros, especialmente australianos y sudafricanos. En Maida Vale y St John's Wood pueden encontrarse auténticos clásicos de la escena londinense. Portobello Rd, por su parte, es frecuentada por una clientela muy variada, desde niños ricos hasta gente de lo más auténtica.

# ST JOHN'S WOOD Y MAIDA VALE

### PRINCE ALFRED
Plano p. 172
Pub

☎ 7286 3287; 5a Formosa St W9; ⊖ Warwick Ave

Pocos *pubs* de Londres tienen tanto encanto. Originalmente diseñado en la época victoriana para separar a los clientes por clases y sexos, hoy la sala semicircular continúa dividida en cinco fabulosas cabinas independientes, cada una con su propia puerta. Suele estar lleno de fieles lugareños, en muchos casos a la espera de mesa para comer en la impresionante Formosa Dining Room, en la planta superior.

### WARRINGTON
Plano p. 172
Pub

☎ 7286 2929; 93 Warrington Cres W9; ⊖ Warwick Ave o Maida Vale

Este antiguo hotel y burdel es ahora un ornamentado *pub* de estilo *art nouveau* rebosante de personalidad. El enorme bar, dominado por una barra hemisférica de caoba tallada y mármol y un enorme vitral de Tiffany, es un lugar fantástico para degustar cuatro variedades de *real ales*. Dispone de mesas al aire libre. Sorprendentemente, en la planta de arriba hay un restaurante bastante insulso.

### WATERWAY
Plano p. 172
Pub

☎ 7266 3557; www.frgroup.co.uk; 54 Formosa St W9; ⏰ 12.00-1.00; ⊖ Warwick Ave

La gente no va a este lugar por su selección de cervezas ni por su comida cara, sino por su ubicación junto al Grand Union Canal, en Little Venice. Realmente es muy difícil encontrar un *pub* mejor plantado junto al Támesis.

# NOTTING HILL Y WESTBOURNE GROVE

### CHURCHILL ARMS
Plano p. 174
Pub

☎ 7792 1246; 119 Kensington Church St W8; ⊖ Notting Hill Gate

Este tradicional *pub* inglés está decorado con objetos relacionados con Winston Churchill, orinales, bolsas de golf colgadas del techo y mariposas, pero que sea uno de los locales favoritos de lugareños y turistas hace muy difícil encontrar un hueco para tomarse una pinta en la barra. En el invernadero adyacente sirven excelentes platos tailandeses desde hace dos décadas.

## EARL OF LONSDALE Plano p. 172 *Pub*

☎ 7727 6335; 277-281 Portobello Rd W11;
⊖ Notting Hill Gate o Westbourne Park

A estos autores les encanta este local, sobre todo para refrescarse después de un largo paseo por el mercadillo. Aunque se encuentra en plena Portobello Road, es un *pub* muy tranquilo durante el día, con una mezcla de gente mayor y jovencitos modernos. Se sirven *ales* de Samuel Smith e incluye una fantástica sala posterior con sofás y bancos, además de un jardín recientemente ampliado.

## GREYHOUND Plano p. 174 *Pub*

☎ 7937 7140; 1 Kensington Square W8; ⊖ High St Kensington

Situado en un barrio con pedigrí, frente a una plaza arbolada, suelen frecuentarlo los trabajadores del *Daily Mail* y el *Evening Standard*, dos periódicos cuya sedes están muy cerca.

## LONSDALE Plano p. 172 Coctelería

☎ 7727 4080; www.thelonsdale.co.uk; 48 Lonsdale Rd W11; ☽ 18.00-24.00 lu-ju, hasta 1.00 vi y sa, hasta 23.30 do; ⊖ Notting Hill Gate o Westbourne Park

Este local, que tiene la humildad de autodenominarse "el epicentro del mundo del cóctel" está decorado con parafernalia de ciencia ficción. Su punto fuerte, lógicamente, son los cócteles, recopilados en una carta de más de veinte páginas y para cuya elaboración se precisan más de doscientos tipos de licor.

## TWELFTH HOUSE Plano p. 172 Bar, café

☎ 7727 9620; www.twelfth-house.co.uk; 35 Pembridge Rd W11; ☽ 10.00-23.00 lu-sa, hasta 22.30 do; ⊖ Notting Hill Gate

Situado en Notting Hill, este encantador café tiene su punto de locura, con una barra dominada por un fascinante reloj astrológico y unos propietarios que realizan cartas astrales (5 £) y leen las cartas del tarot para el día (3 £).

## WINDSOR CASTLE Plano p. 174 *Pub*

☎ 7243 9551; 114 Campden Hill Rd W8;
⊖ Notting Hill Gate

Preciosa taberna un tanto apartada, entre Notting Hill y Kensington High St, con una larga historia y gran encanto. Vale la pena visitarla por su historia, calidez (en invierno), encantador jardín (en verano) y simpáticos parroquianos.

# EARL'S COURT

## ATLAS Plano p. 174 *Pub*

☎ 7385 9129; www.theatlaspub.co.uk; 16 Seagrave Rd SW6; ☽ desde 12.00 lu-sa; ⊖ West Brompton

Acogedor *pub* de la época victoriana con una clientela joven y fiel por sus *real ales*, excelente cocina y encantador patio. En la carta dominan los platos de inspiración mediterránea.

## SCARSDALE ARMS Plano p. 174 *Pub*

☎ 7937 1811; 23a Edwardes Sq W8; ⊖ High St Kensington o Earl's Court

Aunque cuesta un poco encontrarlo, este histórico edificio georgiano al sur de Kensington High St y cerca de Earl's Court Rd fue construido, según dicen, como residencia para los oficiales del ejército invasor de Napoleón. Actualmente aloja un bonito y elegante *pub* decorado con grabados y marcos dorados, pesadas cortinas y vitrales. Hay cervezas de tipo *ale* Fullers y la parte posterior se reserva para la restauración.

## TROUBADOUR Plano p. 174 Bar, café

☎ 7370 1434; www.troubadour.co.uk; 265 Old Brompton Rd SW5; ☽ 9.00-24.00; ⊖ Earl's Court o West Brompton

Bob Dylan y John Lennon actuaron en este agradable café-bar, que varias décadas después sigue siendo un encantador refugio de bohemios. Aún acoge conciertos (de *folk* y *blues*) casi cada noche y tiene un agradable jardín abierto en verano.

# SHEPHERD'S BUSH Y HAMMERSMITH

## ALBERTINE WINE BAR

Plano p. 174 Bar de vinos

☎ 8743 9593; 1 Wood Lane W12; ☽ 10.00-23.00 lu-vi, hasta 24.00 vi; 18.30-24.00 sa; ⊖ Shepherd's Bush

Emblemático local de Shepherd's Bush durante dos décadas, se trata de un tranquilo bar donde se degustan vinos de calidad a precios razonables, además de una cocina excelente. Una buena alternativa a los típicos *pubs*.

## DOVE Plano p. 194 *Pub*

☎ 8748 9474; 19 Upper Mall W6; ⊖ Hammersmith o Ravenscourt Park

Esta cafetería-*pub* fundada en el s. XVII es popular por varias razones, pero destaca su inclusión en el *Libro Guinness de los Récords* de 1989 por tener la barra más pequeña de Inglaterra (aunque disfruta de otras zonas más amplias, como la terraza, el salón y el invernadero). Graham Greene era un habitual, Hemingway se dejaba ver de vez en cuando y William Morris vivía en el edificio contiguo. Goza de buenas vistas del río desde el bonito interior, pero si hace sol lo mejor es buscar una mesa en el jardín.

### OLD SHIP Plano p. 194 *Pub*

☎ 8748 2593; 25 Upper Mall W6; ⊖ Hammersmith o Ravenscourt Park

Este tranquilo *pub* es una parada habitual para las familias y parejas que pasean a orillas del Támesis. Está orientado al sur, al otro lado del recodo del río en su camino hacia Putney, y suele estar muy concurrido siempre, particularmente en verano, cuando lo normal es que el comedor al aire libre, la terraza y el balcón de la 1ª planta se llenen.

# GREENWICH Y SOUTHEAST LONDON

Esta parte de Londres es ideal para los que buscan *pubs* típicos con vistas de la ciudad. Salvo excepciones, que también se han incluido en este apartado, se recomienda pasar de los bares más modernos y centrarse en los *boozers* tradicionales.

## GREENWICH

### CUTTY SARK TAVERN Plano p. 178 *Pub*

☎ 8858 3146; 4-6 Ballast Quay SE10; DLR Cutty Sark, 🚌 177 o 180

Localizado en un encantador edificio georgiano a orillas del Támesis, es uno de los pocos *pubs* independientes que quedan en Greenwich. Sirven seis variedades de cerveza *ale* de barril y cuenta con una terraza al aire libre junto al agua. Desde la estación del DLR, hay que andar unos quince minutos o tomar un autobús que recorra Trafalgar Rd y luego caminar hacia el norte.

### GREENWICH UNION Plano p. 178 *Pub*

☎ 8692 6258; www.greenwichunion.com; 56 Royal Hill SE10; DLR Cutty Sark

Situado al sur del río, a tan solo 0° 0' 36" al oeste del meridiano, este galardonado *pub* ofrece seis variedades de cerveza elaboradas por un pequeña cervecera local, incluidas

las de trigo y frambuesa. Es un lugar bonito, con buena comida y una fiel clientela de lugareños, sobre todo familias durante los fines de semana.

### INC BAR plano p. 178 Coctelería

☎ 8858 6721; www.incbar.com; 7a College Approach SE10; 🕒 18.00-1.30 mi y ju, 19.00-3.00 vi y sa, 17.00-24.00 do; DLR Cutty Sark

La incorporación más reciente al mercado de Greenwich, y la comidilla de todo el pueblo, es este bar con una interminable carta de cócteles. Destaca uno llamado *tatanka* ("búfalo", en polaco), preparado con vodka Zubrowka y zumo de manzana.

### MAYFLOWER Plano p. 178 *Pub*

☎ 7237 4088; 117 Rotherhithe St SE16; ⊖ Rotherhithe

Situado al noroeste de Deptford, en Rotherhithe, este *pub* del s. xv se llamaba originalmente The Shippe. En el s. xviii fue reconstruido y rebautizado como Spread Eagle, y actualmente debe su nombre a la embarcación que trasladó a los peregrinos a América en 1620. El barco zarpó de Rotherhithe y, según cuentan, el capitán Christopher Jones trazó su ruta en este *pub* entre cerveza y cerveza. Dispone de una pequeña terraza posterior con vistas al Támesis.

### TRAFALGAR TAVERN Plano p. 178 *Pub*

☎ 8858 2437; www.trafalgartavern.co.uk; 6 Park Row SE10; 🕒 12.00-23.00 lu-ju, hasta 24.00 vi y sa, hasta 22.30 do; DLR Cutty Sark

Este cavernoso *pub* tiene grandes ventanales con vistas al Támesis y al O2. Es un lugar con mucha historia, como atestiguan los grabados de las paredes. Parece que Dickens solía frecuentarlo, y de hecho situó en él la escena del desayuno de boda en *Nuestro común amigo,* y los primeros ministros Gladstone y Disraeli disfrutaron en su día de los famosos chanquetes de la casa (el inicio de la temporada de este pescado era tan esperado que el Parlamento solía suspender su actividad para celebrar la enhorabuena).

# SOUTH LONDON

Los clientes habituales de los *pubs* de Brixton no sienten ningún aprecio por la pretenciosa sofisticación imperante en muchos barrios de Londres, pero cabe decir que en los cercanos Battersea y Clapham hay algún que otro bar estiloso, e incluso un aceptable *pub* ribereño en Wandsworth. Asimismo, Brixton sigue siendo una de las zonas de ocio nocturno más vibrantes del sur de la ciudad.

# BRIXTON

**BABALOU** Plano p. 188                                    Bar

☎ 7738 3366; www.babalou.net; St Matthew's Church, Brixton Hill SW2; ☾ 19.00-2.00 mi y ju, hasta 5.00 vi y sa; ⊖ Brixton

El Bug Bar, enclavado en la cripta de una iglesia metodista, se ha reconvertido en un bar-*lounge*-club con fantásticos cócteles y fiestas. La arquitectura neogótica se ha conservado, pero se le han añadido toques norteafricanos y discretos bancos de terciopelo rojo.

**BRIXTON BAR & GRILL** plano p. 188  Coctelería

☎ 7737 6777; www.bbag.me.uk; 15 Atlantic Rd SW9; ☾ 16.30-24.00 ma y mi, hasta 1.00 ju, hasta 2.00 vi y sa, hasta 23.00 do; ⊖ Brixton

Este elegante bar, localizado debajo de los arcos del metro, es una excelente opción para degustar buenos cócteles y escuchar música en directo. También cuenta con una interesante carta de platos grandes y pequeños, además de tapas.

**DOGSTAR** Plano p. 188                                    Bar

☎ 7733 7515; 389 Coldharbour Lane SW9; ☾ 16.00-2.00 lu-vi, 12.00-4.00 sa, 11.00-2.00 do; ⊖ Brixton

En la planta inferior de este longevo bar, toda una institución en la zona, hay un cavernoso bar con DJ frecuentado por jóvenes de todo South London. En el bar principal, apto para todos, impera un ambiente informal, con cómodos sofás y grandes mesas de madera.

**EFFRA** Plano p. 188                                        Pub

☎ 7274 4180; 38A Kellet Rd SW2; ⊖ Brixton

Encantador *pub* antiguo que permite conocer de primera mano el ambiente caribeño de Brixton gracias a la cocina jamaicana, la pintoresca clientela y el *jazz* en directo que resuena cada noche. Hay un precioso jardín para beber al fresco, mientras que el desgastado interior victoriano es sencillamente arrebatador.

**WHITE HORSE** Plano p. 188                               Bar

☎ 8678 6666; www.whitehorsebrixton.com; 94 Brixton Hill SW2; ☾ 17.00-1.00 lu-ju, 14.00-3.00 vi, 12.00-3.00 sa, 12.00-1.00 do; ⊖ Brixton

Este *pub*-bar-club suele estar bastante concurrido los fines de semana. Solo consta de una gran sala decorada con arte moderno, pero la diversión está asegurada. También hay una mesa de billar.

# BATTERSEA Y WANDSWORTH

**LOST SOCIETY** Plano p. 188                              Bar

☎ 7652 6526; www.lostsociety.co.uk; 697 Wandsworth Rd SW8; ☾ 17.00-24.00 lu-mi, hasta 1.00 ju y do, hasta 2.00 vi y sa; ⊛ Wandsworth Rd, Battersea Park o Queenstown Rd

Fantástico bar con seis salas entregadas a una deliciosa decadencia, con el *glamour* de los años veinte y la sofisticación aristocrática que tanto se lleva en Wandsworth. Detrás hay un jardín que suele llenarse en verano. Los fines de semana los DJ crean un ambiente muy festivo.

# CLAPHAM

**PRINCE OF WALES** Plano p. 188                          Pub

☎ 7622 3530; 38 Old Town SW4; ☾ 17.00-23.00 lu-mi, 17.00-24.00 ju, 17.00-1.00 vi, 13.00-1.00 sa, 13.00-23.00 do; ⊖ Clapham Common

Algunos *pubs* que cuelgan del techo todo tipo de parafernalia *kitsch* resultan un tanto aburridos, pero este es un punto de reunión muy agradable y, a diferencia de otros parecidos, la decoración sigue un criterio bien definido. Regularmente promocionan cervezas *real ale*.

**SO.UK** Plano p. 188                                        Bar

☎ 7622 4004; www.soukclapham.co.uk; 165 Clapham High St SW4; ☾ 17.00-2.00 lu-mi, hasta 3.00 ju-sa, hasta 1.00 do; ⊖ Clapham Common

Elegante bar decorado al estilo marroquí con una buena oferta de cócteles y chupitos originales. Muy popular, a veces se puede distinguir alguna cara famosa.

**TIM BOBBIN** Plano p. 188                                 Pub

☎ 7738 8953; 1-3 Lillieshall Rd SW4; ☾ hasta 24.00 ju-sa; ⊖ Clapham Common

Este encantador *boozer*, a pocos metros de Clapham Common, merece una visita si se quiere evitar a los jovencitos ebrios de Clapham. Está decorado con reproducciones de esbozos bastante groseros del caricaturista que le da nombre, que vivió en el s. XVIII. Se sirven aceptables cervezas *ale* de barril y alberga un jardín y un invernadero con una cocina abierta.

**WHITE HOUSE** Plano p. 188      Coctelería

☎ 7498 3388; www.thewhitehouselondon.co.uk;
65 Clapham Park Rd SW4; ⊕ 17.30-5.00 ma, mi y vi,
18.30-5.00 sa, 17.00-2.00 do; ⊖ Clapham Common
Este sofisticado local atrae a la gente guapa
de Clapham con su elegante decoración
a base de luces tenues, sofás, pequeñas
mesas cuadradas, una barra larga y suelos
de madera pulida. Tiene tres plantas, una de
ellas ocupada por un restaurante con *dim
sum* y la última por una fantástica terraza
(solo en verano).

# SOUTHWEST LONDON

Por lo general, una noche de juerga por Fulham implica trasegar importantes cantidades
de alcohol y comportarse como un chico malo.
Así que, para una noche con clase, es mejor
evitar esta zona. Putney, Chiswick y Richmond
tienen una oferta lúdica mucho más relajada
y un agradable ambiente de barrio, muy diferente a los impersonales *pubs* del centro
de Londres, donde tanto el personal como
la clientela pasan sin dejar rastro. Muchos de
estos locales, a menudo centenarios, ofrecen
vistas al río y son excelentes para beber algo
a cualquier hora.

## FULHAM

**MITRE** Plano p. 194      *Pub*

☎ 7386 8877; www.fulhammitre.com; 81 Dawes
Rd; ⊖ Fulham Broadway
Este precioso *pub* con una gran barra semicircular y un patio cercado en la parte posterior ha ganado varios premios. Suele llenarse
bastante al atardecer y los fines de semana,
sobre todo al mediodía.

**WHITE HORSE** Plano p. 194      *Pub*

☎ 7736 2115; 1-3 Parson's Green; ⊕ hasta 24.00
lu-sa, hasta 23.00 do; ⊖ Parsons Green
Situado en Parsons Green, este acogedor
*pub* tiene una clientela bien diversa,
ofrece buena comida (barbacoas en verano
incl.), buen ambiente y, lo que es más importante, una gran variedad de cervezas y
una agradable terraza.

## PUTNEY Y BARNES

**COAT & BADGE** Plano p. 194      *Pub*

☎ 8788 4900; www.geronimo-inns.co.uk; 8 Lacy
Rd SW15; ⊕ hasta 24.00 vi y sa; ⊖ Putney Bridge
o ☒ Putney

Este local se ha reconvertido en un
*lounge-room* (con grandes sofás, libros
usados en las estanterías, TV con retrans-
misiones deportivas...), lo cual parece del
agrado de la clientela. Dispone de una
carta breve pero excelente de comida y
una fantástica terraza delante.

**JOLLY GARDENERS** Plano p. 194      *Pub*

☎ 8780 8921; 61-63 Lacy Rd SW15; ⊖ Putney
Bridge o ☒ Putney
El *pub* favorito de estos autores en
Putney tiene una decoración ecléctica
y acertada; nadie diría que unas vitrinas
de roble victorianas casasen tan bien
con lámparas de *art déco*. La clientela está
formada por afables treintañeros, que
saben valorar sus excelentes cartas de
vinos y comida. La gran terraza da a una
tranquila avenida.

**SHIP** Plano p. 194      *Pub*

☎ 8870 9667; www.theship.co.uk; 41 Jew's
Row SW18; ⊕ hasta 24.00; ☒ Wandsworth
Town
Aunque está junto al Támesis, las vistas no
son nada del otro mundo. Sin embargo, organizan excelentes barbacoas cuando hace
buen tiempo y el invernadero se mantiene
muy animado durante todo el año.

**YE WHITE HART** Plano p. 64      *Pub*

☎ 8876 5177; The Terrace SW13; ⊕ hasta 24.00;
☒ Barnes Bridge
Este *pub* ribereño del grupo cervecero
Young's está situado en Barnes y ofrece
una encantadora terraza, aunque la bulliciosa avenida en la que se encuentra le
resta encanto. Ocupa una antigua hostería
masónica de grandes dimensiones, con
el ambiente habitual de los locales de la
cadena: moquetas, máquinas tragaperras
y un anciano degustando una pinta en la
barra. Antiguo y encantador, como los *pubs*
de antaño.

## CHISWICK

**BOLLO** Plano p. 64      *Pub*

☎ 8994 6037; 13-15 Bollo Lane W4; ⊕ desde
12.00; ⊖ Chiswick Park
Un tanto apartado, incluso tratándose
de Chiswick, este *gastropub* ha tenido un
éxito clamoroso tras su remodelación por
parte de un grupo de profesionales locales.
Los fines de semana está más animado.

## CITY BARGE Plano p. 64 · *Pub*

☎ 8994 2148; 27 Strand on the Green W4;
⊖ Gunnersbury

Situado muy cerca del Támesis, este *pub* lleva en funcionamiento desde la Edad Media (concretamente desde 1484). A los dos bares (se recomienda el de la planta inferior) se suma una pequeña terraza junto al río. Apareció en una escena de la película *Help!*, de los Beatles.

# RICHMOND

## CRICKETERS Plano p. 198 · *Pub*

☎ 8940 4372; The Green TW9; ☽ desde 12.00;
⊖ / ® Richmond

Orientado a Richmond Green desde el lado sur, se trata de un *pub* acogedor y agradable con una aceptable selección de cervezas *ale* y una clientela heterogénea.

## DYSART ARMS Plano p. 198 · *Pub*

☎ 8940 8005; www.thedysartarms.co.uk;
135 Petersham Rd TW10; ⊖ / ® Richmond,
luego ⬜ 65

Este precioso *pub* con muros de piedra y una gran chimenea es un favorito de las familias, pues está frente a la entrada del Richmond Park, en Petersham, y no falta de nada: comida muy buena, una fantástica terraza para los mejores días y conciertos de *jazz* y música clásica dos veces por semana (normalmente ju y sa).

## WHITE CROSS Plano p. 198 · *Pub*

8940 6844; Water Lane TW9; ☽ hasta 24.00 lu-sa;
⊖ Richmond

Su ubicación ribereña, comida de calidad y buenas cervezas *ale* hacen de este *pub* una apuesta segura. Localizado en el emplazamiento de un antiguo monasterio, tiene

entradas independientes dependiendo de la marea (alta o baja); cuando el río está en su nivel más alto, el Cholmondeley Walk queda anegado y el acceso al *pub* queda limitado exclusivamente a quienes estén dispuestos a vadear.

# TWICKENHAM

## BARMY ARMS Plano p. 64 · *Pub*

☎ 8892 0863; The Embankment TW1;
® Twickenham

Este concurrido *pub* se pone hasta la bandera cuando hay algún partido de *rugby* internacional. Está junto a la Eel Pie Island, un antiguo refugio *hippy* que sigue atrayendo a personajes de la escena alternativa, aunque su momento de gloria pasó hace tiempo. Ofrece comida de *pub* aceptable y un encantador jardín.

## LONDON APPRENTICE Plano p. 64 · *Pub*

☎ 8560 1915; 62 Church St TW7; ® Isleworth

Para tomar el sol a orillas del Támesis, merece la pena dirigirse a Isleworth, al norte de Twickenham, donde se encuentra este *pub* ribereño fundado a principios del s. XVII. Según dicen, Enrique VIII cortejó a su quinta esposa, Catherine Howard, en una antigua taberna situada en este mismo emplazamiento.

## WHITE SWAN Plano p. 64 · *Pub*

☎ 8892 2166; Riverside TW1; ® Twickenham

Este *pub* tradicional de Twickenham brinda vistas de un tranquilo tramo del Támesis y se encuentra en una de las calles más típicamente inglesas de Londres. Ofrece una excelente ubicación ribereña, una gran selección de cervezas y una fiel clientela local. Aunque no se esté en Twickenham, merece la pena dar un rodeo.

## lo mejor

Ni aun viviendo en Londres cien años se conseguiría experimentar toda su oferta nocturna. Así pues, no es de extrañar que hasta los propios londinenses se sientan un poco intimidados ante semejante despliegue de ocio, desde discotecas y conciertos hasta espectáculos de comedia y cabaré, pasando por cualquier otra cosa, sin límite de gustos.

En consecuencia, aunque el viajero tenga muy claras sus preferencias (p. ej., grandes discotecas como Fabric o pequeños clubes con los DJ del momento), no es mala idea aparcar momentáneamente los gustos habituales y dejarse tentar por algo nuevo.

Hay discotecas por toda la ciudad (aunque en East London se concentran las más innovadoras), con noches de *house, electro, glam, indie* o *rave*. Si no se es muy bailador, se puede probar con los clubes de la comedia y comprobar si se es capaz de provocar al cómico de turno sin convertirse en la diana de su próximo chiste (algo siempre peligroso si se elige un asiento en la primera fila).

La música en directo tampoco muestra síntomas de decadencia. Eso sí, hay que estar preparado para pagar el capricho, da igual que el cartel anuncie a un gran artista en una sala importante como a la última y polémica superestrella *indie* en un club minúsculo en East London o Camden Town.

# CLUBES Y DISCOTECAS

Todo el que se encuentre en el centro un viernes o un sábado por la noche, tanto si ha llegado de la zona 2, de las afueras de la ciudad como en un vuelo de Ryanair, no saldrá defraudado de la marcha londinense. Entre semana siempre se encuentra algo apropiado, igual da que se sea un amante del *techno* duro, del *rock* o del *nu rave*, de los ritmos latinos, el *ska*, el pop, el *country*, el *grime* o la música *minimal electro*, el *hip hop* o el *lindy hopping* de los cincuenta. Los jueves son los favoritos para quienes desean divertirse antes de que los oficinistas ocupen las calles los viernes. Las noches de los sábados son las más populares y las mejores para los penitentes del baile frenético, mientras que los domingos suelen deparar buenas sorpresas por toda la urbe.

**93 FEET EAST** Plano p. 144
☎ 7247 3293; www.93feeteast.co.uk; 150 Brick Lane E2; ⏰ 17.00-23.00 lu-ju, 17.00-1.00 vi, 12.00-1.00 sa, 12.00-22.30 do; ⊖ Liverpool St o Aldgate East

## CONSEJOS PARA LA DISCOTECA

- ¿Dónde ir? La mayoría de los londinenses empieza la noche en un bar antes de dirigirse al Soho, a Shoreditch o a Hoxton, donde están la mayoría de los mejores bares y discotecas. Notting Hill también cuenta con algunos buenos clubes, mientras que Brixton es el n° 1 para los garitos de *hip hop*, R&B, *reggae* y *grime*.
- ¿Cuánto cuesta? Los precios entre semana son razonables y abundan las noches para estudiantes o las orientadas a un público con un presupuesto ajustado. Se recomienda rastrear las revistas de ocio. Si se quiere ir a grandes discotecas como Fabric (p. 291) o Matter (p. 292) un sábado por la noche, habrá que desembolsar hasta 20 £.
- ¿Cómo conseguir entrar? La exclusividad en Londres no es un tema tan importante como, por ejemplo, en Madrid o Nueva York: a muy pocas personas se les niega la entrada, pero tener que guardar cola en una noche fría mientras los guapos y los enchufados entran directamente desde el taxi puede ser una experiencia humillante. Como siempre, se recomienda llegar pronto e intentar conseguir entradas por adelantado para los eventos más importantes.
- ¿Cómo hay que vestirse? Los códigos de vestir varían mucho, pero en Londres suelen ser bastante tolerantes, por lo que no hay que preocuparse en exceso. En realidad, solo debe considerarse si apetece mezclarse con un tipo de gente determinada. Por lo general, las discotecas pijas buscan una imagen glamourosa, que puede incluir deportivas y vaqueros, mientras que los locales más alternativos están llenos de vaqueros pitillo al estilo *hip hop* (con el trasero al aire), cortes de pelo imposibles y camisas anchas.
- ¿Qué hay de nuevo en cada local? Conviene hojear siempre el *Time Out* o el *Evening Standard*. Parte del encanto de la vida nocturna de Londres es que está en permanente cambio, con nuevos locales y noches temáticas cada semana, así que hay que estar atento.

El local del momento en Brick Lane es fácil de encontrar por la larga cola de la entrada. Es un espacio estupendo, con un patio, tres grandes salas y una terraza al aire libre que se pone hasta la bandera las tardes de sol. Suele estar lleno de una animada multitud del este de la ciudad. Organizan noches fantásticas, como la concurridísima Slipped Disco de los viernes. La relajada sesión de los domingos por la tarde, la llamada Fuse Party (gratis) cuenta con la animación de numerosos DJ y de una barbacoa en el patio. Merece la pena comprar las entradas por adelantado a través de su sitio web para ahorrarse la cola.

## 333 Plano p. 144

☎ 7739 5949; www.333mother.com; 333 Old St EC1; ✆ 22.00-5.00 vi, 22.00-4.00 sa y do; ⊖ Old St
Este emblemático club de Hoxton no se ha dejado influir por el esnobismo imperante en la zona y sigue en sus trece, si bien ya no es tan popular como antaño. Acoge excelentes fiestas, siempre alternativas e innovadoras, y tiene un papel clave en la escena independiente y del *electro-glam*.

## AQUARIUM Plano p. 144

☎ 7253 3558; www.clubaquarium.co.uk; 256-264 Old St EC1; ✆ 22.00-3.00 sa, 22.00-4.00 do; ⊖ Old St
La música *disco* de los setenta ambienta las noches de este gimnasio reconvertido en discoteca. Los parroquianos se visten con ropa *retro* y *sexy* –es obligatorio, aunque las pelucas *disco* no están permitidas– y se juntan en torno a la enorme piscina o

en el flamante bar. Está terminantemente prohibido el calzado deportivo.

## BAR RUMBA Plano p. 68

☎ 7287 2715; www.barrumba.co.uk; 36 Shaftesbury Ave W1; ✆ 22.30-3.00 lu y mi, 20.30-3.00 ma, ju y vi, 21.00-5.00 sa, 20.00-1.30 do; ⊖ Piccadilly Circus
Pequeña discoteca junto a Piccadilly con seguidores fieles y DJ geniales cuyas especialidades son el *hip hop*, la música latina y el *drum and bass*. Reabrió en el 2008, recuperando rápidamente su popularidad entre los aficionados al *drum and bass* y al *hip-hop*. Montan fiestas como Movement, dedicada al *jungle* (cada dos jueves) y Barrio Latino, con salsa y otros ritmos latinos urbanos (cada martes).

## BETHNAL GREEN WORKING MEN'S CLUB Plano p. 152

☎ 7739 2727; www.workersplaytime.net; 42-44 Pollard Row E2; ✆ horario variable; ⊖ Bethnal Green
La historia del Club de los Currantes de Bethnal Green es como la del cuento de *La cenicienta*: estaba al borde de la quiebra, con los obreros a punto de quedarse en la calle sin sus pintas de cerveza, hasta que un inteligente promotor corrió la voz de que se programaban noches de espectáculos burlescos baratos en su sala principal, con moquetas pringosas, decorado de purpurina y todo lo demás; de la noche a la mañana (literalmente), medio Londres llamaba a sus puertas, convirtiendo este local en uno de los clubes más populares

## FANTÁSTICO 'BURLESQUE'

Tras años de poco presupuesto, la escena del *burlesque* ha ido ganando popularidad y de nuevo llena Londres de borlas para pezones, sombreros de copa y lencería *sexy*. A los jóvenes londinenses les ha dado tan fuerte con lo del disfraz que los armarios de muchas abuelas han sido saqueados. Otra consecuencia ha sido la masificación de estas fiestas, en muchos casos relegando su lado más alternativo. Así, los organizadores de eventos, dedicados con pasión al arte del disfraz y la diversión, han subido los precios de estas fiestas para disuadir a los menos participativos, y hoy hay que estar dispuesto a pagar una media de 25 £ para entrar en algunas de las mejores noches burlescas de la ciudad (no todas), además de asegurarse que la indumentaria esté a la altura. Los mejores locales son el Bethnal Green Working Men's Club (véase arriba), que acoge todo tipo de eventos, desde concursos de *burlesque* masculino hasta meriendas atendidas por chicas en patines, y el Volupté (p. 293), un club de cabaré pequeño pero elegante que organiza fiestas magníficas, por ejemplo Cabaret Salon (mi) y Black Cotton Club (una vez al mes).

Las noches más populares son Flash Monkey (www.theflashmonkey.biz), para la que siempre se agotan las entradas, y The Last Tuesday Society's (www.thelasttuesdaysociety.org), con fantásticos bailes de máscaras. Las veteranas noches de Lady Luck (www.myspace.com/theladyluckclub) son las mejores de la ciudad en *rockabilly* y *jazz* tradicional, mientras que los Rakehell's Revels, otros bien conocidos, organizan noches secretas en varios locales (hay que encontrarlos en Google).

y exitosos de la ciudad. Acoge actuaciones de *burlesque* y concursos, noches dedicadas a Eurovisión y muchas otras actividades. Se recomienda consultar su página web.

## BIG CHILL HOUSE Plano p. 166

☎ 7427 2540; www.bigchill.net; 257-259 Pentonville Rd N1; 🕓 12.00-24.00 lu-mi y do, 12.00-1.00 ju, 12.00-3.00 vi y sa, 22.30-4.00 do; ⊖ King's Cross St Pancras

Espacio de tres plantas con una buena selección de música en directo y DJ, además de una fantástica terraza. También celebra un festival muy popular y gestiona una discográfica. La música siempre es variada e internacional, perfectamente audible a través de un magnífico sistema de sonido, y casi nunca cobran entrada.

## BLACK GARDENIA Plano p. 68

☎ 7494 4955; www.myspace.com/blackgardenia93; 93 Dean St; 🕓 desde 20.00 vi y sa; ⊖ Tottenham Court Rd

Este pequeño y descuidado garito del Soho, regentado por *rockabillies* y gente tatuada y vestida a la moda de los años cincuenta, es fantástico, incluida su variada oferta musical, que abarca desde grupos de lesbianas hasta *rock'n'roll* y sesiones de voz (un *crooner* de mediana edad) y piano.

## CARGO Plano p. 144

☎ 7739 3440; www.cargo-london.com; 83 Rivington St EC2; 🕓 12.00-1.00 lu-ju, 12.00-3.00 vi, 18.00-3.00 sa, 12.00-24.00 do; ⊖ Old St o Liverpool St

Es uno de los clubes más eclécticos de Londres. Dispone de tres espacios diferentes: una sala con pista de baile, un bar con mesas y asientos y un pequeño restaurante, todo bajo los arcos de ladrillo que soportan el ferrocarril. La música es innovadora: *house* latino, *nu-jazz, funk, groove* y *soul*, DJ, bandas globales o emergentes, maquetas y ritmos raros. Han organizado eventos tan variados como la fiesta anual del oscuro espectáculo burlesco Torture Gardens, un festival de música africana, *brass bands* de los Balcanes (con instrumentos de metal y percusión) o *ska* cubano. También cuenta con un bar excelente.

## CATCH Plano p. 144

☎ 7729 6097; www.myspace.com/thecatchbar; 22 Kingsland Rd E2; 🕓 18.00-24.00 lu-mi, 18.00-2.00 ju-sa, 18.00-1.00 do; ⊖ Old St

No parece gran cosa, pero se trata de uno de los mejores locales de Shoreditch. Cada dos sábados, la planta superior acoge Get Rude, con el dúo de DJ Zombie Disco Squad, que mezclan *bass*, música tropical y *electro*. La planta baja despliega un ambiente muy festivo, con DJ que pinchan de todo, desde música *disco* europea de los noventa y éxitos del momento hasta *electro* y *techno*. La entrada es gratis, abre hasta tarde y la diversión está asegurada.

## DOGSTAR Plano p. 188

☎ 7733 7515; 389 Coldharbour Lane SW9; 🕓 21.00-3.00 vi y sa; ⊖ Brixton

Para acceder al club *house* que hay en la planta de arriba de este *pub* reconvertido, primero hay que sortear a empujones a la multitud que se concentra en el enorme bar (véase p. 284) de la planta baja, como hacen todos los discotequeros de Brixton.

## EAST VILLAGE Plano p. 144

☎ 7739 5173; www.eastvillageclub.com; 89 Great Eastern St EC2; 🕓 17.00-1.00 lu y ma, 17.00-3.30 mi-do; ⊖ Old St

La popularidad del antiguo Medicine Bar decayó tanto que solo era cuestión de tiempo que alguien tomara cartas en el asunto y lo reencauzara. Finalmente el espacio se ha transformado en un club de *house* que atrae a aficionados a este género de toda la ciudad. El programa incluye un amplio cartel de DJ de renombre, aunque la fiesta favorita de estos autores es Sweatshop, dedicada al *disco punk* neoyorquino.

## EGG Plano p. 166

☎ 7428 7574; www.egglondon.net; 5-13 Vale Royal N1; 🕓 22.00-4.00 vi, 22.00-5.00 sa; ⊖ King's Cross St Pancras

Su distribución es fantástica: tres salas con paredes de cemento en bruto (en tres plantas), un jardín y dos maravillosas terrazas tropicales en lo más alto (para alivio de los fumadores). Hay quien dice que su genial diseño encajaría como un guante en el Meat Packing District de Nueva York. Pero está junto a York Way, y depara noches "omnisexuales" en las que se pincha una mezcla de *electro, minimal* y *house*. Los fines de semana hay un autobús lanzadera gratis de 22.00 a 2.00 (salida frente al American Carwash, en York Way).

## FABRIC Plano p. 144

☎ 7336 8898, 7490 0444; www.fabriclondon.com;
77a Charterhouse St EC1; 🕐 21.30-5.00 vi y do,
22.00-7.00 sa; ⊖ Farringdon

La más impresionante de las superdisco-
tecas londinenses sigue siendo la primera
parada nocturna de la capital para muchos
fiesteros internacionales, como demuestran las largas colas (lo peor es entre 21.00
y 23.00). Esta madruguera consta de tres
pisos, tres bares, muchos pasillos y lavabos
unisex, sin olvidar la atronadora pista de
baile. La clientela va a la última, bien vestida
pero sin pasarse. La música, principalmente
*electro, house, drum and bass* y *breakbeat*,
es tan genial como cabría esperar de la que
se considera la mejor discoteca de Londres.
Los viernes por la noche, Fabric Live logra
que el local se llene hasta lo indecible con la
participación de DJ estelares como Goldie,
DJ Diplo, Plump DJ o DJ Hype.

## FAVELA CHIC Plano p. 144

☎ 7613 5228; www.favelachic.com; 91 Great Eastern
St E1; 🕐 18.00-hasta tarde ma-do; ⊖ Old St

Es la hermana pequeña del club parisino
original. Saca partido del *slum chic*, la elegancia barriobajera, exactamente igual que
los fabricantes de las chanclas Havaiana.
Es un bar-club de sala única con colas
permanentemente largas los viernes y los
sábados y música innovadora. La decoración
se centra en artículos *vintage* muy gastados,
típicos de rastrillo, pero si se logra aguantar
la larga espera y conseguir el visto bueno
de sus altivos porteros, no defraudará.

## HERBAL Plano p. 144

☎ 7613 4462; 10-14 Kingsland Rd E2; 🕐 21.00-2.00
mi, ju y do, 21.00-3.00 vi, 22.00-3.00 sa; ⊖ Old St

Se reconoce por el césped de plástico pega-
do a la fachada. Dentro aguarda un bar-club

en dos niveles. Arriba hay un ambiente
relajado y adulto, una pequeña pista de
baile, asientos y una ventana con vistas
a Shoreditch. Abajo, en un espacio más
minimalista, la temperatura puede subir
mucho. Pinchan una mezcla de *drum and
bass, house, funk-house* y *hip hop* intercalada
con actuaciones en directo.

## KOKO Plano p. 166

☎ 0870 432 5527; www.koko.uk.com; 1a Camden
High St NW1; 🕐 22.00-2.30 ma, 22.00-6.00 vi y sa;
⊖ Mornington Cres

Antaño fue el legendario Camden Palace,
el mismo en el que actuaron Charlie Chaplin, The Goons, los Sex Pistols y Madonna.
Hoy mantiene su reputación de una de las
mejores salas de conciertos de Londres,
como el que ofreció Madonna en su gira
*Confessions on a Dance Floor* en el 2006 o
la actuación sorpresa de Prince en el 2007.
El teatro cuenta con una pista de baile y
palcos decadentes y su Club NME de los
viernes atrae a un público de lo más *indie*.
Hay actuaciones en directo casi todas
las noches.

## LAST DAYS OF DECADENCE Plano p. 144

☎ 7033 0085; www.thelastdaysofdecadence.com;
145 Shoreditch High St E1; 🕐 20.00-2.30 ju, vi y sa,
20.00-24.00 do-mi; ⊖ Old St

De reciente apertura, este club rinde culto
a los años treinta, y más concretamente a
la Gran Depresión (de ahí el nombre), con
fiestas realmente desmadradas. Pero la
música es moderna, con DJ como el extrovertido transexual Jodie Harsh en la fiesta
Circus de los viernes o la noche Last Days
of Decadence, donde suena *D&B, nu-rave* y
*jungle*. También acoge conciertos de *jazz* los
martes y clases de dibujo al natural los lunes
por la noche (10 £).

## RENACIMIENTO DE KING'S CROSS

Hace algunos años cerraron la gran mayoría de los locales nocturnos de King's Cross. The Cross, The Key y el Canvas echa-
ron el cerrojo en el 2008 para dar paso a un ambicioso proyecto de reurbanización de un barrio bastante degradado. Las
discotecas ocupaban edificios industriales en calles de ambiente sórdido, y el mero hecho de llegar hasta allí a menudo
ya resultaba emocionante. Sin embargo, es muy probable que todo eso cambie con la construcción de 15 nuevos locales
dedicados a las artes y la música, cortesía de la University of the Arts London. Los edificios históricos serán incorporados al
proyecto, donde se prevé la apertura de teatros, cines independientes, galerías, *pubs*, restaurantes y bares. King's Place
(www.kingsplace.co.uk) es un nuevo y precioso edificio en York Way que podría erigirse en símbolo de la nueva época;
alberga la sede de los periódicos *Guardian y Observer*, de la London Sinfonietta y de la Orchestra of the Age of Enlighten-
ment, además de acoger conciertos y recitales. El proyecto de reurbanización debería estar terminado cuando se lean
estas líneas, y sería una buena noticia que algunas de las discotecas mencionadas se contaran entre las novedades.

## MADAME JO JO'S Plano p. 68

☎ 7734 2473; www.madamejojos.com; 8 Brewer St W1; ☽ 22.30-3.00 mi-vi, desde 21.30 ju, cabaré 19.00-22.00 y club 22.00-3.00 sa; ⊖ Leicester Sq o Piccadilly Circus

El célebre bar de cabaré subterráneo y la diversión *kitsch* que lo acompaña resplandecen en el London Burlesque Social Club, que se repite cada primer jueves del mes. Los sábados es el turno del Kitsch Cabaret. Las noches Deep Funk a cargo de Keb Darge los viernes son igual de legendarias, con su genial multitud de bailarines de *break* y *jazz* y gente que solo quiere pasar un buen rato.

## MATTER Plano p. 178

☎ 7549 6686; www.matterlondon.com; O2 Arena, Peninsula Sq SE10; ⊖ North Greenwich

La mejor discoteca nueva de la capital es esta enorme sala situada debajo del O2 (la antigua Millenium Dome), una versión corregida y aumentada del mejor club de la ciudad, el Fabric (p. 191). Tiene capacidad para 2600 personas, un sistema de sonido de última generación, proyecciones en 3-D y un sinfín de barras y lavabos (lo que evita las molestas colas), además de fichar, por supuesto, a los mejores DJ del momento. Queda algo alejada del centro, pero hay barcos de Thames Clipper cada ½ hora hacia Waterloo desde las 6.00 (el último desde Waterloo zarpa a las 12.45), lo que permite disfrutar del amanecer mientras se navega.

## MINISTRY OF SOUND Plano p. 186

☎ 7378 6528; www.minstryofsound.com; 103 Gaunt St SE1; ☽ 22.30-6.00 vi, 24.00-9.00 sa; ⊖ Elephant & Castle

Esta legendaria discoteca y marca global perdió parte de su popularidad con la llegada del nuevo milenio, pero tras contratar de nuevo a los mejores DJ del momento ha recuperado su posición entre los mejores clubes capitalinos. Los viernes celebra la fiesta de *trance* Gallery, mientras que en las Saturday Sessions atruena el mejor *house*, *electro* y *techno*.

## NOTTING HILL ARTS CLUB Plano p. 172

☎ 7460 4459; www.nottinghillartsclub.com; 21 Notting Hill Gate W11; ☽ 18.00-1.00 ma-sa, 18.00-2.00 vi y sa, 16.00-23.00 do; ⊖ Notting Hill Gate

Londres no sería lo que es sin lugares como el NHAC. En este pequeño club subterráneo se suceden actividades para todos los gustos, desde asociaciones de aficionados a las labores de punto hasta *country folk*, noches de música *house* o *punk* del este de Europa. La famosa noche Yo-Yo, que se celebra un jueves al mes, cuando la cantante Lily Allen y el productor Mark Ronson se conocieron, y supone una de las mejores ocasiones para disfrutar de R&B, ritmos de los ochenta, *hip hop*, *ragga* y diversas actuaciones en directo, mientras que Radio Gagarin (un domingo cada dos meses) presenta "experimentos en socialismo dominical".

## ON THE ROCKS Plano p. 144

☎ 25 Kingsland Rd E2; ☽ 22.30-2.00 vi, 21.00-2.00 sa; ⊖ Old St

Este local pequeño, oscuro y caluroso es un mundo aparte, con una ecléctica clientela de modernos, jóvenes tirados y algún que otro noctámbulo perdido con ganas de continuar la fiesta a toda costa.

## PASSING CLOUDS Plano p. 152

☎ 7168 7146; www.passingclouds.com; Richmond Rd E8; ☽ 22.00-4.00 vi y sa, horario variable lu-vi; ⊖ Old St o ⊜ Dalston Kingsland, 🚌 243, 55 o 76

Aunque "exclusivamente" para socios, este fantástico club también acoge multitudinarias fiestas abiertas al público en general (8 £), que se alargan hasta la mañana siguiente. La música tiene una clara influencia africana, con habituales actuaciones de grupos de *afrobeat;* las fiestas son una saludable mezcla de DJ y música en directo, con una clientela multicultural. Está decorado con farolillos de colores y detalles tropicales, y el ambiente es sumamente divertido. Muy recomendable.

## PLASTIC PEOPLE Plano p. 144

☎ 7739 6471; www.plasticpeople.co.uk; 147-149 Curtain Rd EC2; ☽ 22.00-2.00 ju, 22.00-3.00 vi y sa; ⊖ Old St

Es una discoteca minúscula solo con una pista de baile, un bar y un sistema de sonido atronador que, según los expertos, hace enrojecer a locales más grandes. También programa las noches de discoteca más innovadoras, sin temor a presentar música nueva o controvertida. Los viernes se recomienda And Did We Mention Our Disco, con Rory Phillips (de la antigua noche Trash, actualmente Durrr), y los sábados, Balance, con una sana mezcla de música latina, *jazz*, *hip hop*, *house* y *techno*. De vez en cuando, Ben Watt se encarga de la Buzzin' Fly los domingos por la noche, y un jueves al mes,

orward presenta sonidos *grime* que revien-
an la pista. Muy recomendable.

**ROUD CAMDEN** Plano p. 162
🖼 7482 3867; www.proudcamden.com; Horse
ospital, Stables Market, Chalk Farm Rd NW1;
🕙 19.30-1.00 lu-mi, 19.30-2.00 ju-sa, 19.30-24.00
o; ⊖ Camden Town o Chalk Farm
ste local a la última está frecuentado por la
ente guapa de Camden, que, en verano,
ena la terraza durante los conciertos al aire
bre, y en invierno, los cómodos asientos
le las salas interiores. También programan
xposiciones. Mas información en p. 279.

**CALA** Plano p. 144
🖼 7833 2022; www.scala-london.co.uk;
75 Pentonville Rd N1; 🕙 22.00-5.00 vi y sa;
⊖ King's Cross
os viernes, este antiguo cine con varios
iveles celebra Popstarz, una fiesta con una

variada clientela gay-mixta *indie,* alternativa
y *kitsch;* y hay noches aún más eclécticas.
Los sábados le toca a Cookies and Cream, la
cita del *garage* británico. Es un local grande
pero excelente, con un bar de cristal en el
centro que da al escenario pero a la vez
aislado del ruido.

**VOLUPTÉ** Plano p. 103
🖼 7831 1622; www.volupte-lounge.com;
7-9 Norwich St EC4; 🕙 desde 11.30 ma-vi, desde
19.30 sa; ⊖ Chancery Lane
Maravilloso local de cabaré situado en una
pequeña bocacalle de Fleet St. Los fines de
semana es el favorito de los bailarines
de *lindy hop* de la ciudad; la fiesta mensual
Black Cotton Club hace una regresión a los
años veinte, tanto en lo musical como en la
moda; y los sábados por la tarde, Afternoon
Tease es una fabulosa mezcla de merienda
y actuaciones de *burlesque.*

## PUNTO DE VISTA AUTÓCTONO: LYDIA FULTON

### Una noche literaria alternativa

Descubrí la Wapping Project Bookshop ( 🖼 7680 2080; www.thewappingproject.com; Wapping Wall E1) un día de
invierno a los seis meses de su inauguración. Situada en un invernadero, con los libros en cestas, goza de mucha luz
natural y de un ambiente tranquilo y acogedor, por lo que podría considerarse la librería ideal.

Pude charlar un rato con Lydia, su encantadora encargada, una apasionada por los títulos de arte, diseño, moda y
fotografía tanto como por la ficción y la poesía. Cada jueves, Lydia conduce una concurrida noche literaria en la librería;
los clientes se sientan en cojines por el suelo, escuchan lecturas de obras y formulan preguntas a los escritores, tanto
consolidados como noveles. Para más información, se recomienda consultar el sitio web de la librería y el de la propia
encargada (www.lydiafulton.co.uk).

**Háblame un poco de las noches literarias.** Las lecturas semanales empezaron en enero del 2009 con
el objetivo de amenizar las interminables noches de invierno. Las lecturas son muy íntimas, abiertas solo a un pequeño
grupo de afortunados, y la idea es mantenerlas así para que el lector y el público interactúen del modo más cercano
posible.

**¿Cómo eliges a los escritores?** Elijo a aquellos autores que me inspiran o que tienen una gran personalidad.
Por aquí han pasado firmas de primer nivel, pero también nuevos talentos. Hasta el día de hoy, mi favorita ha sido Edna
O'Brien. Fue fantástico ver a una escritora de su envergadura compartiendo humildemente su obra, charlando sobre sus
logros y sus noches de copas con personajes como Ted Hughes o Samuel Beckett. Y todo eso en una librería del mismo
tamaño que el comedor de cualquier familia.

**¿Cómo es el público que asiste a las lecturas?** Hay un par de vecinos que acuden a casi todas, pero
normalmente el público es muy variado y refleja la diversidad de los lectores. En una ocasión, un señor y su hija vinieron
desde Aberdeen (Escocia) para poder escuchar a su escritora favorita, la nigeriana Helen Oyeyemi.

**¿Cómo es trabajar en un invernadero todo el año?** La librería cambia constantemente. En invierno
encendemos la estufa de leña: el olor de la madera llena el local y las columnas de humo indican que está abierto para
todo el mundo. En verano cubrimos la tienda de bambú y abrimos el jardín, donde los clientes leen sus libros sentados
en cojines entre dientes de león.

**¿Qué haces los días sin muchos clientes?** Yo estudié arte, por lo que siempre llevo una libreta donde
dibujo el perfil de un edificio interesante o las vistas que observo desde la ventana. Luego utilizo algunos de estos trabajos para decorar platos y tazas de té, con la idea de darles un aire más divertido. También estoy trabajando en mi primera
novela, basada en hechos reales y ambientada en el Somerset de los años veinte.

*Lydia Fulton, encargada de la Wapping Project Bookshop, fue entrevistada por Vesna Maric*

# COMEDIA

Quizás los londinenses no parezcan demasiado alegres cuando gruñen en el metro, pero la verdad es que les encanta reírse. Prueba de ello es que, a pesar del gris invierno y de la lluvia incesante (o por eso mismo), hay más de una veintena de grandes clubes de la comedia y otros incontables locales (*pubs* incl.) en los que calentar el corazón y dilatar los pulmones a carcajada limpia.

La mayoría de las actuaciones gravitan alrededor de la temporada del Festival de Edimburgo. De abril a julio los nuevos espectáculos se ponen a prueba ante el público; agosto es el peor mes para la comedia en Londres, pues todas sus estrellas están en la ciudad escocesa. En invierno, los cómicos repiten los números que han funcionado bien durante el susodicho festival. Conviene estar al día de los nuevos talentos confirmando los premiados en Edimburgo.

Algunos de los cómicos más famosos del mundo proceden de Londres o se hicieron famosos en esta ciudad. Un escarceo rápido a las últimas décadas reporta nombres como Peter Sellers, Peter Cook, Spike Milligan, Dudley Moore, Tommy Cooper, Dawn French, Jennifer Saunders, Ruby Wax, Lenny Henry, Ben Elton, Alexei Sayle, Harry Enfield, Victoria Wood, Julian Clary, Rowan Atkinson, Reeves & Mortimer, Eddie Izzard, Jo Brand, Sacha Baron Cohen (también conocido como Ali G., Borat y Bruno), Ricky Gervais, Matt Lucas y David Walliams.

Los últimos años han visto el ascenso de Russell Brand, uno de los cómicos más queridos y prolíficos del Reino Unido, y de estrellas como los jóvenes pero agudos Josie Long, Paul Sinha, Tiernan Douieb y Russell Howard. Aquí no hay espacio suficiente para enumerar todos los nombres propios del circuito, pero cabe destacar al estadounidense afincado en Londres Rich Hall, Ross Noble, el músico y poeta John Hegley, el polémico y comprometido Mark Thomas y el inexpresivo y picante Jimmy Carr. Otros cómicos brillantes son Alan Carr, Omid Djalili, Gina Yashere, Lee Hurst, Simon Amstell, Jenny Eclair, Arthur Smith, Richard Herring, Bill Bailey, Daniel Kitson y Simon Munnery; todos ellos suelen actuar en los escenarios londinenses.

Muchos de los profesionales afincados en la capital se reúnen durante la legendaria noche de Book Club (www.myspace.com/bookclublive), organizada por el ocurrente Robin Ince en varios locales de la ciudad. Por su parte, Union Chapel (p. 299) es un precioso local que acoge cada mes Live at the Chapel (http://liveat thechapel.co.uk), con cómicos de renombre y música en directo.

## AMUSED MOOSE SOHO Plano p. 68

☎ 7287 3727; www.amusedmoose.com; Moonlighting, 17 Greek St W1; ✆ Tottenham Court Rd

Es uno de los mejores clubes de la ciudad, popular tanto entre el público como entre los cómicos. Quizás ayude que meterse con los cómicos sea inaceptable y que todos los números sean aptos para primeras citas, en el sentido de que no suelen pasarse con los de la primera fila.

## CHUCKLE CLUB Plano pp. 72-73

☎ 7476 1672; www.chuckleclub.com; Three Tuns Bar, London School of Economics, Houghton St WC2; entrada 5-15 £; ✆ sa; ✆ Holborn o Temple

A las riendas de este club, el favorito de los cómicos, se encuentra el pilar de este oficio, presentador de la casa y en general encantador Eugene Cheese, encargado de abrir cada noche el espectáculo con la canción de calentamiento.

## COMEDY CAFÉ Plano p. 144

☎ 7739 5706; www.comedycafe.co.uk; 66-68 Rivington St EC2; gratis mi, hasta 15 £ sa; ✆ mi-sa; ✆ Old St o Liverpool St

Es uno de los principales locales de comedia de la ciudad, construido ex profeso para ello. Presenta a profesionales de calidad. Merece la pena asistir a las noches de prueba de los miércoles, aunque los números puedan resultar demasiado forzados y raros, por el doloroso entretenimiento que proporcionan

## COMEDY CAMP Plano p. 68

☎ 7483 2960; www.comedycamp.co.uk; 3-4 Archer St W1; entrada 10 £; ✆ 20.30 ma; ✆ Piccadilly Circus

Este club de la comedia homosexual (pero totalmente abierto), presentado por Simon Happily, se ha convertido en uno de los favoritos del Soho. Se encuentra en el sótano de uno de los bares de ambiente más agradables de este Barrio, el Barcode (p. 323), y presenta a cómicos gays y lesbianas tanto emergentes como más consolidados.

## COMEDY STORE Plano p. 68

☎ 7344 4444; www.thecomedystore.co.uk; Haymarket House, 1a Oxendon St SW1; entrada desde 13-18 £; ✆ ma-do; ✆ Piccadilly Circus

Fue uno de los primeros (y sigue siendo uno de los mejores) clubes de la comedia de Londres. Se fundó calle abajo del Soho en 1979, el año en que Margaret Thatcher subió al poder, y seguro que no fue casualidad. Aunque su estilo de comedia sea un poco repetitivo, cuenta con algunos de los nombres más conocidos. Las noches de los miércoles y domingos ofrece el número de improvisación más famoso de la ciudad, Comedy Store Players, con el maravilloso Josie Lawrence; mientras que los jueves, viernes y sábados, el espléndido espectáculo The Best in Stand Up pone en escena a los mejores cómicos del circuito londinense.

### DOWNSTAIRS AT THE KING'S HEAD
Plano p. 64
☎ 8340 1028; www.downstairsatthekingshead. com; 2 Crouch End Hill N8; ☺ Sa y do; ⊖ Finsbury Park, luego ➔ W7
En este bullicioso e íntimo club, inaugurado en la década de 1980, empezaron su carrera Eddie Izzard y Mark Lamarr. Acoge actuaciones de nuevos talentos y de grandes nombres a partes iguales. Para información de actuaciones y precios, consúltese su página web.

### HEADLINERS Plano p. 64
☎ 8566 4067; www.headlinerscomedy.com; George IV, 185 Chiswick High Rd W4; entrada 12 £; ☺ vi y sa; ⊖ Turnham Green
Fue el primer local construido expresamente para la comedia en West London. Es cómodo y tiene un formato tradicional: el presentador da entrada al número y se esfuma. Los principiantes actúan primero y lo mejor se reserva para el final.

### JONGLEURS Plano p. 162
☎ 0870 787 0707; www.jongleurs.com; Dingwalls, 11 East Yard, Camden Lock NW1; entrada desde 16 £; ☺ vi y sa; ⊖ Camden Town
Se trata de una especie de cadena internacional a lo Starbucks pero que sirve comedia en vez de café. Ofrece comida, bebida y risas (probablemente todo a la vez, a riesgo de atragantarse). Los viernes y sábados por la noche suelen presentar a un cómico famoso y a un par de tipos en monociclos (o algo por el estilo) y los espectáculos tienen tanto éxito que normalmente hay que reservar. Tiene otros locales, uno en Battersea (plano p. 188; ☎ 0844 499 4060;

49 Lavender Gardens SW11) y otro en Bow (plano p. 152; ☎ 0844 499 4062; 221 Grove Rd E3).

### LOWDOWN AT THE ALBANY Plano p. 162
☎ 7387 5706; www.lowdownatthealbany. com; 240 Great Portland St W1; entrada 7-10 £; ⊖ Regent's Park
Destartalado sótano que comparte programa con el Hen and Chickens Theatre ( ☎ 7704 2001; 109 St Pauls Rd N1; ⊖ Highbury & Islington). Ambos locales acogen monólogos y espectáculos de *sketches*, novedades del Festival de Edimburgo y obras de teatro. El Hen and Chickens está bien para ver monólogos.

### SOHO THEATRE Plano p. 68
☎ 7478 0100; www.sohotheatre.com; 21 Dean St W1; entrada 10-18 £; ⊖ Tottenham Court Rd
Este teatro ha apostado por la comedia de calidad y las grandes figuras, tanto de monólogos como de *sketches*. También pasan desternillantes cómicos estadounidenses (como Louis CK y Kirsten Schaal).

### UP THE CREEK Plano p. 178
☎ 8858 4581; www.up-the-creek.com; 302 Creek Rd SE10; entrada 10-15 £; ☺ vi y sa; ▣ Greenwich, DLR Cutty Sark
Por extraño que parezca, en este local las puyas del público pueden resultar más graciosas que los chistes de los propios cómicos. El lugar fue fundado por el legendario Malcolm Hardee, pecador mayor de la comedia británica que se hizo célebre por robar el pastel del 40 cumpleaños de Freddie Mercury y donarlo a la residencia de ancianos de su barrio. Las travesuras, la bronca y la alta comedia son la norma.

# 'JAZZ'
Los locales de *jazz* de Londres siempre han sido lugares calientes y llenos de humo (aunque con la prohibición del tabaco, ahora son solo lo primero); grandes nombres del *jazz* actúan con regularidad en el circuito. Épocas particularmente buenas son: noviembre, cuando se celebra el London Jazz Festival (www.serious.org.uk) durante diez días en clubes del centro; julio, con el Jazz on the Streets (www.jazzonthestreets.co.uk), una semana de *jazz* en las calles, principalmente las del Soho, y el Ealing Jazz Festival (www.ealing.gov. uk), que se celebra en Walpole Park durante cinco noches; y septiembre, el mes del Riverfront Jazz Festival (www.riverfrontjazz.co.uk) de Greenwich, con sesiones todo el mes.

## 100 CLUB Plano p. 68

☎ 7636 0933; www.the100club.co.uk; 100 Oxford St W1; ➔ Tottenham Court Rd

Este mítico local se ha concentrado siempre en el *jazz*, pero actualmente también abarca *swing* y *rock*. En su día presentó a Chris Barber, BB King y los Stones y estuvo en el centro de la revolución *punk*, así como del ambiente *indie* de los noventa. Acoge actuaciones de bailarines de *swing* y conciertos de músicos de *jazz* locales (con algún nombre importante de vez en cuando).

## 606 CLUB Plano p. 194

☎ 7352 5953; www.606club.co.uk; 90 Lots Rd SW10; ➔ Fulham Broadway o Earl's Court

Este encantador pero algo alejado club de *jazz* y restaurante, situado en un sótano, pone su escenario cada noche al servicio de músicos contemporáneos que residen en el país. El club suele abrir hasta las 2.00, aunque los fines de semana hay que cenar para poder entrar (se recomienda reservar mesa). No se cobra entrada, pero al final de la noche se añade a la cuenta un suplemento por la música (8 £ los días laborables, 12 £ vi y sa, y 10 £ do).

## BULL'S HEAD Fuera del plano p. 64

☎ 8876 5241; www.thebullshead.com; 373 Lonsdale Rd SW13; ⓡ Barnes Bridge

Este *pub* tradicional de la época Tudor organiza conciertos de *jazz* moderno en su Jazz Room desde 1959. Sigue ofreciendo el mejor *jazz* británico cada noche y los domingos al mediodía.

## JAZZ CAFÉ Plano p. 166

☎ 7916 6060; www.jazzcafe.co.uk; 5 Parkway NW1; ➔ Camden Town

Aunque su nombre da a entender que el *jazz* es el plato fuerte, su verdadera especialidad es el cruce del *jazz* con la música mayoritaria. Se trata de un moderno restaurante de estilo industrial donde programan conciertos de *jazz* una vez a la semana. Los demás días se puede escuchar *afro, funk, hip hop*, R&B, *soul* y conciertos de músicos famosos, siempre rodeados del fiel y bohemio público de Camden.

## PIZZA EXPRESS JAZZ CLUB Plano p. 68

☎ 7439 8722; www.pizzaexpress.co.uk/jazz.htm; 10 Dean St W1; ➔ Tottenham Court Rd

Por increíble que parezca, uno de los mejores y más populares locales de *jazz* de la capital ocupa un pequeño espacio subterráneo bajo un restaurante de esta gran cadena de *pizzas*. Los clientes escuchan atentamente *jazz* actual, a menudo músicos conocidos.

## RONNIE SCOTT'S Plano p. 68

☎ 7439 0747; www.ronniescotts.co.uk; 47 Frith St W1; ➔ Leicester Sq

Ronnie Scott abrió su club de *jazz* en Gerrard St en 1959 bajo un antro de juego chino. Seis años después se trasladó a su dirección actual y se hizo famoso como el mejor club de *jazz* del Reino Unido. No en vano era el único lugar en el que se podía escuchar *jazz* moderno, con lumbreras como Miles Davis, Charlie Parker o Thelonious Monk, además de a Ella Fitzgerald, Count Basie y Sarah Vaughan. Incluso ha acogido a bandas de *rock* como The Who. Con el discurrir de los años, el local ha sobrevivido a una montaña rusa de incertidumbre sobre su continuidad y a la muerte de su propietario y saxofonista en 1996, y hoy sigue consolidando su reputación por actuaciones tanto de grandes nombres como de nuevos talentos. El ambiente es excelente, aunque no está bien visto que el público hable durante los conciertos. El personal de la entrada es sumamente grosero y el servicio es lento, pero así ha sido siempre. Hay conciertos cada noche, normalmente hasta las 2.00.

## VORTEX JAZZ CLUB Plano p. 166

☎ 7254 4097; www.vortexjazz.co.uk; 11 Gillet St N16; 🚌 73 o ⓡ Dalston Kingsland

Ofrece un buen programa de músicos, cantantes y compositores de *jazz* británicos, estadounidenses y europeos.

# 'ROCK' Y POP

Cualquier aficionado al pop conocerá a Blur, Oasis, Suede, Pulp, Garbage, Elastica o Radiohead y recordará la época dorada de la música en directo de Londres –los años noventa y el *britpop*–, cuando la capital británica producía más bandas rompedoras de las que se podían seguir y escuchar en el equipo de casa. Sin embargo, con la llegada del s. XXI la escena musical londinense perdió enteros hasta la irrupción de una nueva hornada de músicos que consiguieron llegar a lo más alto, como Coldplay, Bloc Party, Razorlight, Amy Winehouse, Adele o Lily Allen.

## Festivales en Londres

Muchos de los festivales de música que han surgido en la ciudad tienen lugar en verano. El excelente Lovebox Weekender (www.lovebox.net), organizado por Groove Armada, se celebra en Victoria Park a mediados de julio (en el 2009 tocaron Duran Duran), mientras que el Wireless Festival (www.o2wirelessfestival.co.uk) es en Hyde Park a mediados de junio; ambos atraen a artistas de primer orden y a nuevos talentos. El Summer Series se celebra en la Somerset House (p. 78) con conciertos al aire libre en su precioso patio; en los últimos años han participado artistas como Grace Jones, Lily Allen y Bat For Lashes. Pero el mejor festival de la ciudad es el Meltdown, con el Southbank Centre (p. 303) como escenario, en el que cada año un músico distinto (ya han participado David Bowie, Massive Attack o Ornette Coleman, entre otros) debe invitar a los artistas a los que admira o que le han influido.

Si al viajero le gusta la música en directo, lo mejor es visitar Londres en verano. Para más información sobre otros festivales en la ciudad, véase p. 16.

Todos los artistas de renombre siguen considerando Londres como una parada obligada n en sus giras, por lo que en la ciudad se pueden ver desde las estrellas más rutilantes (de Bob Dylan a Björk) hasta los nuevos talentos del momento. La sala Cargo (p. 290) complementa sus noches de discoteca con conciertos de grupos noveles o de culto extranjeros. Las nuevas bandas están pasando por un momento especialmente dulce, y gracias a MySpace es más fácil que nunca seguirle la pista a una formación sin contrato discográfico o al local alternativo preferido. Juntos, estos músicos mantienen el amplio abanico de locales de *rock* pop londinenses, desde el hangar del Earl's Court Exhibition Centre (p. 298), el Wembley Arena (p. 299) o el O2 (p. 298) hasta el minúsculo Borderline (derecha) o el Barfly (abajo), rebosantes de música y de público.

### BARDENS BOUDOIR Plano p. 64

☎ 7249 9557; www.bardensbar.co.uk; 36-44 Stoke Newington Rd N16; ⊖ Dalston Kingsland, luego ☒ 243, 55 o 76

La escena musical de Dalston está ganando enteros y la punta de lanza es este local, que organiza excelentes noches temáticas, conciertos y sesiones de DJ, todo al día en su página web.

### BARFLY@THE MONARCH Plano p. 162

☎ 7691 4244, 7691 4245; www.barflyclub.com; Monarch, 49 Chalk Farm Rd NW1; ⊖ Chalk Farm o Camden Town

Barfly, Charles Bukowski, lobos de salón, suficiente para hacerse una idea. Este local de Camden, típicamente dedicado al *grunge* y al *indie-rock*, está repleto de aspirantes artistas en busca de su primer gran éxito. El acento recae sobre el *rock* británico estadounidense y la emisora de radio de música alternativa Xfm organiza aquí

veladas con regularidad. Su nuevo local, el Fly (plano pp. 72-73; 36-38 New Oxford St WC1; ⊖ Tottenham Court Rd), es parecido.

### BORDERLINE Plano p. 68

☎ 7734 2095; www.mamagroup.co.uk/borderline; Orange Yard W1; ⊖ Tottenham Court Rd

Por la entrada Tex-Mex junto a Orange Yard, y bajando hasta el sótano, se encontrará un local con aforo para 275 personas, lleno hasta los topes, que apunta muy alto. Es obligatorio leer los carteles (literalmente, hay una lista de conciertos en las paredes): Crowded House, REM, Blur, Counting Crows, P. J. Harvey, Lenny Kravitz, Debbie Harry y numerosos grupos *indie* desconocidos han actuado aquí. El público es igual de diverso, y siempre abundan los periodistas musicales y los cazatalentos de compañías discográficas.

### BULL & GATE Plano p. 162

☎ 7485 5358; www.bullandgate.co.uk; 389 Kentish Town Rd NW5; ⊖ Kentish Town

El mítico Bull & Gate, local a la antigua usanza, sigue atrayendo a una clientela ansiosa por ver a grupos guitarreros que podrían convertirse en el próximo gran éxito discográfico.

### CAFÉ OTO Plano p. 152

www.cafeoto.co.uk; 18-22 Ashwin St E8; ⊖ Old St, luego ☒ 55, 242, 243

Este café es una de las salas de conciertos más interesantes de Londres. Situado en un antiguo almacén y regentado por una pareja anglo-japonesa, se dedica a la promoción de la música experimental y de fuera de los circuitos comerciales. Programa actuaciones de grandes nombres de la música experimental, *jazz* y pop japoneses, además de legendarias estrellas del *folk* y el *rock* de los sesenta. Durante el día es un encantador café.

## EARL'S COURT EXHIBITION CENTRE
Plano p. 174

☎ 7385 1200, 0870 903 9033; Warwick Rd SW5;
Ⓔ Earl's Court

Es la clase de local grande y sin alma que le dio al *rock* la mala fama que tiene. Es donde Justin Timberlake fue famosamente fotografiado metiéndole mano al trasero de Kylie Minogue y donde la mayor parte de los conciertos son de superestrellas supercaras, cuyos rostros son un puntito en la distancia.

## FORUM Plano p. 162

☎ 0870 534 4444; www.meanfiddler.com; 9-17 Highgate Rd NW5; Ⓔ Kentish Town

Es fácil encontrar el camino al Forum –el anteriormente famoso Town & Country Club– por los revendedores de entradas que copan la calle desde la parada del metro Kentish Town. Es un sitio muy popular para ver nuevas bandas importantes, y la sala mediana, con butacas y un entresuelo, es bastante grande sin dejar de ser íntima.

## LUMINAIRE Plano p. 64

☎ 7372 7123; www.theluminaire.co.uk; 311 High Rd NW6; Ⓔ Kilburn

Es una de las mejores salas pequeñas de la ciudad. Un local compacto, pero nunca atestado, donde se presta especial atención al servicio al cliente y al silencio durante las actuaciones. Pero lo realmente impresionante es la lista de grupos que han pasado por su escenario, entre ellos Babyshambles, Bat For Lashes, Colleen, Editors, Dirty Pretty Things, Hanne Hukkelberg y Mark Eitzel of American Music Club.

## O2 Plano p. 178

☎ 0871 984 0002; www.theo2.co.uk; Peninsula Sq SE10; Ⓔ North Greenwich

El caro fiasco de la Millennium Dome (cúpula del Milenio) se ha reinventado como una de las principales sedes de conciertos de la ciudad, acogiendo a grandes nombres como los Rolling Stones, Prince, Elton John, Scissor Sisters y muchos otros en su estadio con aforo para 20 000 personas. El precio de las entradas suele ser de 25 £. También habría sido el escenario de la reaparición de Michael Jackson si su inesperada muerte no se hubiera producido.

## O2 ACADEMY BRIXTON Plano p. 188

☎ taquillas 0844 477 2000; www.o2academy brixton.co.uk; 211 Stockwell Rd SW9; Ⓔ Brixton

Cuesta pasar una mala noche en este antiguo teatro cavernoso (con aforo para 5 000 personas), incluso si al salir se tienen las suelas pegajosas de cerveza. Dispone de un suelo como tiene que ser, en pendiente para disfrutar de una buena visibilidad, y de numerosos bares. Aquí se puede ver a artistas internacionales como Madonna (una vez), pero lo más probable es que actúen Amy Winehouse, Basement Jaxx o DJ Shadow.

## O2 ACADEMY ISLINGTON Plano p. 166

☎ box office 0844 477 2000; www.o2academyis lington.co.uk; N1 Centre, 16 Parkfield St N1; Ⓔ Angel

Muchos se quejan de la falta de ambiente de la Islington Academy –después de todo, está en un centro comercial–, pero todos coinciden en que la cartelera es de primera: Franz Ferdinand, Kings of Leon y hasta Tom Jones, por ejemplo. La acústica es excelente y la audiencia se toma la música en serio. El vecino Bar Academy acoge a grupos emergentes y puede resultar un lugar estupendo para descubrir nuevos talentos.

## RHYTHM FACTORY Plano p. 152

☎ 7247 9386; www.rhythmfactory.co.uk; 16-18 Whitechapel Rd E1; ◔ hasta 3.00 do-ju, hasta 5.00 vi y sa; Ⓔ Aldgate East

Siempre popular y a la última, se trata de una cafetería tranquila y afable, con una carta tailandesa para el almuerzo y la cena, que cuando llega la noche abre la gran sala de atrás, donde muchos grupos y DJ de todos los géneros mantienen feliz a un público entregado y trasnochador.

## ROUNDHOUSE Plano p. 162

☎ 7424 9991; www.roundhouse.org.uk; Chalk Farm Rd NW1; Ⓔ Chalk Farm

En la década de 1960 acogió teatro de vanguardia, luego conciertos de *rock* y más tarde cayó en el ostracismo antes de reabrir hace algunos años con excelentes conciertos y obras de teatro. En el 2009, Grace Jones realizó aquí una serie de conciertos (todos con las entradas agotadas), y también han pasado por su escenario Pete Doherty y Bat For Lashes. El interior es impresionante.

## ROYAL FESTIVAL HALL Plano p. 120

☎ 7960 4242; www.southbankcentre.co.uk; Belvedere Rd SE1; entrada 6-60 £; Ⓔ Waterloo

Esta sala es una de las mejores de la ciudad para ver a artistas de música étnica, además de acoger el fantástico festival Meltdown (véase p. 297). Reabrió en el verano del 2007, tras dos años de reformas. Los arquitectos Allies y Morrison dirigieron las obras, en las que se emplearon los materiales originales de los años cincuenta (hormigón, cuero y madera) con excelentes resultados. La acústica es fantástica, y el programa, impecable; en el amplio vestíbulo se celebran conciertos gratis.

## O2 SHEPHERD'S BUSH EMPIRE
Plano p. 174

☎ taquillas 0844 477 2000; www.o2shepherds bushempire.co.uk; Shepherd's Bush Green W12; ⊖ Shepherd's Bush
En este escenario de tamaño medio actúan grandes estrellas, como PJ Harvey o Antony and the Johnsons, y siempre hay algo interesante. Los inconvenientes son que el suelo no está inclinado, lo cual dificulta la visión de las últimas filas –y arriba todavía es peor– y la avalancha de normas de seguridad, que a menudo consiguen aguar la fiesta.

## UNDERWORLD Plano p. 166

☎ 7482 1932; www.theunderworldcamden.co.uk; 174 Camden High St NW1; ⊖ Camden Town
¡Llamando a todos los fans del metal! ¡El Underworld os espera! Metallica, Black Sabbath, Sepultura y otros gritones ataviados con calaveras han pasado por esta madriguera subterránea localizada bajo el *pub* del fin del mundo, el World's End, en directo o con la ayuda de algún DJ. Está lleno de recovecos para las rituales sacudidas de cabeza, pero también han actuado músicos más suaves, como KT Tunstall o Radiohead.

## UNION CHAPEL Plano p. 166

☎ 7226 1686; www.unionchapel.org.uk; Compton Tce N1; ⊖ Highbury & Islington
Uno de los locales con más personalidad y ambiente de Londres es una vieja iglesia donde se puede ver algún concierto –principalmente acústico– entre servicios religiosos. Fue aquí donde Björk ofició una de sus actuaciones más memorables ante un público iluminado por velas. También hay una noche de comedia al mes (véase p. 294).

## WEMBLEY ARENA Plano p. 64

☎ 0870 060 0870; www.whatsonwembley.com; Empire Way, Wembley; ⊖ Wembley Park
Tras varios años de obras, el Wembley Arena ha mejorado mucho, aunque su tamaño nunca hará que el espectador se sienta en comunión con el artista. Aquí es donde hay que dirigirse para ver a los más famosos, como Gwen Stefani, a los de toda la vida, como Lionel Richie, o a gritar y bailar con Girls Aloud. Es posible que las entradas tengan unos precios exageradamente caros (hasta 100 £ por los artistas más conocidos).

# ARTE

# lo mejor

- **Southbank Centre** (p. 303)
- **Wigmore Hall** (p. 303)
- **Shakespeare's Globe** (p. 308)
- **Sadler's Wells** (p. 304)
- **Electric Cinema** (p. 306)
- **BFI Southbank** (p. 305)
- **Royal Opera House** (p. 307)
- **Royal Court Theatre** (p. 308)
- **National Theatre** (p. 307)
- **Catedral de Southwark** (p. 304)

El ambiente cultural londinense es el más rico y variado del mundo angloparlante. Su teatro cuenta con la historia más prolongada y diversa del planeta, desde las obras clásicas de Shakespeare, que incluyen tanto puestas de escena tradicionales como innovadoras producciones con travestís de Harlem y bandas juveniles. Hay gran profusión de nuevos talentos entre dramaturgos y actores, y, tras muchas décadas, las obras políticamente provocadoras han vuelto a la cartelera, como es el caso de *Siete niños judíos: una obra teatral para Gaza*, de Caryl Churchill, representada en el Royal Court a comienzos del 2009. De hecho, el teatro aquí se toma tan en serio que muchos consideran que actuar en el West End es la única forma de ganarse el respeto de la profesión. Algunas estrellas de Hollywood incluso acceden a cambiar una temporada su cómoda existencia por los escenarios de Londres.

Pero no todo es drama de altura; una de las formas de ocio más populares en la capital es el musical al estilo americano. La vuelta a los años ochenta convirtió *Dirty Dancing* en uno de los más exitosos. Hoy se puede ver de todo, desde *Grease* y *Hairspray* a *El rey león* y *La jaula de las locas*. La danza es otra apreciada forma de arte, de *ballet* clásico a piezas modernas, representada muchas veces en escenarios tan maravillosos como el renovado Sadler's Wells o el Laban.

La Royal Opera House programa ópera clásica y *ballet* en su majestuosa sede en el corazón de Covent Garden, mientras que la English National Opera es más atrevida (y siempre en inglés). Los aficionados a la música clásica no sabrán por dónde empezar, desde los destacados Proms de la BBC a los fantásticos conciertos a la hora del almuerzo en Wigmore Hall.

En Londres proliferan los ciclos de películas que loan tanto a los autores independientes como a los clásicos; aun así, quienes prefieran los exitazos de taquilla no deben inquietarse, pues abundan los cines (caros) que proyectan los últimos estrenos de Hollywood. Así, enormes multicines con innumerables pantallas y potentes sistemas de sonido conviven con cines independientes, más pequeños, que invitan al placer cinematográfico desde un sofá para dos, copa de vino incluida. El reformado y ampliado Bristish Film Institute (BFI) es un templo del séptimo arte.

# MÚSICA CLÁSICA

Londres es un centro importante para la música clásica, pues es la sede de cuatro orquestas sinfónicas de categoría mundial, dos compañías de ópera y varios *ensembles* más pequeños, además de contar con fabulosos recintos y ofrecer precios razonables y conciertos de gran nivel. Cada noche se elegir entre conciertos tradicionales para el gran público, de música nueva y de compositores "difíciles".

## BARBICAN Plano p. 103

☎ información 7638 4141, reservas 7638 8891; www.barbican.org.uk; Silk St EC2; entrada 8-45 £; ✆ Moorgate o Barbican

Sede de la maravillosa London Symphony Orchestra, cada año acoge a numerosos músicos destacados de todo el mundo. Las menos conocidas BBC Symphony Orchestra y English Chamber Orchestra son también asiduas; la City of London Symphonia actúa en ocasiones.

## KENWOOD HOUSE Plano p. 162

☎ información 0845 658 6960, reservas 0870 154 4040; www.picnicconcerts.com; Hampstead Lane NW3; entrada 23,50-39 £; ✆ Archway o Golders Green y después 🚌 210

Asistir a un concierto al aire libre en este recinto de Hampstead es desde hace años todo un acontecimiento del verano londinense. Así pasa con los Picnic Concerts, patrocinados por el English Heritage, que se dedican tanto al *jazz* (Ray Davies, Gypsy Kings, Jools Holland) y al pop (Simply Red) como a la música clásica y la ópera, o el Summer Prom, que programa al menos un concierto de cada uno de esos estilos. Las actuaciones tienen lugar los sábados por la noche entre finales de junio y finales de agosto; la última culmina con un gran espectáculo de fuegos artificiales.

## ROYAL ALBERT HALL Plano pp. 132-133

☎ información 7589 3203, reservas 7589 8212, www.royalalberthall.com; Kensington Gore SW7; entrada 5-150 £, entrada Proms 5-75 £; ✆ South Kensington

## ¡ENTRADAS, POR FAVOR!

Dada la competencia para conseguir entradas para los mejores obras de teatro, danza, ópera, conciertos y salas exclusivas, hay que aprovechar al máximo los foros de reservas *online*. De ser posible, se recomienda adquirirlas directamente del organizador para ahorrarse comisiones. No obstante, en Londres las localidades se venden más que rápidamente, si bien las agencias acostumbran a tener algunas aunque se hayan agotado en taquilla. Ticketmaster ( ☎ 0870 154 4040; www.ticketmaster.co.uk), Stargreen ( ☎ 7734 8932; www.stargreen.co.uk) y Keith Prowse Ticketing ( ☎ 0844 209 0382; www.keithprowse.com) ofrecen un teléfono las 24 horas y servicio de reserva por Internet. Ticketweb (www.ticketweb.co.uk) ya solo opera *online*.

En el caso de obras de teatro con todo vendido, se puede intentar comprar alguna entrada que haya sido devuelta el mismo día de la representación, aunque quizás haya que hacer cola. Solo el día de la función, se pueden adquirir entradas a precio reducido, a veces hasta un 50%, para producciones del West End en tkts Leicester Sq (plano pp. 72-73; 🕙 10.00-19.00 lu-sa, 12.00-15.00 do; ✛ Leicester Sq). La taquilla está en la torre del reloj, en el lado sur de Leicester Sq, y la gestiona la Society of London Theatre (SOLT; ☎ 7557 6700), que aplica un recargo de 3 £ solo en el caso de las entradas a mitad de precio. Aceptan efectivo o tarjeta. Hay que tener cuidado con las agencias de entradas cercanas, en especial las de Cranbourn St, que anuncian entradas al 50% sin mencionar su exorbitante comisión. Los estudiantes que se acrediten debidamente pueden adquirirlas una hora antes de que comience la representación.

No es prudente fiarse de los revendedores que acechan por las proximidades del local. Si se está de acuerdo con el margen añadido, no suele haber problemas, aunque siempre habría que cotejar la entrada con una auténtica antes de pagar.

Este espléndido auditorio victoriano acoge numerosas funciones de música clásica y *rock*, entre otras; sin embargo, es célebre por los Proms, patrocinados por la BBC, uno de los festivales de música clásica más importantes del mundo. Es posible reservar, pero, desde mediados de julio a mediados de septiembre, los auténticos fans prefieren hacer cola para conseguir una de las entradas sin asiento (o *promenading*) que se ponen a la venta una hora antes de cada concierto por 4 £. Por lo demás, la taquilla y el mostrador donde se pueden recoger las de prepago se encuentran en la puerta 12, en su cara sur.

### SOUTHBANK CENTRE Plano p. 120

☎ 0871 663 2500; www.southbankcentre.co.uk; Belvedere Rd SE1; entrada 8-45 £; ✛ Waterloo
El Royal Festival Hall, que reabrió en el 2007 tras dos años de profunda renovación, es el principal anfiteatro acústico de Londres, con capacidad para 3000 espectadores. Aquí se programan representaciones de música y danza, y, en dos salas menores, la Queen Elizabeth Hall y la Purcell Room, conciertos más eclécticos.

### WIGMORE HALL Plano p. 92

☎ 7935 2141; www.wigmore-hall.org.uk; 36 Wigmore St W1; entrada 6-50 £; ✛ Bond Street
Este auditorio figura entre los mejores de la ciudad no solo por su fantástica acústica, su sala *art nouveau* y su amplia variedad de conciertos y recitales, sino por la calidad de sus funciones. Construido en 1901 como la sala de recitales de Bechstein Pianos, sigue ocupando uno de los primeros puestos dentro de la música de cámara internacional. Destacan los conciertos matinales de los domingos (adultos/reducida 12/10 £) y los de los lunes a las 13.00 (adultos/jubilados 12/10 £), siempre excelentes.

## DANZA

Londres alberga cinco grandes compañías de danza y muchas otras menores y experimentales. El Royal Ballet (www.royalballet.co.uk), la mejor compañía de *ballet* clásico del país, tiene su sede en la Royal Opera House de Covent Garden. El English National Ballet (www.ballet.org.uk) suele actuar en el London Coliseum (p. 307), sobre todo en Navidad y en verano.

El Dance Umbrella (p. 17; www.danceumbrella.co.uk) es el principal acontecimiento anual de danza en la capital.

Para más información al respecto, se puede visitar la web de London Dance (www.london dance.com).

### BARBICAN Plano p. 103

☎ información 7638 4141, reservas 7638 8891; www.barbican.org.uk; Silk St EC2; entrada 6,50-30 £, estudiantes a mitad de precio mi; ✛ Moorgate o Barbican
Este centro incluye espectáculos de danza en el marco de su ecléctico programa. Su multidisciplinario festival llamado

# RECINTOS ECLESIÁSTICOS

Muchas iglesias organizan conciertos nocturnos o recitales al mediodía todo el año o solo en verano. A veces son gratis (donativo recomendado), pero otras hay que pagar. También hay iglesias clausuradas que funcionan como salas de conciertos.

- St James's Piccadilly (plano p. 68; ☎ 7734 4511; www.st-james-piccadilly.org; 197 Piccadilly W1; mediodía donativo recomendado 3 £, noche 10-30 £; ⊖ Piccadilly Circus) Conciertos a las 13.10 los lunes, miércoles y viernes; nocturnos a las 19.30 (días variables).
- St John's, Smith Square (plano pp. 86-87; ☎ 7222 1061; www.sjss.org.uk; Smith Sq SW1; mediodía 7 £, noche 5-17 £; ⊖ Westminster o St James's Park) Conciertos de mediodía a las 13.00 los jueves; nocturnos a las 19.30 (días variables).
- St Martin-in-the-Fields (plano pp. 72-73; ☎ 7766 1100; www.stmartin-in-the-fields.org; Trafalgar Sq WC2; mediodía donativo recomendado 3,50 £, noche 6-25 £; ⊖ Charing Cross) Conciertos a las 13.00 los lunes, martes y viernes; nocturnos a las 19.30 o 20.00 (días variables).
- Catedral de St Paul (plano p. 103; ☎ 7236 4128; www.stpauls.co.uk; New Change EC4; recitales de órgano 7 £; ⊖ St Paul's) Recitales de órgano gratis a las 16.45 los domingos. Las misas de tarde suelen ser a las 17.00 de lunes a sábado y a las 15.15 los domingos.
- Catedral de Southwark (plano p. 120; ☎ 7367 6700; www.southwark.anglican.org/cathedral; Montague Close SE1; ⊖ London Bridge) Recitales gratis de órgano a las 13.00 los lunes; los demás varían (p. ej., a las 15.15 el martes). Las misas de tarde son a las 17.30 los martes, jueves y viernes, a las 16.00 los sábado y a las 15.00 (coral) los domingo.
- Abadía de Westminster (plano pp. 86-87; ☎ 7222 5152; www.westminster-abbey.org; Dean's Yard SW1; entradas 6-18 £; ⊖ Westminster) Recitales gratis de órgano a las 17.45 los domingos (y algunos otros días). Las misas de tarde entre semana son a las 17.00 (excepto mi) y a las 15.00 los sábados y domingos. Se recomienda llamar o consultar el sitio web para más información sobre el festival de verano de órgano, habitualmente en julio.

Barbican International Theatre Events (bite; www.barbican.org.uk/theatre/about-bite) se prolonga durante todo el año y ofrece excelentes actuaciones de danza.

## LABAN Plano p. 178

☎ información 8691 8600, reservas 8469 9500; www.laban.org; Creekside SE8; entrada 3-12 £; ⊕ Deptford Bridge, DLR Greenwich

Esta escuela de danza independiente ofrece, además de representaciones de los alumnos, espectáculos de graduación y piezas a cargo de la Transitions Dance Company, su compañía residente, actuaciones de danza, música y trabajo corporal. Su impresionante edificio es obra de Herzog & de Meuron, los mismos autores de la exitosa Tate Modern (véase p. 123).

## THE PLACE Plano pp. 82-83

☎ 7387 0031; www.theplace.org.uk; 17 Duke's Rd WC1; entrada 5-15 £; ⊖ Euston Square

Cuna de la danza contemporánea británica, en la actualidad resulta una de las mejores opciones para disfrutar de coreografías desafiantes y experimentales. Tras su fachada victoriana tardía se esconde un teatro con 300 butacas, un ambiente bohemio y creativo de café y seis estudios de formación.

El centro patrocina el anual Place Prize, un galardón que no ceja en dar, año tras año, con el nuevo gran talento del mundo del baile.

## ROYAL OPERA HOUSE Plano pp. 72-73

☎ 7304 4000; www.roh.org.uk; Royal Opera House, Bow St WC2; entrada 4-120 £; ⊖ Covent Garden

Aunque su programa se ha abierto a las influencias modernas, el *ballet* clásico continúa siendo su fuerte. Es el escenario principal de la capital para las producciones tradicionales como *Giselle*, *Romeo y Julieta* o, en Navidad, *El cascanueces*. Las localidades de visión restringida cuestan entre 4 y 5 £. Hay entradas para el mismo día (una por persona) desde las 10.00 para las primeras 67 personas de la cola, que cuestan entre 8 y 40 £. Ocasionalmente salen a la venta entradas poco antes de la función a mitad de precio.

## SADLER'S WELLS Plano p. 144

☎ 7863 8000; www.sadlers-wells.com; Rosebery Ave EC1; entrada 10-60 £; ⊖ Angel

Data de 1683, pero fue totalmente reconstruido en 1998. Hoy es la sala de danza más ecléctica y moderna de la ciudad, con espectáculos experimentales (*Mahabharata*), encuentros de *hip-hop* y un festival flamenco anual en marzo. El Lilian Baylis Studio acoge producciones de pequeño formato, mientras que el Peacock Theatre (plano pp. 72-73; ☎ 7863 8222; www.sadlers-wells.com; Portugal St WC2; ⊖ Holborn) es una especie de franquicia del West End con espectáculos más discretos de música y danza.

## SOUTHBANK CENTRE Plano p. 120

☎ 0871 663 2500; www.southbankcentre.co.uk; Belvedere Rd SE1; entrada 6-75 £; ⊖ Waterloo
El Royal Festival Hall, el Queen Elizabeth Hall y la Purcell Room, tres escenarios habituales en los que se celebra el festival Dance Umbrella, que se desarrolla por toda la ciudad, forman parte de este gran complejo. Las tres salas también programan danza independiente durante todo el año.

# CINE

A los londinenses les encanta el cine, razón por la cual la ciudad cuenta con tantas y tan fabulosas salas independientes, donde el espectador puede instalarse a sus anchas (a menudo literalmente), bebida en mano. Además de los pases normales, hay ciclos mensuales, estrenos y encuentros con directores y actores. Si el visitante está en la ciudad durante la segunda mitad de octubre, podría plantearse asistir al menos a una proyección del Times BFI London Film Festival (www.bfi.org.uk), el mayor de Europa, con numerosos preestrenos, debates, charlas y estrellas.

Los últimos éxitos de Hollywood se proyectan en diversos cines de estreno; la entrada puede costar la friolera de 18 £ (la mayoría de las salas de arte y ensayo cuestan 6-9 £). Muchos estrenos importantes son en Leicester Sq, lugar de estética poco atractiva aunque siempre vibrante.

Aquellos con gustos algo más eclécticos, pueden optar por alguno de los cines comentados a continuación; la mayoría de las salas de arte y ensayo y cines comerciales ofrecen descuentos los lunes todo el día y entre semana en casi todas las proyecciones de primera hora de la tarde (antes de las 17.00).

## BARBICAN Plano p. 103

☎ información 7382 7000, reservas 7638 8891; www.barbican.org.uk; Silk St EC2; ⊖ Moorgate o Barbican
Tres salas, una gran programación, frecuentes ciclos de películas y charlas de directores y actores. Sus magníficas butacas inclinadas deparan una visión total de la pantalla y mucho espacio para las piernas.

## BFI SOUTHBANK Plano p. 120

☎ información 7633 0274, reservas 7928 3232; www.bfi.org.uk; Belvedere Rd SE1; ⊖ Waterloo
Camuflado bajo los arcos del Waterloo Bridge se alza el British Film Institute, con cuatro salas en las que se proyectan miles de películas al año, una galería dedicada a la imagen en movimiento y la Mediatheque ( ☎ 7928 3535; entrada gratuita; 🕒 13.00-20.00 ma, 11.00-20.00 mi-do), donde se puede ver una gran selección de cine y televisión procedente del BFI National Archive. También aloja una galería con espectáculos relacionados con el séptimo arte, una librería bien surtida de libros y películas, un restaurante y un estupendo café. El BFI se dedica principalmente al cine de repertorio o de arte y ensayo, organiza retrospectivas regularmente y es la sala principal del Times BFI London Film Festival, que en la segunda quincena de octubre proyecta 300 películas procedentes de 60 países.

## CINÉ LUMIÈRE Plano pp. 132-133

☎ 7073 1350; www.institut-francais.org.uk; 17 Queensberry Pl SW7; ⊖ South Kensington
Anexo del Instituto Francés de South Kensington, su gran sala *art déco* ofrece excelentes ciclos internacionales y películas francesas y extranjeras subtituladas en inglés. Además, en septiembre/octubre es la sede del London Spanish Film Festival.

## CORONET Plano p. 172

☎ 7727 6705; www.coronet.org; 103 Notting Hill Gate W8; ⊖ Notting Hill Gate
Esta maravilla *fin de siècle* (1898), que alberga dos pantallas, es uno de los lugares con más carácter para ver cine. Es el escenario de la película *Notting Hill* en el que un enamoradísimo Hugh Grant disfruta contemplando a Julia Roberts en su gran pantalla mientras come palomitas. Su magnífico interior eduardiano, con una soberbia galería e incluso palcos, recuerda la no tan lejana época en la que resultaba fácil llenar sus 400 butacas en cada sesión. La otra sala tiene 150 butacas.

## CURZON SOHO Plano p. 68

☎ información 7734 2255, reservas 0870 756 4620; www.curzoncinemas.com; 99 Shaftesbury Ave W1; ⊖ Leicester Sq o Piccadilly Circus

El mejor cine de Londres brinda una fantástica programación con los principales filmes británicos, europeos e independientes de todo el mundo, frecuentes coloquios con directores, cortos y minifestivales, el café Konditor & Cook (p. 216) del piso de arriba, con buenos tés y pasteles, y un bar comodísimo.

## ELECTRIC CINEMA Plano p. 172
☎ 7908 9696; www.electriccinema.co.uk; 191 Portobello Rd W1; ⊖ Ladbroke Grove o Notting Hill Gate

Es el lugar perfecto para impresionar a una cita. Se trata del cine más antiguo del Reino Unido, puesto al día con lujosas butacas de piel, banquetas para los pies, mesas para comer y beber y, al lado, la excelente Electric Brasserie (p. 256). Lógicamente, ver una película en este edificio eduardiano sale algo más caro que en otras salas; por la noche la entrada normal cuesta entre 12,50 y 14,50 £, o 30 £ por un sofá para dos.

## EVERYMAN HAMPSTEAD Plano p. 162
☎ 0870 066 4777; www.everymancinema.com; 5 Holly Bush Vale NW3; ⊖ Hampstead

¿Quién no ha soñado alguna vez con tener un cine privado? Pues este es una buena alternativa. Sus dos auditorios disponen de cómodas butacas y sofás donde el espectador casi puede estirarse y disfrutar con una taza de té o una copa de vino mientras se deleita con su amplio programa, desde Cantando bajo la lluvia y óperas filmadas a taquillazos del momento.

## GATE PICTUREHOUSE Plano p. 172
☎ 0871 704 2058; www.picturehouses.co.uk; 87 Notting Hill Gate W1; ⊖ Notting Hill Gate

Su única pantalla se encuentra en uno de los interiores art déco más encantadores de Londres, aunque la zona del bar resulta bastante apretada. A pesar de su bonito nombre retro, esta sala programa excelentes películas recientes de arte y ensayo y filmes independientes.

## ICA CINEMA Plano pp. 86-87
☎ información 7930 6393, reservas 7930 3647; www.ica.org.uk; Nash House, The Mall SW1; ⊖ Charing Cross o Piccadilly Circus

El Institute of Contemporary Arts (ICA; Instituto de Arte Contemporáneo) es un tesoro para todos los amantes del cine independiente; siempre pasan material que no se muestra en ningún otro lugar, como las últimas producciones independientes estadounidenses, ciclos extraños, proyecciones nocturnas y documentales poco comunes. Sus dos pantallas son bastante pequeñas, pero suficientes.

## PRINCE CHARLES Plano p. 68
☎ 0870 811 2559; www.princecharlescinema.com; Leicester Pl WC2; ⊖ Leicester Sq

No le falta razón a quien considere un robo el precio de las entradas de los cines de Leicester Sq; de hecho, es mejor esperar a que pase el estreno y acudir después a uno más económico del centro de Londres (socios 3,50-7,50 £, no socios 4-9,50 £). También alberga minifestivales y coloquios con directores. Es famoso por haber convertido Sonrisas y lágrimas en un extraordinario –y muy teatral– éxito coreado por todos.

## RIO CINEMA Plano p. 152
☎ 7241 9410; www.riocinema.org; 107 Kingsland High St E8; 🚇 Dalston Kingsland

Es el cine de arte y ensayo del barrio de Dalston, con filmes clásicos y también estrenos, además del lugar idóneo para festivales poco convencionales como el East End Film Festival en abril y el Turkish Film Festival en diciembre. A pesar de una importante reforma a finales de los años noventa, todavía se aprecian en el auditorio los vestigios del precioso teatro art déco que fue.

## RITZY PICTUREHOUSE Plano p. 188
☎ 0871 704 2065; www.picturehouses.co.uk; Brixton Oval, Coldharbour Lane SW2; ⊖ Brixton

A finales de los años noventa, este edificio de 1911 se amplió con cuatro nuevas pantallas, convirtiéndose así en el cine independiente más grande de Londres. A pesar de los temores de que el nuevo multicine perdiera su estilo fresco y comunitario, continúa siendo uno de los favoritos al proyectar una interesante mezcla de películas para el gran público y cine independiente. Es una de las salas fuera del West End que ocupa el Times BFI London Film Festival y, su gran auditorio original, también escenario de conciertos de música alternativos. El moderno bar-café del piso de arriba es un punto de encuentro para los bohemios.

## RIVERSIDE STUDIOS Plano p. 194
☎ 8237 1111; www.riversidestudios.co.uk; Crisp Rd W6; ⊖ Hammersmith

El que fuera estudio de cine y televisión, donde se rodaron clásicos como Dr. Who

*Hancock's Half-Hour*, en la actualidad es una sala en la que ver reposiciones de clásicos de arte y ensayo, además de películas de reestreno.

# ÓPERA

No solo se representan los clásicos en los teatros de ópera londinenses. Aparte de las tragedias de Verdi o las comedias de Mozart, también se pueden encontrar producciones innovadoras que tratan los acontecimientos de actualidad a pleno pulmón. Sin embargo, la velada puede salir cara; la ópera es costosa de producir y consecuentemente las entradas también lo son.

## KORN/FERRY OPERA HOLLAND PARK Plano p. 174

☎ 0845 230 9769; www.operahollandpark.com; Holland Park W8; entrada 10-54 £; ⊖ High St Kensington

Esto es "la vieja Inglaterra": *picnics* sobre la hierba, ópera en el escenario y un entorno muy elegante. Todos los veranos durante nueve semanas se levanta un entoldado con capacidad para 800 personas en medio de Holland Park; se recomienda tomar asiento y disfrutar del magnífico entorno y de las buenas representaciones. La oferta combina obras dirigidas al gran público, de autores como Verdi y Humperdinck, con otras raras o poco conocidas.

## LONDON COLISEUM Plano pp. 72-73

☎ información 7632 8300, reservas 0870 145 0200; www.eno.org; Coliseum, St Martin's Lane WC2; entrada 10-85 £; ⊖ Leicester Sq o Charing Cross

Sede de la English National Opera (ENO), es célebre por su programa moderno y elevante, y porque todas las obras son en inglés. Tras años de travesía en el desierto, desde la llegada de Edward Gardner, su director musical, no ha dejado de recibir mejores críticas y atraer a más público. Su edificio de 1904, restaurado al detalle cien años después, es impresionante. Hay 500 entradas a 10 £ o menos en todas las representaciones entre semana.

## ROYAL OPERA HOUSE Plano pp. 72-73

☎ 7304 4000; www.royaloperahouse.org; Bow St WC2; entrada 7-195 £; ⊖ Covent Garden

Tras hacer todo lo posible por desquitarse de la imagen estirada y exclusiva de la que se la acusó hace algunos años, hoy seduce a un público más joven y acaudalado. Su fantástico entorno, resultado de una no menos fantástica y costosa remodelación, sirvió para afrontar el nuevo milenio. Las sesiones matinales de los días laborales suelen ser mucho más baratas que las nocturnas, y las butacas de visión restringida cuestan solo 7 £. Hay entradas para el mismo día a mitad de precio si la obra no tiene mucho éxito, si bien esto no sucede muy a menudo.

# TEATRO

Que a nadie se le ocurra marcharse de Londres sin haber asistido antes a una función de teatro. El epicentro de la escena inglesa tradicional también es el motor de una innovadora y excelente dramaturgia, y permite pasar una noche en el National o en el Old Vic, asistir a una buena función típica (habitualmente íntima) en un *pub*-teatro o a un gran espectáculo del West End.

Cada verano, los escenarios del West End presentan una nueva cosecha de obras y musicales, pero algunos espectáculos no desaparecen. *Mamma Mia*, *El fantasma de la ópera*, *Chicago* y *Les Misérables* son ejemplos de musicales aparentemente inmortales, y parece que muy pronto se les sumarán *Wicked*, *Jersey Boys* y *Billy Elliot*.

Se aconseja consultar la cartelera en la guía semanal *Time Out*. Se hallará la misma información, junto con las direcciones y teléfonos de las taquillas, en el sitio web de la London Theatre Guide (www.londontheatre.co.uk).

## BARBICAN Plano p. 103

☎ información 7638 4141, reservas 7638 8891; www.barbican.org.uk; Silk St EC2; entrada 7-50 £, platea 15 £, estudiantes mitad de precio mi; ⊖ Moorgate o Barbican

A punto de entrar en su tercera década en funcionamiento, el Barbican International Theatre Events (bite) sigue luciendo igual de lozano y presentando interesantes compañías extranjeras, además de otras nacionales independientes. Entre sus últimas y más destacadas propuestas figuran *Shun-Kin* de Complicite, con reparto exclusivamente japonés, y *Las tres hermanas* de Chéjov, con puesta en escena en ruso a cargo de Cheek by Jowl.

## NATIONAL THEATRE Plano p. 120

☎ 7452 3000; www.nationaltheatre.org.uk; South Bank SE1; entrada 10-41 £; ⊖ Waterloo

El Teatro Nacional (NT) inglés es el más emblemático del país, con un gran reparto de obras clásicas y contemporáneas y un elenco de actores excelente. Su destacado director artístico, Nicholas Hytner, no solo produce montajes y obras fascinantes que atraen a más y más espectadores, sino que también ha rebajado el precio de las entradas. Cada temporada depara nuevas sorpresas, como ha pasado con la poderosa *War Horse* (Caballo de batalla) y sus marionetas equinas de tamaño natural, la incomparable interpretación de Helen Mirren en *Fedra* o la dura mirada de Lee Hall sobre el arte, las clases sociales y la política en *The Pitmen Painters* (Los mineros pintores). Pueden adquirirse entradas Travelex a solo 10 £ para ciertas funciones en la época de mayor demanda; a veces también hay entradas para el mismo día (normalmente a 20 £) 90 minutos antes del comienzo. Los estudiantes tienen que esperar hasta 45 minutos antes de que se alce el telón para conseguirlas a 10 £. En las funciones con todas las localidades vendidas se admiten algunos espectadores de pie (5 £).

### ROYAL COURT THEATRE Plano pp. 132-133
☎ 7565 5000; www.royalcourttheatre.com; Sloane Sq SW1; gratis-25 £; ⊖ Sloane Sq
Célebre por su puesta en escena tanto de innovadoras obras nuevas como de clásicos, este teatro se cuenta entre los más avanzados de Londres. Desde su arranque en 1956 con *Mirando hacia atrás con ira* de John Osborne, hoy considerada el punto de partida del moderno teatro británico, de la mano de su inspirador director artístico Dominic Cooke (p. 309), este teatro no ha parado de descubrir talentos escénicos de todo el país. Algunos éxitos recientes han sido la puesta en escena salpicada de estrellas de *La gaviota,* un nuevo y llamativo musical sobre las *drag queens* y una retrospectiva de la obra del actor y dramaturgo norteamericano Wallace Shawn.

Las entradas reducidas cuestan entre 6 y 10 £, y la normal del lunes, 10 £. Además, los menores de 25 años pueden acceder gratis a algunas funciones del Jerwood Theatre Downstairs. Puede conseguirse butaca para el mismo día una hora antes de la representación, pero normalmente a su tarifa normal

### SHAKESPEARE'S GLOBE Plano p. 120
☎ información 7902 1400, reservas 7401 9919; www.shakespeares-globe.org; 21 New Globe Walk SE1; adultos 15-33 £, reducida 12-30 £, de pie 5 £; ⊖ St Paul's o London Bridge
Todo entusiasta de Shakespeare y del teatro en general se quedará fascinado con el Globe. Se trata de una réplica casi perfecta

## 'SPOKEN WORD'

Los londinenses tratan a sus literatos como a estrellas. Pero no es solo el talento nacional el que acapara la atención. Junto a escritores como Monica Ali, Louis de Bernieres, Zadie Smith, Tony Parsons y Will Self, otros extranjeros como Bill Bryson, Douglas Coupland y Jonathan Safran Foer también realizan giras promocionales.

La mejor ocasión para ver tanto a autores consagrados como en ciernes es el mensual Book Slam (www.bookslam.com), celebrado en Tabernacle ( ☎ 7221 9700; 34-35 Powis Sq W11; entrada 6-8 £; 🕑 18.00 último ju de mes) y organizado por el fundador/autor Patrick Neate. Por allí han pasado Nick Hornby, Hari Kunzru y Mil Millington, y programa lecturas, encuentros poéticos, música en vivo y sesiones de DJ; la diversión literaria puede prolongarse hasta la madrugada.

Enterprise (plano p. 162; ☎ 7485 2659; 2 Haverstock Hill NW3; 🕑 20.00 mi; ⊖ Chalk Farm) organiza la sesión nocturna semanal Express Excess (www.expressexcess.co.uk) con escritores. Desde sus modestos inicios en 1996, ha conseguido atraer a los mejores nombres de la literatura británica (John Cooper Clarke, John Hegley, Will Self y Murray Lachlan Young) hasta su acogedor espacio situado encima de un cochambroso pub de Camden.

El Institute of Contemporary Arts (ICA; ☎ información 7930 6393, reservas 7930 3647; www.ica.org.uk; Nash House, the Mall SW1; ⊖ Charing Cross o Piccadilly Circus) acoge excelentes conferencias cada mes de famosos escritores de todo tipo. Los mejores eventos tienen lugar en la fantástica Nash Room, la habitación de techos altos de la planta superior.

El Poetry Café (plano pp. 72-73; ☎ 7420 9888; www.poetrysociety.org.uk; 22 Betterton St WC2; ⊖ Covent Garden) de Covent Garden es un espacio predilecto para los amantes del verso. Hay lecturas y representaciones casi a diario a cargo de prestigiosos poetas, noches de micro abierto y talleres de escritura.

Además existen librerías, especialmente Waterstone's (p. 208) y Foyle's (p. 207), que programan frecuentes lecturas. También hay destacados autores que aparecen actualmente por el Southbank Centre (p. 303), aunque, al depender de la disponibilidad de los mismos, muchos eventos se organizan sobre la marcha, por lo que se recomienda consultar el *Time Out* o los suplementos de fin de semana, como *"The Guardian Guide",* que acompañan la edición del sábado.

Nacido en Wimbledon y educado en el norte de Londres, desde el 2007 es el director artístico del Royal Court (p. 308), teatro célebre por sus nuevas obras e internacionalismo.

"Yo diría que la mayoría de los cambios y tendencias interesantes del teatro británico en el último medio siglo provienen de Europa."

"Cuando George Devine fundó la English Stage Company en el Royal Court en 1956, estaba muy influenciado por la estética y los valores del teatro europeo. Y fue aquí donde autores como Brecht, Ionesco y Beckett se representaron por vez primera en el Reino Unido."

"La visita de la Berlin Ensemble a Gran Bretaña en la década de 1950 tuvo un gran impacto. Introdujo la idea muy alemana del teatro como institución moral, foro de discusión de ideas."

"En Gran Bretaña nuestra tradición teatral está basada en el autor; el director es un artista interpretativo. En la mayoría del teatro europeo, el director es el principal artista; el texto es solo un punto de partida que utiliza para explorar su particular visión. Tenemos mucho que aprender de la tradición europea en dirección, aunque existe el riesgo de pecar de demasiado subjetivismo, motivo por el cual algunos países europeos tienen una nueva cultura de la dramaturgia muy atrofiada."

"Alguien dijo una vez que si a la hora de montar una obra se piensa en el público, es espectáculo. Si se basa en las ideas del artista, es teatro. Aquí empezamos con el autor y la obra e intentamos descubrir qué se intenta comunicar."

"Gran Bretaña no es conservadora en su gusto teatral y las cosas se mueven rápido. En la década de 1990 las obras trataban mucho más sobre experiencias individuales; existía la idea de que todo el mundo era apático y estaba atontado por El factor X y las compras. Ahora que hacemos obras que abordan temas importantes, el público acude en masa. La gente quiere conectar con lo que pasa en el mundo. Pero eso cambiará también; lo que el espectador querrá ver dentro de cinco años es difícil de determinar. Yo sospecho que se tenderá más al escapismo."

"Me encanta ir a musicales y al cine, pero puesto que gran parte de mi trabajo transcurre dentro de un edificio mi día ideal es pasarlo en Richmond o en Regent's Park. Londres es excelente para los espacios abiertos. Hay mucha variedad. Los añoro cuando estoy lejos de casa, aunque también echo de menos la ironía, el singular sentido del humor de aquí y su cosmopolitismo. Londres es una de las ciudades más multiculturales del mundo. No es perfecta, pero se convive bastante bien en comparación con otras partes del mundo."

*De la entrevista de Steve Fallon a Dominic Cooke*

del edificio donde trabajó el bardo nacional entre 1598 y 1611, tras unas prácticas ante la corte isabelina. Es un edificio en forma de O, de madera y con la zona central al aire libre; aunque hay bancos de madera cubiertos en seis gradas en torno al escenario, muchos espectadores (tiene capacidad para 700) prefieren imitar a los *groundlings* del s. XVII y situarse de pie frente al escenario, gritando e interrumpiendo. Como el edificio está expuesto a los elementos, conviene llevar ropa de abrigo; no se permiten paraguas, aunque en el teatro venden impermeables baratos.

La temporada va desde finales de abril a mediados de octubre e incluye obras de Shakespeare y otros contemporáneos suyos, como Christopher Marlowe. Dominic Dromgoole, su director artístico, ha decidido introducir un par de obras nuevas cada temporada, algo que a Will seguramente le habría gustado.

Cabe advertir que los dos pilares que sostienen la bóveda del escenario (llamados *Heavens*) limitan el campo de visión en la sección D, por lo que es casi mejor estar de pie.

# TEATRO 'OFF-WEST END' Y ALTERNATIVO

Las salas más pequeñas son la cuna de casi todo el teatro creativo e innovador de la capital, gracias a obras nuevas que pueden ser experimentales, sorprendentes o sencillamente ridículas. A continuación se incluyen algunas de los mejores.

## ALMEIDA THEATRE Plano p. 166
☎ 7359 4404; www.almeida.co.uk; Almeida St N1; ⊖ Angel o Highbury & Islington

Este lujoso espacio proporciona a la ciudad un programa imprescindible de teatro imaginativo que, bajo las órdenes de Michael Attenborough, su creativo director artístico, atrae a directores como Richard Eyre y Rufus Norris y pone en escena obras como *The Mercy Seat* y la aclamada *Duet for One*.

## ARCOLA THEATRE Plano p. 152
☎ 7503 1646; www.arcolatheatre.com; 27 Arcola St E8; ☒ Dalston Kingsland

Está en Dalston, en el East End, a un buen trayecto desde el centro, pero desde su fundación en el 2000 son muchos los que lo han recorrido para asistir a sus audaces y eclécticos proyectos, avalados por Mehmet Ergen, su director. La programación consta de vanguardistas producciones internacionales, por ejemplo obras de jóvenes dramaturgos turcos, suecos y austriacos, además del extraordinario Grimeborn, un festival de música y ópera que se celebra en agosto/septiembre y que es la antítesis del elegante festival operístico de Glyndebourne, cerca de Lewes (Sussex).

## BATTERSEA ARTS CENTRE Plano p. 188

☎ 7223 2223; www.bac.org.uk; Lavender Hill SW11; ⊖ Clapham Common, ⓡ Clapham Junction, 🚌 77, 77A o 345

Se trata de una comunidad teatral agradable y natural donde los empleados charlan con el espectador y los actores se mezclan con su público en el bar después del espectáculo. Los dramaturgos consideran este centro de arte como un valioso criadero y crisol de nuevas propuestas y talentos. El famoso programa de improvisación (Scratch) de su director artístico David Jubb es un excelente ejercicio para aprender sobre el proceso de escritura, y cada vez es más frecuente que el público asista a la evolución creativa de una obra.

## BUSH THEATRE Plano p. 174

☎ información 8743 3584, reservas 8743 5050; www.bushtheatre.co.uk; Shepherd's Bush Green W12; ⊖ Shepherd's Bush

Aunque principalmente es un *pub*-teatro, su apoyo durante las últimas tres décadas a las obras nuevas ha sido muy importante, con sólidas y exitosas producciones de autores como Jonathan Harvey, Conor McPherson, Stephen Poliakoff y Mark Ravenhill.

## DONMAR WAREHOUSE Plano pp. 72-73

☎ 0870 060 6624; www.donmarwarehouse.com; 41 Earlham St WC2; ⊖ Covent Garden

Este pequeño "teatro del hombre pensante" ha dado un paso atrás desde que Nicole Kidman administrara "Viagra teatral" al desnudarse cada noche en la producción de Sam Mendes *La habitación azul* y Zoë Wanamaker se volviera una gótica sureña en la piel de Amanda Wakefield en *El zoo de cristal* de Tennessee Williams. Con todo, el director artístico Michael Grandage sigue

programando obras interesantes y un tanto inventivas, como *Casa de muñecas* de Ibsen, con Gillian Anderson, y *Hamlet,* con un Jude Law de ojos azules.

## HACKNEY EMPIRE Plano p. 152

☎ 8985 2424; www.hackneyempire.co.uk; 291 Mare St E8; ⓡ Hackney Central, 🚌 38, 106, 277 o 394

El teatro del East End ha experimentado una especie de resurgimiento con la renovación total de este *music hall* eduardiano (1901). Su programación es cuando menos ecléctica y tiene "algo para todo el mundo", desde el radical drama político de *The Hounding of David Oluwale* (El acoso a David Oluwale) a ópera *(Aida)* y comedia (Jo Brand). Además, se ha convertido en centro de la pantomima navideña. Los lunes hay comedia en el animado Marie Lloyd Bar de abajo y los jueves, música en vivo. Un teatro como tiene que ser.

## HAMPSTEAD THEATRE Plano p. 162

☎ 7722 9301; www.hampsteadtheatre.com; Eton Ave NW3; ⊖ Swiss Cottage

El teatro londinense preferido de Ewan McGregor es célebre (ya en la década de 1960 acogió una nueva producción de Harold Pinter) por montar obras nuevas y por contratar a directores emergentes. Ocupa un edificio del 2003 que incluye un auditorio principal de 325 butacas y el Michael Frayn Space, con capacidad para 80 espectadores.

## KING'S HEAD Plano p. 166

☎ información 7226 8561, reservas 0844 209; www.kingsheadtheatre.org; 115 Upper St N1; ⊖ Angel

Este *pub*-teatro del corazón del divertido barrio de Islington ha programado en el pasado algunas de las obras más memorables de North London. Hoy se muestra un tanto azaroso, con pequeños musicales que homenajean a personajes como Dorothy Fields (compuso canciones como *I'm in the mood for love* y *If my friends could see me now*) y Sophie Tucker, y provocativos cabarés como *Naked Boys Singing!* (sí, chicos desnudos de verdad). Aunque no es para toda la familia, puede resultar entretenido.

## LITTLE ANGEL THEATRE Plano p. 166

☎ 7226 1787; www.littleangeltheatre.com; 14 Dagmar Passage N1; ⊖ Angel o Highbury & Islington

Aunque suene a espectáculo infantil, este teatro de marionetas situado en un callejón de Islington cuelga una programación para adultos, como su Puppet Grinder Cabaret, exclusivamente para mayores de edad. Especialmente memorable fue su versión de *Venus y Adonis*, el extenso poema de Shakespeare. Era la primera vez que estos autores veían marionetas de aves (y títeres en plena pasión amorosa).

## LYRIC HAMMERSMITH Plano p. 174

☎ 0871 221 1729; www.lyric.co.uk; Lyric Sq, King St W6; ⊖ Hammersmith

En este gran escenario se revisan los clásicos y se presentan tragedias griegas en las que se mezclan varias disciplinas, incluidas el cine, la danza y la música. Una moderna entrada acristalada conduce al histórico auditorio del s. XIX con 550 butacas y a una sala más pequeña para 110 espectadores.

## MENIER CHOCOLATE FACTORY
Plano p. 120

☎ 7907 7060; www.menierchocolatefactory.com; 53 Southwark St SE1; ⊖ London Bridge

El teatro y el chocolate, dos grandes pasiones del ser humano, jamás habían estado tan deliciosamente emparejados como en este teatro en el interior de una magníficamente transformada fábrica de chocolate del s. XIX. La guinda la pone su espléndido restaurante, que ofrece grandes propuestas como, por ejemplo, una comida de dos platos más una entrada desde 24 £ por persona.

## OLD VIC Plano p. 120

☎ 0870 060 6628; www.oldvictheatre.com; Waterloo Rd SE1; ⊖ Waterloo

Nunca una sala londinense ha tenido un director artístico más famoso. El actor americano Kevin Spacey cuida la programación de este prestigioso teatro en el que los éxitos no dejan de sucederse, con obras recientes como *Bailando en Lughnasa*, de Brian Friel, con la cantante Andrea Corr (¡quién lo iba a decir!) y una nueva versión de *El jardín de los cerezos* de Chéjov a cargo de Tom Stoppard y dirigida por Sam

Mendes, ex-jefe del Donmar Warehouse. Extraordinario.

## SOHO THEATRE Plano p. 68

☎ información 7478 0100, reservas 0870 429 6883; www.sohotheatre.com; 21 Dean St W1; ⊖ Tottenham Court Rd

Con cientos de nuevas obras estrenadas desde que se inauguró su nueva sede en Dean St en el año 2000, la compañía del Soho Theatre se dedica exclusivamente a la noble tarea de encontrar nuevos talentos literarios. De hecho, la puesta en escena en el 2008 de *A Couple Of Poor, Polish-Speaking Romanians* (Un par de pobres rumanos que hablan polaco) de la polaca Dorota Maslowska fue uno de los éxitos más memorables de la última década. Cuenta con innovadores talleres para apoyar y desarrollar la nueva dramaturgia, y también programa comedias. Este es el lugar al que hay que ir para saber hacia dónde va el teatro.

## TRICYCLE THEATRE Plano p. 64

☎ información 7372 6611, reservas 7328 1000; www.tricycle.co.uk; 269 Kilburn High Rd NW6; ⊖ Kilburn

Si interesa la temática política, hay que acudir al Tricycle. En los últimos años este pequeño teatro se ha convertido en la conciencia del mundillo teatral, con obras sobre acontecimientos mundiales tratados de forma inteligente y provocativa: conflictos de Iraq, Oriente Medio y sobre todo Afganistán, con la memorable *The Great Game* (El gran juego) del 2009. Incluye un cine y un bar.

## YOUNG VIC Plano p. 120

☎ 7922 2922; www.youngvic.org; 66 The Cut SE1; ⊖ Waterloo

Sede de una de las compañías teatrales más respetadas de la capital, siempre atrevida, valiente y con talento, esta sala atrapa al público con magníficas producciones como *Vernon God Little* (adaptada de la novela de DBC Pierre) y el rítmico musical *soul-funk* titulado *Been So Long,* del English Touring Theatre. Hay un bonito bar-restaurante de dos niveles con terraza al aire libre en la planta superior.

# DEPORTES Y ACTIVIDADES

## lo mejor

# DEPORTES Y ACTIVIDADES

Londres es un magnífico lugar para los amantes de los deportes, tanto activos como pasivos. Además de flamantes gimnasios de vanguardia y centros deportivos comunitarios, para tratarse de una ciudad que tradicionalmente se ha asociado al frío y al mal tiempo, sorprende descubrir que existen muchas piscinas al aire libre. Por supuesto, también cuenta con numerosos balnearios.

Huelga decir que los apasionados del fútbol, el rugbi, las carreras de caballos, el tenis o el *cricket* han acertado al elegir la capital británica. Simplemente hay que estar dispuesto a hacer cola para adquirir las entradas.

## SALUD Y 'FITNESS'

A los londinenses les encanta sudar, da igual que sea en una pista de baile o en una cinta para correr, por lo que la ciudad cuenta con tantos gimnasios como discotecas. En cuanto a los primeros, los hay municipales (peores) y privados (mejores), normalmente pertenecientes a grandes cadenas. Al igual que muchas otras cosas en Londres, mantenerse en forma puede resultar muy caro y esnob, pues el gimnasio del que se es socio dice mucho de la persona.

Los horarios varían enormemente incluso dentro de algunos centros deportivos, donde determinadas instalaciones abren o cierran antes que otras. Por regla general, la mayoría funcionan desde las 6.30 hasta, como mínimo, las 21.00, aunque siempre es mejor informarse.

## GIMNASIOS

### CENTRAL YMCA Plano p. 68

☎ 7343 1700; www.centralymca.org.uk; 112 Great Russell St WC1; abono un día/semanal 15/50 £; ⊖ Tottenham Court Road

El gimnasio de la Young Men's Christian Association (YMCA, Asociación Juvenil Cristiana) de Londres está muy concurrido, no en vano es un centro perfectamente comparable con muchos de los más caros y elitistas de la ciudad. El abono incluye el uso de la piscina.

### FITNESS FIRST

☎ 01202-845000; www.fitnessfirst.co.uk

Considerado el principal club para la salud de toda Europa, esta organización, con sucursales por todo Londres, posee una buena reputación como cadena de gimnasios de precio medio. Además, ser socio permite usar cualquiera de ellos, independientemente de en el que se esté inscrito. También goza de gran popularidad entre los visitantes que se quedan cierto tiempo.

### GYMBOX

☎ 7395 0270; www.gymbox.co.uk

Con dos grandes establecimientos más o menos nuevos en el West End (uno en un antiguo cine), en estos momentos es la cadena de gimnasios más popular de la ciudad. Ofrece una selección de servicios e instalaciones innovadores, como *ring* de boxeo olímpico, entrenamiento de *hip hop* latino y clases de danza.

### LA FITNESS

☎ 7366 8080; www.lafitness.co.uk

Más de veinte gimnasios por todo Londres, desde Victoria hasta la City, acreditan su protagonismo. Sus modernos centros están todos bien equipados, con ofertas sumamente flexibles.

### QUEEN MOTHER SPORTS CENTRE
Plano pp. 132-133

☎ 7630 5522; www.courtneys.co.uk; 223 Vauxhall Bridge Rd SW1; abono mensual desde 30 £; ⊖ Victoria

Otro gimnasio de confianza en el centro de Londres, con tres piscinas y unas completas instalaciones deportivas. Lleva el nombre de la difunta reina madre.

### SEYMOUR LEISURE CENTRE Plano p. 92

☎ 7723 8019; www.courtneys.co.uk; Seymour Pl W1; abono mensual 30 £, entrada piscina 4,25 £; ⊖ Marble Arch o Edgware Road

Con tantos años a las espaldas, no extraña que no esté en muy buen estado. Sus principales ventajas son la ubicación céntrica y unos precios razonables, lo que explica que siempre esté muy concurrido.

## THIRD SPACE Plano p. 68

☎ 7439 6333; www.thethirdspace.com;
13 Sherwood St W1; abono mensual 118 £;
⊖ Piccadilly Circus

El gimnasio más elegante de la capital proporciona todo lo necesario a los atareados
ejecutivos de los medios de comunicación
del Soho para que se relajen o suden, todo
a un alto precio.

## VIRGIN ACTIVE

☎ 0845 130 4747; www.virginactive.co.uk
Es la mayor cadena del Reino Unido, y la mejor de precio alto. Dispone de innumerables
instalaciones y oferta (piscinas, clases, etc.),
con opciones de descuentos para familias
y niños.

# NATACIÓN

Londres siente pasión por sus *lidos*. La mayoría de la gente los conoce como piscinas,
aunque, desde un punto de vista histórico, el
término designa un establecimiento al aire
libre. Casi todos los barrios tienen al menos
uno, algunos de ellos hermosas muestras *art
déco* de la década de 1930.

## BROCKWELL PARK LIDO Plano p. 188

☎ 7274 3088; www.brockwell-lido.com; Dulwich
Rd SE24; adultos/niños 3,10/5,20 £; ⏱ 6.45-19.00
med jun-ago, según el clima resto del año;
⊖ Brixton, ⍓ Herne Hill

Con un maravilloso diseño de los años
treinta, es una de las mejores piscinas de
Londres, tal como demuestran las multitudes que la llenan en verano.

## ESTANQUES DE HAMPSTEAD HEATH
Plano p. 162

Hampstead Heath, Gordon House Rd NW5; adultos/
reducida 2/1 £; ⍓ Gospel Oak o Hampstead Heath,
⍚ 214, C2 o 24

En medio del magnífico parque de
Hampstead Heath y rodeados de arbustos,
estos estanques brindan un baño más
bien fresquito. El de hombres es una zona
frecuentada por gays, pero es un lugar
fantástico y hermoso lugar para el baño. El
de mujeres, más aislado, no es tan bonito.
El estanque mixto, a veces abarrotado, no
tiene una ubicación tan pintoresca.

## IRONMONGER BATHS Plano p. 144

☎ 7253 4011; www.aquaterra.org; Ironmonger
Row EC1; piscina 3,70 £; ⊖ Old Street

Este complejo municipal con gimnasio y una
gran piscina es popular pero no demasiado
concurrido, con un ambiente agradable. En
el piso de abajo hay unos estupendos baños
turcos (10 £/día).

## OASIS Plano pp. 73-74

☎ 7831 1804; 32 Endell St WC2; adultos/niños
3,90/1 £; ⊖ Tottenham Court Rd o Covent Garden
Su piscina climatizada al aire libre es la
quintaesencia del corazón de Londres.
Con unos precios de ganga, no extraña que
suela estar llena. Hay otra cubierta para
cuando hace más frío.

## PARLIAMENT HILL LIDO Plano p. 162

☎ 7485 3873; Hampstead Heath, Gordon House
Rd NW5; adultos/reducida 2/1 £; ⍓ Gospel Oak,
⍚ 214 o C2

En verano, este clásico de Hampstead Heath
resulta magnífico para darse un vigorizante
baño matutino. Atrae a un grupo de agradables y dedicados vecinos e incluye una piscina para niños y una zona para tomar el sol.

## PORCHESTER BATHS Plano p. 172

☎ 7792 2919; Porchester Centre, Queensway W2;
entrada 5 £; ⊖ Bayswater o Royal Oak
Encantadora piscina *art déco* de los años
treinta restaurada con maestría; es un lugar
muy evocador.

## SERPENTINE LIDO Plano pp. 132-133

☎ 7298 2100; Hyde Park W2; ⊖ Hyde Park Corner
o Knightsbridge
Tal vez la última piscina dentro del lago
Serpentine, este magnífico *lido* abre en julio
y agosto. La entrada y el horario están siempre sujetos al cambio, por lo que es mejor
llamar antes.

## TOOTING BEC LIDO Plano p. 64

☎ 8871 7198; Tooting Bec Rd SW17; adultos/
reducida/menores 5 años 4,75/3,15 £/gratis;
⏱ may-sep; ⊖ Tooting Bec
Construida en 1906, fue la primera piscina
pública de la capital y sigue siendo una
de las más grandes de Europa (90 x 36 m).
Dispone de varios *jacuzzis* y saunas.

# YOGA Y 'PILATES'

## TRIYOGA

☎ 7483 3344; www.triyoga.co.uk
Uno de los primeros centros de yoga y todavía el más prestigioso de la ciudad, posee

tres locales (Primrose Hill, Soho y Covent Garden), profesores excelentes y salas donde practicar todo tipo de yoga, además de *pilates*. Las clases cuestan 12 £ y los cursos, a partir de 60 £.

# ACTIVIDADES

Si al viajero le encanta pasar el tiempo entre toallas y piedras calientes, las limpiezas de cutis y ser zarandeado por manos ungidas de aceites aromáticos para seguidamente sumergirse en piscinas climatizadas y acabar tumbado en maravillosos y relajantes recintos durante horas, los balnearios de Londres le proporcionarán grandes momentos de placer.

## BALNEARIOS

### ELEMIS DAY SPA Plano p. 92
☎ 8909 5060; www.elemis.com/dayspa.html; 2-3 Lancashire Ct; ✦ Bond Street

Este fantástico balneario de Mayfair resulta casi ridículo de tan minucioso. Ofrece *suites* temáticas: balinesa, marroquí, salas púrpura y esmeralda. Dirigido a una clientela de alto poder adquisitivo, presenta una amplia variedad de servicios. Se recomienda reservar.

### K SPA Plano p. 174
☎ 0870 027 4343; www.k-west.co.uk; Richmond Way W12; ✦ Shepherd's Bush

Pieza importante del hotel K West (p. 351), comprende un buen surtido de instalaciones: un *jacuzzi*, un baño de vapor de eucalipto, una sauna y dos gimnasios. Por otra parte, se puede elegir entre sus tratamientos exóticos, faciales y masajes. En definitiva, uno de los mejores complejos de balneario en West London.

### SANCTUARY Plano pp. 72-73
☎ 0870 770 3350; www.thesanctuary.co.uk; 12 Floral St WC2; ✦ Covent Garden

Solo para mujeres, este balneario hace honor a su nombre. Con piscinas climatizadas donde realizar ejercicios, saunas, *jacuzzis*, numerosos tratamientos, salas silenciosas en las que dormitar y una cafetería, se trata de un auténtico y placentero refugio perfecto para escapar del caótico West End.

# DEPORTES

Capital de una nación fanática del deporte, en Londres se suceden durante todo el año innumerables competiciones deportivas. Para estar al día sobre los mismas, lo mejor es la guía de ocio semanal *Time Out* (www.timeout.com), con información de horarios, direcciones y precios de entradas.

## FÚTBOL

En Londres hay una docena de equipos profesionales de primera, cinco o seis de los cuales suelen jugar en la Premier League (primera división), lo que significa que, en temporada (ago-mediados may), cualquier fin de semana se puede ver fútbol de calidad tras un trayecto en metro o tren. Quien desee asistir a algún encuentro, quizás debería plantearse ir a uno de una división inferior, pues normalmente se pueden conseguir entradas el mismo día del partido.

El estadio de Wembley (plano p. 64; www.wembleystadium.com), situado al noroeste de Londres, ha sido el templo nacional del fútbol desde que fue construido en 1923. Por tradición, es aquí donde la selección inglesa juega sus partidos internacionales y donde se disputa la final del la FA Cup a mediados de mayo. Su gran momento se vivió cuando el capitán de una Inglaterra vencedora, Bobby Moore, levantó la Copa del Mundo en 1966. La demolición del emblemático estadio y de sus dos famosas torres en el 2001 suscitó gran controversia, que no cesó hasta que el nuevo, cuya finalización estaba prevista para el 2003, se inauguró cuatro años más tarde, con la final de la FA Cup del 2007. Diseñado por Norman Foster, este complejo vanguardista tiene un aforo para 90 000 espectadores. Pero pese al retraso y a doblarse el presupuesto original (798 millones de libras, el estadio más caro jamás construido), Wembley figura como uno de los monumentos futbolísticos más importantes del mundo.

Por el contrario, el estadio del Arsenal, el Emirates Stadium (www.arsenal.com), se inauguró puntualmente en julio del 2006 y, aunque algo más pequeño (60 400 espectadores), es el tercero de la capital en tamaño. Ubicado en Ashburton Grove, en Highbury, lleva el nombre del patrocinador principal del proyecto, la compañía aérea Emirates. Muchos lamentaron la desaparición del viejo campo, con sus viejecitas que preparaban el té y su ambiente obrero, y la construcción del nuevo se topó con la oposición de los vecinos que habían sido desalojados de sus casas y negocios. No obstante, la mayoría ya lo siente como suyo.

## CLUBES EN LA CAPITAL

El fútbol está enraizado profundamente en la cultura inglesa, y asistir a un partido resulta una gran experiencia en cualquier visita a Londres. En el momento de preparar esta guía, los clubes Arsenal, Chelsea, Fulham, Tottenham Hotspur y West Ham jugaban todos en la Premier League (www.premierleague.com). Para más información al respecto, véase p. 316.

Arsenal (plano p. 64; ☎ 7704 4040; www.arsenal.com; Avenell Rd N5; entrada 33-66 £; ⊖ Arsenal)

Charlton Athletic (plano p. 64; ☎ 8333 4010; www.cafc.co.uk; The Valley, Floyd Rd SE7; entrada 20-40 £; ⊛ Charlton)

Chelsea (plano p. 174; ☎ 0870 300 1212, 7915 2222, entradas 7915 2951; www.chelseafc.com; estadio de Stamford Bridge, Fulham Rd SW6; entrada 40-65 £; ⊖ Fulham Broadway)

Crystal Palace (fuera del plano p. 64; ☎ 0871 200 0071; www.cpfc.co.uk; Selhurst Park, Whitehorse Lane SE25; entrada 25-35 £; ⊛ Selhurst)

Fulham (plano p. 194; ☎ 0870 442 1234; www.fulhamfc.com; Craven Cottage, Stevenage Rd SW6; entrada 25-55 £; ⊖ Putney Bridge)

Leyton Orient (plano p. 64; ☎ 8926 1111; www.leytonorient.com; estadio de Matchroom, Brisbane Rd E10; entrada 20-35 £; ⊖ Leyton)

Millwall (plano p. 178; ☎ 7232 1222; www.millwallfc.co.uk; The Den, Zampa Rd SE16; entrada 16-25 £; ⊛ South Bermondsey)

Queens Park Rangers (plano p. 64; ☎ 0870 112 1967; www.qpr.co.uk; Loftus Rd W12; entrada 20-35 £; ⊖ White City)

Tottenham Hotspur (plano p. 64; ☎ 0870 420 5000; www.spurs.co.uk; White Hart Lane N17; entrada 37-49 £; ⊛ White Hart Lane)

West Ham United (plano p. 64; ☎ 0870 112 2700; www.westhamunited.co.uk; Boleyn Ground, Green St E13; entrada 35-63 £; ⊖ Upton Park)

## 'CRICKET'

Si el viajero arde en deseos de visitar lugares de interés, haría muy bien en preparar un *picnic* y dedicar un día a disfrutar del golpe de la bola de cuero sobre el bate de madera de sauce y saborear el ambiente de este deporte tan inglés. Aunque dicho deporte fue inventado en esta isla, el equipo inglés ha competido sobre todo en el extranjero.

El English Cricket Board ( ☎ 0870 533 8833; www.ecb.co.uk) ofrece todos los detalles sobre el calendario de los encuentros y las entradas, que cuestan entre 20 y 50 £ y se agotan rápidamente. Los partidos internacionales a menudo se disputan en los venerables campos de Lord y Oval. Es mucho más sencillo conseguir entrada (10-20 £) para un encuentro entre condados, que puede durar cuatro días, un día o veinte *overs* (tandas de seis lanzamientos) de abril a septiembre.

### BRIT OVAL Plano p. 186

☎ 7582 7764; www.surreycricket.com; Kennington Oval SE11; ⊖ Oval

En este campo juega el Surrey, conocido por sus característicos gasómetros. Es famoso por ser el primer lugar adonde se dirigió

John Major, gran aficionado a este deporte, nada más perder las elecciones contra Tony Blair en 1997. Para más información, véase p. 190.

### LORD'S Plano p. 162

☎ circuitos 7616 8585, centralita 7616 8500; www.lords.org; St John's Wood Rd NW8; ⊖ St John's Wood

Considerado la cuna del *cricket,* una visita a este campo parece más una peregrinación que otra cosa. Aparte de albergar el Middlesex County Cricket Club, su terreno de juego acoge partidos internacionales, los internacionales de un día y las finales nacionales. Para más información, véase p. 161.

## RUGBY UNION Y RUGBY LEAGUE

Entre enero y marzo, Inglaterra compite contra Escocia, Gales, Irlanda, Francia e Italia por el Torneo de las Seis Naciones. Tres de los partidos tienen lugar en el estadio de Twickenham.

Los aficionados a la Rugby Union deben dirigirse al suroeste de Londres, donde se enfrentan de agosto a mayo equipos tan potentes como los Harlequins ( ☎ 8410 6000; www.quins.co.uk; Stoop Memorial Ground, Langhorn Dr, Twickenham TW2; entrada 15-30 £; ☒ Twickenham) y los Wasps ( ☎ 8993 8298; www.wasps.co.uk; Adams Park, High Wycombe W3; entrada 15-45 £; ☒ High Wycombe). Los London Irish ( ☎ 01932-783034; www.london-irish.com; Bennet Rd, Reading; entrada 20-30 £; ☒ Reading) y los Saracens ( ☎ 01923-475222; www.saracens.com; Vicarage Rd, Watford; entrada 20-60 £; ☒ Watford High St) también están en la primera división. Gran parte de los encuentros tienen lugar los sábados y domingos por la tarde. Las entradas se venden en las webs o los estadios.

## LONDON BRONCOS STADIUM
Plano p. 64

☎ 8853 8001; www.londonbroncos.co.uk; The Valley, Floyd Rd SE7; ☒ Charlton
El único estadio en el sur de Inglaterra donde es posible asistir a los partidos de la liga de rugby.

## TWICKENHAM RUGBY STADIUM
☎ 8892 2000; www.rfu.com; Rugby Rd, Twickenham TW1; ⊖ Hounslow East y después 🚌 281, ☒ Twickenham
Sede de la Rugby Union inglesa, hay un museo que muestra viejos partidos en la sala de vídeo y una colección con 10 000 artículos periodísticos relacionados con este deporte. También se puede participar en un circuito guiado por el estadio y museo (adultos/niños/familia 14/8/40 £) a las 10.30, 12.00, 13.30 y 15.00 de martes a sábado y a las 13.00 y 15.00 los domingos. Los circuitos se suspenden los días de partido y el museo cierra todos los lunes.

## TENIS
Tenis y Wimbledon, al sudeste de Londres, son prácticamente sinónimos, y, durante los quince días entre junio y julio que dura el famoso torneo, el distrito SW19 se convierte en el centro mundial de este deporte.

### WIMBLEDON Fuera de plano p. 64
☎ 8944 1066, 8946 2244; www.wimbledon.org; Church Rd SW19; ⊖ Wimbledon, después 🚌 493
Desde 1877, los campeonatos de tenis All England Lawn Tennis Championships se celebran en Wimbledon a finales de junio/principios de julio. Cada año se sortean casi todas las entradas para la pista central y la nº 1 para el año siguiente.

Todo el mundo puede intentarlo enviando un sobre franqueado con dirección a All England Lawn Tennis Club (PO Box 98, Church Rd, Wimbledon SW19 5AE). Aunque para cada partido se pone a la venta una cantidad limitada de localidades en taquilla, las colas son interminables. Cuanto más se acerca la final, más suben los precios. Las tarifas de las canchas exteriores no llegan a las 15 £ y todavía menos a partir de las 17.00. Puede que sea mejor asistir al torneo de entrenamiento masculino en el Queen's Club (plano p. 174; ☎ 7385 3421; www.queensclub.co.uk; Palliser Rd, Hammersmith W14; entrada 12 £/día; ⊖ Barons Ct), que se celebra un par de semanas antes de Wimbledon.

## ATLETISMO
Inglaterra –y Londres en particular– goza de una fructífera historia atlética, y todavía genera campeones mundiales. Cada verano se celebran importantes pruebas en el magnífico y antiguo Crystal Palace, en Southeast London, escenario de muchos momentos mágicos de los últimos años y donde han competido todos los grandes atletas internacionales.

### CRYSTAL PALACE NATIONAL SPORTS CENTRE Fuera de plano p. 64
☎ 8778 0131; www.crystalpalace.co.uk; Ledrington Rd SE19; ☒ Crystal Palace
En verano se organizan competiciones de atletismo y natación que reúnen a importantes figuras nacionales e internacionales. Las entradas pueden adquirirse *online* o en la propia taquilla.

## CARRERAS DE CABALLOS
Los aficionados a las apuestas pueden elegir entre varios hipódromos a escasa distancia de Londres. Las carreras sin vallas tienen lugar de abril a septiembre, y las competiciones de saltos, entre octubre y abril.

### ASCOT
☎ 01344-622211; www.ascot.co.uk; Berkshire; entrada desde 8 £; ☒ Ascot
Es el hipódromo más conocido, especialmente por el circo de la moda que se monta en el Royal Ascot, en junio.

### EPSOM
☎ 01372-470047; www.epsomderby.co.uk; Epsom, Surrey; entrada desde 7 £; ☒ Epsom Downs

Sus carreras disfrutan de mucha más credibilidad que Ascot. El momento estelar de este famoso hipódromo es el Derby Day, también en junio, aunque funciona durante todo el año.

## KEMPTON PARK

☎ 01932-782292; www.kemptonpark.co.uk; Staines Rd East, Sunbury-on-Thames, Middlesex; entrada desde 8 £; ® Kempton Park
De todas las carreras del año, las que se celebran durante las veladas veraniegas son las mejores.

## HIPÓDROMO ROYAL WINDSOR RACECOURSE

☎ 01753-865234; www.windsor-racecourse.co.uk; Maidenhead Rd, Windsor, Berkshire; entrada desde 8 £; ® Windsor
Situado en un lugar idílico junto al conocido castillo.

## SANDOWN PARK

☎ 01372-463072; www.sandown.co.uk; Ports-mouth Rd, Esher, Surrey; entrada desde 14 £; ® Esher
Generalmente, está considerada como la mejor carrera hípica del sureste.

# EL LONDRES DE AMBIENTE

## lo mejor

# EL LONDRES DE AMBIENTE

La ciudad de Oscar Wilde, Quentin Crisp y Elton John no decepciona a los visitantes homosexuales, proporcionándoles un desfile continuo de fiestas, bares, clubes y eventos que suponen una fantástica mezcla de desparpajo, amaneramiento, alborozo y carácter alternativo. Capital mundial gay al mismo nivel que Nueva York y San Francisco, Londres alberga importantes comunidades de homosexuales por toda la ciudad. La urbe cuenta también un magnífico festival de cine (p. 16), una de las celebraciones anuales más multitudinarias del orgullo gay (véase p. 17) y, por su puesto, un fuerte activismo.

Las cosas han mejorado mucho durante la última década en cuanto a derechos y reconocimiento de este colectivo: la protección contra la discriminación está contemplada jurídicamente y las uniones civiles ahora otorgan a las parejas homosexuales los mismos derechos que a la heterosexuales, incluido el de adopción. Eso no significa que no exista la homofobia. Desgraciadamente, fuera de la burbuja del Soho, no son infrecuentes los insultos ante las manifestaciones públicas de afecto homosexual, por lo que no está de más considerar la zona de paseo antes de hacerlo de la mano de la persona amada.

El tradicional reducto del Soho, antes tan esencial para cualquier experiencia gay en Londres ha perdido peso en una urbe donde la reurbanización y los elevados alquileres han empujado a la gente hacia barrios más asequibles. El Soho todavía mantiene el mayor número de bares y *pubs* gays, y para comprobarlo basta con pasar por Old Compton St a cualquier hora, pero hoy muchas de las mejores discotecas y locales de ambiente la ciudad se ubican en otras zonas. Así los dos focos principales de ambiente gay alternativo hay que buscarlos en Vauxhall, al sur del río, y Shoreditch, en el este de la ciudad. Vauxhall, antes una inhóspita jungla de cemento, es en la actualidad el hogar de los característicos chicos musculosos, en juerga continua de jueves a martes. Por su parte, el moderno Shoreditch disfruta de una escena gay más diversa, a menudo muy mezclada con el entorno heterosexual, además de las fiestas más bohemias y los bares y clubes más de moda de la capital, sin rastro de bíceps exagerados.

El ambiente lésbico es mucho menos patente, aunque quedan un par de excelentes bares de mujeres en el Soho y mucho movimiento en otras áreas de la ciudad, en algunos casos famosas por ello, particularmente Stoke Newington y Hackney, al noreste de Londres. Para conocer la última hora sobre actos, veladas y bares para lesbianas, visítese la excelente web www.gingerbeer.co.uk.

## DE COMPRAS

### PROWLER Plano p.68      Accesorios
☎ 7734 4031; www.prowler-stores.co.uk; 5-7 Brewer St W1; ⏲ 11.00-22.00 lu-vi, 10.00-22.00 sa, 12.00-20.00 do; ⊖ Piccadilly Circus
Esta emblemática tienda del Soho está considerada la meca gay de las compras: vende libros, revistas, ropa y "accesorios de estilo". También cuenta con una discreta sección para adultos donde se puede adquirir la habitual selección de DVD y revistas.

### GAY'S THE WORD Plano pp. 82-83      Libros
☎ 7278 7654; http://freespace.virgin.net/gays. theword/; 66 Marchmont St WC1; ⏲ 10.00-18.30 lu-sa, 14.00-18.00 do; ⊖ Russell Sq o King's Cross
Toda una institución del mundo gay de Londres, esta librería lleva treinta años vendiendo libros que nadie más posee y todavía ofrece una gran variedad de textos y revistas de interés para gays y lesbianas, además de un auténtico espíritu comunitario.

## DÓNDE BEBER Y VIDA NOCTURNA

La escena homosexual londinense comprende tantos y tan diferentes bares y *pubs* que no se sabrá cuál elegir: desde los *pubs* tradicionales pero de ambiente, donde disfrutar de una cerveza tranquila, hasta auténticas discotecas *rompepistas*. A continuación se citan los bares y locales favoritos de los autores de esta guía, aunque hay muchos más, para lo cual se recomienda consultar las publicaciones especializadas.

Londres cuenta con algunas de las discotecas gays más excitantes y variadas del mundo, pero en la actualidad la marcha discotequera tiene más que ver con lo que ocurre determiadas noches que con los locales en sí; esto significa que un club que una día está hasta los topes de *drag queens* puede llenarse de heterosexuales y góticos al día siguiente. Tanto si se anda tras algún tipo musculoso –y "co-ocado"–, como de clubes fetiche o de *punks* lacuchos, no se necesita buscar más; Londres lo tiene todo. Los pocos locales exclusivamente para homosexuales están recogidos aquí, aunque, como ya se ha sugerido, las noches más espectaculares se celebran en clubes para heterosexuales, que cada semana reservan una o dos veladas para gays. Debido a los constantes cambios, conviene informarse a través de la prensa especializada y la sección de gays y lesbianas del semanario *Time Out*.

# EL WEST END

## BARCODE Plano p. 68 Bar
☎ 7734 3342; www.bar-code.co.uk; 3-4 Archer St W1; ⓧ 16.00-1.00 lu-sa, hasta 23.00 do; ⊖ Piccadilly Circus

Escondido en una calle lateral del Soho, este divertido bar gay se llena de una gran variedad de gente que disfruta de una o dos cervezas y algún que otro ligue nocturno. Montan frecuentes veladas en el piso de abajo, incluida la muy popular noche de la comedia gay, la Comedy Camp (p. 294), los martes. Tienen un segundo local con más aspecto de *disco* al sur del río, el Barcode Vauxhall ( ☎ 7582 4180; Arch 69, Albert Embankment SE11; ⓧ hasta 1.00, hasta 4.00 vi y sa; ⊖ Vauxhall).

## CANDY BAR Plano p. 68 Bar
☎ 7494 4041; 4 Carlise St W1; ⓧ hasta 24.00 do-ju, hasta 2.00 vi-sa; ⊖ Tottenham Court Rd

Este magnífico local lleva años siendo el epicentro de la pequeña aunque divertida escena de bares lésbicos de Londres y no muestra signos de decadencia. Con mucha clientela casi todas las noches, es sobre todo un local para chicas (aunque permiten un invitado masculino por cada dos mujeres), por supuesto, muy recomendable.

## EDGE Plano p. 68 Bar
☎ 7439 1313; 11 Soho Sq W1; ⓧ hasta 1.00 lu-sa; ⊖ Tottenham Court Road

Desde sus cuatro esplendorosas plantas, el bar gay más grande de Londres domina Soho Square. Desde primeras horas de la noche hasta la madrugada, el local bulle de juerguistas que se cargan de energía para

no desfallecer. Sin embargo, al encontrarse tan cerca de Oxford St, cuenta con una fuerte presencia de heterosexuales, lo que no impide que siga siendo un sitio divertido para empezar la noche.

## FREEDOM Plano p. 68 Café-bar
☎ 7734 0071; www.freedombarsoho.com; 66 Wardour St W1; ⓧ hasta 3.00 lu-sa, 23.30 do; ⊖ Piccadilly Circus

Este antiguo bar del Soho, muy de moda en la década de 1990, está de vuelta y mejor que nunca. El radical cambio de diseño le ha aportado un toque muy glamuroso, tanto a la principal zona de café-bar de la planta superior como al oscuro club del sótano, donde los martes se organiza Hot Pink, una fiesta de lo más *cool*.

## FRIENDLY SOCIETY Plano p. 68 Bar
☎ 7434 3805; 79 Wardour St W1; ⓧ 18.00-23.00 lu-ju, hasta 24.00 vi y sa, hasta 22.30 do; ⊖ Piccadilly Circus

Sin duda uno de los bares gay más acogedores y relajados del Soho, y afortunadamente uno de los pocos locales modernos que no ha adoptado la dudosa política de admisión o el sistema de socios para asegurarse una "clientela rica y guapa". A cambio, este local disfruta de un público despreocupado y con ganas de pasarlo bien que se reúne aquí temprano por la tarde, bebe cerveza bajo la mirada de una Barbie y un Ken sadomasoquistas y se relaja con la música suave que pinchan los DJ.

## G SPOT Plano pp. 72-73 Bar
www.gspotgirlbar.com; 10 Adelaide St WC2; ⓧ 18.00-tarde vi y sa; ⊖ Charing Cross

En un sótano junto a The Strand, este bar de picante nombre ofrece a las lesbianas un lugar en el que sentirse como en casa. Lamentablemente solo abre dos noches a la semana, pero cuando esto sucede siempre es un gran destino para pasar la noche con una variada clientela de chicas que saben lo que quieren.

## HEAVEN Plano pp. 72-73 Discoteca
☎ 7930 2020; www.heavennightclub-london.com; Villiers St WC2; ⓧ 22.30-3.00 lu, 22.00-3.00 ju y vi, 22.00-5.00 sa; ⊖ Embankment o Charing Cross

Siempre popular y escenario de buenas veladas, este veterano club gay se sitúa bajo los arcos en la parte inferior de la estación de Charing Cross. Tras languidecer bastante en los últimos años, ha experimentado un rejuvenecimiento con la llegada de G-A-Y; las noches de los jueves le toca el turno a G-A-Y Porn Idol, los viernes, a G-A-Y Camp Attack, y los sábados, al G-A-Y de siempre. También se recomienda la económica noche de los lunes de temática latina Popcorn.

## LAS MEJORES NOCHES EN DISCOTECAS GAYS

### Lunes

- Popcorn (Heaven; p. 323) Divertida y económica salida nocturna al estilo Ibiza, con buena música y bebida a buen precio.

### Martes

- Hot Pink (Freedom, p. 323) Organizada por la omnipresente Jodie Harsh, la fiesta más gay entre semana de la capital se celebra en el sótano de la Freedom, una disco veterana del Soho. Entran gratis quienes vayan vestidos de color rosa intenso.

### Miércoles

- Shinky Shonky (Ku Bar; p. 325) Si el viajero necesita una prueba de que el ambiente de Londres es tan extravagante e idiosincrásico como el resto del país, aquí la tiene. Boogaloo Stu presenta una loca e inolvidable noche que siempre cuenta con actuaciones y la participación del público.

### Jueves

- Industri (barcode Vauxhall; p. 323) La noche más sudorosa antes del fin de semana, esta cita en Vauxhall es idónea para hacer buenas migas con los DJ, los amigos de los porteros y los gogós que animarán las dos próximas noches.

### Viernes

- A:M (Fire; p. 326) Una de las noches gays más intensas y populares de Vauxhall. Cautiva a un magnífico público de discotequeros auténticos durante una increíble sesión de 12 horas en la que algunos de los mejores DJ de la escena londinense pinchan música *techno* y electrónica.
- Popstarz (www.popstarz.org; Den, 18 West Central St WC1; ⊖ Holborn) Esta gran dama del *indie* gay se ha revitalizado al trasladarse al corazón del West End. Muy popular entre estudiantes, su clientela es cordial y variada. Hay tres salas con excelente pop alternativo.

### Sábado

- Duckie (Royal Vauxhall Tavern; p. 327) Antídoto perfecto contra la pretensión existente en el panorama homosexual, se aconseja llegar sobre las 22.30 para evitar las largas colas de acceso a este local, dirigido por la maravillosa Amy Lamé. Dentro aguardan música *indie* buenísima y espectáculos de cabaré más que insólitos.
- Circus (Last Days of Decadence; p. 291) Hipermoderna noche gay presentada por Jodie Harsh, transexual cuya fama supera hoy a la del personaje que interpreta (la modelo Jodie Marsh). Es el lugar ideal para conocer a la gente glamurosa de Hoxton en su propio territorio. Muy divertida.
- G-A-Y (Heaven; p. 323) Se ama o se odia, a este centro de gravedad del ocio gay parece que es donde va cada sábado por la noche la mitad del Soho. Su nueva localización en la discoteca Heaven le ha sentado la mar de bien a este viejo club. Se recomienda llevar camiseta ceñida.
- XXL (plano p. 120; www.xxl-london.com; 51/53 Southwark St, London Bridge SE1; ⏰ 22.00-6.00 sa) La mayor discoteca del mundo para osos (homosexuales peludos, grandes y fornidos) y sus admiradores es un auténtico acontecimiento en el que un público muy agradable se desparrama por un espacio en verdad extravagante, con dos pistas de baile y un "laberinto de recreo".

### Domingo

- Horsemeat Disco (Eagle; p. 326) Esta original velada de fin de semana une los ambientes comercial y alternativo de Vauxhall con una excelente y ruidosa música electrónica y una suave atmósfera *chill-out* pero también *sexy*.

## KU BAR Plano pp. 72-73 — Bar

☎ 7437 4303; www.ku-bar.co.uk; 30 Lisle St
WC2; ⏱ 17.00-24.00 do-ju, hasta 3.00 vi y sa;
⊖ Leicester Sq

Este local está hoy al frente de un pequeño
imperio en el Soho integrado por dos bares
y un club, los tres muy populares. Ku bar, el
antiguo *pub* de Lisle St está siempre atestado de adolescentes que calientan motores
para la noche; el Ku Klub de la planta baja
ofrece gran variedad de diversión todas las
noches; y el nuevo Ku Bar Frith St (plano p. 68;
25 Frith St; ⏱ hasta 24.00 vi y sa; ⊖ Leicester Sq) es
frecuentado por una clientela mayor y más
elegante.

## SHADOW LOUNGE Plano p. 68 — Bar

☎ 7287 7988; www.theshadowlounge.co.uk;
5 Brewer St W1; ⏱ 22.00-3.00 lu-sa; ⊖ Piccadilly
Circus

Ubicado en un sótano, esta segunda casa
para los famosos del Soho es un elegante
bar que ofrece numerosas cuevas confortables donde pasar el rato, además de
una pista de baile en la que no falta ni una
barra de *striptease*. La política de admisión
es algo irregular: cuando no hay mucho
movimiento no suele haber problemas,
aunque, en general, se cobra una entrada
de entre 5 y 10 £; en cambio, otras veces
resulta imprescindible ser socio o un "personaje" del Soho para salvar la barrera de
los gorilas.

## YARD Plano p. 68 — Bar

☎ 7437 2652; www.yardbar.co.uk; 57 Rupert St
W1; ⏱ 13.00-23.00 lu-sa, 13.00-22.30 do;
⊖ Piccadilly Circus

En este viejo favorito del Soho se da cita una
significativa muestra de lo bueno y lo mejor
del barrio. Agradable y tranquilo, es un lugar
ideal para tomar algo antes de dirigirse a
alguna discoteca o sencillamente para pasar
una velada fuera de casa. Arriba, en el Loft,
pinchan DJ casi cada noche, mientras que el
epónimo patio de la planta baja acoge a una
nutrida y dicharachera clientela.

## CLERKENWELL, SHOREDITCH Y SPITALFIELDS

### GHETTO Plano p. 144 — Discoteca

☎ 7287 3726; www.ghetto-london.co.uk; 58 Old St
EC1; ⏱ 17.30-1.00 lu-ma, hasta 3.00 mi y ju, hasta
5.00 vi y sa, hasta 2.00 do; ⊖ Barbican u Old St

Desplazado del Soho, en la actualidad
este es el local gay más grande y elegante
de todo Shoreditch, el barrio más creativo
y alternativo y con más chispa de Londres.
En la planta baja está el bar Trash Palace
(www.trashpalace.co.uk), un refugio con
paneles de madera y un supuesto *glamour*
extraño donde el visitante también puede
conseguir entradas gratis o con descuento
para el Ghetto, la *disco* que hay escaleras
abajo. Es un garito pionero y acogedor
lleno de propuestas nocturnas interesantes,
como la clásica fiesta pop Wigout de los
sábados.

## EL EAST END Y DOCKLANDS

### JOINERS ARMS Plano p. 152 — *Pub*

☎ 7739 9854; 116 Hackney Rd E2; ⏱ 18.00-2.00
vi y sa; ⊖ Shoreditch u Old Street

Sin duda decadente y cursi, este local se
considera el único *pub-disco* completamente gay de Hoxton (lo que quizás sea un
reflejo de hasta qué punto se desdibujan
tales distinciones alrededor del distrito E2).
Abarrotado, original y veterano bar donde
gays modernos y otras brillantes estrellas
pasan la noche en la barra, bailan y observan a la gente jugando al billar.

### WHITE SWAN Plano p. 152 — Club

☎ 7780 9870; www.bjswhiteswan.com; 556
Commercial Rd E14; ⏱ 21.00-2.00 ma-ju, 21.00-
4.00 vi y sa, 18.00-24.00 do; DLR Limehouse

Divertido local del East End con una gran
pista de baile y una zona más tranquila.
Por desgracia, su legendaria noche de
*striptease amateur* ha desaparecido,
aunque todavía se puede ver mucha
carne la noche del sábado. Musicalmente,
predominan los clásicos *disco* y el pop
de estribillos.

## NORTH LONDON

### BLACK CAP Plano p. 166 — Bar

☎ 7485 0538; www.theblackcap.com; 171 Camden
High St NW1; ⏱ 12.00-2.00 lu-ju, hasta 3.00 vi y
sa, hasta 1.00 do; ⊖ Camden Town

Acogedor y amplio, el principal local
gay de Camden atrae a gente de todo el
norte de Londres con su gran terraza al aire
libre, el bar Shufflewick, tipo *pub*, de la planta superior y el club de abajo, ambientado
con aceptable música *dance* y mucho, muy
divertido y desinhibido cabaré.

EL LONDRES DE AMBIENTE · DÓNDE BEBER Y VIDA NOCTURNA

**GREEN** plano p. 166       Bar
☎ 7226 8895; www.thegreenislington.co.uk;
74 Upper St N1; 🕑 12.00-23.00 lu-ju, hasta 1.00 vi
y sa, hasta 24.00 do; ⊖ Angel
Esta necesaria incorporación moderna a
los clubes gay de Islington y alrededores
es un original y acogedor espacio de dos
plantas frecuentado por jóvenes de todo el
distrito, algo así como un punto de encuentro para calentar motores. Habitualmente
se paga una consumición mínima después
de las 23.00.

## SOUTH LONDON

**AREA** Plano p. 186       Discoteca
www.areaclublondon.com; 67-68 Albert
Embankment SE1; 🕑 22.30-6.00 sa; ⊖ Vauxhall
Segunda casa de los más marchosos del
circuito que todavía resulta muy acogedora
para el resto, esta discoteca se autodefine

como polisexual y organiza algunas de las
noches más ingeniosas de la ciudad, como
la mensual Queer Kandi y la Evolve de los
sábados noche.

**EAGLE** Plano p. 186       Discoteca
☎ 7793 0903; www.eaglelondon.com;
349 Kennington La SE11; 🕑 21.00-2.00 lu-ju,
hasta 3.00 vi y do, hasta 4.00 sa; ⊖ Vauxhall
Este fantástico lugar es un refugio de
actividades homosexuales alternativas en
el musculoso Vauxhall. Cada día con un
toque diferente, tienen especial encanto
su noche Berlin los jueves, inspirada en los
*electrobeats* y el sórdido ambiente de la
capital alemana, y la legendaria Horse Meat
Disco de los domingos.

**FIRE** Plano p. 186       Discoteca
☎ 0790 503 5682; www.fireclub.co.uk; South
Lambeth Rd SW8; 🕑 22.00-4.00; ⊖ Vauxhall

---

## PUNTO DE VISTA AUTÓCTONO: TOMMY TURNTABLES

Tommy Turntables es productor musical y de eventos en clubes y promotor de Popstarz y The Guetto.

**¿Cuánto hace que conoces el ambiente gay de Londres y qué recuerdos tienes?** Hace
12 años que trabajo y frecuento clubes. Mis primeros recuerdos son de bares poco recomendables, malolientes y llenos de
humo en el Soho, que por desgracia ya no existen. Ahora todos los sitios se han aburguesado, están muy bien decorados
y pertenecen a grandes empresas.

**Veinticuatro horas en Londres: ¿dónde puede ir el visitante gay?** Visitar toda la ciudad y no
solo la tradicional ruta gay del Soho y Old Compton St. Al sur está Vauxhall, con Duckie (p. 324) y Eagle (arriba), y al
este Ghetto (p. 325), George & Dragon (p. 276) y Dalston Superstore (p. 280), todos ellos sitios excelentes aunque los
alrededores parezcan un poco el Beirut de los años ochenta...

**¿Gay Shame ("vergüenza gay") o Gay Pride ("orgullo gay")?** Decididamente Gay Shame. Aun-
que tristemente la celebración alternativa del orgullo gay de este año fue la última. En general, siempre intento ir a
locales alternativos más que a los comerciales: Londres disfruta de una escena *underground* de primera desde hace varias
décadas.

**¿Lo mejor del Londres gay?** La diversidad de la gente y los clubes, que los hay de todo tipo, desde clubes de
libros y de *jazz* hasta a coros. Pero lo más importante es que el ambiente, particularmente su lado más alternativo, que
consigue no convertirse en gueto, por lo que todo el mundo sigue siendo bienvenido.

**¿...y lo peor?** Resulta triste contemplar el aburguesamiento de zonas tradicionalmente gays como el Soho, al igual
que los elevados precios de algunos locales y la no admisión de mujeres y heterosexuales en algunos de los bares y clubes
más comerciales.

**¿Y qué encaje tiene la comunidad lesbiana?** Es extraño: durante años ha estado muy apartada de
la escena gay masculina; después ambos colectivos empezaron a acercarse, y fue como una ráfaga de aire fresco. Sin
embargo, ahora que se celebran tantos y tan excelentes eventos y veladas para ellas, parece que se alejen de nuevo; creo
que es una pena, aunque representa un avance en la escena lesbiana de la ciudad.

**¿El futuro está en el Soho, Vauxhall o Shoreditch?** ¡En todos! Londres tiene suficientes residentes y
turistas gays para mantener llenos de gente los tres barrios actuales.

**¿Por qué Londres es un destino tan singular para los gays?** Debido a su diversidad, originalidad
y extravagancia: la ciudad y su gente tiene de todo eso a montones. Históricamente no hay ningún otro sitio como Londres en el mundo, una ciudad que ha sido imán para viajeros, empresarios y bichos raros desde tiempos inmemoriales.
A los gays les atraen estos lugares; Londres tiene un algo que parece atraer a la sensibilidad gay. Si Madonna fuera una
ciudad, sería Londres.

*Tommy Turntables fue entrevistado por Tom Masters*

Confirma la reputación de Vauxhall como nuevo centro de ambiente nocturno de Londres. Es otro gran y cuidado local bajo los arcos del ferrocarril que albergan los actos centrales del fin de semana en Vauxhall: A:M (p. 324) los viernes, Beyond los sábados y Orange toda la noche de los domingos.

### HOIST Plano p. 186                              Discoteca

☎ 7735 9972; www.thehoist.co.uk; Arches 47B y 47C, South Lambeth Rd SW8; ☯ 22.00-3.00 ju, vi y do, 22.00-4.00 sa; ⊖ Vauxhall

Una de las discotecas fetiche más famosas de Europa, decididamente decantada por el cuero y los uniformes. El código de vestir es muy estricto: todos deben llevar botas y ropa de látex, cuero o tipo uniforme. Se aconseja comprobar la selección de veladas en su página web.

### ROYAL VAUXHALL TAVERN

Plano p. 186                                       Discoteca

☎ 7820 1222; www.theroyalvauxhalltavern.co.uk; 372 Kennington Lane SE11; ☯ 19.00-24.00 lu-ju, 19.00-4.00 vi, 19.00-2.00 sa, 14.00-24.00 do; ⊖ Vauxhall

Como mínimo ruda, es el antídoto perfecto para la nueva ola de flamantes locales gay que abarrotan el reducto de Vauxhall. La noche Duckie de los sábados, fantástica velada *indie* con actuaciones presentada por Amy Lamé, está justamente considerada una de las mejores de Londres. También se recomienda no perderse la S.L.A.G.S. de los domingos y consultar el sitio web para futuros eventos, que pueden ir desde veladas de cabaré a preestrenos del Edinburgh Fringe.

### TWO BREWERS Plano p. 188                          Bar

☎ 7819 9539; www.the2brewers.com; 114 Clapham High St SW4; ☯ 12.00-2.00 do-ju, 12.00-4.00 vi y sa; ⊖ Clapham Common o Clapham North

Puede que Clapham tenga un aire bastante suburbano en general y High Street en particular, pero este local perdura como uno de los mejores bares gays londinenses fuera de la *gay village* (zona gay) del Soho. Un público simpático, relajado y de la zona se acerca para copear tranquilamente entre semana y para bailar o disfrutar de su alocado cabaré los fines de semana.

# OTROS RECURSOS

Londres cuenta con una animada prensa gay gratuita que documenta la siempre cambiante escena homosexual. Estas publicaciones se pueden conseguir en cualquier local de ambiente, y siempre resultan prácticas para ponerse al día. Entre las más conocidas están los tabloides *Boyz* (www.boyz.co.uk) y *QX* (www.qxmagazine.com), y la más seria *Pink Paper* (www.pinkpaper.com), repleta de novedades. Todas incluyen listados semanales de clubes, bares y eventos, y a menudo contienen *flyers* que permiten entrar con descuento en varios locales. Las revistas de pago, por ejemplo, *Gay Times* (www.gaytimes.co.uk), *Diva* (www.divamag.co.uk), *Attitude* (www.attitude.co.uk) y *AXM* (www.axm-mag.com) pueden adquirirse en casi todos los quioscos de la capital, aunque algunos quiosqueros todavía las colocan en el estante de arriba, junto a la pornografía.

Merece la pena tener en cuenta las siguientes guías del ocio, webs personales y grupos activistas:

Gaydar (www.gaydar.co.uk o gaydargirls.co.uk)

Ginger Beer (www.gingerbeer.co.uk)

Time Out (www.timeout.com/london/gay)

Visit London (www.visitlondon.com/people/gay)

London Lesbian & Gay Switchboard ( ☎ 7837 7324; www.llgs.org.uk) Proporciona consejos, asesoramiento y demás ayuda gratis a todo aquel que necesite que le escuchen.

Stonewall (www.stonewall.co.uk)

# DÓNDE DORMIR

## lo mejor

Los hoteles de Londres son de los más caros del mundo, por lo que es normal destinar gran parte del presupuesto del viaje al alojamiento. La demanda a menudo supera la oferta, por lo que vale la pena reservar con al menos unas cuantas noches de antelación, sobre todo en períodos de vacaciones y en verano.

Otro inconveniente puede ser la calidad, incluso en los establecimientos de precio medio. Gran parte de las cartas de los lectores llegadas a Lonely Planet se refieren al alojamiento: muchos se quejan de la calidad y la limpieza de los albergues, pensiones y B&B, así como de la "fauna" de las habitaciones y de la tosquedad del personal. Las reseñas de este capítulo pretenden ayudar al viajero a realizar la elección correcta.

Pero no todo son malas noticias. La irrupción de varios hoteles-*boutique* de lujo ha renovado el concepto de estilo en el alojamiento la ciudad, de lo que se han beneficiado muchos B&B y hoteles de categoría media. También hay lugares que comienzan a ofrecer habitaciones funcionales, aburridas pero asequibles. Una tendencia muy interesante es la combinación de ambos extremos en un puñado de hoteles-*boutique* económicos, que proporcionan algo de estilo a precios razonables.

## TIPOS DE ALOJAMIENTO Y PRECIOS

Londres tiene una increíble selección de hoteles de lujo (desde 350 £ por habitación doble), tanto de viejos clásicos, que combinan lo mejor en ambientes tradicionales, como de alojamientos modernos.

También hay muchos alojamientos de precio alto (a partir de 180 £), que ofrecen un confort superior pero sin el prestigio de los establecimientos de lujo. En los últimos años, a esta banda de precios se le han sumado también numerosos hoteles-*boutique* y hoteles con estilo. Por debajo de las 180 £, la calidad y la oferta disminuyen. Aunque existe un gran número de lugares buenos en los que pernoctar sin tener que arruinarse, todavía no es suficiente para la cantidad de visitantes que recibe una ciudad como Londres. Si se pretende gastar menos de 100 £ por una habitación doble entre semana, seguramente el acomodo no será lo mejor del viaje, aunque los fines de semana sí que se encuentran buenas ofertas por ese precio. En Londres, económico significa menos de 80 £

por una habitación doble con baño. Después de los B&B, los alojamientos más baratos son los albergues, tanto los oficiales de la Youth Hostel Association (YHA), de los que hay siete en el centro, como los independientes, por lo general más estilosos y dados a las fiestas, de los que cada día hay más.

Las plazas hoteleras del Reino Unido están sujetas al IVA (VAT en inglés, normalmente del 15%); en general, las tarifas ya lo incluyen, pero no siempre, por lo que lo mejor es preguntar al respecto. Muchos hoteles (sobre todo los de lujo) suelen ofrecer a través de Internet precios promocionales mucho más favorables que los oficiales. A menos que se indique de otro modo, las tarifas que aparecen en esta guía incluyen el desayuno.

Las opciones de alojamiento están ordenadas primero por zonas y dentro de cada una por precios, empezando por las opciones más caras. Para más información sobre tarifas, véase recuadro (izquierda).

## LARGAS ESTANCIAS
### Apartamentos con y sin servicio incluido

Si se va a permanecer en Londres algunas semanas o meses, alojarse en un apartamento para un período breve o de servicio incluido es la mejor manera de conocer el estilo de vida local. Muchas agencias que salen en *Loot* (p. 389) anuncian propiedades muy poco salubres, por lo que se recomienda solicitar ver las habitaciones primero. Cuando se busca un alquiler, siempre merece la pena echar una ojeada a

### GUÍA DE PRECIOS

Los siguientes símbolos indican el precio aproximado por noche de una habitación doble estándar en temporada alta.

| | |
|---|---|
| £££ | más de 180 £ |
| ££ | 80-180 £ |
| £ | menos de 80 £ |

London Craig's List (http://london.craigslist.co.uk), que cuenta con algunas agencias recomendables y precios por día entre sus listados.

## 196 BISHOPSGATE

☎ 7621 8788; www.196bishopsgate.com; estudio/apt 1 dormitorio desde 193/230 £, descuento a partir 6 noches

Apartamentos de lujo equipados en la City, enfrente de la estación de metro y trenes de Liverpool St. Se trata de propiedades para estancias largas.

## CITADINES APART'HOTEL

☎ 0800 376 3898; www.citadines.com; estudio 2 personas 105-150 £, descuento a partir 6 noches

Cadena francesa en expansión que posee cuatro bloques de apartamentos en Londres, uno de ellos en Holborn-Covent Garden (plano pp. 72-73; ☎ 7395 8800; 94-99 High Holborn WC1; ✪ Holborn).

## ASTON'S APARTMENTS

☎ 7590 6000; www.astons-apartments.com; i/d/tr/f desde 74/101/141/187 £, tarifa semanal 5% descuento

Tiene tres casas victorianas en una calle tranquila de South Kensington dividida en apartamentos equipados de distintos tamaños.

# Habitaciones y pisos

Casi todo el que llega a la ciudad encuentra muy caros los precios de alquiler (aunque en casi todos los casos son con muebles). Las opciones más económicas (300-500 £/mes) son habitaciones individuales amuebladas, normalmente con baño y cocina compartidos, y suelen estar en lugares bastante lúgubres. En un nivel superior están los estudios independientes (desde 600 £), que suelen tener baño y cocina propios. Incluso en zonas apartadas, es muy raro conseguir un piso de dos habitaciones por menos de 1000 £ al mes. Los alojamientos compartidos son la mejor opción, desde 350 £ en adelante por una habitación en un piso o casa. La mayor parte de los propietarios solicita un aval (normalmente el equivalente al alquiler de un mes), además de una mensualidad por adelantado.

Para informarse acerca de los precios actuales, hay que consultar publicaciones con anuncios clasificados como *Loot*, *TNT*, *Time Out* y el suplemento del miércoles de *Evening Standard*, "*Homes & Property*" (www.homesandproperty.co.uk). Algunas de las mejores páginas web al respecto son Gumtree (www.gumtree.com), Move Flat (www.moveflat.com) y la publicación para gays y lesbianas Outlet (www.outlet4homes.com).

# RESERVAS

La organización turística londinense Visit London ( ☎ 0870 156 6366; www.visitlondon.com) gestiona un servicio gratis de reserva con una amplia gama de opciones de alojamiento que siempre incorpora ofertas. También se puede recurrir al British Hotel Reservation Centre ( ☎ 7592 3055; www.bhrconline.com), con mostradores en los aeropuertos de Gatwick, Heathrow y Stansted y en las estaciones de trenes de Paddington, Victoria y St Pancras International (cobran comisión). Otras fuentes buenas para reservar hoteles y conseguir descuentos son Hotels of London ( ☎ 7096 0313; www.hotelsoflondon.co.uk), LondonTown ( ☎ 7437 4370; www.londontown.com) y London Lodging ( ☎ 870 042 9292; www.lon donlodging.co.uk).

Asimismo, puede reservarse albergue a través del sistema central de reservas de la YHA ( ☎ 0870 770 6113; www.yha.org.uk). Si se busca alojamiento en régimen de B&B o en una casa particular, pueden hacerse las reservas a través de las siguientes agencias. Para más información sobre reservas de habitaciones en residencias y colegios mayores universitarios durante los períodos de vacaciones, véase p. 340.

## UPTOWN RESERVATIONS

☎ 7937 2001; www.uptownres.co.uk; i/d/tr/c 80/105/135/145 £

Ofrece alojamiento tipo B&B con buenas críticas en elegantes casas privadas, la mayoría en las inmediaciones del West End, Kensington, Belgravia, Chelsea y Knightsbridge.

## AT HOME IN LONDON

☎ 8748 1943; www.athomeinlondon.co.uk; i/d/tr desde 50/70/92 £

Merece la pena considerar esta opción si se planea quedarse entre una semana y un mes, pues en algunos casos se exige una estancia mínima.

## LONDON BED & BREAKFAST AGENCY

☎ 7586 2768; www.londonbb.com; i/d desde 47/70 £

Para habitaciones en casas de Londres, la mayoría en el centro y el norte de la ciudad.

## LONDON HOMESTEAD SERVICES

☎ 7286 5115; www.lhslondon.com; 18-40 £ por persona

Pequeño negocio familiar que oferta habitaciones en régimen de B&B en casas privadas por todo Londres.

## DÓNDE ALOJARSE

El viaje dependerá en buena medida del lugar elegido para alojarse. Así, por ejemplo, si se opta por el West End, enseguida se estará inmerso en el vibrante ritmo del Londres ocioso (aunque Hoxton, Clerkenwell o Shoreditch son hoy barrios más radicales); si la idea que se tiene de la capital inglesa es de casas georgianas, calles estilo Regencia y parques privados y frondosos en el centro de plazas, entonces lo mejor es decantarse por Chelsea o Mayfair; que lo que interesa es experimentar el Londres étnico, pues la respuesta es Notting Hill o Whitechapel; los amantes de la cultura y/o quienes tengan aspiraciones literarias deberían decantarse por Bloomsbury, Kensington o, incluso, Fitzrovia; pero si lo que se pretende es experimentar cómo vive la mayoría de los londinenses, Camden o Stoke Newington serán una buena elección.

## EL WEST END

Es el centro vital de Londres, donde no hay que preocuparse por perder el último metro; los principales teatros, los mejores restaurantes y bares, y muchas de las principales atracciones quedan a un paso. Por supuesto, tal privilegio no sale barato. Es muy difícil encontrar hoteles de precio económico en el centro, aunque en Bloomsbury hay muchos B&B y pensiones, y ocultos en los frondosos Cartwright Gardens, al norte de Russell Sq, a un corto paseo del West End, pueden encontrarse algunos de los hotelitos con la mejor relación calidad-precio de toda la capital. En el extremo opuesto está Mayfair, cuyos grandes hoteles son de por sí una atracción turística.

## SOHO Y CHINATOWN

### COURTHOUSE HOTEL KEMPINSKI
Plano p. 68                    Hotel Internacional £££
☎ 7297 5555; www.courthouse-hotel.com; 19-21 Great Marlborough St W1; h 300-400 £, st desde 550 £; ⊖ Oxford Circus; 🐕 🅿 ♿
Oscar Wilde, John Lennon y Mick Jagger pasaron por este antiguo juzgado al sur de Oxford St, ahora reconvertido en hotel de lujo con 112 habitaciones. Incluye *spa* y piscina, un bar cuyas mesas están en los calabozos originales y una

zona de estar acordonada por barrotes de hierro, también auténticos.

### SOHO HOTEL Plano p. 68                    Hotel £££
☎ 7559 3000; www.sohohotel.com; 4 Richmond Mews W1; d 280-350 £ st desde 385-3000 £; ⊖ Tottenham Court Rd; 🐕
Uno de los hoteles más modernos de Londres se sitúa en un aparcamiento remodelado, justo al lado de Dean St. Todas las señas distintivas de Tim y Kit Kemp, eclécticos hoteleros y diseñadores, aparecen por sus 91 habitaciones, cada una distinta, con colores que van desde el frambuesa al castaño rojizo. En el vestíbulo aloja la impresionante escultura de un gato negro de Botero.

### HAZLITT'S Plano p. 68                    Hotel £££
☎ 7434 1771; www.hazlittshotel.com; 6 Frith St W1; i 175 £, d y tw 210-265 £, st 400 £; ⊖ Tottenham Court Rd; 🐕
Este edificio construido en 1718, resultado de unir tres casas georgianas, y que en su día fue la residencia del ensayista William Hazlitt (1778-1830), es hoy un hotel con 23 habitaciones cuyos nombres recuerdan a sus antiguos moradores o visitantes. Todas rebosan de detalles seductores, como camas de caoba con dosel, bañeras victorianas con patas, suntuosas telas y antigüedades genuinas. Al ser un edifico de interés histórico-artístico no se ha podido instalar ascensor.

### PICCADILLY BACKPACKERS
Plano p. 68                    Albergue £
☎ 7434 9009; www.piccadillyhotel.net; 12 Sherwood St W1; dc 12-19 £, i/d 40/60 £; ⊖ Piccadilly Circus
Es el alojamiento económico más céntrico de Londres, con más de 700 camas repartidas por sus cinco plantas en dormitorios de lo más diverso y de 4 a 10 plazas cada uno. Las habitaciones son luminosas y limpias, mientras que los dormitorios más pequeños resultan especialmente atractivos, con literas de madera.

### YHA OXFORD ST Plano p. 68                    Albergue £
☎ 7734 1618; www.yha.org.uk; 3er piso, 14 Noel St W1; dc 19-25 £; ⊖ Oxford Circus o Tottenham Court Rd
El más céntrico de los siete sencillos albergues que la YHA tiene en el centro de Londres es limpio, ruidoso y no especialmente acogedor. La mayor parte de las 76 camas se distribuye en habitaciones dobles, aunque

también las hay triples y para cuatro. Cuenta con una cocina grande, pero no sirven comidas, a excepción del desayuno.

# COVENT GARDEN Y LEICESTER SQUARE

## ST MARTIN'S LANE Plano pp. 72-73 Hotel £££
☎ 7300 5500; www.stmartinslane.com; 45 St Martin's Lane; i y d 220-270 £, h jardín 310 £, st desde 600 £; ✆ Covent Garden o Leicester Sq; ▨ ♿
Como un pedazo del chic urbano neoyorquino a un paso de Covent Garden, este hotel, diseñado por Philippe Starck, es tan moderno que apenas parece lo que es (¿¡Ese cubo de cristal!?). Las 204 habitaciones tienen ventanales del techo al suelo con vistas al West End; las estancias comunes son bulliciosos puntos de encuentro; y todo lo que se ve es bello. El abrumador vestíbulo, de color amarillo, trastoca al visitante.

## HAYMARKET
Plano pp. 72-73 Hotel-*boutique* £££
☎ 7470 4000; www.haymarkethotel.com; 1 Suffolk Pl SW1; h desde 260-340 £, st desde 410 £; ✆ Piccadilly Circus; ▨ ▦
Calificado por la publicación *Condé Nast Traveller* como uno de los mejores hoteles del mundo ya antes de su apertura, sus 50 habitaciones se reparten por un edificio de John Nash junto al Theatre Royal y dan fe de que Londres se está convirtiendo en el epicentro de los hoteles-*boutique* con estilo. Exhibe todo el imaginario de Tim y Kit Kemp, desde el papel pintado a mano de De Gournay a la piscina de 18 m con un divertido salón.

## COVENT GARDEN HOTEL
Plano pp. 72-73 Hotel-*boutique* £££
☎ 7806 1000; www.coventgardenhotel.co.uk; 10 Monmouth St WC2; i/d desde 230/310 £, st desde 410 £; ✆ Covent Garden o Tottenham Court Rd; ▨
Fresco como una mañana, pero refinadamente británico, este hotel-*boutique* de 58 habitaciones, enclavado en un antiguo hospital y dispensario francés, se sirve de las antigüedades (no hay que perderse el bonito escritorio de marquetería del salón), los voluptuosos tejidos y otros estrafalarios cachivaches para reafirmar su personalidad. El excelente bar-restaurante Brasserie Max está al lado del vestíbulo.

## TRAFALGAR
Plano pp. 72-73 Hotel Internacional £££
☎ 7870 2900; www.thetrafalgar.com; 2 Spring Gardens SW1; i y d desde 200 £, st desde 375 £; ✆ Charing Cross o Embankment; ▨ ♿
La demanda de alojamiento de diseño ha aumentado tanto en Londres que hasta el Hilton se ha sumado a la oferta con este elegante hotel minimalista en la parte sur de Trafalgar Sq. Así, el primer Hilton sin su marca (es decir, sin logotipo) de Londres ofrece 129 estilosas habitaciones, una impresionante terraza en la azotea y un bar de dos pisos, el Rockwell, que alberga la mayor selección de *bourbon* fuera de EE UU.

## KINGSWAY HALL Plano pp. 72-73 Hotel £££
☎ 7309 0909; www.kingswayhall.co.uk; Great Queen St WC2; i y d 130-190 £, st desde 330 £, desayuno 15-30 £; ✆ Holborn; ▨ ♿
Principalmente enfocado a las gentes de negocios, las 170 habitaciones de este hotel, elegantes, confortables y muy céntricas, sirven también para cualquiera que tenga en mente menos trabajo y más ocio. El ambiente es más relajado los fines de semana, al igual que los precios.

## SEVEN DIALS HOTEL
Plano pp. 72-73 Hotel ££
☎ 7240 0823; www.sevendialshotellondon.com; 7 Monmouth St WC2; i/d/tw/tr 80/95/105/120 £; ✆ Covent Garden o Tottenham Court Rd; ▨
Opción limpia y cómoda de precio económico/medio con una ubicación muy céntrica. Sus 18 habitaciones son muy variadas, desde individuales con baños compartidos a triples con baños incorporados. Además, la mitad de ellas da a la animada Monmouth St. Obviamente, por este precio no es el Ritz.

## FIELDING HOTEL Plano pp. 72-73 Hotel ££
☎ 7836 8305; www.the-fielding-hotel.co.uk; 4 Broad Ct, Bow St WC2; i/d desde 90/115 £; ✆ Covent Garden
Prácticamente puede sentirse el latido del West End (y los agudos de la Royal Opera House, situada a una manzana de distancia) en este hotel de 24 habitaciones, ubicado en una zona peatonal en el corazón de Covent Garden. Debe su nombre al novelista Henry Fielding (1707-1754), que vivió en esta calle. No tiene demasiado espacio, pero tampoco puede pedirse más por lo que cuesta.

# HOLBORN Y THE STRAND

## SAVOY
Plano pp. 72-73     Hotel £££

☎ 7836 4343; www.fairmont.com/savoy;
The Strand WC2; i/d/st desde 389/409/589 £;
⊖ Charing Cross; ⊠

Todavía en renovación cuando estos autores
lo visitaron, este legendario hotel debería
estar abierto coincidiendo con la publicación de la presente guía. Construido en el
emplazamiento del antiguo palacio Savoy
en 1889, por este establecimiento han
pasado las personalidades más poderosas
y geniales de todos los ámbitos, entre ellos
Monet, que inmortalizó las vistas desde las
habitaciones que dan al río. Un dato curioso:
el patio de entrada es la única "calle" del
país en la que se conduce por la derecha.

## ONE ALDWYCH
Plano pp. 72-73     Hotel £££

☎ 7300 1000; www.onealdwych.co.uk; 1 Aldwych
WC2; d 230-550 £, st desde 600 £, tarifas fin de
semana desde 200 £; ⊖ Covent Garden o Charing
Cross; ⊠ ⊠ ⅊

Ubicado en lo que fueron las oficinas *art
nouveau* de la editorial de un periódico
(1907), se trata de un hotel alegre y animado
con 105 habitaciones y arte moderno por
doquier (destaca la escultura de bronce de
un remero en el vestíbulo). Las habitaciones
son espaciosas y estilosas, con cortinas de
seda, tonos naturales y bañeras para dos; el
club de salud incluye una piscina de 18 m
de longitud.

## WALDORF HILTON
Plano pp. 72-73     Hotel Internacional £££

☎ 7836 2400; www.hilton.co.uk/waldorf; Aldwych
WC2; h desde 350 £, desayuno 25 £, paquete fin de
semana desde 300 £; ⊖ Temple, Covent Garden o
Charing Cross; ⊠

El glorioso esplendor eduardiano sigue vivo
en este clásico renovado de Palm Court.
Pero, pese a tratarse de un edificio patrimonial, la ruptura con el pasado es tan
profunda que ahora las 299 habitaciones se
dividen en "contemporáneas" y "de diseño"
(más modernas y minimalistas).

# BLOOMSBURY

## MYHOTEL BLOOMSBURY
Plano p. 68     Hotel-*boutique* £££

☎ 7667 6000; www.myhotels.com; 11-13 Bayley St
WC1; i 120-205 £, d y tw 205-250 £, st desde 355 £,
tarifas fin de semana desde 130 £; ⊖ Tottenham
Court Rd o Goodge St; ⊠

A pesar de su nombre, este estiloso hotel diseñado por Conran fue uno de los primeros
hoteles-*boutique* de Londres y aún exhibe la
clásica combinación de colores de este tipo
de establecimientos (negros, grises y rojos)
en sus 78 habitaciones. La biblioteca es un
lugar agradable en el que relajarse. El Myhotel
Chelsea (plano pp. 132-133; ☎ 7225 7500; 35 Ixworth Pl
SW3; ⊖ South Kensington), más llamativo, posee
45 habitaciones.

## GRANGE BLOOMS HOTEL
Plano pp. 82-83     Hotel ££

☎ 7323 1717; www.grangehotels.com;
7 Montague St WC1; i/d desde 150/180 £;
⊖ Tottenham Court Rd o Russell Sq

Esta elegante y holgada casa adosada del
s. XVIII tiene el aire de una residencia
de campo que recuerda su privilegiada
ubicación en el corazón de Londres (en
unos terrenos que antes pertenecían
al British Museum). Sus rasgos: grabados
de motivos florales, música clásica,
retratos en las paredes de las 36 habitaciones y una deliciosa terraza en la parte
de atrás.

## AMBASSADORS BLOOMSBURY
Plano pp. 82-83     Hotel ££

☎ 7693 5400; www.ambassadors.co.uk; 12 Upper
Woburn WC1; h 99-155 £; ⊖ Euston; ⅊

Bellamente renovada, esta joya *belle
époque* al sur de Euston Rd incluye
100 habitaciones. Destaca sobre todo
por su confort, estilo contemporáneo
y el bar contiguo, el Number 12, a modo
de acogedora zona adicional. Merece
la pena informarse sobre las tarifas más
económicas de fin de semana.

## ACADEMY HOTEL
Plano pp. 82-83     Hotel-*boutique* ££

☎ 7631 4115; www.theetoncollection.com;
21 Gower St WC1; i/d 120/205 £, tarifa fin
de semana con desayuno desde 150 £;
⊖ Goodge St; ⊠

Este hotel de 49 habitaciones, arreba-
tadoramente inglés, ocupa cinco casas
adosadas georgianas con un ligero toque
Regencia. Las mejores están equipadas con
edredones de plumas, cojines mullidos
y grandes almohadones. Tiene un invernadero que da al frondoso jardín posterior,
con un estanque para peces, y un bar
muy contemporáneo, decorado en tonos
azules, llamado Library.

## MORGAN HOTEL

Plano pp. 82-83                                    Hotel ££

☎ 7636 3735; www.morganhotel.co.uk;
24 Bloomsbury St WC1; i/d desde 80/110 £,
st 135-220 £; ⊖ Tottenham Court Rd
Esta hilera de casas georgianas del s. xviii junto al British Museum es uno de los mejores
hoteles de precio medio de Londres. Con un
total de 20 habitaciones, su calidez y hos-
pitalidad compensan con creces el tamaño
algo ajustado de los cuartos. Las *suites* más
grandes valen lo que cuestan.

## HARLINGFORD HOTEL

Plano pp.82-83                                      Hotel ££

☎ 7387 1551; www.harlingfordhotel.com; 61-63
Cartwright Gardens WC1; i/d/tr/c 85/110/125/135 £;
⊖ Russell Sq
Con el logo de su "H" arrogantemente bor-
dado en la almohada y un moderno interior
con baños de azulejos en colores lavanda,
malva y verde, puede decirse que este hotel
de estilo georgiano y 43 habitaciones es el
mejor de su calle, bien reconocible por la
hiedra de la fachada.

## ARRAN HOUSE HOTEL

Plano pp. 82-83                                     Hotel ££

☎ 7636 2186; www.arranhotel-london.com;
77-79 Gower St WC1; dc 23-27 £, i/d/tr/c 65/105/
123/127 £, con baño compartido 55/82/100/106 £;
⊖ Goodge St
Este acogedor establecimiento de Bloomsbury supone una excelente opción por su
relación calidad-precio, ubicación y jardín.
Las 28 habitaciones van de sencillas tipo
dormitorio a dobles luminosas, bien amuebladas y con baño. El salón es agradable, los
huéspedes tienen derecho a usar la cocina
y hay lavandería.

## CRESCENT HOTEL

Plano pp.82-83                                      Hotel ££

☎ 7387 1515; www.crescenthoteloflondon.
com; 49-50 Cartwright Gardens WC1; i 55-83 £, d/
tr/c 100/115/123 £, i con baño compartido 50 £;
⊖ Russell Sq
En pleno Londres académico, este hotel
agradable y familiar, construido en 1810,
da a una plaza privada, flanqueada por
residencias de estudiantes. Aunque las
27 habitaciones van desde celdas individuales sin instalaciones a dobles con baño
relativamente amplias, todas resultan
cómodas y mantienen unos estándares
bastante altos.

## HOTEL CAVENDISH

Plano pp. 82-83   Hotel ££

☎ 7636 9079; www.hotelcavendish.com; 75 Gower
St WC1; i/d/tr/c 75/90/120/140 £; ⊖ Goodge St
Regentado por una afable familia, este hotel
ofrece 32 habitaciones, todas pequeñas
pero confortables y con baño, y un precioso
jardín. Se recomienda reservar *online* por si
ofertan mejores tarifas.

## JENKINS HOTEL

Plano pp. 82-83            Hotel ££

☎ 7387 2067; www.jenkinshotel.demon.co.uk; 45
Cartwright Gardens WC1; i 52-72 £, d/tr 95/110 £;
⊖ Russell Sq
Cerca del British Museum, este hotel, en
funcionamiento desde la década de 1920,
ofrece 14 cómodas habitaciones y un ambiente hospitalario. Las individuales, más
baratas, comparten baños. Se accede por
Burton Pl. Los huéspedes pueden utilizar las
canchas de tenis de los jardines de enfrente.

## JESMOND HOTEL

Plano pp. 82-83            B&B £

☎ 7636 3199; www.jesmondhotel.org.uk;
63 Gower St WC1; i/d/tr/c/f 50/75/95/110/120 £,
con baño compartido 40/60/80/100/110 £;
⊖ Goodge St; ⊚
Sus clientes no dudan en cantar las ala-
banzas de este B&B de Bloomsbury.
Las 16 habitaciones –una docena con baño– son sencillas pero limpias y alegres; es
una buena opción para grupos pequeños.
Ofrecen servicio de lavandería e Internet
gratis, pero la conexión Wi Fi tiene una tarifa
plana de 10 £.

## AROSFA

Plano pp. 82-83                       Hotel £

☎ 7636 2115; www.arosfalondon.com; 83 Gower
St WC1; i/d/tr/c 60/90/102/145 £; ⊖ Euston Sq o
Goodge St
Sus nuevos propietarios lo han renovado
totalmente: muebles de Philippe Starck
en el vestíbulo, fotografías del *skyline* de
Manhattan en las paredes y, en general, un
aspecto moderno. Las habitaciones son menos espléndidas, con unos baños diminutos
que los dueños aseguran que van a renovar.
En todo caso, ofrece buena relación calidad-
precio, aunque conviene tener cuidado con
las individuales (son muy pequeñas).

## RIDGEMOUNT HOTEL

Plano pp. 82-83                          Hotel £

☎ 7636 1141; www.ridgemounthotel.co.uk;
65-67 Gower St WC1; i/d/tr/c 54/75/93/104 £, con
baño compartido 42/58/78/92 £; ⊖ Goodge St

Este hotel de aspecto antiguo brinda a sus huéspedes una calidez y una consideración que en la actualidad resultan insólitas en Londres. Casi la mitad de sus 30 funcionales habitaciones tiene baño. También cuenta con servicio de lavandería.

### GENERATOR Plano pp. 82-83 Albergue £

☎ 7388 7655; www.generatorhostels.com; Compton Pl, enfrente 37 Tavistock Pl WC1; dc 15-17 £, i/tw/tr/c 5/50/60/80 £; ⊖ Russell Sq
Con decoración industrial, luces de neón azul y vibrante *techno,* el enorme Generator es uno de los sitios más animados de precio económico en el centro de Londres, aunque no sea idóneo para los delicados de corazón. El bar abre hasta las 2.00 y en su interior se celebran con frecuencia competiciones de bebida. Además de las 214 habitaciones, con dormitorios de entre 4 y 14 camas, también tiene varios billares, cajas de seguridad y un gran comedor, aunque carece de cocina.

## FITZROVIA

### SANDERSON Plano pp. 68 Hotel-*boutique* £££

☎ 7300 1400; www.sandersonlondon.com; 50 Berners St W1; d desde 235 £, st estilo *loft* 600 £; ⊖ Oxford Circus
Que nadie se eche atrás por el aluminio blanco y el cristal gris y verde de la fachada de este edificio corporativo de los años sesenta. Este *spa* urbano de diseño –¿alguien reconoce la mano de Philippe Starck?– alberga un exuberante jardín lleno de bambú, obras de arte, sábanas con una trama de 450 hilos y todo tipo de mobiliario espectacular, incluido un sofá "labios" de Dalí y sillones con forma de cisne. Es un lugar llamativo, casi surrealista, con 150 habitaciones e irresistiblemente decadente.

### CHARLOTTE STREET HOTEL
Plano p. 68 Hotel-*boutique* £££

☎ 7806 2000; www.charlottestreethotel.com; 15-17 Charlotte St W1; i/d desde 220/310 £, st desde 375 £; ⊖ Tottenham Court Rd; 🛇 🔥
Este maravilloso hotel de 52 habitaciones en el que Laura Ashley reemplaza la posmodernidad por el olor a rosas es el preferido de los periodistas de paso. El bar es un hervidero durante la noche, mientras que el restaurante Oscar es una delicia en cualquier momento, particularmente para tomar el té de la tarde.

### GRANGE LANGHAM COURT
HOTEL Plano p. 68 Hotel ££

☎ 7436 6622; www.grangehotels.co.uk; 31-35 Langham St W1; i/d desde 150/170; ⊖ Oxford Circus
Este hotel tiene un bonito exterior blanco y negro y una ubicación ideal, al norte de Oxford St y el Soho, pero las habitaciones (60 en total) y las estancias comunes son bastante ordinarias, con sillones de tartán y alfombras de rombos, por ejemplo.

## ST JAMES'S

### 41 Plano pp. 86-87 Hotel £££

☎ 7300 0041; www.41hotel.com; 41 Buckingham Palace Rd SW1; i y d desde 230 £, st desde 395 £; ⊖ Victoria; 🛇 🔲 🔥
Este hotel, situado en una preciosa casa antigua ubicada enfrente de Buckingham Palace's Royal Mews, proporciona un ambiente que se asemeja al de alojarse en un club. Hay ayudantes de cámara las 24 horas del día, 30 habitaciones con un diseño clásico en blanco y negro y un gran vestíbulo cubierto por una claraboya. La recepción está en el 5º piso.

### WELLINGTON Plano pp. 86-87 Hotel £

☎ 7834 4740; www.the-wellington.co.uk; 71 Vincent Sq SW1; i/d/tr/c con baño compartido 55/70/95/125 £; ⊖ Victoria; 🔲
Tan cálido como un invierno helado y tan limpio como un silbato usado, este lugar con vistas a una plaza arbolada es una antigua residencia de estudiantes con 91 habitaciones. Es accesible a pie desde las estaciones de trenes y autobuses Victoria y queda cerca de la Tate Britain.

### RITZ Plano p. 68 Hotel £££

☎ 7493 8181; www.theritzlondon.com; 150 Piccadilly W1; i/d desde 400/500 £, st desde 730 £; ⊖ Green Park; 🛇
¿Qué puede decirse de un hotel que ha hecho que su nombre entre a formar parte del vocabulario inglés? Se dice que es el más famoso de Londres: tiene 136 habitaciones y una ubicación espectacular con vistas a Green Park, y, supuestamente, es el "hogar lejos del hogar" de la familia real. La Long Gallery y el restaurante Palm Court son de estilo Luis XVI, y hay que reservar con semanas de antelación para el té de la tarde (37 £). Tienen previsto realizar una ampliación de 45 habitaciones en Arlington St, al este.

## METROPOLITAN Plano pp. 86-87 Hotel £££

☎ 7647 1000; www.metropolitan.co.uk;
19 Old Park Lane W1; h 375-475 £, st 650-3200 £;
✚ Hyde Park Corner; 🏱 ♿

En la misma zona del Halkin (p. 341), el
Metropolitan, de 155 habitaciones, es otro
hotel minimalista, carente de todo lo super-
fluo y decorado en tonos crema y madera
lacada. Atrae a un público muy *fashion*
y adinerado (más estrellas del *rock* que
realeza). El restaurante japonés Nobu (p. 234)
es excelente.

## SANCTUARY HOUSE HOTEL
Plano pp. 86-87 Hotel ££

☎ 7799 4044; www.fullershotels.com; 33 Tothill St
SW1; i y d 160-195 £; ✚ St James's Park; ♿

Un punto por encima del *pub*-hotel medio,
este alojamiento de 34 habitaciones da sentido a su nombre, aunque está a solo unos
minutos a pie de la abadía de Westminster
y el Parlamento. Tiene un estilo de campiña
inglesa muy acogedor y algunas habitaciones superiores que disponen de camas con
dosel. Desayuno no incluido.

# MAYFAIR

## BROWN'S Plano p. 68 Hotel £££

☎ 7493 6020; www.brownshotel.com;
30 Albemarle St W1; i y d desde 340 £, st desde
800 £; ✚ Green Park; 🏱 ♿

Esta maravilla de cinco estrellas se creó
en 1837 integrando 11 casas. Las zonas
comunes incluyen algunos rasgos de
decoración tradicional, como las ventanas
con vidrieras, los paneles eduardianos
de roble, las chimeneas y los espejos dorados. Sus 117 habitaciones han sido renovadas, decoradas en colores suaves y con
obras de artistas patrios.

## CLARIDGE'S Plano p. 92 Hotel £££

☎ 7629 8860; www.claridges.co.uk; 55 Brook St
W1; h desde 500 £, st desde 740 £, desayuno
21-28 £; ✚ Bond St; 🏱

Con sus 203 habitaciones, es uno de los
mejores hoteles de cinco estrellas que hay
en Londres; un apreciado recuerdo de otra
época. Muchos de sus rasgos *art déco* en
las estancias comunitarias y *suites* datan de
finales de los años veinte, y algunos de los
muebles *vintage* de la década de 1930 deco-
raron en el pasado los camarotes del vapor
*Normandie*. El célebre cocinero Gordon
Ramsay reina en los fogones (véase p. 234).

## DORCHESTER Plano p. 92 Hotel £££

☎ 7629 8888; www.dorchesterhotel.com; Park
Lane W1; i/d desde 400/570 £, st desde 710 £,
desayuno 25 £; ✚ Hyde Park Corner; 🏱 ♿

Esta opulenta proeza ha sido el hotel elegido por las estrellas del celuloide, los gurús
de la moda y la gente con dinero para gastar
y derrochar imagen desde su inauguración
en 1931. El vestíbulo es posiblemente el
más lujoso de la capital, y el enorme salón
de baile, con sus deslumbrantes paredes
cubiertas de espejos, uno de los mejores. En
sus 250 habitaciones se combinan muebles
antiguos y exclusivos, camas con dosel,
*chaises longes* y chimeneas encendidas,
evocando el lujo campestre inglés.

## CHESTERFIELD Plano p. 92 Hotel £££

☎ 7491 2622; www.redcarnationhotels.com;
35 Charles St W1; i 145-225 £, d y tw 170-305 £,
st desde 325 £, desayuno 17,50-19,50 £; ✚ Green
Park; 🏱

Una manzana al oeste de Berkeley Sq, se
encuentra este hotel de 110 habitaciones
repartidas en cinco plantas de lujo y refina-
miento, situado en una casa adosada georgiana bastante discreta por fuera. Dentro,
techos con molduras, suelos de mármol y
muebles de época, como cabría esperar de
uno de los grandes alojamientos de la capital. Hay que destacar las cuatro *suites* temáticas ("Música", "Jardín", "Teatro" y "Estudio").

## NUMBER 5 MADDOX STREET
Plano p. 68 Hotel £££

☎ 7647 0200; www.5maddoxstreet.com; 5
Maddox St W1; st 270-750 £; ✚ Oxford Circus; 🏱

Integrado solo por *suites* (12), este hotel se
ofrece como "un santuario urbano contemporáneo", cosa que logra con creces, consiguiendo que los huéspedes se sientan más
como si estuvieran en una casa alquilada.
Destacan los toques orientales, la decoración en tonos naturales y un gusto exquisito
por cada detalle, con todas las instalaciones
que precisa el viajero actual. La recepción
se encuentra en el 1er piso.

# MARYLEBONE

## DORSET SQUARE HOTEL
Plano p. 92 Hotel £££

☎ 7723 7874; www.dorsetsquare.co.uk; 39 Dorset
Sq NW1; d desde 240 £, st desde 350 £; ✚ Baker St

Dos casas unidas de estilo Regencia contienen este encantador hotel de 37 habitaciones

DÓNDE DORMIR EL WEST END

337

con vistas a la arbolada Dorset Sq, donde estuvo el primer campo de *cricket* en 1814 (lo que explica los objetos relacionados con este deporte que se exhiben en las urnas del vestíbulo). Las habitaciones son pequeñas, pero con una decoración de ensueño que combina antigüedades, tejidos suntuosos y camas con baldaquín o dosel.

## MANDEVILLE Plano p. 92 Hotel £££

☎ 7935 5599; www.mandeville.co.uk; Mandeville Pl W1; i/d 290/316 £; st desde 440 £; ⊖ Bond St; 🞮 🞕

Este maravilloso y nuevo hotel de lujo, situado muy cerca del Wigmore Hall y de la Wallace Collection, ofrece 142 habitaciones diseñadas por Stephen Ryan. Un lugar inolvidable por el DeVigne Bar (también obra de Ryan), toda una explosión de color, así como por las vistas que se disfrutan desde la terraza de la Penthouse Suite (880 £).

## CUMBERLAND HOTEL Plano p. 92 Hotel ££

☎ 0870 333 9280; www.thecumberland.co.uk; Great Cumberland Pl W1; i 100-295 £, d 120-370 £; ⊖ Marble Arch; 🞮 🞕

No es raro entrar aquí creyendo que se trata de una galería de arte contemporáneo, pues su vestíbulo, del tamaño de un hangar, está decorado con esculturas sobredimensionadas y con columnas en plexiglás de rayas negras. Algunas de sus más de mil habitaciones tienen vistas al vecino Hyde Park. El famoso chef Gary Rhodes está al frente del bar-*brasserie* Rhodes W1.

## DURRANTS HOTEL Plano p. 92 Hotel £££

☎ 7935 8131; www.durrantshotel.co.uk; George St W1; i 125-155 £, d/f 250/265 £, st 295-425 £; ⊖ Bond St; 🞮

Este desparramado hotel de 92 habitaciones, situado justo detrás de la Wallace Collection, muy práctico para ir de compras por la zona de Oxford St, en su día fue una posada y todavía conserva cierto aire de club de caballeros. Lo regenta la misma familia desde 1921.

## LEONARD HOTEL Plano p. 92 Hotel ££

☎ 7935 2010; www.theleonard.com; 15 Seymour St W1; i 80-125 £, d 170-180 £; ⊖ Marble Arch

Originalmente cuatro casas individuales y posteriormente un hospital, hoy ofrece 46 habitaciones aparentemente algo conservadoras, pero elegantes y muy confortables; conviene evitar las estándar, ya que se encuentran en el 5º piso y el ascensor solo llega hasta el 4º.

## HOTEL LA PLACE Plano p. 92 Hotel ££

☎ 7486 2323; www.hotellaplace.com; 11 Nottingham Pl W1; i 99-130 £, d 139-145 £, f 164-179 £, st 139-160 £; ⊖ Baker St

Sus 18 habitaciones son muy tradicionales, pero están impecablemente cuidadas y algunas tienen baños renovados. De regencia familiar, su última incorporación es un bar de vinos abierto las 24 horas.

## SUMNER HOTEL Plano p. 92 Hotel ££

☎ 7723 2244; www.thesumner.com; 54 Upper Berkeley St W1; h 155-193 £; ⊖ Marble Arch; 🞮

Este hotel de cinco estrellas, al norte de Oxford St y al oeste de Portman Sq, ofrece una incomparable relación calidad-precio dada su céntrica localización. Sus 20 habitaciones resultan actuales, cómodas y de buen tamaño, aunque toda la atención se la lleva el salón de estar, con una original chimenea y el suelo de maderas nobles.

## EDWARD LEAR HOTEL Plano p. 92 Hotel £

☎ 7402 5401; www.edlear.com; 28-30 Seymour St W1; i 72-91 £, d y tw 89-113 £, f 115-145 £, con baño compartido i 52-60 £, d y tw 60-74 £, f 89-113 £; ⊖ Marble Arch

Esta antigua residencia de un pintor y poeta (más bien compositor de quintillas humorísticas) victoriano ofrece 31 habitaciones con balcones cubiertos de flores, alojamiento básico y precios fantásticos. De hecho, su reclamo reza: "Si se encuentra un hotel más barato tan cerca de Oxford St, nosotros igualaremos la oferta".

## GLYNNE COURT HOTEL

Plano p. 92 Hotel ££

☎ 7258 1010; www.glynne-court-hotel.com; 41 Great Cumberland Pl W1; i/d/tr/f 55/90/95/110 £; ⊖ Marble Arch

Bastante corriente para sus tarifas y ubicación, reúne 15 habitaciones en un edificio de interés histórico de finales del s. XVIII. A los propietarios les gusta agradar y estarán encantados de contar la historia del nº 41 de Cumberland Pl. Cuidado con las oscuras habitaciones individuales del sótano.

# LA CITY

Alojarse en la Square Mile proporciona la oportunidad de ver otra cara de esta zona: la que ofrece cuando los trabajadores se han marchado a sus barrios, o durante los tranquilos e inquietantes fines de semana. Es una manera excelente de evitar las masas; además, ofrece buen acceso a lugares de interés como la Torre de Londres y los restaurantes y bares de Shoreditch.

## THREADNEEDLES
Plano p. 103                    Hotel-*boutique* £££

☎ 7657 8080; www.theetoncollection.com; 5 Threadneedle St EC2; i y d 282-558 £, st desde 480 £; ↔ Bank; 🏴 🛜
El viajero tiene que saber que existe este lugar. Es un hotel maravillosamente anónimo, pero, cuando se atraviesa la puerta, aparece un gran vestíbulo circular, amueblado tipo *art déco* y provisto de una cúpula de cristal pintada a mano. Puede que sus 69 habitaciones no sean vanguardistas, pero resultan muy agradables, con techos altos, Wi Fi gratis y mobiliario elegante.

## ANDAZ LIVERPOOL STREET
Plano p. 103                                Hotel £££

☎ 7961 1234; www.andaz.com; 40 Liverpool St EC2; h desde 115-230 £, st desde 260 £; ↔ Liverpool St; 🏴 🛗 🛜
Otra opción discreta, el otrora ruidoso y orgulloso Great Eastern Hotel ha sido adquirido por Hyatt para convertirse en el buque insignia londinense del grupo de su línea Andaz, orientada a jóvenes clientes. El hotel carece de recepción: hay personal ataviado de negro que registra al viajero en sus mini-portátiles. Las habitaciones son modernas y espaciosas, con bebidas sin alcohol, Wi fi y llamadas locales gratis. Además, posee cinco restaurantes y un templo masónico subterráneo descubierto durante su renovación en los años noventa. Se trata de una opción sólida y bien ubicada, un intermedio entre hotel de negocios y hotel-*boutique*.

## YHA LONDON ST PAUL'S
Plano p. 103                            Albergue £

☎ 0845 371 9012; www.yha.org.uk; 36 Carter Lane EC4; dc de 11 camas 15,95-28,95 £, i 18,95-35,95 £, d 38,95-71,95 £, tr 58,95-107,95 £; ↔ St Paul's
Este excelente albergue de 193 camas se encuentra prácticamente a la sombra de la catedral de St Paul y frente al Tate Modern. La mayor parte de las habitaciones son de dos, tres o cuatro camas, aunque 19 de ellas cuentan con 11 camas. Tiene un café con licencia para servir alcohol, pero sin cocina. No hay que perderse su preciosa fachada que da a Carter St.

## CITY YMCA EC1
Plano p. 144                        Albergue £

☎ 7614 5000; www.cityymca.org; 8 Errol St EC1; i con baño compartido 35 £, tw 64 £; ↔ Barbican
Mucho más agradable que el cercano Barbican, este hotel económico ofrece 112 habitaciones (4 individuales) repartidas en cuatro plantas con baño, TV y teléfono para recibir llamadas. Está muy bien situado con respecto a Shoreditch, por lo que hay que reservar aproximadamente con un mes de antelación. Tiene tarifas semanales (i/tw con pensión completa 215/370 £) y acceso a Internet gratis desde los terminales de la planta baja.

# EL SOUTH BANK
A pesar de que esta orilla del río en el pasado estuvo muy dejada, en la actualidad es una de las áreas más vivas de la ciudad y se está convirtiendo en una zona buena y práctica. Hay menos restaurantes y bares que en el West End, pero ¿a quién no le tienta alojarse cerca de la Tate Modern o el mercado de Borough y de su epicúrea oferta? Más al oeste se encuentra el London Eye y la multitud de atracciones del London County Hall.

# WATERLOO

## LONDON MARRIOTT COUNTY HALL
Plano p. 120                                Hotel £££

☎ 7928 5200; www.marriott.co.uk/lonch; Westminster Bridge Rd SE1; h desde 240 £, con vistas al río desde 270 £, desayuno 18,95-20,95 £; ↔ Westminster; 🏴 🛗 🛗 🛗
Este elegante hotel de 200 habitaciones es famoso por sus vistas al cercano Támesis y al Parlamento. En el pasado fue la sede del Greater London Council; el ambiente de sus tradicionales habitaciones sigue siendo algo anticuado, como atestiguan sus paredes revestidas de madera. El 5º piso acoge un gimnasio bien equipado y el 6º, una piscina de 25 m de longitud.

# BANKSIDE Y SOUTHWARK

## SOUTHWARK ROSE HOTEL
Plano p. 120                    Hotel 'Boutique' ££

☎ 7015 1480; www.southwarkrosehotel.co.uk; 47 Southwark Bridge Rd SW1; d y tw 125-190 £, desayuno 9-13 £, tarifa fin de semana desayuno incl. 95 £; ↔ London Bridge; 🏴 🛗 🛗
Anunciado como el primer hotel-*boutique* económico de Londres, cuenta con

84 habitaciones y está a solo unos minutos del río, lo que supone una opción de lo más versátil. El servicio es bueno, los precios, razonables y las habitaciones, aunque pequeñas, tienen cierto aire minimalista, con cabeceros en color ciruela, edredones de plumas y lámparas de pantallas plateadas. Hay un gran salón-bar en el 6º piso.

**MAD HATTER** Plano p. 120      Hotel ££

☎ 7401 9222; www.madhatterhotel.com; 3-7 Stamford St SE1; h 145-165 £, desayuno 7,50-11 £, £, tarifa fin de semana desayuno incl. 90-100 £; ↔ Southwark; ✂ ▣ ♿

Sus 30 habitaciones, repartidas en tres plantas, son bastante genéricas, pero, gracias a su zona de recepción de estilo tradicional y al *pub* anejo homónimo, este hotel tiene un ambiente algo más hogareño que la mayoría de los de cadena (pertenece al grupo de la cervecera Fuller).

# BOROUGH Y BERMONDSEY

## BERMONDSEY SQUARE HOTEL
Plano p. 120      Hotel-*boutique* ££

☎ 0870 111 2525, 0774 884 3350; www.bermond seysquarehotel.co.uk; Bermondsey Sq, Tower Bridge Rd SE1; h 119-299 £; ↔ London Bridge; ✂ ▣ ♿

Esta zona emergente de South London pide a gritos alojamientos de calidad como este precioso hotel-*boutique* de 79 habitaciones construido ex profeso. Las habitaciones –estándar y tirando a pequeñas– hacen buen uso del espacio, con una excelente zona de trabajo y TV de marca Apple adaptables al portátil y el iPod, duchas buenas y preciosas obras de arte moderno en las paredes. Las favoritas de estos autores están en lo más alto: cuatro temáticas tipo *loft* con nombres musicales de los sesenta como "Ruby" y "Lucy" y vistas que alcanzan el Crystal Palace. Más abajo, los viernes se monta el rastro (p. 219) más famoso de Londres.

## ST CHRISTOPHER'S VILLAGE
Plano p. 120      Albergue £

☎ 7407 1856; www.st-christophers.co.uk; 161-163 Borough High St SE1; dc 12,50-21 £, d y tw 46-56 £; ↔ Borough o London Bridge; ▣

Este alojamiento con 185 camas es el baluarte de una cadena de albergues con habitaciones básicas, pero baratas y limpias, que suman ocho propiedades por todo Londres. Tiene un jardín en la azotea provisto de bar, barbacoa y excelentes vistas al Támesis, además de un cine y el bar Belushi's de abajo, perfecto para pasarlo bien hasta las 2.00 entre semana y hasta

---

## ALOJAMIENTO DE ESTUDIANTES

Durante las vacaciones universitarias (normalmente mediados mar-finales abr, finales jun-sep y mediados dic-mediados ene), los dormitorios y residencias de estudiantes abren a los huéspedes de pago. Puede que el alojamiento no sea lujoso, pero sí limpio y económico.

Se puede probar en LSE Vacations ( ☎ 7955 7575; www.lsevacations.co.uk; i/tw/tr/c 53/75/99/110 £, i con baño compartido 43 £), el agente de la London School of Economics, cuyas ocho residencias incluyen una con 800 camas, la Bankside House (plano p. 120; ☎ 7107 5750; 24 Sumner St SE1; ↔ Southwark), detrás de la Tate Modern, en el South Bank; una con 281 camas, la Butler's Wharf Residence (plano p. 120; ☎ 7107 5798; 11 Gainsford St SE1; ↔ Tower Hill o London Bridge), casi a los pies de Tower Bridge, en Shad Thames; y la High Holborn Residence (plano pp. 72-73; ☎ 7107 5737; 178 High Holborn WC1; ↔ Holborn), con 495 camas y cerca de Covent Garden. Abren en período vacacional.

Entre las residencias gestionadas por el King's College Conference & Vacation Bureau ( ☎ 7248 1700; www. kcl.ac.uk/kcvb; i 30-40 £, d 52-60 £) se incluyen los Great Dover St Apartments (plano p. 120; ☎ 7407 0068; 165 Great Dover St SE1; ↔ Borough), con 716 habitaciones en un gran edificio de ladrillo en Borough; y los Stamford St Apartments (plano p. 120; ☎ 7633 2182; 127 Stamford St SE1; ↔ Waterloo), con 535 habitaciones cerca de Waterloo. Abiertas de finales de junio a septiembre.

Otras opciones interesantes:

International Students' House (plano p. 92; ☎ 7631 8310; www.ish.org.uk; 229 Great Portland St W1; dc 13-19 £, i/d/tr desde 38/60/78 £; ↔ Great Portland St) Bastante insólito para ser un colegio mayor, ofrece 700 camas cerca de Regent's Park. Dispone de habitaciones todo el año.

Finsbury Residences (plano p. 144; ☎ 7040 8811; www.city.ac.uk/ems; 15 Bastwick St EC1; i con baños compartidos 19-21 £; ↔ Barbican) Estas residencias, entre Islington y la City, comprenden dos modernos colegios mayores con 320 habitaciones que pertenecen a la ciudad universitaria. Abiertas de mediados de julio a agosto.

las 4.00 los fines de semana. Los dormitorios incorporan entre 4 y 14 camas. Las dos sucursales más cercanas (iguales datos de contacto) son St Christopher's Inn (plano p. 120; 121 Borough High St SE1), con 50 camas, con un *pub* y una pequeña galería, y el Orient Espresso (plano p. 120; 59-61 Borough High St SE1), con 40 camas, lavandería, café y dormitorio solo para mujeres.

## DOVER CASTLE HOSTEL

Plano p. 120                                      Albergue £

☎ 7403 7773; www.dovercastlehostel.co.uk; 6a Great Dover St SE1; dc 12-19,50 £, por semana 80 £; ⊖ Borough; 🖳

Albergue de 80 camas en una casa adosada victoriana de cuatro plantas. Posee un agradable bar en la planta baja, además de sala con TV, cocina, consigna y lavandería (5 £). Está más bien destartalado, pero resulta agradable. Los dormitorios tienen entre 3 y 12 camas. También gestionan apartamentos de alquiler individuales/dobles desde 119/150 £ por semana, gastos incluidos.

# DE HYDE PARK A CHELSEA

Los elegantes barrios de Chelsea y Kensington representan el Londres más distinguido, por lo que no hay demasiados alojamientos económicos o de precio medio. Hay sitios más modestos en Victoria y Pimlico. Puede que Victoria no sea la parte más atractiva de Londres, pero está muy cerca de importantes enlaces de transporte y los hoteles tienen mejor relación calidad-precio que en Earl's Court. Pimlico es una zona más residencial, aunque se estará cerca de la Tate Britain, en Millbank.

## CHELSEA Y BELGRAVIA

**B+B BELGRAVIA** Plano pp. 132-133    B&B ££

☎ 7259 8570; www.bb-belgravia.com; 64-66 Ebury St SW1; i/d/tw/tr/c 99/120/130/150/160 £; ⊖ Victoria; 🖳 ♿

Este B&B, asombrosamente remodelado en estilo contemporáneo, exhibe un elegante vestíbulo en blanco y negro para relajarse delante de la chimenea o ver un DVD. Aloja 17 habitaciones en tonos tierra que no son enormes, aunque las TV de pantalla plana no les restan espacio. Incorpora un precioso jardín trasero y los huéspedes pueden utilizar las bicicletas gratis.

# KNIGHTSBRIDGE, KENSINGTON Y HYDE PARK

**HALKIN** Plano pp. 132-133              Hotel £££

☎ 7333 1000; www.halkin.como.bz; Halkin St SW1; h desde 390 £, st desde 600 £, desayuno 20-25 £; ⊖ Hyde Park Corner; 🔀 🖳

Adecuado tanto para gentes de negocios como para huéspedes con inclinaciones minimalistas. Las puertas de las habitaciones están escondidas en pasillos de madera curvos y dentro todas están llenas de luz natural, paredes de color crema, paneles de madera con nudos y grandes baños repletos de mármol: tan elegantes y sobrias como el personal, vestido por Armani.

**LANESBOROUGH** Plano pp. 132-133   Hotel £££

☎ 7259 5599; www.lanesborough.com; Hyde Park Corner; i 355-415 £, d 475-575 £, st desde 675 £; ⊖ Hyde Park Corner; 🔀 🖳 ♿

Aquí es donde dormitan las divas y el opulento estilo Regencia casa con las últimas tecnologías. Cada una de sus 95 habitaciones está ricamente equipada, incluida la Royal Suite de tres dormitorios, que, por 7500 £, es uno de los alojamientos más caros de la ciudad. Por supuesto, el personal va impecablemente uniformado –bombín y chaqué– y se muestra indolentemente correcto.

**BLAKES** Plano pp. 132-133              Hotel £££

☎ 7370 6701; www.blakeshotels.com; 33 Roland Gardens SW7; i 175 £, d 225-375 £, st desde 565 £, desayuno 17,50-25 £; ⊖ Gloucester Rd; 🔀 🖳

Quien busque un estilo clásico (y ver a famosos) ha acertado con este lugar: cinco casas victorianas convertidas en un hotel, pintado de un serio verde oscuro y diseñado por la incomparable Anouska Hempel del hotel Hempel (p. 347). Sus 41 habitaciones están elegantemente equipadas con camas con cuatro columnas (con y sin dosel), ricas telas y antigüedades colocadas sobre suelos de madera blanqueados. Acoge un patio bonito aunque diminuto.

## KNIGHTSBRIDGE HOTEL

Plano pp. 132-133                          Hotel £££

☎ 7584 6300; www.knightsbridgehotel.com; 10 Beaufort Gardens SW3; i 170-185 £, d y tw 210-295 £, st 345 £, desayuno 16-17,50 £; ⊖ Knightsbridge; 🔀 🖳

El precioso Knightsbridge ocupa una casa de 200 años de antigüedad a la vuelta de la esquina con respecto a Harrods (p. 217), en una calle tranquila y arbolada. Posee un elegante y bello interior con una suntuosa decoración inglesa moderna y sutil. Algunas de las 44 habitaciones, aunque bellamente equipadas, son muy pequeñas para su precio, si bien los baños, en roble y granito, resultan fantásticos.

## CADOGAN HOTEL Plano pp. 132-133 Hotel ££
☎ 7235 7141; 75 Sloane St SW1; h 180-335 £, st desde 395 £, desayuno 20-25 £; ⊖ Sloane Sq; 🖼 💻 ♿

Este hotel de 64 habitaciones es un maravilloso híbrido, con las dos plantas más bajas en estilo contemporáneo y las dos superiores recién renovadas a modo de maravilloso vestigio de los tiempos eduardianos, repletas de paneles de madera pulida, sillones orejeros, ricas y pesadas telas y una refinada sala de dibujo para tomar el té de la tarde. No sorprende que las dos habitaciones más indulgentes (y deseadas) sean la nº 118, la misma en la que Oscar Wilde fue arrestado por "actos indecentes" en 1895, y la llamada Lillie Langtry (nº 109), empapelada en rosa y provista de boas de plumas y lazos rosas, que cobijó a la famosa actriz (y amante de Eduardo VII).

## GORE Plano pp. 132-133 Hotel ££
☎ 7584 6601; www.gorehotel.com; 190 Queen's Gate SW7; i 140-180 £, d 180-280 £, st desde 440 £, desayuno 12,95-16,95 £; ⊖ Gloucester Rd o High St Kensington; 🖼 💻

Carismático, este espléndido hotel de 50 habitaciones es un auténtico palacio de caoba, alfombras orientales, baños de estilo antiguo, aspidistras en macetas y retratos y grabados (unos 4500) que cubren cada centímetro cuadrado de pared. El anexo Bistrot One Ninety Queen's Gate es un buen lugar para tomar el *brunch* o disfrutar de una

# lo mejor
## JARDINES Y PATIOS
Garden Court Hotel (p. 348)
Hempel (p. 347)
Barmy Badger Backpackers (p. 350)
Ace Hotel (p. 350)
Academy Hotelp (p. 334)

bebida después de un concierto en el cercano Royal Albert Hall. El almuerzo de tres/cuatro platos cuesta 21,50/23,50 £.

## NUMBER SIXTEEN
Plano pp. 132-133 Hotel-*boutique* ££
☎ 7589 5232; www.numbersixteenhotel.co.uk; 16 Sumner Pl SW7; i 120 £, d 165-270 £, desayuno 16-17,50 £; ⊖ South Kensington; 🖼 💻

Decorado en tonos gris claro y con obras de arte bien seleccionadas, resulta un sorprendente lugar donde alojarse, con 42 habitaciones de distinto diseño, un acogedor salón y una biblioteca bien equipada. También tiene un idílico jardín trasero con un estanque para peces. Se puede desayunar en el invernadero.

## ASTER HOUSE Plano pp. 132-133 B&B ££
☎ 7581 5888; www.asterhouse.com; 3 Sumner Pl SW7; i 100-120 £, d y tw 145-250 £; ⊖ South Kensington; 🖼 💻

¿Qué tiene este alojamiento gestionado por personal de Singapur para haber ganado el premio al mejor B&B de Visit London, no una, sino tres veces? Pues un ambiente típico inglés, un servicio hospitalario, unas habitaciones confortables y con muebles de calidad y unos baños relucientes, y todo ello a un precio razonable. También habrá tenido que ver algo el precioso jardín y la deliciosa galería llena de plantas del 1er piso donde sirven el desayuno.

## VICARAGE HOTEL Plano p. 174 Hotel ££
☎ 7229 4030; www.londonvicaragehotel.com; 10 Vicarage Gate W8; i/d/tr/c 93/122/156/172 £, con baño compartido 55/93/117/128 £; ⊖ High St Kensington; 💻

Espejos dorados, apliques, lámparas de araña y papel de pared de rayas rojas y doradas adornan esta antigua casa victoriana, lo más cercano que el viajero puede estar de alojarse en una auténtica Linley Sambourne House (p. 171). Las habitaciones (17) son menos espléndidas, aunque poseen un evocador ambiente de la vieja Inglaterra y son un poco más grandes de lo habitual. Las de las plantas 3ª y 4ª comparten baño.

## MEININGER Plano pp. 132-133 Albergue £
☎ 7590 6910; www.meininger-hostels.com; 65-67 Queen's Gate SW7; dc 15-27 £, i/d/tr desde 69/90/ 99 £; ⊖ Gloucester Rd o South Kensington; 🖼 💻

En la actualidad ubicado en la Baden Powell House, la sede londinense de la Scout Asso-

# lo mejor

### B&B

B+B Belgravia (p. 341)
Guesthouse West (p. 349)
Aster House (p. 342)
Gate Hotel (p. 349)
Number 16 St Alfege's (p. 351)

ciation, cerca del Natural History Museum, este "hotel y albergue de ciudad" de gestión alemana brinda 47 habitaciones impecables, tres docenas de las cuales son dormitorios con entre 4 y 12 camas. Las 11 privadas tienen baño privado y una zona de trabajo de buen tamaño. El servicio es eficiente y correcto; además, incluye un bar y una excelente terraza en la azotea donde se hacen barbacoas en cuanto llega el buen tiempo.

## ASTOR HYDE PARK
Plano pp. 132-133      Albergue £
☎ 7581 0103; 191 Queen's Gate SW7; www.astor hostels.co.uk; dc 20-31 £, tw 70-80 £, d 80-90 £; ✆ Gloucester Rd o High St Kensington; ▯
Es poco probable que el viajero haya visto un albergue así, con paredes provistas de paneles de madera, ventanales emplomados tradicionales, ambiente del s. xix y una localización de lo más lustrosa, cerca del Royal Albert Hall. Posee 150 camas en habitaciones distribuidas en cinco plantas (sin ascensor), incluidos dormitorios de 3 a 12 camas, además de una fabulosa cocina que tiene hasta mesas de billar. Su hermano, el Astor Kensington (plano pp. 132-133; ☎ 7373 5138; www.astorhostels.co.uk; 138 Cromwell Rd SW7; dc 13-23 £, d 60 £; ✆ Gloucester Rd), a eso de 1 km al suroeste, es igual de bonito aunque en un estilo moderno y más animado (está cerca de la acción y de una parada de metro) y ofrece 120 camas (dormitorios colectivos en vivos colores primarios con 4 a 10 camas), una cocina también enorme, pero alegre y actual, y ascensor.

## YHA HOLLAND HOUSE
Plano p. 174      Albergue £
☎ 7937 0748; www.yha.org.uk; Holland Walk W8; dc 20,95-27,50 £; ✆ High St Kensington; ▯
Construido en el ala jacobea de la Holland House (1607), en medio de Holland Park,

este albergue posee 201 camas distribuidas en grandes dormitorios de entre 6 y 20 camas. Es grande, siempre hay jaleo y resulta bastante institucional, pero el emplazamiento es imbatible. Tiene café y cocina.

# VICTORIA Y PIMLICO
## WINDERMERE HOTEL
Plano pp. 132-133      Hotel ££
☎ 7834 5163; www.windermere-hotel.co.uk; 142-144 Warwick Way SW1; i 99 £, d y tw 124-155 £, f 169 £; ✆ Victoria; ▯
El atractivo (y galardonado) Windermere ofrece 20 habitaciones pequeñas pero individualmente diseñadas e inmaculadas en una reluciente casa victoriana de color blanco. Incluye el Pimlico Room, un restaurante correcto y de precio razonable (principales 9,95-15,95 £).

## MORGAN HOUSE Plano pp. 132-133   Hotel ££
☎ 7730 2384; www.morganhouse.co.uk; 120 Ebury St SW1; d/tr/f 92/112/132 £, i/d/tr con baño compartido 52/72/92 £; ✆ Victoria; ▯
Puede que este hotel de 11 habitaciones sea humilde, pero sabe cómo presentarse, como demuestran los pequeños ramos de flores frescas que salpican todas las estancias. Las opciones van de una individual compacta pero correcta con baño compartido a una familiar con baño. Las mejores son las dobles de color negro: la n° 2, con baño compartido, y la n° 8, con baño incorporado.

## LUNA SIMONE HOTEL
Plano pp. 132-133      Hotel £
☎ 7834 5897; www.lunasimonehotel.com; 47-49 Belgrave Rd SW1; i 60-70 £, d 85-100 £, tr 105-120 £, c 130-150 £; ✆ Victoria o Pimlico; ▯
Si todos los hoteles económicos de Londres fueran como este de 35 habitaciones, céntrico, impecable y confortable, los viajeros serían felices. El arte moderno y algunos baños cubiertos parcialmente de pizarra son partes destacadas de su renovación; además, posee instalaciones para guardar el equipaje, lo cual resulta práctico si se tiene que hacer algún viaje corto, pero no ascensor.

## ASTOR VICTORIA
Plano pp. 132-133      Albergue £
☎ 7834 3077; www.astorhostels.com; 71 Belgrave Rd SW1; dc 17-25 £, d y tw 50-75 £; ✆ Pimlico

El buque insignia del grupo Astor, que cuenta con cinco albergues (p. 343), tiene una localización céntrica y suma 180 camas, por lo que es bullicioso sin resultar demasiado impersonal. El hospedaje está compuesto por viajeros que se hallan entre viajes, lo cual lo convierte en una excelente fuente de información. El alojamiento lo componen dormitorios de entre cuatro y ocho camas, más un puñado de habitaciones con cama de matrimonio o dos camas.

# CLERKENWELL, SHOREDITCH Y SPITALFIELDS

Clerkenwell, Spitalfields y, especialmente, Shoreditch, con su extensión norte, Hoxton, son barrios muy populares y excelentes lugares en los que alojarse. En su mayor parte, las opciones son de precio alto, con la excepción del Hoxton Hotel, para el que se impone reservar con el mayor tiempo de antelación posible.

## ROOKERY Plano p. 144 Hotel £££

☎ 7336 0931; www.rookeryhotel.com; Peter's Lane, Cowcross St EC1; solo h 200 £, d y tw 240-340 £, st 570 £; ⊖ Farringdon; 🗙 🛜

Este encantador laberinto de 33 habitaciones ocupa una hilera de casas georgianas del s. XVIII y luce mobiliario antiguo (incl. una colección digna de un museo de retretes, duchas y lavabos victorianos), paneles de madera originales, estatuas en los baños y obras de arte seleccionadas por el propietario. También tiene un pequeño jardín y todo el lugar disfruta de un ambiente maravillosamente privado y evocador.

## MALMAISON Plano p. 144 Hotel £££

☎ 7012 3700; www.malmaison-london.com; 18-21 Charterhouse Sq EC1; st desde 395 £; ⊖ Farringdon; 🗙 🛗 🛜

Situado delante de una arbolada plaza digna de postal en Clerkenwell, cuando el viajero entre en el vestíbulo de este hotel de 97 habitaciones tendrá la sensación de hallarse en un bar de cócteles peligrosamente caro. Las áreas comunes tienen una iluminación tenue, con la excepción del luminoso restaurante subterráneo, mientras que las habitaciones son glamurosas, aunque un poco pequeñas para lo que cuestan.

## ZETTER Plano p. 144 Hotel-boutique ££

☎ 7324 4444; www.thezetter.com; 86-88 Clerkenwell Rd EC1; solo h 170-270 £, st desde 276 £; ⊖ Farringdon; 🗙 🛜

Este es un lugar especial: un templo a lo cool con una pátina kitsch, emplazado en pleno Clerkenwell. Las habitaciones son pequeñas pero con una forma perfecta, e incluyen clásicos de Penguin en las estanterías, TV de pantalla plana y aire acondicionado (que se sirve del agua de un pozo propio). Las excelentes ofertas de fin de semana reducen el precio de algunas habitaciones hasta solo 99 £. El restaurante italiano también es magnífico.

## HOXTON HOTEL Plano p. 144 Hotel ££

☎ 7550 1000; www.hoxtonhotels.com; 81 Great Eastern St EC2; h 1-199 £; ⊖ Old St; 🗙 🛗 🛜

Sin duda, la mejor relación calidad-precio de Londres para alojarse. En el corazón de Shoreditch, este elegante hotel de 205 habitaciones persigue hacer negocio llenando sus habitaciones todas las noches en lugar de atrancado a sus clientes. Casi todas las llamadas de teléfono son gratis, al igual que la conexión Wi-Fi, la conexión a Internet desde los terminales del vestíbulo, el uso de la impresora y el desayuno en el cercano Prêt à Manger. Las habitaciones son pequeñas pero estilosas, con TV de pantalla plana, escritorio y frigorífico con leche y agua a cuenta de la casa. Pero lo mejor de todo es su precio, pues, aunque hay que tener mucha suerte para conseguir una de sus habitaciones a 1 £, es bastante normal encontrar una por 59-79 £.

# EL EAST END Y DOCKLANDS

## RCA CITY HOTEL Plano p. 152 Hotel ££

☎ 7247 3313; www.cityhotellondon.co.uk; 12 Osborn St E1; i/d/tr/f 150/160/170/200 £; ⊖ Aldgate East; 🗙 🖵 🛗

No se puede decir que este hotel de 109 habitaciones no tenga florituras, pero le queda mucho para salir en la revista Wallpaper. No obstante, se halla en el extremo sur de Brick Lane, por lo que es práctico para quienes tengan asuntos que resolver en la City o en Shoreditch. Una extensión en vertical (que ha añadido un 6º piso) ha aumentado el número de habitaciones en una cuarta parte y ha añadido un bar y restaurante.

**OLD SHIP** Plano p. 152         Hotel ££

☎ 8986 1641; www.urbaninns.co.uk; 2 Sylvester
Path E8; i 70-80 £, d 80-100 £; ⓡ Hackney Central,
🚌 38, 106, 277 o 394; 🖵

Este pequeño hotel de 10 habitaciones
situado delante de Mare St, dos puertas
más abajo con respecto al célebre Hackney
Empire (p. 310), ofrece habitaciones y áreas
comunes muy animadas (papel de pared
de flores, marcos dorados, etc.) que casi
permiten calificarlo como de hotel-*boutique*. El *gastropub* del mismo nombre sirve,
entre otra cosas, excelentes tapas y *pies*.
No se halla en el centro de Londres, pero
es un barrio alegre y bien comunicado por
autobús y tren.

**40 WINKS** Plano p. 152     Pensión-*boutique* ££

☎ 7790 0259; www.40winks.org; 109 Mile
End Rd E1; i 60-80 £, d 95-100 £; ✦ Stepney
Green

Corta de espacio pero no de estilo, esta
pensión-*boutique* de dos habitaciones
en el barrio algo gris de Stepney Green
rezuma encanto y abunda en detalles.
Ocupa una casa de principios del s. XVIII
propiedad de un diseñador de éxito que ha
sido utilizada como escenario para varios
anuncios de moda. Las habitaciones (la
individual es bastante pequeña) contienen
casi todo lo que se pueda necesitar; todo
lo demás –tiendas, cine, metro– queda a
cinco minutos.

## CADENAS SIN FLORITURAS

Londres cuenta con varias cadenas hoteleras con descuento que ofrecen habitaciones limpias y modernas, aunque algo institucionales.

easyHotel (www.easyhotel.com) utiliza el mismo modelo de precios que su pariente easyJet para conseguir clientes. Hoteles funcionales que ofrecen los mejores precios a los más avispados, con tarifas entre 25 y 60 £ por habitación. Cada una de las habitaciones, moldeada en plástico y decorada en un naranja chillón, contiene una cama junto a un lavabo, una ducha y un retrete diminutos. No hay teléfono, la TV se paga aparte (igual que la limpieza y el cambio de sábanas; 10 £) y algunas no tienen ventanas. Actualmente, hay cuatro en Londres, incluidos el easyHotel Earl's Court (plano p. 174; 44-48 West Cromwell Rd SW5; ✦ Gloucester Rd), el easyHotel Victoria (plano pp. 132-133; 36-40 Belgrave Rd SW1; ✦ Victoria) y el easyHotel Paddington (plano p. 172; 10 Norfolk Pl W2; ✦ Paddington), práctico para el Heathrow Express.

Express by Holiday Inn ( ☎ 0800 434 040; www.hiexpress.co.uk) es la cadena de más categoría de las aquí reco-mendadas, y la más destacable por sus ubicaciones. Entre la veintena de opciones en el centro hay una London City (plano p. 144; ☎ 7300 4300; 275 Old St EC1; ✦ Old St), emplazada en el corazón de la marcha nocturna de la zona de Shoreditch; otra en Limehouse (plano p. 152; ☎ 7791 3850; 469-475 The Highway E1; ✦ Shadwell, DLR Limehouse), en el East End; y la de Southwark (plano p. 120; ☎ 7401 2525; 103-109 Southwark St SE1; ✦ Southwark o London Bridge), detrás de la Tate Modern. Los precios varían mucho, pero comienzan a partir de 115/70 £ por una doble entre semana/fin de semana.

Premier Inn ( ☎ 0870 242 8000; www.premierinn.com) es una cadena económica original de Londres, y sus 26 propiedades suelen emplazarse en edificios antiguos. Se caracteriza por su austeridad, camas blandas (la 2ª es un sofá-cama) y muchas limitaciones, pero, a partir de 110 £ entre semana (99 £ fines de semana), pocos clientes se quejan. Su primer alojamiento, en London County Hall (plano p. 120; ☎ 0870 238 3300; Belvedere Rd SE1; ✦ Waterloo), está cerca del London Eye, aunque no tiene vistas al río; la sucursal de Southwark (plano p. 120; ☎ 0870 990 6402; 34 Park St SE1; ✦ London Bridge) está justo detrás del Shakespeare's Globe. La de Euston (plano p. 166; ☎ 0870 238 3301; 1 Duke's Rd WC1; ✦ Euston o King's Cross/St Pancras) está bien ubicada para las estaciones de trenes, aunque en una calle muy ruidosa.

Travelodge ( ☎ 0871 984 8484; www.travelodge.co.uk) cobra entre 75 y 105 £. Ofrece un acomodo más agradable, pero pocas instalaciones generales; normalmente no hay vestíbulo, la recepción es pequeña y el servicio puede ser bastante displicente. De las 16 propiedades que tiene en el centro de Londres, las mejor posicionadas son la de Liverpool Street (plano p. 103; ☎ 0871 984 6190; 1 Harrow Pl E1; ✦ Aldgate), al oeste de Petticoat Lane, y la de Covent Garden (plano pp. 72-73; ☎ 0871 984 6245; 10 Drury Lane WC2; ✦ Holborn o Covent Garden).

El grupo Days Hotel ( ☎ 0800 028 0400; www.daysinn.co.uk), parte de la cadena Days Inn, ofrece una de las mejores relaciones calidad-precio, aunque con pocos extras y habitaciones entre 69 y 125 £. De momento solo cuenta con dos propiedades en el centro de la ciudad, incluida una nueva en Shoreditch (plano p. 152; ☎ 7613 6500; 419-437 Hackney Rd E2; ✦ Bethnal Green, ⓡ Cambridge Heath, 🚌 48 o 55), ubicada a cierta distancia del enrollado barrio homónimo –accesible en autobús– y otra en Waterloo (plano p. 186; ☎ 7922 1331; 54 Kennington Rd SE1; ✦ Lambeth North), que en realidad se halla en Lambeth, al sur de Waterloo.

# NORTH LONDON

Para alojarse fuera de las principales zonas turísticas, North London alberga algunas opciones correctas en distintos barrios, incluidos King's Cross, Camden y Hampstead, este último una de las zonas residenciales más verdes y deseadas de la capital.

## CAMDEN

### 66 CAMDEN SQUARE Plano p. 166    B&B ££

☎ 7485 4622; rodgerdavis@btinternet.com; 66 Camden Sq NW1; B&B 50-60 £ por persona; ✆ Camden Town; 🛜

Este espacio contemporáneo de cristal y teca ofrece una excelente relación calidad-precio y la oportunidad de alojarse en una tranquila plaza del norte de Londres no lejos de Camden Town y Regent's Park. Los propietarios son amantes de lo japonés y toda la casa exhibe un atractivo minimalismo que solo algún que otro grito de guacamayo rompe. Hay que reservar con antelación.

### ST CHRISTOPHER'S INN CAMDEN
Plano p. 166    Albergue £

☎ 7388 1012, 7407 1856; www.st-christophers. co.uk; 48-50 Camden High St NW1; dc 12,90-21 £, tw 26-50 £; ✆ Camden Town o Mornington Cres; 🖥 🛜

Esta sucursal de 54 camas de la popular cadena de albergues se encuentra a cinco minutos de la estación de metro Camden Town, en High Street, y encima del transitado bar Belushi's, que abre hasta las 2.00. El personal es muy amable, no hay toque de queda y todo está limpio y correcto, aunque algunas de las habitaciones privadas son muy pequeñas. Los dormitorios tienen entre 6 y 10 camas. La conexión Wi-Fi es gratis y el acceso a Internet desde terminales cuesta 1 £ cada 20 minutos.

## KING'S CROSS Y EUSTON

### YHA ST PANCRAS INTERNATIONAL
Plano p. 166    Albergue £

☎ 0845 371 9344; www.yha.org.uk; 79-81 Euston Rd NW1; dc desde 21,95 £, tw 60-70 £; ✆ King's Cross/St Pancras o Euston; ♿ 🖥 🛜

Este albergue con 185 camas es uno de los mejores de la ciudad. Bien situado para los lugares de interés (aunque se halla en una calle ruidosa), fue renovado totalmente en el 2009, dotándolo de instalaciones modernas, espaciosas y limpias, con dormitorios

para entre cuatro y seis personas (casi todos con baño) y varias habitaciones privadas, algunas con aire acondicionado. Ofrece Wi-Fi gratis, lavandería de monedas y un buen bar y café, pero no cocina.

### CLINK Plano p. 166    Albergue £

☎ 7183 9400 www.clinkhostel.com; 78 King's Cross Rd WC1; dc desde 9-26 £, i 40-70 £, tw desde 50 £, tr 70-90 £; ✆ King's Cross/St Pancras; ♿ 🖥 🛜

Este fantástico albergue de 350 camas se halla en unos juzgados del s. XIX donde Dickens trabajó como escribiente, el mismo que también visitaron los componentes de los Clash en 1978. Algunas zonas, incluidos siete pequeños calabozos convertidos en habitaciones y un par de salas de audiencias recubiertas de paneles de madera que funcionan como café y sala de Internet, están protegidas como patrimonio. Todos los dormitorios, distribuidos por colores (4-16 plazas), poseen camas nicho (con espacio para guardar cosas), y alrededor de un tercio de las 128 habitaciones privadas cuentan con baño propio. En el sótano hay un bar y una fantástica cocina, y el personal es de lo más amable.

### ASHLEE HOUSE Plano p. 166    Albergue £

☎ 7833 9400; www.ashleehouse.co.uk; 261-265 Gray's Inn Rd WC1; dc 14-23 £, s 45-60 £, tw 50-60 £, tr 63-69 £; ✆ King's Cross/St Pancras; 🖥 🛜

Gestionado por el mismo equipo responsable del excelente Clink (arriba), se trata de un lugar agradable, aunque bastante descuidado en comparación con su vecino, con desconchados en la pintura y humedad en los baños. Las espaciosas habitaciones están algo llenas, pero bien en general, con un total de 170 camas. En el sótano hay una sala de televisión, además de lavandería, una cocina de tamaño correcto, consigna, taquillas gratis y acceso a Internet (de pago).

## HAMPSTEAD Y HIGHGATE

### LA GAFFE Plano p. 162    Hotel ££

☎ 7435 8965; www.lagaffe.co.uk; 107-111 Heath St NW3; i 70 £, d y tw 85-95 £, tr 125 £; ✆ Hampstead

Situado encima de un popular restaurante italiano del mismo nombre (véase p. 254), en una casa de campo bicentenaria situada en una zona aburguesada y muy residencial, se trata es un lugar llamativo pero agradable, con 18 habitaciones.

## HAMPSTEAD VILLAGE GUEST HOUSE
Plano p. 162        Pensión ££

☎ 7435 8679; www.hampsteadguesthouse.com;
2 Kemplay Rd NW3; i/d 75/95 £, con baño
compartido i 55-65 £, d 80 £, apt estudio i/d/tr/f
100/125/145/160 £, desayuno 7 £; ⊖ Hampstead
Esta preciosa pensión de nueve habitaciones
tiene un ambiente algo estrafalario, decoración rústica y antigua, camas confortables,
un delicioso jardín trasero y unos propietarios muy amables. Incluye un estudio con
capacidad para hasta cinco personas.

## REGENT'S PARK
### MELIÁ WHITE HOUSE Plano p. 162    Hotel ££
☎ 7391 3000; www.solmelia.com; Albany St NW1;
h 99-265 £; ⊖ Great Portland St; 🖃 👤 🖳 🛜
Este hotel enorme (545 habitaciones) está
emplazado en un estiloso edificio *art déco*
de azulejos blancos y es muy popular entre
grupos organizados. Las habitaciones rozan
el mal gusto, pero su ubicación, al oeste de
Regent's Park y a un paseo del Soho y de
tres estaciones del metro, y precio razonable
lo convierten en una gran opción.

# WEST LONDON
Desde los elegantes hoteles de Notting Hill
a los albergues de Earl's Court y Shepherd's
Bush, el oeste de Londres siempre ha ofrecido
una amplia gama de opciones de alojamiento.
Bayswater es un lugar comodísimo, aunque
algunas de las calles al oeste de Queensway
pueden resultar algo decadentes. Ciertas
partes de Paddington son bastante sórdidas,
incluso demasiado por la noche, pero cuenta
con muchos hoteles económicos y de precio
medio y es una buena ubicación si se está de
paso, ya que Heathrow queda a 15 minutos
con el *Heathrow Express*. St John's Wood y
Maida Vale son barrios tranquilos y con zonas
verdes que ofrecen unas cuantas opciones para
descansar, algunas bastante atractivas.

# ST JOHN'S WOOD
# Y MAIDA VALE
### COLONNADE Plano p. 172       Hotel ££
☎ 7286 1052; www.theetoncollection.com;
2 Warrington Cres W9; i 99-130 £, d 105-150 £,
st desde 155 £, desayuno 8,50-16 £; ⊖ Warwick
Ave; 🖃 🖳
Una delicia en la preciosa Little Venice, al
lado del Grand Union Canal, en este bonito

edificio victoriano fue donde se refugió
Sigmund Freud tras su huída de Viena en
junio de 1938. A excepción de las tres del
sótano, el resto de habitaciones (43) son
luminosas, espaciosas y tranquilas.

# PADDINGTON Y BAYSWATER
### HEMPEL Plano p. 172      Hotel-*boutique* £££
☎ 7298 9000; www.the-hempel.co.uk; 31-35
Craven Hill Gardens W2; d desde 189 £, st desde
499 £; ⊖ Lancaster Gate o Queensway; 🖃 🖳
La sinfonía minimalista en blanco y tonos
naturales de la diseñadora Anouska Hempel
sigue impresionando doce años después de
su inauguración. Las 50 habitaciones y estudios son bonitos, confortables y especiales
(la Lioness Den contiene una cama dentro
de una celda suspendida en la sala de estar),
mientras que el jardín japonés de enfrente
es todo un remanso de paz.

### HOTEL INDIGO Plano p. 172    Hotel-*boutique* ££
☎ 7706 4444; www.hipaddington.com;
16 London St W2; i 140 £, d 155-190 £;
⊖ Paddington; 🖃 🖳 👤
Magnífica adición a los alojamientos de
Paddington, se trata de un establecimiento
de 64 habitaciones que forma parte de la
división *boutique* del gigantesco grupo US
InterContinental. Se inspira en la secuencia
de números de Fibonacci del s. XIII (p. ej., Pi)
que, al parecer, genera formas en la naturaleza; están por todas partes (en la escalera
de cristal, en la recepción, en la alfombra,
en el cabecero de la cama) y cada una de las
plantas tiene su propio esquema de color.
El resultado es un ambiente genial, además
de educativo.

### VANCOUVER STUDIOS
Plano p. 172        Hotel ££

☎ 7243 1270; www.vancouverstudios.co.uk;
30 Prince's Sq W2; i 89 £, d y tw 130-160 £, tr 170 £,
apt 3 dormitorios 350 £; ⊖ Bayswater; 🖳
Todo el mundo se sentirá como en casa en
esta preciosa hilera de casas adosadas que
suma 45 estudios estilosos a precios razonables. Todas las opciones tienen cocina
americana, pero pueden diferir mucho entre
sí, y van desde las diminutas, aunque bien
equipadas, a las de tamaño familiar con
balcón. También abarcan todo tipo de decoración, desde cubrecamas de falso visón
hasta de cuadraditos de *vichy*. Tampoco
falta un jardín, y con una pequeña fuente.

# lo mejor

## HOTELES-*BOUTIQUE*

Hotel Indigo (p. 347)
Bermondsey Square Hotel (p. 340)
Number Sixteen (p. 342)
Mayflower (p. 350)
Rockwell (p. 349)

### PARKWOOD HOTEL Plano p. 172 Hotel ££

☎ 7402 2241; www.parkwoodhotel.com;
4 Stanhope Pl W2; i/d/tr/f 75/89/99/115 £, con baño
compartido i/d/tr 49,50/68,50/79 £; ⊖ Marble Arch
Pequeño hotel con una buena relación
calidad-precio. Las 16 habitaciones refor-
madas están decoradas en rosa y amarillo,
con colchas de rayas, doseles en forma
de corona y macetas con plantas. Excepto
cuatro, todas incluyen baño, aunque no
les vendría mal una reforma.

### GARDEN COURT HOTEL Plano p. 172 Hotel ££

☎ 7229 2553; www.gardencourthotel.co.uk;
30-31 Kensington Gardens Sq W2; i/d/tr/f 72/115/
150/170 £, i/d con baño compartido 48/75 £;
⊖ Bayswater; 📖
Famoso por la estatua de un Beefeater aga-
rrando un hacha del vestíbulo, el impecable
Garden Court está un escalón por encima
de la mayoría de hoteles clásicos ingleses de
su categoría. Aunque la decoración general
conserva toques tradicionales, las 32 habitaciones son discretas al respecto, y los baños
son decididamente modernos. Otra ventaja
es que los huéspedes tienen acceso tanto
al jardín del hotel como a la plaza arbolada
que hay al otro lado de la calle.

### PAVILION HOTEL Plano p. 172 Hotel ££

☎ 7262 0905; www.pavilionhoteluk.com;
34-36 Sussex Gardens W2; i 60-85 £, d/tw/tr/f
100/100/120/130 £; ⊖ Paddington
El estrafalario Pavilion ofrece 30 habitaciones de temática individual: la Honky Tonky
Afro propone un ambiente años setenta; la
Casablanca es de temática árabe; la Goldfinger se recrea en las películas de James Bond,
mientras que la Enter the Dragon es un
tributo a Bollywood. En conjunto, intentan
cumplir con el eslogan de la casa: "Fashion,
Glam & Rock 'n' Roll" y resultan divertidas e
interesantes para lo que cuestan.

### CARDIFF HOTEL Plano p. 172 Hotel ££

☎ 7723 9068; www.cardiff-hotel.com;
5-9 Norfolk Sq W2; i 49-65 £, d/tr/c 95/110/125 £;
⊖ Paddington; 📖
Regentado por la misma familia desde hace
medio siglo, el hotel domina la encantadora Norfolk Sq, un oasis durante los meses
más cálidos. Las 61 habitaciones tienen un
tamaño aceptable y una decoración sin
personalidad, si bien es la mejor opción de
precio medio de la zona. Las individuales
más baratas tienen ducha, pero no inodoro.

### STYLOTEL Plano p. 172 Hotel ££

☎ 7723 1026; www.stylotel.com; 160-162 Sussex
Gardens W2; i/d/tr/c 60/85/105/120 £, estudio
st 149 £, st 1 dormitorio 179 £; ⊖ Paddington;
📵 📖
El diseño industrial (peldaños de aluminio,
cristal verde opaco, abundante acero) de este hotel de 47 habitaciones es tan evidente
como su nombre y su lema ("No es solo un
hotel, sino una máquina en la que vivir"). No
obstante, resulta muy agradable poder disfrutar de un ambiente tan limpio, elegante
y contemporáneo a estos precios. Las ocho
*suites* nuevas (estudios y *suites* de 1 dormitorio), situadas a la vuelta de la esquina con
respecto a London St, son una baza añadida
para familias y estancias más largas.

### LANCASTER HALL HOTEL
Plano p. 172 Hotel ££

☎ 7723 9276; www.lancaster-hall-hotel.co.uk;
35 Craven Terrace W2; i/tw 65/85 £, i/d/tr/c con
baño compartido 30/48/60/80 £; ⊖ Lancaster Gate
A un paso de Kensington Gardens, ofrece
dos tipos de alojamiento: 80 habitaciones
con baño en un hotel estándar con los servicios típicos de precio medio y un "ala joven"
recién reformada que suma 22 habitaciones
con lavabos integrados y baños compartidos en el pasillo.

### ELYSEE HOTEL Plano p. 172 Hotel £

☎ 7402 7633; www.hotelelysee.co.uk; 25 Craven
Tce W2; i 65-89 £, d 79-120 £; ⊖ Lancaster Gate;
📵 📖
Este hotel económico emplazado en una
calle tranquila en la parte norte de Kensington Gardens ofrece una magnífica relación
calidad-precio teniendo en cuenta su ubicación y clase (3 estrellas). El nuevo ascensor
proporciona un acceso menos penoso a sus
55 habitaciones. Posee una bonita fachada
adornada con plantas.

## OXFORD HOTEL LONDON
Plano p. 172                              Hotel £
☎ 7402 6860; www.oxfordhotellondon.co.uk;
13-14 Craven Tce W2; i 50-60 £, d/tr/c 68/83/98 £;
⊖ Lancaster Gate
Establecimiento humilde de 21 habitaciones
que intenta agradar con sus animadas paredes amarillas y colchas de cuadros azules,
aunque las alfombras de la sala de desayuno
y la destartalada escalera alertan sobre la
urgencia de una reforma. El personal de
recepción es siempre muy amable.

# NOTTING HILL Y PORTOBELLO
**PORTOBELLO HOTEL** Plano p. 172   Hotel £££
☎ 7727 2777; www.portobello-hotel.co.uk;
22 Stanley Gardens W11; i 150-195 £, d 200-255 £,
tw 225-285 £, st desde 265 £; ⊖ Notting Hill Gate;
🔀 🖳
Esta casa bellamente equipada disfruta de
un emplazamiento excelente y lleva muchos
años albergando a roqueros y estrellas
de cine. Las 21 habitaciones exhiben una
elegante decoración colonial y destilan
una atmósfera de exclusividad. Posee restaurante y un bar abierto las 24 horas.

**GUESTHOUSE WEST** Plano p. 172   B&B ££
☎ 7792 9800; www.guesthousewest.com;
163-165 Westbourne Grove W11; i y d 165-195 £;
⊖ Westbourne Park o Royal Oak; 🔀 🖳
Autodescrito como la reinvención chic de
"Notting Hill" del B&B tradicional, se trata
de una preciosa casa de tres plantas con
20 habitaciones sencillas, aunque elegantes,
equipadas con camas modernas provistas
de dosel, TV de pantalla plana, relucientes
hervidores de agua y baños alicatados en
tonos crema. Las alegres estancias de la
planta baja poseen puertas acristaladas que
conducen a una terraza comunal de madera,
y el vestíbulo está decorado con obras de
arte moderno. De domingo a jueves pueden
obtenerse mejores precios (i y d 150-180 £).

**MILLER'S RESIDENCE** Plano p. 172   B&B ££
☎ 7243 1024; www.millersuk.com; 111a
Westbourne Grove W2; i y d 150-195 £, st 230 £;
⊖ Bayswater o Notting Hill Gate; 🔀 🖳
Más un B&B de lujo que un hotel, esta espaciosa casa del s. XVIII rebosa de curiosidades,
muebles antiguos, arte y personalidad. Las
ocho habitaciones tienen todas las formas,
tamaños y matices de la antigua opulencia
y son ideales para una estancia romántica.

La sala de dibujo de estilo victoriano es
digna de verse (preferiblemente a la luz de
las velas). Se accede por Hereford Rd.

**GATE HOTEL** Plano p. 172           B&B ££
☎ 7221 0707; www.gatehotel.co.uk; 6 Portobello
Rd W11; i 60-70 £, d 80-100 £, tr 105-125 £;
⊖ Notting Hill Gate; 🖳
Las seis habitaciones de esta casa antigua
con la típica decoración inglesa, fachada con
flores incluida, tienen baño privado. La dirección es amable y servicial y, por un precio
medio, se estará lo más cerca posible de las
compras y ventas de Portobello Rd.

**PORTOBELLO GOLD** Plano p. 172   Pensión £
☎ 7460 4910; www.portobellogold.com; 95-97
Portobello Rd W11; h desde 65 £, apt desde 120 £;
⊖ Notting Hill Gate; 🖳
Esta hogareña pensión, situada encima de
un agradable restaurante y *pub*, tiene siete
habitaciones de varios tamaños y diferentes
mobiliarios: unas cuantas dobles pequeñas
y la llamada Large Modern Suite, con muebles antiguos, cama con dosel y chimenea.
El estudio del ático, más moderno, incluye
cocina y acceso exclusivo a la azotea.

# EARL'S COURT
**ROCKWELL** Plano p. 174      Hotel-*boutique* ££
☎ 7244 2000; www.therockwell.com; 181-183
Cromwell Rd SW5; i 120 £, d 160-180 £, st desde
200 £; ⊖ Earl's Court; 🔀 🖳
Esta agradable novedad en el gran barrio
de Earl's Court es el "hotel-*boutique* económico" por excelencia, emplazado en dos casas adosadas. La decoración añade un toque
contemporáneo al estilo inglés tradicional y
las tres habitaciones (LG 1, 2 y 3) que miran
al jardín son especialmente bonitas.

**BASE2STAY** Plano p. 174           Hotel ££
☎ 7244 2255, 0845 262 8000; www.base2stay.
com; 25 Courtfield Gardens SW5; i 91-96 £, d y
tw 103-199 £; ⊖ Earl's Court o Gloucester Rd;
🔀 🖳 ♿
Este hotel se ha esforzado por desechar
todos los extras "innecesarios" que suelen
incluir la mayoría de los alojamientos para
concentrarse en lo importante, como las
instalaciones de comunicaciones, los sistemas de música y las cocinas americanas.
El resultado son 67 habitaciones austeras
pero extremadamente confortables. La
doble más económica es a base de literas.

**MAYFLOWER** Plano p. 174     Hotel-*boutique* ££

☎ 7370 0991; www.mayflowerhotel.co.uk;
26-28 Trebovir Rd SW5; i 85-90 £, d 99-165 £, tr/f
145/169 £; ⊖ Earl's Court; ▣

Uno de los hoteles-*boutique* más baratos de
Londres luce un estilo colonial actualizado,
con madera tallada de la India, ventiladores
cenitales y baños con azulejos negros.
De sus 46 habitaciones, las dobles de lujo
tienen balcón y mobiliario exclusivo, así como camas dobles de madera tallada. Otros
hoteles similares de West London incluyen
el cercano Twenty Nevern Square (plano p. 174;
☎ 7565 9555; 20 Nevern Sq SW5; i 99-120 £, d 110-140 £;
⊖ Earl's Court), con 20 habitaciones también
de estilo colonial –con menos azulejos negros y mucha más madera tallada– y el New
Linden Hotel (plano p. 172; ☎ 7221 4312; 58-60 Leinster
Sq W2; i 65-79 £, d 89-139 £, tr 140-170 £; ⊖ Notting Hill
Gate), con 51 habitaciones entre Westbourne
Grove y Notting Hill.

**RUSHMORE** Plano p. 174     Hotel ££

☎ 7370 3839; www.rushmore-hotel.co.uk;
11 Trebovir Rd SW5; i 69-79 £, d 89-99 £, tr y c
115-119 £; ⊖ Earl's Court; ▣ ♿

Los suaves tonos pastel, los tejidos drapea-
dos y otros sencillos pero elegantes detalles
de este hotel modesto crean un ambiente
agradable y acogedor. Las 22 habitaciones,
todas con baños renovados, tienen un
tamaño correcto. Las cuatro de la 1ª planta
poseen balcón: las nº 11 y 12 dan a la calle;
y la 14 y la 15, al patio.

**MERLYN COURT HOTEL** Plano p. 174 Hotel £

☎ 7370 1640; www.merlyncourthotel.com;
2 Barkston Gardens SW5; i/d/tr/f desde 56/80/
90/95 £, i/d con baño compartido 50/70 £;
⊖ Earl's Court

Las 18 humildes pero parcialmente renovadas habitaciones de este hotel resultan
anodinas, pero el ambiente es excelente,
el recibimiento siempre es cálido y se
halla en una calle tranquila muy cerca de la
estación del metro Earl's Court. Sin duda,
un ganador de la categoría económica.

**ACE HOTEL** Plano p. 174     Albergue ££

☎ 7602 6600; www.ace-hotel.co.uk; 16-22
Gunterstone Rd W14; dc 19-29 £, d 105 £, d con
baño compartido 56-60 £; ⊖ Barons Court; ▣ ♿

Impecable y situado en una tranquila calle
residencial al oeste de Earl's Court (un poco
en tierra de nadie pero cerca del metro),
este alojamiento con 163 camas posee un

ambiente contemporáneo y animado,
además de un fabuloso jardín trasero.
Los dormitorios colectivos tienen entre
tres y ocho literas; y también ofrece cuatro
habitaciones dobles con baño, todas con
vistas al patio y al jardín.

**YHA EARL'S COURT** Plano p. 174 Albergue £

☎ 7373 7083; www.yha.org.uk; 38 Bolton
Gardens SW5; dc 17,50-28,50 £, tw 44-72 £;
⊖ Earl's Court; ▣

El albergue juvenil de Earl's Court fue remodelado después de un incendio que sufrió
hace algunos años, y a pesar del nuevo
marco han logrado conservar el excelente
ambiente de este edificio victoriano. El lugar
es alegre pero básico: casi todo el alojamiento (186 camas) se ubica en dormitorios
de 4 a 10 literas. Posee una cocina de buen
tamaño, un café moderno y un jardín en la
parte posterior.

**BARMY BADGER BACKPACKERS**
Plano p. 174     Albergue £

☎ 7370 5213; www.barmybadger.com;
17 Longridge Rd SW5; dc 17-21 £, d y tw 42 £;
⊖ Earl's Court; ▣

Situada en medio de una zona residencial,
esta casa adosada victoriana, orientada
a mochileros, es más pequeña que otros
muchos albergues de la ciudad, lo cual
le da un aire más hogareño. El resultado
es que algunos huéspedes se quedan más
tiempo del planeado, encantados tanto
con el precioso jardín trasero como con
las atractivas tarifas semanales (desde 96 £
en un dormitorio de 6 camas). También tiene
una cocina pequeña, lavandería y 42 camas
distribuidas en 14 habitaciones. Los dormitorios disponen de cuatro a seis camas y hay
cinco habitaciones dobles (3 con baño).

**BARKSTON HOSTEL** Plano p. 174 Albergue £

☎ 7373 4322; youthhostel1@yahoo.com;
1 Barkston Gardens SW5; dc 11-14 £, i/d/tr/c
25/34/45/52 £; ⊖ Earl's Court; ▣

Lugar enorme con 315 camas en habitaciones repartidas por tres edificios victorianos
(algunos de los cuales conservan elementos
originales como vidrieras), este albergue
bastante institucional es lo más barato que
hay para dormir en Earl's Court. Los dormitorios acogen entre seis y ocho camas (la
nº 120 da a una deliciosa plaza arbolada),
y también tiene habitaciones privadas con
baño compartido.

**DÓNDE DORMIR WEST LONDON**

350

## SHEPHERD'S BUSH Y HAMMERSMITH

**K WEST** Plano p. 174      Hotel ££

☎ 7674 1000; www.k-west.co.uk; Richmond Way
W14; i 79-119 £, d 100-159 £, st desde 450 £, desayuno
11,50-17 £; ⊖ Shepherd's Bush; ❖ 🔲 ♿
Este alojamiento estiloso con 220 habitaciones situado junto a Shepherd's Bush
Green no dice mucho desde el exterior, pero
alberga un mundo en el que la madera oscura y el ante coexisten en feliz armonía con
el acero y el vidrio pulido. Mucha gente se
aloja aquí para disfrutar de su reconfortante
K Spa y de su popular restaurante Kanteen.

### ST CHRISTOPHER'S SHEPHERD'S
**BUSH** Plano p. 174      Albergue £

☎ 7407 1856; www.st-christophers.co.uk;
13-15 Shepherd's Bush Green; dc 12,50-21 £, tw
46-56 £; ⊖ Shepherd's Bush
A la vuelta de la esquina con respecto al
Westfield London, el centro comercial más
grande de Europa –con 265 tiendas y 50 restaurantes–, se trata de un albergue en pleno
bullicio, sin hora de cierre y con el metro y
un *pub* en la misma puerta. El alojamiento es
bastante pequeño, pero incluye ofertas especiales por debajo de 10 £ por cama y noche.

# GREENWICH Y SOUTHEAST LONDON

Alejado del ajetreo, al otro lado del Támesis,
Greenwich tiene más aspecto de pueblo que
otros barrios de Londres, por lo que da un poco la sensación de estar en provincias. Resulta
ideal para quienes deseen levantarse temprano
para ir a correr a Greenwich Park y disfrutar de
las vistas del río, o para aquellos que vayan a
un concierto o a cualquier otro evento del gran
O2. Los noctámbulos lo encontrarán menos
atractivo, pues no ofrece demasiada acción y
resulta difícil regresar por la noche desde otros
barrios más movidos.

## GREENWICH

### HARBOUR MASTER'S HOUSE
Plano p. 178      Apartamento ££

☎ 8293 9597; http://website.lineone.net/~
harbourmaster; 20 Ballast Quay SE10; i y d 75-85 £,
tr y c 85-95 £; 🚉 Greenwich, DLR Cutty Sark
Este apartamento independiente de tres
dormitorios situado en un bajo se halla

junto al río, en un edificio georgiano protegido de 1855. Combina comodidades
modernas, como radiador toallero y cocina
equipada, con el encanto de los techos
abovedados de ladrillos blancos y un vago
ambiente marítimo. Es bastante compacto,
por lo que resulta adecuado para parejas.

### NUMBER 16 ST ALFEGE'S Plano p. 178 B&B £
☎ 8853 4337; www.st-alfeges.co.uk; 16 St Alfege's
Passage SE10; i/d 75/90 £; 🚉 Greenwich, DLR Cutty
Sark
La dirección más deseada de Greenwich,
incluso desde que apareció el Hotel Inspector de Channel 5, este B&B regentado por
gays en el corazón de Greenwich posee dos
habitaciones dobles bien equipadas y una
individual, las tres decoradas individualiza-
damente en tonos azules, verdes o amarillos
y provistas con sus respectivos baños. Los
propietarios hacen todo lo posible para que
el huésped se sienta como en casa, dándo-
les charla y tazas de té. Para ser tan céntrico,
el barrio es muy tranquilo. La entrada principal está doblando la esquina de Roan St.

### YHA LONDON THAMESIDE
plano p. 178      Albergue £

☎ 7232 2114; www.yha.org.uk; 20 Salter Rd
SE16; dc 16-27 £, tw 39-67 £; ⊖ Canada Water
o Rotherhithe; 🔲 ♿
Las instalaciones de este buque insignia de
la YHA son muy buenas, aunque el emplazamiento es un poco remoto. Posee bar,
restaurante, cocina y lavandería. Los dormitorios colectivos tienen entre 4 y 10 camas,
mientras que las 20 habitaciones dobles
incluyen baños privados.

### ST CHRISTOPHER'S INN GREENWICH
Plano p. 178      Albergue £

☎ 8858 3591; www.st-christophers.co.uk; 189
Greenwich High Rd SE10; dc 8-25 £, tw 45-50 £;
⊖ Greenwich, 🚉 Greenwich

La sucursal en Greenwich de esta exitosa cadena de albergues ofrece 55 camas y es más tranquila que otras sedes más céntricas (aunque está junto a la estación de trenes de Greenwich). Los dormitorios compartidos tienen de 6 a 8 camas e incluye dos habitaciones dobles y un *pub*.

### NEW CROSS INN Plano p. 178　　Albergue £

☎ 8691 7222; www.newcrossinn.co.uk; 323a New Cross Rd SE14; dc 10-16 £, d y tw 60-72 £; ☒ New Cross Gate o New Cross

Pariente del Dover Castle Hostel (p. 341) de Borough, este albergue de 75 camas se halla en el alejado New Cross, al suroeste de Greenwich. A las sencillas habitaciones, con lavabo y frigorífico, se suman dos cocinas comunitarias y un *pub* anexo. La manera más fácil de llegar es en tren desde la estación de London Bridge (6 min, aprox.), aunque también está bien situado con respecto a la reabierta estación New Cross Gate, en la línea de metro de superficie. Los dormitorios tienen entre cuatro y ocho camas.

# SOUTHWEST LONDON

No es una zona habitual para alojarse, ya que queda algo lejos del centro y es más cara que otros barrios. Sin embargo, aquellos que deseen una estancia tranquila en una de las zonas más refinadas de Londres se sentirán bien, cerca de la naturaleza y del río.

### PETERSHAM Plano p. 198　　Hotel ££

☎ 8940 0061; www.petershamhotel.co.uk; Nightingale Lane TW10; i 135-160 £, d 170-235 £, st 300 £, tarifa fin de semana i 95-120 £, d 150 £; ⊖ Richmond, ☒ Richmond y después autobús 65

Situado en una cuesta de Richmond Hill que atraviesa Petersham Meadows hacia el Támesis, ofrece unas impresionantes e idílicas vistas por los cuatro costados, particularmente desde el restaurante, con grandes ventanales al río. Las 60 habitaciones tienen un estilo clásico y suponen una maravillosa evasión de la ciudad.

### RICHMOND PARK HOTEL
Plano p. 198　　Hotel ££

☎ 8948 4666; www.therichmondparkhotel.com; 3 Petersham Rd TW10; i 87-90 £, d 99 £; ⊖ Richmond, ☒ Richmond

Este hotel, localizado al final de Richmond Hill, es una agradable opción de precio medio para quien quiera estar en el centro de Richmond. Las 22 habitaciones tienen instalaciones privadas y mobiliario cómodo. El desayuno continental está incluido, pero los que quieran un calórico aporte matinal inglés deberán abonar 5 £.

# EXCURSIONES

Independientemente de cuánto se adore Londres, salir de la ciudad es la única manera de apreciar lo diferente que es del resto del país. En gran medida, hay que olvidarse de la diversidad étnica y religiosa, el caos urbano y la variedad arquitectónica, pues se trata de vivir una experiencia totalmente distinta: una Inglaterra clásica que gira en torno al *fish and chips*, los tejados de paja, el té con bollos y los *pubs* que cierran a las 23.00. Eso no quiere decir que no haya calidad fuera de Londres; las provincias también albergan excelentes lugares para comer, y la cultura de vida al aire libre que se ha apoderado de Londres también está contagiando a otros lugares. Si es verano y se pone rumbo a la costa, puede que hasta se disfrute de la oportunidad de bañarse en el mar.

Como Inglaterra es un país relativamente pequeño y la mayoría del transporte tiene por origen y destino Londres, casi ningún sitio queda demasiado lejos de la capital. No obstante, hay varios lugares dentro de un radio de 100 km de la capital que pueden visitarse fácilmente en una excursión de un día.

## POBLACIONES CLÁSICAS

Para sumergirse en lo histórico y lo académico, las ciudades clásicas de Oxford (p. 356) y Cambridge (p. 359) ofrecen una excursión a la vez serena e intelectual. Situadas a poco más de una hora de Londres, ambas albergan barrios que casi no han cambiado en ocho siglos. Quizás atraiga también al viajero la majestuosa catedral de Canterbury (p. 367).

## LA COSTA

Los amantes del mar que vengan de la Europa continental deben prepararse para algo completamente distinto. El tiempo es impredecible, la "playa" es de piedras pequeñas, y el mar, más que para nadar, está ahí para contemplarlo mientras se intenta evitar que un fuerte golpe de viento tire al viajero al suelo. Las poblaciones costeras suelen tener un ambiente obrero, con tiendas de *fish and chips* y kebabs, salones de juego horteras y B&B. Brighton (p. 361) es el enclave más animado, una ciudad cuyo rápido crecimiento la ha convertido casi en una extensión de Londres, con bares y restaurantes a rebosar y algunos alojamientos excelentes. Pero el auténtico encanto del litoral se encuentra en las clásicas poblaciones costeras inglesas como la nostálgica Broadstairs, la excesiva Margate o la rica en ostras Whitstable (más información de las tres en p. 365). La medieval Rye (p. 366) es una excelente combinación de ambiente costero con una población histórica repleta de calles pintorescas. Romney Marsh y Dungeness (p. 366), situadas cerca de Rye, se cuentan entre las zonas costeras más extrañas que se hayan visto.

## CASTILLOS

A lo largo de los siglos, sucesivos reyes, reinas, príncipes, duques y barones han intentado superarse unos a otros erigiendo las casas de campo más bellas del país. Windsor (p. 369), residencia oficial de la reina Isabel, es el castillo habitado más antiguo del mundo (si el viajero lo visita puede aprovechar el viaje para disfrutar de las delicias gastronómicas que ofrece la cercana Bray; p. 369). El castillo de Hever (p. 371), el hogar infantil de la segunda esposa de Enrique VIII, Ana Bolena, posee un precioso jardín, mientras que el castillo de Leeds (p. 371), que parece recién salido de un cuento de hadas enclavado entre dos islotes de un lago de Kent, carga con la reputación de ser "el castillo más encantador del mundo". Por su parte, el castillo de Sissinghurst (p. 371) disfruta de uno de los jardines contemporáneos más famosos del planeta.

---

### ¿QUÉ TAL UN PASEO?

Otra manera de pasar el día fuera de Londres es apuntarse a una excursión organizada por el campo, como las de English Country Walks (www.englishcountry walks.com; 40-80 £, almuerzo, transporte y entradas incl.), que llevan a grupos pequeños por granjas, a explorar castillos como el de Leeds (p.371), en Kent, o a estremecerse ante los acantilados calizos de las Seven Sisters, sobre el canal de la Mancha. El premio adicional es el de relajarse (por lo general, con una cerveza) en uno de los *pubs* del camino. El encantador guía es una fuente inagotable de información y relatos sobre la historia local, y las excursiones comienzan y terminan en estaciones principales de transporte de Londres.

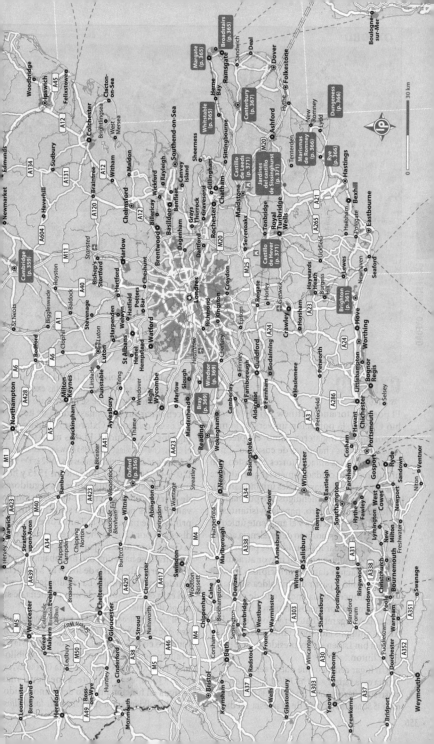

Boulogne-sur-Mer

Broadstairs (p. 365)
Margate (p. 365)
Ramsgate
Sandwich
Deal
Dover
Folkestone

Herne Bay
Whitstable (p. 365)
Canterbury (p. 367)
Hythe
Ashford
New Romney
Lydd
Dungeness (p. 366)

Sheerness
Sittingbourne
M20
Castillo de Leeds (p. 371)
Marismas de Romney (p. 366)
Tenterden
Rye (p. 366)
Hastings
Bexhill

Southend-on-Sea
Canvey Island
Gillingham
Chatham
Gravesend
Rochester
Maidstone
Jardines del castillo de Sissinghurst (p. 371)
Tonbridge
Royal Tunbridge Wells
A21
A265
Eastbourne
Polegate
Hailsham
A21

Rayleigh
Wickford
Benfleet
Grays
Thurrock
Dartford
M20
Sevenoaks
Castillo de Hever (p. 371)
A22
Lewes
Uckfield
Seaford
Newhaven

Billericay
Basildon
Brentwood
Dagenham
M25
Croydon
Reigate
Horley
Burgess Hill
Haywards Heath
A23
Brighton (p. 361)
Hove
Worthing

Maldon
West Mersea
Brightlingsea
Clacton-on-Sea
Witham
Chelmsford
A12
A120
Braintree

Colchester
Sudbury
Haverhill
A134
A131

Woodbridge
Ipswich
Felixstowe
A45
Bury St Edmunds
Newmarket

Cambridge (p. 359)
Royston
Bishop's Stortford
Stansted
Harlow
Hertford
Welwyn
Hatfield
Potters Bar
Cheshunt
Waltham
Londres
Kingston
Richmond
Heathrow
Epsom
Crawley
Horsham
A24
Petworth
A24
Littlehampton
Bognor Regis
Selsey
Chichester
Havant
Cosham
Portsmouth
Gosport
West Cowes
Ryde
Sandown
Ventnor
Niton
Newport
Fareham
Eastleigh
Southampton
Romsey
Winchester
Hythe
Fawley
Lymington
New Milton
Freshwater

St Neots
Bedford
Biggleswade
Baldock
Stevenage
Letchworth
Luton
Dunstable
St Albans
Hemel Hempstead
Harpenden
Tring
Aylesbury
Wendover
Chesham
Watford
Slough
High Wycombe
Marlow
Windsor (p. 369)
Bray (p. 369)
Maidenhead
Wokingham
Reading
Camberley
Frimley
Farnborough
Aldershot
Farnham
Guildford
Godalming
Haslemere
A3
A286
Petersfield

Milton Keynes
A28
A5
Buckingham
Bicester
A41
Thame
A423
Oxford (p. 356)
Woodstock
Witney
Abingdon
Wantage
Streatley
Newbury
Basingstoke
Andover
A34
A338
Marlborough
Hungerford
Amesbury
Salisbury
Wilton
A303
A338
Ringwood
Fordingbridge
Wimborne
Ferndown
Poole
Bournemouth
Christchurch
Wareham
A351
Swanage

Northampton
A6
M1
A5
A423
Banbury
Chipping Norton
Burford
A40
A417
Palacio de Blenheim
Faringdon
Swindon
Wootton Bassett
Calne
Chippenham
Devizes
Corsham
Melksham
Trowbridge
Westbury
Warminster
Frome
A303
Wincanton
Shaftesbury
Blandford Forum
Puddletown
Dorchester
A352
A37
Weymouth
Bridport

Warwick
Stratford-upon-Avon
A34
Henley
A439
Chipping Campden
Broadway
A429
Cheltenham
Gloucester
Cirencester
Stroud
Nailsworth
A46
M5
Bath
Radstock
Keynsham
Bristol
A37
Wells
Glastonbury
Sherborne
Yeovil
Crewkerne
A37
A30

M5
Worcester
Great Malvern
Colwall (289m)
Ledbury
Ross-on-Wye
Huntley
Cinderford
Clinderford
Monmouth
Hereford
Leominster
Bromyard
A49
A438
M50

30 km
0

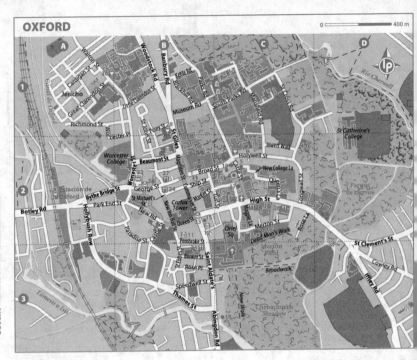

# OXFORD

☎ 01865

El poeta victoriano Matthew Arnold describió Oxford, la población universitaria más importante de Inglaterra, como "esa preciosa ciudad con sus chapiteles de ensueño". En la actualidad, estas afiladas torres coexisten con una floreciente ciudad comercial que adolece de algunos problemas sociales urbanos, incluidos los numerosos mendigos que pueblan sus calles en verano. Pero, para los visitantes, la magnífica arquitectura y el ambiente único de su universidad –sinónimo de excelencia académica–, sin olvidar los abundantes patios y jardines, continúan siendo su mayor atractivo.

La población data de principios del s. XII (se desarrolló a partir de una aldea sajona) y, desde entonces, se ha encargado de educar a dos docenas de primeros ministros británicos, incluida Margaret Thatcher y Tony Blair. Entre sus antiguos alumnos, también se cuentan Osama bin Laden y el ex presidente de EEUU, Bill Clinton.

Un lugar céntrico que puede servir de referencia es la Carfax Tower ( ☎ 792653; Queen St esq. Cornmarket St; adultos/niños 2/1 £; ⊙ 10.00-17.30 abr-sep, a 16.30 oct, a 15.30 nov-mar), parte de la iglesia medieval de St Martin, demolida en 1896. Desde lo alto (99 escalones) se divisan unas vistas excelentes. Los "Quarter Boys" que se hallan bajo el reloj hacen sonar sus campanas cada ¼ de hora.

Los 38 *colleges* de Oxford se hallan desperdigados por la ciudad. El más majestuoso es el Christ Church College ( ☎ 286573; www.chch.ox.ac.uk; St Aldate's; adultos/reducida/familias 6/4,50/12 £; ⊙ 9.00-17.00 lu-sa, 14.00-17.00 do), fundado en 1525 y hoy inmensamente popular entre los seguidores de Harry Potter gracias a sus aparición en varias de las películas de la saga. La entrada principal se halla bajo la Tom Tower (1682), diseñada por Christopher Wren y enclave de la Great Tom, una campana de 6,35 toneladas. La entrada se halla un poco más abajo, a través de las verjas de hierro de los War Memorial Gardens y Broadwalk. La capilla de la facultad es la catedral de Oxford, la más pequeña de su rango del país.

El Merton College ( ☎ 276310; www.merton.ox.ac.uk; Merton St; gratis; ⊙ 14.00-16.00 lu-vi, 10.00-16.00 sa y do) fundado en 1264, está al norte de Dead Man's Walk (paseo del Hombre Muerto). Su biblioteca del s. XIV, conocida como la Old Library, en Mob Quad, es la biblioteca medieval más antigua en funcionamiento del Reino Unido. J. R. R. Tolkien, autor de *El señor de los anillos*,

356

# OXFORD

fue profesor de inglés en Merton desde 1945 hasta su jubilación en 1959.

El precioso Magdalen College ( ☎ 276000; www.magd.ox.ac.uk; adultos/reducida 4/3 £; ⏰ 12.00-18.00 jul-sep, 13.00-18.00 oct-jun) está enclavado en un gran recinto a lo largo del río Cherwell, e incluye un parque con ciervos. El 1 de mayo la tradición exige que los estudiantes salten del Magdalen Bridge, aunque el bajo nivel de las aguas y las lesiones de los últimos años han llevado a las autoridades a prohibir tal práctica. Justo enfrente se halla el jardín botánico de la Universidad ( ☎ 286690; www.botanic-garden.ox.ac.uk; Rose Lane; adultos/niños/reducida 4 £/gratis/2,50 £; ⏰ 9.00-18.00 may-ago, a 17.00 mar, abr, sep y oct, a 16.30 nov-feb), fundado de 1631, lo que lo convierte en el más antiguo de su estilo de Gran Bretaña.

El Trinity College ( ☎ 279900; www.trinity.ox.ac.uk; Broad St; adultos/reducida 1,50/0,75 £; ⏰ 10.00-12.00 y 14.00-16.00 lu-vi, 14.00-16.00 sa y do), uno de los departamentos universitarios más pequeños en términos de matrículas, data de 1555. En la puerta de al lado está el Balliol College ( ☎ 277777; www.balliol.ox.ac.uk; Broad St esq. Magdalen St; adultos/entrada reducida 1/0,50 £), fundado en 1263, por lo que se piensa que es el más antiguo de Oxford. Las enormes puertas góticas de madera que hay entre el cuadrángulo interior y el exterior exhiben marcas de quemaduras de cuando los clérigos protestantes eran ejecutados en la pira a mediados del s. XVI.

La University Church of St Mary the Virgin ( ☎ 279111; www.university-church.ox.ac.uk; torre adultos/reducida/familias 3/2,50/10 £; ⏰ 9.00-18.00 lu-sa, 12.00-18.00 do jul y ago, 9.00-17.00 lu-sa, 12.00-17.00 do sep-jun) posee una torre del s. XIV a la que se puede ascender (124 escalones) para disfrutar de un panorama espléndido de los "chapiteles de ensueño" de la ciudad.

La Radcliffe Camera (1749), de estilo *palladiano*, funciona como sala de lectura de la Bodleian Library ( ☎ 277224; www.bodley.ox.ac.uk; Catte St; visitas 6 £; ⏰ 9.00-17.00 lu-vi, a 16.30 sa, visitas 10.30, 11.30, 14.00 y 15.00), copada por la tercera cúpula más grande de Gran Bretaña. Tampoco hay que perderse el Bridge of Sighs (puente de los Suspiros), una copia de 1914 del famoso puente veneciano que se alza sobre New College Lane, al este de la biblioteca. Al norte puede verse la biblioteca de estilo brutalista conocida como la New Bodleian Library ( ☎ 277162; Broad St esq Parks Rd), diseñada en 1938 por sir Giles Gilbert Scott, el arquitecto responsable de la central eléctrica de Battersea (p. 189) y de la emblemática cabina roja de teléfonos. La primera obra importante de Wren, el Sheldonian Theatre ( ☎ 277299; www.sheldon.ox.ac.uk; adultos/reducida 2/1 £; ⏰ 10.00-12.30 y 14.00-16.30 lu-sa mar-oct, a 15.30 lu-sa nov-feb), acoge las ceremonias de matriculación y graduación, además de conciertos ocasionales.

Oxford posee algunos museos excelentes (gratis), entre ellos el University Museum of Natural History ( ☎ 272950; www.oum.ox.ac.uk; Parks Rd; gratis; ⏰ 10.00-17.00), famoso por sus esqueletos de dinosaurios y dodos, y el anexo (e incomparable) Pitt Rivers Museum ( ☎ 270927; www.prm.ox.ac.uk; Parks Rd; gratis; ⏰ 12.00-16.30 lu, 13.00-16.30 ma-do), una cueva de Aladino de tres plantas repleta de objetos como muñecos de vudú o cabezas reducidas del Caribe y el Pacífico. Los visitantes reciben linternas para "explorar" la Court Gallery (abajo) y pueden abrir todos los cajones. Un lugar excelente.

El Ashmolean Museum ( ☎ 278000; www.ashmolean.org; Beaumont St; gratis; ⏰ 10.00-17.00 ma-sa, 14.00-17.00 do), el más antiguo de Gran Bretaña (1683), alberga una asombrosa colección de antigüedades, además de arte de toda Europa (Rembrandt, Miguel Ángel, Turner, Picasso, etc.). Mientras se redactaba la presente guía, se encontraba cerrado, pues un impresionante edificio nuevo, diseñado por Rick Mather, remplazará todo excepto el edificio Cockerel original (1845) y proporcionará 39 galerías nuevas y un 100% más de espacio de exposición.

El Modern Art Oxford ( ☎ 722733; www.modernart oxford.org.uk; 30 Pembroke St; gratis; ☉ 10.00-17.00 ma-sa, 12.00-17.00 do) ha conseguido situarse como el mejor museo de arte contemporáneo del país fuera de Londres. Hay visitas guiadas los martes y jueves a las 13.00 y los sábados a las 11.00 y 15.00.

El Museo de Oxford ( ☎ 252761; www.museum ofoxford. org; St Aldate's St esq. Blue Boar St; gratis, audioguía adultos/reducida/familias 4/3,50/12 £; ☉ 10.00-17.00 ma-vi, 12.00-17.00 sa y do), emplazado en el recargado ayuntamiento de Oxford (Oxford Town Hall; no hay que perderse el ornamentado Central Hall de la 1ª planta), proporciona una introducción sencilla a la larga historia de la ciudad, desde las criaturas prehistóricas a los tiempos modernos, además de incluir réplicas de tiendas y pisos.

Una forma excelente de respirar el ambiente de Oxford es recorrer el Isis (el nombre que recibe el Támesis en esta zona) en batea. Estas embarcaciones pueden alquilarse en Magdalen Bridge Boathouse ( ☎ 202643; www.oxfordpunting.com; Magdalen Bridge; barca para máx. 5 personas 14 £/h, barca con conductor para máx. 4 personas 20 £/30 min, con botella de vino 25 £; ☉ 9.30-21.00 mar-oct), justo debajo del extremo noreste del Magdalen Bridge, y en Salters Boat Hire ( ☎ 243421; www.salterssteamers.co.ok; St Aldate's; batea/barca de remos máx. 5/4 personas 20 £/h, depósito 20 £; ☉ 10.00-17.00 mar-oct), situado cerca del *pub* Head of the River, en el Folly Bridge. Salters también ofrece un crucero en vapor de 40 minutos (adultos/niños 6,50/3,50 £).

## INFORMACIÓN

La Carfax Tower está a menos de 1 km al sureste de la estación de trenes (aprox. a mitad de camino de la estación de autobuses, situada en Gloucester Green.

Oficina de turismo ( ☎ 252200; www.visitoxford.org; 15-16 Broad St; ☉ 9.30-17.00 lu-sa, 10.00-16.00 do) Pueden reservar alojamiento y organizan circuitos temáticos a pie (CS Lewis y JRR Tolkien, Harry Potter, el Oxford Tudor, etc.) de 1½ horas (adultos 7,50-10,50 £, niños 3,50-6,50 €, reducida 6,50-10,50 £) que salen de la oficina a las 11.00, 13.30 y 14.00 a diario, con circuitos adicionales a las 10.30 y las 13.00 en temporada alta.

## DÓNDE COMER Y BEBER

Además de los establecimientos relacionados a continuación, hay infinidad de restaurantes étnicos (hindúes, chinos, tailandeses, etc.) por Cowley Rd, calle que desemboca en High St, al sureste del Magdalen College.

Quod ( ☎ 202505; www.quod.co.uk; 92-94 High St; platos principales 10-15,95 £; ☉ 7.00-23.00 lu-sa, a 22.30 do) Siempre popular tanto por su elegante entorno como por sus parrilladas, pescado y platos de pasta, este es el lugar de Oxford al que acuden los estudiantes cuando reciben la visita de sus tíos ricos. Se recomienda el té de la tarde (15.00-17.30, 5,95-15,50 £).

Jamie's Italian ( ☎ 838383; www.jamiesitalian.com; 24-26 George St; platos principales 9,95-15,95 £) Fue el primer local de la cadena italiana de precio económico del televisivo Jamie Oliver, un restaurante muy céntrico de espacios abiertos que sirve platos tradicionales y sin florituras con ingredientes procedentes tanto de Italia como del Reino Unido.

Grand Café ( ☎ 204463; 84 High St; tés 7,50-16,50 £; ☉ 9.00-23.00 lu-sa, a 18.00 do) Este café, tan inte-

## TRANSPORTE: OXFORD

Distancia desde Londres: 92 km.

Dirección: noroeste.

Duración del viaje: 1½ horas en autobús, alrededor de 1¼ horas en tren.

Autobús: Los de Oxford Tube ( ☎ 772250; www.oxfordtube.com) y Oxford Express ( ☎ 785400; www.oxfordbus. co.uk) salen cada 12-30 minutos de la estación de autobuses Victoria (ida 13 £, ida y vuelta 16 £); se puede subir en otros lugares de Londres, como Marble Arch, Notting Hill Gate y Shepherd's Bush.

Automóvil: Por la M40 desde Londres. Oxford tiene serios problemas de tráfico y aparcamiento; si no hay más remedio que ir en coche, se recomienda seguir el sistema Park & Ride ("aparcar y caminar") de los aparcamientos que hay antes de entrar en la ciudad.

Tren: Cada hora salen dos servicios ( ☎ 0845 748 4950; www.nationalrail.co.uk) desde la estación de Paddington en Londres (adulto ida y vuelta en el día desde 20 £).

## MONTAR EN BATEA

Parece bastante sencillo, pero estos autores se han caído las suficientes veces como para asegurar lo contrario. De todas formas, eso no debería detener a nadie que no tema mojarse un poco.

A continuación se aportan unos consejos sencillos para mover tu barca hacia delante sin caerse al agua en el intento.

- De pie en el extremo de la batea, sacar el bichero del agua por el lateral de la barca.
- Dejar que el bichero se deslice entre las manos y toque el fondo del río.
- Ladear el bichero hacia delante (en la dirección deseada) y empujar para propulsar la batea.
- Retorcer el bichero para liberarlo del barro del fondo.
- Dejar que el bichero flote por detrás de la batea (y así utilizarlo de timón).
- Si todavía no se ha caído, sacar el bichero del agua y colocarlo en posición vertical para comenzar de nuevo.

resante como un museo decorado en estilo Regencia (más tipo Brighton que Oxford), se halla en el antiguo emplazamiento de la primera casa de café de Inglaterra (1650), con excelentes menús de té por la tarde.

**Chutneys** ( ☎ 724241; 36 St Michael's St; platos principales 7,95-11,95 £) Restaurante del sur de la India con numerosos platos vegetarianos a un paso de la estación de autobuses. Atrae tanto por su colorida fachada como por sus asequibles *idlis* (pasteles de arroz fermentado con *chutney*) y *dosas* (tortitas de harina de maíz rellenas). El menú exprés cuesta solo 7,50 £.

**G&D's** ( ☎ 245952; 94 St Aldate's; 1/2 bolas 2,15/3,15 €; ☻ 8.00-24.00) Uno de los tres locales de esta cadena de heladerías local. Abre hasta bien entrada la noche.

**Freud** ( ☎ 311171; 119 Walton St; ☻ 10.30-2.00 lu-sa, hasta 24.00 do) Destartalado local de gente bohemia situado en una antigua iglesia, con bancos viejos, vidrieras y arte moderno en las paredes. De plena actualidad, es especialmente popular entre los estudiantes.

**Eagle & Child** ( ☎ 302925; 49 St Giles) La llamada Rabbit Room de este viejo *pub* con encanto y repleto de rincones era el lugar donde se reunían J. R. R. Tolkien, C. S. Lewis y otros miembros de la sociedad literaria Inklings para almorzar los martes.

**King's Arms** ( ☎ 242369; 40 Hollywell St) Este local grande con numerosos recovecos y fotografías de clientes famosos (incl. la reina madre tirando una pinta) es el lugar perfecto para refugiarse en una fría tarde de invierno.

# CAMBRIDGE

☎ 01223

Aunque los estudiantes de Oxford se nieguen a admitirlo, Cambridge gana como villa universitaria típicamente inglesa. Mientras que Oxford posee una sólida trayectoria como formadora de la plana mayor de la política nacional, la reputación de Cambridge brilla más

en el ámbito de las ciencias. Entre las personas que han trabajado o estudiado aquí se cuentan Isaac Newton y Charles Darwin, los descubridores del ADN, James Watson y Francis Crick, y el famoso físico Stephen Hawking, lo que la convierte, en varios sentidos, en la madre del pensamiento científico inglés. Pero, aunque parezca que todos esos edificios medievales y neogóticos son muy serios, aquí se desarrolló también el humor inglés, que produjo cómicos como John Cleese, Michael Palin y otros miembros del grupo Monty Python.

Fundada en el s. XIII, la ciudad actual es menos turística y más manejable que Oxford. Sin embargo, hay que tener en cuenta que en época de exámenes (mediados abr-finales jun) los *colleges* suelen estar cerrados al público.

El centro urbano se asienta sobre un ancho meandro del río Cam. Los Backs conforman el tramo más conocido de la ribera, donde se combina un paisaje exuberante con más de media docena de *colleges* (los otros 25 están dispersos por la población).

La Round Church (Church of the Holy Sepulchre, iglesia del Santo Sepulcro; ☎ 311602; www.christianheritageuk. org.uk; Round Church St esq. Bridge St; adultos/niños 2 £/gratis; ☻ 10.00-17.00 ma-sa, 13.00-17.00 do) se construyó en 1130 para conmemorar a su homónima de Jerusalén. En las inmediaciones se halla el St John's College ( ☎ 338600; www.joh.cam.ac.uk; St John's St; adultos/jubilados y niños 12-17 años/menores 12 años 3/2 £/gratis; ☻ 10.00-17.00 lu-vi, 9.30-17.00 sa y do mar-oct, 9.30-17.00 sa y do nov-feb), con su caseta para el guarda del s. XVI y tres bellos patios, dos de ellos del s. XVII. Desde el tercero arranca el pintoresco puente de los Suspiros, que Bridge of Sighs, que cruza el Cam. Merece la pena pararse en el centro para ver pasar las bateas.

Al sur del St John's, el Trinity College ( ☎ 338400; www.trin.cam.ac.uk; Trinity Lane; adultos/niños 12-17 años/menores 12 años 3/1 £/gratis; ☻ 10.00-17.00) es uno de los *colleges* más grandes, ricos y atractivos. Enrique VIII lo fundó en 1546 y su estatua se asoma con curiosidad desde la hornacina superior

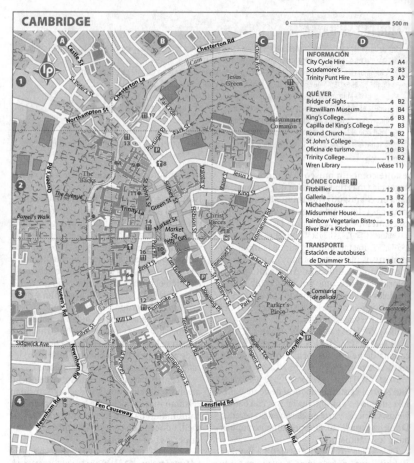

# CAMBRIDGE

0 — 500 m

**INFORMACIÓN**

| | |
|---|---|
| City Cycle Hire | 1 A4 |
| Scudamore's | 2 B3 |
| Trinity Punt Hire | 3 A2 |

**QUÉ VER**

| | |
|---|---|
| Bridge of Sighs | 4 B2 |
| Fitzwilliam Museum | 5 B4 |
| King's College | 6 B3 |
| Capilla del King's College | 7 B3 |
| Round Church | 8 B2 |
| St John's College | 9 B2 |
| Oficina de turismo | 10 B3 |
| Trinity College | 11 B2 |
| Wren Library | (véase 11) |

**DÓNDE COMER**

| | |
|---|---|
| Fitzbillies | 12 B3 |
| Galleria | 13 B2 |
| Michaelhouse | 14 B2 |
| Midsummer House | 15 C1 |
| Rainbow Vegetarian Bistro | 16 B3 |
| River Bar + Kitchen | 17 B1 |

**TRANSPORTE**

| | |
|---|---|
| Estación de autobuses de Drummer St | 18 C2 |

de la gran puerta de entrada (el rey sujeta la pata de una silla en lugar del cetro real). Se recomienda visitar su web para informarse de los frecuentes períodos de visita gratis. El Great Court, el patio mas grande de Cambridge (y Oxford), cuenta con bonitos edificios del s. XV. Al otro lado se hallan los claustros de Nevile's Court y la solemne Wren Library ( 12.00-14.00 lu-vi, y también 10.30-12.30 sa en período lectivo), construida por sir Christopher en la década de 1680.

Los siguientes son el Gonville and Caius College y el King's College ( 331100; www.kings.cam. ac.uk; King's Pde; adultos/reducida 5/3,50 £;  9.30-15.30 lu-vi, 9.30-15.15 sa, 13.15-14.15 do período lectivo, 9.30-16.30 lu-sa, 10.00-17.00 do vacaciones universitarias), uno de los edificios más sublimes de Europa y la atracción turística más destacada de Cambridge. La capilla se empezó a construir en 1446 bajo el reinado de Enrique VI y se completó hacia 1516. Sus suce-

sores, principalmente Enrique VIII, añadieron la compleja bóveda de abanico y las elaboradas tallas en piedra y madera del interior. La capilla cobra vida cuando canta el coro y hay misas durante el período lectivo y en julio (se recomienda llamar para informarse sobre los horarios).

El Fitzwilliam Museum ( 332900; www.fitzmu seum.cam.ac.uk; Trumpington St; gratis, visitas guiadas 3 £;  10.00-17.00 ma-sa, 12.00-17.00 do, visitas guiadas 14.45 do), también conocido como "el Fitz", fue uno de los primeros museos de arte del país. Alberga sarcófagos egipcios, arte griego y romano, cerámica china y vidrio inglés en las galerías inferiores, mientras que las superiores muestran lienzos de Tiziano, Leonardo, Rubens, Rembrandt y Picasso, entre otros.

Conducir una batea por los Backs es de lo más divertido, pero también puede resultar

EXCURSIONES CAMBRIDGE

una experiencia frenética en la que se acabe empapado. El secreto para impeler estas barcas de fondo llano es empujar el bichero con suavidad para que la barca se empiece a mover y, a continuación, usarlo como timón para mantener el rumbo (más consejos al respecto en p. 359). En Cambridge, a diferencia de Oxford, la tradición es manejar el bichero desde la plataforma plana y cubierta de la barca.

## INFORMACIÓN

**City Cycle Hire** ( ☎ 365629; www.citycyclehire.com; 61 Newnham Rd; bicicletas medio día/día/24 h desde 5/8/10 £ más depósito de 40 £; ☼ 9.00-17.30 lu-vi todo el año, 9.00-17.00 sa abr-sep).

**Scudamore's** ( ☎ 359750; www.scudamores.com; Granta Pl, Mill La; 16-18 £/h, paseos con conductor de 45 min 14 £ por persona) Alquilan bateas y ofrecen paseos con remero.

**Oficina de turismo** ( ☎ 0871 226 8006; www.visitcam bridge.org; Old Library, Wheeler St; ☼ 10.00-17.00 lu-sa, 11.00-15.00 do may-sep, 10.00-17.30 lu-sa oct-abr) Al sur de Market Sq. Gestionan alojamiento y organizan circuitos a pie de dos horas (adultos/niños 10/8,50 £, entrada al King's College incl.), con salida a las 13.30 durante todo el año (más salidas en verano).

**Trinity Punt Hire** ( ☎ 338800; www.trin.cam.ac.uk; Trinity St, Trinity College; bateas 12 £/h) Alquilan bateas y ofrecen paseos con remero.

## DÓNDE COMER

Además de los sitios recomendados, hay varios restaurantes económicos hindúes y chinos

### TRANSPORTE: CAMBRIDGE

Distancia desde Londres: 87 km.

Dirección: norte.

Duración del viaje: 2 horas en autobús; 55 minutos en tren.

Autobús: National Express ( ☎ 0870 580 8080; www.nationalexpress.com) opera autobuses cada hora entre las dos ciudades (ida y vuelta en el día desde 8 £, 2 h 10 min.).

Automóvil: La M11 conecta la autopista de circunvalación M25 con Cambridge. Se toma la salida 13 hacia la A1303 (Madingley Rd) y se sigue esta hasta el centro urbano.

Tren: Hay convoyes ( ☎ 0845 748 4950; www.nationalrail.co.uk) cada 30 minutos tanto desde la estación de King's Cross como desde la de Liverpool St (ida y vuelta en el día desde 20 £, 45 min-1 h).

en la confluencia de Lensfield Rd y Regent St, en sentido a la estación de trenes.

**Midsummer House** ( ☎ 369299; www.midsummerhouse. co.uk; Midsummer Common; menú almuerzo 24 £, cena 3 platos 65 £; ☼ lu-sa) Dos estrellas Michelin premian la cocina francesa moderna de este fantástico restaurante que al mediodía constituye una de las mejores opciones de la zona. Es un establecimiento formal de dos plantas situado en un extremo del parque, cerca del río. Conviene reservar con antelación.

**River Bar + Kitchen** ( ☎ 307030; www.riverbarkitchen. co.uk; Quayside, bocacalle de Bridge St; platos principales 10-15 £) Diseñada por Conran, luminosa y moderna, la cocina mediterránea y actual de esta *brasserie* de dos plantas junto al río atrae a una clientela joven y elegante.

**Galleria** ( ☎ 362054; www.galleriacambridge.co.uk; 33 Bridge St; platos principales 8-17 £, menú 2 platos almuerzo 19,95 £) Si se fracasó en el intento del *punting*, desde este café de estilo continental con vistas al Cam se puede ver cómo otros lo intentan. Cocina francesa y mediterránea de calidad.

**Rainbow Vegetarian Bistro** ( ☎ 321551; www.rainbow cafe.co.uk; 9a King's Pde; platos principales 8-10 £; ☼ 10.00-21.30 ma-sa, 10.00-16.00 do y lu) A los autores de esta guía les encanta este café inmensamente popular, como a los carnívoros y herbívoros de Cambridge, que recorren el pequeño corredor que hay enfrente del King's College para degustar platos *veganos* y vegetarianos experimentales, como patatas al horno al estilo letón, cuscús libio y un picante *gado gado* indonesio.

**Michaelhouse** ( ☎ 309167; Trinity St; platos principales 4-6,50 £; ☼ 9.30-17.30 lu-vi) Este café con estilo, resultado de transformar con gracia una antigua iglesia, ofrece café de comercio justo y bocadillos. Los bancos de la iglesia se siguen empleando como asientos bajo los impresionantes arcos medievales. Una de las mejores opciones de la ciudad.

**Fitzbillies** ( ☎ 352500; www.fitzbillies.co.uk; 52 Trumpington St; dulces y tartas desde 2 £) Es la panadería más antigua de Cambridge, famosa por sus pasteles y por sus tremendamente pegajosos *Chelsea buns* en forma de caracol. Por las noches es un restaurante.

## BRIGHTON
☎ 01273

Con su embriagadora mezcla de sordidez y sofisticación, Brighton es la población costera favorita de los londinenses. Gracias a su universidad y sus escuelas de idiomas, posee una población joven y cosmopolita, sin olvidar sus encantadores cafés, excelentes restaurantes y

# BRIGHTON

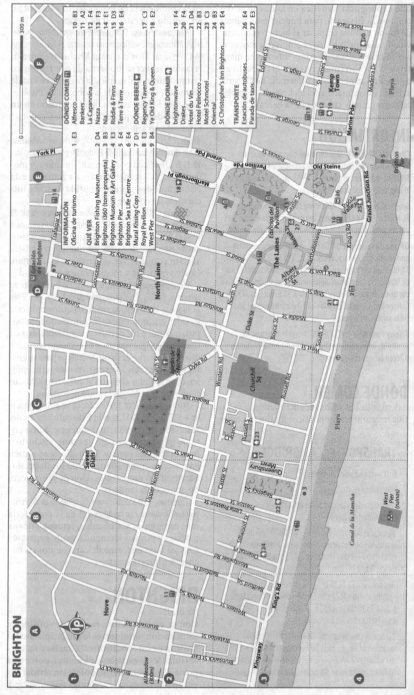

| INFORMACIÓN | | | | |
| --- | --- | --- | --- | --- |
| Oficina de turismo | 1 | E3 | | |

| QUÉ VER | | | | |
| --- | --- | --- | --- | --- |
| Brighton Fishing Museum | 2 | D4 | | |
| Brighton i360 (torre propuesta) | 3 | B3 | | |
| Brighton Museum & Art Gallery | 4 | E3 | | |
| Brighton Pier | 5 | E4 | | |
| Brighton Sea Life Centre | 6 | F4 | | |
| Mural Kissing Cops | 7 | D1 | | |
| Royal Pavilion | 8 | E3 | | |
| West Pier | 9 | B4 | | |

| DÓNDE COMER | | | | |
| --- | --- | --- | --- | --- |
| Alfresco | 10 | B3 | | |
| Bankers | 11 | A2 | | |
| La Capannina | 12 | F4 | | |
| Nasza | 13 | F3 | | |
| Nia | 14 | E1 | | |
| Riddle & Finns | 15 | D3 | | |
| Terre à Terre | 16 | E4 | | |

| DÓNDE BEBER | | | | |
| --- | --- | --- | --- | --- |
| Regency Tavern | 17 | C3 | | |
| Ye Old King & Queen | 18 | E2 | | |

| DÓNDE DORMIR | | | | |
| --- | --- | --- | --- | --- |
| brightonwave | 19 | F4 | | |
| Drakes | 20 | F4 | | |
| Hotel du Vin | 21 | D4 | | |
| Hotel Pelirocco | 22 | B3 | | |
| Motel Schmotel | 23 | C3 | | |
| Oriental | 24 | B3 | | |
| St Christopher's Inn Brighton | 25 | E4 | | |

| TRANSPORTE | | | | |
| --- | --- | --- | --- | --- |
| Estación de autobuses | 26 | E4 | | |
| Parada de taxis | 27 | E3 | | |

300 m
0

movida vida nocturna. Además, la ciudad intenta satisfacer a todos. A pesar de su rápido aburguesamiento, Brighton no ha perdido su alma obrera, como se puede apreciar en su vulgar pero encantador espigón, el Brighton Pier, y los chiringuitos de marisco que aún existen en la playa. Al noreste de su *pier* (muelle con atracciones) se halla la Kemp Town (apodada "Camp Town"), una de las zonas gays más vibrantes del país.

La personalidad de la ciudad data en esencia de mediados de la década de 1780, cuando el disoluto y melómano príncipe regente (posteriormente, rey Jorge IV) construyó su extravagante palacio de verano, el Royal Pavilion, en la población como escenario para sus espléndidas fiestas junto al mar. El carácter festivo de este lugar genial para el desfase de los fines de semana duró siglos, a lo cual cabe sumar que Graham Greene lo eligiera como escenario de su novela de los años treinta *Brighton Rock* y la rivalidad entre los *mods* y los *rockers* de los años sesenta.

Cualquier visita a Brighton gira en torno a los placeres sencillos de la vida: ir de compras por las *boutiques* de moda situadas en las estrechas calles conocidas como "The Lanes" o en la avenida "North Lane", comer, pasear y comprar una barra del duro caramelo conocido como "Brighton rock" ("roca de Brighton") entre los puestos y atracciones del Brighton Pier ( ☎ 609361; www.brightonpier.co.uk; Madeira Dr; gratis). Al norte del muelle está el moderno Brighton Sea Life Centre ( ☎ 604234; www.sealife.co.uk; Marine Pde; adultos/niños/reducida/familias 14,50/10/12,50/40 £; ☽ 10.00-18.00 mar-sep, a 17.00 oct-feb), el acuario en funcionamiento más antiguo del mundo, con

unas ciento cincuenta especies ordenadas en casi cinco docenas de tanques y piscinas, además del típico túnel bajo el agua.

El lugar más destacado de Brighton, el Royal Pavilion ( ☎ 290900; www.royalpavilion.org.uk; Royal Pavilion Gdns; adultos/niños/reducida/familias 8,80/5,10/6,90/22,70 £; ☽ 9.30-17.45 abr-sep, 10.00-17.15 oct-mar), es un palacio de un caprichoso estilo hindú estrafalario por fuera y excesivo en cuanto a la profusión de porcelana por dentro. El primer pabellón, erigido en 1787, era una villa clásica. Pero a principios del s. XIX, cuando se puso de moda Asia, el lugar actual comenzó a tomar forma bajo la dirección de John Nash, arquitecto de Regent's Park y sus calles aledañas. Extravagante hasta la saciedad, la reina Victoria –que encontraba Brighton "demasiado abarrotada"– lo vendió a la ciudad en 1850; hay que verlo para creerlo. De la docena aproximada de habitaciones descritas en una concisa visita con audioguía, hay varias que merecen especialmente la pena: la Long Gallery (galería larga) de la planta baja, con sus escaleras de metal y bambú, el Banqueting Room (salón de los banquetes, en especial, el techo abovedado y pintado y el mobiliario rococó), la magnífica Great Kitchen (gran cocina) y el restaurado Music Room (salón de música), con sus nueve lámparas de araña con forma de loto y sus murales chinos en carmín y oro. En la 1ª planta tampoco hay que perderse las South Galleries (galerías del sur) y los Queen Victoria's Apartaments (Aposentos de la Reina Visctoria, inodoro incl.). También resulta interesante ver la divertida pintura de Rex Whistler titulada *HRH The Prince Regent Awakening the Spirit of Brighton* (1944), donde el orondo príncipe provoca a un núbil Brighton con una mirada de lo más lasciva. Está antes de la entrada a la sala de té.

Al otro lado de los Royal Pavilion Gardens se halla el sorprendente y cautivador Brighton Museum & Art Gallery ( ☎ 290900; www.virtualmuseum. info; Royal Pavilion Gdns; gratis; ☽ 10.00-19.00 ma, 10.00-17.00 mi-sa, 14.00-17.00 do). De las seis o siete galerías que acoge, las favoritas de estos autores son: World Art (Arte del Mundo), que exhibe los botines y recuerdos traídos a casa por los colonialistas del s. XIX; el excelente Brighton History Gallery, con sus pícaros objetos; y la nueva colección Ancient Egypt, con antigüedades egipcias. Otras salas muestran cerámica, moda, trajes y obras de arte de los ss. XV-XX.

El histórico West Pier (www.westpier.co.uk), clausurado en 1975, comenzó a caerse al mar en diciembre del 2002 y, tras dos incendios desde entonces, en la actualidad es solo una sombra oscura sobre el agua. Sigue conformando una estampa bella y cautivadora, y muchos visitantes, incluidos miles y miles de estorninos entre noviembre y diciembre, acuden en masa para verla. Existen planes de señalar el lugar con un controvertido mástil de observación de 176 m de altura llamado el Brighton i360, a cargo del mismo equipo de arquitectos (marido y mujer) responsable del London Eye. Para obtener más información, se puede entrar en la web del West Pier o visitar el extravagante Brighton Fishing Museum ( ☎ 723064; 201 King's Rd Arches; gratis; ⏰ 9.00-17.00), situado en el paseo marítimo.

Otro lugar interesante es el mural *Kissing Cops* (Policías besándose; Frederick Pl), pintado por el artista Banksy al sur de la estación de trenes.

## INFORMACIÓN

Oficina de turismo ( ☎ 0906 711 2255; www.visitbrighton.com; 4-5 Pavilion Buildings; ⏰ 9.00-17.30 mar-oct, 10.00-17.00 nov-feb)

## DÓNDE COMER Y BEBER

Brighton y la contigua población de Hove, al oeste, albergan más restaurantes por persona que cualquier lugar del Reino Unido, a excepción de Londres. Si se desea un tentempié, se puede comprar un cucurucho de pescado (desde 2 £) en los puestos de la playa.

Alfresco ( ☎ 206523; Milkmaid Pavilion, King's Rd Arches; platos principales 11,95-19,95 £) Ubicado en un pabellón acristalado sobre la playa, es el lugar perfecto para degustar especialidades italianas como *linguine* con langosta mientras se disfruta de la vista ininterrumpida del mar. Las *pizzas* cuestan entre 9,95 y 13,95 £.

Riddle & Fins ( ☎ 323008; www.riddleandfinns.co.uk; 11 Meeting House Lane; platos principales 12,95-17,50 £) Dicen que Gordon Ramsay calificó la comida de este elegante bar de ostras escondido en The Lanes como "marisco, como es debido". Respecto a estos autores, seguro que volverán por sus deliciosos bivalvos (desde 10 £/6 unidades) y vino espumoso.

Meadow ( ☎ 721182; www.themeadowrestaurant.co.uk; 64 Western Rd; platos principales 10-16,50 £; ⏰ cerrado lu y cena do) Uno de los mejores restaurantes de la zona, se trata de un local elegante a la vez que sencillo ubicado en Hove que sirve nueva cocina británica preparada con carne, pescado y verdura procedentes de Sussex y Kent.

Terre à Terre ( ☎ 729051; www.terreaterre.co.uk; 71 East St; platos principales 10,50-14,60 £) Los conceptos "vegetariano" y "*gourmet*" no tienen por qué estar reñidos. Este restaurante estiloso y muy popular ofrece algunos de los platos sin car-

ne más creativos que quienes esto suscriben hayan probado jamás.

La Capannina ( ☎ 680839; 15 Madeira Pl; platos principales 9,95-17 £) Mucha gente afirma que es el mejor restaurante de comida casera italiana de Brighton. Por ejemplo, *pizzas* al horno de leña (5,75-8,80 £) y deliciosos ñoquis y raviolis.

Nia ( ☎ 671371; www.nia-brighton.co.uk; 87-88 Trafalgar St; platos principales 8,95-14,50 £; ⏰ 9.00-17.00 do y lu a 21.30 ma-ju, a 22.30 vi y sa) Rústico pero chic, con sólidas mesas de madera, grandes ventanales y los platos escritos en una pizarra, es uno de los cafés más bonitos de una ciudad que no anda escasa de ellos. Menú de almuerzo a partir de 7,25 £.

Nasza ( ☎ 622770; 22 St James St; platos principales 5,95-11,50 £) Este agradable local polaco sirve excelentes y reconfortantes platos, incluidos *pierogi* (bolas de masa rellenas de carne o queso y patatas), *bigos* (un "estofado del cazador" hecho con repollo y cerdo) y *golabki* (repollo relleno).

Bankers ( ☎ 328267; www.bankersrestaurant.com; 116a Western Rd; platos principales 2,95-4,95 £; ⏰ 11.30-22.00) Uno de los mejores locales de *fish and chips* de la costa sur.

Regency Tavern ( ☎ 325652; 32-34 Russell Sq) Este restaurante de fachada sencilla esconde una sala que parece salida del Royal Pavilion: papel de pared de rayas, retratos y palmeras de latón.

Ye Old King & Queen ( ☎ 607207; 13-17 Marlborough Pl; ⏰ hasta 24.00) Improvisado a partir de una granja del s. XVIII, la casa de un noble y la antigua Brighton Corn Exchange (Bolsa de trigo de Brighton), este lugar cavernoso es el sitio perfecto para disfrutar de una pinta después del choque del Royal Pavilion.

## DÓNDE DORMIR

Casi todos los establecimientos imponen una estancia mínima de dos noches los fines de semana. Durante el Brighton Festival de mayo, el Brighton Pride de finales de julio/ principios de agosto y en general todos los fines de semana de verano, se impone reservar con antelación.

Hotel du Vin ( ☎ 718588; www.hotelduvin.com; Ship St; d/ st desde 170/275 £; ⏹ 🖳 ) Situado en la casa de un antiguo comerciante de vinos, este galardonado hotel posee una escalera doble de caracol, una preciosa entrada estilo Tudor, un magnífico bar de vinos y 49 habitaciones elegantes bautizadas en honor a algunos viticultores.

Drakes ( ☎ 696394; www.drakesofbrighton.com; 44 Marine Pde; i/d desde 100/130 £; ⏹ 🖳 ) Ambiente clásico, fantásticas vistas al mar desde muchas de sus 20 habitaciones, servicio atento y bellas "habitaciones especiales" (155-325 £) provistas de bañeras con patas frente a ventanas enormes encaradas al mar (se recomienda la nº 104). El hotel favorito de estos autores en Brighton.

brightonwave ( ☎ 676794; www.brightonwave.co.uk; 10 Madeira Pl; i 60-65 £, d 90-175 £; 🔀 🖳 🕭 ) Combina el diseño discreto y fresco de un hotel-*boutique* con el recibimiento cálido de un pequeño B&B. Sus ocho habitaciones ofrecen una excelente relación calidad-precio, buen servicio y estilo. Además, sirven unos desayunos deliciosos (con horario amplio).

Hotel Pelirocco ( ☎ 327055; www.hotelpelirocco.co.uk; i/d desde 50/90 £; 🖳 ) El hotel "punk 'n' fashion" original de Brighton acoge 19 habitaciones brillantes (tanto por el color como por el nombre). Se puede elegir entre la Durex Play, la Betty's Boudoir, la Soul Supreme o la evocadora Pussy, entre otras.

Oriental ( ☎ 205050; www.orientalbrighton.co.uk; 9 Oriental Pl; i 50-75 £, d 75-200 £; 🖳 ) Decorado con estilo en tonos morados y terrosos, este hotel bohemio de nueve habitaciones propone luces de aromaterapia, bañeras con hidromasaje en las estancias superiores y desayunos ecológicos.

Motel Schmotel ( ☎ 326129; www.motelschmotel.co.uk; 37 Russel Sq; i 45-65 £, d 55-110 £, tr 90-140 £; 🖳 ) B&B minimalista y asequible de nueve habitaciones ubicado a la vuelta de la esquina respecto a la cursi Regency Sq. Buen nombre, magníficos desayunos y la debida atención (pronóstico del tiempo expuesto en una pizarra, prácticos listados de restaurantes recomendados, etc.). Para repetir.

St Christopher's Inn Brighton ( ☎ 202035; www.st-christophers.co.uk; dc 17-22 £, d 46-110 £; 🖳 ) Sucursal de una cadena de hoteles de Londres, se trata de un alojamiento estilo albergue económico y muy céntrico; dispone de 116 camas sobre un bullicioso bar llamado Belushi's.

# BROADSTAIRS, MARGATE Y WHITSTABLE

Cada una de estas localidades costeras goza de personalidad propia y encanto de sobra. Broadstairs es un lugar nostálgico con una pátina de historia tanto victoriana como de la posguerra. Margate, aunque algo estropeada, representa el arquetipo de estación turística *kitsch* en la costa inglesa, ahora asociada para siempre al nombre de la artista Tracey Emin, que es de aquí. La cada vez más aburguesada Whitstable es el mejor lugar en el que encontrar ostras frescas de piscifactorías locales. Se le puso el apodo de "Islington-on-Sea" ("Islington de mar") cuando londinenses adinerados y aficionados al arte empezaron a adquirir sus maravillosas casitas de pescadores como segunda residencia.

Los principales atractivos de Broadstairs, además de su ambiente, son bañarse (cuando hace bueno) y pasear. Se recomienda recorrer Broadstairs Promenade o seguir el camino por el acantilado que lleva de la bahía Viking a la recóndita bahía Louisa. El Dickens House Museum ( ☎ 01843-861232; www.dickensfellowship.org; 2 Victoria Pde, Broadstairs; adultos/entrada reducida 2,50/1,40 £; 🕒 10.00-16.30) conmemora el amor y la relación del famoso escritor con esta localidad; a mediados de junio se celebra un festival de Dickens.

Como alternativa se puede visitar el inusual Shell Grotto ( ☎ 01843-220008; www.shellgrotto.co.uk; Grotto Hill, Margate; adultos/niños 3/1,50 £; 🕒 10.00-17.00 abr-oct, 11.00-16.00 sa y do nov-abr) de Margate, un misterioso templo subterráneo de la época pagana. Se encuentra junto a Northdown Rd. Las milenarias Margate Caves (cuevas de Margate; 1 Northdown Rd, Cliftonville) están cerradas por peligro de hundimiento, pero conviene estar atento a su

## TRANSPORTE: BROADSTAIRS, MARGATE Y WHITSTABLE

Distancia desde Londres: Whitstable 93 km, Margate 118 km, Broadstairs 125 km.

Dirección: este.

Duración del viaje: 1¼-2¾ horas.

Autobús: Hay cinco salidas diarias a Ramsgate que paran en las tres poblaciones (10.30-20.30, regreso 8.05-17.55). El billete de ida y vuelta en el día cuesta 13,40/14,20 £ a Whitstable/Broadstairs o Margate.

Automóvil: Se sigue la M2, y en la indicación de Margate/Ramsgate, se toma la Thanet Way.

Tren: Los convoyes ( ☎ 0845 748 4950; www.nationalrail.co.uk) desde la estación Victoria de Londres a Ramsgate salen cada 30 minutos (1¼-2 h); el billete de ida y vuelta cuesta 20,10 £ a Whitstable y 25,30 £ a Margate, Broadstairs y Ramsgate.

reapertura. Las cuevas acogen una iglesia, un refugio de contrabandistas, una mazmorra, pinturas e ingeniosas (aunque no totalmente veraces) explicaciones históricas.

En Whitstable se recomienda visitar las casetas de verano de la playa, típicas residencias de la clase obrera para los fines de semana estivales, pintadas en un arco iris de colores y bautizadas con nombres cariñosos. El festival anual dedicado a las ostras, el Whitstable Oyster Festival (www.whitstableoysterfestival.co.uk), se celebra la tercera semana de julio.

## INFORMACIÓN

Oficina de turismo de Broadstairs ( ☎ 01843-577671; www.visitthanet.co.uk; 6b High St; 🕒 9.15-16.45 lu-vi todo el año, 10.00-16.00 sa y do abr-sep, 10.00-16.45 sa oct-mar)

Oficina de turismo de Margate ( ☎ 01843-577671; www.visitthanet.co.uk; 12-13 The Parade; 🕒 9.15-16.45 lu-vi todo el año, 10.00-16.00 sa y do abr-sep, 10.00-16.45 sa oct-mar)

Oficina de turismo de Whitstable ( ☎ 01227-378100; www.canterbury.co.uk; 57 Harbour St; 🕒 10.00-17.00 lu-sa jul y ago, 10.00-16.00 lu-sa sep-jun)

## DÓNDE COMER

Wheelers Oyster Bar ( ☎ 01227-273311; 8 High St, Whitstable; platos principales 8-20 £; 🕒 ju-ma) Este diminuto establecimiento es uno de los favoritos de los lugareños. Deliciosas ostras frescas de Whitstable.

Whitstable Oyster Fishery Company ( ☎ 01227-276856; www.oysterfishery.co.uk; Royal Native Oyster Stores, Horsbridge, Whitstable; platos principales 13-25 £; 🕒 almuerzo y cena ma-sa, almuerzo do) En la remodelada sede central

de esta compañía se puede disfrutar de toda clase de marisco y de unas estupendas vistas al mar. Las ostras saben mejor acompañadas de champán, por supuesto.

# RYE, MARISMAS DE ROMNEY Y DUNGENESS

☎ 01797

La población medieval de Rye es tan pintoresca que parece haber estado conservada en formol durante siglos: las casas de vigas entramadas de estilo Tudor, las mansiones georgianas, las sinuosas calles adoquinadas, las numerosas macetas y las consolidadas asociaciones literarias deberían ser suficiente para atemperar el hastío del más agrio detractor de los enclaves típicamente turísticos. Al menos, entre semana.

Es fácil recorrer toda la localidad a pie. Al doblar la esquina desde la oficina de turismo, en Strand Quay, hay unas cuantas tiendas de antigüedades con todo tipo de trastos entrañables. Desde allí se puede subir por la adoquinada Mermaid St, con sus casas entramadas del s. XV.

En el cruce en T se gira la derecha para llegar a la Lamb House ( ☎ 224982; www.nationaltrust.org.uk; West St, Rye; adultos/niños 3,80/2 £; 🕒 14.00-18.00 mi y sa abr-oct), un edificio georgiano que en su mayor parte data de 1722 y que fue la residencia del escritor estadounidense Henry James entre 1898 y 1916 (aquí escribió *Las alas de la paloma*). Si se sigue por la curva se llega a la hermosa plaza de Church Sq. La iglesia de St Mary the Virgin (vistas desde el campanario adultos/niños 2,20/1,20 £; 🕒 9.00-16.00 invierno, 9.00-18.00 resto del año) es una amalgama de estilos. El reloj de la torre

---

## TRANSPORTE: RYE, MARISMAS DE ROMNEY Y DUNGENESS

Distancia desde Londres: 90 km.

Dirección: sureste.

Duración del viaje: 1-2 horas.

Autobús: Para Dungeness, se toma el 711 (pasa cada hora) desde la estación de trenes de Rye hasta el *pub* Ship en New Romney, y allí, el tren hasta Romney, Hythe y Dymchurch. También se puede tomar un autobús a Romney y continuar en el tren más pequeño del mundo, el *Romney, Hyde and Dymchurch Railway* (www.rhdr.org.uk; de New Romney a Dungeness 7,70 £), que cubre los 21 km de Hythe a Dungeness vía Romney en locomotoras antiguas y vagones destartalados. La frecuencia del servicio es menor a finales de año, por lo que conviene comprobar los horarios.

Automóvil: Se siguen la M2, la M20 y después la A20.

Tren: Desde la estación de Charing Cross parten trenes ( ☎ 0845 748 4950; www.nationalrail.co.uk) a Rye que pasan por Ashford International o Hastings, donde hay que hacer trasbordo. Hay dos trenes cada hora, pero ambos salen al mismo tiempo (24,10 £ ida y vuelta).

(1561) es el más antiguo de Inglaterra y aún funciona con su mecanismo de péndulo original. Las vistas desde el campanario son espectaculares. Si se gira a la derecha por la esquina este de la plaza, se llega al **Ypres Tower & Castle Museum** ( ☎ 226728; www.ryemuseum.co.uk; 3 East Rye St, Rye; entrada torre adultos/niños 3/2,50 £; ☽ 10.30-13.00 y 14.00-17.00 ju-lu abr-oct, torre solo 10.30-15.30 nov-mar), parte de la antigua fortificación de Rye. Hay quien pronuncia el nombre de la torre *yips* y quien lo pronuncia *uaipers*.

En agosto, la localidad festeja su patrimonio medieval durante dos días, y en septiembre se organiza el **Festival of Music & the Arts**, de dos semanas.

Al este de Rye se encuentran las marismas de Romney (Romney Marsh) y Dungeness, la costa más sobrenatural de Inglaterra, retratada en la película *The Garden*, de Derek Jarman. El amplio y llano pantanal de Romney goza de una ecología única, con una flora y fauna poco frecuentes; en el pasado, fue uno de los lugares favoritos de los contrabandistas. Toda una colección de pequeñas **iglesias medievales** salpica la región. Se recomienda empezar por la de St Augustine, en Brookland. En la solitaria y yerma zona de Dungeness se encuentra la mayor extensión de guijarros del mundo y la infrecuente combinación de un **viejo faro** ( ☎ 232 1300; vistas desde lo alto adultos/niños 3/2 £; ☽ 10.30-17.00 jul-mediados sep, 11.00-17.00 sa y do mediados sep-jun), una **central nuclear** y la **Dungeness Royal Society for the Protection of Birds** (RSPB, Reserva Natural de la Real Sociedad Ornitológica de Dungeness; ☎ 320588; www.rspb.org.uk/reserves/Dungeness; Dungeness Rd, Lydd; adultos/niños/reducida 3/1/2 £; ☽ reserva 9.00-anochecer, centro de visitantes 10.00-17.00 abr-oct, 10.00-16.00 nov-mar). El famoso jardín de Jarman todavía se puede ver junto a la carretera que conduce al viejo faro, pero el nuevo propietario de la casa negra ha colgado un cartel solicitando que se respete su intimidad, por lo que se ruega hacerle caso.

## INFORMACIÓN

**Centro de visitantes Hythe** (Red Lion Sq; ☽ 9.00-17.00 lu-sa) Reserva alojamiento y ofrece información sobre Dungeness; solo se atienden visitas en persona.

**Romney Marsh Countryside Project** ( ☎ 367974; www.rmcp.co.uk) Este centro dispone de una práctica web y organiza variadas e interesantes visitas guiadas por las marismas.

**Rye Hire** ( ☎ 223033; Cyprus Pl; bicicleta 15 £/día) Hay un camino para bicis que va hasta Lydd y, luego, una carretera que lleva a Dungeness.

**Oficina de turismo de Rye** ( ☎ 226696; www.visitrye.co.uk; Strand Quay; ☽ 10.00-17.00 abr-oct, 10.00-16.00 lu-sa nov-mar) Distribuye guías gratis y audioguías para recorrer el paraje (adultos/niños/reducida 2,50/1/1,50 £), además de información básica sobre Dungeness.

## DÓNDE COMER

**George in Rye** ( ☎ 222114; www.thegeorgeinrye.com; 98 High St, Rye; platos principales 13-16 £) Probablemente el mejor lugar para comer en Rye. Su chef es Rod Grossmann, antiguo cocinero del Moro (p. 244), en Londres. También acoge un elegante hotel.

**Fish Café** ( ☎ 222226; www.thefishcafe.com; 17 Tower St, Rye; platos principales 7-12 £; ☽ 10.00-23.00) En el interior de un almacén renovado de antigüedades, propone platos de pescado y marisco sencillos y deliciosos elaborados con productos locales.

**Old Borough Arms** ( ☎ 222128; The Strand, Rye) Para disfrutar del ambiente de un viejo *pub*, nada como esta antigua posada de contrabandistas con 300 años de historia, provista de una pensión preciosa y un excelente café.

## CANTERBURY
☎ 01227

El mayor tesoro de Canterbury es su majestuosa **catedral** ( ☎ 762862; www.canterbury-cathedral.org; do St; adultos/reducida 7,50/6,50 £; ☽ 9.00-18.00 lu-sa, 9.00-14.00 y 16.30-17.30 do abr-oct, 9.00-16.30 lu-sa, 10.00-14.00 y 16.30-17.30 do nov-mar, el acceso puede estar restringido durante misas 9.00-12.30 do). Sin embargo, a pesar del dominio que ejercen los 66 m de altura de la imponente **Bell Harry Tower** sobre el paisaje circundante, fue el asesinato del arzobispo Tomás Becket en 1170 lo que la hizo famosa y la convirtió en el destino de uno de los peregrinajes medievales más importantes de Europa, inmortalizado por Geoffrey Chaucer en *Los cuentos de Canterbury*.

Becket se enfrentó a Enrique II por los impuestos y después por la coronación de su hijo. Tras escuchar al rey refunfuñar "¿no hay nadie que me libre de este molesto cura?", cuatro caballeros partieron por iniciativa propia hacia Canterbury, donde arrancaron la cabellera del arzobispo y le amputaron sus miembros a última hora de la tarde del 29 de diciembre. Este magnicidio causó tal indignación en toda Europa que Enrique II se vio forzado a ir en penitencia a la tumba de Becket, que, según se dice, posteriormente fue lugar de numerosos milagros.

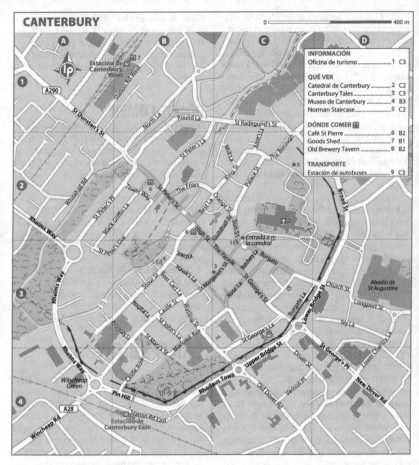

# CANTERBURY

La entrada tradicional a la catedral data de 1070 y se realiza por la estrecha Mercery Lane hasta la puerta de Christ Church. La entrada principal se halla en el pórtico suroeste, construido en 1415 para conmemorar la victoria inglesa en la Batalla de Azincourt. Antes de llegar allí, se pasa por un centro de visitantes que ofrece folletos gratis, información y visitas guiadas (1 h, adultos/reducida 4/3 £, 10.30, 12.00 y 14.30 lu-sa Semana Santa-sep; 12.00 y 14.00 lu-sa oct-Semana Santa). La nave (1405), de estilo perpendicular, es famosa por sus complejas bóvedas ojivales; hay más bóvedas fabulosas bajo el campanario (Bell Harry Tower). A la derecha se encuentra el cancel que separa la nave del coro.

Se cree que Tomás Becket fue asesinado en el crucero noroeste, antes de llegar al cancel; el moderno Altar of Sword's Point (altar del Lugar de la Espada) señala el lugar exacto. Desde el ala sur de la nave se baja a la cripta románica, superviviente de la catedral original, construida por san Agustín en 597 para ayudar a convertir a los ingleses al cristianismo.

Si se atraviesa el cancel en dirección este para entrar en el coro, se llega a la silla de San Agustín, que utiliza el arzobispo de Canterbury. Detrás, en la capilla de la Trinity, una palmatoria encendida y una inscripción de latón marcan el lugar donde se encontraba la tumba de Santo Tomás, que fue destruida por orden de Enrique VIII durante la Reforma. Gran parte de la vidriera de la capilla, que conmemora la vida de santo Tomás Becket, data del s. XIII.

En la capilla también se encuentra la magnífica Tomb of the Black Prince (tumba del Príncipe Negro; Eduardo, príncipe de Gales, 1330-1376), con su famosa efigie que incluye su escudo, guanteletes y espada. En su día, la Corona contenía la reliquia, un poco macabra, de un trozo del cráneo de santo Tomás que fue sesgado durante su asesinato.

Ya fuera del templo, al dar la vuelta al extremo este de la catedral y girar a la derecha se accede al Green Court (Patio Verde), en cuya esquina noroeste (al final, a la izquierda) se halla la famosísima Norman Staircase (escalera Norman), de 1151.

Los otros reclamos de Canterbury no son más que apéndices de la catedral.

El Museo de Canterbury ( ☎ 452747; www.canterbury-museums.co.uk; Stour St; adultos/niños 3,30/2,20 £; ⏲ 10.30-17.00 lu-sa todo el año, y también 13.30-17.00 do jun-sep) ha sido objeto de una exhaustiva remodelación y se dirige en particular a los niños y las familias. Entre las nuevas exposiciones interactivas se hallan la galería para descubrir el Medievo (donde se puede mirar una caca medieval a través de un microscopio) y una historia de intriga sobre la misteriosa muerte del dramaturgo Christopher Marlowe (nacido en la ciudad). También figuran los personajes de dibujos animados infantiles Rupert Bear, Bagpuss y The Clangers.

Si se tiene un verdadero interés por encontrarse o reencontrarse con los famosos relatos de Chaucer, se recomienda poner rumbo a los Canterbury Tales ( ☎ 454888, 479227; www.canterburytales.org.uk; St Margaret's St; adultos/niños 7,75/5,75 £; ⏲ 9.30-17.30 jul y ago, 10.00-17.00 mar-jun, sep y oct, 10.00-16.30 nov-feb), donde, armados con una audioguía que narra los cuentos, los visitantes pasan por marionetas que recrean diversas escenas. Aunque puede que sea mejor hacerse con el libro y leerlo de vuelta en tren a Londres.

## INFORMACIÓN

Oficina de turismo ( ☎ 766567, 767744; www.canterbury.co.uk; 34 St Margaret's St; ⏲ 9.30-17.30 lu-sa, 10.00-16.00 do abr-oct, 9.30-17.00 lu-sa, 10.00-16.00 do nov y dic, 9.30-17.00 lu-sa ene-mar)

## DÓNDE COMER

Old Brewery Tavern ( ☎ 826682; www.michaelcaines.com; 30-33 High St; platos principales 19-23 £) Entre un *boozer* local de bebidas alcohólicas y un restaurante pijo (lo cual supone un margen muy amplio), se trata del restaurante galardonado por la guía Michelin del cocinero Michael Caine. Un buen lugar para disfrutar de una comida o cena elaboradas.

Goods Shed ( ☎ 459153; Station Rd West; platos principales 10-18 £; ⏲ almuerzo y cena ma-sa, almuerzo do)

### TRANSPORTE: CANTERBURY

Distancia desde Londres: 90 km.

Dirección: sureste.

Duración del viaje: 1 hora 50 minutos en autobús; 1 ¾ horas en tren.

Autobús: National Express ( ☎ 08717 818181; www.nationalexpress.com) cuenta con 16 servicios diarios (ida y vuelta en el día 14,20 £, tarifas especiales desde 1 £).

Tren: Desde la estación Victoria de Londres, los trenes van a Canterbury East, y desde las estaciones de Charing Cross y Waterloo, a Canterbury West. Salen cada 10 min ( ☎ 0845 748 4950; www.nationalrail.co.uk); ida y vuelta en el día 21,90 £.

Fantástico establecimiento que da a un mercadillo y, como su nombre sugiere ("Buenas semillas"), se sitúa en un antiguo almacén de trenes con techos altos, enormes ventanas y paredes de ladrillo visto. La carta cambia a menudo, se inspira en la cocina rural francesa y usa ingredientes frescos con imaginación.

Café St Pierre ( ☎ 456791; 40 St Peter's St; pastas 2-3,50 £) Es el lugar perfecto para desayunar o hacer una pausa a media tarde; tiene pastas deliciosas, mesas en la calle y un jardín trasero con sombra.

# WINDSOR Y BRAY
☎ 01753

Los monarcas británicos llevan habitando el castillo de Windsor ( ☎ 831118, 020-7766 7304; www.royalcollection.org.uk; adultos/niños 5-16 años/jubilados y estudiantes/familias 15,50/9/14/41 £, cuando los State Apartments están cerrados 8,50/5,50/7,50/22,50 £; ⏲ 9.45-17.15 mar-oct, 9.45-16.15 nov-feb, última entrada 1¼ h antes de cierre) desde hace más de novecientos años, y es bien sabido que se trata de la residencia favorita de Isabel II. Un importante incendio en 1992 casi borra del mapa esta increíble pieza del legado cultural inglés; por fortuna, los daños, aunque graves, fueron limitados, y una costosa restauración devolvió en 1998 los State Apartments a su gloria original. La ciudad de Windsor saltó de nuevo al candelero en el 2005, cuando el príncipe Carlos y Camilla Parker-Bowles celebraron su matrimonio civil en el Guildhall de Windsor (una ceremonia a la que no acudió la madre del novio, es decir, la reina).

Empezó siendo un castillo de madera construido en el 1070 por Guillermo el Conquistador. En 1165, se reconstruyó en piedra. Es uno

Distancia desde Londres: 37 km.

Dirección: oeste.

Duración del viaje: 1 hora en autobús; 55 minutos en tren.

Autobús: Los de Green Line (www.greenline.co.uk) parten de la estación Victoria Central hacia Windsor entre 8 y 12 veces al día (ida y vuelta en el día 11 £); el autobús 6 de Courtney Coaches ( ☎ 01344-482200) sale desde Bray, delante del Barclays Bank, en Windsor High St (ida y vuelta 4,50 £, 35 min, cada hora 7.00-18.00).

Tren: Los servicios ( ☎ 0845 748 4950; www.nationalrail.co.uk) desde la estación de Waterloo parten hacia la estación de Windsor Riverside cada 30 minutos, cada hora los domingos (ida y vuelta en el día desde 9 £, 50 min). Los trenes desde Paddington van vía Slough a la estación de Eton Central (ida y vuelta en el día desde 8,50 £, 45 min). Otra alternativa es ir directo a Bray, tomar un tren con destino a Maidenhead (ida y vuelta en el día desde 9,50 £, 40 min) desde la estación de Paddington y después un taxi para los cinco minutos restantes de viaje.

de los pocos castillos medievales que se conservan en el mundo, y su longevidad y accesibilidad desde Londres garantizan su enorme popularidad. Aun así, no es el único lugar de interés de la zona. Al otro lado del Támesis se alza el Eton College, y la meca gastronómica de Bray queda a un corto trayecto en autobús.

En el interior del castillo, lo primero que llama la atención son las colas que se forman delante de la intrincada casa de muñecas conocida como Queen Mary's Dolls' House (Casa de Muñecas de la Reina Madre), obra del arquitecto Sir Edwin Lutyens. Construida en 1923 a escala 1:12, se necesitaron 1500 artesanos y 3 años para su finalización. No falta de nada, desde luz eléctrica a retretes con cadena.

Los State Apartments –abiertos al público a ciertas horas– reverberan con su historia, incluida la terriblemente opulenta Grand Staircase (gran escalera) y el extraordinario St George's Hall (salón de San Jorge), la estructura más afectada por el incendio de 1992 (hoy perfectamente recuperada).

Tras visitar la Waterloo Chamber (cámara de Waterloo), creada para conmemorar la Batalla de Waterloo y utilizada aún para los banquetes oficiales, y el Garter Throne Room (salón del Trono de la Jarretera) se puede acceder a las estancias del rey y las estancias de la reina, auténticas muestras de poderío, con muebles opulentos, tapices y obras de Canaletto, Durero, Gainsborough, Van Dyck, Hogarth, Holbein, Rembrandt y Rubens.

La capilla de St George es uno de los mejores ejemplos de arquitectura inglesa temprana de todo el país. Comenzada en 1475, no se completó hasta 1528. Tiene una soberbia nave de estilo gótico perpendicular, con maravillosas bóvedas de abanico que se abren desde los pilares, y contiene algunas tumbas reales, inclui-

das las de Jorge V y la reina María, Jorge VI, Eduardo IV y la de la reina madre.

No hay que perderse el bello Windsor Great Park ( ☎ 860222; gratis; ⏰ 8.00-atardecer), perfecto para dar un paseo si hace buen tiempo. Este parque de 1920 Ha, donde, en 1999, el marido de Isabel II –el príncipe Felipe– hizo que decapitaran una avenida de venerables árboles porque se entrometían entre su caballo y su carruaje, se extiende desde la parte posterior del castillo casi hasta Ascot.

En la población de Windsor, merece la pena echar una ojeada a las columnas centrales del Guildhall ( ☎ 743900; High St; gratis; ⏰ 10.00-14.00 lu, excepto festivos), detrás de Castle Hill, que en realidad no tocan el techo. En 1686, el consistorio de la época insistió en que se incluyeran en el diseño del edificio, pero sir Christopher Wren estaba tan convencido de que no eran necesarias que dejó unos centímetros de separación para demostrar su teoría.

Cruzando el Támesis por el puente peatonal de Windsor se llega al Eton College ( ☎ 671177; www.etoncollege.com; Baldwins Shore; adultos/niños 5/3,50 £; ⏰ 14.00-16.30 en período lectivo, 10.30-16.30 en vacaciones de Semana Santa y verano). Esta famosa *public school* ("escuela pública", como llaman los ingleses a las privadas) es responsable de haber educado a, por lo menos, 18 primeros ministros e incluye varios edificios que datan de mediados del s. XV. Los circuitos guiados de una hora salen a las 14.15 y 15.15.

El cercano pueblo de Bray cuenta con varios restaurantes excelentes (véase p. 371).

## INFORMACIÓN

French Brothers ( ☎ 851900; www.boat-trips.co.uk; Clewer Court Rd; adultos/niños/jubilados/familias 5/2,50/4,75/12,50 £) Gestiona varios cruceros, incluidos los trayectos de 35 minutos que van de Windsor a la esclusa de Boveney (cada hora 11.00-16.00 mediados feb-mediados mar y sa y do nov-mediados dic, cada 30 min 10.00-17.00 mediados mar-oct).

Oficina de turismo ( ☎ 743900; www.windsor.gov.uk; Old Booking Hall, Windsor Royal Shopping, Thames St; ☺ 10.00-17.00 lu-sa, 10.00-16.30 de abr-jun, sep y oct, 9.30-18.00 jul y ago, 10.00-16.00 nov-mar)

## DÓNDE COMER

En Windsor, Peascod St y su prolongación, St Leonard's Rd, están llenas de restaurantes, casi todos muy turísticos. Para pegarse una gran comilona, es mejor ir a Bray.

Fat Duck ( ☎ 01628-580333; www.fatduck.co.uk; 1 High St, Bray; menú degustación 130 £; ☺ almuerzo ma-do, cena ma-sa) Es el famoso restaurante del cocinero autodidacta Heston Blumenthal, repetidamente celebrado como uno de los mejores del mundo, por lo que comer aquí supone una experiencia memorable, a excepción del misterioso brote de enfermedad que afectó a sus comensales (sin que se encontrara nada extraño en la comida) y por el cual permaneció cerrado durante un breve período en el 2009. La fascinación que Blumenthal siente por la ciencia del gusto es la responsable de que los menús incluyan combinaciones sorprendentes (cuando no inverosímiles), experimentos con nitrógeno (como la *mousse* de lima y té verde al nitrógeno) y extrañas mezclas de sabores como el sorbete de pan tostado con sardinas, las ostras con fruta de la pasión, el salmón escalfado con regaliz o el helado de panceta ahumada y huevo. Sin duda tentador, el ambiente que acompaña al ágape es relajado y agradable. Para conseguir mesa se necesita reservar (exclusivamente por teléfono) con unos dos meses de antelación.

Waterside Inn ( ☎ 01628-620691; www.waterside-inn. co.uk; Ferry Rd, Bray; platos principales 47,50-68 £; ☺ almuerzo y cena mi-do excepto ene, más cena ma en verano) Este establecimiento de Michel Roux también ha sido votado como uno de los 50 mejores restaurantes del mundo. Sirven alta cocina francesa en un entorno rústico junto al río.

Riverside Brasserie ( ☎ 01628-780553; www.riverside brasserie.co.uk; Bray Marina, Monkey Island Lane, Bray; platos principales 18-25 £; ☺ almuerzo y cena abr-sep) El local de Blumenthal para los comensales menos osados (y posiblemente menos adinerados) ofrece una carta británica más convencional, aunque sigue siendo toda una experiencia. Perfecto para disfrutar del plato de vientre de cerdo –su propuesta más famosa–, mientras se contempla del río con la seguridad de que

todas las reservas contemplan una mesa dentro y otra fuera como prevención a la impredecible climatología. Cierra seis meses al año, por lo que se recomienda reservar con antelación.

## CASTILLOS DE KENT

Los entusiastas de los castillos pueden disfrutar de un día fabuloso en cada uno de los tres castillos y casas solariegas de Kent. El castillo de Leeds ( ☎ 01622-765400, 0870 600 8880; www.leeds-castle. com; Maidstone, Kent; castillo y jardines adultos/niños/reducida 16,50/9,50/13,50 £; ☺ 10.00-19.00 última admisión 17.00 mar-oct, 10.00-17.00 última admisión 15.30 nov-feb), quizás el más romántico del mundo, cuenta con una ubicación espectacular sobre dos islotes en medio de un lago. Rodeado de sinuosas colinas boscosas, era conocido como "el castillo de las damas" por haber sido durante siglos el hogar de muchas reinas, como Catalina de Valois, Catalina de Aragón e incluso Isabel I, que estuvo encarcelada aquí antes de subir al trono. El paraje es impactante, desde el espléndido foso hasta los jardines, que poseen un laberinto con una gruta subterránea. También hay una pajarera con más de cien especies en peligro de extinción y un museo de collares para perro. El interior del castillo muestra un interesante empapelado de motivos aviarios y otros objetos decorativos.

Los jardines del pequeño pero bonito castillo de Hever ( ☎ 01732-865224; www.hevercastle.co.uk; Hever, Kent; castillo y jardines adultos/reducida/niños 12/10/6,50 £; solo jardines 9/8/6,20 £; ☺ jardines 11.00-18.00 mar-oct, 11.00-16.00 nov, castillo abre 1 h más tarde), el hogar infantil de la segunda esposa de Enrique VIII, Ana Bolena, son igualmente espectaculares. En ellos crecen rosas, campanillas, rododendros, arbustos podados con formas artísticas, rocallas, esculturas italianas, fuentes, lagos y un laberinto de tejos, además de una combinación de estos dos últimos en un laberinto de agua que triunfa entre los más pequeños. La pega es que cuesta bastante llegar (véase información sobre el transporte en p. 372).

El Sissinghurst Castle Garden (jardín del castillo de Sissinghurst; ☎ 01580-710 700; www.nationaltrust.org.uk/ sissinghurst; Sissinghurst, Cranbrook, Kent; adultos/reducida/ familias 8,80/4,40/22 £; ☺ 11.00-18.30, última admisión 17.30 lu, ma y vi, 10.00-18.30, última admisión 17.30 sa y do mediados mar-nov) es uno de los jardines del s. XX más famosos del mundo, legendario para escritores y aficionados a la jardinería. Creación de la poetisa Vita Sackville-West y su marido Harold Nicolson, fue innovador en el sentido de que agrupó plantas de colores similares para crear diez "salas" verdes diferentes. El

## TRANSPORTE: CASTILLOS DE KENT

### Castillo de Hever

Distancia desde Londres: 53 km.

Dirección: sureste.

Duración del viaje: 40 minutos en automóvil; de 40 min (lu-vi) a 1½ horas (sa-do) en tren; más 10 min en taxi.

Automóvil: Se toma la M25 hasta las salidas 5 o 6 y se siguen las señales en dirección sur hasta Edenbridge y el castillo.

Tren: Se toma un tren desde el London Bridge a Edenbridge Town (9 £ ida y vuelta en el día vía East Croydon), y luego un taxi (4,8 km). Como alternativa, el castillo está a un paseo de 1,6 km desde la estación de Hever. Los domingos los servicios terminan en East Grinstead; un taxi desde East Grinstead a Hever cuesta 10 £.

### Castillo de Leeds

Distancia desde Londres: 70 km.

Dirección: sureste.

Duración del viaje: 1½ horas en automóvil; 1½ horas en autobús; 1 hora 10 minutos en tren.

Autobús: National Express ( ☎ 08717 818181; www.nationalexpress.com; entrada y autobús combinados adultos/niños 13,60/6,80 £) va al castillo desde de la estación Victoria por la mañana y regresa a Victoria sobre las 14.00-15.00, de lunes a viernes.

Automóvil: Se toma la M20 en dirección al sureste de Londres hasta la salida 8 y se siguen las señales hasta el castillo.

Tren: Salen desde la estación Victoria de Londres ( ☎ 0845 748 4950; www.nationalrail.co.uk) hasta la de Bearsted (ida y vuelta en el día 16 £), y allí hay un autobús que va al castillo.

### Jardín del castillo de Sissinghurst

Distancia desde Londres: 74 km.

Dirección: sureste.

Duración del viaje: 1½ horas en automóvil; 1 hora en tren, más 15 min en el autobús del castillo.

Autobús: Desde la estación de trenes de Staplehurst hay un enlace especial al jardín del castillo de Sissinghurst los martes, domingos y lunes festivos de mayo a mediados de septiembre, con salida a las 11.40 y 13.45 los martes y regreso a las 15.35 y 17.30; a las 10.40 y 13.40 los domingos y festivos, con regreso a las 15.15 y 17.15 (15 min, 4 £ ida y vuelta). Se recomienda llamar al ☎ 01580-710700 para informarse sobre el horario exacto.

Automóvil: Se toma la M20 hasta las salidas 5 o 6 y se sigue por la A229 hasta la A262.

Tren: Desde la estación de Charing Cross hasta la de Staplehurst (ida y vuelta en el día 15 £) y después se toma el autobús especial del castillo (véase arriba) o un taxi (9 km, aprox.).

famoso White Garden, con sus tonos de blanco, gris y verde, fue una fuente de inspiración para Sackville-West, pues podía admirarlo desde su estudio, también abierto a las visitas.

## INFORMACIÓN

La web de Visit Kent (www.visitkent.co.uk) es una buena fuente de información.

# TRANSPORTE

## AVIÓN

En los siguientes sitios web se pueden encontrar buenas ofertas de vuelos:

www.cheapflights.co.uk

www.ebookers.com

www.lastminute.com

www.opodo.co.uk

www.skyscanner.net

## Líneas aéreas

A Londres llegan casi todas las aerolíneas internacionales, gran parte de las cuales dispone de oficinas en la ciudad. He aquí las principales:

Aer Lingus (☎ 0870 876 5000; www.aerlingus.com)

Aeroflot (☎ 7355 2233; www.aeroflot.co.uk)

Air Berlin (☎ 0871 500 0737; www.airberlin.com)

Air Canada (☎ 0871 220 1111; www.aircanada.com)

Air France (☎ 0871 663 3777; www.airfrance.com/uk)

Air New Zealand (☎ 0800 028 4149; www.airnewzealand.co.uk)

Alitalia (☎ 0870 225 5000; www.alitalia.com)

American Airlines (☎ 7365 0777; www.americanairlines.co.uk)

BMI (☎ 0870 607 0555; www.flybmi.com)

British Airways (☎ 0844 493 0787; www.britishairways.com)

Brussels Airlines (☎ 0905 609 5609; www.brusselsairlines.com)

Cathay Pacific (☎ 8834 8888; www.cathaypacific.com)

Continental Airlines (☎ 0845 607 6760; www.continental.com)

Delta Air Lines (☎ 0845 600 0950; www.delta.com/uk)

easyJet (☎ 0905 560 7777; www.easyjet.com) La llamada cuesta 1 £ por minuto.

El Al (☎ 7121 1400; www.elal.com)

Emirates (☎ 0870 243 2222; www.emirates.com/uk)

Flybe (British European; ☎ 0871 522 6100, 0871 700 2000; www.flybe.com)

Iberia (☎ 0870 609 0500; www.iberia.com)

Icelandair (☎ 870 787 4020; www.icelandair.net)

KLM (☎ 0870 507 4074; www.klm.com)

Lufthansa (☎ 0845 773 7747; www.lufthansa.co.uk)

Olympic Airlines (☎ 0870 606 0460; www.olympicairlines.com)

Qantas Airlines (☎ 0845 774 7767; www.qantas.co.uk)

Ryanair (☎ 0871 246 0000; www.ryanair.com)

Scandinavian Airlines (SAS; ☎ 8990 7000; www.scandinavian.net)

Singapore Airlines (☎ 0844 800 2380; www.singaporeair.com)

South African Airways (☎ 0871 722 1111; www.flysaa.com)

TAP Air Portugal (☎ 0845 601 0932; www.flytap.com/uk)

Thai Airways International (☎ 0870 606 0911; www.thaiair.com)

Thomas Cook Airlines (☎ 0871 895 0055; www.thomascook.com/flights)

Turkish Airlines (☎ 7766 9333; www.thy.com)

United Airlines (☎ 0845 844 4777; www.unitedairlines.co.uk)

US Airways (☎ 0845 600 3300; www.usairways.com)

Virgin Atlantic (☎ 0870 574 7747; www.virgin-atlantic.com)

Wizz Air (☎ 0904 475 9500; www.wizzair.com) La llamada cuesta 65 p por minuto.

## Aeropuertos

Londres tiene cinco aeropuertos: Heathrow, el más grande, al oeste; Gatwick, al sur; Stansted, al este; Luton, al norte; y London City.

### AEROPUERTO DE HEATHROW

Situado unos 25 km al oeste del centro de Londres, el aeropuerto de Heathrow (LHR; fuera de plano p. 64; ☎ 0844 335 1801; www.heathrowairport.com), con cinco terminales, es el que registra mayor tráfico aéreo del mundo. Para cualquier información, hay que llamar a la terminal pertinente en los siguientes horarios:

Terminal 1 ( ☎ 8745 5301; ☾ 6.00-23.00)

Terminal 2 ( ☎ 8897 9541; ☾ 6.00-22.30)

Terminal 3 ( ☎ 8759 3344; ☾ 5.30-22.30)

Terminal 4 ( ☎ 8897 6874; ☾ 5.30-23.00)

Terminal 5 ( ☎ 8283 5073; ☾ 5.30-23.00)

Todas las terminales cuentan con oficinas de cambio de divisas y mostradores de información y de alojamiento. En el aeropuerto hay tres paradas de metro de la línea Piccadilly: una para las terminales 1, 2 y 3, otra para la terminal 4 y una tercera para la terminal 5. Cada terminal dispone de su correspondiente consigna, cuyo uso cuesta 8 £ por bulto y día, para un máximo de 90 días. Desde todas las consignas se puede enviar el equipaje donde se les indique.

En caso de que se llegue muy tarde o se parta muy temprano, hay tres hoteles a un paseo desde las terminales, así como otros 20 en las cercanías, accesibles desde las terminales 1, 2, 3 y 5 con el autobús Heathrow Hotel Hoppa (adultos/niños 3-15 años 4 £/50 p), que parte cada 15 o 30 minutos entre las 4.30 y 24.00, aproximadamente. Desde la terminal 4 se puede tomar primero el tren gratis Heathrow Express que cubre el trayecto a/desde la terminal 3.

Opciones para llegar o salir del aeropuerto de Heathrow:

**Taxis negros** La carrera con taxímetro a/desde el centro de Londres cuesta entre 45 y 65 £ (55 £ desde Oxford St), y dura entre 45 minutos y 1 hora, en función del punto de partida.

**Heathrow Connect** ( ☎ 0845 678 6975; www.heath rowconnect.com) Este moderno tren de pasajeros une Heathrow y la estación de Paddington (7,40 £ por trayecto, 25 min, cada 30 min), con cinco paradas de camino, incluidas Southall y Ealing Broadway. Los primeros trenes parten de Heathrow sobre las 5.20 (6.00 do) y los últimos, hacia las 24.00. Desde Paddington, los servicios circulan de 4.30 (6.00 do) a 23.00, aproximadamente.

**Heathrow Express** ( ☎ 0845 600 1515; www.heathrow express.com) Este tren ultramoderno (ida/ida y vuelta 16,50/32 £, 15 min, cada 15 min) une la estación Heathrow Central (para las terminales 1, 2 y 3) y la terminal 5 con Paddington. Los pasajeros de la terminal 4 deben tomar el tren lanzadera gratis hasta Heathrow Central y allí el Heathrow Express. Los trenes empiezan a circular poco después de las 5.00 en ambos sentidos; los últimos parten a las 23.45 de Paddington y poco después de las 24.00 desde el aeropuerto.

**National Express** ( ☎ 0871 781 8181; www.nationalex press.com) Unos 45 autocares diarios (ida/ida y vuelta desde 5/9 £, billete válido para 3 meses, trayecto 45-90 min, cada 30 min-1 h) unen la nueva estación de autobuses Heathrow Central con la estación de autocares *(coach)* Victoria (164 Buckingham Palace Rd SW1; ⊖ Victoria). El primero parte de la Heathrow Central (para las terminales 1, 2 y 3) a las 5.25, y el último, a las 21.40. El primero desde Victoria parte a las 7.15, y el último, a las 23.30.

## CAMBIO CLIMÁTICO Y VIAJES

El cambio climático es una seria amenaza para los ecosistemas de los que depende el ser humano y el transporte aéreo es el que más agrava el problema. Lonely Planet considera que viajar beneficia a todas las partes implicadas pero también cree que es responsabilidad de todos reducir el impacto personal respecto al calentamiento global.

### Transporte aéreo y cambio climático

Prácticamente todos los medios de transporte con motor emiten $CO_2$ (el principal causante del cambio climático generado por el hombre) pero los aviones son, con diferencia, los más corrosivos, no solo por las largas distancias que recorren sino porque liberan gases de efecto invernadero directamente en la atmósfera. Las estadísticas son estremecedoras: dos personas que realizan un vuelo de ida y vuelta entre Europa y EE UU provocan el mismo efecto en el cambio climático que el consumo de gas y electricidad de un hogar durante un año entero.

### Proyectos para compensar emisiones de carbono

Climatecare.org y otras páginas web utilizan "calculadoras de carbono" que permiten al usuario compensar la contaminación producida por los gases de efecto invernadero de los que es responsable con contribuciones a operaciones de ahorro energético y a otras iniciativas ambientales en el mundo desarrollado (entre otros, proyectos en India, Honduras, Kazajistán y Uganda).

Lonely Planet, junto con Rough Guides y otros socios concienciados del sector, respalda el programa que promueve climatecare.org y compensa los viajes de su personal y de los autores de sus guías.

Para más información, consúltese www.lonelyplanet.com.

Underground ( ☎ 7222 1234; www.tfl.gov.uk) El metro (billete sencillo 4 £, 1 h desde el centro de Londres, cada 5-9 min) es el medio de transporte más barato para llegar a Heathrow. Circula a partir de las 5/5.45 desde/al aeropuerto (5.50/7.00 do) y hasta las 23.45/00.30 (23.30 do en ambos sentidos). Se puede sacar el billete en las máquinas expendedoras situadas en la zona de recogida de equipajes de las terminales de Heathrow o en la misma estación. Por la noche, el autobús N9 conecta Heathrow con el centro de Londres.

## AEROPUERTO DE GATWICK

Situado unos 50 km al sur del centro de Londres, el aeropuerto de Gatwick (LGW; fuera de plano p. 64; ☎ 0844 335 1802; www.gatwickairport.com) es más pequeño que Heathrow y está mejor organizado. Tiene dos terminales, la norte y la sur, que están conectadas por un eficiente tren que cubre el trayecto en tres minutos. Para más información, hay que llamar a la terminal pertinente:

Terminal norte ( ☎ 01293-502013; ☻ 5.00-21.00)

Terminal sur ( ☎ 01293-502014; ☻ 24 h)

Gatwick dispone de consignas en ambas terminales, con una tarifa de 8 £ por bulto y día, con un tope de 90 días.

Opciones para llegar o salir del aeropuerto de Gatwick:

Taxis negros El trayecto con taxímetro a/desde el centro de Londres cuesta unas 85 £ y dura poco más de una hora.

easyBus ( ☎ 0870 141 7217; www.easybus.co.uk) Esta empresa de bajo coste fleta microbuses de 19 plazas (ida 10 £, desde 2 £ por Internet, 70 min, cada 20 min) que unen la estación del metro Fulham Broadway (de la línea District) con la terminal norte entre 6.40 y 23.00 a diario. Desde Gatwick, circulan entre 6.00 y 22.00. Los billetes pueden sacarse en el mismo microbús, aunque también hay taquillas en ambas terminales del aeropuerto.

First Capital Connect ( ☎ 0845 748 4950; www.firstca pitalconnect.co.uk) Este servicio de tren (ida/ida y vuelta 9,80/12,70 £, 60-70 min) para en East Croydon, London Bridge, Blackfriars y St Pancras International.

Gatwick Express ( ☎ 0845 850 1530; www.gatwickex press.com) Tren (ida/ida y vuelta 16,90/28,80 £, 30 min, cada 15 minutos) que une la estación cercana a la terminal sur con Victoria. Desde el aeropuerto, los trenes circulan entre 4.30 y 1.35, aproximadamente. Desde Victoria, entre 5.00 y 00.30.

National Express ( ☎ 0871 781 8181; www.national express.com) Ofrece unos 18 autocares diarios (ida/ida y vuelta 7,30/15,10 £, billete válido para 3 meses, 65-90 min) entre Gatwick y la estación de autocares (coach) Victoria. Los servicios parten del aeropuerto como mínimo una vez

por hora entre 5.15 y 21.45; desde Victoria, parten cada hora en punto de 7.00 a 22.00, con salidas adicionales a las 23.00 y 3.30.

Southern Trains ( ☎ 0845 748 4950; www.southern railway.com) Servicio de tren (ida/ida y vuelta desde 9,80/ 12,70 £, 30-50 min, cada 15-30 min, cada hora 24.00-4.00) que une la estación Victoria con ambas terminales.

## AEROPUERTO DE STANSTED

El tercer aeropuerto internacional más importante de Londres, el de Stansted (STN; fuera de plano p. 64; ☎ 0844 335 1803; www.stanstedairport.com) está 56 km al noreste del centro de la ciudad, en dirección a Cambridge. Se ha convertido en el aeropuerto de mayor crecimiento de Europa gracias a las compañías de bajo coste como easyJet y Ryanair, que lo utilizan como base.

Opciones para llegar o salir del aeropuerto de Stansted:

Taxis negros El trayecto con taxímetro a/desde el centro de Londres cuesta entre 85 y 100 £.

easyBus ( ☎ 0870 141 7217; www.easybus.co.uk) Servicio de microbuses (ida 10 £, desde 2 £ por Internet, 90 min, cada 20-30 min) que une la estación de autobuses Victoria y Stansted, pasando por Gloucester Pl W1 (en la estación del metro Baker St), entre 3.00 y 22.20 diariamente. Desde Stansted, circulan entre las 7.00 y poco después de las 1.00.

National Express ( ☎ 0871 781 8181; www.nationalex press.com) Servicio ininterrumpido de autocares, con unas 120 salidas diarias. El A6 se dirige a la estación de autocares (coach) Victoria (ida/ida y vuelta 10,50/18 £, 85-110 min, cada 10-20 min) pasando por North London. El A9 se dirige a Stratford (8,50/16 £, 45-60 min, cada 30 min), donde se puede tomar el metro de la línea Jubilee (20 min) hasta el centro de Londres.

Stansted Express ( ☎ 0845 850 0150; www.standsted express.com) Servicio de tren (ida/ida y vuelta 19/28,80 £, 18/26,80 £ por Internet, 45 min, cada 15-30 min) que une el aeropuerto y la estación de Liverpool St. El primero parte del aeropuerto a las 5.30, y el último, poco antes de las 24.00. Desde Liverpool St, parten entre las 4.10 y poco antes de las 23.30. Para conectar con el metro, hay que cambiar de tren en Tottenham Hale (ida/ida y vuelta 17/26,60 £) para tomar la línea Victoria o seguir hasta la estación de Liverpool St para la línea central. Algunos de los primeros servicios no paran en Tottenham Hale.

Terravision ( ☎ 1279 680 028; www.terravision.eu/ london.html) Servicio de autocares (ida/ida y vuelta 9/14 £) que conecta Stansted con la estación de trenes de Liverpool St (autobús A51; 55 min) y con la estación de autocares (coach) Victoria (autocar A50; 75 min) cada 20-40 minutos de 7.15 a 1.00. Los servicios desde Victoria circulan entre las 2.40 y poco después de las 23.00. Los servicios a Liverpool St circulan de 6.00 a 1.00; desde Liverpool St, de 3.00 a 23.30.

## AEROPUERTO DE LONDON CITY

Su proximidad al centro de Londres (solo 10 km al oeste) y al distrito comercial de Docklands hacen del aeropuerto de London City (LCY; plano p. 64; ☎ 7646 0000; www.londoncityairport.com) una puerta de entrada especialmente práctica para las gentes de negocios. No obstante, también lo utilizan los turistas, pues ofrece vuelos a más de veinte destinos internacionales y siete nacionales.

Opciones para llegar o salir del aeropuerto de London City:

Taxis negros El trayecto con taxímetro a/desde la City/Covent Garden/Oxford St cuesta unas 20/25/30 £.

Docklands Light Railway (DLR; ☎ 7363 9700; www.tfl. gov.uk/dlr) Servicio de trenes que para en la estación de London City Airport (ida 4 £, con tarjeta Oyster 2,20-2,70 £). El trayecto hasta Bank dura poco más de 20 minutos y pasan cada 8-15 minutos de 5.30 a 00.30 de lunes a sábado (7.00-23.00 do).

## AEROPUERTO DE LUTON

El pequeño aeropuerto de Luton (LTN; indicado en plano p. 64; ☎ 01582-405100; www.london-luton.co.uk) se halla unos 52 km al norte de Londres. Solo opera con vuelos chárter económicos, aunque la línea aérea de bajo coste easyJet también ofrece servicios regulares.

Opciones para llegar o salir del aeropuerto de Luton:

Taxis negros El trayecto con taxímetro a/desde el centro de Londres cuesta unas 80 £.

easyBus ( ☎ 0870 141 7217; www.easybus.co.uk) Un servicio de microbuses (ida 10 £, desde 2 £ por Internet, 80 min, cada 30 min) une la estación de autobuses Victoria con Luton, con parada en las estaciones del metro Marble Arch, Baker St y Finchley Rd; circulan cada ½ hora las 24 horas, con la misma frecuencia en sentido contrario.

Autobús 757 de Green Line ( ☎ 0844 801 7261; www. greenline.co.uk) Los autobuses a Luton (ida/ida y vuelta 13/14,15 £, billetes válidos para 3 meses, 1 h) parten de Buckingham Palace Rd, al sur de la estación Victoria, aproximadamente cada ½ hora durante las 24 horas.

First Capital Connect ( ☎ 0845 748 4950; www.firstca pitalconnect.co.uk) Servicio de tren (fuera de hora punta ida/ida y vuelta 11,90/21,40 £, 30-40 min, cada 6-15 min de 7.00 a 22.00) que conecta las estaciones de London Bridge, Blackfriars y St Pancras International con la estación Luton Airport Parkway, donde se puede tomar un autobús lanzadera que llega al aeropuerto en ocho minutos.

Terravision ( ☎ 1279 680 028; www.terravision.eu/london. html) Este servicio de autocares (ida/ida y vuelta 13/16 £) entre Luton y la estación de autocares *(coach)* Victoria (y viceversa) circula cada 20-40 minutos las 24 horas.

# BICICLETA

Recorrer en bicicleta los canales de Londres o el South Bank es una delicia, pero adentrarse en el denso tráfico de la capital puede resultar bastante arriesgado, teniendo en cuenta la agresividad de los automovilistas y la polución. Cuando anochece, conviene llevar las luces delanteras y traseras encendidas y el casco puesto; también se puede imitar a muchos lugareños y colocarse una mascarilla.

La London Cycling Campaign (LCC; ☎ 7234 9310; www. lcc.org.uk) trabaja para mejorar la circulación de los ciclistas por toda la ciudad y lucha por conseguir el trazado completo de carriles-bici en Londres. Asimismo, el ayuntamiento y el alcalde actual han apostado fuerte por la bicicleta, lo que ha hecho aumentar espectacularmente su uso en los últimos años.

En colaboración con la LCC, Transport for London (www.tfl.gov.uk) publica una serie de guías gratis, las *London Cycle Guides*, que en realidad son 14 planos con rutas ciclistas por la capital. Se pueden solicitar a través de los sitios web de ambas organizaciones o llamando al teléfono de información de TfL ( ☎ 7222 1234; 24 h). También se pueden consultar en el sitio web www.londoncyclenetwork.org.uk.

## Bicicletas en el transporte público

Solo se admiten bicicletas en las líneas del metro Circle, District, Hammersmith & City y Metropolitan, pero fuera de las horas puntas (7.30-9.30 y 16.00-19.00, lu-vi), con excepción de las plegables. También se permite viajar con bicicleta en el Overground (p. 381), pero no en el DLR.

Las restricciones para viajar con bicicleta en los trenes suburbanos y las principales líneas ferroviarias varían de una compañía a otra, pero actualmente muchas disponen de vagones con amplias secciones para discapacitados que los ciclistas pueden aprovechar si nadie las utiliza. Para más información, llámese al ☎ 0845 748 4950.

## Alquiler

London Bicycle Tour Company (plano p. 120; ☎ 7928 6838; www.londonbicycle.com; 1a Gabriel's Wharf, 56 Upper Ground SE1; ✈ Waterloo o Blackfriars) El alquiler cuesta 4 £ por hora o 19 £ por el primer día, 9 £ por el segundo y tercero, 6 £ por el cuarto y quinto, 49 £ por la primera semana y 10 £ por la segunda. También ofrecen circuitos de 3½ horas; parten todos los días a las 10.30

15,95 £) y los fines de semana a las 12.00 y 14.30 (18,95 £).
Por 5 £ adicionales es posible quedarse la bicicleta durante
24 horas después del itinerario. Las rutas se pueden
consultar en el sitio web. Hay que disponer de una tarjeta
de crédito e identificarse.

On Your Bike (plano p. 120; ☎ 7378 6669; www.onyour
bike.com; 52-54 Tooley St SE1; ⏱ 7.30-19.30 lu-vi, 10.00-
18.00 sa, 11.00-17.00 do; ⊖ London Bridge) El alquiler
cuesta 12,50 £ por el primer día, 8 £ por cada uno de los
siguientes y 35 £ por semana. Los precios incluyen el casco.
Hay que dejar un depósito de 150 £ (con tarjeta de crédito)
e identificarse.

# Bicitaxi

En los últimos diez años, los *rickshaws* de
tres ruedas con capacidad para dos o tres pasajeros son una estampa habitual (y polémica)
en las calles del Soho. Pero más que un medio
de transporte, son una trampa para turistas y
para los habituales borrachos de los sábados
por la noche. Un recorrido por el barrio cuesta
unas 5 £. Para más información, véase www.
londonpedicabs.com.

# BARCO

En los últimos años han aparecido compañías
que fletan barcos por el río, en un intento de
aprovechar la olvidada arteria fluvial de Londres, aunque Thames Clippers ( ☎ 0870 781 5049; www.
thamesclippers.com) es la única que funciona como
medio de transporte ribereño propiamente dicho. Los servicios, que circulan entre las 6.00
y poco antes de la 1.00 (billete sencillo adul-
tos/niños 5/2,50 £, cada 20-30 min aprox.),
paran en muchos puntos de interés del río.
Navegan entre Embankment y Woolwich Arsenal Piers, pasando por la Tate Modern, el
Shakespeare's Globe, el Tower Bridge, Canary
Wharf, Greenwich y el O2. Para información
sobre circuitos turísticos, véase p. 379. Para más
detalles, véase el capítulo 'Río Támesis'.

# AUTOBÚS

Los emblemáticos autobuses de dos pisos
Routemaster dejaron de circular en el 2005,
excepto en dos líneas históricas (9 y 15), pero
pronto volverán con un diseño más moderno
y elegante; su reintroducción fue una promesa
de campaña del alcalde Boris Johnson en el
2008. Aunque cambie su diseño, estos autobuses siguen siendo un medio de transporte
fantástico para ver la ciudad. Lo único que hay
que tener en cuenta es que los desplazamientos
en autobús pueden ser más lentos debido a los
atascos de tráfico y a los más de cuatro millones de ciudadanos que los utilizan a diario.

# Tarifas

Cualquier billete sencillo de autobús para
adultos dentro de Londres cuesta 2 £ (1 £ con
la tarjeta Oyster; véase p. 378). Los menores
de 11 años no pagan; tampoco los de 11 a 18
años, aunque deben disponer de una tarjeta
Oyster con fotografía. Los bonos (p. 383) son
válidos en todos los autobuses, incluidos los
nocturnos. Cabe mencionar que en algunas
paradas del centro (donde los letreros tienen
el fondo amarillo), los conductores ya no
venden billetes a bordo y hay que comprarlos
antes de subir en las máquinas de la parada.
Esto resulta muy molesto, porque aunque la
expendedora funcione no devuelve cambio,
por lo que se necesita introducir el importe
exacto. No obstante, sí que venden bonos de
un día (véase abajo).

## BONOS Y DESCUENTOS

Si la idea es desplazarse solo en autobús durante la estancia, se puede adquirir un bono de
un día válido en toda la ciudad por 3,30/1,65 £
para adultos/niños; si se utiliza la tarjeta Oyster, este es el precio máximo diario en autobuses y tranvías. A diferencia de las Travelcards
(o el precio máximo de la tarjeta Oyster) para
el metro, el DLR y el London Overground,
estos bonos son válidos antes de las 9.30 entre
semana. Los bonos semanales o mensuales
de autobús cuestan 13,80/6,90 £ o 53/26,50 £
para adultos/niños.

Se recomienda adquirir una tarjeta Oyster
(p. 378) aunque solo se esté un fin de semana. De
lo contrario, los trayectos cuestan el doble.

# Información

En casi todos los centros de información sobre el transporte y en www.tfl.gov.uk/buses se
pueden consultar planos que dividen la ciudad
en cinco secciones. Para información general
sobre autobuses de Londres, hay que llamar
al ☎ 7222 1234 (24 h).

# Autobuses nocturnos

Hay más de cincuenta rutas nocturnas (los
vehículos están señalizados con la letra N como prefijo), que circulan entre 24.00 y 4.30,
cuando el metro cierra y los autobuses diurnos vuelven a las cocheras. Oxford Circus,
Tottenham Court Rd y Trafalgar Sq son los
principales puntos de enlace, pero conviene

comprobar los paneles de las paradas para familiarizarse con los trayectos. Los nocturnos no pasan con tanta frecuencia y solo paran si se solicita, así que conviene indicarlo claramente al conductor.

También hay unas sesenta líneas que funcionan las 24 horas, pero son distintas a las nocturnas porque son los mismos autobuses que circulan durante el día pero con una frecuencia menor. Para más información, consúltese el horario en las paradas.

# Reino Unido y Europa continental

National Express ( ☎ 0871 781 8181; www.nationalexpress.com) y, en menor medida, la compañía de bajo coste Megabus ( ☎ 0900 160 0900 60 p/min; www.megabus.com) son las principales compañías de autocares nacionales. Megabus cuenta con un sistema tarifario similar a las líneas aéreas de bajo coste, con algunos billetes que solo cuestan 1 £. National Express ha reducido considerablemente sus tarifas para no perder cuota de mercado. Otro competidora en las principales líneas del Reino Unido es Green Line ( ☎ 0844 801 7261; www.greenline.co.uk; Bulleid Way Sw1; ⊖ Victoria).

Eurolines ( ☎ 0871 781 8177; www.eurolines.com; 52 Grosvenor Gardens SW1) ofrece servicios operados por autocares de National Express a destinos de Europa continental, que parten de la estación de autocares *(coach)* Victoria (plano pp. 132-133; 164 Buckingham Palace Rd SW1; ⊖ Victoria).

# AUTOMÓVIL Y MOTOCICLETA

Conducir por Londres es una experiencia exasperante: los atascos son habituales, las plazas de aparcamiento escasean y la tasa de circulación (abajo) aumenta los ya elevados costes, incluido el precio de la gasolina (1 £/l durante la redacción de esta guía). Los guardias de tráfico y los operarios que colocan los cepos trabajan con gran eficacia; solo por retirar el cepo del automóvil, el infractor debe abonar unas 240 £. De encontrarse en esta situación hay que llamar al número que aparece en la multa, que varía en función del barrio. Si el coche ha sido retirado, se tiene que llamar al teléfono gratis del servicio de grúas TRACE (Towaway Removal & Clamping Enquires; ☎ 7747 4747). Para recuperar el automóvil habrá que pagar un mínimo de 200 £.

# Conducción
## NORMAS DE TRÁFICO

Circular en automóvil por Londres nunca es recomendable. Pero, de hacerlo, conviene tener un ejemplar del código de circulación *(Highway Code)*, disponible en las oficinas de la AA y del RAC, en algunas librerías y en las oficinas de turismo. Un permiso de conducir extranjero es válido en el Reino Unido hasta 12 meses después de la última entrada al país. Si se lleva desde Europa, conviene comprobar que el vehículo esté asegurado adecuadamente. Todos los automovilistas (pasajeros incl.) deben llevar puesto el cinturón de seguridad y los motoristas, el casco.

## TASA DE CIRCULACIÓN

Londres fue la primera metrópoli del mundo en imponer una tasa para reducir la afluencia de tráfico al centro entre semana. Si bien es cierto que la entrada de vehículos en la "zona de congestión" se ha reducido mucho, también lo es que la circulación sigue siendo muy lenta.

La zona original donde se aplica este impuesto (Euston Rd, Pentonville Rd, Tower Bridge, Elephant & Castle, Vauxhall Bridge Rd, Park Lane y Marylebone Rd) se ha ampliado para englobar también Bayswater, Notting Hill, High St Kensington, North y South Kensington, Knightsbridge, Chelsea, Belgravia y Pimlico.

La zona de congestión está señalizada con una gran letra "C" dentro de un círculo rojo. Si se accede de 7.00 a 18.00 de lunes a viernes (sin contar los festivos), hay que pagar 8 £ en el mismo día (o 10 £ el día siguiente) para evitar una multa de 120 £. El pago se puede realizar por Internet; en quioscos, gasolineras o tiendas con el símbolo "C"; por teléfono llamando al ☎ 0845 900 1234; e incluso por SMS tras registrarse por Internet. Para más información, véase el sitio web www.tfl.gov.uk/roadusers/congestioncharging.

## Alquiler

Aunque circular por Londres sale caro y, a menudo, es lento, no faltan agencias de alquiler de automóviles. La competencia es feroz, pero en los últimos años easyCar (www.easycar.com) se ha propuesto ofrecer tarifas más económicas que compañías tradicionales como Avis (www.avis.com) y Hertz (www.hertz.com), lo que ha provocado un descenso generalizado de las mismas. Conviene reservar con mucha antelación, pues siempre acaban faltando vehículos, sobre todo los fines de semana.

Los que necesiten un automóvil para un par de horas o medio día ahora disponen del magnífico servicio de prepago Streetcar (☎ 0845 644 8475; www.streetcar.co.uk). Tras registrarse y abonar la cuota de socio anual (59,50 £), el cliente solo tiene que localizar el vehículo de Streetcar más cercano a su ubicación, desbloquearlo con la tarjeta de socio, sacar la llave con un PIN y arrancar. La tarifa más económica es de 3,95/39,50 £ por hora/día, con gasolina gratis para 50 km.

## CIRCUITOS ORGANIZADOS

Aunque no son especialmente glamurosos, los circuitos organizados son una buena forma de ver los principales puntos de interés de la ciudad, y así hacerse una idea para poder volver a determinadas zonas por cuenta propia y explorarlas más a fondo; los servicios que permiten subir y bajar del autobús tantas veces como se desee son especialmente adecuados. Asimismo, si se dispone de poco tiempo, este sistema permite ver las principales atracciones

de la capital en un solo día. Tampoco tienen por qué ser tediosos circuitos del estilo "a la derecha pueden ver el Big Ben", sino que hay un sinfín de empresas que ofrecen todo tipo de opciones originales.

## Aéreos

**Adventure Balloons** (☎ 01252-844222; www.adventureballoons.co.uk; Winchfield Park, London Rd, Hartley Wintney, Hampshire) Si el tiempo lo permite, ofrecen vuelos sobre Londres (185 £ por persona) los martes, miércoles y jueves por la mañana, poco después del amanecer, desde finales de abril hasta mediados de agosto. Los vuelos duran una hora, pero hay que calcular unas cuatro con el despegue, el aterrizaje y los desplazamientos.

**Cabair Helicopters** (☎ 8953 4411; www.cabair.com; Elstree Aerodrome, Borehamwood, Hertfordshire) Vuelos de 35 minutos sobre Londres dos días al mes, sábados y domingos, por 150 £. Para más detalles, se puede llamar por teléfono.

## En barco

Los poseedores de la Travelcard (p. 383) se benefician de un tercio de descuento en las siguientes tarifas de barco:

**Circular Cruise** (☎ 7936 2033; www.crownriver.com; adultos/5-15 años/estudiantes y jubilados /familias 8,70/4,40/7,70/28 £; ⏱ circuitos cada 30 min 11.00-18.30 finales may-principios sep, cada 40 min 11.00-17.00 principios abr-finales may y principios sep-oct, cada hora 11.00-15.00 nov-principios abr) Los barcos se dirigen al este entre Westminster Pier y St Katharine's Pier, cerca de la Torre de Londres, con paradas en Embankment Pier, Festival Pier, Bankside Pier y London Bridge Pier. Las tarifas son más económicas por trayectos (p. ej., adultos 6,90 £) o entre solo dos paradas (p. ej., Bankside a/desde London Bridge 3/1,50 £ para adultos/niños).

**London Waterbus Company** (plano p. 162; ☎ información 7482 2660, reservas 7482 2550; www.londonwaterbus.co.uk; 2 Middle Yard, Camden Lock NW1; ida adultos/niños 6,50/5,20 £, ida y vuelta 9,30/7,40 £; ⏱ cada hora 10.00-17.00 abr-sep, cada 2 h 10.00-16.00 ju y vi, cada hora 10.00-17.00 sa y do oct, cada 2 h 10.00-15.00 sa y do nov-mar; ⊖ Camden Town) Ofrece circuitos de 90 minutos en una barcaza por el Regent's Canal, entre Camden Lock y Little Venice, pasando por Regent's Park y el zoo de Londres.

**RIB London Voyages** (plano p. 120; ☎ 7928 8933; www.londonribvoyages.com; Boarding Gate 1, London Eye, Waterloo Millennium Pier, Westminster Bridge Rd SE1; adultos/niños 32,50/19,50 £; ⏱ cada hora 11.00-16.00 cada día may-oct, 11.00-16.00 vi-do nov-mar) El viajero se sentirá como James Bond en este barco inflable de alta velocidad que surca el Támesis a 30 o 35 nudos. También ofrecen un crucero temático dedicado al Captain Kidd, entre el London Eye y Canary Wharf (mismo precio).

Thames River Services (plano pp. 86-87; ☎ 7930 4097; www.westminsterpier.co.uk; Westminster Pier, Victoria Embankment SW1; ida adultos/niños 8,40/4,20 £, ida y vuelta 11/5,50 £, familias 28 £; ☾ circuitos cada 30 min 10.00-16.00 o 17.00 abr-oct) Estos cruceros unen Westminster Pier con Greenwich, con parada en la Torre de Londres. Cada dos servicios, el barco sigue el camino desde Greenwich hasta la Thames Barrier (ida adultos/niños 10,40/5,20 £, ida y vuelta 12,80/6,40 £, cada hora 11.30-15.30), pasando junto al O2. El trayecto de ida y vuelta desde Westminster dura tres horas; desde Greenwich, una. De noviembre a marzo se reduce el servicio desde Westminster a ocho salidas diarias de 10.40 a 15.20.

Westminster Passenger Services Association (plano pp. 86-87; ☎ 7930 2062; www.wpsa.co.uk; Westminster Pier, Victoria Embankment SW1; Kew adultos/niños/jubilados/familias ida 10,50/5,25/7/26,25 £, ida y vuelta 16,50/8,25/11/41,25 £, Hampton Court adultos/niños/jubilados/familias ida 13,50/6,75/9/33,75 £, ida y vuelta 19,50/9,75/13/48,75 £; ☾ 10.30, 11.00, 12.00 y 14.00 a diario abr-oct) Estos barcos remontan el río entre Westminster Pier, los Royal Botanic Gardens, en Kew (1½ h), y el palacio de Hampton Court (otra 1½ h). Se puede apear en Richmond en función de la marea; hay que informarse antes de zarpar.

## En autobús

Las siguientes compañías comentan la ruta y permiten apearse en cada lugar de interés para retomar el circuito en el siguiente autobús. Los billetes caducan a las 24 horas.

Big Bus Tours ( ☎ 7233 9533; www.bigbustours.com; adultos/niños/familias 25/10/60 £; ☾ cada 15 min 8.30-18.00)

Original Tour ( ☎ 8877 1722; www.theoriginaltour.com; adultos/niños/familias 22/10/69 £; ☾ cada 15 min 8.30-18.00)

## Especializados

Black Taxi Tours of London ( ☎ 7935 9363; www.blacktaxitours.co.uk; 2 h 100 £ hasta cinco pasajeros; ☾ 8.00-24.00) Se puede alquilar un taxi negro con un guía experto al volante (aunque los taxistas ordinarios explican historias igual de divertidas). Las tarifas son entre 10 y 15 £ más caras después de las 18.00 y los fines de semana.

London Duck Tours (plano p. 120; ☎ 7928 3132; www.londonducktours.co.uk; adultos/niños/reducida/familias desde 20/14/16/58 £; ⊖ Westminster) Los vehículos anfibios, inspirados en los que se utilizaron en el Desembarco de Normandía, salen de delante del County Hall y atraviesan las calles del centro de Londres antes de su espectacular inmersión en el Támesis en Vauxhall. El circuito dura 80 minutos.

Open House ( ☎ 7383 2131; www.londonopenhouse.org; Bldg Centre, 26 Store St WC; adultos/estudiantes 18,50/13 £; ☾ 10.00 sa; ⊖ Tottenham Court Rd o Goodge St) Además del anual Open House London (véase "Arquitectura", p. XII), en el que cada mes de septiembre abren al público más de setecientos edificios de la ciudad, esta organización benéfica dedicada a la arquitectura patrocina charlas y circuitos dedicados cada semana a una zona concreta (Square Mile, Bankside, el West End y Docklands), comentados amenamente y bien documentados.

## A pie

Association of Professional Tourist Guides (APTG; ☎ 7611 2545; www.touristguides.org.uk; medio día/día completo 120/190 £) Se puede alquilar uno de los prestigiosos y expertos guías Blue Badge, que han estudiado durante dos años y han superado exámenes escritos para hacer este trabajo.

GLIAS ( ☎ 01689 852186; www.glias.org.uk; cuota de socio adultos/familias 10/12 £) Para ver lo que se esconde bajo la superficie de Londres, hay que hacerse socio de la Greater London Industrial Archaeology Society, una sociedad arqueológica que organiza numerosos paseos y seminarios mensuales (gratis o por un importe simbólico) dedicados a la herencia industrial de Londres.

London Walks ( ☎ 7624 3978; www.walks.com; adultos/reducida 7/5 £) Amplia variedad de circuitos, incluido el de Jack el Destripador, a las 19.30 a diario y a las 15.00 los sábados; el de los Beatles, a las 11.20 los martes y sábados; y el de Sherlock Holmes, a las 14.00 los viernes.

London Mystery Walks ( ☎ 0795 738 8280; www.tourguides.org.uk; adultos/niños/familias 9/7,50/25 £; ⊖ Aldgate) Se pueden recorrer las viejas guaridas de Jack el Destripador los miércoles, viernes y sábados a las 19.00, y visitar el Londres encantado (Haunted London) los martes a las 19.00. La cita es delante de la estación del metro Aldgate.

## TAXI
## Taxis negros

Los tradicionales *black cabs* (www.londonblackcabs.co.uk) de Londres son tan emblemáticos como los autobuses rojos de dos pisos. Los taxistas con licencia han pasado por una rigurosa formación y una serie de exámenes. Deben conocer todas las calles del centro de Londres y los cien puntos de interés más visitados del momento, incluidas atracciones, clubes y restaurantes.

Los taxis indican que están libres con la luz amarilla encendida encima del parabrisas; basta con estirar el brazo para indicar que paren. La tarifa se calcula con taxímetro: la bajada de bandera es de 2,20 £ (para los primeros 336 m de recorrido entre semana), con incrementos de 20 p por cada 168 m. De noche y de madrugada, los precios suben. Se puede añadir un 10% de propina al importe final, aunque pocos londinenses lo hacen; basta con redondear hasta la siguiente cifra exacta.

Por la noche, sobre todo después del cierre de casi todos los *pubs* a las 23.00, es muy complicado encontrar un taxi en zonas de ocio nocturno como el Soho. Si alguien se encuentra en cualquiera de estas zonas, debe hacer la señal a todos los taxis –aunque lleven la luz apagada– e intentar aparentar sobriedad. A esas horas de la noche, muchos taxistas aplican tarifas prohibitivas. Para solicitar un taxi por teléfono se puede llamar a Computer Cabs ( ☎ efectivo 7908 0207, tarjeta de crédito 7432 1432; www.comcablondon.com); cobran una tasa de reserva de 2 £ y bajan la bandera en el momento en el que se efectúa la llamada.

Zingo Taxi ( ☎ 0870 070 0700; http://pda.london-taxi.co.uk) utiliza GPS para conectar el teléfono móvil del cliente con el vehículo libre más cercano, por lo que se puede explicar exactamente al taxista donde está. Este servicio solo cuesta 2 £ y se añade al precio final de la carrera; también se cobra la distancia que cubre el taxista hasta el cliente (máximo 3,80 £). Es una buena idea a altas horas de la madrugada, cuando resulta prácticamente imposible encontrar uno libre.

## 'Minicabs'

Estos taxis, que actualmente cuentan con licencia, son competidores *freelance* de los taxis negros y suelen ser más económicos. Sin embargo, sus conductores no suelen tener formación y a menudo les cuesta encontrar el camino correcto. No está permitido parar a un *minicab* por la calle, sino que deben solicitarse por teléfono o directamente en las oficinas de *minicabs* (en cada calle principal hay una, como mínimo). En ocasiones los conductores se acercan a los transeúntes en busca de clientes, pero se recomienda rechazar la oferta porque es muy probable que no estén asegurados. También se han dado casos de conductores de *minicabs* sin licencia que han sido acusados de violación.

Los minicabs no usan taxímetro, por lo que hay que fijar el precio de antemano. Aunque la mayoría de los conductores no regatean –suele haber una tarifa fijada por su jefe–, no se pierde nada por intentarlo. Normalmente no se les deja propina.

Se recomienda preguntar a un lugareño el nombre de una empresa de *minicabs* en su barrio, pues cada londinense tiene su empresa de confianza. También se puede llamar a un gran operador disponible las 24 horas, como Addison Lee ( ☎ 7387 8888) o GLH Express ( ☎ 7272 3322). Las mujeres que vayan solas por la noche pueden llamar a Lady Cabs ( ☎ 7272 3800), que trabajan solo con conductoras. Liberty Cars ( ☎ 0800 600 006) está dirigido al público homosexual (aunque es extremadamente improbable que las parejas gays sufran ataques homofóbicos por parte de los taxistas).

# TREN
## Docklands Light Railway

El Docklands Light Railway (DLR; ☎ 7363 9700; www.tfl.gov.uk/dlr) es un tren ligero sin conductor que complementa la red del metro. Une las estaciones Bank y Tower Hill Gateway, en la City, con Beckton y Stratford al este y al noreste; Docklands (hasta Island Gardens, en el extremo sur de la Isle of Dogs), Greenwich y Lewisham al sur; y Woolwich al sureste, con parada en el aeropuerto de London City. El DLR circula de 5.30 a 00.30 de lunes a sábado, y de 7.00 a 23.30 los domingos. El billete cuesta 1,60 £/80 p para adultos/niños, o 1,10 £/55 p con la tarjeta Oyster. También hay un billete Rail & River Rover (adultos/5-15 años/familias 12/6/28 £), exclusivo del DLR, que permite utilizar este tren ligero en combinación con un número ilimitado de trayectos en determinadas embarcaciones que recorren el río.

## London Overground y trenes suburbanos

Existen otras líneas de ferrocarril que pueden ser útiles para el viajero. Una de ellas es la que los londinenses aún llaman Silverlink (o línea North London), que recorre los barrios de North London entre Richmond, al oeste, y Stratford, al este, con parada en Kew, West Hampstead, Camden Rd y Highbury & Islington; actualmente está integrada en una red de seis líneas que conforman el servicio ferroviario conocido como London Overground ( ☎ 7222 1234; www.tfl.gov.uk). Entre estas líneas está el East London Railway, la antigua línea East London del metro, que actualmente tiene cuatro paradas adicionales (Shoreditch High St, Hoxton, Haggerston y Dalston Junction) que en 2011 se unirán con el Silverlink en Highbury & Islington.

Actualmente First Capital Connect (www.firstca pital connect.co.uk) ofrece un abigarrado servicio que mucha gente aún conoce como Thameslink, que une Elephant & Castle, London Bridge y barrios más al sur con la City, King's Cross y Luton. Casi todas las líneas tienen conexiones con el metro y se pueden utilizar los bonos de este. Hay que tener en cuenta, sin embargo, que las tarjetas Oyster solo se aceptan en algunas estaciones.

Si se piensa pasar una temporada en Southeast London, donde los trenes suburbanos son mucho más prácticos que el metro, se recomienda adquirir la Network Railcard (25 £), válida para un año y disponible en casi todas las estaciones. Esta tarjeta ofrece un descuento de una tercera parte en la mayoría de las tarifas de tren del sureste de Inglaterra y en los bonos de un día para las seis zonas de la capital (fuera de las horas punta).

La mayoría de las estaciones más grandes de Londres disponen de algún servicio para guardar el equipaje, aunque debido al riesgo de atentados terroristas, ya no hay taquillas. Excess Baggage ( ☎ 0800 783 1085; www.left-baggage. co.uk) cobra 8 £ por bulto para las primeras 24 horas y 4 £ por cada día adicional. Estos servicios funcionan en ocho estaciones: St Pancras, Paddington, Euston, Victoria, Waterloo, King's Cross, Liverpool St y Charing Cross.

# Por el interior de Reino Unido y a Europa

Los trenes InterCity cubren las principales rutas ferroviarias nacionales y pueden alcanzar los 225 km/h. Sin embargo, dada la incapacidad de este país de mantener en funcionamiento cualquier servicio que tenga algún tipo de movimiento (escaleras mecánicas y ascensores incl.), habrá que acostumbrarse a los frecuentes retrasos. Si no se dispone de un bono, la opción más económica es comprar billetes con la vuelta el mismo día o con una semana de antelación (disponibles en las estaciones de las principales líneas ferroviarias). National Rail Enquiries ( ☎ 0845 748 4950; www.nationalrail.co.uk) informa sobre horarios y precios.

El servicio de pasajeros de alta velocidad Euro-star ( ☎ 0870 518 6186; www.eurostar.com) une la estación de St Pancras International con la Gare du Nord de París en tan solo 2 horas 15 minutos, con un máximo de 24 salidas diarias. También hay 12 convoyes diarios a Bruselas, que cubren el trayecto en tan solo 1 hora 50 minutos. Hay muchas tarifas: por ejemplo, el trayecto a París o Bruselas cuesta de 59 £ por un billete económico entre semana (con una noche obligatoria en destino) a 309 £ por una tarifa de ida y vuelta totalmente flexible.

El Eurotunnel ( ☎ 0870 535 3535; www.eurotunnel.com) transporta vehículos de motor y bicicletas entre Folkestone, en Inglaterra, y Coquelles (cerca de Calais), en Francia. Los servicios parten cada 15 minutos durante el día, y cada hora de 1.00 a 6.00. La opción más económica es reservar por Internet, con tarifas de un día/con una noche incluida a partir de 44 £; hay tarifas de entre dos y cinco días a partir de 150 £. Todos los precios incluyen un vehículo y los pasajeros.

Para información de otros trenes europeos, contáctese con Rail Europe ( ☎ 0844 848 5848; www. raileurope.co.uk).

# TRANVÍA

South London cuenta con una pequeña red de tranvía llamada London Tramlink ( ☎ 7222 1234; www.tfl.gov.uk), con tres líneas y una extensión total de 28 km: de Wimbledon a Elmers End vía Croydon; de Croydon a Beckenham; y de Croydon a New Addington. El billete sencillo cuesta 2 £ (1 £ con tarjeta Oyster). Los bonos de autobús son válidos en el tranvía.

# METRO

A pesar de los retrasos en la modernización de la red y las frecuentes amenazas de huelga, el London Underground (conocido popularmente como *the tube*, "el tubo"), es el medio de transporte más rápido y sencillo para desplazarse por la ciudad. No obstante, es bastante caro si se compara con el metro de otras grandes ciudades como París o Nueva York. La tarifa más económica en el centro de Londres es de 1,60/4 £ con/sin tarjeta Oyster.

# Tarifas

El metro divide Londres en seis zonas concéntricas. Las tarifas para las zonas más céntricas son más caras que las de las más alejadas. A continuación se listan los precios de hora punta con Oyster/fuera de hora punta con Oyster/sin Oyster. Los pasajeros entre 11 y 15 años pagan siempre 55 p con la tarjeta Oyster y 2 £ sin ella.

Zona 1 adultos 1,60/1,60/4 £

Zonas 1 y 2 adultos 2,20/1,60/4 £

Zonas 1-3 adultos 2,70/2,20/4 £

Zonas 1-4 adultos 2,80/2,20/4 £

Zonas 1-5 adultos 3,70/2,20/4 £

Zonas 1-6 adultos 3,80/2,20/4 £

Si alguien es sorprendido en el metro sin bille-te válido (y ello incluye traspasar a una zona que el billete no cubra), deberá abonar in situ una multa de 50 £. Es decisión del viajero, pe-ro si decide viajar sin billete y lo atrapan, lo mejor que puede hacer es pagar la sanción.

## BONOS Y DESCUENTOS

Si solo se viaja en metro, autobús, tranvía o DLR, lo que más a cuenta sale es adquirir una tarjeta Oyster, más económica que una Tra-velcard de un día. No obstante, si se utiliza el National Rail, la tarjeta Oyster solo se acepta en algunas estaciones, por lo que se recomien-da adquirir el bono de un día (hora punta/ fuera de hora punta zonas 1 y 2 7,20/5,60 £; zonas 1-6 14,80/7,50 £).

El bono de tres días para las zonas 1 y 2 (18,40 £) es válido durante todo el día; para las zonas 1 a 6, se puede adquirir el bono válido pa-ra todo el día (42,40 £) o fuera de la hora punta (21,20 £). En este último caso, solo se permite viajar después de las 9.30 de lunes a viernes (y a cualquier hora sa y do).

Si se tiene intención de pasar un temporada en Londres y utilizar el metro a diario, la me-jor opción es el bono semanal (adultos/niños 25,80/12,90 £) o mensual (99,10/49,60 £) para las zonas 1 y 2.

## Información

Los centros de información del metro venden billetes y facilitan mapas gratis. Hay centros en la estación del metro Heathrow 1, 2, 3, así como en las estaciones del metro y trenes de Euston, Liverpool St, Piccadilly Circus y Victoria. También hay una oficina de infor-mación en Camden Town Hall, en 27 Argyle Street WC1, frente a la estación de King's Cross St Pancras. Para información general sobre el metro, los autobuses, el DLR o los trenes de Londres, hay que llamar al ☎ 7222 1234 o visitar www.tfl.gov.uk.

## Red metropolitana

En el área metropolitana de Londres fun-cionan 11 líneas de metro, además del tren ligero privado DLR (con conexión al metro), el sistema London Overground y una red de trenes también interconectada. El primer me-tro sale hacia las 5.30 de lunes a sábado y a las 7.00 los domingos; el último, entre las 23.30 y las 00.30, en función del día, la estación y la línea.

La fiabilidad del metro varía de una línea a otra, y la Circle Line, que enlaza casi todas las estaciones principales y es la más utiliza-da por los turistas, es la que tiene peor fama. Sin embargo, cuando funciona bien, resulta muy rápida. Otras líneas con mala reputa-ción son la de Northern (aunque es mejor) y la Hammersmith & City (a menudo apodada "Hammersmith & Shitty"; *shit* es "mierda"). La de Piccadilly, que va y vuelve de Heathrow, suele funcionar bien, igual que la Victoria, que comunica la estación con Oxford Circus y King's Cross, y la Jubilee, que enlaza London Bridge, Southwark y Waterloo con Baker St.

Conviene recordar que el icónico plano del metro de Londres es una representación gráfi-ca de los túneles. Algunas estaciones, como las de Leicester Sq y Covent Garden, están mucho más próximas de lo que aparenta en el plano. A menudo se va más rápido si se recorre a pie la distancia que las separa. En algunos planos se indican dichas distancias.

## HORARIO COMERCIAL

Mientras que la City mantiene el horario tradicional de lunes a viernes y de 9.00 a 17.00 (desierta los fines de semana), en otras partes de la ciudad son más flexibles. Las tiendas más grandes y las pertenecientes a cadenas abren normalmente hasta las 19.00 entre semana y, como mínimo, hasta las 17.00 los sábados y domingos. Los jueves o, en algunos casos, los miércoles, el horario se alarga por la tarde (véase p. 206).

Los bancos del centro atienden hasta las 17.00, aunque las operaciones hechas después de las 15.30 no se procesan hasta la mañana siguiente. El horario de correos varía de unas oficinas a otras, pero la mayor parte operan de 9.00 a 17.30 de lunes a sábado.

Tradicionalmente, *pubs* y bares han estado abiertos entre 11.00 y 23.00. Las leyes sobre horarios comerciales cambiaron en el 2005 y permiten que se pueda obtener licencia para abrir hasta tarde Eso significa que algunos *pubs* ahora pueden abrir hasta medianoche o más tarde los días laborables y hasta la 1.00 o las 2.00 los fines de semana.

Los restaurantes suelen abrir de 12.00 a 14.30 o 15.00, y de 18.00 o 19.00 a 23.00 (normalmente aceptan clientes hasta las 22.00).

## VIAJAR CON NIÑOS

Londres ofrece muchos puntos de interés y museos que interesarán a los niños. También es una ciudad con abundantes espacios verdes que suelen contener zonas de seguridad para el recreo infantil.

Las atracciones de pago casi siempre tienen una tarifa especial para los pequeños, aunque la edad de aplicación varía. En el transporte público los niños pagan menos (el viaje en autobús es gratis para los menores de 16 años y los estudiantes a jornada completa menores de 18).

Por tradición, nunca se han admitido niños en los *pubs,* aunque actualmente hay muchos que cuentan con una zona familiar, un jardín o un restaurante en los que son bienvenidos. Para más información sobre viajar con niños, véase *Travel with Children,* de Lonely Planet.

### Canguros

Todos los hoteles de precio alto ofrecen servicio de canguro. Los precios varían enorme-

mente de un establecimiento a otro, por lo que conviene informarse en recepción. También se puede probar en Sitters ( ☎ reservas 0800 389 0038; www.sitters.co.uk). La cuota trimestral cuesta 12,75 £, y el precio de los canguros oscila entre 5,75 y 6,85 £ la hora, con un coste adicional de 4 £ por sesión en concepto de reserva. Otros servicios de canguros recomendables son Top Notch Nannies ( ☎ 7244 6053; www.topnotchnannies.com; canguros y niñeras desde 8 £/h) y, solo en West London, Nick's Babysitting ( ☎ 07853 981917; www.nicksbabysitting service.co.uk; desde 10 £/h).

## CLIMA

Muchos londinenses jurarían que el calentamiento global ha dado una vuelta más de tuerca a la imprevisibilidad climática de la ciudad. Antes, solían quejarse de la impertinente lluvia, pero hoy se enfrentan a repentinas apariciones del sol y a olas de calor. Los últimos veranos se han registrado temperaturas récord que han alcanzado los 40°C, algo para lo que la ciudad está poco preparada.

Sin embargo, los meteorólogos señalan que las estadísticas recientes no son nada excepcionales en un clima tan variable por naturaleza. La temperatura máxima media de julio el mes más caluroso, sigue siendo de 23°C En primavera y otoño, el termómetro cae a 13-17°C. En invierno, la máxima media diaria es de 8°C y la mínima nocturna, de 2°C. Pese a la aparición de la nieve en los últimos años raramente hiela en la capital.

A largo plazo, como consecuencia del cambio climático, se prevén veranos más secos, inviernos más húmedos y tormentosos y más riadas. Mientras tanto, se puede consultar la previsión meteorológica para el área metropolitana en Weathercall ( ☎ 09068 500 401; www.weathercall.co.uk; 60 p el minuto) o visitar el

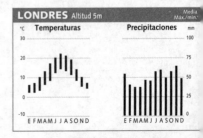

sitio web www.bbc.lon don.co.uk/weather, con previsiones a cinco días vista.

Para que decidir cuál es la mejor época para visitar Londres, véase p. 16.

# CURSOS

Londres es un gran centro de estudios y cuenta con numerosas universidades, *colleges* y otras instituciones educativas. La joya de la corona es la Universidad de Londres, entre cuyos célebres *colleges* figuran el King's, el University y el Imperial, así como la London School of Economics.

Mucha gente acude a la capital para estudiar inglés; lo más probable es que al pasear por Oxford Street se reciba publicidad sobre el tema. El British Council (plano pp. 72-73; ☎ 7930 8466; www.britishcouncil.org; 10 Spring Gardens SW1; ↔ Charing Cross) publica gratis una relación de centros acreditados cuyas instalaciones y enseñanza cumplen todos los requisitos, y también puede aconsejar a los extranjeros sobre opciones educativas en el Reino Unido.

Miles de cursos organizados, de costura a Nietzsche y de fotografía a política, se relacionan en la publicación anual *Floodlight* (www.floodlight.co.uk) y la trimestral *Hotcourses* (www.hotcourses.com), ambas a la venta en los quioscos y librerías más importantes. Para cursos más profesionales se puede consultar Careers Advice ( ☎ 0800 100 900; www.careersadvice.direct. gov.uk), gratis.

# ADUANAS

Al igual que otros estados de la UE, el Reino Unido tiene un sistema doble aduanero: uno para artículos libres de impuestos y otro para compras hechas en países de la UE donde ya se hayan pagado las tasas y aranceles.

## Compras libres de impuestos

En el caso de artículos adquiridos en aeropuertos o *ferries* fuera de la UE, el viajero está autorizado a importar 200 cigarrillos, 50 puros o 250 g de tabaco; 4 l de vino y 1 l de licor con un contenido alcohólico superior al 22% o 2 l de vino (espumoso o de cualquier otro tipo); 60 ml de perfume y otros artículos libres de impuestos con un valor máximo de 300 £.

## Impuestos y devoluciones

Aunque ya no se admiten artículos libres de impuestos de otro país de la UE, se pueden introducir mercancías de cualquiera de ellos aunque sean más baratas. Si bien se supone que dichos artículos son para el consumo personal, se ha desarrollado un lucrativo negocio y muchos londinenses se desplazan a diario a Francia para cargar con alcohol y cigarrillos.

Si se compra en una tienda normal del continente, la aduana maneja las siguientes cantidades máximas para distinguir las importaciones personales de las comerciales: 3200 cigarrillos, 200 puros, 3 kg de tabaco, 10 l de licor, 20 l de vino de alta graduación, 90 l de vino (de los que no más de 60 pueden ser espumosos) y 110 l de cerveza.

# DESCUENTOS

Los estudiantes a tiempo completo tienen derecho a tarifas reducidas en todos los transportes públicos de Londres. Sin embargo, la tarjeta de descuento tarda cierto tiempo en tramitarse, pues hay que enviar la solicitud por correo y se necesita el sello de la universidad del país de origen; en cualquier estación del metro se pueden solicitar los formularios pertinentes.

Para detalles sobre la Travelcard y descuentos en el transporte público, véase p. 383.

Para el viajero que quiera visitar muchos puntos de interés, quizás lo mejor sea el London Pass (www.londonpass.com). Su precio mínimo es de 14,50 £ al día (válido durante 6 días), pero se puede modificar para que incluya el uso del metro y el autobús. Ofrece acceso gratis y sin colas a las principales atracciones; para detalles, véase su web.

# ELECTRICIDAD

En todo el país, la electricidad funciona a 230/240 V (corriente alterna) y 50 Hz. Los enchufes tienen tres clavijas cuadradas, pero se pueden conseguir fácilmente adaptadores. Consúltese www.kropla.com para información práctica al respecto.

# EMBAJADAS

Es importante conocer lo que la embajada puede y no puede hacer en caso de problemas.

Lógicamente, mientras se está en Londres, se está sometido a las leyes británicas.

Para emergencias de verdad, se puede conseguir cierta ayuda, pero siempre que se hayan agotado otros recursos; la embajada espera que el viajero cuente con su propio seguro. Si se ha sido objeto de robo de dinero y documentación, puede ayudar facilitando un pasaporte nuevo, pero ni pensar en la posibilidad de un préstamo para proseguir el viaje.

El que sigue es un listado de las representaciones diplomáticas más importantes en Londres. Para una lista más exhaustiva se debe consultar "Embassies & Consulates" en las Yellow Pages (páginas amarillas; www.yell.co.uk) del centro de Londres o visitar www.fco.gov.uk.

Argentina Consulado ( ☎ 020 7318 1340; 27 Three Kings Yard W1K 4DF). Embajada ( ☎ 020 7318 1300; www.argentine-embassy-uk.org; 65 Brook St W1K 4AH).

Bélgica (plano pp. 132-133; ☎ 7470 3700; www.diplomatie.be/london; 17 Grosvenor Cres SW1; ◉ Victoria)

Colombia Consulado ( ☎ 020 7637 9893; 3er piso Westcott House 35 Portland Pl W1B 1AE). Embajada ( ☎ 020 7589 9177; 3 Hans Cres SW1X 0LN).

EE UU (plano p. 92; ☎ 7499 9000; www.usembassy.org.uk; 5 Upper Grosvenor St W1; ◉ Bond St)

España (plano pp. 132-133; ☎ 7235 5555; www.conspalon.org; 39 Chesham Pl SW1; ◉ Hyde Park Corner); Consulado (plano pp. 132-133; ☎ 7589 8989; 20 Draycott Pl, SW3; ◉ Sloane Sq)

Francia (plano pp. 132-133; ☎ 7073 1000; www.ambafrance-uk.org; 58 Knightsbridge SW1; ◉ Knightsbridge)

Irlanda Embajada (plano pp. 132-133; ☎ 0870 005 6725; http://ireland.embassyhomepage.com; 17 Grosvenor Pl SW1; ◉ Hyde Park Cnr). Consulado ( ☎ 0870 005 6725, 7255 7700; Montpelier House, 106 Brompton Rd SW3; ◉ South Kensington)

México Consulado ( ☎ 020 7235 6393; 8 Halkin St SW1X 7DW). Embajada ( ☎ 020 7499 8586; www.sre.gob.mx/reinounido/; 16 St. George St W1S 1FD).

Países Bajos (plano pp. 132-133; ☎ 7590 3200; www.netherlands-embassy.org.uk; 38 Hyde Park Gate SW7; ◉ High St Kensington)

Venezuela Consulado ( ☎ 020 7387 6727; 56 Grafton Way W1T 5DL). Embajada ( ☎ 020 7584 4206; info@venezlon.co.uk; 1 Cromwell Rd SW7 2HW).

## URGENCIAS

Para llamar a la policía, los bomberos o una ambulancia en caso de urgencia, hay que marcar el ☎ 999. Para hospitales con servicio de urgencias 24 horas, véase p. 387.

## FESTIVOS

Con unas vacaciones anuales típicas de entre cuatro y cinco semanas, los británicos tienen menos días festivos que el resto de los europeos, aunque más que los estadounidenses.

## Fiestas oficiales

La mayor parte de los lugares de interés y comercios cierran un par de días en Navidad, y los que normalmente lo hacen los domingos, también suelen cerrar los lunes festivos.

Año Nuevo 1 de enero

Viernes Santo/Lunes de Pascua Finales de marzo/abril

May Day Holiday Primer domingo de mayo

Spring Bank Holiday Último lunes de mayo

Summer Bank Holiday Último lunes de agosto

Día de Navidad 25 de diciembre

Boxing Day 26 de diciembre

Para detalles sobre las diversas fiestas locales, véase p. 16.

## Vacaciones escolares

Cambian de año en año y de un centro a otro. Además, las de los colegios privados suelen ser distintas de las de los públicos, aunque la norma general es:

Mediados de trimestre (primavera) Una semana a mediados de febrero

Semana Santa Dos semanas repartidas antes y después del Domingo de Pascua

Vacaciones de verano Finales de julio-primeros de septiembre

Mediados de trimestre (otoño) Última semana de octubre

Mediados de trimestre (verano) Una semana a finales de mayo-primeros de junio

Navidad Del 20 de diciembre al 6 de enero

## ACCESO A INTERNET

Conectarse a Internet suele ser bastante sencillo. Si se dispone de ordenador portátil, es posible conectarse a la red desde la habitación de la mayoría de hoteles (aunque, por desgracia, en muchos casos hay que pagar). La capital también cuenta con un gran número de cibercafés y bibliotecas con conexión a Internet. En www.cybercafes.com se puede consultar un listado de cibercafés. La cadena más extendida de la ciudad es easyInternetcafe (www.easyinternetcafe.com). Las tarifas varían en función del momento del día, con un precio mínimo de 1 £ por hora.

La conexión Wi-Fi está mejorando. Actualmente la City es una de las mejores zonas (véase www.thecloud.net), y es gratis durante el primer mes que se utiliza; Upper St, en

Islington, es una "milla tecnológica" de acceso Wi-Fi gratis, al igual que Leicester Sq (¡incluso en el interior del Starbucks!). Casi todas las estaciones importantes de trenes, las terminales de aeropuertos y los Starbucks disponen de conexión inalámbrica, pero puede ser bastante cara. Muchos cafés y espacios públicos la ofrecen también, aunque normalmente se tiene que pedir la contraseña y, a veces, pagar. Para más información sobre lugares con Wi-Fi, visítese www.wi-fihotspotlist.com.

## CUESTIONES LEGALES

Si al viajero se le plantea algún problema legal durante su estancia en Londres, puede visitar cualquiera de los Citizens Advice Bureaux (www.citizensadvice.org.uk) anunciados como "Counselling & Advice" en las *Yellow Pages* o contactar con el Community Legal Services Directory ( ☎ 0845 345 4345; www.clsdirect.org.uk).

### Infracciones en la conducción

Las leyes penan severamente la conducción en estado de embriaguez. Actualmente el límite son 80 mg de alcohol en 100 ml de sangre. Para mayor seguridad, se recomienda no beber ni una gota antes de ponerse al volante.

### Drogas

En Londres se puede encontrar todo tipo de drogas ilegales, especialmente en los locales nocturnos. En el 2004, el cannabis se incluyó en la lista de las drogas de clase C, con lo que se eliminó el riesgo de detención por la posesión de pequeñas cantidades. Sin embargo, en el 2009 volvió a incluirse en la clase B tras varios estudios que provocaron un cambio de actitud del Gobierno. Si la policía atrapa al viajero con algo de hierba, es probable que sea arrestado. La posesión de drogas más duras, como la heroína y la cocaína, siempre se trata con total contundencia. Los cacheos son habituales en la entrada de las discotecas.

### Multas

En general, las sanciones no tienen que pagarse en el acto. La excepción son las de los trenes, el metro y los autobuses, cuando el viajero que no pueda mostrar un billete válido para el viaje a requerimiento de un revisor. No se aceptan excusas, pero si el viajero no puede pagar, se le permite dejar sus datos (si dispone de una identificación) y enviar el importe de la multa por correo.

Gran Bretaña ha implantado nuevas "Órdenes contra la Conducta Antisocial" que permiten a la policía imponer unas multas predeterminadas para comportamientos antisociales, con cantidades que van desde las 50 £ para los menores que intenten comprar alcohol hasta las 100 £ por emborracharse y provocar disturbios, llamar sin motivo al ☎ 999 o hacer perder el tiempo a los agentes de la policía.

## PLANOS

La colección *London A-Z* comprende una serie de planos excelentes y callejeros muy prácticos. Todos los incluidos en este sistema están disponibles en www.streetmap.co.uk, una de las páginas más útiles de Londres.

Lonely Planet también publica el *London City Map*.

Entre las librerías con una amplia sección cartográfica están Stanford's (p. 208), Foyle's (p. 207), Waterstone's (p. 208) y Daunt (p. 207).

## ASISTENCIA MÉDICA

Los ciudadanos de la UE pueden ser atendidos de urgencia gratis presentando la tarjeta del Seguro Médico Europeo. Sin embargo, se recomienda contratar alguna póliza de viaje, ya que ofrece mayor flexibilidad y cubre los gastos de ambulancia y repatriación, que de otra forma no asumirá el National Health Service (NHS; ☎ 0845 4647; www.nhsdirect.nhs.uk).

Los ciudadanos de América Latina solo pueden recibir asistencia médica de emergencia en los hospitales públicos; cualquier estancia, traslado, consulta o tratamiento deberán abonarlo. Para más información, véase www.nhsdirect.nhs.uk/chq.asp?Classid=32&Articleid=1086

### Dentistas

Para servicios odontológicos de urgencias, se puede llamar al UCL Eastman Dental Hospital (plano p. 144; ☎ 7915 1000; www.eastman.ucl.ac.uk; 256 Gray's Inn Rd WC1; ✜ King's Cross).

### Hospitales

Los hospitales siguientes tienen departamentos de urgencias y accidentes que funcionan las 24 horas. En caso de emergencia, hay que llamar al ☎ 999, que enviará una ambulancia desde el hospital más cercano.

Charing Cross Hospital (plano p. 174; ☎ 8846 1234; Fulham Palace Rd W6; ✜ Hammersmith)

Chelsea & Westminster Hospital (plano p. 194; ☎ 8746 8000; 369 Fulham Rd SW10; ⊖ South Kensington, luego 🚌 14 o 211)

Guy's Hospital (Plano p. 120; ☎ 7188 7188; St Thomas St SE1; ⊖ London Bridge)

Homerton Hospital (Plano p. 152; ☎ 8510 5555; Homerton Row E9; 🚇 Homerton)

Royal Free Hospital (Plano p. 162; ☎ 7794 0500; Pond St NW3; ⊖ Belsize Park)

Royal London Hospital (Plano p. 152; ☎ 7377 7000; Whitechapel Rd E1; ⊖ Whitechapel)

University College Hospital (Plano pp. 82-83; ☎ 0845 1555 000; 253 Euston Rd NW1; ⊖ Euston Sq)

## Farmacias

En todos los barrios siempre hay alguna farmacia de guardia; consúltense las *Yellow Pages* para conocer la más cercana.

En Londres sorprende el monopolio casi total de la cadena Boots. Uno de sus locales más céntricos es el de Piccadilly Circus (plano p. 68; ☎ 7734 6126; 44-46 Regent St; ☼ 9.00-20.00 lu-sa, 12.00-18.00 do; ⊖ Piccadilly Circus). Su mayor competidor es Superdrug. Ambas cadenas están muy bien surtidas.

## SISTEMA MÉTRICO

En Londres se utilizan indistintamente el sistema métrico decimal y el imperial. Algunas personas mayores no comprenden el primero y, asimismo, algunas de las más jóvenes no entienden el tradicional. Para las correspondientes conversiones, véase el interior de cubierta.

## DINERO

Aunque es miembro de la UE, el Reino Unido no ha adoptado el euro y mantiene la libra esterlina (£) como moneda propia. Una libra tiene 100 peniques. Hay billetes de 5, 10, 2 y 50 £, mientras que las monedas se corresponden con 1, 2, 5, 10, 20, 50 p, 1 y 2 £. Si no se dice lo contrario, todos los precios de esta guía son en libras esterlinas. Para hacerse una idea del coste de la vida en Londres, véase p. 18.

### Cajeros automáticos

Suponen toda una forma de vida, como así lo acreditan las largas colas que se forman ante ellos los sábados por la noche en el West End. No hay zona en Londres que no disponga de los mismos, que aceptan tarjetas de cualquier banco del mundo que esté vinculado a los sistemas Visa, MasterCard, Cirrus o Maestro,

además de otros menos conocidos. Después de una campaña nacional, hoy no se suelen cobrar comisiones por sacar dinero del cajero de un banco distinto al de la tarjeta; pero casi siempre se aplican si la tarjeta no pertenece a los principales bancos británicos. Antes de partir, conviene consultar con la entidad propia estas cuestiones.

Los cajeros no gestionados por los bancos cobran 1,50-2 £ por transacción. Suelen estar en algunas tiendas y salen caros para los portadores de tarjetas de entidades extranjeras. Aunque el cajero no avise del cargo de dicha comisión, nadie debería sorprenderse cuando vea el recibo.

También hay que tener cuidado con los artilugios sospechosos adosados a los cajeros; muchos de los que hay en Londres están preparados contra el fraude, pero hay algunos dispositivos fraudulentos capaces de engullir la tarjeta, que los ladrones recuperan cuando ya se da por perdida.

## Cambio de moneda

El mejor lugar para cambiar divisas es cualquier estafeta de correos, ya que no cobran comisión. Otras alternativas son las entidades bancarias de las calles principales, algunas cadenas de agencias de viajes y las numerosas oficinas de cambio repartidas por toda la ciudad. Conviene comparar los tipos de cambio y las comisiones, de las que no siempre se advierte. Un truco es preguntar cuántas libras se van a recibir antes de aplicar la comisión; nada se pierde con cotejar las ofertas.

## Tarjetas de crédito y débito

Ambas se aceptan prácticamente en todas partes, desde restaurantes y bares hasta tiendas e incluso algunos taxis. American Express y Diner's Club son menos comunes que Visa y MasterCard. Muchos londinenses viven de sus tarjetas de débito Switch, que también se pueden usar para obtener efectivo en supermercados, evitando así el viaje hasta el cajero.

## PERIÓDICOS Y REVISTAS
### Periódicos

Existe una buena selección de prensa extranjera en los quioscos del centro comercial Victoria Pl de la estación de trenes Victoria, los de Charing Cross Rd, Old Compton St y Queensway. Para detalles sobre publicaciones para gays lesbianas, véase p. 327.

# PRENSA DIARIA

**Daily Express** Tabloide de nivel medio.

**Daily Mail** Considerado a menudo la voz de la clase media, esta publicación de centro-derecha es conocida por su postura respecto a la inmigración y su obsesión por el precio de la vivienda.

**Daily Star** Tabloide de perfil muy bajo, con relatos absurdos que a menudo cuestan de creer.

**Daily Telegraph** Conocido como el "Torygraph", es el periódico extraoficial del Partido Conservador; su popularidad ha aumentado considerablemente tras la publicación de los gastos de los diputados en el 2009.

**Evening Standard** El diario de mayor tirada de Londres ha introducido un periódico gratis, el *London Lite*, para competir con el *Metro*. Resulta muy práctico los jueves, cuando incluye la revista de clasificados *"Metro Life"*. Recientemente ha sido adquirido por un antiguo agente del KGB ruso, Alexander Lebedev.

**Financial Times** Peso pesado de la prensa de negocios con una amplia sección de viajes en su edición de fin de semana.

**Guardian** Periódico liberal de la clase media, con buenos reportajes y un sitio web galardonado con varios premios. El sábado incluye el suplemento de ocio *"Guide"*.

**Independent** Este tabloide no está afiliado a ningún partido político pero es serio y de izquierdas, y cuenta con mordaces artículos de opinión y un buen suplemento de cultura.

**London Lite** Periódico gratis dedicado a las celebridades y las modas pasajeras que empezó a distribuirse en otoño del 2006.

**Metro** Periódico matutino gratis del *Daily Mail* que llena las papeleras y los asientos del metro, dando al viajero otra excusa para ignorar a los demás viajeros. Es tan delgado como ligero.

**Mirror** El segundo tabloide más famoso del país es un periódico para la clase trabajadora conocido actualmente por las páginas de cotilleos.

**Sun** El tabloide más vendido del Reino Unido, propiedad de Rupert Murdoch, es legendario por sus titulares ingeniosos (y a menudo ofensivos). En la década de 1980 fue un ferviente defensor de los *tories* en su época de apogeo, pero luego se pasó al Nuevo Laborismo. En los últimos tiempos ha vuelto a decantarse por los conservadores.

**Times** Este baluarte de la prensa británica también pertenece a Rupert Murdoch y fue el primero en copiar la reducción de formato que emprendió el *Independent*. Es un periódico aceptable, con muchos artículos y buenos reportajes internacionales.

## PRENSA DOMINICAL

**Mail on Sunday** De estilo parecido a la edición diaria.

**News of the World** Hermanada al *Sun,* es la publicación de cotilleos más nueva, de gran tirada. Apuesta por la prensa rosa y las campañas agresivas.

**Observer** Propiedad del *Guardian,* este periódico, parecido de tono, cuenta con el fenomenal suplemento dominical de arte *"Review"*.

**Sunday Telegraph** Tan serio como su hermano diario.

**Sunday Times** Lleno de escándalos y moda. Probablemente destruya un bosque tropical en cada tirada, y en su mayor parte se puede echar en el contenedor de reciclaje nada más comprarlo.

# Revistas

**Dazed & Confused** Hace tiempo que se terminaron los vertiginosos días en que Rankin se hizo un nombre como fotógrafo, pero Jefferson Hack (el padre de la hija de Kate Moss) ha sabido conservar su revista de estilo durante muchos años.

**Economist** Las noticias globales y analizadas en profundidad se presentan con un tinte económico que no sorprende en este semanario de éxito (o "periódico", como insisten en llamarlo sus propietarios). Es el que la gente dice que lee para darse importancia.

**Heat** Esta revista de gran éxito creó todo un género nuevo cuando sus rivales se afanaron en imitar su dosis semanal de *famoseo* y adulación.

**i-D** Este evangelio de moda y música es posiblemente demasiado moderno para su propio bien, pero sigue sacando sus típicas y rutilantes portadas todos los meses.

**Loaded** La revista original de las señoras (en oposición a una revista de caballeros líder como *FHM*) se ha relanzado a sí misma hace poco con cierto periodismo de investigación, historias de la vida real y una parte central "artística" en blanco y negro.

**London Review of Books** Huyendo de la tendencia general del periodismo del estilo de vida, esta revista de crítica literaria se ciñe a los ensayos de corte académico.

**Loot** (www.loot.com) Aparece cinco veces a la semana y está constituida por anuncios clasificados gratis. Se puede encontrar de todo, desde fregaderos a coches, además de una extensa selección de reclamos para compartir vivienda.

**New Statesman** En 2005, tras un período difícil, el editor John Kampfner reestructuró esta revista intelectual de izquierdas para devolverle su "abolengo de política radical". En el 2008, su nuevo director, Jason Cowley, se comprometió a darle un enfoque más internacional.

**Private Eye** (véase p. 55) Magnífico periódico satírico fundado por el cómico Peter Cook y editado por Ian Hislop. El giro que da a las noticias a veces roza el surrealismo; solo hay que echar un vistazo a su siempre divertida portada.

**Spectator** A los votantes *tories* les encanta esta publicación semanal de derechas, aunque sus ingeniosos artículos también suelen gustar al sector más progresista. Se jacta de ser la revista más antigua de Gran Bretaña.

Time Out (www.timeout.com) La incuestionable guía del ocio de Londres sale todos los martes, con una relación completa de qué pasa y dónde.

# CORREOS

Desde su privatización, el Royal Mail ha perdido cierta rapidez y precisión, pero conserva su fiabilidad. Para información general sobre correos, se puede llamar al ☎ 08457 740 740 o visitar www.royalmail.co.uk.

## Tarifas

El correo nacional de 1ª clase es más rápido (en días laborables) pero más caro (39 p por cartas de menos de 100 g) que el de 2ª clase (30 p por cartas de menos de 100 g, 3 días laborables).

Las postales y cartas de hasta 20 g cuestan 56 p a cualquier país europeo; a la mayoría de los destinos restantes, incluido América y Australasia, cuestan 62/90 p hasta 10/20 g. Los paquetes de hasta 100/250 g cuestan 1,28/1,62 £ a Europa y 1,69/2,82 £ a América y Australasia. Es necesario llevarlos a la oficina de correos para pesarlos.

Las cartas por avión a EE UU o América Latina suelen tardar entre 3 y 5 días. Para más información, véase el portal de Post Office: www.postoffice.co.uk.

## Códigos postales

El sistema de códigos postales de Londres data de la Primera Guerra Mundial. La ciudad está dividida en distritos señalados con una letra (o varias) y un número; por ejemplo: W1, el código postal de Mayfair y el Soho, significa West London, distrito 1. Por otro lado, EC1 significa East Central London, distrito 1. El número que se asigna a un distrito no tiene nada que ver con su ubicación geográfica, sino que se trata de un listado alfabético en esa zona concreta. Por ejemplo, en North London los códigos N1 y N16 están el uno junto al otro. En West London, W2 es muy céntrico, pero W3 está bastante más alejado.

# RADIO

Para conocer Londres por sus ondas, se pueden sintonizar:

BBC London Live (94.9 FM) Entrevistas centradas en la capital.

Capital FM (95.8 FM) El equivalente comercial a Radio 1 de la BBC y la más oída para música pop.

Capital Gold (1548AM) Temas clásicos de los años sesenta, setenta y ochenta.

Choice FM (96.9 FM) Música soul.

Jazz FM (102.2 FM) Jazz suave y canciones ligeras.

Kiss 100 (100 FM) Música bailable.

LBC (1152AM) Tertulias.

Magic FM (105.4 FM) Los clásicos de toda la vida.

News Direct (97.3 FM) Emisora de noticias con boletines cada 20 min.

Talk Sport (1089AM) Deportes.

Virgin (105.8 FM) Cadena pop.

Xfm (104.9 FM) Emisora alternativa con música indie.

# TRASLADO

Si uno viaja a Londres desde un país no perteneciente a la UE, debe disponer de un visado de trabajo y residencia válido; véase pp. 394 y 395. Para buscar alojamiento, se recomienda el periódico Loot (www.loot.com) y su página web, así como el excelente sitio de Gumtree (www.gumtree. com), con listados de pisos y trabajos. Véase p. 330 para más información sobre alquileres a largo plazo en Londres.

Para conocer a otros residentes patrios, los norteamericanos deberían mirar en West London (Earl's Court, Fulham, Shepherd's Bush); en Putney hay muchos sudafricanos. Los polacos están por toda la ciudad, pero Balham y Hammersmith cuentan con centros e iglesias de dicha comunidad; desde siempre, los españoles viven por la zona de Portobello, y los portugueses, en Stockwell. Las comunidades chipriotas y turcas se hallan en Dalston, Stoke Newington y Green Lanes. Edgware Rd es una bulliciosa zona árabe; Dalston y Brixton son el centro neurálgico de los caribeños.

Las publicaciones semanales gratuitas TNT Magazine, Southern Cross o SA Times ofrecen información sobre actividades de ocio, secciones sobre viajes y anuncios clasificados con trabajos, billetes económicos, servicios de mensajería y alojamiento; se pueden encontrar en la entrada de casi todas las estaciones del metro.

# SEGURIDAD

Para lo grande que es, Londres resulta bastante seguro, pero siempre hay que valerse del sentido común.

Si se toma un taxi por la noche al salir de una discoteca, conviene cerciorarse de subir a un taxi negro con licencia o a un minicab de una empresa autorizada. Muchos de los captadores de clientes estacionados a la salida de los ocales nocturnos no tienen licencia y, por este motivo, pueden ser poco seguros. Conviene evitar a toda costa pasear solo de noche por zonas como King's Cross, Dalston y Peckham, pero si se permanece en las calles principales, es más probable que no pase nada. En Londres hay carteristas, así que interesa que el bolso vaya cerrado y no llevar nada en los bolsillos más reventadores o mantenerlos abotonados, sobre todo en las zonas concurridas, especialmente el West End y el metro.

# IMPUESTOS Y DEVOLUCIONES

En la mayoría de bienes y servicios suele incluirse el 17,5% en concepto de IVA (VAT, en inglés), excepto en la comida, libros y ropa infantil. En diciembre del 2008 se redujo al 15% para estimular una economía maltrecha por la crisis, aunque es posible que vuelva a incrementarse pronto. Según la legislación vigente, los restaurantes deben incluirlo en los precios.

En algunos casos, los visitantes pueden reclamar la devolución del IVA pagado. Esto es así si se ha vivido en el Reino Unido menos de 365 días en los dos años anteriores a la compra, y si se va a salir de la UE dentro de los tres meses posteriores a la realización de esta.

No todas las tiendas participan en el programa de devolución del IVA, denominado Retail Export Scheme o Tax-Free Shopping, y los diferentes comercios tienen un mínimo de gasto distinto (normalmente en torno a las 75 £). Si se solicita, los comercios adscritos al programa entregan un impreso especial (VAT 407), que se debe presentar con los artículos y los recibos en la aduana al salir del país (los artículos sin IVA no se pueden enviar por correo o barco). Una vez que la aduana certifique el impreso, debe remitirse a la tienda para que efectúe la devolución (descontando una suma por las gestiones), lo que tarda entre 8 y 10 semanas en completarse.

# TELÉFONO

Las famosas cabinas rojas de British Telecom solo sobreviven en zonas protegidas (especialmente en Westminster), y, en la era de la telefonía móvil, la compañía está pensando incluso en deshacerse de las modernas de cristal.

Algunos teléfonos aún admiten monedas, pero la mayoría funciona con tarjeta telefónica o de crédito. Las tarjetas de BT de 5, 10 y 20 £ se pueden adquirir en muchas tiendas y en la mayor parte de las oficinas de correos y en al-

gunos quioscos. Una pantalla digital muestra en el aparato el crédito que resta.

A continuación se relacionan algunos números de teléfono y códigos importantes (la llamada a algunos de ellos no es gratis).

Información internacional ( ☎ 118 661/118 505)

Información local y nacional ( ☎ 118 118/118 500)

Prefijo internacional ( ☎ 00)

Operador internacional ( ☎ 155)

Operador local y nacional ( ☎ 100)

Llamadas a cobro revertido ( ☎ 155)

Información horaria ( ☎ 123)

Servicio meteorológico ( ☎ 0906 654 3268) Abarca la zona metropolitana de Londres.

Entre los códigos que merece la pena conocer están:

Llamada local ( ☎ 08457)

Llamada internacional ( ☎ 0870/0871)

Tarifa Premium ( ☎ 09) Desde 0,60 £ por minuto.

Teléfono gratis ( ☎ 0800)

## Llamadas locales

El prefijo de Londres es el ☎ 020, que siempre va seguido de un número de ocho dígitos empezado por 7 (centro de Londres) u 8 (área metropolitana). Solo hay que marcar el 020 cuando se llama desde cualquier otra parte del país.

Para llamar a la capital desde el extranjero, hay que marcar el prefijo de acceso internacional del país desde el que se llama, luego el 44 (Reino Unido), seguido de 20 (sin el 0 inicial) y, por último, el número de teléfono de ocho dígitos del abonado.

## Llamadas internacionales y tarifas

Se pueden realizar llamadas internacionales de marcación directa (IDD) a casi cualquier sitio desde la mayor parte de los teléfonos públicos. Una llamada directa es más económica que una a cobro revertido a través de un operador internacional ( ☎ 155).

Hay algunas compañías que ofrecen llamadas internacionales más económicas que las de British Telecom (BT). En los locutorios, hay compartimentos con contador desde los que se llama y después se abona el importe. Algunos cibercafés y tiendas con acceso a Internet también ofrecen precios económicos para las llamadas internacionales.

También se puede reducir el coste de las llamadas internacionales de BT comprando una tarjeta especial (normalmente de 5, 10 o 20 £) con un PIN que se usa desde cualquier teléfono, incluso en una casa particular, marcando un número de acceso especial. Estas tarjetas las venden en las tiendas de comestibles.

## Tarifas para llamadas locales y nacionales

Las llamadas locales se cobran solo por tiempo; las nacionales y regionales se contabilizan por duración y distancia. Las tarifas diurnas se aplican de 6.00 a 18.00 de lunes a viernes; las económicas son de 18.00 a 6.00 de lunes a viernes; y las tarifas baratas de fin de semana abarcan desde las 18.00 del viernes a las 6.00 del lunes.

## Teléfonos móviles

El Reino Unido utiliza la red GSM 900, que cubre el resto de Europa, pero no es compatible con la red GSM 1900 de América del Norte y Latinoamérica (aunque muchos norteamericanos tienen teléfonos GSM 1900/900 que funcionan en las Islas Británicas). Si se posee un GSM, se debe confirmar con el proveedor que es posible utilizarlo en el Reino Unido y evitar que las llamadas se canalicen por vía internacional. Normalmente es más práctico adquirir una tarjeta SIM local en cualquier tienda de telefonía, aunque hay que asegurarse de que el teléfono esté desbloqueado antes de partir llamando al operador del país de origen.

## TELEVISIÓN

Existen cinco emisoras analógicas de televisión gratis, además de los canales digitales que se pueden ver si se adquiere la caja Freeview o los proveedores de cable/satélite. Sin embargo, en el 2012 se producirá el apagón analógico en el Reino Unido, por lo que todo el mundo deberá disponer de conexión digital. Para más información, véase www.digitaltelevision.gov.uk.

Actualmente los canales generalistas disponibles en todo el Reino Unido son BBC1, BBC2, ITV, Channel 4 y Five.

## HORA LOCAL

En todo el mundo, el tiempo se mide en relación con la hora media de Greenwich: el Greenwich Mean Time (GMT). El horario de verano sirve para ganar horas de luz, pero provoca confusión, pues desde mediados de marzo hasta finales de octubre, incluso Londres va por delante del GMT. España va 1 hora avanzada respecto a la capital británica, excepto en las Islas Canarias, cuya hora coincide con la del Meridiano 0. México va con 6 horas de retraso; en EE UU, San Francisco suele llevar 8 horas de retraso con respecto al GMT y Nueva York, 5. Para informarse sobre la diferencia horaria con otros países, se recomienda llamar al ☎ 155.

## PROPINAS

Hoy, muchos restaurantes suman una cantidad "discrecional" por el servicio y, en los que no lo hacen, esperan que el cliente deje entre un 10 y un 15% de propina, a menos que la atención haya sido insatisfactoria; esto pasa porque los camareros reciben unos sueldos muy bajos. Es legal que los restaurantes incluyan en la factura una cantidad por el servicio, pero se debe advertir con claridad. Nunca se deja propina a los camareros que sirven las bebidas en la barra, aunque ellos suelen devolver el cambio en un platito de metal intencionadamente.

Ciertos guías y/o pilotos de algunas excursiones en barca por el Támesis piden alguna propina a cambio de sus comentarios. Pagarla o no depende de cada cual. Se puede dar una propina a los taxistas de hasta un 10%, pero la mayoría de los clientes se limita a redondear el importe.

## LAVABOS PÚBLICOS

Las estaciones de trenes, las terminales de autobuses y los lugares de interés normalmente cuentan con buenas instalaciones, también para personas con discapacidades y para quienes vayan con bebés. En las estaciones normalmente se tienen que pagar 0,20 £ por el uso de los aseos.

Orinar en la calle es una infracción, aunque no se suele saldar con detenciones. Sin embargo, dado el olor que desprenden muchas calles del Soho, las autoridades municipales de Westminster han lanzado un excelente programa que consiste en colocar en las calles urinarios móviles los fines de semana para quienes no puedan aguantarse. Se pueden encontrar en Soho Sq, Wardour St, en bocacalles de Oxford St y en *The Strand,* entre otros. Como los urinarios de la calle solo pueden utilizarlos los hombres, las mujeres tendrán que esperar hasta encontrar un sitio adecuado.

Para información de lavabos para discapacitados, véase derecha.

# INFORMACIÓN TURÍSTICA

Londres es un importante centro de viajes, así que en las oficinas de turismo no solo se encontrará información sobre la ciudad sino, además, sobre Inglaterra, Escocia, Gales, Irlanda y la mayor parte de los países del mundo.

## Oficinas de turismo

Visit London ( ☎ 7234 5800, 0870 156 6366; www.visitlon don.com/fl/es/), antiguamente el London Tourist Board, facilita todo tipo de datos, desde atracciones turísticas y eventos (tales como el Cambio de Guardia) a recorridos por el río y circuitos, alojamiento, restaurantes, teatro, tiendas, actividades para niños y locales para gays y lesbianas.

La oficina principal de turismo de Londres es el Britain Visitor Centre (plano p. 68; 1 Regent St SW1; ☯ 9.30-18.00 lu, 9.00-18.30 ma-vi, 10.00-16.00 sa y do, hasta 17.00 sa jun-sep; ⊖ Piccadilly Circus). Dispone de información exhaustiva en ocho idiomas sobre Londres y, también, Gales, Escocia, Irlanda del Norte, la República de Irlanda y Jersey. Puede organizar el alojamiento, excursiones y viajes en tren, avión y automóvil. Dispone de taquilla para entradas de teatro, oficina de cambio, teléfonos internacionales y terminales de ordenador para acceder a información turística en la Red. El centro solo atiende solicitudes de información hechas en sus oficinas, así que, si no se está en la zona, se puede contactar con la British Tourist Authority ( ☎ 8846 9000; www.visitbritain.es).

Entre otras oficinas de turismo útiles están el London Visitor Centre (plano p. 120; vestíbulo de llegadas, terminal internacional de Waterloo; ☯ 8.30-22.30), la TIC del aeropuerto de Heathrow (estación de metro de las terminales 1, 2 y 3; ☯ 8.00-18.00) y la de Liverpool Street (plano p. 103; ⊖ Liverpool St; ☯ 8.00-18.00). Las oficinas de reserva de hoteles se encuentran también en los vestíbulos de la estación de trenes de Paddington, estación de trenes Victoria ( ☯ 8.00-20.00 lu-sa, 8.00-18.00 do abr-oct, 8.00-18.00 lu-sa, 9.00-16.00 do nov-mar; ⊖ Victoria) y la estación de autocares Victoria. También hay servicio de reserva de alojamiento en los otros aeropuertos londinenses.

Determinados distritos y barrios cuentan con su propia oficina de turismo. Entre ellos:

City Information Centre (plano p. 103; ☎ 7332 1456; www.cityoflondon.gov.uk; St Paul's Churchyard EC4; ☯ 9.30-17.00 abr-sep, 9.30-17.00 lu-vi, 9.30-12.30 sa oct-mar; ⊖ St Paul's) Frente a la catedral de St. Paul.

Greenwich Tourist Office (plano p. 178; ☎ 0870 608 2000; www.greenwich.gov.uk; Pepys House, 2 Cutty Sark Gardens SW10; ☯ 10.00-17.00; DLR Cutty Sark)

Richmond Tourist Office (plano p. 198; ☎ 8940 9125; www.visitrichmond.co.uk; Old Town Hall, Whittaker Ave, Richmond, Surrey TW9 1TP; ☯ 10.00-17.00 lu-sa, y 10.30-13.00 do may-sep; ⊛ Richmond)

Southwark Tourist Office (plano p. 120; ☎ 7357 9168; www.southwark.gov.uk; Vinopolis, 1 Bank End SE1; ☯ 10.00-18.00 ma-do; ⊖ London Bridge)

# VIAJEROS CON DISCAPACIDADES

Para el viajero discapacitado, Londres resulta una extraña mezcla de facilidades y notable desinterés. Los hoteles nuevos y las atracciones turísticas modernas normalmente resultan accesibles para las personas que van en silla de ruedas, pero en muchos B&B y pensiones, situados en edificios más antiguos, la adaptación es difícil cuando no imposible. Ello implica que los viajeros con problemas de movilidad acaban pagando más por el alojamiento.

Algo parecido ocurre con el transporte público. El acceso al metro es limitado; sin embargo, algunos de los trenes y autobuses más nuevos tienen peldaños que se bajan para facilitar el acceso, y hay dos autobuses especiales con rampas automáticas: el 205 y el 705. El primero va de Paddington a Whitechapel cada 10 o 12 minutos; el 705, entre Victoria, Waterloo y London Bridge, lo hace cada ½ hora. Ambos funcionan aproximadamente entre las 6.00 y 24.00.

Access & Mobility for Disabled Passengers ( ☎ 7222 1234, teléfono de texto ☎ 7918 3015; Windsor House, 42/50 Victoria St, SW1 9TN), de Transport for London, puede aconsejar detalladamente y publica *Access to the Underground*, donde se enumeran las estaciones del metro que cuentan con rampas y ascensores (todas las de DLR las tienen).

La Royal Association for Disability and Rehabilitation (Radar; ☎ 7250 3222; www.radar.org.uk; Unit 12, City Forum, 250 City Rd, EC1V 8AF) es una organización de voluntarios que ayudan a personas con discapacidades. Muchos de los lavabos para discapacitados de la ciudad solo se pueden abrir con una llave especial, que se puede obtener en las oficinas de turismo o en el sitio web de Radar por 3,50 £ (hay que incluir una breve explicación del tipo de discapacidad).

También se puede contactar con el Royal National Institute for the Blind ( ☎ 7388 1266; www.rnib.org.uk; 105 Judd St, WC1) a través de su línea de atención gratis ( ☎ 0303 123 9999; ⊙ 9.00-17.00 lu-vi, hasta las 16.00 mi) confidencial, el mejor contacto inicial para el visitante de Londres con problemas de visión. El Royal National Institute for Deaf People ( ☎ 0808 808 0123 gratis, ☎ 0808 808 9000 gratuito/de texto; www.rnid.org.uk; 19-23 Featherstone St, EC1) es una asociación similar para sordos e hipoacúsicos. Muchos puntos de venta de billetes y bancos disponen de auriculares que ayudan a las personas con problemas de audición; hay que buscar el símbolo de una oreja.

## VISADOS

Los ciudadanos de la UE no necesitan visado para entrar y pueden vivir y trabajar libremente en el país el tiempo que necesiten. En cuanto a los ciudadanos estadounidenses, reciben en el punto de llegada un permiso de entrada al Reino Unido para un período de seis meses, pero no pueden trabajar sin un permiso de trabajo. Por su parte, los viajeros de Latinoamérica necesitan pasaporte para entrar y, según el país de procedencia (como Cuba, Ecuador, Perú y Colombia), también visado. Hoy en día, los ciudadanos de Argentina, Brasil, Chile, México y Venezuela no necesitan visado para entrar en el Reino Unido como turistas.

Las normas sobre visados siempre están sujetas a cambios, por lo que antes de partir conviene informarse en www.ukvisas.gov.uk o en la embajada británica correspondiente.

Las autoridades de inmigración del Reino Unido son estrictas; conviene vestir adecuadamente y demostrar que se cuenta con el suficiente dinero para mantenerse durante la estancia. Una tarjeta de crédito o un billete de salida ayudarán.

### Visado de estudios

Los ciudadanos de la UE pueden entrar en el país para estudiar sin ningún requisito. En otros casos, para poder quedarse como estudiante, hay que estar matriculado en un curso a tiempo completo, o de al menos 15 horas semanales de estudios diurnos en una institución educativa. Para más detalles, se puede consultar en la embajada o el consulado británicos del país de origen.

## Extensión del visado

Los visados turísticos solo se pueden extender para emergencias claras (p. ej., un accidente o la muerte de un familiar). En otros casos, habrá que salir del país (quizás hacia Irlanda o Francia) y solicitar un visado nuevo, aunque esta táctica puede levantar sospechas al segundo o tercer intento. Para prolongar (o intentar prolongar) la estancia, se puede llamar a Visa & Passport Information Line ( ☎ 0870 606 7766, 8649 7878; Home Office's Immigration & Nationality Directorate, Lunar House, 40 Wellesley Rd, Croydon CR9 2BY; ⊙ 10.00-12.00 y 14.00-16.00 lu-vi; ℞ East Croydon) antes de que expire el visado actual. Los trámites tardan unos días en Francia o Irlanda. Intentar ampliarlo dentro del Reino Unido tarda un poco más. Más información en www.homeoffice.gov.uk/passports-and-immigration/.

## MUJERES VIAJERAS

En general, Londres es un lugar bastante tranquilo y no es probable encontrarse con demasiados problemas, siempre que se tomen las debidas precauciones. Aparte de los ocasionales silbidos de admiración y algún que otro contacto no deseado en el metro, las mujeres se darán cuenta de que los hombres londinenses son bastante educados. Ir a un *pub* sin compañía puede resultar algo incómodo, incluso en el centro de Londres, aunque para nada extraordinario. Las mujeres que tengan que desplazarse solas por la noche pueden llamar a Ladycabs ( ☎ 7272 3300), una compañía con sede en Archway en la que todos los taxis los conducen mujeres.

### Información y organizaciones

Marie Stopes International (plano pp. 82-83; ☎ 0845 300 8090; www.mariestopes.org.uk; 108 Whitfield St W1; ⊙ 8.30-17.00 lu, mi y vi, 9.30-18.00 ma y ju, 9.00-16.00 sa; ⊖ Warren St) Ofrece anticonceptivos, chequeos de salud sexual y servicio de aborto.

Rape & Sexual Abuse Helpline ( ☎ 8239 1122; ⊙ 12.00-14.30 y 19.00-21.30 lu-vi, 14.30-17.00 sa y do)

### Precauciones

Las mujeres que viajen solas no deberían tener problemas, aunque no está de más actuar con sentido común, sobre todo por la noche. Resulta imprudente entrar en un vagón de metro vacío o con solo uno o dos ocupantes varones. Si alguien se siente insegura, lo mejor que puede hacer es tomar un taxi.

# TRABAJO

Aunque no se esté cualificado, es casi segura la posibilidad de encontrar trabajo en Londres, pero hay que estar dispuesto a trabajar muchas horas en puestos de poca categoría y por un salario muy bajo. Sin cualificación, es difícil encontrar un puesto que permita ahorrar. En la mayor parte de los casos, simplemente dará para llegar a final de mes.

Tradicionalmente, los visitantes no cualificados han trabajado en *pubs* y restaurantes o como niñeras. Existe un salario mínimo 5,73 £/h; 4,77 £ para el trabajador de entre 18 y 21 años) pero, sin contrato, nadie está obligado a pagar ni siquiera esta cantidad.

Los contables, sanitarios, periodistas, programadores informáticos, abogados, profesores, banqueros y administrativos con conocimientos de informática tienen mejores oportunidades de encontrar un puesto bien remunerado. No hay que olvidar hacer copias de los títulos y referencias que se posean (que seguramente se comprobarán) y del currículum vitae.

Los profesores deben ponerse en contacto con los distintos consejos locales de los distritos de Londres, que cuentan con sus propios departamentos de educación, aunque algunos centros docentes contratan directamente.

Para trabajar como enfermera o comadrona titulada hay que presentar la solicitud al UK Nursing & Midwifery Council ( ☎ 7333 9333; www.nmc-uk. org), concretamente al Overseas Registration Department, UKNMC, 23 Portland Pl, London W1N 4JT. Sin estar registrado, se puede trabajar como auxiliar de enfermería. Más información en www.nmc-uk.org.

La publicación gratis *TNT Magazine* es un buen punto de partida para trabajos y agencias dirigidos a viajeros. Para hacer de *au pair* o niñera se debe comprar *The Lady* (www.lady.co.uk). También se pueden ojear el *Evening Standard*, los periódicos nacionales y las agencias de colocación gestionadas por el Gobierno y que están repartidas por toda la ciudad y relacionadas en el apartado de "Employment Services" de la guía telefónica. Cualesquiera que sean las cualificaciones, merece la pena registrarse en varias agencias de trabajo temporal.

Quien toque un instrumento o posea otras cualidades artísticas, puede probar en la calle. Sin embargo, para actuar en las estaciones del metro, hay que seguir un riguroso proceso de selección que dura varios meses. Después de apuntarse en www.tfl.gov.uk, habrá que superar una audición y hacerse con una autorización de seguridad de la policía (10 £) antes de obtener licencia para actuar y, luego, inscribirse en una lista de lugares predeterminados. Los artistas callejeros también deben tener permiso para actuar en las principales atracciones turísticas y en zonas populares como Covent Garden y Leicester Sq. Para más detalles, hay que contactar con las autoridades municipales del barrio.

## Impuestos

Como trabajador legal, el extranjero verá cómo se le deducen automáticamente de su paga semanal el impuesto sobre la renta y la Seguridad Social (National Insurance). Sin embargo, las deducciones se calculan suponiendo que se trabaja durante todo el año fiscal (que va del 6 de abril al 5 de abril). Si no se trabaja todo este tiempo, se puede tener derecho a una devolución. Para localizar la oficina de impuestos más cercana, se aconseja visitar la página web de Inland Revenue (www.inlandrevenue.org.uk) o usar una de las agencias que se anuncian en *TNT Magazine* (comprobando antes sus tarifas o el porcentaje que se llevan).

## Permiso de trabajo

Los ciudadanos de la UE y Suiza son los únicos que no necesitan permiso de trabajo en Londres.

Los estadounidenses mayores de 18 años que estudien a tiempo completo en un *college* o universidad pueden obtener un permiso denominado Blue Card con el que podrán trabajar durante seis meses en Gran Bretaña. Cuesta 250 US$ y se consigue a través del British Universities North America Club (Bunac; ☎ 203 264 0901; wib@bunacusa.com; PO Box 430, Southbury CT 06488). Una vez en el Reino Unido, el Bunac puede ayudar a los titulares de la Blue Card a encontrar empleo y alojamiento. Para más detalles, se puede visitar www.bunac.org.

La mayoría de los viajeros que deseen trabajar y no entren en ninguna de las categorías anteriores necesitarán un permiso de trabajo y estar avalados por una empresa británica. Para más detalles, visítese www.ukvisas.gov.uk.

Si se requiere información una vez en el Reino Unido, se puede contactar con la Home Office ( ☎ 0870 000 1585; www.homeoffice.gov.uk).

Cualquier viajero sabe que el inglés funciona hoy en día como lengua franca en casi todo e'
mundo; es el idioma de la navegación, la aviación, las telecomunicaciones, las publicaciones
científicas, el comercio y, por supuesto, de Internet. Hablándolo un poco uno puede hacerse
entender, más o menos, en hoteles, restaurantes y tiendas de buena parte del planeta.

Pero así como en otros destinos turísticos de países anglosajones –Nueva York o Los Ángeles, por ejemplo– el turista hispanohablante también puede desenvolverse en español, en
Londres, como en todo Reino Unido, no le quedará más remedio que lanzarse con mejor o
peor fortuna a utilizar la lengua de Shakespeare.

De ahí que se haya optado por incluir en esta guía el presente capítulo, que lógicamente
podrá obviar quien ya se defienda en inglés, quien lleve consigo alguno de los pequeños dic-
cionarios bilingües –en papel o en soporte electrónico– o quien decida adquirir alguno de los
manuales con frases hechas que abundan en cualquier librería.

Los británicos agradecen que los extranjeros traten de expresarse en inglés, sin importarles
demasiado la corrección de lo que se dice, de modo que, en vez de quedarse callado, es
mejor decir algo, sea lo que sea. Quien desee aprender algo más de inglés de lo que a continuación se ofrece, puede hacerse con un ejemplar de *Inglés para el viajero*, de Lonely Planet,
un manual completo y fácil de usar.

## EL INGLÉS LONDINENSE

Aunque el habla de Londres sirvió de modelo
lingüístico al inglés desde el s. XVI, la capital
británica es en la actualidad una babel de
acentos. Con el inglés más académico –que
se suele identificar con la llamada *Received
Pronunciation*, esto es, el habla de las clases
cultas del sur del país– conviven rasgos fo-
néticos indios, jamaicanos y de todas las colonias y protectorados del antiguo Imperio
Británico, sin olvidar el dialecto de las clases
populares londinenses, el *cockney*, que con
sus distorsiones vocálicas y consonánticas
dejará perplejo a más de un visitante que
creía entender inglés pasablemente.

Los apartados que siguen se refieren a
ese inglés más o menos oficial y normativo
que se enseña en Europa y América (con
la salvedad de que en Europa, al menos en
España, prevalece el inglés británico, frente
a los países latinoamericanos, donde se ha
impuesto el modelo estadounidense; pero
aquí se van a pasar por alto las diferencias
entre uno y otro).

## PRONUNCIACIÓN

En comparación con el español, la gramática inglesa, y en especial su sistema verbal,
resulta relativamente sencilla, pero no así la
pronunciación y la ortografía. Si en español
se observa una notable equivalencia entre
los sonidos de una palabra y su escritura, la
disparidad entre ambas constituye una de
las mayores dificultades del inglés, incluso
para los hablantes nativos, que continua-
mente recurren al deletreo para despejar las
dudas que suscita un determinado sonido,
singularmente en topónimos y antropóni-
mos. Valga como ejemplo de incoheren-
cia la grafía inglesa "gh", que unas veces
se pronuncia como "g" (*ghost*), otras como
"f" (*laugh*), otras como "p" (*hiccough*) y en
ocasiones no suena (*though*).

## ALOJAMIENTO

Perdone, estoy buscando un hotel.
Excuse me, I'm looking for a hotel.
Quisiera hacer una reserva, por favor.
I'd like to make a reservation, please.
Tengo una reserva. Me llamo…
I've got a reservation. My name's…
¿Puedo ver la habitación?
Can I see the room?
¿Podría despertarme a las…?
Could you wake me up at...?
¿Me prepara la cuenta, por favor?
Could you please get my bill ready?

Quiero una habitación…     I want a…
   doble.                        double room.
   individual.                  single room.
   con baño/ducha.
   room with a bathroom/shower.
   con dos camas.
   room with twin beds.

tranquila.
quiet room.
que dé a la calle.
room facing the street.
con vistas.
room with a view.

# CONVERSACIÓN
# Y FRASES ÚTILES

| | |
|---|---|
| Hola. | Hello. |
| Adiós. | Goodbye. |
| Hasta luego/pronto. | See you later/soon. |
| Buenos días. | Good morning. |
| Buenas tardes. | Good afternoon. |
| Buenas noches. | Good evening/night. |
| Sí. | Yes. |
| No. | No. |
| Por favor. | Please. |
| Gracias. | Thank you. |
| Muchas gracias. | Thank you very much/ thanks a lot. |
| Lo siento. | I'm sorry. |
| Perdone (al dirigirse a alguien). | Excuse me. |
| De acuerdo, conforme. | All right, okay, that's fine. |

| | |
|---|---|
| ¿Cómo se llama usted? | What's your name? |
| Me llamo… | My name's… |
| ¿Cómo está usted? | How are you? |
| Muy bien, gracias. | Very well, thank you. |
| Encantado de conocerle. | Pleased to meet you. |

# SALUD

No me encuentro bien. I'm not feeling well.
¿Dónde puedo encontrar un médico?
Where can I find a doctor?

| | |
|---|---|
| Estoy a dieta. | I'm on a diet. |
| Estoy embarazada. | I'm pregnant. |
| Me duele… | I've got… |
| la cabeza | a headache |
| el estómago | a stomachache |
| una muela | a toothache |

# DIFICULTADES
# DE COMPRENSIÓN

¿Habla usted español? Do you speak Spanish?
No entiendo. I don't understand.
¿Podría hablar más despacio, por favor?
Could you speak more slowly, please?
¿Puede repetir, por favor?
Can you repeat, please?

# NÚMEROS

| | |
|---|---|
| 0 | zero |
| (o en números de teléfono) | |
| 1 | one |
| 2 | two |
| 3 | three |
| 4 | four |
| 5 | five |
| 6 | six |
| 7 | seven |
| 8 | eight |
| 9 | nine |
| 10 | ten |
| 11 | eleven |
| 12 | twelve |
| 13 | thirteen |
| 14 | fourteen |
| 15 | fifteen |
| 16 | sixteen |
| 17 | seventeen |
| 18 | eighteen |
| 19 | nineteen |
| 20 | twenty |
| 30 | thirty |
| 40 | forty |
| 50 | fifty |
| 60 | sixty |
| 70 | seventy |
| 80 | eighty |
| 90 | ninety |
| 100 | one hundred |
| 1.000 | one thousand |
| 10.000 | ten thousand |

# PREGUNTAS

| | |
|---|---|
| ¿Qué? | What? |
| ¿Quién? | Who? |
| ¿Dónde? | Where? |
| ¿Cómo? | How? |
| ¿Cuándo? | When? |
| ¿Por qué? | Why? |
| ¿Cuál? | Which? |
| ¿Cuánto/s? | How much/many? |

# COMPRAS Y SERVICIOS

¿Cuánto cuesta?
How much does it cost?

| | |
|---|---|
| Me gustaría ver… | I'd like to see… |
| Sólo estoy mirando. | I'm just looking. |
| ¿Puedo probarme esto? | Can I try this on? |
| Utilizo la talla (o el número de calzado)… | I'm size… |
| Es demasiado caro. | It's too expensive. |
| Me gusta/No me gusta. | I like it/I don't like it. |
| Me lo(s) llevo. | I'll take it/them. |

| ¿Tiene algo más barato? | |
|---|---|
| Have you got anything cheaper? | |
| ¿Aceptan ustedes cheques de viaje? | |
| Do you accept traveller's cheques? | |
| ¿Podría enviarlo a esta dirección? | |
| Could you send it to this address? | |
| mucho | a lot |
| nada | nothing |
| poco | a little |

| ¿Dónde está…? | Where's…? |
|---|---|
| el aeropuerto | the airport |
| el banco | the bank |
| el restaurante | the restaurant |
| la estación de autobuses | the bus station |
| la estación de trenes | the railway station |
| la estación de metro | the tube station |
| la parada de taxis | the taxi rank |
| la oficina de correos | the post office |
| la oficina de turismo | the tourist office |
| la comisaría de policía | the police station |
| la gasolinera | the petrol station |
| el museo | the museum |
| el mercado | the market |

## HORAS Y FECHAS

| ¿Qué hora es? | What's the time? |
|---|---|
| Son las tres en punto. | It's three o'clock. |
| Son las tres y cinco. | It's five past three. |
| Son las tres menos cinco. | It's five to three. |
| Son las tres y cuarto. | It's a quarter past three. |
| Son las tres y media. | It's half past three. |

| ayer | yesterday |
|---|---|
| hoy | today |
| mañana | tomorrow |

| lunes | Monday |
|---|---|
| martes | Tuesday |
| miércoles | Wednesday |
| jueves | Thursday |
| viernes | Friday |
| sábado | Saturday |
| domingo | Sunday |

| enero | January |
|---|---|
| febrero | February |
| marzo | March |
| abril | April |
| mayo | May |
| junio | June |
| julio | July |
| agosto | August |
| septiembre | September |

## URGENCIAS

| ¡Socorro! | Help! |
|---|---|
| Es un caso de urgencia. | This is an emergency. |
| ¡Pidan una ambulancia! | Send for an ambulance! |
| ¡Hay un hospital por aquí cerca? | Is there a hospital near here? |
| ¡Llamen a la policía! | Call the police! |
| ¡Me han robado! | I've been robbed! |
| ¡Déjeme en paz! | Leave me alone! |

| octubre | October |
|---|---|
| noviembre | November |
| diciembre | December |

## TRANSPORTES

| ¿A qué hora sale/llega el autobús/tren? | |
|---|---|
| What time does the bus/train leave/arrive? | |
| ¿Dónde puedo conseguir un taxi? | |
| Where can I get a taxi? | |
| ¿Podría pedirme un taxi? | |
| Could you please call me a taxi? | |
| Por favor, lléveme a esta dirección. | |
| Please take me to this address. | |

| Pare aquí, por favor. | Please stop here. |
|---|---|
| Quiero ir a… | I want to go to… |
| ¿Está lejos/cerca? | Is it far/near? |
| ¿Cómo puedo llegar a…? | How can I get to…? |
| ¿Hay un/una… cerca? | Is there a… nearby? |
| ¿A qué distancia está…? | How far is it to…? |
| El/la… más próximo/a | The nearest… |
| Estoy perdido. | I'm lost. |
| ¿Podría esperarme? | Could you wait for me? |
| Quédese el cambio. | Keep the change. |
| ¿Hay un autobús a…? | Is there a bus to…? |
| Quiero un billete para… | I want a ticket to… |

| ¿Dónde para el autobús número...? | |
|---|---|
| Where does bus number... stop? | |
| ¿Podría avisarme cuando lleguemos a…? | |
| Could you tell me when we get to…? | |

| Quiero alquilar… | I want to hire a… |
|---|---|
| un coche | a car |
| una moto | a motorbike |
| una bicicleta | a bike |
| un bote | a boat |
| una batea | a punt |

| este/estos | this/these |
|---|---|
| ese, aquel/esos, aquellos | that/those |
| aquí/allí | here/there |
| primero/último | first/last |

# GLOSARIO

**AA** – Automóvil Club

**ABTA** – Asociación de Agentes de Viajes Británicos

**afterhours** – a altas horas de la madrugada

**ale** – originalmente, variedad de cerveza más amarga y con mayor graduación alcohólica que la de tipo *lager;* la expresión *real ale* designa las cervezas elaboradas a la manera tradicional

**AONB** – Area of Outstanding Natural Beauty (zona de gran belleza natural)

**APTG** – Association of Professional Tourist Guides (asociación de los guías turísticos profesionales)

**Arts and Crafts** – (artes y oficios); movimiento estético impulsado por William Morris (1834-1896) que propugnaba el hermanamiento de las artes decorativas y la artesanía para la creación de objetos de uso cotidiano; ejerció gran influencia en el modernismo

**Arts Council** – Agencia para las Artes

**B&B** – *bed and breakfast* (alojamiento y desayuno); el término se aplica sobre todo a las pensiones y casas particulares que proporcionan este servicio

**BA** – British Airlines, compañía aérea británica

**BABA** – Book-A-Bed-Ahead; sistema de reserva de alojamiento proporcionado por las oficinas de turismo

**bagels** – panecillos redondos con agujero, parecidos al *donuts*

**baps** – pan redondo de corteza blanda

**BBC** – British Broadcasting Corporation (Corporación Radiofónica Británica)

**beer garden** – (jardín de cerveza); jardín o terraza de un *pub*

**bistro/bistrot** – restaurante o café pequeño y sin pretensiones

**bitter** – cerveza amarga

**black pudding** – especie de morcilla

**Blitz** – (guerra relámpago). Se aplica al breve período de 1940 a 1941 en que se produjo el bombardeo alemán de Londres durante la Segunda Guerra Mundial

**bobbies** – policía metropolitana londinense, instituida por Robert Peel en 1829

**boroughs** – municipios o distritos municipales

**Britain Visitor Centre** – Centro Británico de Visitantes

**Britart** – arte británico actual

**BT** –British Telecom, compañía telefónica de Gran Bretaña

**BTA** – British Tourist Authority, organismo estatal creado en 1969 para la promoción del turismo en Gran Bretaña

**bunkhouse** – barraca, caserón

**BYO** – Bring Your Own (traiga usted la suya); se aplica a los restaurantes en que el cliente puede llevar su propia bebida

**cairn** – hito de piedra para señalizar

**cancel** – balaustrada o verja que separa el presbiterio de la nave en las iglesias

**coaches** – autocares rápidos de larga distancia

**cockney** – trabajador procedente del East End, de un estrato social bajo, que hablaba un argot especial; también se denomina así al dialecto inglés de esa zona londinense

**Commonwealth** – república instaurada por Oliver Cromwell. Actualmente, Comunidad Británica de Naciones a la que pertenecen todos los Estados que en 1931 firmaron el estatuto de Westminster para cooperar política, social y económicamente, bajo la hegemonía de Reino Unido

**cool** – en la onda, a la última moda

**cottage** – casa de campo

**crescent** – calle en forma de medialuna o semicírculo

**DLR** – Docklands Light Railway (Tren Ligero de los Docklands)

**dock** – dársena, muelle

**Docklands** – antiguos muelles de Londres

**EH** – English Heritage (Patrimonio Inglés); organismo estatal creado en 1984 para la protección de monumentos antiguos y edificios históricos ingleses

**estilo eduardiano** – el correspondiente al reinado de Eduardo VII (1901-1910) o, en la arquitectura de los castillos, de Eduardo I (1272-1307)

**estilo georgiano** – en arte y arquitectura, el correspondiente al período comprendido entre 1714 y 1811, durante el cual se sucedieron cuatro monarcas de nombre Jorge; se caracterizó por el predominio de elegantes construcciones neoclásicas, el auge de los jardines paisajísticos y, en urbanismo, la proliferación de casas en hilera *(terrace)* y en medialuna o creciente *(crescent)*

**estilo palladiano** – el inspirado en la obra y el pensamiento de Andrea Palladio (1518-1580), autor de *Cuatro libros de arquitectura,* de gran difusión en Europa y especialmente en Gran Bretaña; se caracteriza por una monumentalidad clasicista que toma como modelo Roma y las teorías de Vitruvio

**estilo Regencia** – el coincidente con el período de regencia del príncipe Jorge (1811-1820), que después reinó como Jorge IV (1820-1830); en arquitectura se caracteriza por una extrema sencillez con profusión de estucados

**evensong** – vísperas, oficio vespertino de la Iglesia anglicana

**farmers' Market** – (mercado de los granjeros). Mercadillo de productos agrícolas y comestibles procedentes de pequeñas explotaciones y cultivos naturales o tradicionales

**fish & chips** – pescado rebozado, por lo general platija o bacalao, servido con patatas fritas; es una de las comidas rápidas más populares de Inglaterra

**fully licensed** – se aplica a los establecimientos autorizados para vender bebidas alcohólicas

**gastropub** – *pub* gastronómico

**gate** – puerta

**ghost tour** – (ruta fantasmal); circuito turístico centrado en las leyendas y sucesos macabros de una localidad

**GLA** – Greater London Authority (Gobierno del Gran Londres), creado en el año 2000

**GLC** – Greater London Council (Consejo del Gran Londres), creado en 1965 y abolido en 1986 por Margaret Thatcher

**GMT** – Greenwich Mean Time (hora media de Greenwich). Tiempo estándar, marcado por el meridiano de Greenwich

**guildhall** – antigua casa de los gremios; en algunas ciudades y pueblos ingleses equivale al Ayuntamiento

**hammer-beam** – tipo de techo medieval elaborado mediante una estructura de arcos y tirantes de madera artísticamente entrelazados

**happy hour** – franja horaria en la que algunos establecimientos, sobre todo restaurantes y bares, ofrecen las consumiciones a mitad de precio

**IDD** – llamadas internacionales de marcación directa

**jacket potatoes** – patatas asadas con piel

**jacobeo** – se aplica a las manifestaciones artísticas que se desarrollaron en Inglaterra durante el reinado de Jacobo I Estuardo, al que se bautizó como "época jacobea", caracterizada por el auge de las artes y, especialmente, el teatro, cuya principal figura fue William Shakespeare

**jacobita** – partidario de restaurar en el trono de Inglaterra a Jacobo II Estuardo y a sus descendientes; tendencia política de la Restauración

**kosher** – tipo de comida que cumple con los requisitos ortodoxos judíos y askenazíes

**lady chapel** – capilla consagrada a la Virgen María, normalmente en la cabecera de una catedral

**lager** – cerveza rubia

**law lords** – pares de la Cámara de los Lores que forman el Tribunal Supremo de Inglaterra

**LCC** – London County Council (Consejo del Condado de Londres), creado en 1889

**Lord Mayor** – título del alcalde de Londres y algunas otras grandes ciudades británicas

**LSO** – London Symphony Orchestra (Orquesta Sinfónica de Londres)

**LTB** – London Tourist Board, organismo que gestiona el turismo de Londres

**luditas** – partidarios del ludismo, movimiento supuestamente fundado por Ned Ludd a principios del s. XIX en Inglaterra, formado por obreros fabriles y artesanos que entre 1811 y 1816 destrozaban la nueva maquinaria textil, considerada una amenaza para su tradicional medio de vida

**LWT** – London Wildlife Trust (Corporación para la Fauna de Londres)

**minster** – iglesia vinculada a un monasterio

**NGS** – National Gardens Scheme (Plan Nacional de Jardines)

**NHS** – National Health Service, sanidad pública británica

**NT** – National Trust; organización no gubernamental fundada en 1895 para la protección y conservación de monumentos, edificios históricos y parajes naturales británicos

**off-license (offie)** – establecimiento autorizado para vender bebidas alcohólicas que se van a consumir fuera del local

**OS** – Ordnance Survey; servicio cartográfico británico, fundado en 1791

**pen** – peniques

**pie shops** – tiendas de pasteles salados y empanadas

**pinta** – medida de capacidad empleada para la cerveza en los *pubs*, equivalente a 0,47 litros

**Proms** – conciertos en los que gran parte del público está de pie

**R&B, R'n'B** – *rhythm & blues,* música popular que incluye elementos de *blues* y de música folk negra, marcada por un ritmo enérgico y acordes sencillos

**RAC** – Real Automóvil Club

**RAF** – Royal Air Force, aviación británica

**RIBA** – Royal Institute of British Architects (Real Instituto de Arquitectos Británicos)

**roundheads** – defensores del Parlamento, acaudillados por Oliver Cromwell, en la guerra civil desencadenada contra Carlos I en el s. XVII

**RSPB** – Royal Society for the Protection of Birds (Real Sociedad para la Protección de las Aves)

**RU** – Reino Unido

**sheriff** – en Inglaterra y Gales, principal representante del poder ejecutivo en un condado, hoy con funciones principalmente ceremoniales

**SSSI** – Site of Special Scientific Interest (lugar de especial interés científico)

**stand-by tickets** – entradas de precio reducido para quienes cumplan ciertos requisitos

Stock Exchange – Bolsa de Valores

Thames Path National Trail – Sendero Nacional de la
Ruta del Támesis

tartan – tela de cuadros que diferencia a cada clan
escocés según el diseño; también se generaliza a las telas
de cuadros británicas

terrace – hilera de casas que comparten una misma
fachada o de fachada corrida

TIC – Tourist Information Centre; oficina de turismo

tory – miembro del Partido Conservador

Town Hall – Ayuntamiento

triforio – galería de ventanas ornamentales que rodea el
interior de una iglesia, sobre los arcos de la nave central

tube – en Londres, ferrocarril metropolitano; metro
tylerista – seguidor de Wat Tyler durante las revueltas
campesinas de 1381

UE – Unión Europea
Union Jack – bandera del Reino Unido

V&A– Victoria & Albert Museum (Museo Victoria y
Alberto)
VAT – IVA, impuesto sobre el valor añadido

way – sendero rural
whig – miembro del Partido Laborista

# GASTRONOMÍA

## Comer fuera

| | |
|---|---|
| ¿Tienen una mesa libre? | |
| Have you got a table? | |
| Quisiera reservar una mesa. | |
| I'd like to reserve a table. | |
| Déjeme la carta, por favor. | |
| Let me have the menu, please. | |
| ¿Qué me sugiere? | |
| What do you suggest? | |
| Tomaré… | I'll have… |
| La cuenta, por favor. | The bill, please. |
| Soy vegetariano. | I'm a vegetarian. |
| Está demasiado picante. | It's too hot. |

| | |
|---|---|
| desayuno | breakfast |
| almuerzo | lunch |
| cena | dinner |
| primer plato | first course |
| segundo plato | main course |
| postre | dessert |

| | |
|---|---|
| la carta | the menu |
| el menú | fixed price menu |
| la carta de vinos | the wine list |

| | |
|---|---|
| vaso | glass |
| botella | bottle |
| taza | cup |
| cuchara | spoon |
| tenedor | fork |
| cuchillo | knife |

## Alimentos

| | |
|---|---|
| aceite | oil |
| aceitunas | olives |

| | |
|---|---|
| agua | water |
| agua mineral | mineral water |
| arroz | rice |
| azúcar | sugar |
| café | coffee |
| carne | meat |
| cebolla | onion |
| cerdo (carne de) | pork |
| cerveza | beer |
| cordero | lamb |
| filete | steak |
| fruta | fruit |
| huevo | egg |
| jamón | ham |
| judías | beans |
| leche | milk |
| mantequilla | butter |
| manzana | apple |
| pan | bread |
| patatas | potatoes |
| pato | duck |
| pavo | turkey |
| pescado | fish |
| pollo | chicken |
| queso | cheese |
| sal | salt |
| salchicha, embutido | sausage |
| sopa | soup |
| tarta | cake |
| té | tea |
| tortilla | omelette |
| verduras | vegetables |
| vino blanco | white wine |
| vino tinto | red wine |
| vino rosado | rosé wine |
| zumo | juice |

IDIOMA GASTRONOMÍA

## ESTE LIBRO

Esta es la traducción al español de la séptima edición de la guía *London*, escrita por Tom Masters, Steve Fallon y Vesna Maric, autores también de la sexta edición. Sarah Johnstone y Tom Masters escribieron la quinta; Martin Hughes, Sarah Johnstone y Tom Masters, la cuarta; Steve Fallon, la segunda y la tercera; y Pat Yale, la primera.

## VERSIÓN EN ESPAÑOL

GeoPlaneta, que posee los derechos de traducción y distribución de las guías Lonely Planet en los países de habla hispana, ha adaptado para sus lectores los contenidos de este libro.

Lonely Planet y GeoPlaneta quieren ofrecer al viajero independiente una selección de títulos en español; esta colaboración incluye, además, la distribución en España de los libros de Lonely Planet en inglés e italiano, así como un sitio web, www.lonelyplanet.es, donde el lector encontrará amplia información de viajes y las opiniones de los viajeros.

Gracias a Lucy Birchley, David Carroll, Daniel Corbett, Melanie Dankel, Sally Darmody, Ryan Evans, Joshua Geoghegan, Jane Hart, Ross Macaw, Darren O'Connell, Trent Paton, Malisa Plesa, Cara Smith, Lyahna Spencer y Juan Winata.

Fotografías de portada Palacio de Westminster al atardecer, Radius Images/Photolibrary (arriba); hombre leyendo junto a una cabina telefónica en el mercado de Smithfield, Ludovic Maisant/Hemis/Corbis (abajo).

Fotografías del interior de Lonely Planet Images: p. VI (derecha) Glenn Beanland; p. 12 (nº 2 arriba) Paul Bigland; p. 8 (nº 2) James Braund; p. 9 (nº 1 abajo), p. 11 (nº 1 y 2 arriba), p. 12 (nº 3 arriba, nº 1 abajo), p. II (derecha), p. VIII, p. VI (derecha) Juliet Coombe; p. 9 (nº 2 arriba) Eliiot Daniel; p. 7 (nº 1 y 2), p. 10 (nº 2 arriba), p. 11 (nº 2 abajo), p. XI (arriba izda y abajo) Travis Drever; p. 3 Krzysztof Dydynski; p. XII Rocco Fasano; p. X Lee Foster; p. 6 (nº 2 y 3), p. 8 (nº 1), p. 9 (nº 1 arriba, nº 1 y 2 abajo), p. II (izquierda y derecha), p. III, p. VII Orien Harvey; p. 8 (nº 3) Charlotte Hindle; p. 7 (nº 3) Richard l'Anson; p. 9 (nº 3 arriba), p. 11 (nº 1 abajo), p. 12 (nº 3 abajo), p. I, p. XIII, p. XIV (izquierda), p. XV, p. XVI Doug McKinlay; p. 12 (nº 2 abajo) Guy Moberly; p. 6 (nº 1), p. 9 (nº 2 abajo), p. 10 (nº1 arriba), p. 12 (nº 1 arriba), p. IV (izquierda), p. VI (izquierda), p. IX, p. XI (derecha) Neil Setchfield; p. 2, p. V David Tomlinson; p. 7 (nº 4) Wayne Walton.

Los derechos de reproducción de todas las imágenes son propiedad de los fotógrafos, a menos que se indique lo contrario. Muchas de las imágenes de esta guía están disponibles bajo licencia de Lonely Planet Images: lonelyplanetimages.com.

## AGRADECIMIENTOS
### TOM MASTERS

Un millón de gracias a Mike Christie, que me dejó utilizar su casa como base durante la preparación de esta guía. También quiero dar las gracias a Steve Fallon y a Vesna Maric por su excelente trabajo explorando conmigo una ciudad tan inmensa como Londres. Gracias a Clifton Wilkinson, de la oficina de Londres, por encargarme este

### HISTORIA DE LONELY PLANET

Recién llegados de un viaje épico por Europa, Asia y Australia en 1972, Tony y Maureen Wheeler se sentaron frente a la mesa de la cocina para comparar sus notas. Así nació *Across Asia on the Cheap*, la primera guía de Lonely Planet.

La guía se agotó rápidamente. Animados por el éxito, los Wheeler comenzaron a publicar más libros sobre el sureste asiático, la India y otros países. La arrolladora demanda les impulsó a ampliar el negocio para poder estar a la altura. Con el transcurso de los años, Lonely Planet incluyó en su catálogo el resto de países e incluso llegó al mundo virtual a través de lonelyplanet.com y el foro de viajeros Thorn Tree.

Cuando Lonely Planet se convirtió en una marca reconocida en todo el mundo, Tony y Maureen comenzaron a recibir ofertas por la empresa. En 2007 encontraron un socio dispuesto a mantener los principios de "viajar mucho, dejar poca huella y aportar de forma sostenible". En octubre del mismo año, BBC Worldwide adquirió el 75% de la compañía con el acuerdo de mantener el compromiso de Lonely Planet con los viajeros independientes, la información fiable y la independencia editorial.

Hoy, Lonely Planet cuenta con oficinas en Melbourne, Londres y Oakland, con más de quinientos empleados y trescientos autores. Tony y Maureen siguen colaborando activamente con la empresa, viajan más que nunca y dedican su tiempo libre a proyectos benéficos. La compañía sigue guiándose por la misma filosofía que alumbró *Across Asia on the Cheap:* "Todo lo que tiene que hacer el viajero es decidirse a salir y habrá hecho lo más difícil. Así que ¡adelante!".

trabajo. Como siempre, muchas gracias a James Bridle, que me ha contagiado la pasión por cualquier cosa relacionada con Londres. Gracias a Tommy Moss, Gabriel Gatehouse, Stephen Dorling, Zeeba Carroll, Gray Jordan, Chris Mackay, Leila Rejali, Stephen Billington y Etienne Gilfillan por su compañía y ayuda durante la preparación de esta guía.

### STEVE FALLON

Muchas veces accedo al metro por la estación Bethnal Green, donde 173 personas (más de una tercera parte niños) perdieron la vida en un ataque aéreo en marzo de 1943, la mayor matanza de civiles en un solo incidente que tuvo lugar en Londres durante la Segunda Guerra Mundial. Para mí, el Blitz no sucedió en un país extranjero, sino en mi propio barrio. Gracias a los más de treinta mil civiles (abuelas, hermanos, hijas y amantes) que perdieron la vida defendiendo su ciudad entre 1939 y 1945, tanto el visitante como yo podemos disfrutar del pasado, el presente y el futuro de Londres. Debemos recordarles siempre.

Fue divertido trabajar de nuevo con los coautores Tom Masters y Vesna Maric. Como siempre, quiero mostrar mi admiración, gratitud y amor por mi pareja, Michael Rothschild.

### VESNA MARIC

Gracias a los coautores Tom Masters y Steve Fallon, ha sido un placer, como siempre. Gracias también a Clifton Wilkinson, nuestro jefe de sección, por darme la oportunidad de trabajar en esta guía por segunda vez. Gracias a todos los que me han acompañado en mis pesquisas, incluidos Nicoline Gatehouse, Arijana Gurdon, Rafael Estefanía y Gabriel Gatehouse.

# NUESTROS LECTORES

Muchas gracias a los viajeros que utilizaron la edición anterior y nos escribieron para compartir útiles consejos, recomendaciones y anécdotas interesantes:

Ana Anastasijevic, Olaf G. Apel, Alex Aristy, Tom Bartolomei, Riccardo Belletti, Tammy Botsford, Andrew Breitenbach, Dina Bullivant, Chuck Burdick, Linda Cahill, Alessio Cazzola, Ting-Hsu Chen, Evangeline Christie, Christian Dahl, Berengere Darsonval, Sally Davis, Tim Dierkes, Caroline Elliker, Rodney Fleming, Claire Fragonas, Nicky Fullmoon, Milind Gadgil, Jordi Gordillo, Lynne Grabar, Andrea Groll, Abheek Gupta, Miriam Harris, Michael Hayes, Laurel Herold, Roz Jones, Naeem Kapadia, Joy Kennedy, Judy Kenny, Peter Kim, Guy Kruger, Bernard Lazarus, Nicole Leggett, Anne Leroy, Kaung Chiau Lew, Ulrike Loehrer, Margot Helene Loeken, Barbara Mackney, Kevin P. Mccarthy, Erin Mcdougall,

## LA OPINIÓN DEL LECTOR

En Lonely Planet nos encanta conocer la opinión de nuestros lectores; sus comentarios nos permiten seguir con los pies en el suelo y mejorar día a día nuestras guías. Nuestro equipo de viajeros lee atentamente todas las opiniones sobre los puntos fuertes y débiles de esta guía. Aunque no podemos responder de forma individual a cada una de las cartas, garantizamos que sus impresiones son remitidas directamente al autor pertinente, a tiempo para la próxima edición. Cada persona que nos envía información aparece en el apartado de agradecimientos de la edición siguiente; asimismo, las cartas más útiles son recompensadas con una guía gratuita.

Para enviarnos cualquier tipo de actualización o informarse sobre los eventos, boletines y noticias sobre viajes de Lonely Planet, se puede visitar el galardonado sitio web de Lonely Planet: lonelyplanet.com/contact.

Nota: el equipo de Lonely Planet puede editar, reproducir e incluir los comentarios de los lectores en los productos de Lonely Planet, ya sean guías, sitios web o productos digitales. Si el viajero no quiere que se publiquen sus comentarios o su nombre, se ruega que lo haga constar. Para consultar una copia de nuestra política de privacidad, hay que visitar www.lonelyplanet.com/privacy.

Andrew Methven, Saddique Miah, Syarizan Adzlinda Mohd Zin, Heather Monell, Robert Moore, Edith Neele, Krystina Nellis, Guri Norstrøm, David O'Shell, Gerald Olsen, Funda Ozan, Marcus Paauwe, George Padova, Vilija Pauliukonis, Matt Pepe, Demian Perry, Tom Plattenberger, Jo Anne Post, Giovanna Procaccini, David Rhodes, Liesbeth Rijpma, M. Roach, Tom Rooke, Veronica Ryan, Marcin Sadurski, David Salter, Aditya Sarkar, Lynden Schofield, Andrea Schulten, Howie Schuman, Anne Shaw, Itay Sidar, David Sojka, Stacey Spooner, Joy Stephens, Melissa Sullivan, Bronwyn Sutton, Stephen Thurlow, Marin Tomic, Lori Rae Tomlinson, Wim Vandenbussche, Marc Vauclair, Per Vinther, Stephanie Warren, Manuele Zunelli

# RECONOCIMIENTOS

Muchas gracias a las siguientes compañías por dejarnos utilizar su contenido:

London Underground Map © Transport for London 2009. The Central London Bus Map y Tourist Attractions Map © Transport for London 2009.

# Notas

# Notas

# ÍNDICE

30 St Mary Axe 109, **XVI**

## A

Ackroyd, Peter 37
actividades 314-319, *véase
también el subíndice
Deportes y actividades*
aduanas 385
Aikens, Tom 242
alimentos, compra de 229
alojamiento 330-352, *véase
también el subíndice
Dónde dormir, barrios
individualmente*
ambulancia 386
antigüedades 224
apartamentos 330-331
argot 158
arquitectura **X-XVI**
arte 34-48, 302-311, *véase
también el subíndice Ocio*
festivales 16, 17
artes plásticas 43-46
asistencia médica 387-388
atletismo 318
autobús, viajar en 377-378
a/desde Europa 378
circuitos 380
en Reino Unido 378
automóvil, viajar en
378-379
alquiler 379
normas de tráfico 378

El azul indica los mapas
La **negrita** indica las páginas
de color

tasa de circulación
378-379
avión, viajar en 373-376
a/desde Gatwick Airport
375
a/desde Heathrow
373-375
a/desde London City 376
a/desde Luton 376
a/desde Stansted Airport
375
aeropuertos 373
circuitos 380
líneas aéreas 373

## B

B&B, *véase el subíndice
Dónde dormir*
Bacon, Francis 44
balnearios 316
Bank 108-112
Bankside 123-126
Barbican 110, **7**
barco, viajar en 359, 377,
**I-VIII**
circuitos 370-380
bares, *véase el subíndice
Dónde beber*
bares con DJ, *véase el
subíndice Dónde beber*
Barnes 193-195
barrios, *véase barrios
individualmente*
batea 359
Battersea 189-190, 188
Battersea, central eléctrica
de 189, **12**
BBC 28, 54-55, 99
BBC Promenade Concerts
(The Proms) 17
Beatles, los 30
Bedlam 185, **12**
Belgravia 130-133
Bermondsey 126-128
Bethnal Green 151-154
Bexleyheath 182
bibliotecas, *véase el
subíndice Puntos de
interés*
bicicleta, viajar en 376-377
Big Ben 95, **3**
Blair, Tony 32

Blitz, el 28-29
Bloomsbury 81-85, 82-83
Blue Plaques Scheme 137
bomberos 386
Booker Prize 38
Borough 126-128
Bray 369-370
Brentford 197-199
Brick Lane 147, **9**
Brighton 361-365, 362
británica, cocina 226-227
*britart* 45-46
British Library 163-164, **XV**
British Museum 81, 85, **6**
Brixton 187, 188
circuito a pie 191-192,
191
Brixton, mercado de 191,
218, 251, **12**
Broadstairs 365-366
BT Tower **XIV**
Buckingham, palacio de
88-89
buques, *véase el subíndice
Puntos de interés*
*burlesque* 290

## C

cabaré, *véase el subíndice
Dónde beber*
cafés, *véase el subíndice
Dónde beber*
cajeros automáticos 388
cambio de guardia 89
Cambridge 359-361, 360
Camden 161-163, 166
campesinos, revuelta de
los 22
canguros 384
Canterbury 367-369, 368
Carlos I 24
carreras de caballos
318-319
catedrales, *véase el
subíndice Puntos de
interés*
cementerios, *véase el
subíndice Puntos de
interés*
cerveza 272
Charing Cross, estación
de **II, III**

Charlton 180-181
Chelsea 130-142, 132-133
alojamiento 341-344
de compras 216-217
dónde beber 274
gastronomía 240-244
Chelsea flower show 17
Chinatown 65-71
Chiswick 195
Churchill, Winston 97
ciclismo 376-377
cine 46-47
festivales 16, 17-18
cines 305-307, *véase
también el subíndice Ocio*
circuitos 354, 380, *véase
también circuitos a pie*
circuitos a pie 354, 380
Brixton 191-192, 191
City, la 117-118, 117
Deptford y New Cross
183-184, 183
Hampstead y Highgate
169-170, 169
Hyde Park 141-142, 142
Richmond 202-203, 203
South Bank, the 128-129,
129
Spitalfields y Shoreditch
148-149, 149
Wapping y Whitechapel
158-159, 159
West End, el 100-101,
100
City Hall **VI, VII, XVI**
City, la 102-118, 104
alojamiento 338-339
circuito a pie 117-118,
117
de compras 215
dónde beber 272
gastronomía 237-238
Clapham 190, 188
clásica, música 302-303
Clerkenwell 143-149, 144
alojamiento 344
comunidad homosexual
325
de compras 217-221
dónde beber 274-277
gastronomía 244-247
clima 16, 384-385

408

El azul indica los mapas
La **negrita** indica las páginas
de color

ÍNDICE

414

ÍNDICE

415

INDICE

El azul indica los mapas
La **negrita** indica las páginas de color

ÍNDICE

41

INDICE

## LEYENDA DE LOS MAPAS

### RED DE CARRETERAS

| | |
|---|---|
| Autopista | C. peatonal/escaleras |
| Autovía | Túnel |
| Ctra. principal | Paso de peatones |
| Ctra. secundaria | Circuito a pie |
| Ctra. local | Desvío del circuito |
| Callejón | Sendero |
| En construcción | Camino |
| Carretera sin asfaltar | Pista |
| Sentido único | |

### TRANSPORTE

| | |
|---|---|
| Autobús | Tren |
| Estación de metro | Tren subterráneo |

### HIDROGRAFÍA

| | |
|---|---|
| Río, arroyo | Canal |
| Agua estacional | Agua |

### ÁREAS DELIMITADAS

| | |
|---|---|
| Aeropuerto | Tierra |
| Zona de interés | Zona peatonal |
| Edificio | Mercado |
| Campus | Parque |
| Cementerio cristiano | Rocas |
| Cementerio (otros) | Zona deportiva |
| Bosque | Zona urbana |

### NÚCLEOS DE POBLACIÓN

| | |
|---|---|
| CAPITAL (NACIONAL) | CAPITAL (2° RANGO) |
| Gran ciudad | Ciudad mediana |
| Ciudad pequeña | Pueblo, aldea |

### SIMBOLOGÍA TURÍSTICA

**Qué ver y hacer**
- Castillo, fortaleza
- Templo cristiano
- Templo judío
- Monumento
- Museo; galería de arte
- Punto de interés
- Ruinas
- Zoo, reserva de aves

**De compras**
- Comercio

**Dónde comer**
- Lugar donde comer

**Dónde beber**
- Lugar donde beber
- Café

**Vida nocturna**
- Locales nocturnos

**Ocio**
- Ocio

**Deportes y actividades**
- Piscina
- Inicio del sendero

**Dónde dormir**
- Alojamiento
- Camping

**Transporte**
- Aeropuerto, aeródromo
- Estación de autobuses
- Ciclismo, carril-bici
- Transporte
- Aparcamiento

**Otros**
- Gasolinera
- Parada de taxis
- Banco, cajero
- Embajada, consulado
- Hospital, médico
- Información
- Acceso a Internet
- Comisaría de policía
- Oficina de correos
- Teléfono
- Aseos públicos
- Faro
- Puesto de observación
- Montaña, volcán
- Parque nacional
- Zona de *picnic*

## geoPlaneta

Av. Diagonal 662-664, 7°. 08034 Barcelona
viajeros@lonelyplanet.es
www.geoplaneta.com . www.lonelyplanet.es

## Lonely Planet Publications (oficina central)

Locked Bag 1, Footscray, Melbourne, VIC 3011, Australia
☎ 61 3 8379 8000, fax 61 3 8379 8111
(Oficinas también en Reino Unido y Estados Unidos)
www.lonelyplanet.com - talk2us@lonelyplanet.com.au

**Londres**

5ª edición en español – mayo del 2010
Traducción de *London*, 7ª edición – febrero del 2010

1ª edición en español – marzo del 2003

## Editorial Planeta, S.A.

Av. Diagonal 662-664, 7°. 08034 Barcelona (España)
Con la autorización para la edición en español de Lonely Planet
Publications Pty Ltd A.B.N. 36 005 607 983, Locked Bag 1,
Footscray, Melbourne, VIC 3011, Australia

ISBN: 978-84-08-08962-9
Depósito legal: M. 13.118-2010

© Textos y mapas: Lonely Planet, 2010
© Fotografías: los fotógrafos que se citan en p. 402, 2010
© Edición en español: Editorial Planeta, S.A., 2010
© Traducción: Carme Bosch, Silvia Cabrero, Paloma García, Ton
Gras, Luz Morcillo, Aleix Oriol, Yajaira Rodríguez, 2010

Impresión y encuadernación: Brosmac, S. L.
Printed in Spain – Impreso en España